Practical Modern English
I

Practical Modern English

이홍배 지음

A~L
I

한국문화사

Practical Modern English Ⅰ (A to L)

1판 1쇄 발행 2024년 4월 25일

지 은 이 | 이홍배
펴 낸 이 | 김진수
펴 낸 곳 | 한국문화사
등   록 | 제1994-9호
주   소 | 서울시 성동구 아차산로49, 404호(성수동1가, 서울숲코오롱디지털타워3차)
전   화 | 02-464-7708
팩   스 | 02-499-0846
이 메 일 | hkm7708@daum.net
홈페이지 | http://hph.co.kr

ISBN 979-11-6919-205-7 94740
ISBN 979-11-6919-204-0 (세트)

· 이 책의 내용은 저작권법에 따라 보호받고 있습니다.
· 잘못된 책은 구매처에서 바꾸어 드립니다.
· 책값은 뒤표지에 있습니다.

오류를 발견하셨다면 이메일이나 홈페이지를 통해 제보해주세요.
소중한 의견을 모아 더 좋은 책을 만들겠습니다.

사랑하는 손주 **동민, 정빈, 서빈**에게

머리말

영어를 공부하는 사람은 누구나 정확하고 올바른 영어로 말하고 글을 쓸 수 있게 되기를 원한다. 이것을 위해서 우리는 영어문법도 배우고 단어도 외우며, 나아가서 영어로 쓴 글을 열심히 읽는다. 그러나 우리는 한 언어를 배우는 것이 쉽지 않다는 것을 깨닫게 된다.

이 책은 영어를 정확하고 깊이 공부하고 싶어 하는 사람과 영어를 가르치는 분들에게 도움이 되고자 영어의 문법과 활용을 폭넓고 깊이 다루고 있다. 영어를 제2의 언어로 사용하고 있는 우리는 영어로 글을 쓰거나 말할 때마다 우리 자신이 쓰고 있는 영어표현이 과연 영어문법에 맞는 구조를 가지고 있는지 또는 그 표현이 적절하게 사용되고 있는지를 끊임없이 자문하게 된다. 또한 영어를 가르치는 사람은 학습자로부터 끊임없이 이러한 질문에 직면하게 된다. 이러한 애로를 극복하는 데 도움을 주기 위해 본 책에서는 영어의 문법적 그리고 활용의 문제를 사전처럼 영어의 알파벳순으로 정리하여 독자가 쉽게 원하는 항목을 찾아볼 수 있게 했다.

본 책에 포함된 내용을 간단히 설명하면 다음과 같다.

(1) 모든 영문법 책에서와 같이 단어를 구분하는 품사인 명사(nouns), 동사(verbs), 관사(articles), 전치사(prepositions) 등과 품사보다 더 큰 구조를 가진 문법적 범주인 명사구(noun phrases), 동사구(verb phrases), 비교구문(comparatives), 부정사(infinitives), 동명사(gerunds), 분사구(participles) 등이 포함되어 있다.

(2) 대부분의 영어문법서에서는 가볍게 다루거나 전혀 포함하지 않는 마침표(period), 콤마(comma), 콜론(colon), 대쉬(dash) 등의 구두법(punctuation)을 포함시켜 영어로 쓴 글을 읽거나 영어로 글을 쓰는 사람에게 도움이 되게 하였다. 또한 영어철자(spelling)와 발음(pronunciation)의 관계, 미국영어(American English)와 영국영어(British English)가 어휘와 문법 그리고 발음에 있어서 보이는 차이, 그리고 강세(stress)와 운율(rhythm)과 억양(intonation)의 문제도 가볍게 포함시켰다.

(3) 대부분의 영어문법서에서는 포함하고 있지 않고 일상에서 자주 접하게 되는 담화상황인 초대(invitations), 인사(greetings), 동의(agreeing), 충언(advising), 사과(apologies), 편지쓰기(letter-writing) 등에서 사용되는 대표적인 표현들을 제시하였다. 또한 우리가 자주 사용하면서도 문법서에서는 체계적으로 설명하고 있지 않은 이름과 직함(names and titles)과 날짜(dates), 그리고 화폐(money)를 어떻게 표기하고 어떻게 호칭하는가에 대해서도 구체적으로 설명하였

다. 특히 우리가 글을 쓸 때 수(numbers)를 (1, 2, 3 등과 같은) 아라비아숫자로 표기하는 것이 좋은가, 아니면 (one, two, three, etc.와 같이) 알파벳으로 표기하는 것이 좋은가의 문제에 직면했던 경험이 있을 것이다. 나아가서 "123 x 45"의 계산과정을 영어로 말할 줄 아는 사람은 그렇게 많지 않다. 이 책은 이러한 문제에 대해서도 여러분에게 도움을 줄 것이다.

(4) 마지막으로 이 책에서 중요하게 다룰 내용은 영어에서 널리 그리고 자주 사용되는 단어(words)의 실제적 활용이다. 영어가 모국어가 아닌 우리에게는 영어를 모국어로 쓰는 사람과 비교하여 어휘력이 많이 부족하다. 여기서 말하는 어휘력이란 얼마나 많은 (고급)영어 단어를 알고 있느냐가 아니라 우리가 흔히 쓰는 단어들에 대한 실제적 활용에 대한 지식을 말한다. 이 책에서는 영어의 글이나 말에서 가장 많이 쓰이는 단어들 중에 우리에게 혼란을 줄 수 있는 단어들, 활용이 다양한 단어들, 그 활용을 명백히 구분할 필요가 있는 단어들을 중심으로 학습자들이 이들 단어들에 대한 실세적인 활용을 이해하는 데 도움을 주려고 하였다.

우리가 한 단어를 안다는 것은 최소 그 단어에 대해 세 가지 속성, 즉 "의미"와 "발음" 그리고 "문법적 속성"이다. "book"이라는 단어를 모르는 사람은 없다. 그 의미와 발음은 논외로 하고, 우리는 "book"이 가산명사로서 복수(books)가 가능하며 단수로 쓰일 때 자신의 앞에 부정관사 "a"를 가질 수 있으며(a book), 그 앞과 뒤에 다른 수식어를 결합하여 더 큰 구조인 "명사구"(예: a recent book of short stories by Jack Johnson)를 구성할 수 있다는 것을 안다. 이렇게 구성된 명사구는 문장의 주어(A recent book of short stories by Jack Johnson was published by Hankook Munhwasa.), 목적어(Hankook Munhwasa published a recent book of short stories by Jack Johnson.) 등으로 쓰일 수 있다는 것을 안다.

우리가 영어를 배우는 데 어려움을 주는 것은 다음절의 생소한 고급 단어들이 아니라, 영어의 거의 모든 표현에 나타나는 관사(articles), 조동사(auxiliary verbs), 전치사(prepositions)와 같은 폐쇄형 품사인 기능어(function words)들과 단음절 또는 이음절의 짧고 사용빈도가 높은 동사(verbs), 명사(nouns), 형용사(adjectives) 등의 내용어(content words)들이다. 이 책은 이러한 단어들의 문법적 속성을 풍부한 예문과 설명을 제시함으로써 여러분들이 영어를 좀 더 정확하게 활용할 수 있게 하는 데 도움을 주려고 노력했다.

여러분들이 이 책의 문법과 어휘항목에서 보게 될 예를 몇 가지 보기로 하겠다. "I don't smoke, like John."에서 "John"은 "담배를 피는 걸까 안 피는 걸까?", "It'll take long/a long time to get there."와 "It won't take long/a long time to get there."에서 "long"과 "a long time" 중에 어느 것을 선택하는 것이 옳은 걸까? 우리는 "*We'll arrive there until Easter."라고 하지 않고 왜 "We'll arrive there by Easter."라고 해야 하는 걸까? "Ten dollars is enough for me."에서

주어가 복수(ten dollars)인데 어째서 단수동사 "is"를 써야 하는 걸까? 어째서 "She doesn't have any child."라고 하면 안 되고, "She doesn't have any children."이라고 해야 하는가?

우리가 자주 쓰는 단어 중에는 "begin"과 "start"라는 단어가 있다. 이 두 단어는 그 활용이 겹치는 경우가 있는가 하면 (예: The class begins/starts at 10 o'clock.), 어긋나는 경우도 있다 (예: We'll start/*begin early in the morning to get there in time.). 영어의 기초를 배운 사람이면 누구나 sure라는 단어와 certain이 유사한 의미를 가진 동의어라는 것을 안다. 그러나 이 두 단어는 실제 사용에 있어서 문법적 활용에서 차이를 보인다. "I'm sure/certain that he didn't hit me."에서는 sure와 certain이 둘 다 가능하지만, "It's certain/*sure that he didn't hit me."에서는 sure를 사용할 수 없다. 이에 반하여 "'May I borrow your car?' 'Sure/*Certain.'"에서는 ceratin이 허용되지 않는다.

영어사전을 보면 written의 반의어로는 spoken과 oral이라고 적혀 있다. 그러나 "written English"와 대조되는 표현은 "spoken English"이지만, "a written examination"과 대조되는 표현은 "an oral examination"이다. 절대로 "*oral English" 또는 "*a spoken examination"이라고 하지 않는다. live와 living이라는 단어가 한정적 형용사로 쓰일 경우를 생각해 보자. 동물에 대해서 말할 때는 "live lobsters, live cattle"이라고 하는 데 반하여, 사람에 대해서 말할 때는 "living grandparents, living American architect"라고 한다. 우리는 "tomorrow morning/yesterday morning"이라고 하지만, "tomorrow night"이 가능한 데 반하여 "*yesterday night"이라고 하지 않고 대신 "last night"이라고 한다.

우리가 영어를 공부하다보면 어떤 두 표현이 미미한 의미적, 나아가서 문법적 활용에 차이가 있는 것이 분명한데 정확하게 어떤 점에서 차이가 나는지 알 수 없는 경우가 많다. 몇 가지 예를 들면 "ago와 before", "under와 below", "little과 small", "speak와 talk", "worthy와 worthwhile", "home과 house", "tall과 high", "hope와 wish", "likely와 probable", "near와 nearby", "near와 close" 등 무수히 많다.

이 책은 원래 영문법을 체계적으로 가르치는 것을 목적으로 집필된 것이 아니지만, 내용 중에 적절한 부분을 "발췌"하여 가르치는 사람이 적절하다고 생각하는 순서에 따라 교육하면 훌륭한 영문법 교재로 사용될 수 있다. 다른 책과는 달리 이 책에는 문법적으로 또는 의미적으로 대조를 이루는 표현들이 다수 포함되어 있기 때문에 학생들이 이 표현들을 통해서 영어문법을 더 깊이 이해하는 데 큰 도움을 받을 것이다. 다음은 이 책을 교과서로 사용하고자 할 경우 생각할 수 있는 한 가지 제안이다. 이 제안은 책 내용의 3분의 1 정도를 포함하고 있으므로 가르치는 사람에 따라 내용을 가감 또는 수정할 수 있으며 물론 그 순서도 바꿀 수 있다. 나아가서 책의 나머지

부분을 학생들에게 과제로 부과한다면 학습효과를 높이는 데도 큰 도움이 될 것이다.

1장 문장 (S9)

2장 동사와 시제: 동사 (V1-V8), 부정사 (I30-I39), 동명사 (G7-G12), 분사 (P2-P5), 가정법 (S37)

3장 조동사와 시제: 조동사 (A117), 양상조동사 (M21-M24), 현재시제 (P43-P46), 과거시제 (P15-P19), 일치 (A41-A44)

4장 명사와 그 수식어: 명사구 (N38-N41), 명사 (N27-N35), 한정사 (D-13), 관사 (A88-A91), 한정사 선행어 (P32-P34), 속격 (G4-G6), 관계절 (R12-R15)

5장 대명사와 대용어: 대명사 (P51-P55), 부정대명사 (I22-I23), 대치 (S38)

6장 형용사: 형용사 (A18-A22), 비교급과 최상급 (C28-C32)

7장 부사: 부사 (A26-A28), 부가어 (A23), 접속어 (C39), 종속어 (S36)

8장 전치사: 전치사 (P35-P39), 전치사적 동사 (P41), 구동사 (P27)

9장 문장의 변형: 부정 (N9-N11), 의문문 (Q2-Q4), 명령문 (I11), 수동문 (P7-P14), 생략 (E13-E19), 도치 (I47-I49), 무동사절 (V9)

10장 복합문: 접속사 (C40), 등위접속 (C51), 조건절 (I2-I5), that-절 (T5-T6), 화법 (I26-I29)

11장 구두법: 구두법 (P56-P66)

책 끝에 비교적 상세한 어휘 색인(lexical index)을 마련하여 독자의 관심이 가는 표현을 쉽게 찾을 수 있게 했다. 또한 사용된 용어의 이해를 도울 수 있는 용어 해설(glossary)과 특정 문법 현상에 관심이 있는 사람을 위해 영어와 한글의 주제 색인(subject index)도 마련하였다.

이 책의 출판을 허락해 주신 김진수 사장님에게 감사하며, 원고 편집을 위해 많은 수고를 해주신 한병순 편집부장님과 편집부원님에게 고마운 마음을 전하고 싶다.

2024년 4월
이 홍 배

음성부호

■ 모음

ɪ	sit	iː	seat	eɪ	make
ɛ	set	ɑː	father	aɪ	like
æ	cat	əː	bird	ɔɪ	toy
ɒ	pot	ɔː	law	əʊ	note
ə	about	uː	fool	oʊ	boat
ʌ	but			aʊ	house
ʊ	foot			ɪə	dear
				eə	air
				uə	tour

■ 자음

p	pen	m	mom	z	zip	θ	think
b	bed	n	noon	ʃ	show	ð	then
t	ten	ŋ	sing	ʒ	pleasure	l	left
d	day	f	fit	h	hat	r	right
k	kid	v	voice	tʃ	choose	w	win
g	go	s	sit	dʒ	jury	j	yes

차례

- 머리말 / vii
- 음성부호 / xi
- 일러두기 / xxiii

A

A1	a(n) (부정관사)	1
A2	abandon, desert, leave	2
A3	ABBREVIATIONS (약사)	3
A4	a bit (of)과 a little (of)	7
A5	(a) few와 (a) little	9
A6	a lot (of)와 양화사	11
A7	aboard와 abroad	14
A8	about와 (a)round	15
A9	about와 on	16
A10	above와 below	17
A11	above와 over	19
A12	according to	20
A13	across, over, through	21
A14	act, action, activity	23
A15	ACTIVE VERB FORMS (능동형 동사)	23
A16	actual(ly)와 real(ly)	25
A17	adapt, adept, adopt	27
A18	ADJECTIVES (형용사)-1: 개요	28
A19	ADJECTIVES-2: 한정적 기능	28
A20	ADJECTIVES-3: 명사 뒤에 오는 구조	34
A21	ADJECTIVES-4: 서술적 기능	36
A22	ADJECTIVES-5: 수식받는 명사가 없는 구조	43
A23	ADJUNCTS (부가어)	46
A24	admittance와 admission	50
A25	advantage와 benefit	51
A26	ADVERBIAL PHRASES (부사구)-1: 개요	51
A27	ADVERBIAL PHRASES-2: 기능	52
A28	ADVERBIAL PHRASES-3: 의미와 위치	55
A29	ADVERBS와 ADJECTIVES: 혼란스러운 것들	56
A30	adversary와 opponent	58

A31	ADVISING (충언)	59
A32	affect와 effect	59
A33	afraid	60
A34	after와 before	61
A35	after, in, afterwards, later	64
A36	after all	65
A37	again과 back	65
A38	age	67
A39	ago와 before	68
A40	AGREEING (동의)	69
A41	AGREEMENT (일치)-1: 주어와 동사의 일치	70
A42	AGREEMENT-2: 명사와 일치	73
A43	AGREEMENT-3: 등위접속 주어와 일치	74
A44	AGREEMENT-4: 기타 표현과 일치	76
A45	alive, live, living	80
A46	all	82
A47	all과 every	83
A48	all, everybody, everything	85
A49	all과 (PRO)NOUNS ((대)명사)	86
A50	all과 NEGATION (부정)	87
A51	all과 whole	88
A52	allege, accuse, charge, indict, convict, sentence	90
A53	allow, permit, let	91
A54	allusion, illusion, delusion	92
A55	almost와 nearly	93
A56	alone, lonely, lonesome, lone	95
A57	along과 alongside	96
A58	aloud, loud, loudly	96
A59	already, still, yet	97
A60	also, as well, too, either, neither, nor	100
A61	alternate와 alternative	102
A62	although와 though	103
A63	altogether와 all together	104
A64	am	104
A65	AMERICAN ENGLISH(미국영어)와 BRITISH ENGLISH(영국영어)-1: 문법	105
A66	AMERICAN ENGLISH와 BRITISH ENGLISH-2: 어휘	109
A67	AMERICAN ENGLISH와 BRITISH ENGLISH-3: 철자	112
A68	AMERICAN ENGLISH와 BRITISH ENGLISH-4: 발음	115
A69	amoral, immoral, unmoral	117
A70	and	118
A71	another, other, others	121
A72	answer, reply, respond	123
A73	anticipate, expect, hope, look forward to, wait (for)	125

A74	any	128
A75	any와 ARTICLES (관사)	130
A76	any와 either	131
A77	any와 every	132
A78	(not) any, no, none	132
A79	anyway	133
A80	APOLOGIES (사과)	133
A81	APPOSITION (동격)	134
A82	appraise와 apprise	136
A83	apprehend와 comprehend	136
A84	apt, likely, liable	136
A85	Arab, Arabic, Arabian	137
A86	arise, raise, rise	138
A87	arouse와 rouse	139
A88	ARTICLES (관사)-1: 개요	139
A89	ARTICLES-2: 정관사 the	143
A90	ARTICLES-3: 부정관사 a/an	147
A91	ARTICLES-4: 영의 관사	149
A92	ARTICLES-5: 고유명사와 정관사	154
A93	artificial, man-made, synthetic	163
A94	as	164
A95	as/so ... as와 as much/many (...) as	167
A96	as/so far as	170
A97	as와 like (유사성)	171
A98	as와 though	174
A99	as와 while	176
A100	as if와 as though	177
A101	as it is와 as it were	179
A102	as/so long as	179
A103	as to, as for, as from, as of	180
A104	as well as	180
A105	ashore와 onshore	182
A106	ask와 ask for	183
A107	asleep와 sleep	185
A108	assess, appraise, evaluate	186
A109	assure, ensure, insure	187
A110	at	188
A111	at, on, in (장소)	189
A112	at, on, in (시간)	192
A113	at, in, on, to (방향)	196
A114	at all	197
A115	at last, eventually, finally, lastly, in the end	198
A116	authentic, authoritative, genuine	200

A117	AUXILIARY VERBS (조동사)		201
A118	awake, wake, awaken, waken		203
A119	award와 reward		204
A120	aware와 conscious		204
A121	away		205
A122	awesome과 awful		206
A123	awhile과 a while		207

⇒ **B**

B1	bad와 badly	209
B2	be	210
B3	be able to	212
B4	be about to	214
B5	be/have finished (with)	214
B6	be going to	215
B7	be gone	215
B8	be supposed to	216
B9	be to	217
B10	be willing to	219
B11	because	219
B12	because, as, since, for	220
B13	because of, due to, owing to, on account of	222
B14	become	223
B15	been to와 been in	223
B16	before	224
B17	before와 in front of	227
B18	begin와 start	227
B19	behind와 ahead (of)	229
B20	believe와 believe in	230
B21	below와 under	231
B22	beside와 besides	233
B23	besides, except, but, apart from, aside from	234
B24	besides와 in addition (to)	235
B25	bet	235
B26	between, among, amid	236
B27	beyond	239
B28	biannual과 biennial	240
B29	big, large, great	240
B30	bill, check, invoice	242
B31	born과 borne	242
B32	both	243
B33	bring과 take	245
B34	broad와 wide	246
B35	but	248

B36	but for와 but then		250
B37	by		250

C

C1	call		255
C2	can과 could-1: 기본적 의미		256
C3	can과 could-2: 능력		257
C4	can과 could-3: 가능성		260
C5	can과 could-4: 허가		262
C6	can과 could-5: 의지적 의미		263
C7	can't help (but)와 cannot but		264
C8	care		265
C9	CASE (격)		266
C10	CAUSATIVE VERBS (사역동사)		267
C11	censor, censure, census		267
C12	certain(ly)과 sure(ly)		268
C13	chance, opportunity, possibility		269
C14	childish와 childlike		270
C15	choose, select, pick		270
C16	chord과 cord		271
C17	classic과 classical		271
C18	CLAUSES(절)		272
C19	CLEFT SENTENCES (분열문)		274
C20	climate과 weather		277
C21	close와 shut		278
C22	close (to)와 near (to)		279
C23	cloth, clothe, clothes, clothing		280
C24	cloudy와 clouded		281
C25	collision과 collusion		282
C26	come과 go		282
C27	comic과 comical		283
C28	COMPARATIVES (비교급)와 SUPERLATIVES (최상급)-1: 유형과 구조		283
C29	COMPARATIVES와 SUPERLATIVES-2: 형용사		288
C30	COMPARATIVES와 SUPERLATIVES-3: 부사		292
C31	COMPARATIVES와 SUPERLATIVES-4: 비교급의 용법		294
C32	COMPARATIVES와 SUPERLATIVES-5: 최상급의 용법		296
C33	COMPARATIVES와 SUPERLATIVES-6: 수식어들		298
C34	compare와 contrast		302
C35	COMPLEMENTS (보충어)		302
C36	comprehensible과 comprehensive		305
C37	confidential과 secret		305
C38	CONGRATULATIONS (축하)		306
C39	CONJUNCTS (접속어)		306

C40	CONJUNCTIONS (접속사)		311
C41	consequent와 consequential		315
C42	consul, council, counsel		315
C43	contagious와 infectious		316
C44	contemptible과 contemptuous		316
C45	continual과 continuous		316
C46	CONTRACTIONS (축약)		317
C47	contrary, contradictory, opposite		321
C48	CONTRAST (대조)		322
C49	converse와 reverse		324
C50	cooperate와 collaborate		325
C51	COORDINATION (등위접속)		325
C52	COPULAR/LINKING VERBS (연결동사)		327
C53	couple과 pair		329
C54	CORRELATIVE CONJUNCTIONS (상관 접속사)		330
C55	could와 might		331
C56	custom, habit, practice		332

⇒ D

D1	dare	334
D2	DATES (날짜)	335
D3	dead와 die	337
D4	DEGREE WORDS (정도어)-1: 개요	339
D5	DEGREE WORDS-2: 형용사와 부사의 수식	341
D6	DEGREE WORDS-3: 명사의 수식	344
D7	DEGREE WORDS-4: 동사의 수식	345
D8	DEGREE WORDS-5: 양화사와 전치사의 수식	346
D9	DEMONSTRATIVES (지시사): this/these와 that/those	348
D10	dependent와 dependant	351
D11	DERIVED NOUN PHRASES (파생명사구)	352
D12	desirable과 desirous	359
D13	DETERMINERS (한정사)	359
D14	different	362
D15	DIRECT OBJECT (직접목적어)	363
D16	DIRECT SPEECH (직접화법)	364
D17	discern, discriminate, distinguish	366
D18	discreet와 discrete	366
D19	disinterested와 uninterested	367
D20	DISJUNCTS (부연어)	367
D21	disorganized와 unorganized	369
D22	disused, misused, unused	369
D23	divers와 diverse	370
D24	do-1: 개요	370
D25	do-2: 조동사	371

D26	do-3: 다목적 동사	373
D27	do, do so, do it, do this, do that	375
D28	drown	377
D29	drug, medicine, medication	378
D30	DURATION (기간): during, for, in, ...	379

➡ E

E1	each	382
E2	each와 every	384
E3	each other와 one another	385
E4	early	387
E5	east, west, south, north	388
E6	economic과 economical	389
E7	effective, effectual, efficient	390
E8	either	390
E9	either ... or	391
E10	elder/older와 eldest/oldest	392
E11	electric과 electrical	393
E12	eligible과 illegible	393
E13	ELLIPSIS (생략)-1: 개요	394
E14	ELLIPSIS-2: 등위접속사와 생략	395
E15	ELLIPSIS-3: 동사구와 생략	396
E16	ELLIPSIS-4: 종속접속사와 생략	398
E17	ELLIPSIS-5: 상황적 생략	401
E18	ELLIPSIS-6: 명사 생략	402
E19	ELLIPSIS-7: 극단적 생략	403
E20	else	403
E21	EMPHASIS (강조)	405
E22	end와 finish	409
E23	enormity와 enormousness	411
E24	enough	411
E25	error와 mistake	413
E26	especially, particularly, specially	414
E27	eternal과 everlasting	416
E28	evade와 avoid	416
E29	even	417
E30	even if와 even though	418
E31	ever	418
E32	every	420
E33	every-	422
E34	exceed와 excel	423
E35	exceedingly와 excessively	424
E36	except와 except for	424
E37	EXCLAMATIONS (감탄)	426

E38	excuse, pardon, forgive	428
E39	exempt와 except	431
E40	exhausting과 exhaustive	431
E41	expensive, costly, dear	432
E42	EXTRAPOSITION (외치)	433

➡ F

F1	facetious, factious, factitious, fictitious	435
F2	falsehood, falseness, falsity	435
F3	far	436
F4	fashion과 style	438
F5	fast와 quick(ly)	439
F6	fearful과 fearsome	440
F7	feel	441
F8	final, last, ultimate	442
F9	financial, fiscal, monetary, pecuniary	443
F10	FINITE VERBS와 NON-FINITE VERBS (정형동사와 비정형동사)	444
F11	first와 at first	445
F12	fit와 suit	445
F13	flaw, fault, defect	446
F14	for	447
F15	forbear와 forebear	450
F16	FORMAL ENGLISH (형식영어)와 INFORMAL ENGLISH (비형식영어)	451
F17	FRACTIONS (분수)	451
F18	FREQUENCY (빈도)	453
F19	frightened, scared, afraid	454
F20	from	455
F21	from과 since	457
F22	fronting (전치)	458
F23	FUTURE TIME (미래시간)	460

➡ G

G1	game, play, sports	463
G2	GENDER (성)	464
G3	generous와 kind	466
G4	GENITIVES (속격)-1: 형태	467
G5	GENITIVES-2: 의미와 용법	469
G6	GENITIVES-3: 이중속격	472
G7	GERUNDS (동명사)-1: 개요	473
G8	GERUNDS-2: 동명사의 주어	475
G9	GERUNDS-3: 동사 다음에서	478
G10	GERUNDS-4: ing형과 부정사	480
G11	GERUNDS-5: 명사와 형용사 다음에서	485
G12	GERUNDS-6: 전치사 다음에서	486
G13	get	487

G14	give와 ACTION NOUNS (행위명사)	491
G15	glance와 glimpse	492
G16	go/come and/to do와 go/come do	493
G17	go ...ing와 go for a ...	493
G18	GOOD WISHES (축복)	494
G19	GOODBYE (작별)	495
G20	grade, mark, results, score	496
G21	grateful과 thankful	497
G22	GREETINGS (인사)	497

➡ H

H1	had better	499
H2	half	500
H3	hanged와 hung	502
H4	happen, occur, take place	502
H5	hardly, scarcely, barely, no sooner	503
H6	have-1: 개요	504
H7	have-2: have + ACTION NOUNS (행위명사)	506
H8	have-3: have (got) (상태동사)	507
H9	have-4: 사역과 경험동사	509
H10	have (got) to	511
H11	healthful과 healthy	513
H12	hear와 listen (to)	513
H13	help	515
H14	hence, thence, whence	516
H15	here와 there	517
H16	high와 tall	518
H17	historic과 historical	519
H18	holiday, holidays, vacation	519
H19	home과 house	520
H20	Honorable과 Reverend	521
H21	hope와 wish	522
H22	how	523
H23	however	525
H24	hypocritical과 hypercritical	526

➡ I

I1	-ic와 -ical	527
I2	if-1: 형태와 일반적 용법	530
I3	if-2: 다른 용법	531
I4	if-3: 특별한 용법	532
I5	if-4: 다른 형태의 조건절	535
I6	if only	536
I7	if ... were ...	537
I8	ill과 sick	537

I9	imaginable, imaginary, imaginative	538
I10	impassable, impassible, impossible	539
I11	IMPERATIVE SENTENCES (명령문)	539
I12	in	542
I13	inasmuch as, insomuch as, insofar as	544
I14	in case와 if	545
I15	in case of	546
I16	in front of, facing, opposite	547
I17	in spite of와 despite	548
I18	incidental(ly)와 accidental(ly)	548
I19	incomparable과 incompatible	549
I20	incredible과 incredulous	550
I21	indeed	550
I22	INDEFINITE PRONOUNS (부정대명사)-1: 단순 부정대명사	551
I23	INDEFINITE PRONOUNS-2: 복합 부정대명사	553
I24	indict와 indite	555
I25	INDIRECT OBJECT (간접목적어)	555
I26	INDIRECT SPEECH (간접화법)-1: 직접화법과 간접화법	556
I27	INDIRECT SPEECH-2: 간접진술	560
I28	INDIRECT SPEECH-3: 간접질문과 간접감탄	561
I29	INDIRECT SPEECH-4: 간접명령, 제안, 발언행위	563
I30	INFINITIVES (부정사)-1: 형태와 종류	565
I31	INFINITIVES-2: 시간표현	566
I32	INFINITIVES-3: 원형부정사	568
I33	INFINITIVES-4: 용법	571
I34	INFINITIVES-5: 주어, 보어, 목적어	572
I35	INFINITIVES-6: 형용사와 부정사	573
I36	INFINITIVES-7: 동사와 부정사	578
I37	INFINITIVES-8: 명사와 부정사	584
I38	INFINITIVES-9: 형용사적 용법	584
I39	INFINITIVES-10: 부사적 용법	586
I40	INFORMATION STRUCTURE (정보의 구성)	588
I41	ingenious와 ingenuous	590
I42	insanitary와 unsanitary	590
I43	instead (of)	591
I44	intense와 intensive	591
I45	intent와 intention	592
I46	into	593
I47	INVERSION (도치)-1: 개요	594
I48	INVERSION-2: 조동사의 전치	594
I49	INVERSION-3: 동사구의 도치	597
I50	INVITATIONS (초대)	599
I51	its와 it's	600

	I52	it's time	601

➡ J

	J1	journey, tour, travel, trip, voyage	602
	J2	judicial, judiciary, judicious	604
	J3	just	605

➡ K

	K1	kind of, sort of, type of	607
	K2	know	609

➡ L

	L1	last와 the last	613
	L2	late, later, latest	615
	L3	lawful, legal, legitimate, licit	616
	L4	lay, lie, lie	618
	L5	least와 fewest	619
	L6	legible과 readable	622
	L7	less와 fewer	622
	L8	lest	625
	L9	let (사역동사)	626
	L10	let's	627
	L11	LETTERS (편지)	628
	L12	liable과 responsible	631
	L13	life	631
	L14	lightening, lightning, lighting	633
	L15	like (동사)	634
	L16	likely와 probable	635
	L17	long과 a long time	636
	L18	look (like)	638
	L19	luxuriant와 luxurious	640

■ 일러두기 [별표(*)의 이해]

문법적으로 허용되는 표현과 허용되지 않는 표현을 구별하기 위해, 허용되지 않는 표현 앞에 별표(*)를 붙였다. 예를 들어 영어에서 "Only a few children in this class like maths"와 "Only a few of the children in this class like maths"는 허용되지만, "children" 앞에서 정관사 "the"가 빠진 "*Only a few of children in this class like maths"는 허용되지 않는다. "She was surprised (*at) that he noticed her"와 같은 예문에서는 "at"가 선택된 "*She was surprised at that he noticed her"는 문법적으로 허용되지 않는 표현이고, "at"가 빠진 "She was surprised that he noticed her"는 허용되는 표현이다. 또한 "Everything is/*are going smoothly"와 같은 예문에서는 "is"가 선택된 "Everything is going smoothly"는 허용되지만, "are"가 선택된 "*Everything are going smoothly"는 허용되지 않는다.

A1 a(n) (부정관사)

부정관사에는 a와 an 두 가지 형태가 있다. an은 "모음"으로 시작하는 단어 앞에 나타나고, a는 그 외의 경우에 나타난다.

1 **형태**: 문자 "e, o, u"로 시작하는 단어가 "자음"으로 발음되면 a를 사용하고 그 외의 경우에는 an을 사용한다. 문자 "h"는 시작하는 단어 중에는 "h"가 묵음이 되는 경우가 있으며, 이 경우 an이 사용된다.

a + 자음 an + 모음
a European style an Egyptian darkness
a one-way ticket an only child
a unique opportunity an unknown artist

a + h an + 묵음 h
a holy place an honor student
a huge building an hour's rest
a house call an honest politician

2 **약자와 문자**: "a, e, i, o, f, h, l, m, n, r, s, x" 문자는 독립적으로 발음될 때 "모음"으로 시작하기 때문에 이들 문자로 시작하는 약자나 문자 앞에는 an이 사용되고, 그 외의 경우에는 a가 사용된다.

a KBS announcer an MBC reporter
a VIP room an FBI agent
a "k" an "x"
a "u" an "o"

3 **숫자**: 모음으로 발음이 시작되는 숫자 앞에는 an이 오고, 자음으로 발음이 시작되는 숫자 앞에는 a가 온다.

a "1" an "8"
a "10" an "11"
a "20" an "18"

4 자음 앞에 오는 a에는 "강형 [eɪ]"와 흔히 쓰이는 "약형 [ə]"가 있고, 모음 앞에 오는 an에는 "강형 [æn]"과 흔히 쓰이는 "약형 [ən]"이 있다.

He's **a** [ə] doctor. (그는 의사다.)
I gave him **a** [eɪ] THOUSAND dollars. (나는 그에게 천 불을 주었다.)

He's **an** [ən] engineer. (그는 공학자다.)
NATO is **an** [æn] ACRONYM. (나토는 두문자어다.)

부정관사의 용법에 대해서는 A90을 보라.

A2   abandon, desert, leave

이 단어들은 "인간관계의 단절, 어떤 위치나 장소에서의 이탈, 의무나 책임의 회피, 신념이나 원칙의 포기" 등을 표현할 때 사용된다.

1   **abandon**: 책임이나 의무를 "완전히 포기하는" 것을 의미하며, 종종 무책임하게 또는 잔인하게 "인간관계를 단절하는" 것을 의미한다.

The sailors **abandoned** the burning ship. (선원들은 불타는 배를 포기했다.)
He **abandoned** his wife and went away with all their money.
(그는 부인을 버리고 모든 돈을 가지고 도망갔다.)
How could a mother **abandon** her own child?
(엄마가 어떻게 자신의 아이를 버릴 수 있습니까?)

2   **desert**: abandon과 같이 책임이나 의무를 "완전히 포기하는" 것을 의미하며, 나아가서 "법적 또는 도덕적인 의무나 신뢰에 어긋남"을 강조할 때 사용된다.

The platoon leader **deserted** his platoon under fire.
(소대장이 포화 세례를 받고 있는 소대를 버리고 도망쳤다.)
He **deserted** his wife and children and went abroad.
(그는 부인과 아이들을 버리고 외국으로 가버렸다.)
A soldier who **deserts** his post in time of war is punished severely.
(전시에 병사가 부대를 탈영하면 엄한 처벌을 받는다.)

▶ **deserted**: 형용사로서 모든 거주민들이 떠나서 "사람이 없는" 곳을 가리킬 때 사용되기도 한다.

The village was **deserted**, because the bandits were in the district.
(그 지역에 도적떼가 있어서 마을이 황폐화 되었다.)
The streets are completely **deserted** after midnight because of the curfew.
(통행금지 때문에 자정 이후에는 거리에 사람이 하나도 없다.)

3   **leave**: leave는 이탈의 동기나 결과에 대한 어떠한 의미도 함축하지 않고, 단순한 "물리적 떠남"을 의미할 수 있다.

They **left** their hometown and moved to the big city.
(그들은 고향을 떠나서 큰 도시로 이사했다.)
The man **left** his country to evade prosecution for a crime.
(그 남자는 범죄로 기소 당하는 것을 피하려고 나라를 떠났다.)
My parents **left** their hometown to live under milder climate.
(나의 부모님은 더 온화한 기후에서 사시려고 고향을 떠나셨다.)

4   **결혼/가족관계**: "abandon, desert, leave"는 모두 "결혼관계나 가족관계의 파탄"을 표현할 때 사용될 수 있다. 그러나 이들이 함축하는 의미는 약간씩 다르다.

He **left** his wife last year. (그는 지난해에 부인과 헤어졌다.)
[공개적으로 부인과 헤어졌으나 재정적으로 부인을 돕고 있을 수 있다.]
She **abandoned** her child to an orphanage, when he was ten.
(그녀는 아이가 열 살 때 그를 고아원에 버렸다.)
[아이와의 모자관계를 완전히 단절하고 새로운 삶을 찾아간 것을 암시한다.]
He **deserted** his wife and children when he was elected governor.
(그는 주지사로 당선되자 부인과 아이들을 버렸다.)
[어떠한 법적 정당성이 없이 모든 도덕적 의무를 저버리고 의도적으로 가족을 버렸다는 것을 암시한다.]

A3 ABBREVIATIONS (약자)

우리는 글이나 말에서 매우 자주 약자를 접하게 된다.

He was born in **ca.** 1769 (= about 1769). (그는 대략 1769년에 태어났다.)
[ca. = 라틴어 circa[sə́:rkə]의 약자]
Often a man uses a more formal style when addressing a woman. (**cf.** Trudgill 1986)
(남성은 종종 여성에게 말할 때 더 격식적인 말투를 쓴다.)
[cf. = confer의 약자]
NATO was organized under the leadership of the United States after World War II.
(나토는 세계 2차 대전 이후에 미국의 주도 아래 조직되었다.)
[NATO = **N**orth **A**tlantic **T**reaty **O**rganization의 약자]

1 **약자와 마침표**: 영어에서 약자를 만드는 데는 정해진 방식이 없다. 일반적으로 몇 개의 단어로 구성된 표현의 약자는 구성하는 단어들의 "첫 문자"로 만들어지는 반면 (예: M.D. (= Doctor of Medicine)), 한 단어의 약자는 일반적으로 단어의 "앞부분"이나 (예: Capt. (= Captain)) "자음"으로 구성되며 (예: Blvd. (= Boulevard)), 때때로 그 "혼합형"이 나타난다. (예: amt. (= amount)) 현대 영국영어에서는 약자에 일반적으로 마침표를 찍지 않는 데 반하여 미국영어에서는 찍는 것이 정상이다.

(1) 첫 문자

B.A./BA   Bachelor of Arts   B.C./BC   before Christ
B.S./BSc Bachelor of Science   D.A./DA   District Attorney
M.S./MSc Master of Science   Ph.D./PhD Doctor of Philosophy

▶ 약자를 표시하는 "마침표"와 다음 문자 사이를 띄어 쓰지 않는 것이 원칙이지만, "인명의 약자"를 표시할 때는 띄어 써야 한다.

C. G. Taylor (*C.G. Taylor)   Ph.D. (*Ph. D.)
L. B. Johnson (*L.B. Johnson)   M.D. (*M. D.)

(2) 단어의 앞부분

adj.   **adj**ective   adv.   **adv**erb   ans.   **ans**wer

ant.	**ant**onym	Ave.	**Ave**nue	Capt.	**Capt**ain
esp.	**esp**ecially	int.	**int**ernet	lieut.	**lieut**enant
lit.	**lit**erature	prep.	**prep**osition	Rev.	**Rev**erend
sec.	**sec**retary	syn.	**syn**onym	vol.	**vol**ume

(3) 단어의 자음

Dr.	Doctor	H.Q.	headquarters	hr.	hour
Jr.	Junior	Lt.	Lieutenant	Ltd.	Limited
Mr.	Mister	Mrs.	Mistress	pd.	paid
Sgt.	sergeant	Sr.	Senior	St.	Saint

(4) 혼합형

| acct. | **acc**oun**t** | asst. | **ass**istan**t** | atty. | **att**orne**y** |
| dept. | **dep**artmen**t** | govt. | **gov**ernmen**t** | supt. | **sup**erintenden**t** |

▶ 현대영어에서 "척도"를 의미하는 단어의 약자에서는 일반적으로 영국영어에서는 마침표를 찍지 않고, 미국영어에서는 찍는다.

m/m.	meter	cm/cm.	centimeter	km/km.	kilometer
in/in.	inch	ft/ft.	foot	yd/yd.	yard
g/g.	gram	mg/mg.	milligram	kg/kg.	kilogram
l/l.	litter	oz/oz.	ounce	qt/qt.	quart

▶ 첫 문자로 구성된 약자, 즉 "두문자약자"를 제외하고는 위의 약자들은 일반적으로 "완전한 단어"처럼 발음된다. 예를 들어 통상적으로 "B.C.(= before Christ)"와 "Ph.D.(= Doctor of Philosophy)"는 각각 [bɪ-sɪ]와 [pɪ-eɪtʃ-dɪ]로, "Ave.(= Avenue)"와 "Dr.(= Doctor)"는 각각 [ǽvənjù]와 [dάktər]로 발음한다. 이러한 관점에서 볼 때 두문자약자와 두문자어는 표기와 발음의 수고를 덜어주는 데 반하여, 다른 약자들은 단순히 표기의 수고를 덜어주는 데 그 목적이 있다고 할 수 있다.

2 **두문자약자**: 문자 하나하나를 띠어서 발음하는 (예를 들어 BBC[bɪbɪsɪ́]) 약자를 "두문자약자"라고 한다. 현대영어에서는 두문자약자에서 마침표를 생략하는 경향이 있다.

AFKN	the American Forces Korea Network (주한미군 방송망)
AFL-CIO	the American Federation of Labor and Congress of Industrial Organizations (미국 노동 총연맹 산업별 회의)
AP/A.P.	the Associated Press ((미국) 연합통신사)
BBC/B.B.C.	the British Broadcasting Corporation (영국 방송협회)
FBI/F.B.I.	the Federal Bureau of Investigation (미국 연방수사국)
FCC/F.C.C.	the Federal Communications Commission (연방 통신위원회)
IOC	the International Olympic Committee (국제 올림픽 위원회)
IMF/I.M.F.	the International Monetary Fund (국제 통화기금)
PTA/P.T.A.	Parent-Teacher Association (사친회)
ROTC/R.O.T.C.	Reserved Officers' Training Corps (예비역 장교 훈련단)

| | UPI/U.P.I. | the United Press International (국제 합동통신사) |
| | WTO | the World Trade Organization (세계무역기구) |

3 **두문자어(acronym)**: 하나의 단어처럼 발음하는 (예를 들어 UNESCO[juː)néskoʊ]) 약자를 "두문자어"라고 하며, 두문자어에서는 "마침표"를 사용하지 않는 것이 정상이다.

	AIDS [eɪdz]	the Acquired Immunodeficiency Syndrome (후천성 면역결핍증후군)
	NASA [nǽsə]	the National Aeronautics and Space Administration (미국 항공우주국)
	THAAD [θɑːd]	Terminal High Altitude Area Defense (종말 고고도 지역 방어)
	OPEC [óupek]	the Organization of Petroleum Exporting Countries (석유수출국기구)
	NATO [néɪtoʊ]	the North Atlantic Treaty Organization (북대서양 조약기구)
	radar [réɪdɑːr]	radio detecting and ranging (레이다/전파탐지기)
	SALT [sɔːlt]	Strategic Arms Limitation Talks (전략무기 제한협정)
	UNESCO [juː(ː)néskoʊ]	the United Nations Educational, Scientific, and Cultural Organization (유엔 교육 과학 문화기구)
	WASP [wɑːsp]	the White Anglo-Saxon Protestant (앵글로 색슨 백인 신교도)

4 **약자와 정관사**: "두문자약자" 앞에는 정관사 the가 올 수 있지만, "두문자어" 앞에는 올 수 없다.

She works as a newscaster for **the KBS**. (그녀는 KBS에서 뉴스캐스터로 일한다.)
The CIA sometimes collides with **the FBI** on issues related to national securities.
((미)중앙정보국은 국가안보와 관련된 문제에서 때때로 (미)연방수사국과 충돌을 일으킨다.)

She served as a spokeswoman for **(*the) NATO** from 2010 to 2012.
(그녀는 2010년부터 2012년까지 북대서양 조약기구의 대변인으로 일했다.)
He has spent all his life to find cure for **(*the) AIDS**.
(그는 후천성 면역결핍 증후군의 치료법을 찾는 데 평생을 보냈다.)

▶ 그러나 두문자어가 수식어로 쓰일 경우에는 관사를 대동할 수 있다.

She's going to marry a man from one of **the most famous WASP families** in America.
(그녀는 미국에서 가장 유명한 앵글로 색슨 백인 청교도 집안들 중의 한 집안 남자와 결혼할 예정이다.)
He works for an organization which takes care of children infected with **the AIDS virus**.
(그는 에이즈 바이러스에 감염된 아이들을 돌보는 기구에서 일하고 있다.)

5 **약자의 사용**: 공간을 절약해야 하는 "각주, 도서목록, 도표, 주소록" 등을 제외한 "일상적인 글"에서는 가급적 약자를 피하는 것이 좋다.

(1) 다음의 경우는 일반적으로 약자를 사용하지 않는다.

(a) 국가와 같은 "지역명"은 가급적 약자로 쓰지 않는다.

Korea (*Kr.)   New Mexico (*N. Mex.),   South Africa (*SA)

South Africa/*S. Africa is a country at the southern tip of Africa.
(남아공은 아프리카의 남쪽 끝에 있는 나라다.)
We went to **Vermont/*Vt.** for the fall color festival.
(우리는 가을 단풍 축제를 보려고 버몬트 주에 갔다.)

(b) "월명"과 "요일명"에 나름대로의 약자가 있지만, 글에서는 일반적으로 약자를 쓰지 않는 것이 좋다. (D2.1과 2를 보라.)

There'll be a big opening ceremony on the first **Monday/*Mon.** of January/*Jan.
(1월 첫 월요일에 큰 개원식을 열 것이다.)

(c) "이름(Christian names)"만을 쓸 때는 약자를 쓰지 않는다.

Charles (*Chars.)   Edward (*Edw.)   Robert (*Robt.)

Edward and **Charles/*Ed. and Chars.** moved to New York last week.
(에드워드와 찰스는 지난주에 뉴욕으로 이사했다.)

(d) 주소를 표기할 때 "도시 명, 거리 명"을 약자로 쓰지 않는다.

Sixth Avenue (*Ave.)   114 East Street (*St.)   New York (*N.Y.)
(예외: St. Paul)

My school is located at the corner of **East Street/*St.** and **Sixth Avenue/*Ave.**
(나의 학교는 이스트 가와 6가 모퉁이에 있다.)

(2) 다음의 경우에는 일반적으로 약자를 사용한다.

(a) 인명 앞에 붙는 "호칭"은 약자로 표기한다.

Mr.   Mrs.   Dr.   Messr.   Mme.

Mr./*Mister Smith invited **Dr./*Doctor** Johnson to the conference.
(스미스 씨는 존슨 박사를 학회에 초청했다.)

(b) 인명 뒤에 붙는 "직함"은 약자로 표기한다.

Jr.   Sr.   D.D.   LL.D.   M.D.   Ph.D.

Alan Smith, **Jr./*junior,** is teaching English at our school.
(앨런 스미스 2세는 우리 학교에서 영어를 가르친다.)
Dr. Robert Jones, **Ph.D./*Doctor of Philosophy**, is head of the Chemistry Department.
(로버트 존스 박사는 화학과 과장이다.)

(c) 전문적인 글에는 종종 "라틴어의 약자"가 사용된다. (이들은 종종 번역된 영어표현으로 읽힌다.)

i.e. (*id est* (= that is))   *e.g.* (*exempli gratia* (= for example))
viz. (*videlicet* (= namely))   *etc.* (*et cetera* (= and so forth))

They both had the same ambition, **viz./*videlicet**, to make a lot of money and to retire at 40. (그 두 사람은 같은 야망, 즉 돈을 많이 벌어서 40세에 은퇴하겠다는 야망을 가지고 있다.)

(d) 정부기관 등 많은 "조직체의 명칭"은 "두문자약자"로 표기하는 것이 관례다.

| KBS | MBC | AT&T | USA |
| CARE | NATO | NASA | UDT |

She worked as a news analyst for the **KBS**.
(그녀는 케이비에스의 뉴스해설자였다.)
He was flight director of the Apollo Program in **NASA**.
(그는 나사의 아폴로 계획의 비행 책임자였다.)

6   **B.C.와 A.D. 그리고 a.m.과 p.m.**: A.D.는 날짜 앞에 오고 (미국영어에서는 뒤에도 옴) B.C.는 날짜 뒤에 오며, a.m.과 p.m.은 o'clock과 함께 사용되지 않는다.

Octavian lived from **64 B.C.** to **A.D. 14**.
(옥타비안은 기원전 64년부터 기원후 14년까지 살았다.)
We'll be there at **7 a.m.** (우리는 오전 7시에 그곳에 갈 것이다.)
(*We'll be there at **7 o'clock a.m.**)
(참고: We'll there at 7 o'clock in the morning.)

We went to bed at **9:30 p.m.** (우리는 저녁 9시 반에 잠자리에 들었다.)
(참고: We went to bed at 9:30 in the evening.)

다른 시간표현에 대해서는 A112와 T14를 보라.

A4   a bit (of)과 a little (of)

"a bit"와 "a little"은 같은 의미의 정도부사로 쓰일 수 있으며, 비격식적 표현에서는 "a little bit"이 더 흔히 쓰이기도 한다.

She's feeling **a bit/a little (bit)** tired. (그녀는 좀 피곤해 한다.)
You're **a bit/a little (bit) too young** to watch the film.
(너는 그 영화를 보기에는 좀 어리다.)
People feel **a bit/a little** more confident of the success of the project.
(국민들은 그 사업의 성공을 조금 더 확신하고 있다.)

1   **명사**: "a bit"는 "a little"과는 달리 명사 앞에 올 수 없으며, 명사와 결합하기 위해서는 전치사 "of"를 필요로 한다. ("a little of"에 대해서는 A5.3을 보라.)

I have **a little money/*a bit money**. (나에게 돈이 조금 있다.)
I have **a bit of money/*a little of money**.

I have **a little time** to spare. (나는 시간을 잠시 낼 수 있습니다.)
I have **a bit of time** to spare.

▶ "a bit"는 또한 명사를 한정적으로 수식하는 형용사 앞에 올 수 없다. 다음 문장을 비교해

보라.

His nose is **a bit/a little crooked**. (그의 코는 약간 기형이다.)
He has **a little/*a bit crooked nose**. (그는 약간 기형의 코를 가지고 있다.)

He seemed **a bit/a little discontented**, when I gave him $10.
(그는 내가 10불을 주니까 좀 불만스러워하는 것 같았다.)
He showed **a little/*a bit discontented look**, when I gave him $10.
(그는 내가 10불을 주니까 좀 불만스러운 표정을 지었다.)

2 **a bit of (a)**: 구어체에서 "a bit of a"는 정도의 개념이 포함된 "단수명사"와 함께 사용될 수 있고, "a bit of"는 "불가산명사"와 함께 사용될 수 있다.

He's **a bit of a fool**, if you ask me. (굳이 묻는다면, 그는 약간 멍청하다.)
That comes as **a bit of a disappointment**. (그건 좀 실망스럽다고 생각된다.)
It was **a bit of a strange decision**. (그것은 좀 납득이 안 되는 결정이었다.)

Let me give you **a bit of advice** on that matter.
(내가 너에게 그 문제에 대해서 충고를 좀 해줄게.)
She only ate **a bit of cheese** for lunch. (그녀는 점심으로 치즈를 조금 먹었을 뿐이다.)
I like to do **a bit of housework** while the children are at school.
(나는 아이들이 학교에 가 있는 동안에 집안일을 조금이라도 한다.)

3 **부정적 의미**: "a bit"와 "a little"은 비교급이 아닌 형용사와 함께 쓰이면 일반적으로 "부정적"이거나 "비판적"인 의미를 나타내므로, "긍정적 의미"의 형용사와는 일반적으로 사용되지 않는다.

He's **a bit tired**. (그는 좀 피곤해 한다.) (*He's **a bit happy**.)
The tie is **a bit expensive**. (넥타이가 좀 비싸다.)
(*The tie is **a bit good**.)
The lecture was **a little boring**. (강의가 좀 지루했다.)
(*The lecture was **a little interesting**.)

4 **not a/one bit과 not a little**: "not a bit"는 "조금도 ... 않다(not at all)"를 의미하는 데 반하여 (A114를 보라.), "not a little"은 "상당히(quite)"를 의미한다. 다음을 비교해보라.

I'm really **not a/one bit surprised**. (나는 정말 조금도 놀랍지 않다.)
"Do you mind if I put some music on?" "**Not a bit**."
("음악을 좀 틀어도 괜찮겠습니까?" "괜찮고말고요.")
He was **not a bit annoyed**. (그는 조금도 귀찮아하지 않았다.)
(= He was **not annoyed at all**.)
He was **not a little annoyed**. (그는 상당히 귀찮아했다.)
(= He was **quite annoyed**.)

비교급 형용사와 부사와 함께 쓰이는 a bit과 다른 수식어에 대해서는 C33을 보라.

A5 (a) few와 (a) little

1. **a few와 a little**: "a few"는 수는 부족하지만 "몇 개, 몇 명"을, "a little"은 양은 부족하지만 "약간, 조금"을 의미하는 양화사의 일종이다. 다음을 비교해보라.

   His ideas are difficult, but **a few people** understand them. (= some people)
   (그의 사상은 어렵지만 몇몇 사람은 이해한다.)
   His ideas are difficult, and **few people** understand them. (= not many people)
   (그의 사상은 너무 어려워서 이해하는 사람이 많지 않다.)
   Give the roses **a little water** every day. (= not a lot, but some)
   (장미에 매일 물을 조금씩 주어라.)
   Cactuses need **little water**. (= not much water) (선인장은 물을 많이 필요로 하지 않는다.)

2. **few와 little**: few는 "수의 부족"을 뜻하고 little은 "양의 부족"을 뜻하는 부정적 의미를 갖는다. 따라서 (a) few는 복수가산명사와 함께 쓰이고 (a) little은 불가산명사와 함께 쓰인다.

   So **few people** attended the party that it was embarrassing.
   (파티에 너무 적은 수의 사람이 와서 난처했다.)
   I have **a few friends** in Rome. (나는 로마에 친구가 몇 명 있다.)

   Her comforting words had **little effect** on the crying child.
   (그녀의 위로의 말이 우는 아이에게는 별로 효과가 없었다.)
   Susan speaks **a little French**, though she lived in France for two years.
   (수잔은 프랑스에 2년이나 살았지만 프랑스어를 조금밖에 못 한다.)

3. **(a) few (of)/(a) little (of)**: (a) few (of)는 복수대명사나 복수명사구 앞에 오고, (a) little (of)는 단수대명사나 불가산명사를 갖는 명사구 앞에 온다.

   Only **a few children** in this class like maths.
   (= Only **a few of the children** in this class like maths.)
   (이 반에서 몇 명의 아이만이 수학을 좋아한다.)
   Only **a few of them** in this class like maths.
   (이 반에 있는 아이들 중에 몇 명만이 수학을 좋아한다.)

   Few people can say that they always tell the truth.
   (= **Few of the people** can say that they always tell the truth.)
   (항상 진실만을 말한다고 할 수 있는 사람은 많지 않다.)
   Few of us can say that we always tell the truth.
   (우리 중에 항상 진실만을 말한다고 할 수 있는 사람은 많지 않다.)

   Could I try **a little wine**? (포도주를 좀 마실 수 있을까요?)
   Could I try **a little of your wine**? (당신의 포도주를 좀 마셔볼 수 있을까요?)
   Could I try **a little of it**? (그것 좀 마셔볼 수 있을까요?)

   He had **little money** because of his long unemployment.
   (그는 장기간의 실직으로 돈이 별로 없다.)

He saved **little of his money** because of the luxurious life.
(그는 사치스러운 생활로 인해 돈을 별로 저축하지 못했다.)
His parents left a lot of money, but **little of it** now remains.
(그의 부모님이 많은 돈을 남겼지만 지금은 남은 것이 별로 없다.)

► (a) little of와 (a) few of 다음에 오는 명사구는 반드시 "the, his, John's"와 같은 한정사를 포함해야 한다.

*Only **a few of children** in this class like maths.
***Few of people** can say that they always tell the truth.
*Could I try **a little of wine**?
*He saved **little of money** because of the luxurious life.

4   not much/many: little과 few는 글이나 형식적 말에서 자주 쓰인다. 일상적인 대화나 구어체의 글에서는 일반적으로 "little" 대신에 "not much"를, few 대신에 "not many"를 사용한다.

There was **not much** milk left. (우유가 별로 남아 있지 않았다.)
I think **not many** people saw what happened.
(내 생각에는 무슨 일이 일어났는지를 본 사람이 많지 않다.)

5   대명사: few와 little은 함께 쓰이는 명사가 이미 언급되었거나 이해될 때 동반하는 명사가 생략되고 홀로 대명사로 쓰일 수 있다.

She's eating so **little** (= **little food**) ─ I'm quite worried.
(그녀가 너무나 적게 먹어서 정말 걱정이 된다.)
"Some more cake?" "Just **a little** (= **a little cake**), please."
("케이크 더 먹을래?" "조금만 더요.")
He suggested many different methods, but here are just **a few** (= **a few methods**).
(그는 많은 다양한 방법을 제안했는데, 여기 몇 가지가 있습니다.)
Very few (= **Very few people**) can afford to pay those prices for clothes.
(이런 가격의 옷을 감당할 수 있는 사람은 별로 없다.)
... **many** are invited but **few** are chosen.
(... 청함을 받은 자는 많되 택함을 입은 자는 적으니라.) [마 22:14]

6   be 동사: little과 few는 "not much"와 "not many"의 의미로 "be 동사"의 보어로 사용되지 않는다.

We drank **a little wine**. (우리는 포도주를 조금 마셨다.)
(*The wine we drank **was little**.) (참고: The wine we drank **was not much**.)
Few people came to the meeting. (모임에 많지 않은 사람이 왔다.)
(*People who came to the meeting **were few**.)
(참고: People who came to the meeting **were not many**.)

► 그러나 little이 "연령"을 의미할 때는 "be 동사"의 보어로 쓰일 수 있다. (S15.2를 보라.)

We didn't have toys like this when I **was little**. (내가 어릴 때는 이런 장난감이 없었다.)
Is this a picture of your father when he **was really little**.
(이것이 네 아버지가 아주 어리실 때 찍은 사진이냐?)

7 **비교급 수식어**: (a) little은 "비교급"을 수식할 수 있지만 매우 제한적이며, 형용사나 부사를 수식할 수 없다.

We have to wait **a little longer** to see what happened.
(우리는 어떤 일이 일어났는가를 보기 위해 조금 더 오래 기다려야 한다.)
The new model is **little faster** than the old one. (신형이 구형보다 별로 더 빠르지 않다.)

*She married a millionaire but is **little happy**.
She married a millionaire but is **not very happy**.
(그녀는 백만장자와 결혼했지만 별로 행복하지 않다.)

▶ 그러나 (a) little은 많은 경우 "과거분사형 형용사"를 수식할 수 있다. (A21.4를 보라.)

He was **a little surprised** at her reaction. (그는 그녀의 반응에 약간 놀랐다.)
For many years his theories were **little understood**.
(오랫동안 그의 이론은 별로 받아들여지지 않았다.)
He's studying the work of **a little known** German novelist.
(그는 별로 알려지지 않은 독일 소설가의 작품을 연구하고 있다.)

8 **a little bit (of)**: 양이 적거나 정도가 낮음을 가리킬 때 사용된다.

With **a little bit of** luck we can finish by five o'clock.
(약간의 행운이 있으면 5시까지 끝낼 수 있을 것이다.)
Let me tell you **a little bit** about myself. (너에게 나에 대해서 조금 말할게.)
I'm **a little bit** disappointed with the decision. (나는 그 결정에 조금 실망했다.)

양화사에 대해서는 Q1을 보라.

A6   a lot (of)와 양화사

영어에는 대표적인 "양화 한정사(many, much, few, little, several, most)"가 있지만, 이들 외에도 수량을 표현하는 표현이 많다. 이들을 모두 "양화사(quantifier)"라고 부른다면, 이들을 결합할 수 있는 "명사에 따라 분류"하면 다음과 같다.

(a) **a number/a lot/lots/plenty/the majority + of + 복수명사**
(b) **a great deal/a large amount/a lot/lots/plenty + of + 불가산명사**

many와 much는 M7을, little과 few는 A5를, most는 M30을 보라.

1 **전치사 of**: 위의 양화사들은 뒤에 명사가 올 경우 반드시 전치사 "of"를 삽입해야 한다.

They provided **a lot of food** for the refugees. (그들은 피난민을 위하여 많은 식량을 준비했다.)

(*They provided **a lot food** for the refugees.)
The majority of tourists are Chinese. (관광객이 대부분 중국인이다.)
(***The majority tourists** are Chinese.)
There're **plenty of hamburgers** for everybody here.
(여기 있는 모든 사람들이 충분히 먹을 수 있는 햄버거가 있습니다.)
(*There are **plenty hamburgers** for everybody here.)

2 a lot of, lots of, plenty of: 이들은 "불가산명사"와 "복수(대)명사" 앞에 올 수 있다. 동사가 단수가 되느냐 복수가 되느냐는 동반하는 명사의 수에 따라 결정된다.

A lot of money was/*were spent on gambling. (도박에 많은 돈이 들어갔다.)
A lot of people were/*was killed in World War Two.
(2차 세계대전 동안 많은 사람들이 죽었다.)

Lots of patience is/*are needed for adults to learn a foreign language.
(어른이 외국어를 배우려면 많은 인내가 필요하다.)
Lots of plants grow/*grows wild by the river. (많은 식물이 강가에서 야생한다.)

Plenty of food is/*are provided for the refugees.
(피난민을 위하여 충분한 식량이 준비되어 있다.)
There **were/*was plenty of opportunities** to improve your skills.
(너의 기술을 향상시킬 여러 번의 기회가 있었다.)

3 a large amount of, a great/good deal of, a (large) number of: 이들은 "a lot of"나 "lots of"보다 더 문어적이다. "a large amount of"와 "a great deal of"는 "불가산명사"와 함께 사용되고, "a (great/large) number of"는 "복수명사"와 함께 사용되며 동사도 복수가 된다.

The new tax caused **a large amount of public anger**.
(새로운 세금은 큰 대중적 분노를 야기했다.)
Mr. Lucas has spent **a great deal of time** in the Far East.
(루카스 씨는 극동에서 많은 시간을 보냈다.)

The experts believe **a large number of people are** at risk.
(전문가들은 많은 수의 사람들이 위험에 처해 있다고 믿고 있다.)
A number of options were open to us. (여러 가능성이 우리에게 열려 있었다.)

4 the majority of: 대체로 "복수명사"와 "복수동사"와 함께 사용된다.

The majority of students are from foreign countries. (학생 대부분이 외국 학생이다.)
The majority of the employees have university degrees.
(직원의 대부분이 대학의 학위를 가지고 있다.)
*He spent **the majority of his money** for drinking and gambling.
(참고: He spent **most of his money** for drinking and gambling.)

▶ 종종 미국영어에서는 "majority of-구"가 "단수동사"를 허용한다.

A majority of residents is Mormon. (과반수의 거주민이 모르몬교도다.)
The majority of population favors death sentence. (주민의 대부분이 사형 제도를 찬성한다.)

5 **치수 명사와 양화사**: "시간, 거리, 무게, 화폐" 등 치수의 단위를 나타내는 명사 앞에는 "many, much, several, most"가 사용된다.

They have lived in Africa for **many years**. (그들은 아프리카에서 여러 해 동안 살았다.)
(*They have lived in Africa for **a lot of years**.)
It took **many days** to finish the assignment. (숙제를 하는 데 여러 날이 걸렸다.)
(*It took **lots of days** to finish the assignment.)
I paid **several pounds** for it. (나는 그것을 사려고 몇 파운드를 지불했다.)
(*I paid **a lot of pounds** for it.)
They lived **many miles** from the town. (그들은 시내에서 많이 떨어진 곳에 살고 있었다.)
(*They lived **plenty of miles** from the town.)

6 **독립적 사용**: "a (large) number"를 제외하고는 의미가 명백할 경우 이들 표현들은 명사 없이 홀로 사용될 수 있다.

In many countries women are **in the majority**. (많은 나라에서 여성이 과반을 넘는다.)
I still have **a lot** to learn. (나는 아직도 배울 것이 많다.)
It's a great city with **lots** to see. (여기는 볼 것이 많은 멋있는 도시다.)
There's **plenty** to do and see in Seoul. (서울에서는 할 것과 볼 것이 많다.)
Although he had never met her, he knew **a great deal** about her.
(그는 그녀를 만나본 적이 없지만, 그녀에 대해서 많이 알고 있었다.)
*Can't you see **a large number** waiting for interview?

▶ "a large number"도 단순한 수를 나타내는 독립 명사구로 쓰일 수 있다.

1,075 is **a large number.** (1,075는 큰 수다.)

7 **부사**: "a lot"과 "a great deal"은 부사로도 사용될 수 있다.

We go on walking **a lot** on holidays. (우리는 휴일에 많이 걷는다.)
The manager is going to improve the working conditions **a great deal**.
(지배인은 작업 여건을 크게 개선하려고 한다.)

▶ 이들은 부사로서 "비교급형" 형용사나 부사를 수식할 수 있다. (C33을 보라.)

I'm **a lot better** than I was yesterday. (나는 어제보다 많이 좋아졌다.)
They still need **a great deal more** money to finish the project.
(그들은 그 사업을 끝내려면 아직도 큰돈이 더 필요하다.)
You'll get there **a lot quicker** if you take the expressway.
(고속도로를 타면 그곳에 훨씬 빨리 도착할 것이다.)
His new sports car drives **a great deal faster** than my car.
(그의 새 스포츠카는 내 차보다 훨씬 빠르게 달릴 수 있다.)

양화사 전반의 통사적 특성에 대해서는 Q1을 보라.

A7   aboard와 abroad

이 두 단어는 종종 혼동을 일으킨다.

1 aboard: 전치사 또는 부사로 쓰이며 원래 "배위에, 배안에"를 의미했으나, 지금은 비행기나 기차 또는 버스와 같은 "운송수단"에도 확대 적용된다.

He invited about 100 people **aboard** his luxury yacht.
(그는 자기의 호화 요트에 100명 정도의 사람을 초대했다.)
We said goodbye to him as he got **aboard** the train at Seoul Station.
(우리는 그가 서울역에서 기차에 오를 때 작별인사를 했다.)
They're to go **aboard** an express bus at Banpo Bus Terminal.
(그들은 반포 고속터미널에서 고속버스를 탈 예정이다.)

The boat hit the rock and sank, killing all the passengers **aboard**.
(배는 암초에 부딪혀 가라앉았으며 탑승한 모든 승객이 사망했다.)
The bus started as soon as she stepped **aboard**.
(버스는 그녀가 타자 곧 출발했다.)
The flight attendant welcomed us **aboard**.
(여객기 객실승무원이 비행기에 타는 우리를 영접했다.)
"**All aboard!**," shouted the captain.
(선장이 "모두 승선하십시오!/모두 승선 완료!"라고 외쳤다.)

▶ come aboard는 "(어떤 일에) 참여하다"를 의미한다.

When I **came aboard** the project, I felt as if I attained the goal of my career.
(나는 그 사업에 참여했을 때 마치 내 일생의 목표를 이룬 느낌이었다.)

▶ on board: aboard와 같은 의미로 쓰인다.

A group of men wearing black suits climbed **aboard/on board** the plane.
(검은 정장을 입은 일단의 남자들이 비행기에 탑승했다.)
The crew of the air-craft saluted the President as he came **aboard/on board**.
(항공모함의 해군 병사들은 대통령이 승선하자 그에게 경례를 했다.)

2 abroad: 주로 부사로 쓰이며 "외국에/에서/으로, 해외에/로"를 의미한다.

She's going to Italy next year to **study abroad**. (그녀는 내년에 이탈리아로 유학을 떠난다.)
Harry's family are going to have a **trip abroad** next month.
(해리의 가족은 다음 달에 외국여행을 떠날 예정이다.)
He's waiting for a **letter from abroad**. (그는 외국에서 올 편지를 기다리고 있다.)

▶ abroad는 종종 "(널리) 유포되어" 혹은 "집 밖에"의 뜻으로도 쓰인다.

The news that the actress was coming quickly spread **abroad**.
(그 여배우가 온다는 소식은 빨리 널리 퍼졌다.)
My grandfather walks **abroad** only on warm days.
(나의 할아버지는 따뜻한 날에만 산책을 하신다.)

▶ overseas: abroad와 유사하게 쓰인다. 그러나 overseas는 abroad와는 달리 명사를 앞에서 수식하는 "한정적 형용사"로도 쓰일 수 있다.

Apparel retailers in the U.S. buy roughly half their merchandise **abroad/overseas** each year. (미국의 의류소매상들은 매해 약 절반 정도의 제품을 해외에서 구입한다.)
Most applications came from **overseas/abroad**. (대부분의 지원서가 외국에서 왔다.)
There're a great number of **overseas/*abroad students** in Korean universities.
(한국의 대학에는 많은 수의 외국학생들이 있다.)
The high economic growth of Vietnam is mostly due to **overseas/*abroad investment**, especially from Korea.
(베트남의 높은 경제성장은 대부분, 특히 한국으로부터의 해외투자에 기인한다.)

A8   about와 (a)round

about와 (a)round는 "전치사"로 쓰이기도 하고 "부사"로도 쓰이며, 그 의미가 같을 때도 있고 다를 때도 있다. 미국영어에서는 이 경우 "around"를 사용한다.

The children ran **about/around** in the park.   [부사]
(아이들이 공원에서 여기저기를 뛰어다니고 있었다.)
The children ran **about/around** the park.   [전치사]
(아이들이 공원 주위를 뛰어다니고 있다.)

1   **곡선**: "원 또는 곡선상의 위치나 이동"을 말할 때 일반적으로 영국영어에서는 "round"를, 미국영어에서는 "around"를 사용한다.

She had a red scarf **(a)round** her neck. (그녀는 빨간 스카프를 목에 두르고 있었다.)
... he ran to his son, threw his arms **around** him and kissed him.
(아버지가 ... 달려가 목을 안고 입을 맞추니.) [눅 15:20]
The family sat **(a)round** the dinner table. (가족이 저녁 식사를 위해 식탁 주위에 둘러앉았다.)
"Where did you park the car?" "Just **(a)round** the corner."
("어디에 주차를 했습니까?" "바로 모퉁이를 돌아선 곳에요.")

2   **방향**: 명확하지 않은 이동이나 위치("여기저기(here and there)/여러 곳에/어디엔가")를 가리킬 때는 "around" 또는 "about"를 사용한다.

He always leaves her clothes lying **around/about** on the floor.
(그는 항상 옷을 방바닥 여기저기에 벗어놓는다.)
The children were running **around/about** everywhere.
(아이들이 여기저기 사방으로 뛰어다니고 있었다.)

He was sitting **around/about** all morning waiting for the plumber.
(그는 오전 내내 배관공이 오기를 기다리며 앉아 있었다.)

▶ around와 about는 "한가로운 행동"이나 "우스꽝스러운 행위"를 말할 때도 사용된다.

He spent the afternoon **fooling around/about** on the beach.
(그는 해변에서 어슬렁거리며 오후를 보냈다.)
Don't **fool around/about** with matches. They're dangerous.
(성냥 가지고 장난치지 마라. 위험하다.)
He spent his vacation **messing around/about** on the farm.
(그는 농장에서 빈둥거리며 휴가를 보냈다.)

3 **근사치**: around와 about는 수치의 "대략적인 크기"를 표현할 때 사용된다. (N43.17을 보라.)

He finished writing his second book **about/around three months ago**.
(그는 약 3개월 전에 두 번째 책을 탈고했다.)
Only **about/around thirty people** attended the funeral.
(대략 30명 정도의 사람만이 장례식에 참석했다.)

▶ about는 (around와는 달리) 형용사나 동사 앞에서 "almost/nearly"의 의미로 사용될 수 있다.

The car was exactly what I was looking for, and the price was **about/*around right**.
(그 차는 내가 찾고 있던 차였고, 가격도 대강 적절했다.)
We've just **about/*around finished** the shopping. (우리는 쇼핑을 막 끝냈다.)

almost와 nearly에 대해서는 A55를 보라.

A9   about와 on

1   about와 on: 일반적으로 about는 "일상적인 것"에 대하여 말할 때 사용되고, on은 "특정 주제"에 대해서 말할 때 사용되는 경향이 있다.

Mary talks **about** Joyce all the time. (메리는 항상 조이스에 대해서 말한다.)
I think she lied **about** her age. (나는 그녀가 나이를 속였다고 생각한다.)
I've been thinking **about** what you said, and yes, I will support you.
(나는 네가 말한 것을 생각해 봤는데, 너를 지지하기로 했다.)
He organized an international conference **on** global warming.
(그는 지구온난화에 대한 국제회의를 조직했다.)
The professor is planning to write a new textbook **on** African history.
(교수님은 아프리카 역사에 관해서 새로운 교과서를 쓸 계획에 있다.)
Everybody in the class enjoyed his lecture **on** modern economics.
(이 반의 모든 학생들이 현대경제학에 대한 그의 강의를 재미있게 들었다.)

▶ about/on과 유사한 의미를 가진 표현으로는 "concerning, regarding, re, with regard to" 등이 있다.

2   **on과 concerning**: about를 사용하는 것이 일반적이지만, on은 "advice/decision/information/opinion/idea" 등의 명사 다음에서 종종 쓰이고, concerning은 "details/fact/letter" 등의 명사 다음에서 종종 쓰인다.

He asks his parents' **opinion on/about** every important decision.
(그는 중요한 결정을 내릴 때마다 부모의 의견을 묻는다.)
If you want any **advice on/about** buying a house in this area, Mr. Johnson should be able to help you.
(만약 이 지역에서 집을 사는 데 조언을 얻기를 원한다면, 존슨 씨가 당신을 도와줄 수 있을 것입니다.)
She refused to give any **details concerning/about** what had happened.
(그녀는 어떤 일이 일어났는지에 대해 상세히 말하는 것을 거부했다.)
He doesn't intend to give the **facts concerning** his son's car crash.
(그는 자기 아들의 자동차 사고에 대해 사실을 말할 의향이 없다.)

3   **regarding, re, with regard to**: "regarding"은 특히 "공식적 서신"에서 사용되고, "re"는 "비공식적 서신"에서 사용되며, "with regard to"는 "주제를 도입"하는 격식적 표현으로 자주 사용된다.

Thank you for your letter **regarding** the annual subscription to our magazine.
(우리 잡지의 연간 구독에 관한 당신의 서신에 대해 감사합니다.)
Re planning meeting on Friday, please bring sales figures.
(금요일 회의를 계획하기 위해 매출 수량을 가져오십시오.)
With regard to the matter of unemployment, I would like to add a few remarks to those of the previous speakers.
(나는 실업문제에 대해서 앞의 발표자들이 한 내용에 몇 가지 추가하고 싶습니다.)

about의 다른 용법에 대해서는 A8을 보라.
on의 다른 용법에 대해서는 A111-A113과 O10을 보라.

A10   above와 below

above와 below는 반의어 관계에 있는 장소 전치사로서 각각 "... 보다 높음"과 "... 보다 낮음"을 표현한다.

1   **높은 위치와 낮은 위치**: 어떤 것이 다른 것보다 단순히 위에 있음을 표현할 때는 "above"를, 단순히 아래에 있음을 표현할 때는 "below"를 사용한다.

The old man lives on the floor **above us**. (그 어르신은 우리보다 높은 층에 사신다.)
At that time, we lived in a little apartment **above a grocery store**.
(그 당시에 우리는 식료품가게보다 높은 층의 작은 아파트에 살고 있었다.)
The old man lives on the floor **below us**. (그 어르신은 우리보다 낮은 층에 사신다.)
There's a grocery store **below our little apartment**.
(우리 작은 아파트 아래층에 식료품가게가 있다.)

2　**기준 이상과 이하**: "온도, 높이, 깊이, 계급" 등에서 높은 위치에 있거나 어떤 기준보다 높을 경우에는 above를 사용하고, 반대의 경우에는 below를 사용한다.

The temperature can drop **below minus 10 degrees Celsius**.
(온도가 섭씨 영하 10도 아래로 떨어질 수 있다.)
The temperature can creep up to **above 20 degrees Celsius**.
(온도가 섭씨 20도 위로 오를 수 있다.)
The rainfall has been **above/below average** this year.
(강수량이 올해에는 평균 이상/이하였다.)
You were driving **above/below the speed limit**.
(당신은 제한속도 이상/이하로 운전하고 있었다.)

Taebaek Mountain is about 1,550 meters **above sea level**. (태백산은 해발 약 1,550미터다.)
The Dead Sea is about 400 meters **below sea level**. (사해는 해발 약 -400미터다.)
A colonel is **above a major** in the Korean army. (한국군에서 대령은 소령보다 높다.)
A major is **below a colonel** in the Korean army. (한국군에서 소령은 대령보다 낮다.)

3　**상류/북쪽과 하류/남쪽**: above는 "… 상류에/북쪽에"의 뜻으로, below는 "… 하류에/남쪽에"의 뜻으로 쓰인다.

They decided to build a bridge **above/below the river**. (= on the upper/lower stream)
(강 상류/하류에 다리를 건설하기로 결정했다.)
The city is located 10 kilometers **above/below Seoul**. (= to the north/south)
(이 도시는 서울에서 북쪽으로/남쪽으로 10킬로미터 위치에 있다.)

4　**부사**: above와 below는 부사로 사용될 수 있으며, above는 "이미 언급했거나 논의한 것"을, below는 "앞으로 언급하거나 논의할 것"을 표현할 때 사용된다.

Several conclusions could be drawn from the results described **above**.
(위에서 설명한 결과에서 몇 가지 결론을 도출할 수 있었다.)
Full details can be found in the table **below**. (상세한 것은 아래 도표에서 볼 수 있다.)

▶ 글이나 책에서 "앞에 쓴 내용을 보라"고 때는 "see above"를, "뒤에 논의할 내용을 보라"고 할 때는 "see below"를 사용한다.

See **above/below** for the reasons for closing down the factory.
(공장 폐쇄에 대한 이유에 대해서는 위/아래를 보라.)

5　**형용사**: above는 below와는 달리 형용사로 쓰일 수 있다.

For further information, write to **the above address**.
(더 알고 싶은 것이 있으면 위의 주소로 편지를 보내십시오.)
For **the above reasons**, the management has no choice but to close the factory.
(위와 같은 이유로 경영자는 공장을 폐쇄하는 것 외에는 선택이 없다.)

▶ 글에서 앞에서 언급한 내용을 가리킬 때 "the above"를 사용할 수 있다.

If none of **the above** applies to us, we may be able to reclaim tax.
(위의 어떠한 사항도 우리와 상관이 없으면, 우리는 세금을 되돌려 받을 수도 있다.)

A11   above와 over

above와 over는 어떤 것이 다른 것보다 "더 높은 위치에" 있음을 표현한다.

1   높은 위치: 어떤 것이 다른 것보다 단순히 위에 있음을 표현할 때는 above와 over 둘 다 사용할 수 있다.

Young girls wear skirts **above/over** the knees.
(젊은 여성들은 치마를 무릎 위로 입는다.)
They saw a drone flying **above/over** the City Hall.
(그들은 드론이 시청 위로 날아가는 것을 보았다.)

▶ "바로 위인" 경우에는 over를, 바로 위가 아니고 단순히 "높은 위치"를 가리키는 경우에는 above를 사용한다.

The lights **over the stage** suddenly grew dim and the actors came on.
(무대 위에 있는 조명이 갑자기 흐려지면서 배우들이 등단했다.)
Scientists have discovered a hole in the ozone layer **over Antarctica**.
(과학자들은 남극 위의 오존층에 구멍이 있음을 발견했다.)
There's a mirror **above the washbasin**. (세면대 위에 거울이 있다.)
His name comes **above mine** on the list. (그의 이름은 명단에서 내 이름 위에 있다.)

2   근접성/연속성: 하나가 다른 것을 덮거나 접촉된 상태일 경우, 혹은 두 대상 사이에 연속성이 있는 것으로 생각할 때는 over를 사용한다.

Keep the blanket **over the patient**. (담요를 환자에게 덮어주어라.)
There're black clouds hung **over the mountains**. (산 위에 검은 구름이 드리워져 있다.)
He put on a thick fur coat **over his underwear**.
(그는 내복 위에 두꺼운 털 코트를 입고 있었다.)

3   기준 이상: "온도, 높이, 깊이, 계급" 등에서 높은 위치에 있거나 어떤 기준보다 높을 경우에는 above를 사용한다.

People feel comfortable at about 20 degrees Celsius **above zero**.
(사람들은 영상 섭씨 약 20도에서 편안함을 느낀다.)
Halla Mountain is exactly 1,947.269 meters **above sea level**.
(한라산은 정확히 해발 1,947.269미터다.)
A colonel is **above a major** in the Korean army. (한국군에서 대령은 소령 위다.)
I borrowed money from the bank at interest **above average**.
(나는 은행에서 평균보다 비싼 이자로 돈을 빌렸다.)

4　**한계 이상**: over는 "연령, 속도, 수량" 등에서 "어떤 한계를 넘는 것(more than)"을 나타낼 때 사용된다.

　　You have to be **over 17** to get married in this country.
　　(이 나라에서는 결혼하려면 나이가 17세를 넘어야 한다.)
　　She was driving at **over 100mph** that is well above the speed limit.
　　(그녀는 제한속도를 훨씬 넘는 시속 100마일 이상으로 운전하고 있었다.)
　　Over 100,000 spectators watched the football game between Brazil and Korea.
　　(10만 명 이상의 관중이 한국과 브라질의 축구경기를 관람했다.)

5　**상류와 반대쪽**: above는 "... 상류에"의 뜻으로, over는 한편에서 반대편으로 "가로지르는"의 뜻으로 쓰인다.

　　They decided to build a bridge **above the river**. (= on the upper stream)
　　(강 상류에 다리를 건설하기로 결정했다.)
　　They decided to build a bridge **over the river**. (= across the river)
　　(강을 가로질러 다리를 건설하기로 결정했다.)
　　You can park your car **above the street**. (= up the street)
　　(길 위쪽에 주차할 수 있습니다.)
　　You can park your car **over the street**. (= across the street)
　　(길 건너에 주차할 수 있습니다.)

6　**see above/over**: 글이나 책에서 "see above"는 "앞에 쓴 내용을 보라"는 뜻이고 "see over"는 "다음 페이지를 보라"를 뜻한다.

　　See above/over as to black people's struggle for equal rights.
　　(평등권을 얻기 위한 흑인들의 투쟁에 대해서는 위를/다음 페이지를 보라.)

　　▶ 이런 점에서 "see over"는 "see below"와 그 의미가 유사하다.

　　See below for his stance on abortion. (낙태에 대한 그의 입장에 대해서는 아래를 보라.)

　　above의 반의어인 below와 over의 반의어인 under에 대해서는 B21을 보라.
　　over와 유사한 의미를 가진 across에 대해서는 A13을 보라.
　　over의 다양한 의미에 대해서는 O25와 O26을 보라.

A12　according to

1　**진실**: 말한 내용이나 보여준 것이 "... 사실이라면"이라는 뜻으로 쓰인다.

　　According to Harry (= If what Harry says is true,), we're getting a new English teacher next semester. (해리에 따르면 우리는 다음 학기에 새로운 영어 선생을 맞게 될 것이다.)
　　According to the report, the people planned a big demonstration in front of the City Hall.
　　(보도에 따르면 시민들이 시청 앞에서 대규모 시위를 계획했다.)

According to the timetable, the plane departs at 8:27 a.m.
(시간표에 따르면 비행기는 오전 8시 27분에 떠난다.)

> ▶ 일반적으로 according to를 써서 내 자신의 의견을 제시하지 않으며, 대신에 "in my opinion"을 사용한다.

In my opinion, she's a very intelligent lady. (내 생각에 그녀는 매우 명석한 사람이다.)
(*According to me, she's a very intelligent lady.)
In my opinion, he's not making a good job of it.
(내 생각으로는 그는 그 일을 잘 해내지 못하고 있다.)

2 depending on: A according to B는 "depending on"과 같이 "B에 따라 A가 변하다/발생하다/진행하다"의 뜻을 갖는다.

Telephone charges vary **according to the time of day**.
(전화비는 시간대에 따라 달라진다.)
We group our students **according to their level of competence**.
(우리는 학생들을 그들의 능력에 따라 분류한다.)
They're put in different groups **according to their ability**.
(그들은 그들의 능력에 따라 다른 집단에 배정된다.)

3 following: "정해진 규칙이나 계획에 따르는 것"을 의미할 수 있다.

The game will be played **according to the rules** agreed in the last meeting.
(경기는 지난 회합에서 결정한 규칙에 따라 진행될 것이다.)
Everything went **according to plan**, and we arrived on time.
(모든 것이 계획대로 되어서 우리는 정각에 도착했다.)
My parents moved to a drier climate **according to their physician's advice**.
(나의 부모님은 의사의 권고에 따라 더 건조한 지역으로 이사하셨다.)

A13 across, over, through

1 across와 over: "선, 강, 길, 다리" 등의 반대편을 가리킬 수 있다.

They live just **across/over** the border. (그들은 국경선 바로 건너에 살고 있다.)
He's too small to jump **across/over** the stream.
(그는 개울을 뛰어 건너기에는 너무나 어리다.)
There was no bridge **across/over** the river, so we had to swim across.
(강에 다리가 없어서 우리는 헤엄을 쳐서 건너야만 했다.)

> ▶ over는 높이가 있는 물체를 넘어 반대편으로의 이동을 의미한다.

The dog jumped **over** the fence. (개가 울타리를 뛰어넘었다.)
(*The dog jumped **across** the fence.)
No one has succeeded in climbing **over** the wall. (아무도 그 담을 넘지 못했다.)

(*No one has succeeded in climbing **across** the wall.)

▶ across는 평탄한 지역이나 물 위의 반대편을 말할 때 보통 사용된다.

They decided to walk **across** the desert. (그들은 사막을 가로질러 걷기로 했다.)
(*They decided to walk **over** the desert.)
The ship sailed **across** the lake. (배는 호수를 가로질러 항해했다.)
(*The ship sailed **over** the lake.)

2   across와 through: 이 둘의 차이는 on과 in의 차이와 비슷하다. through는 across와는 달리 3차원 공간에서의 이동을 말할 때 많이 사용된다. 다음을 비교해보라.

She walked **across** the field. (그녀는 들판을 가로질러 걸었다.) (She was **on** the field.)
I walked **through** the forest. (나는 숲속을 가로질러 걸었다.) (I was **in** the forest.)

The soldiers marched **across** the field.
(병사들이 들판을 가로질러 행진했다.)
The soldiers marched **through** the towns in the north.
(병사들이 북쪽의 마을들을 가로질러 행진했다.)

▶ 그러나 across와 through는 많은 경우 거의 의미적 차이 없이 쓰이기도 한다.

We made our way **across/through** the village to the farm.
(우리는 마을을 가로질러 농장까지 갔다.)
We passed **across/through** France on our way to Spain.
(우리는 스페인으로 가는 도중에 프랑스를 통과했다.)

3   across, over, through: 이들은 맥락에서 그 목적어를 추측할 수 있을 경우 목적어가 생략될 수 있으며, 목적어 없는 독립 전치사로 사용될 수 있다. (P39를 보라.)

She walked **across (the room)** to the window.
(그녀는 방을 가로질러 창문까지 걸어갔다.)
Heat this syrup and pour it **over (my dessert)**.
(이 시럽을 데운 다음 내 후식 위에 부어라.)
He went straight **through (the hall)** to the kitchen to get a can of beer.
(그는 캔 맥주를 가지러 복도를 똑바로 가로질러 부엌으로 갔다.)

above와 over에 대해서는 A11을 보라.
시간과 관계된 through에 대해서는 T12를 보라.
독립 전치사에 대해서는 P27과 P39를 보라.
over의 다른 용법에 대해서는 O25와 O26을 보라.

A14 act, action, activity

1   act: 특정 목적을 위해 단순히 힘을 행사하는 한 번의 "행위, 짓, 소행"을 의미한다.

> Saving the boy from the river was an **act** of great courage.
> (강에서 남자아이를 구조한 것은 매우 용감한 행위였다.)
> Primitive people regarded storms as an **act** of God.
> (원시인들은 폭풍을 신의 행위로 간주했다.)
> The simple **act** of telling someone about the problem can help you.
> (그 문제에 대해 어떤 사람에게 말하는 단순한 행위가 당신에게 도움이 될 수 있다.)

2   action: 무엇인가를 달성하려고 한 기간 동안 지속되는 "행위, 행동, 실행"을 의미한다.

> You can't blame for the **actions** of your parents. (너는 부모님의 행동을 비난할 수 없다.)
> People are judged by their **actions**, not by their thoughts.
> (사람은 그의 생각이 아니라 행동에 의해 판단된다.)
> The child could not be held responsible for his **actions**.
> (아이들에게 자신의 행동에 대해 책임을 지라고 할 수 없었다.)

3   activity: 일반적으로 좋은 목표를 달성하기 위해 참여하는 "활동, 행위"를 의미한다.

> Utah is a great place to enjoy outdoor **activities** like hiking.
> (유타 주는 하이킹과 같은 야외활동을 즐길 수 있는 좋은 곳이다.)
> There're clubs and other extracurricular **activities** at the school.
> (학교에는 클럽 모임과 그 밖의 과외활동들이 있다.)
> Everyone is free to engage in peaceful political **activity**.
> (모두에게는 평화로운 정치활동에 참가할 수 있는 자유가 있다.)

A15 ACTIVE VERB FORMS (능동형 동사)

능동 동사형이란 수동 동사형과 대조를 이루는 형태다. 영어의 능동동사는 단순현재와 단순과거를 제외하고는 조동사 be나 have와 결합하여 다양한 시제형의 능동동사를 구성한다.

1   **현재시제 동사형**: 단순현재형, 현재진행형, 현재완료형, 현재완료진행형이 있다.

(1) 단순현재: 삼인칭 단수 주어인 경우 동사에 -(e)s를 붙인다.

주어	동사형
I/you/we/they	speak
he/she/it	speaks

We **speak** English well. (우리는 영어를 잘한다.)
He **speaks** English well. (그는 영어를 잘한다.)

(2) 현재진행: 주어의 수, 인칭에 따라 be 동사형이 바뀌고, 본동사에는 진행형이 온다.

I	am working
he/she/it	is working
you/we/they	are working

He **is working** hard. (그는 열심히 일하고 있다.)
They **are working** hard. (그들은 열심히 일하고 있다.)

(3) 현재완료: 삼인칭 단수의 경우에는 has가 사용되고 그 외의 경우에는 have가 사용된다. 본동사는 과거분사형이 사용된다.

I/you/we/they	have worked
he/she/it	has worked

They **have worked** for a law firm. (그들은 법률회사에서 일해 왔다.)
She **has worked** for a law firm. (그녀는 법률회사에서 일해 왔다.)

(4) 현재완료진행: 삼인칭 단수의 경우에는 has가 사용되고 그 외의 경우에는 have가 사용되며, be동사는 과거완료형이 사용되고 본동사는 현재분사형이 사용된다.

I/you/we/they	have been working
he/she/it	has been working

I **have been working** for a design company. (나는 설계회사에서 일해오고 있다.)
He **has been working** for a design company. (그는 설계회사에서 일해오고 있다.)

현재시제 동사의 용법에 대해서는 P43-P46을 보라.

2 **과거시제 동사형**: "단순과거형, 과거진행형, 과거완료형, 과거완료진행형"이 있다.

(1) 단순과거: 주어와 관계없이 모든 경우에 동일한 과거형이 사용된다.

모든 주어	worked

He **worked** as a teacher until retirement. (그는 은퇴할 때까지 교직에서 일했다.)
We **worked** as teachers until retirement. (우리는 은퇴할 때까지 교직에서 일했다.)

(2) 과거진행: 단수주어의 경우에는 was가 사용되고, 이인칭과 복수주어의 경우에는 were가 사용되며, 본동사는 진행형이 사용된다.

I/he/she/it	was working
we/you/they	were working

She **was working** for a law firm. (그녀는 법률회사에서 일하고 있었다.)

They **were working** for a law firm. (그들은 법률회사에서 일하고 있었다.)

(3) 과거완료: 모든 주어에 대해서 had가 사용되고, 본동사는 과거분사형이 사용된다.

모든 주어	had worked

I **had worked** for a law firm until recently. (나는 최근까지 법률회사에서 일했었다.)
He **had worked** for a law firm until recently. (그는 최근까지 법률회사에서 일했었다.)
They **had worked** for a law firm until recently. (그들은 최근까지 법률회사에서 일했었다.)

(4) 과거완료진행: 모든 주어의 경우에 had가 사용되고, be동사는 과거분사형, 본동사는 진행형이 사용된다.

모든 주어	had been working

I **had been working** at the university. (나는 대학에서 가르치고 있었었다.)
He **had been working** at the university. (그는 대학에서 가르치고 있었었다.)
They **had been working** at the university. (그들은 대학에서 가르치고 있었었다.)

과거시제 동사의 용법에 대해서는 P15-P19를 보라.
불규칙 동사에 대해서는 V8을 보라.
조동사에 대해서는 A117을 보라.
수동형 동사에 대해서는 P7을 보라.

A16　actual(ly)와 real(ly)

1　actual과 real: actual과 real은 종종 실제로 존재하는 것을 표현하는 "실제적"이라는 의미로 사용된다. actual은 명사를 앞에서 수식하는 "한정적"으로만 사용된다.

There's an **actual**/a **real** danger that the disease might spread.
(질병이 퍼질 수도 있는 실제적 위험이 존재한다.)
The **actual/real** amount of water needed by the crop depends on other weather conditions.
(농작물이 필요로 하는 실제적인 물의 양은 일기 여건에 따라 다르다.)
His unhappiness is very **real/*actual**. (그의 불행은 매우 심각하다.)

▶ actual은 발생할 수 있거나 이론적으로 있을 수 있는 것이 아니라 "실제로 일어났거나 존재하게 되는" 것을 강조한다.

How's the **actual** cost compared with the planned cost?
(계획된 비용과 비교한 실제적인 비용은 얼마나 됩니까?)
They came across many **actual** instances of discrimination.
(그들은 실제적인 차별을 많이 경험했다.)

▶ real은 꾸며지거나 상상적이거나 만들어진 것이 아닌 "실존하는" 것으로 사료되는 것을 강조한다.

I had to explain to the children that Santa Claus is not a **real** person.
(나는 아이들에게 산타클로스가 실존하는 사람이 아니라는 것을 설명해주어야 했다.)
Legends grew up around a great many figures, both **real** and fictitious.
(전설은 실존하거나 가공적인 인물들을 중심으로 많이 만들어졌다.)

2   actually: 어떤 상황에 대해 "정확한 사실"을 추가해서 말할 때 쓰인다.

"Here's the 10 thousand won I owe you." "**Actually**, you owe me 20 thousand."
("이거 내가 너에게 빚진 만 원이야." "실제로는 너 나한테 2만 원 빚졌어.")
I've known her for years. Since we were at kindergarten, **actually**.
(나는 그녀를 오랫동안 알고 지냈으며, 실제로는 유치원에 다닐 때부터다.)

▶ 어떤 상황이 사람들이 "생각하는 것과는 다르다"는 것을 강조할 때도 사용된다.

Labor costs have **actually** fallen this year. (실제로는 금년에 임금 비용이 감소했다.)
Yesterday afternoon, I grew bored and **actually** fell asleep for a few minutes.
(어제 오후에 나는 지루해서 실제로 몇 분 동안 잠에 들었다.)

▶ 대화 중에 "새로운 주제"를 도입할 때 종종 사용된다. (C39.5를 보라.)

Actually, I called you for some advice.
(그런데 말이야, 충고를 좀 받으려고 너한테 전화했어.)
Well **actually**, let's me think where and when we bumped into each other.
(저어 그런데 말입니다, 우리가 어디서 언제 서로 마주쳤는지 생각 좀 해봅시다.)

▶ 타인에게 기대하지 않았던 의견을 "겸손하게 표현할 때" 사용된다.

"How did you like my camera?" "Well **actually**, I'm terribly sorry, I lost it."
("내 카메라 잘 썼어?" "저어, 정말 미안한데 분실했어.")
"Do you think it's a good idea to meet her?" "**Actually**, I think it's a great idea."
("그녀를 만나보는 것을 어떻게 생각하세요?" "그거 참 좋은 생각이라고 여깁니다.")

3   really: 특히 어떤 사람이 어떤 상황에 대해 그릇되게 생각을 하고 있을 때 그것에 대해 "정확한 진실"을 말할 때 사용한다.

Although he failed his tests, he's quite a bright boy, **really**.
(그는 시험에 실패했지만 사실은 꽤 똑똑한 아이다.)
They got married through matchmaking. He didn't **really** love her.
(그들은 중매로 결혼했고, 남자는 여자를 진정으로 사랑하지 않았다.)

▶ 구어에서 "really"는 화자가 "자신의 진술 자체를 강조할" 때 사용되며, be동사와 조동사 바로 앞에 오는 것이 특징이다. (S36.6을 보라.)

It **really** is best to manage without any medication if you can.
(장담하건대 할 수 있다면 어떠한 약물치료 없이 극복해내는 것이 최고다.)
I **really** do feel that some people are being unfair.
(진심으로 말하는데 어떤 사람들은 공명정대하지 않다는 것을 나는 몸소 느낀다.)

▶ really는 형용사나 다른 부사를 강조하는 부사인 "매우, 몹시(very)"의 의미로 쓰인다.

They were **really nice** people. (그들은 매우 좋은 분들이다.)
I know her **really well**. (나는 그녀를 정말 잘 알고 있다.)

▶ really?: "Really?"라는 짧은 한마디로 상대방이 말할 것에 "놀라움을 표현하거나 관심이 있음"을 표현할 때 사용된다.

"She's from South Korea." "**Really?**" ("그녀는 한국 사람이래." "정말?")
"They had a great time in Korea." "**Really?** How lovely."
("그들은 한국에서 재미있는 시간을 보냈대." "정말? 잘 됐네.")

A17 adapt, adept, adopt

1 adapt: 달라진 환경이나 여건에 "적응하다"를 의미한다.

When you go to a new country, you must **adapt** yourself to new manners and customs.
(새로운 나라에 가면 그 나라의 생활방식과 풍습에 적응해야 한다.)
Cats can **adapt** themselves very well to indoor life.
(고양이는 실내생활에 잘 적응할 수 있다.)

▶ "adapt"는 어떤 작품을 목적에 따라 변화를 주는 "각색하다" 또는 "번안하다"의 의미로도 쓰인다.

The play has been **adapted** from the French.
(그 연극은 프랑스 연극을 번안한 것이다.)
Novels are often **adapted** for the stage, television and radio.
(소설은 무대, 티브이, 라디오를 위해 종종 각색된다.)

2 adept: 형용사로서 "숙련된, 숙달된(skillful)"을 의미한다.

She's very **adept** at making people feel at their ease.
(그녀는 사람들을 편하게 하는 데 매우 이력이 났다.)
I'm afraid that he's also an **adept** liar.
(나는 그가 또한 이골이 난 거짓말쟁이라는 것이 염려된다.)

3 adopt: "사상, 의견, 방법" 등을 "채택하다, 차용하다"를 의미한다.

Few Americans would find it easy to **adopt** Korean customs.
(한국의 풍습을 받아들이는 것이 쉽다고 생각하는 미국인은 많지 않다.)
The committee **adopted** the new rule by a vote of five to three.
(위원회는 5대 3으로 새로운 규칙을 채택했다.)

▶ "adopt"는 또한 남을 법률상의 "양자로 삼다"라는 의미를 갖는다.

As they had no children of their own, they **adopted** an orphan.
(그들은 자신들의 아이가 없어서 고아를 양자로 삼았다.)

There're hundreds of people eager to **adopt** a child.
(양자를 입양하고 싶어 하는 사람이 수백 명이나 된다.)

A18   ADJECTIVES (형용사)-1: 개요

1   **형태**: "big, good, red"와 같이 많은 형용사들은 특징적인 형태를 가지고 있지 않지만, 상당수의 형용사들은 몇 가지 특징적인 "파생 접미사"를 갖는다.

-**ar**: familiar, particular, polar, popular, regular, similar
-**y**: angry, dirty, funny, guilty, healthy, hungry, icy
-**ly**: daily, likely, manly, monthly, quarterly, weekly, yearly
-**(i)al**: exceptional, mental, physical, professional, special
-**ous**: anxious, conscious, famous, joyous, serious, various
-**ic(al)**: atomic, basic, electric(al), historic(al), scientific, sympathetic
-**ish**: boyish, Danish, foolish, girlish, Scottish, wolfish, womanish
-**ary**: customary, honorary, imaginary, ordinary, secondary
-**ful**: beautiful, careful, faithful, grateful, skillful, tactful
-**less**: blameless, careless, childless, harmless, senseless
-**ant**: dominant, dormant, hesitant, irritant, pleasant, tolerant
-**ent**: ancient, convenient, dependent, excellent, frequent, urgent
-**able**: enjoyable, fashionable, navigable, reliable, unbelievable
-**ible**: incredible, possible, sensible, visible, responsible
-**ive**: active, attractive, expensive, native, sensitive
-**ed**: confused, excited, limited, related, surprised
-**ing**: amusing, disappointing, growing, surprising, willing

-ic과 -ical 어미를 가진 형용사에 대해서는 I1을 보라.

2   **기능**: 형용사의 가장 중요한 기능은 뒤따라오는 명사를 수식하는 "한정적(attributive) 역할"과 연결동사나 복합타동사 구문에서 주어보어 또는 목적어보어로 쓰이는 "서술적(predicative) 역할"이다. (연결동사는 C52를, 복합타동사는 V6을 보라.)

A **young man** was driving his **new car** through the **rough road**.   [한정적 역할]
(한 젊은이가 울퉁불퉁한 도로에서 새 차를 운전하고 있었다.)
The **author** of this **book** is very **famous**.   [주어보어]
(이 책의 저자는 매우 유명한 분이다.)
I consider **myself fortunate**. (나는 나 자신을 행운아라고 생각한다.)   [목적어보어]

A19   ADJECTIVES-2: 한정적 기능

여러 개의 형용사가 명사를 앞에서 수식할 경우에 이 형용사들은 특별한 순서로 배열된다. 예를 들어 "a fat old lady"라고는 말하지만 "an old fat lady"는 어색하며, "a small shiny black leather handbag"라고는 해도 "a black shiny small leather handbag"는 매우 어색하다. 불행하게도 형용사 수식어의 순서를 정확히 규정하는 것은 어려우며, 문법책에 따라 상세한 부분은 다를 뿐만 아니라 화자가 말하고자 하는 의도에 따라 달라질 수도 있다는 점에 유의하라.

▶ 한정적 형용사 수식어의 순서

제한형용사	(주관적) 평가형용사	기술형용사	분류형용사

1. **제한(limiting)형용사**: 수식하는 명사구의 지시 범위를 "제한하는" 역할을 한다.

authentic	certain	chief	ideal
identical	key	main	only
particular	primary	prime	same
sole	specific	unique 등	

The recent rise in crime is a matter of our **main concern**.
(최근의 범죄율 증가는 우리의 주요 관심사다.)
Do you have any **specific/particular reason** to believe that?
(당신은 그것을 믿을만한 특별한 이유가 있습니까?)
He was named as the **prime suspect** in the murder investigation.
(그는 살인 수사에서 주 용의자로 지목되었다.)

2. **(주관적) 평가(evaluative)형용사**: 수식하는 명사에 대해서 화자나 필자가 "주관적(subjective)"으로 어떤 속성을 가진 것으로 "평가하는" 역할을 한다.

bad	beautiful	crazy	dependable
expensive	famous	favorite	gentle
good	handsome	impudent	kind
lovely	nice	outstanding	polite
principal	reliable	sensible	smart
stupid	ugly	valuable	wise 등

Abandoning the ship seemed like the **only sensible thing** to do.
(배를 포기하는 것이 가장 현명한 일인 것 같았다.)
The workers are my **prime dependable supporters** of the legislation.
(노동자들이 입법을 위한 나의 가장 믿음직한 지지자들이다.)
That's funny, he proposed exactly the **same crazy idea**.
(그가 정확히 같은 기이한 생각을 하다니 우스꽝스럽다.)
Oil is the country's **sole reliable source** of income.
(기름이 그 나라의 유일하게 확실한 수입원이다.)

3. **기술(descriptive)형용사**: "기술"형용사에는 수식받는 명사의 가시적 또는 내재적 속성을 표현하며, 여러 개가 함께 나타날 수 있다. 그 순서는 반드시 지켜지는 것은 아니지만 대략

다음과 같다.

| 크기 | 모양 | 연령 | 색채 | 분사형 | 기원/양식 | 재료 |

(1) 크기(size): 평가형용사 다음에는 일반적으로 "크기, 길이, 높이" 등을 의미하는 기술형용사가 온다.

He owns an **expensive big house** in the suburb.
(그는 교외에 고가의 대저택을 소유하고 있다.)
Who's that **gentle tall person** at the doorstep?
(문간 층계에 서 있는 저 멋지고 키 큰 사람이 누굽니까?)

(2) 모양(shape): 크기 기술형용사 다음에는 일반적으로 "모양" 기술형용사가 온다.

There are several **large square rooms** in the building.
(이 건물에는 크고 네모반듯한 방이 몇 개 있다.)
The company purchased **wide rectangular space** for a new office building.
(회사는 새로운 사무실 건물을 짓기 위해 넓은 직사각형 부지를 구입했다.)

(3) 연령(age): 모양 기술형용사 다음에는 일반적으로 "연령" 기술형용사가 온다.

Do you know the meaning of this **square modern structure**?
(당신은 이 네모난 현대식 구조물의 의미를 아십니까?)
I slept in the **oval traditional room** of the house.
(나는 이 집의 둥근 모양의 전통적 침실에서 잠을 잤다.)

(4) 색채(color): 연령(age) 기술형용사 다음에는 일반적으로 "색채" 기술형용사가 온다.

She decided to wear the **new blue dress** for the graduation party.
(그녀는 졸업파티를 위해 새로운 하늘색 드레스를 입기로 했다.)
He has an office in the **modern white building**.
(그는 현대식 흰색 건물에 사무실을 가지고 있다.)

(5) 분사(participles): 색채 기술형용사 다음에는 일반적으로 "분사형" 기술형용사가 온다.

You shouldn't drive over the **yellow dividing line** on the street.
(운전할 때 도로 위의 노란색 경계선을 넘지 말아야 한다.)
I bought this **green carved stature** in Africa.
(나는 이 초록색 조각상을 아프리카에서 샀다.)

(6) 기원/양식(origin/style): 분사형 기술형용사 다음에는 일반적으로 "기원/양식" 기술형용사가 온다.

She stepped into the **renovated Victorian reception room** of the mansion.
(그녀는 저택의 새로 단장한 빅토리아식 접견실로 들어갔다.)
He's going to marry a **good-looking Korean girl** next week.
(그는 다음 주에 예쁜 한국 여성과 결혼할 예정이다.)

(7) 재료(material): 기원/양식 기술형용사 다음에는 일반적으로 "재료(material)" 기술형용사가 온다.

They bought an **Italian wooden table** for their new kitchen.
(그들은 새로운 주방을 위해 이탈리아식 나무 식탁을 샀다.)
She has been collecting **Korean earthen pots** since 1950.
(그녀는 1950년 이래 한국의 토기를 수집하고 있다.)

4 **분류(classifying)형용사**: "분류"형용사는 명사가 가리키는 지시를 일정한 분야에 따라 분류하는 의미를 갖는다.

atomic (scientist)	bodily (harm)	chemical (engineer/plant)
criminal (law)	educational (standards)	medical (building/school)
musical (comedy)	polar (bear)	religious (freedom)
short (story)	social (life)	solar (energy) 등

I heard he graduated from a **famous Belgian medical school**.
(나는 그가 유명한 벨기에 의과대학을 졸업했다는 말을 들었다.)
A number of **young Korean atomic scientists** attended the Conference.
(많은 젊은 한국 핵 과학자들이 회의에 참석했다.)
This is my **favourite traditional Italian musical comedy**.
(이것은 내가 가장 좋아하는 이탈리아 전통 음악희극이다.)

5 **명사 수식어**: 형용사 수식어와 명사 사이에는 다른 "명사 수식어"가 올 수 있다.

He wore a pair of **black Italian leather shoes**.
(그는 검은색 이탈리아 가죽구두를 신고 있었다.)
The police are looking for the **stolen white sports car**.
(경찰은 도난당한 흰색 스포츠카를 찾고 있다.)
She ordered a **lovely large oval mahogany dinner table** for her new home.
(그녀는 자기의 새집을 위해 크고 멋있는 타원형 마호가니 식탁을 주문했다.)

상세한 명사 수식어에 대해서는 N36을 보라.

6 **수사 (numerals)**: "기수(one, two, three 등)"는 일반적으로 형용사 앞에 오고 "서수(first, second, next, last 등)"는 기수를 앞선다.

She bought **six large** eggs in the grocery store.
(그녀는 식료품가게에서 큰 달걀 여섯 개를 샀다.)
They live in the **second big** house on Oxford Street.
(그들은 옥스퍼드 가의 두 번째 큰 집에서 살고 있다.)

I spent my **first three** days looking for a place to live. (나는 첫 3일 동안 살 곳을 찾아다녔다.)
He hasn't been satisfied with his **last two** jobs, so he's looking for the third one.
(그는 마지막 두 개의 일자리에 만족할 수 없어서 세 번째 일자리를 찾고 있다.)

수사에 대한 상세한 논의에 대해서는 N43과 N44를 보라.

7 **한정적 형용사와 부정관사**: "한정적 형용사"는 "부정관사" 다음에 오는 것이 정상이지만 형용사가 "as, how, so, too, this, that"의 수식을 받을 경우 한정적 형용사가 부정관사 "a/an" 앞에 온다.

as/how/so/too/this/that + 형용사 + **a/an** + 명사

She has **as interesting a hobby** as you. (그녀는 너처럼 흥미로운 취미를 가지고 있다.)
(*I have **as an interesting voice** as you.)
I don't know **how good a pianist** he is.
(나는 그가 얼마나 훌륭한 피아니스트인지 모른다.)
It was **so fine a day** that I could hardly stay at home.
(날씨가 너무 좋아서 나는 집에 있을 수가 없었다.)
(참고: It was **such a fine day** that I could hardly stay at home.)
She's **too polite a person** to refuse. (그녀는 매우 예의 바른 사람이어서 거절할 수 없었다.)
We couldn't afford **that big a house**. (우리는 그렇게 큰 집을 감당할 수가 없었다.)
I've never seen **this big a hamburger** before. (나는 이렇게 큰 햄버거를 본 적이 없다.)

▶ enough의 수식을 받는 형용사도 부정관사를 앞선다.

He's **rich enough a man** to own a Ferrari. (그는 페라리를 가질 만큼 부자다.)
(*He's a **rich enough man** to own a Ferrari.)

▶ 위의 구조는 부정관사 "a/an" 없이는 성립하지 않는다.

*I like **so beautiful your country**.
*They are **too kind girls** to refuse.
*They are **rich enough men** to own a Ferrari.

8 **한정적으로만 쓰이는 형용사**

(1) "elder, eldest, live"와 같은 형용사는 한정적 위치에만 나타나고 서술적 위치에는 다른 단어가 사용된다. (E10을 보라.)

My **older/elder** sister is a pilot. (나의 누나는 비행기 조종사다.)
She's three years **older/*elder** than me. (그녀는 나보다 세 살이 많다.)

(2) live가 ([laɪv]로 발음됨) 형용사로 쓰일 때는 한정적으로만 쓰이며, 서술적 위치에는 alive가 사용된다. (A45를 보라.)

The cat was playing with a **live/*alive** mouse. (고양이가 살아 있는 쥐와 놀고 있었다.)
He caught a fish two hours ago, but it's still **alive/*live**.
(그가 두 시간 전에 물고기를 잡았는데 아직도 살아 있다.)

(3) -en으로 끝나는 대부분의 형용사는 서술적으로 쓰일 수 없다.

drunken   earthen   eastern   golden

| leaden | northern | silken | southern |
| western | wooden | woolen 등 | |

Drunken driving is very dangerous. (음주운전은 매우 위험하다.)
(*He is **drunken**이라고 하지 않고 He is **drunk**라고 한다.)
I like **western** movies. (나는 서부영화를 좋아한다.) (*This movie is **western**.)
We slept on the **earthen** floor. (우리는 흙마루에서 잠을 잤다.)
She bought a **wooden** bed. (그녀는 목침대를 샀다.)

(4) 다음의 표현에서 형용사들은 모두 한정적 수식어로만 쓰인다.

an **atomic** scientist	the **chief** economist	a **criminal** lawyer
my **favorite** toy	the **former** part	an **inner** room
the **latter** part	a **lonely** life	the **lower** class
the **main** idea	a **medical** school	the **only** person
the **outer** walls	the **particular** reason	a **polar** bear
the **prime** suspect	the **principal** cause	the **sole** responsibility
a **tidal** wave	the **upper** lip 등	

(5) 강조 (intensifying) 형용사도 몇몇을 제외하고는 일반적으로 한정적 위치에서만 사용된다.

bloody	complete	definite	exact
mere	outright	perfect	plain
real	regular	sheer	thorough
total	true	utter 등	

He's a **mere** child. (그는 그저 아이일 뿐이다.) (*That child is **mere**.)
It's **sheer** madness. (그것은 완전히 미친 짓이다.) (*That madness is **sheer**.)
You **bloody** fool! (너 참 바보구나!) (*That fool is **bloody**.)
It came as a **total surprise** to many fans that he would marry soon.
(그가 곧 결혼할 것이라는 것은 많은 팬에게는 대단한 놀라움이었다.)

(6) a-로 시작하는 형용사: afraid처럼 "a-"로 시작하는 대부분의 형용사는 "한정적 수식어"로 쓰이지 않는다.

ablaze	afire	afloat	afraid
alike	alive	alone	aloud
ashamed	asleep	awake	aware 등

The baby fell **asleep**. (아기가 잠이 들었다.)
Don't disturb **the sleeping/*asleep baby**. (잠자는 아이를 방해하지 마라.)
The ship's still **afloat**. (배가 아직도 떠 있다.)
It's **a floating/*an afloat ship**. (그것은 물 위에 떠 있는 배다.)
The boy was **afraid**. (그 남자아이는 두려워했다.)
He's just **a frightened/*an afraid boy**. (그는 겁에 질린 아이일 뿐이다.)

The cowboy is **alone**. (카우보이는 고독하다.)
He's **a lonely/*an alone cowboy**. (그는 고독한 카우보이다.)

▶ "alert, aloof, amoral, amorphous" 등은 한정적 수식어로도 쓰인다.

We have to be **alert**, while the boss is away. (대장이 없는 동안 우리는 방심해서는 안 된다.)
The thief was spotted by **an alert neighbour**. (도둑놈이 경계심이 높은 이웃에게 목격되었다.)

Young children are **amoral**. (어린아이들은 도덕관념이 없다.)
It's not difficult to see **amoral politicians** nowadays.
(오늘날에는 도덕관념이 없는 정치인을 찾는 것이 어렵지 않다.)

A20 ADJECTIVES-3: 명사 뒤에 오는 구조

명사를 수식하는 한정적 형용사는 일반적으로 명사 앞에 오지만, 몇몇 구조에서는 명사 뒤에 온다.

1 **부정대명사**: 부정대명사를 수식하는 형용사는 그 뒤에 온다. 다시 말해서 부정대명사는 자신의 앞에 형용사의 한정적 위치를 허용하지 않는다. (I23을 보라.)

| something | everything | anything | nothing |
| somebody | anywhere | anyone | somewhere 등 |

Have you read **anything interesting** lately? (근래에 재미있는 글을 읽은 것이 있습니까?)
Let's go **somewhere quiet**. (어디든 조용한 곳으로 가자.)

2 **치수 표현**: 치수(measurement)를 나타내는 표현에서는 형용사가 치수명사구 다음에 온다.

The fence is **two meters high**. (담의 높이가 2미터다.)
The canal is **two miles long**. (수로의 길이가 2마일이다.)
The boy is **ten years old**. (그 소년은 10살이다.)
The pond is **six feet deep**. (연못의 깊이가 6피트다.)

3 **형용사 보충어**: 뒤에 보충어를 가진 모든 형용사는 명사를 뒤에서 수식할 수 있다.

They have **a house larger than yours**. (그들은 너보다 더 큰 집을 가지고 있다.)
The boys easiest to teach are in my class.
(내 반에 있는 아이들은 가르치기가 매우 쉽다.)

(1) 구어체에서는 종종 보충어는 제자리에 둔 채 형용사만 한정적 수식어 위치로 이동하는 경우가 있다.

They have **a larger house than yours**.
(그들은 네 집보다 더 큰 집을 가지고 있다.)
The easiest boys to teach are in my class.
(내 반에 있는 아이들은 가르치기가 매우 쉽다.)

(2) 이런 현상은 "different, similar, the same, next, last, first, second" 등 단어와 "비교급과 최상급 형용사" 그리고 "difficult와 easy 같은 형용사"에서 흔히 나타난다.

a **different** life from his one ~ a life **different** from his one
the **next** house to the Royal Hotel ~ the house **next** to the Royal Hotel
the **second** train from the platform ~ the train **second** from the platform
the **best** mother in the world ~ the mother **best** in the world
a **difficult** problem to solve ~ a problem **difficult** to solve

4 여타의 예

(1) 현대영어에서는 한정적 형용사를 명사 뒤에 위치시키는 것은 몇몇 고정된 표현에 국한된다.

Secretary **General** (사무총장)   court **martial** (군법회의)
poet **laureate** (계관시인)   President-**elect** (취임 전) 대통령 당선자
God **Almighty** (전능하신 하나님)   Attorney **General** (법무장관)

(2) 몇몇 형용사들은 관계절과 마찬가지로 명사 다음 위치에 나타난다. -able 또는 -ible 어미를 가진 형용사는 명사가 다른 최상급 형용사의 수식을 받거나 "only, all" 또는 "last, next" 따위의 서수사의 수식을 받고 있으면 명사 뒤로 이동할 수 있다.

the best **possible** use ~ the best use **possible** (최상의 가능한 사용법)
the only **suitable** actor ~ the only actor **suitable** (어울리는 적합한 배우)
all the **available** tickets ~ all the tickets **available** (가용한 모든 입장표)

(3) -able/-ible 어미를 가진 형용사 중에는 한정적으로 사용될 때와 후치 수식어로 사용될 때와 뜻이 달라지는 것이 있다. 예를 들어 "the stars **visible**"은 "어떤 시점에 육안으로 보이는 별들"을 뜻하고 "the **visible** stars"는 "눈에 보일 수 있는 모든 별들"의 범주를 가리킨다. 이러한 뜻의 차이는 "rivers **navigable**" (어떤 특정한 경우에 항해할 수 있는 강)과 "**navigable** rivers" (언제나 항해 가능한 강)에서도 찾아볼 수 있다.

(4) present는 명사 앞에 오면 시간을 의미하지만, 명사 뒤에 오면 "참석한(not absent), (특정 장소에) 존재하는"을 의미한다.

All the **present** members of the club attended the 2001 general meeting.
(클럽의 모든 현존 회원들이 2001년 총회에 참석했다.)
None of her classmates knows her **present** address.
(그녀의 동급생 중에 아무도 그녀의 현주소를 모른다.)

We need a list of names of all the **members present** at the 2001 general meeting.
(우리는 2001년 총회에 참석한 모든 회원의 명단이 필요하다.)
We were studying the **gases present** in the earth's atmosphere.
(우리는 지구의 대기권에 존재는 기체를 연구하고 있다.)

(5) proper는 명사 앞에 오면 (특히 영국영어에서) "적절한, 올바른"을 뜻하고, 명사 뒤에 오면 어떤 대상의 "진정한, 중심의"를 가리킨다.

Everything was in its **proper place**. (모든 것이 제 자리에 있었다.)
Try to eat **proper meals** instead of fast-food takeouts.
(주문한 즉석 음식 대신에 적절한 식사를 하도록 해야 한다.)

The chat before the **interview proper** is intended to relax the candidate.
(본격적인 회견에 앞서 잡담을 하는 것은 후보의 긴장을 풀기 위한 것이다.)
It's a suburb of London — I wouldn't call it **London proper**.
(여기는 런던 변두리로 진정한 런던이라고 할 수 없다.)

(6) 어떤 공간의 "위층과 아래층" 또는 "안쪽과 바깥쪽"을 의미하는 부사도 이와 같이 쓰인다.

Why don't you take a shower in **the bathroom downstairs**?
(아래층 욕실에서 샤워를 하지 그래?)
He wants to talk to **the woman upstairs** about her noisy party last night.
(그는 어젯밤 시끄러운 파티에 대해서 위층 여자에게 말하고 싶어 한다.)
He turned off **the lights outside** and went to bed.
(그는 밖의 불을 끄고 잠자리에 들었다.)
The house requires a lot of **repairs inside** before we move in it.
(이 집은 우리가 이사 들어가기 전에 대대적인 내부 수리가 필요하다.)

late as I was ...와 같은 표현에 나타나는 형용사 + as 구조에 대해서는 A94.3과 A98을 보라.

A21 ADJECTIVES-4: 서술적 기능

형용사의 서술적(predicative) 기능이란 "주어보어(subject complement)"와 "목적어보어 (object complement)"로 사용되는 것을 가리킨다.

The new secretary is **smart and beautiful**.　　　　　　　　[주어보어]
(새로 온 비서는 총명하고 예쁘다.)
He seemed very **encouraged** after he met the personnel manager.
(그는 인사담당 이사를 만난 후에 매우 고무되어 있는 것 같았다.)
You should always keep vegetables **fresh**.　　　　　　　　[목적어보어]
(채소는 항상 신선하게 보존해야 한다.)
I found the coffee too **strong** for me.
(커피가 나에게는 너무나 강했다.)

1　　**주어보어**: 연결동사(linking/copular verbs) 중에 형용사를 주어보어로 취하는 동사는 다음과 같다. (C52와 V3.2를 보라.)

동사 + 형용사

appear	be	become	feel
look	remain	seem	smell
sound	stay	taste	turn 등

The road **isn't wide** enough, is it? (도로가 충분히 넓지 않지요?)
She **appears delighted**. (그녀는 즐거워 보였다.)
I **feel tired**. (나는 피곤하다.)
Our friends **seem ready** to help. (친구들이 도와줄 준비가 되어 있는 것 같다.)
The weather will **stay fine** during the World Cup. (월드컵 동안은 일기가 계속 좋을 것이다.)

2 **목적어보어**: 다음의 복합타동사는 자신의 목적어 다음에 형용사를 목적어보어로 허용한다. (V6.1을 보라.)

동사 + 목적어 + 형용사

believe	call	certify	confess
consider	declare	drive	find
get	have	hold	imagine
judge	keep	leave	like
make	paint	prefer	presume
proclaim	pronounce	prove	render
report	think	send	set
suppose	think	turn	want
wish 등			

We **painted the house white**. (우리는 집을 흰색으로 칠했다.)
I **found the cage empty**. (새장이 비어 있었다.)
The doctor **announced the man dead**. (의사는 그 남자가 사망했다고 선언했다.)
The blow to his head **rendered him unconscious**.
(머리에 가해진 충격으로 그는 정신을 잃었다.)

3 **형용사와 전치사**: 서술적으로 쓰이는 많은 형용사는 자신의 의미를 완성하기 위해 다른 표현을 동반하게 되는데, 우리는 이것을 "보충어(complement)"라고 부른다. 형용사는 일반적으로 전치사구를 보충어로 취하며, 전치사는 형용사에 의해 선택된다.

동사 + 형용사 + 전치사구

(1) about

| angry | anxious | careful | enthusiastic | glad |
| happy | knowledgable | mad 등 | | |

When you travel abroad, you should be **careful about what you eat.**
(외국을 여행할 때는 먹는 것에 조심해야 한다.)
Whatever she says, don't get **mad about it.**
(그녀가 무슨 말을 하든 화내지 말아라.)

(2) at

| angry | bad | brilliant | clever |

| expert | good | hopeless 등 |

Alex is very **good at languages**. (앨릭스는 언어에 큰 소질이 있다.)
My wife is very **clever at finding bargains**.
(내 처는 떨이를 매우 능숙하게 찾아낸다.)

(3) for

anxious	bound	eager	enough
famous	fit	good	grateful
necessary	proper	responsible	sorry 등

The government is **anxious for hard currency to pay the debt.**
(정부는 부채를 갚기 위해 경화를 원한다.)
He's **responsible for recruiting and training new staff.**
(그는 새로운 직원을 뽑고 훈련시킬 책임이 있다.)

(4) from

| absent | different | distant | distinct |
| free | remote | safe | separate 등 |

Do you know why she's **absent from the meeting so often.**
(당신은 그녀가 왜 그렇게 자주 모임에 빠지는지 압니까?)
The birds build their nests high up the tree, **safe from predators.**
(새는 약탈자로부터 안전하게 높은 나무 위에 둥지를 튼다.)

(5) in

| deficient | efficient | expert | proficient |
| rich | slow | successful 등 | |

Alfred is **expert in handling current situations of the company.**
(앨프레드가 회사의 현 상황을 해결하는데 적격이다.)
Everybody knows that citrus fruits are **rich in vitamin C.**
(감귤류 과일에 비타민 시가 풍부하다는 것은 다 안다.)

(6) of

afraid	aware	capable	certain
conscious	critical	deserving	desirous
devoid	envious	fearful	fond
full	glad	guilty	ignorant
innocent	jealous	positive	proud
short	thoughtful	tolerant	worthy 등

My brother is very **fond of horses**. (나의 형은 말을 매우 좋아한다.)
He's **guilty of handing over the company's marketing policy to the competitor.**
(그는 회사의 판매정책을 경쟁회사에 넘긴 죄를 범했다.)

(7) on

contingent   dependent   expert   intent
keen 등

Further research is **contingent on the results of the preceding studies.**
(계속적인 연구는 선행 연구의 결과에 달려 있다.)
My wife wants to go to Hawaii this summer, but I'm not **keen on the idea.**
(내 처는 이번 여름에 하와이에 가고 싶어 하지만, 나는 그 생각에 관심이 없다.)

(8) to

acceptable	adjacent	applicable	attentive
averse	beneficial	careful	certain
close	detrimental	due	essential
faithful	familiar	friendly	generous
hostile	identical	inferior	kind
liable	obedient	painful	partial
pleasant	polite	preferable	rude
similar 등			

We moved to the house that is **adjacent to the school.**
(우리는 학교 근방에 있는 집으로 이사했다.)
The children are not always **obedient to their parents.**
(아이들이 자기 부모에게 항상 순종적인 것은 아니다.)

(9) with

angry	comfortable	comparable	compatible
complete	consistent	content	familiar
friendly	furious	gentle	good
happy	identical	impatient	natural
patient	sick 등		

My wife usually gets **angry with me,** when I come home late.
(내 처는 내가 집에 늦게 돌아오면 보통 화를 낸다.)
His girl-friend is very **patient with him.**
(그의 여자 친구는 그에게 큰 인내심을 보인다.)

4   **-ed형 형용사와 전치사**: "-ed 분사형 형용사"들도 특정한 형태의 전치사를 필요로 한다.

동사 + 분사형 형용사 + 전치사구

absorbed in	acquainted with	accustomed to
alarmed at/by	amazed at/by	annoyed at/by
ashamed of	associated with	astonished at/by
attached to	blessed with	bored with

committed to	composed of	concerned about/over
confused at/by	covered with	dedicated to
delighted at/by	deprived of	disappointed in/with
drunk on	embarrassed at/by	endowed with
gifted with	hurt at/by	indebted to
interested in/by	irritated at/by/with	known for/to
married to	occupied with	pleased with/by/at
puzzled at/by	qualified for	related to
satisfied with	shocked at/by	startled at/by
suited to/for	surprised at/by	tired from/of
troubled by/about	upset with 등	

I'm not **ashamed of anything** I've done. (나는 내가 한 일에 대해서 부끄러울 게 없다.)
We're **blessed with many children**. (우리는 많은 아이들로 축복을 받았다.)
John was **irritated by her questions**. (존은 그녀의 질문에 짜증이 났다.)
I'm **interested in cookery**. (나는 요리법에 흥미가 있다.)
You're not still **upset with me**, are you? (너는 아직까지도 나한테 화가 나 있는 것 아니지?)

▶ 몇몇 -ed형 형용사에서는 동사의 경우에 [d]나 [t]로 발음되는 것이 [ɪd]로 발음된다.

동사	형용사	동사	형용사
aged [eɪdʒd]	[éɪdʒɪd]	learned [lə:rnd]	[lə́:rnɪd]
beloved [bɪlʌ́vd]	[bɪlʌ́vɪd]	naked [neɪkt]	[néɪkɪd]
blessed [blest]	[blésɪd]	ragged [rægd]	[rǽgɪd]
crooked [krʊkt]	[krʊ́kɪd]	rugged [rʌgd]	[rʌ́gɪd]
cursed [kə:rst]	[kə́:rsɪd]	wicked [wɪkt]	[wɪ́kɪd]
dogged [dɔgd]	[dɔ́gɪd]	wretched [retʃt]	[rétʃɪd]

aged는 "very old"의 의미(예: my aged parents)를 가질 때에는 [éɪdʒɪd]로 발음되고, 나이를 표현(예: He has a daughter aged ten)할 때와 동사(예: He was worried to see how much he'd aged)로 쓰일 때는 [eɪdʒd]로 발음된다. marked는 형용사(예: The patient showed a marked improvement in her condition)로 쓰일 때는 [ma:rkt]로 발음되지만, -ly 어미가 붙은 부사가 된 markedly는 [má:rkɪdlɪ]로 발음된다.

5   **that-절 보충어**: 어떤 형용사는 "that-절"을 보충어로 선택한다.

동사 + 형용사 + that-절

afraid	angry	certain	clear
essential	glad	happy	important
likely	necessary	obvious	pleased
possible	sorry	surprised	true 등

I'm **glad that you're able to come**.
(나는 네가 올 수 있어서 기쁘다.)

It's **important that everybody should feel comfortable**.
(누구나 편안함을 느끼는 것이 중요하다.)
We were all **pleased that you were promoted to senior manager**.
(네가 선임 지배인이 되어서 우리는 모두 기뻤다.)

6   **to-부정사 보충어**: 어떤 형용사는 to-부정사를 보충어로 선택한다.

동사 + 형용사 + to-부정사

able	afraid	anxious	ashamed
careful	certain	content	delighted
determined	eager	(un)fit	free
glad	happy	keen	likely
ready	silly	sorry	sure
surprised	thankful	willing	wise 등

You don't look **happy to see me**. (나를 만난 것이 기쁘지 않은 것 같다.)
The soup is **ready to eat**. (수프가 먹을 준비가 됐다.)
The party was so good that she was **reluctant to leave**.
(파티가 너무 재미있어서 그녀는 집에 갈 생각이 없었다.)
This house is **unfit for anyone to live in**. (이 집은 사람이 살기에 적합하지 않다.)

7   **to-부정사 보충어의 주어**: to-부정사를 보어로 갖는 형용사가 "예비 it-구문"에 나타날 경우에 부정사의 주어는 일반적으로 "전치사구"로 표현된다. 전치사구의 유형에 따라 형용사를 분류하면 다음과 같다.

동사 + 형용사 + 전치사구 + to-부정사

(1) for-구를 주어로 가지는 형용사

advantageous	advisable	beneficial	delightful
difficult	easy	essential	good (= beneficial)
hard	hopeless	important	necessary
(im)pertinent	(un)pleasant	(im)possible	preferable
(im)proper	(ir)relevant	satisfactory	useful
useless	worthwhile 등		

It's **advisable for you** to write a career objective at the start of your résumé.
(이력서 초반에 삶의 목표를 쓰는 것이 바람직하다.)
It was very **impertinent for a young boy** to make such a remark.
(어린 소년이 그런 말을 하는 것은 매우 주제넘은 것이었다.)
It's **worthwhile for you** to clarify the matter. (그 문제를 명백하게 밝힐 가치가 있다.)

(2) of-구를 주어로 가지는 형용사

| considerate | generous | good (= kind) | intelligent |

kind	(dis)loyal	magnanimous	magnificent
malicious	nice	(un)worthy 등	

It was **good of him** to offer you a lift. (그가 너를 태워주다니 좋은 사람이다.)
It's really **kind of them** to let us use their pool.
(수영장을 사용하게 하다니 그들은 정말로 친절한 분들이다.)
It's **malicious of him** to spread these rumors.
(이런 소문을 퍼트리는 것은 그가 악의를 품고 있어서다.)

(3) for-구나 of-구를 주어로 가지는 형용사

(dis)courteous	foolish	impertinent	(un)natural
noble	(im)polite	(im)proper	rash
right	rude	strange	stupid
wicked	(us)wise	wrong 등	

It's **foolish for/of him** to do it. (그런 일을 하다니 그 사람은 어리석다.)
It's not **polite for/of you** to speak with your mouth full.
(입속에 음식이 가득한 채로 말하는 것은 예의 바른 것이 아니다.)
It's **wrong for/of them** to assume that technical advance improves the quality of our life.
 (기술적 발전이 우리의 삶의 질을 높일 것이라고 그들이 생각하는 것은 잘못된 것이다.)

(4) to-구나 for-구를 주어로 가지는 형용사: 특히 감정을 표현하는 "-ing 분사형 형용사"는 일반적으로 "to-구"를 주어로 가지는 경향이 있으며, 어떤 것들은 "for-전치사구"를 주어로 갖는다.

alarming	amusing	annoying	astonishing
disappointing	disgusting	disturbing	embarrassing
fascinating	interesting	intriguing	irritating
pleasing	puzzling	satisfying	shocking
startling	surprising	terrifying	troubling 등

It's **amazing to me** to learn how old the lady was. (그 여자 분의 나이를 알고 나는 놀랐다.)
It was **disappointing to the young violinist** not to have won the first prize.
(그 젊은 바이올리니스트는 일등상을 타지 못해서 실망했다.)
It would be **embarrassing for/to him** to give a speech in public.
(그에게는 대중 앞에서 연설하는 것이 당황스러운 일일 것이다.)
It's **fascinating for/to the child** to observe the way that the toy works.
(장난감이 작동하는 방식을 보는 것이 아이에게는 황홀한 것이다.)

8   **동명사 보충어**: 동명사를 보충어로 선택하는 대표적인 형용사는 "busy"다.

I was very **busy doing my homework**. (나는 숙제를 하느라고 매우 바빴었다.)

▶ 다른 형용사로는 "허사 it"를 주어로 택하는 "worthwhile, nice, pointless, awkward" 등이 있다.

It's not **worthwhile doing your best to make her comfortable**.
(그녀를 편안하게 하려고 최선을 다할 가치가 없다.)
It's been **nice talking to you.** (만나서 반가웠습니다.)
It'd be **pointless discussing the issue further.**
(그 문제를 더 이상 논의하는 것은 의미가 없는 것 같다.)

9 　　보충어의 선택: 많은 형용사들은 두 유형 이상의 보충어를 선택할 수 있다.

I'm **pleased about her promotion.** (나는 그녀가 승진해서 기뻤다.)
I'm **pleased to see you here.** (여기서 당신을 만나서 기쁩니다.)
I'm **pleased that we seem to agree.** (우리가 뜻을 같이하는 것 같아서 기쁘다.)
Kids are usually **afraid of the darkness.** (아이들은 일반적으로 어둠을 무서워한다.)
Don't be **afraid to ask for help.** (도움을 요청하는 것을 주저하지 마라.)
I'm **afraid you've come to the wrong address.** (주소를 잘못 찾아오신 것 같은데요.)

일반적인 보충어에 대해서는 C35를 보라.
형용사 다음에 오는 절의 가정법에 대해서는 S37을 보라.

A22　ADJECTIVES-5: 수식받는 명사가 없는 구조

한정적 형용사를 가지고 있는 명사구에는 명사가 나타나는 것이 정상이다.

She is **a beautiful woman**. (그녀는 아름답다.) (*She is **a beautiful**.)
The welcome news is that house prices will fall. (좋은 소식은 집값이 하락할 것이라는 것이다.)
(*The welcome is that house prices will fall.)

1 　　the + 형용사: 종종 인칭명사를 수식할 수 있는 형용사는 수식받는 명사 없이 정관사와 함께 사용될 수 있으며, 특별한 신체적 혹은 사회적 여건에 처해 있는 "집단"을 표현한다. 이런 점에서 "the + 형용사" 구조는 일반적으로 복수가 된다.

The poor have become a major concern of this government.
(가난한 사람들이 이 정부의 주요 관심사가 되었다.)
The young should look after **the old**.
(젊은이들이 노인들을 돌봐야 한다.)
The society should help **the physically and mentally handicapped**.
(사회는 육체적 정식적 장애인들을 도와주어야 한다.)
Blessed are **the poor** in spirit, for theirs is the kingdom of heaven.
(심령이 가난한 자는 복이 있나니 천국이 그들의 것임이오.) [마 5:3]
It is not **the healthy** who need a doctor, but **the sick**.
(건강한 자에게는 의사가 쓸 데 없고 병든 자에게라야 쓸 데 있느니라.) [마 9:12] [눅 5:31]

▶ 이 구조는 일반적으로 집단 전체를 가리키지만, 경우에 따라 제한적인 집단을 가리킬 수 있다.

After the accident, **the injured** were taken to hospital.
(사고 후에 부상자들은 병원으로 이송되었다.)
Many soldiers were killed and wounded, and **the wounded** were transported to the rear.
(많은 병사들이 전사하고 부상을 당했으며, 부상자들은 후방으로 후송되었다.)

▶ 이러한 유형의 표현으로 가장 흔한 것은 다음과 같다.

the blind	the dead	the deaf
the handicapped	the homeless	the jobless
the mentally ill	the mentally retarded	the old
the physically disabled	the poor	the rich
the unemployed	the young 등	

위의 표현은 모두 복수 표현으로 "the dead"는 "all dead people" 혹은 "the dead people"을 의미한다. 절대로 "the dead person"을 뜻하지는 않는다.

2 **속격 -'s**: 이 표현에는 속격 "-'s"가 쓰일 수 없으며 복수어미 "-(e)s"를 붙일 수도 없다.

There's no country without **the problems of the poor/*the poor's problems**.
(가난한 사람들의 문제가 없는 나라가 없다.)
We have to respect **the old/*the olds**.
(우리는 나이 많은 사람들에게 존경하는 마음을 가져야 한다.)
The facility is not easily accessible by the physically **handicapped/*handicappeds**.
(육체적 장애인들은 그 시설에 쉽게 접근할 수가 없다.)

3 **관사와 형용사**: "the" 없이는 형용사가 이런 방식으로 쓰이지 않는 것이 정상이다.

This government doesn't care about **the poor**. (이 정부는 가난한 사람들에게 관심이 없다.)
(*This government doesn't care about **poor**.)

▶ 그러나 "대조"를 이루는 등위접속 구문(and 혹은 or)에서는 종종 관사가 생략될 수 있다.

The government gave equal opportunities to both **(the) rich and (the) poor**.
(정부는 부자와 가난한 사람에게 동등한 기회를 주었다.)
The candidate isn't acceptable to either **(the) old or (the) young**.
(그 후보는 노인들에게나 젊은이들에게 다 환영받지 못한다.)

▶ 또한 양화사 "many"나 "more" 다음에서나 "소유격 한정사" 다음에서는 관사 없이 형용사가 사용될 수 있다.

There are **more unemployed** than ever before. (실업자가 지금보다 더 많은 적이 없다.)
Give them to **your poor**. (가난한 너희 사람들에게 그것들을 줘라.)

4 **나라이름 형용사**: -sh, -ch로 끝나는 국가명 형용사 "Irish, Welsh, English, British, Spanish, Dutch, French" 등은 명사 없이 "the"와 함께 쓰일 수 있으며, 이 경우 해당 "국민 전체"를 가리키는 복수명사구가 된다. (N4.4,5를 보라.)

The Irish are very proud of their sense of humor.
(아일랜드 인들은 자신들의 유머 감각에 큰 자부심을 가지고 있다.)
The English have a lot to learn from **the Dutch**.
(영국인들은 네덜란드인에게서 배울 점이 많다.)

▶ 단수를 표현하려면 어떤 국가명 형용사의 경우에는 "-man" 또는 "-woman"을 붙이고, 어떤 경우에는 별도의 어휘가 있다.

an **Irishman/Irishwoman/*Irish**   a **Welshman/Welshwoman/*Welsh**
a **Dane/*Danish/*Danishman**   a **Pole/*Polish/*Polishwoman**

▶ 개인을 가리키는 별도의 어휘를 가진 복수 표현은 "the ...ish"보다 단수형에 복수어미 -s를 붙인 것이 선호된다.

a **Dane** :: the **Danes**   a **Pole** :: the **Poles**   a **Turk** :: the **Turks**

5 **단수/복수 예**: 몇몇 문어체의 고정 표현에서는 "the + 형용사"가 단수가 된다.

the accused (피의자)   the undersigned (서명자)   the deceased (고인)
the former (전자)   the latter (후자) 등

The accused was released on bail.
(피의자는 보석금을 내고 방면되었다.)
The deceased left a large sum of money to **his** cousin.
(고인은 그의 사촌에게 큰돈을 남겼다.)

▶ 물론 복수 의미도 가능하다.

All the accused were released on bail. (모든 피의자들이 보석으로 방면되었다.)
The deceased were buried in one big grave. (고인들은 하나의 큰 무덤에 매장되었다.)

6 **추상적 개념**: 때때로 형용사와 관사 the를 결합하여 추상적 개념을 표현할 수 있다. 이 표현들은 일반적으로 단수가 된다.

The latest (news) is that he's going to run for re-election.
(최근의 뉴스에 따르면 그는 재선에 나갈 것이다.)
They ventured into **the unknown** (world). (그들은 미지의 세계로 위험을 무릅쓰고 들어갔다.)
He admires **the mystical** (power). (그는 신비스러운 힘을 좋아한다.)
I'm interested in **the supernatural** (beings). (나는 초자연적 존재에 관심이 있다.)

7 **명사의 생략**: 이미 앞에서 언급했기 때문에 다시 말할 필요가 없는 경우에 형용사 다음에서 명사를 종종 생략할 수 있다.

"Do you have any bread?" "Do you want **white (bread)** or **brown (bread)**?"
("빵 있으세요?" "흰 빵을 원하십니까 혹은 갈색 빵을 원하십니까?")
I'd like two three-hour video-cassettes and one **four-hour (video-cassette)**.
(세 시간짜리 비디오 두 개와 네 시간짜리 비디오 하나 주세요.)

Do you want **regular (coffee) or black (coffee)**?
(보통 커피를 드릴까요, 블랙커피를 드릴까요?)

▶ 최상급도 종종 이런 방식으로 사용된다.

My wife was **the tallest** in her family. (내 처가 그녀의 가족 중에 제일 크다.)
She always buys **the cheapest**. (그녀는 항상 가장 값싼 것을 산다.)

▶ 이 경우 색채를 나타내는 형용사에 때때로 복수 -s를 붙일 수 있다.

Wash **the reds** and **blues** separately. (= red and blue clothes)
(빨간색 옷과 푸른색 옷을 따로따로 빨아라.)

A23 ADJUNCTS (부가어)

1 **통사적 특성**: 부가어에는 "시간, 공간, 양태, 수단, 도구, 행위자, 방식, 정황" 부사구가 있다. 부가어는 문장의 필수 성분인 "주어, 동사, 목적어, 보어"처럼 문장의 중요한 성분으로 해석되는 경우가 많다. 부가어의 통사적 특성은 문장의 필수 성분처럼 분열문에서 "초점의 대상"이 될 수 있고 또한 "질문의 대상"이 될 수 있다.

He used to invite his friends **to his summer house twice a year in the 1990s**.
(그는 1990년대에 매년 두 번씩 그의 여름별장에 친구들을 초청했었다.)

It was **to his summer house** that he used to invite his friends twice a year in the 1990s.
(그가 1990년대에 매년 두 번씩 친구들을 초청한 곳은 그의 여름별장이었다.)
It was **twice a year** that he used to invite his friends to his summer house in the 1990s.
(그가 1990년대에 그의 여름별장으로 친구들을 초청한 것은 매년 두 번씩이었다.)
It was **in the 1990s** that he used to invite his friends to his summer house twice a year.
(그가 매년 두 번씩 그의 여름별장으로 친구들을 초청하던 때는 1990년대였다.)

분열문에 대해서는 C19를 보라.

Where did he use to invite his friends twice a year in the 1990s?
(그가 1990년대에 친구들을 매년 두 번씩 초청한 곳이 어디냐?)
How often did he use to invite his friends to his summer house in the 1990s?
(그는 1990년대에 그의 여름별장에 친구들을 얼마나 자주 초청했느냐?)
When did he use to invite his friends to his summer house twice a year?
(그가 매년 두 번씩 그의 여름별장에 친구들을 초청한 때가 언제냐?)

WH-의문문에 대해서는 Q4를 보라.

2 **시간 부가어**: 문미위치에 가장 흔히 나타나지만, 강조를 위해 문두위치에도 올 수 있으며, 종종 문중위치에도 온다. 시간 부가어에는 "시점, 기간, 빈도, 상대적 시간 부가어"가 있다.

(1) 시점 부가어: "when"에 대한 응답이 될 수 있는 부가어다.

a week ago   at two o'clock   two days after/before

immediately	just	last summer
late	lately	now
recently	then	today
tomorrow	some day	long ago 등

"**When** are you going there?" "**Tomorrow**." ("그곳에 언제 가려고 하느냐?" "내일이요.")

(2) 기간 부가어: "how long"의 응답이 될 수 있는 시간 부가어다.

| for a long time | all night long | for two hours |
| for ever | long | temporarily 등 |

"**How long** have you lived there?" "**For three years./Since I was born.**"
("그곳에 얼마나 오래 살았느냐?" "삼 년 동안이요./태어난 이후 쭉 살았어요.")

(3) 빈도 부가어: "how often"의 응답이 될 수 있는 부가어로서 일반적으로 문중위치에 온다.

always	ever	frequently
hardly	normally	never
occasionally	often	rarely
seldom	sometimes	several times a week
from time to time	usually 등	

"**How often** do you go to church?" "I **seldom** do."
("얼마나 자주 교회에 가십니까?" "별로 자주 못갑니다.")
We **usually** go to Thailand in winter. (우리는 보통 겨울이 되면 태국으로 간다.)

▶ -ly 어미를 가진 시간을 의미하는 형용사는 형태 그대로 빈도부사로도 쓰이며, 이들은 일반적으로 문미위치에 온다.

| hourly | daily | weekly |
| monthly | quarterly | yearly 등 |

The database is updated **hourly**. (데이터베이스는 시간마다 새롭게 한다.)
The magazine is published **monthly**. (이 잡지는 월간으로 출판된다.)

▶ 빈도 부사구는 종종 문두위치에도 나타난다.

Sometimes, grandma would tell us stories about her childhood.
(할머니는 때때로 자신의 어린 시절에 대해서 우리에게 말해주곤 했다.)
Occasionally, John looked up from his book. (존은 가끔 책에서 눈을 들어 위를 봤다.)

(4) 상대적 시간 부가어: 두 시점 간의 상대적 시간관계를 표현하는 부가어로서 일반적으로 문중위치에 온다.

| already | just | lately | recently |
| so far | soon | yet 등 | |

They have **already** decided to buy the car. (그들은 이미 차를 사기로 결정했다.)

I have **recently** been studying Swahili. (나는 최근에 스와힐리어를 공부하고 있다.)

(5) 순서: "시점, 기간, 빈도 부가어"가 함께 문미에 올 때는 일반적으로 "기간＋빈도＋시점 부가어"의 순서로 나타난다.

I stayed there **for a short while twice a week last year**.
(나는 지난해에 그곳에 매주 두 번씩 잠시 머물렀었다.)
He's going to give a lecture on global warming **for an hour once a week next semester**.
(그는 다음 학기에 한 주에 한 번씩 한 시간 동안 지구온난화에 대해 강의할 것이다.)

3   **공간 부가어**: 일반적으로 문미위치에 오지만 강조를 위해 문두위치에도 나타난다. 공간 부가어에는 "장소, 방향, 거리 부가어"가 있다.

(1) 장소 부가어: 의문사 where의 응답이 될 수 있는 부가어다.

above	abroad	below
beneath	downstairs	elsewhere
here	home	indoors
outside	somewhere	there
upstairs	at the zoo	in the park
on the table 등		

I met her **at the opera**. (나는 그녀를 오페라 관람 중에 만났다.)
The children were playing **in the park**. (아이들은 공원에서 놀고 있었다.)

(2) 방향 부가어: towards what place의 응답이 될 수 있는 부가어다.

forwards	northwards	upwards
across the park	into the house	onto the table
out of the room	over the fence	towards the building 등

The soldiers marched **forwards**. (병사들이 앞으로 행진했다.)
They were running **towards the station**. (그들은 정거장을 향해 달렸다.)
He kicked the ball **over the fence**. (그는 울타리 너머로 공을 찼다.)

(3) 목표 부가어: 이 부가어는 방향과 결과적 위치를 의미한다.

across something	into something	off something
on something	over something 등	

He jumped **onto/off the platform**. (그는 연단 위로 뛰어올랐다/아래로 뛰어내렸다.)
He swam **across the river**. (그는 강을 가로질러 헤엄쳐 건너갔다.)
They went right **into the room**. (그들은 바로 방 안으로 들어왔다.)

(4) 거리 부가어: how far의 응답이 될 수 있는 부사어구다.

between A and B	from A to B	(for) ten miles
two blocks	a considerable distance 등	

We drove **(for) 200 kilometers** last night. (우리는 어젯밤에 200킬로미터를 운전했다.)
Some of them travelled **a considerable distance** to attend the meeting.
(그들 중에 몇 명은 그 회합에 참석하려고 상당한 거리를 여행했다.)
The cottage is **some distance** from the road. (그 집은 도로에서 좀 떨어져 있다.)

(5) 세 개의 공간 부가어가 문미에 함께 나타나면 일반적으로 "거리+방향+장소 부가어"의 순서를 따른다.

The boy walked **a few steps toward her in the living room**.
(소년은 거실에서 그녀를 향해 몇 걸음 걸어갔다.)
The enemy withdrew **about ten miles to the north in the front line**.
(적군이 전선에서 북쪽으로 약 10마일 정도 후퇴했다.)

4 **양태 부가어**: 양태(manner) 부가어는 how의 답변이 될 수 있는 부사구로서 일반적으로 문미위치에 온다. 그러나 양태 부가어가 문장 구성의 의무적 성분이 아닐 경우에는 문중위치에도 올 수 있다.

badly	beautifully	coldly	differently
fast	foolishly	generously	gently
gracefully	honestly	impatiently	loudly
quietly	quickly	slowly	softly
thoroughly	well	like his father	in the rude way
with courage	with great grace 등		

He **quickly** hid the ring when he heard footsteps. (그는 발소리를 듣고 반지를 급하게 감췄다.)
(= He hid the ring **quickly** when he heard footsteps.)
She **slowly** opened her eyes and looked around. (그녀는 천천히 눈을 떠서 주위를 살펴보았다.)
(= She opened her eyes and looked around **slowly**.)

The villagers treated us **generously**. (마을 사람들은 우리를 관대하게 대해주었다.)
(*The villagers **generously** treated us.)
He talks and walks **like his father**. (그는 자기의 아버지처럼 말하고 걷는다.)
(*He **like his father** talks and walks.)

5 **수단, 도구, 행위자 부가어**: 수단(means), 도구(instrument), 행위자(agent)를 표현하는 부사구는 일반적으로 문미위치에 온다.

| microscopically | surgically | by bus |
| by someone | by means of something | with a knife 등 |

He was fired **by his boss**. (그는 자기의 상사에게 해고당했다.)
He was murdered **with a hunting knife**. (그는 사냥용 칼로 살해되었다.)
The doctor decided to treat the patient **surgically**.
(의사는 환자를 외과적으로 치료하기로 결정했다.)

6   **방식 부가어**: 방식(mode) 부가어는 종종 종속어(S36을 보라.)나 부연어(D20을 보라.)로도 사용되며, 부가어로 표현될 경우에는 술부의 일부로 해석되며 문미위치에 온다.

   economically   ethically   geographically
   legally   politically   scientifically
   technically 등

   We try to produce food as **economically** as possible.
   (우리는 식량을 가급적 경제적인 방법으로 생산하려고 애쓴다.)
   She was advising us **legally**. (그녀는 우리를 법적으로 도와주고 있었다.)
   What you have done is **technically** illegal. (네가 한 짓은 원칙적으로는 불법이다.)

7   **이유 부가어** (reason): why 또는 "what ... for"의 답변이 될 수 있는 부사구로서 문미위치에 온다.

   for   because of   for one's sake
   for the sake of 등

   She works late **for her family**. (그녀는 가족을 위해서 늦게까지 일한다.)
   He couldn't come to the picnic **because of the accident**.
   (그는 사고로 야유회에 올 수 없었다.)
   Let's not disagree **for a few dollars' sake**. (몇 달러 때문에 우리 서로 다투지 말자.)
   And why do you break the command of God **for the sake of your tradition**?
   (너희는 어찌하여 너희의 전통으로 하나님의 계명을 범하느냐?) [마 15:3]

8   **상대적 순서**: 문미위치에서 몇 개의 부가어가 함께 나타나면 그 순서는 일반적으로 "**공간 부가어 + 여타 부가어 + 시간 부가어**"의 순서를 따른다.

   The old man was walking **along the street quietly last night**.
   (노인이 어젯밤에 거리를 조용히 걷고 있었다.)
   John has been working **in the factory for his family since 1982**.
   (존은 1982년부터 가족을 위해 공장에서 일해오고 있다.)

A24   admittance와 admission

1   **admittance**: 어떤 특정장소에 단순히 들어가는 "입장, 입장허가"를 의미한다.

   There's no **admittance** to the park after dark.
   (어두워진 다음에는 공원의 입장이 안 된다.)
   She had **admittance** to all the theaters free of charge.
   (그녀는 모든 극장에 무료입장이 허용되었다.)

2   **admission**: 학교나 클럽 등 어떤 조직체의 한 구성원이 되는 권리를 얻어 들어가는 "입학, 입대, 입국"을 의미한다.

Admission to the army was denied to him.
(그는 군 입대가 거부되었다.)
He was granted **admission** to Oxford last week.
(그는 지난주에 옥스퍼드 대학교의 입학이 허가되었다.)

▶ "admission"은 어떤 특정장소에 들어갈 때 내는 비용인 "입장료"를 의미하기도 하고, 어떤 좋지 않은 상황이 사실임을 "시인, 자백"하는 것을 의미하기도 한다.

The park opens at 10:30 a.m. and **admission** is free.
(공원은 오전 10:30분에 열며 입장료는 무료다.)
Her silence was taken as an **admission** of guilt.
(그녀의 침묵은 유죄를 시인하는 것으로 받아들여졌다.)

▶ "admissions"는 대학과 같은 기관에 입학하는 과정을 표현할 때 복수형을 쓴다.

He's working as an **admissions** officer of Sogang University.
(그는 서강대학교 입학담당관으로 일하고 있다.)
The college has a very selective **admissions** policy.
(그 대학은 매우 선별적 입학정책을 실시하고 있다.)

A25   advantage와 benefit

advantage는 다른 사람보다 "더 유리한 또는 도움이 되는 상황에 있음"을 의미하고, benefit는 우리가 어떤 것으로부터 "얻는 도움이나 이득"을 의미한다.

His experience meant that he had a big **advantage** over his opponent.
(그의 경험은 그가 경쟁자보다 크게 유리한 입장에 있다는 것을 의미했다.)
The **advantage** of booking tickets in advance is that we get better seats.
(티켓을 미리 예약하는 이점은 더 좋은 자리를 받는 것이다.)

There're obvious **benefits** in wearing contact lenses.
(콘택트렌즈를 착용하는 것이 확실히 이득이 된다.)
The discovery of oil has brought many **benefits** to the country.
(기름의 발견은 그 국가에 많은 이득을 가져다주었다.)

A26   ADVERBIAL PHRASES (부사구)-1: 개요

1   **형태**: 여기서 부사구(adverbial phrases)라 함은 부사(adverbs)뿐만 아니라 부사적으로 사용되는 전치사구(prepositional phrases), 부정사구(infinitival phrases), 분사구(participial phrases) 그리고 부사절(adverbial clauses) 모두를 가리킨다.

I'll go to Seoul **tomorrow**. [부사]
(나는 내일 서울에 갈 것이다.)
I went to Seoul **in the following day**. [전치사구]
(나는 그다음 날에 서울에 갔다.)

He's visiting Seoul **to meet my parents**. [부정사구]
(그는 나의 부모를 만나려고 서울에 와 있다.)
She went hiking, **neglecting her doctor's advice**. [분사구]
(그녀는 의사의 충고를 무시하고 등산을 갔다.)
They returned to their country, **because they were homesick**. [부사절]
(그들은 향수를 느꼈기 때문에 조국으로 돌아왔다.)

부정사의 부사적 용법에 대해서는 I36을 보라.
분사 부사구에 대해서는 P4를 보라.

2 기능: 부사구의 문법적 기능은 "수식기능, 연결기능, 전치사의 목적어 기능 그리고 치수 명사구의 수식기능"으로 나눌 수 있다.

Frankly, I think he's not a good doctor. [수식기능]
(솔직히 말해서 그는 좋은 의사가 아니라고 생각한다.)
The state of Arizona is **largely** desert.
(애리조나 주는 대부분이 사막이다.)

The book has no main character. [연결기능]
  Consequently, it lacks a traditional plot.
(이 책에는 주인공이 없다. 그래서 전통적인 구상이 결여되어 있다고 할 수 있다.)
This is a simple process. **However**, there are dangers.
(이것은 간단한 과정이다. 그러나 위험이 있다.)

They love goods imported **from abroad**. [전치사 목적어]
(그들은 외국에서 수입한 상품을 좋아한다.)
We've been living in Yongin **until recently**.
(우리는 최근까지 용인에서 살고 있었다.)

He managed to dive **30 meters down**. [수치 명사구 수식]
(그는 30미터 아래까지 잠수하는 데 성공했다.)
The river is **2 miles across**.
(이 강은 폭이 2마일이다.)

A27 ADVERBIAL PHRASES-2: 기능

1 문장수식: 문장을 수식하는 부사는 일반적으로 "it ... (부사의) 형용사형 + that ..."로 바꾸어 쓸 수 있다. (D20을 보라.)

Fortunately, everything worked out all right in the end.
(다행히도 결국 모든 것이 잘 풀렸다.)
(= **It is fortunate that** everything worked out all right in the end.)
This would **probably** be a good time to have a break. (지금이 어쩌면 좀 쉴 때인 것 같다.)
(= **It is probable that** this would be a good time to have a break.)

2   동사수식: 동사를 수식하는 부사는 일반적으로 "의문사"로 바꾸어 의문문을 만들 수 있다. (A23을 보라.)

　　　She went **upstairs** to take a nap. (그녀는 낮잠을 자려고 위층으로 올라갔다.)
　　　~ **Where** did she go to take a nap? (그녀는 낮잠을 자려고 어디로 갔느냐?)
　　　The student visited the professor **yesterday**. (학생은 어제 교수를 찾아갔다.)
　　　~ **When** did the student visit the professor? (학생이 언제 교수를 찾아갔느냐?)

3   형용사/부사/전치사 수식: 부사는 바로 뒤에 오는 "형용사/부사/전치사"를 수식할 수 있다. (S36을 보라.)

　　　She has a **really beautiful** face. (그녀는 정말로 얼굴이 아름답다.)
　　　It's **technically impossible** to implement his proposal.
　　　(그의 제안을 실행에 옮긴다는 것은 기술적으로 불가능하다.)
　　　They're smoking **very heavily**. (그들은 담배를 심하게 피운다.)
　　　We expect them **pretty soon**. (우리는 그들이 곧 오기를 기다리고 있다.)
　　　He knocked the man **right out**. (그는 상대를 바로 때려누였다.)
　　　He made his application **well within** the time. (그는 마감 시간을 넉넉히 남겨 놓고 지원했다.)

4   명사구/한정사/수사 수식: 부사는 "대명사/한정사 선행어/수사/명사(구)"를 수식할 수 있다. (S36을 보라.)

　　　Nearly everybody came to our party. (거의 모두가 우리 파티에 왔다.)
　　　I think she loves **only you**. (나는 그녀가 너만을 사랑하고 있다고 생각한다.)
　　　They recovered **roughly half** their equipment. (그들은 장비의 거의 절반을 복구했다.)
　　　He received **about double** the amount he expected. (그는 기대한 것의 거의 두 배를 받았다.)
　　　Over two hundred deaths were reported. (200명 이상이 죽은 것으로 보도되었다.)
　　　We counted **approximately the first thousand** votes.
　　　(우리는 대략적으로 처음 천 명의 표를 합산했다.)
　　　That was **quite a party** we had last night. (어젯밤에 있었던 파티는 대단했다.)
　　　He was **such a fool** that he almost killed himself. (그는 바보 같게도 거의 죽을 뻔했다.)
　　　We always lose the **away** games. (우리는 항상 원정경기에서 진다.)
　　　The meeting will be held in the **downstairs** hall. (회의는 아래층 강당에서 열릴 것이다.)

5   else: else는 "-body, -one, -place, -thing, -where" 따위의 어미를 가진 "복합 부정대명사"와 "부사" 그리고 "의문사와 의문부사"를 뒤에서 수식할 수 있다.

　　　Somebody else must have done it. (다른 사람이 한 것이 틀림없다.)
　　　Who else did you meet? (그 외에 누구를 만났습니까?)
　　　Where else have you looked? (그 외에 어떤 곳을 찾아보았습니까?)

6   **kind/sort of**: "kind/sort of (일종의, 그저 그런), a bit of (약간의, 좀), a heck/hell of (아주 나쁜, 대단히)" 등의 표현들은 명사구를 앞에서 수식하며, "on earth (도대체, 전혀), (in) the heck/hell(도대체, 제기랄)"은 의문사를 뒤에서 수식하는데 주로 허물없는 사이의 구어체에서 널리 사용된다.

         He is a **kind/sort of** gentleman. (그는 그저 그런 신사라고 할 수 있다.)
         (= He is **kind/sort of** a gentleman.)
         I had **a bit of** a shock. (나는 좀 충격을 받았다.)
         They asked **a heck of** a lot. (그들은 굉장히 많은 질문을 했다.)
         He had **a hell of** a nasty accident. (그는 정말 끔찍한 사고를 당했다.)
         What **on earth** is the matter with you? (도대체 왜 그러는 거야?)
         Who **the hell** do you think you are? (도대체 네가 누구라고 생각하느냐?)

7   **연결기능**: 부사어구 중에는 접속사처럼 두 개의 표현을 연결하는 기능을 가진 것들이 있다. (C39를 보라.)

         She has bought a big house, **so** she must have a lot of money.
         (그녀가 큰 집을 산 것을 보면 돈이 많은 것이 틀림없다.)
         All our friends are going to Mt. Sorak this summer. We, **however,** are going to Haeundae.
         (모든 친구들이 올해 여름에는 설악산으로 간다고 하지만, 우리는 해운대로 가려고 한다.)

8   **전치사의 목적어**: 시간과 장소를 의미하는 부사들 중에 상당수가 전치사의 목적어로 쓰일 수 있다.

     ▶ here와 there: 장소부사 here와 there는 대부분의 전치사와 함께 쓰일 수 있다.

         Come **over here**! (이리 왜!)
         How did you get **out of there**? (거기서 어떻게 나온 거야?)

     ▶ home: home은 "at, (away) from, close to, near, toward(s)" 등의 목적어로 쓰일 수 있다.

         I want to stay **at home** tonight. (오늘 밤에는 집에 있고 싶다.)
         The man has been away **from home** for ten years. (그 사람은 10년 동안 집을 떠나 있었다.)

     ▶ from: 다른 장소부사들은 from의 목적어로만 사용될 수 있다.

         I've got a letter **from abroad**. (나는 외국에서 편지 한 통을 받았다.)
         I've heard their footsteps **from downstairs**. (나는 아래층에서 나는 그들의 발소리를 들었다.)

     ▶ 목적어: 시간부사 중에 몇몇은 전치사의 목적어로 쓰일 수 있다.

| before long | by tomorrow | for ever |
| from now | since then | until recently 등 |

         They've been meeting **until quite recently**. (그들은 아주 최근까지 만나고 있었다.)
         I haven't seen her **since then**. (그 이후 나는 그녀를 보지 못했다.)
         We'll be together **before long**. (머지않아 우리는 함께 할 것이다.)

9 **치수 명사구 수식**: 치수 명사구를 뒤에서 수식할 수 있다.

> The lake is **two miles across**. (호수는 폭이 2마일이다.)
> They dug **ten feet down**. (그들은 10피트 아래까지 파 들어갔다.)
> I met her **a week before/earlier**.
> (나는 그녀를 일주 전에 만났다.) [과거 어느 시점에서 일주일 전]
> I met her **a week ago**. (나는 그녀를 일주 전에 만났다.) [현 시점에서 일주일 전]

ago와 before의 차이에 대해서는 A39를 보라.

A28 ADVERBIAL PHRASES-3: 의미와 위치

1 **의미**: 부사구는 문장 내에서 하는 역할이 매우 다양하기 때문에 그것이 표현하는 의미도 다양하다. 부사구는 이들이 문장 내에서 수행하는 의미적 기능에 따라 "부가어(adjunct), 종속어(subjunct), 부연어(disjunct), 접속어(conjunct)"로 나뉜다.

> We're going to be there **tomorrow**. (우리는 내일 그곳에 갈 것이다.)　　　[부가어]
> **Personally**, he has nothing to do with her death.　　　[종속어]
> (개인적으로 보면 그는 그녀의 죽음과 관련이 없다.)
> **Obviously**, he had forgotten the appointment.　　　[부연어]
> (그가 약속을 잊어버린 것이 확실하다.)
> The rent is reasonable, and, **moreover**, the location is perfect.　　　[접속어]
> (방세가 합리적이고, 더욱이 위치가 최고다.)

부가어에 대해서는 A23을, 종속어에 대해서는 S36을, 부연어에 대해서는 D20을, 접속어에 대해서는 C39를 보라.

2 **위치**: 부사는 다른 품사와는 달리 비교적 문장 내에서 위치가 자유롭다. 부사가 올 수 있는 중요한 세 위치로는 문두의치, 문중위치, 문미위치가 있다. 문두위치란 주어 앞 위치를 가리키고, 문중위치란 주어와 동사의 사이 또는 조동사와 본동사의 사이를 가리키며, 문미위치란 문장의 끝 위치를 가리킨다.

> **At last** John finished his homework.　　　[문두위치]
> John **at last** finished his homework.　　　[문중위치]
> John finished his homework **at last**.　　　[문미위치]
> (존은 드디어 숙제를 끝마쳤다.)

▶ 조동사나 be 동사가 있는 문장에서 문중위치에 올 수 있는 부사는 일반적으로 조동사나 be 동사 다음 위치에 온다.

> John has **at last** finished his homework. (존은 드디어 숙제를 끝냈다.)
> John is **at last** a doctor of philosophy. (존은 드디어 철학박사가 되었다.)

▶ 부사는 그 종류에 따라 나타나는 위치에 대한 제약이 다르다. 물론 여기서 말하는 부사의 위치란 수식받는 표현 바로 앞에 오는 부사의 위치는 제외하였다. 부사의 위치는 절대적

인 것이 아니며 화자/필자가 표현하고자 하는 의미에 따라 바뀔 수 있다.

?**Forwards** the soldiers marched.
*The soldiers **forwards** marched.
The soldiers marched **forwards**. (병사들이 앞으로 행진해 갔다.)

***Completely** he has ignored my advice.
He has **completely** ignored my advice.
He has ignored my advice **completely**. (그는 나의 충고를 완전히 무시했다.)

▶ 부사는 일반적으로 동사와 목적어 사이에 나타나지 않는다.

*John finished **at last** his homework.
*He has ignored **completely** my advice.

A29   ADVERBS와 ADJECTIVES: 혼란스러운 것들

대부분의 부사와 형용사는 서로 다른 형태를 가지지만 어떤 부사들은 상응하는 형용사와 그 형태가 동일하다.

1   **의미적 차이가 없는 것들**: 부사로 쓰일 때와 형용사로 쓰일 때 의미적 차이가 거의 없는 것들이 있다.

(1) -ly 어미를 가진 시간 형용사와 몇몇 다른 형용사는 형태의 변화 없이 부사로도 쓰인다.

bimonthly	daily	deadly	early
hourly	kindly	likely	monthly
quarterly	unlikely	weekly	yearly 등

The magazine is published **monthly**. (이 잡지는 월간으로 출간된다.)
I've to subscribe a **monthly** magazine for my wife.
(나는 내 처를 위하여 월간잡지를 구독해야 한다.)

I'm **deadly** serious, this isn't a joke! (나는 정말로 심각하다. 이것은 농담이 아니다.)
The enemy attacked us with **deadly** weapons. (적은 치명적인 무기로 우리를 공격했다.)

I'd very **likely** have done the same thing in your situation.
(내가 네 입장이라도 똑같이 했을 가능성이 매우 높다.)
His poor leadership is the most **likely** cause of the problem.
(그의 치졸한 지도력이 문제의 주 원인일 가능성이 높다.)

▶ "lonely, costly" 등은 -ly 어미를 가졌지만 형용사로만 쓰인다.

My uncle had a **lonely** life with few friends.
(나의 삼촌은 친구도 별로 없이 고독한 삶을 살았다.)
The holiday in Japan can be very **costly**, so why not go to Taiwan?
(일본에서의 휴가는 비용이 많이 들 수 있으니까 대만으로 가지 그래?)

(2) 스스로 형용사와 부사로 쓰일 수도 있고 -ly 어미를 붙여 부사로도 쓰일 수 있다.

clean	clear	dear	deep
direct	fair	fine	free
full	high	last	light
loud	low	right	sharp
short	slow	sure	tight
wide	wrong 등		

The incident inflicted a **deep** wound on him. (그 사건은 그에게 깊은 상처를 입혔다.)
A nail cut **deep** into his right foot. (못이 그의 오른쪽 발 깊숙이 파고들었다.)
He's **deeply** distressed. (그는 깊은 슬픔에 빠져 있다.)

He wants some **light** reading for the summer holidays.
(그는 여름휴가 동안에 좀 가벼운 독서를 하고 싶어 한다.)
I like you best in that **light** brown suit. (나는 네가 연한 갈색 양복을 입었을 때 최고로 좋다.)
She patted him very **lightly** on the shoulder. (그녀는 그의 어깨를 아주 가볍게 다독거렸다.)

I'm **sure** of his living to eighty. (나는 그가 80까지 살 것이라고 확신한다.)
Korean is difficult to learn. It **sure** is. (한국어는 배우기가 어렵다. 확실히 그래.)
She's recovering slowly but **surely**. (그녀는 느리지만 확실하게 회복되고 있다.)

(3) -ly 어미가 붙은 부사와 그렇지 않은 부사를 항상 자유롭게 바꾸어 쓸 수 있는 것은 아니다.

First/Firstly, I would like to express my thanks to my friends.
(먼저 나는 친구들에게 감사의 말을 하고 싶다.)
I was **first/*firstly** notified of the accident. (나에게 먼저 사고가 통보되었다.)

The dinner in that restaurant cost us **dear/dearly**.
(그 식당에서의 식사는 우리에게 큰 부담이었다.)
They loved his son **dearly/*dear**. (그는 아들을 끔찍이 사랑했다.)

This bus goes **directly/direct** to Busan. (이 버스는 부산직행 버스다.)
The store is **directly/*direct** opposite the police station.
(가게가 경찰서 바로 반대편에 있다.)

(4) 스스로 형용사와 부사로 쓰일 수 있으면서 -ly 어미 부사형이 없는 단어들이 있다.

alike	alone	extra	fast
hard	late	long	next
straight 등			

He's a **fast** runner. (그는 빠른 주자다.)
He runs very **fast**. (그는 매우 빨리 달린다.)

He has waited **long**. (그는 오랫동안 기다렸다.)
We met a **long** time ago. (우리는 오래전에 만났다.)

(5) late와 hard에 -ly 어미가 붙으면 의미상으로 완전히 다른 단어가 된다.

Everybody went to bed **late** last night. (어젯밤에는 모두 늦게 잠자리에 들었다.)
I haven't been abroad **lately**. (나는 근래에 외국에 나가지 않았다.)
I hit him **hard** on the head. (나는 그의 머리를 세게 때렸다.)
I can **hardly** understand what he says. (나는 그가 말하는 것을 이해할 수가 없다.)

2 **의미적 차이가 있는 것들**: 형용사로 쓰일 때와 부사로 쓰일 때 의미 차이가 큰 것들이 있다.

about	dead	even	far
ill	jolly	just	only
pretty	sometime	still	straight
very	well 등		

He's **about to leave** his office. (그는 사무실을 막 나가려고 한다.)
About five hundred people were present. (약 500명의 사람들이 참가했다.)
He's been **ill** for two years. (그는 2년 동안 병을 앓았다.)
He won't speak **ill** of you. (그는 너에 대해서 나쁘게 말하지 않을 것이다.)
He's **very** kind. (그는 매우 친절하다.)
He proposed to me in this **very** room. (그는 바로 이 방에서 나에게 프러포즈했다.)
He's been **dead** for 10 years. (그는 죽은 지 10년이 됐다.)
I'm **dead sure** that he won't turn up. (나는 그가 나타나지 않을 것이라고 확신한다.)
We'll go to Africa **sometime** in November. (우리는 11월 언젠가 아프리카에 갈 것이다.)
Dr. Johnson, **sometime professor** of Sogang University, was a friend of mine.
(서강대학교 교수였던 존슨 박사는 나의 친구였다.)

A30   adversary와 opponent

adversary는 "경쟁관계"에 있거나 "적대관계"에 있는 사람이나 단체를 의미하고, opponent는 "경기"나 "논쟁" 등에서 상대가 되는 사람을 가리킨다.

You've come up against a very powerful **adversary**.
(당신은 매우 강력한 적수와 맞서 있다.)
He saw her as his main **adversary** within the company.
(그는 회사 내에서 그녀를 그의 주 적수로 생각했다.)
The United States and Japan were **adversaries** in World War II.
(미국과 일본은 2차 세계대전 때 적대국이었다.)

John's **opponent** in today's final will be Bill. (오늘 결승전에서 존의 상대는 빌이 될 것이다.)
He defeated his **opponent** in the election. (그는 선거에서 상대를 패배시켰다.)
In the second game his **opponent** hurt his leg and had to retire.
(두 번째 경기에서 그의 상대는 다리를 다쳐서 기권해야 했다.)

A31 ADVISING (충언)

우리는 상대방이 어떻게 하는 것이 그에게 도움이 될 것으로 생각할 때 "충고"를 하게 된다. 충고를 받아들일 것인가 아닌가는 전적으로 상대에게 달려 있다. 충고할 때 가장 흔히 쓰이는 구조는 다음과 같다.

명령문   [매우 비격식적]
If I were you + 주절
Why don't you/Why not + 동사 ...   ⇕
You should/ought to/had better + 동사 ...
I('d) advise you to + 동사 ...   [매우 격식적]

Go to bed early for tomorrow! (내일을 위해서 일찍 잠을 자라.)
Why not look for a more interesting job? (좀 더 흥미 있는 일자리를 찾아보지 그래?)
If I were you, I'd listen to your parents. (내가 너라면 부모님의 말씀을 들었을 것이다.)
You ought to read this book before the exam. (시험 전에 이 책을 읽어야 한다.)
You should stay in bed. (침대에 계속 누워 있는 것이 좋겠다.)
I'd advise you to see a lawyer before you move.
(내가 충고하는데 진행하기 전에 변호사를 만나라.)

should에 대해서는 S13을, ought to에 대해서는 O22를 보라.
why not과 why don't you에 대해서는 W17을 보라.

A32 affect와 effect

affect[əfékt]와 effect[ıfékt]와 발음도 유사하고 의미도 일부 겹치기 때문에 종종 혼동을 일으킨다. 일반적으로 affect는 동사로 사용되는 데 반하여 effect는 명사로 사용된다.

Overwork has seriously **affected** his health.
(과도한 작업은 그의 건강에 심각한 영향을 주었다.)
Overwork has had a serious **effect** on his health.
(과도한 작업으로 그의 건강이 심각한 영향을 받았다.)

1   affect: 주로 "영향을 미치다(influence), 바꾸다(change), 감동시키다"의 의미로 쓰인다.

The small amount of rain last year **affected** the growth of crops.
(작년에 내린 적은 양의 비로 작물 성장이 영향을 받았다.)
Nothing you say will **affect** my decision.
(네가 무슨 말을 하던 나는 결심을 바꾸지 않을 것이다.)
The stories of starving children so **affected** him that he gave all his spare money to their aid.
(굶주린 아이들의 이야기에 크게 감동을 받아 그는 여분의 돈을 모두 그들을 돕는 데 기부했다.)

▶ affect는 종종 "...인 체하다 (pretend), 애호하다(like)"라는 의미로도 쓰인다.

He **affected** not to hear me. (그는 내 말을 못 들은 척했다.)
He **affects** long and learned words. (그는 길고 학문적인 단어를 애용한다.)

2 effect: "결과 (result), 효력 (validity), 영향 (influence)" 등을 의미한다. ("원인과 결과"라고 할 때는 "cause and effect"라 한다.)

The children were suffering from the **effects** of the hot weather.
(아이들은 더운 날씨로 괴로움을 받고 있었다.)
Did the medicine have any **effect**? (그 약이 어떤 효력이 있었습니까?)
Punishment had a very little **effect** on him. (처벌은 그에게 미미한 영향밖에 주지 못했다.)

▶ effect는 드물게 "초래하다 (bring about), 달성하다 (accomplish)"를 의미의 동사로 사용된다.

The war **effected** changes all over the world. (전쟁은 전 세계에 변화를 일으켰다.)
The operation **effected** a cure of his leg injury. (수술로 그의 다리 부상 치료를 끝냈다.)

A33   afraid

1 be afraid: 동사 fear와 유사한 의미를 갖지만 구어체에서 더 많이 사용된다.

Don't **be afraid**. (두려워하지 마라.)
Are you **afraid** of snakes? (뱀이 무서우냐?)
I'm afraid that I might run into my boss. (나는 나의 상사와 마주칠까 봐 겁이 난다.)

2 afraid to do/of doing: 두렵거나 놀라서 어떤 일을 할 의향이 없을 때 사용한다.

Everybody's **afraid to express** their political views.
(우리는 모두 자신의 정치적 견해를 표현하는 것을 꺼린다.)
He's still **afraid of sleeping** in his bedroom. (그는 아직도 자신의 방에서 자는 것을 두려워한다.)

3 I'm afraid that: 종종 "I'm sorry to tell you (that)" 뜻으로 "거절을 변명"을 하거나 "나쁜 소식"을 전할 때 종종 사용된다.

I'm afraid (that) you're not accepted to the job. (미안합니다만 당신은 채용되지 않았습니다.)
I'm afraid that she missed the train. (미안합니다만 그녀가 기차를 놓친 것 같습니다.)

▶ "I'm afraid"를 "I'm sorry to tell you"의 뜻으로 쓸 때는 afraid 앞에 very 대신에 very much를 종종 사용한다.

I'm very much afraid he's out. (죄송합니다만 그는 외출했습니다.)

afraid 다음에 나타나는 -ing형과 부정사에 대해서는 G10.7을 보라.

4 I'm afraid so/not: 긍정 또는 부정의 "짧은 응답"으로 사용된다.

"It's going to rain." "Yes, **I'm afraid so**."
("비가 올 것 같습니다." "네, 그럴 것 같은데요.")
"Can I borrow your bicycle?" "**I'm afraid not**."
("자전거를 좀 빌릴 수 있을까요?" "안 되겠는데요.")

afraid not/so에 대해서는 S19.3과 S38.11을 보라.

A34 after와 before

after와 before는 반의어 관계에 있으며, after는 어떤 정해진 시점이나 사건 "보다 늦게/후에"를, before는 "보다 일찍이/전에"를 의미한다. 이들은 흔히 전치사나 접속사로 사용되며, 종종 부사로, 드물게 형용사로 사용된다.

Let's meet at my place **after/before the show**. [전치사]
(공연 후에/전에 내 사무실에서 만납시다.)
He used a different name **after/before he moved to France**. [접속사]
(그는 프랑스로 이사한 후에/이사하기 전에 다른 이름을 썼다.)
She ate raw fish for dinner.
Shortly before/after, he ate a hamburger. [부사]
(그녀는 저녁 식사로 생선회를 먹었었는데, 바로 전에/후에 햄버거를 먹었다.)
She became increasingly weak in **after years**. [형용사]
(그녀는 그 후에 점점 더 쇠약해졌다.)

1   **접속사**: after와 before는 접속사로서 종속절을 이끌 수 있다.

After/Before he finished college, he got married.
(그는 대학을 졸업한 후에/졸업하기 전에 결혼했다.)
He gave me a part-time job **after/before I left school**.
(내가 학교를 그만둔 후에/그만두기 전에 그는 나에게 시간제 일자리를 주었다.)

2   **종속절의 시제**

▶ after/before-절이 미래 시간을 의미할 경우 현재시제를 사용한다.

The band **will play** the national anthem **after the President arrives**.
(대통령이 도착한 후에 악대는 국가를 연주할 것이다.)
(*The band **will play** the national anthem **after the President will arrive**.)
I won't see you again **before you return home**.
(네가 집에 돌아오기 전에 너를 다시 보지 않을 것이다.)
(*I won't see you again **before you'll return home**.)
We'll go to Hawaii **after/before the children finish school**.
(아이들이 학교를 마친 후에/마치기 전에 우리는 하와이에 갈 것이다.)

▶ after-절의 현재완료나 과거시제 또는 과거완료시제는 주절의 사건이 일어나기 전에 종속

절의 사건이 끝났다는 것을 의미하고, before-절의 과거시제는 주절의 사건이 일어난 후에 종속절의 사건이 일어났다는 것을 의미한다. 후자의 경우 주절의 시제는 일반적으로 과거완료가 된다.

I'll come home **after I've done my assignment**. (숙제를 끝낸 후에 나는 집에 올 것이다.)
After I had finished my last novel, I went to Jejudo for a vacation.
(나는 마지막 소설을 끝낸 후에 제주도로 휴가를 떠났다.)

I **had done** my assignment before he **came** home.
(나는 그가 집에 오기 전에 숙제를 끝냈다.)
We **had gone** to Jejudo for a vacation before I **finished** my last novel.
(나는 마지막 소설을 끝내기 전에 제주도로 휴가를 떠났다.)

3   **-ing절**: after와 before 다음에 -ing절이 종종 사용되며, 특히 과거의 일을 말할 때는 "after having + 과거분사형"도 가능하다.

After completing the paper, submit it to the assistant.
(논문을 끝낸 후에 조교에게 제출하시오.)
He came home yesterday **after touring/having toured Mongolia**.
(그는 몽골을 여행한 후에 어제 집으로 돌아왔다.)
After fasting forty days and forty nights, he was hungry.
(사십일을 밤낮으로 금식하신 후에 주리신지라.) [마 4:2]

He usually takes a shower **before having breakfast**.
(그는 아침을 먹기 전에 보통 샤워를 한다.)
He completed the paper **before submitting it to the assistant**.
(그는 조교에게 제출하기 전에 논문을 끝냈다.)

4   **수식어**: 시간 명사구나 부사를 앞에 두어 "after/before-구"가 표현하는 시간을 좀 더 구체화할 수 있다.

Ten years/months after she bought the painting, she discovered that it was a fake.
(그녀는 그림을 산 지 10년/개월 후에 그 그림이 모작이라는 것을 알았다.)
She bought the painting, **ten years/months before** she discovered that it was a fake.
(그녀가 그림이 모작이라는 것을 알기 10년/개월 전에 그 그림을 샀다.)

He retired from teaching **soon/shortly after** he received the Nobel Prize.
(그는 노벨상을 탄 직후에 교직에서 은퇴했다.)
He received the Nobel Prize **soon/shortly before** he retired from teaching.
(그는 교직에서 은퇴하기 직전에 노벨상을 탔다.)

5   **부사**: 위의 문장을 재정렬하면 소위 after의 "부사적 용법"이라고 하는 표현이 만들어진다.

She bought the painting, and she discovered that it was a fake **ten years/months after**.
(그녀가 그림을 샀는데 10년/개월 후에 그 그림이 모작이라는 것을 알았다.)

She discovered that the painting she bought **ten years/months before** was a fake.
(그녀는 10년/개월 전에 산 그림이 모작이었다는 것을 알았다.)

He received the Nobel Prize, and retired from teaching **soon/shortly after**.
(그는 노벨상을 타고 잠시 후에 교직에서 은퇴했다.)
He retired from teaching and received the Nobel Prize **soon/shortly before**.
(그는 교직에서 은퇴했으며, 은퇴 조금 전에 노벨상을 탔다.)

▶ before와는 달리 after는 독립적으로는 부사로 사용하는 것이 부자연스러우며, 대신에 "afterwards, then, later"와 같은 표현을 쓰는 것이 더 자연스럽다.

I've seen that film **before** with my sister. (나는 그 영화를 내 누이와 전에 봤다.)
You should have told me so **before**. (너는 사전에 나에게 그렇게 말했어야 했다.)

He studied medicine **afterwards/*after**. (그는 그 후에 의학 공부를 했다.)
I'll see you **later/*after**. (나중에 봅시다.)

6 **기간**: after구는 어떤 상황이 있기까지 필요한 기간을, before는 어떤 상황이 있게 되는 시점을 표현할 때 사용된다.

After 10 minutes remove the cake from the oven.
(10분 후에 케이크를 오븐에서 꺼내라.)
The agreement was finally settled **after months of negotiation**.
(몇 개월의 협상 끝에 결국 합의에 도달했다.)
Remove the cake from the oven **before ten thirty**.
(10시 30분 이전에 케이크를 오븐에서 꺼내라.)
The agreement was finally settled **before the end of January**.
(1월 말 이전에 결국 합의에 도달했다.)

7 **순서**: after와 before는 목록이나 중요성 또는 위치의 순서를 표현할 때 사용된다.

His name was **after/before mine** on the list. (명단에 그의 이름이 내 이름 뒤에/앞에 있었다.)
The date should be written **after the address**. (날짜는 주소 다음에 써야 한다.)
The address should be written **before the date**. (주소는 날짜 앞에 써야 한다.)
Tennis is my favorite sport **after baseball**. (테니스는 야구 다음으로 내가 좋아하는 운동이다.)

8 **시간과 날짜**: after와 before는 시간과 날짜를 말할 때 사용된다.

The match starts a quarter **after/before ten**. (경기는 10시 15분에/전에 시작한다.)
(= The match starts a quarter **past/to ten**.)

I'll see you again **the day after tomorrow**. (모레 너를 다시 보러 올게.)
We only got back from vacation **the day before yesterday**.
(우리는 그저께 바로 휴가에서 돌아왔다.)

9 **일련의 행위**: after는 일련의 행위를 하나씩 계속하는 것을 표현할 때 사용된다.

I gave ten apples. She ate all the apples **one after another/the other**.
(내가 사과 10개를 주었는데, 그녀는 그 사과를 하나하나 다 먹었다.)
We've had **meeting after meeting** to settle the dispute.
(우리는 분쟁이 해결될 때까지 계속해서 회합을 가졌다.)

10 **긴 기간**: after는 상당히 긴 기간 동안 계속되는 것을 표현할 때 사용된다.

I've worked in that office **week after week**, **year after year**, since I was 20.
(나는 20살 때부터 매해 매주 계속해서 이 사무실에서 일해 왔다.)

A35 after, in, afterwards, later

1   **after**: after는 전치사 또는 접속사로 쓰이며, 특정 시점이나 사건 이후를 가리킨다. (A34를 보라.)

He came home sometime **after 4 o'clock** in the morning.
(그는 새벽 4시 좀 지나서 집에 왔다.)
I'm busy now — could you come again **after 6:30**?
(내가 지금 바쁜데 6시 30분 이후에 다시 오겠습니까?)
We went for a walk **after lunch**. (우리는 점심 후에 산책을 했다.)
After the party some of us stayed behind to clean up the place.
(파티가 끝난 후에 우리 중에 몇 명은 뒤에 남아서 청소를 했다.)
His father died three years **after he was born**.
(그의 아버지는 그가 태어나고 3년 후에 돌아가셨다.)

2   **after와 in**: after와 in은 어떤 특정 기간이 지난 이후를 가리킬 때 사용된다. 그러나 in은 after와는 달리 일반적으로 "미래의 사건"을 말할 때 사용된다.

He stopped **after a few minutes**. (그는 몇 분 후에 멈췄다.)
*He stopped **in a few minutes**.

They'll be here **in a few minutes**. (그들은 몇 분 후에 올 것이다.)
(They'll be here **after a few minutes**보다 자연스럽다.)
The results will be announced **in two weeks' time**. (결과는 2주 후에 발표될 것이다.)
Destroy this temple, and I will raise it again **in three days**.
(너희가 이 성전을 헐라 내가 사흘 동안에 일으키리라.) [요 2:19]

3   **afterwards**: afterwards는 어떤 특정 사건이나 시간 이후를 의미하는 부사로 널리 쓰인다.

Afterwards, I was asked to write a book about him.
(그 후에 나는 그에 관한 책을 써달라는 요청을 받았다.)
The experience he had in that country haunted him **for years afterwards**.
(그가 그 나라에서 겪은 경험이 그 후 수년 동안 그를 괴롭혔다.)

4   later: later는 얼마나 긴 시간을 걸릴 것인지 명시하고 싶지 않을 때 혹은 과거의 사건이 일어난 시간을 말할 때 사용된다.

> I'm leaving the country for a while — I'll see you **later**.
> (나는 잠시 나라를 떠나려고 한다. 후에 다시 보겠습니다.)
> He joined the club in 1980 — **five years later**, he became president of the club.
> (그는 1980년에 클럽에 가입했는데, 5년 후에 그 클럽의 회장이 되었다.)

A36   after all

after all은 일반적으로 두 가지 의미로 사용된다.

1   첨부: 방금 언급한 말을 이해하는 데 도움이 되는 말을 첨부할 때 사용된다.

> I know he hasn't finished the work, but **after all**, he is a very busy man.
> (그가 일을 끝내지 못한 것으로 압니다. 어찌 되었건 그는 매우 바쁜 사람입니다.)
> Of course we admire her. She is a great scholar **after all**.
> (물론 우리는 그녀를 존경한다. 여하튼 그녀는 위대한 학자다.)

2   반전: 실행되지 않을 것으로 생각했던 것이 실제로 실현되었을 때 사용된다.

> The rain has stopped, so the game will go ahead **after all**.
> (비가 그쳤으니 결국 경기가 계속될 것이다.)
> I didn't expect to finish the paper in time, but I did **after all**.
> (나는 논문을 시간 내에 끝내지 못할 것으로 생각했는데 결국 해냈다.)

A37   again과 back

again은 [əgéɪn] 또는 [əgén]으로 발음되며, 미국 영어에서는 일반적으로 [əgén]으로 발음된다.

1   back: 전치사적 부사로서 일반적으로 "이전의 상태" 또는 "이전의 위치"로 되돌아가거나 "반대방향"으로의 이동을 의미한다.

> We expect the railway services will get **back** to normal soon.
> (우리는 철도운행이 곧 정상으로 돌아올 것으로 예상한다.)
> He put the box **back** where you found it. (그는 상자를 네가 발견했던 자리에 되돌려 놨다.)
> My brother is just **back** from Paris. (나의 남동생이 파리에서 방금 집으로 돌아왔다.)
>
> He glanced **back** at the house. (그는 고개를 돌려 그 집을 흘끗 보았다.)
> All the spectators stepped **back** a pace. (모든 관중들은 한 걸음씩 뒤로 물러섰다.)
> She tilted **back** her head to look at me. (그녀는 나를 보려고 머리를 뒤로 제꼈다.)

▶ back은 "이전의 상태/위치로 되돌아가거나 반대의 방향으로의 이동"의 의미를 함축하고 있는 동사와는 함께 쓰이지 않는다.

*Carl **returned** the dictionary back to the shelf.
(참고: Carl returned the dictionary to the shelf.)
Carl **put** the dictionary **back** to the shelf. (칼은 사전을 책장에 되돌려 놓았다.)
*It'll take 20 years to **repay** the loan **back**. (참고: It'll take 20 years to repay the loan.)
It'll take 20 years to **pay** the loan **back**. (대출금을 갚는 데 20년이 걸릴 것이다.)

2   again: 부사로서 어떤 행동이나 상황의 "반복"을 의미하는 "다시 (한번)"를 의미한다.

If you fail the first, try **again**. (처음에 실패하면 다시 시도해봐라.)
Could you spell your name **again**? (이름의 철자를 다시 말해줄 수 있습니까?)
If you do that **again**, I'll smack you! (다시 그 짓을 하면 때려줄 것이다.)
... no one can see the kingdom of God unless he is born **again**.
(... 사람이 거듭나지 아니하면 하나님의 나라를 볼 수 없나이다.) [요 3:3]

▶ again은 부정문에서 "다시는 (... 하지 않다) (not ... anymore)"를 뜻한다.

This must **never** happen **again**. (이런 일은 결코 다시는 일어나서는 안 된다.)
(= This must **not** happen **anymore**.)
Since then, he **hasn't** smoked **again**. (그는 그 이후에 다시는 담배를 피우지 않았다.)
(= Since then, he **hasn't** smoked **anymore**.)
She **hasn't** spoken to him **again** since they divorced.
(그녀는 이혼 이후 그에게 다시는 말을 하지 않았다.)

▶ again은 정상적인 상태로 돌아가는 경우에는 back처럼 "본래의 장소/상태로"를 의미할 수 있다.

He was glad to be **home again**, after he had been away for several years.
(그는 여러 해 동안 집을 떠나있어서 집에 다시 돌아온 것이 기뻤다.)
He'll soon get **well again**. (그는 곧 건강을 회복하게 될 것입니다.)
It's great to have you **home again**. (당신이 다시 집으로 돌아와서 매우 좋습니다.)

3   again과 back의 의미적 차이: again과 back이 동일한 맥락에서 나타날 수 있으며, 물론 이 둘은 의미적 차이를 보인다.

He threw the ball **back** to me. (그는 (내가 던진) 볼을 되돌려 던졌다.)
He threw the ball **again** to me. (그는 나에게 볼을 다시 던졌다.)

She sent me a bouquet for my birthday yesterday, but I sent it **back** today.
(그녀가 어제 나에게 생일 축하 화환을 보냈는데 나는 오늘 그것을 되돌려 보냈다.)
I sent her a bouquet for her birthday yesterday, and I sent it **again** today.
(나는 어제 그녀에게 생일 축하 화환을 보냈는데 오늘 또 보냈다.)

4   again과 back의 위치: 전치사적 부사인 back은 통사적으로 함께 쓰이는 동사의 일부로 쓰이기 때문에 동사와 목적어 사이에 올 수 있다. (P41.3을 보라.) 그러나 again은 동사와 목적어 사이에 올 수 없다.

Roy **plugged back the cable** into the socket. (로이는 전선을 소켓에 도로 꽂았다.)
Roy **plugged the cable back** into the socket.
Roy **plugged the cable again** into the socket. (로이는 전선을 소켓에 다시 꽂았다.)
(*Roy **plugged again the cable** into the socket.)

He **pushed back the table** to the wall. (그는 식탁을 원래대로 벽 쪽으로 밀었다.)
He **pushed the table back** to the wall.
He **pushed the table again** to the wall. (그는 식탁을 벽 쪽으로 다시 밀었다.)
(*He **pushed again the table** to the wall.)

A38 age

우리는 일반적으로 나이를 말할 때 "be + 기수" 구조를 쓰거나 "be + 기수 + years old" 구조를 (문어체에서는 "be + 기수 + years of age"를) 사용한다.

He **is thirty**. (그는 30살이다.)
(= He **is thirty years old**.) (= He is **thirty years of age**.)
(*He is **thirty years**.) (*His age is thirty.)

▶ 나이를 물어볼 때 "What's your age?"라고 물을 수도 있지만, "How old are you?"라고 하는 것이 더 자연스럽다.

1 **age**: be 동사와 함께 한 사람의 나이를 다른 사람의 나이와 비교할 때 전치사를 사용하지 않는다.

Francis **is the same age** as me. (프랜시스는 나와 동갑이다.)
(*Francis **is at/in the same age** as me.)
When I **was your age**, I was working. (내가 네 나이일 때는 일을 했다.)
(*When I **was at your age**, I was working.)

2 **동사**: 나이를 표현할 때 have를 사용하지 않는다.

John and Harry **are the same age**. (존과 해리는 동갑이다.)
(*John and Harry **have the same age**.)

3 **age와 전치사**: 다른 동사나 구조와 함께 쓰일 때 age 앞에 전치사 at가 쓰인다.

He could read **at the age of three**. (그는 3살 때 책을 읽을 수 있었다.)
My father retired **at the age of sixty**. (나의 아버지는 60살에 은퇴하셨다.)
In Korea, schooling starts **at age 6**. (한국에서는 6살부터 학교에 가기 시작한다.)
I was married with four children **at your age**. (= when I was your age)
(내가 네 나이에는 결혼해서 아이가 넷 있었다.)
Older women experience more ill health than men **of the same age**.
(나이 든 여성들은 같은 연령의 남성들보다 건강이 더 나쁘다.)

the same height/weight에 대해서는 S2.4를 보라.

A39 ago와 before

1 ago: 시간부사로서 "현시점부터 과거의 지정된 시점"까지의 기간을 나타낼 때 사용되며, 시간 표현 "뒤에 위치"한다.

I met her **six weeks ago**. (나는 그녀를 6주 전에 만났다.)
(*I met her **ago six weeks**.)
President Kennedy died **60 years ago**. (케네디 대통령은 60년 전에 서거했다.)
They got married **a long time ago**. (그들은 오래전에 결혼했다.)

▶ ago가 나타나는 표현은 끝난 과거시점을 가리키기 때문에 일반적으로 현재완료가 아니라 "과거시제"와 함께 쓰이며, 가까운 과거를 말할 때는 과거진행도 종종 사용될 수 있다.

The doctor **examined** him **a few days ago**. (의사가 그를 며칠 전에 진찰했다.)
(*The doctor **has examined** him **a few days ago**.)
"Have you seen John?" "He **was doing** his homework in the library **an hour ago**."
("존을 봤냐?" "한 시간 전에 도서관에서 숙제하고 있었는데.")

2 ago와 before: ago는 어떤 사건이 지금부터 계산하여 얼마나 오래 전에 일어났는가를 말할 때 사용되는 반면, (과거분사와 함께 쓰이는) before는 과거의 어느 시점에서 과거로 계산하는 시간을 표현할 때 쓰인다. 이 경우 before도 ago처럼 시간표현 뒤에 온다.

Her husband **died 14 years ago**. (그녀의 남편은 14년 전에 죽었다.)
[지금부터 14년 전에]
(*Her husband **died 14 years before**.)
When I met her 10 years ago, her husband **had died 14 years before**.
(나는 그녀를 10년 전에 만났는데 그녀의 남편은 (그 당시 이미) 14년 전에 죽었다.)
[그녀를 만난 10년 전부터 14년 전에]
(*... her husband **had died 14 years ago**.)

▶ before가 "일정기간 이전"이 아니라 "일정시점 이전"을 말할 때는 전치사로서 시간명사 앞에 와야 한다. (A34.6,8을 보라.)

You have to finish your homework **before 10:30**.
(10시 반까지 숙제를 끝내야 한다.)
(*You have to finish your homework **10:30 before**.)
There wasn't a single building in this section of the city **before the 1960s**.
(1960년대 이전에는 도시의 이 지역에 건물이 한 채도 없었다.)
(*There wasn't a single building in this section of the city **the 1960s before**.)

3 before: before는 ago와는 달리 독립적인 부사로서 "현재(now) 또는 그때(then)부터 과거의 어느 시점에"라는 뜻으로 사용될 수 있다. 이 경우 동사는 "현재완료나 과거완료"가 된다.

Haven't I met you **before** somewhere? (당신을 전에 어디서 만난 적이 있지 않나요?)
[지금부터 전에]
(*Haven't I met you **ago** somewhere?)
He said he had never seen her **before**. (그는 그녀를 그전에 한 번도 본 적이 없다고 했다.)
[그때부터 전에]
(*He said he had never seen her **ago**.)

▶ previously: 문어적인 표현으로서 부사적인 before와 같이 "지금부터 혹은 과거의 어느 시점부터의 과거"를 표현한다.

He was **previously** employed as a tour guide.
(= He was employed as a tour guide **before**.)
(그는 전에 관광 안내원으로 일했다.)

I had posted the card two months **previously**.
(= I had posted the card two months **before**.)
(나는 엽서를 이미 두 달 전에 붙였었다.)

A40 AGREEING (동의)

우리는 타인의 의견이나 제안에 동의할 수도 있고 동의하지 않을 수도 있다. 동의에는 "긍정적" 의견에 대한 동의와 "부정적" 의견에 대한 동의가 있으며, 단순히 상대방의 의견에 동의하지 않을 수 있다.

1 **긍정적 동의**: 긍정적 의견에 대한 동의를 의미한다. 일반적으로 긍정적 동의는 "Yes + 주어 + 연산자"의 구조를 사용한다.

"The Orchestra performed Beethoven's 9th Symphony superbly last night." "**Yes, they did.**" ("그 오케스트라는 어제저녁에 베토벤의 교향곡 제9번을 훌륭하게 연주했습니다." "네, 그렇습니다.")

▶ 이 외에도 다음과 같이 동의할 수 있다.

"Can I see you tomorrow?" "**Yes, (definitely/absolutely).**"
("내일 볼 수 있을까요?" "두말할 필요 없이 '네'지요.")
"How about having a break now?" "**I quite agree.**"
("지금 잠시 쉬는 게 어떻겠습니까?" "저는 전적으로 동의합니다.")
"Can I bring my dog?" "**By all means!**"
("강아지를 데려와도 되겠습니까?" "되고말고요!")
"Can I have a word with you?" "**Of course.**"
("말씀 좀 드려도 되겠습니까?" "물론 됩니다.")
"Can you give a ride to work tomorrow?" "**Sure.**"
("내일 출근 때 차를 좀 태워주실 수 있습니까?" "네.")

▶ 자신의 의견에 대한 긍정적 동의를 유도하기 위해 종종 부가의문문을 사용한다.

"It's extremely cold and windy today, **isn't it**?" "**Yes, it's awful**."
("오늘 몹시 춥고 바람이 많이 불지요?" "네, 끔찍합니다.")

부가의문문에 대해서는 Q7을 보라.

2 **부정적 동의**: 부정적 의견에 대한 동의를 의미한다. 일반적으로 부정적 동의는 "No + 주어 + 연산자 + not" 구조를 사용한다.

"The TV documentary wasn't very interesting." "**No, it wasn't**."
("텔레비전의 다큐멘터리는 별로 재미가 없었다. "네, 재미가 없었습니다.)

▶ 이 외에도 다음과 같이 동의할 수 있다.

"**No, I'm afraid it wasn't**." ("네, 안 됐지만 저도 재미가 없었습니다.")
"**It certainly wasn't**." ("확실히 재미가 없었습니다.")
"**Absolutely/Definitely not**." ("정말, 재미가 없었습니다.")

가부의문문에 대해서는 Q3을 보고, yes와 no에 대해서는 Y2를 보라.

3 **동의하지 않음** (disagreement): 상대의 의견에 동의하지 않음을 의미한다. 전체보다 부분적으로 동의하지 않는 것이 더 공손한 표현이 된다.

"She thinks she's been treated unfairly in the company." "**Well, it's perhaps true to some people**." ("그녀는 회사에서 불공정한 대우를 받아왔다고 생각한다." "그런데, 이것이 어쩌면 어떤 사람에게는 사실일 수 있다.")

▶ 이 외에도 다음과 같이 말할 수 있다.

"**True, but** there're many people thinking differently."
("사실이지만, 다르게 생각하는 사람들도 많습니다.")
"**Yes, but** women tend to think that they're treated unfairly."
("맞습니다만, 여성들은 자신들이 불공정한 대우를 받는다고 생각하는 경향이 있습니다.")
"**I'm afraid** I disagree with you." ("미안합니다만 나는 동의하지 않습니다.")

A41 AGREEMENT (일치)-1: 주어와 동사의 일치

"일치"란 두 언어 표현 간의 관계로서 한 표현의 특정한 자질이 다른 표현의 특정한 자질과 일치하는 것을 말한다. 영어에서 가장 대표적인 일치현상은 주어와 동사 간의 일치로서 그 기본원리는 매우 간단하다.

▶ 일치의 기본원리: 단수주어는 단수동사를 취하고 복수주어는 복수동사를 취한다.

The **window is** open. (창문이 열려 있다.) (*The **window are** open.)
The **windows are** open. (창문들이 열려 있다.) (*The **windows is** open.)

1 **보통동사**: 영어의 대부분 동사는 현재시제일 경우에만 "3인칭 단수주어"를 위한 특별한

형태를 가지며 (접미사 -(e)s를 붙임), 주어가 1인칭이나 2인칭 또는 3인칭 복수일 경우와 동사가 과거시제일 경우에는 모두 같은 형태의 동사를 사용한다. (P43.1을 보라.)

(1) 현재시제: 모든 보통 동사는 현재시제에 대해서 두 가지 형태를 갖는다.

3인칭 단수주어

| He
She
The girl | knows | the answer |

1, 2인칭과 3인칭 복수주어

| I
We
You
The girls
They | know | the answer |

(2) 과거시제: 영어의 보통동사는 과거시제에 대해서 하나의 형태만을 갖는다.

| I
We
You
He
She
They
The girls | knew | the answer |

2 **be 동사**: be 동사는 주어의 인칭과 수에 따라 모두 다른 형태를 취할 뿐만 아니라 과거시제에서도 주어가 단수냐 복수냐에 따라 다른 형태를 취한다. (B2.1을 보라.)

(1) 현재시제: be 동사는 현재시제에 대해 세 가지 형태를 갖는다.

단수주어

I	am	
You	are	
He She It The boy	is	arriving today

복수주어

We You They The boys	are	arriving today

(2) 과거시제: be 동사는 두 가지의 과거시제형을 갖는다.

단수주어

I He She It The boy	was	leaving today

복수주어

We You They The boys	were	leaving today

3 **양상조동사**: "may, might, can, could, must, will, would, shall, should" 등 양상조동사들은 주어의 인칭이나 수에 따라 변하지 않는다.

I/You/My daughter/My sons may/should watch television after supper.

양상조동사의 통사적 특성에 대해서는 M21을 보라.

4 **복수주어 동사와 형용사**: "scatter, assemble, collide, disperse, meet" 등이 자동사로 쓰일 경우와 "alike, similar, different" 등의 형용사가 전치사구 보충어와 함께 쓰이지 않을 경우에는 복수주어를 필요로 한다.

The men scattered. (남자들이 사방으로 흩어졌다.) (***The man scattered.**)
They met at the coffee shop. (그들은 커피점에서 만났다.)

John and Bill are **similar**. (존과 빌은 닮았다.) (***John is similar.**)
(참고: John is similar **to Bill**.)

She and her sister are **different**. (그녀와 그녀의 여동생은 다르다.)
(참고: She is different **from her sister**.)

A42 AGREEMENT-2: 명사와 일치

1. **일반 명사**: 대부분의 가산명사는 단수형에 접미사 -(e)s를 붙여 복수형을 만들며 앞에서 언급한 일치에 대한 기본원리를 따른다. (A41을 보라.)

   My daughter watches television after supper. (내 딸은 저녁 식사 후에 텔레비전을 본다.)
   My daughters watch television after supper. (내 딸들은 저녁 식사 후에 텔레비전을 본다.)

2. **복수형 단수주어**: news와 병명인 "measles, mumps," 학문명인 "physics, linguistics," 놀이명인 "billiards, darts" 등은 복수어미 -s로 끝나지만 단수로 사용된다. (이외의 복수형 단수명사에 대해서는 N32를 보라.)

   Measles is sometimes very serious. (홍역은 때때로 매우 위험하다.)
   Billiards is fun to play. (당구는 재미있는 놀이다.)

3. **복수주어**: "cattle, clergy, people, police, vermin" 등은 형태는 단수이지만 복수로 쓰인다. (N33.1을 보라.)

   Many clergy were present at the convention.
   (많은 성직자들이 대회에 참가했다.)
   Cattle are allowed to graze on the village common.
   (소들을 마을 공유지에 방목하는 것을 허락했다.)

4. **양 또는 치수 명사구**: 양 또는 치수 명사구는 "복수형"이라고 할지라도 하나의 단위로 간주되어 "단수"로 취급되며, "단수동사, 단수한정사, 단수대명사"와 함께 사용된다.

   Ten dollars is all I have. (10불이 내가 가진 전부다.)
   Four kilometers is as far as they can walk. (4킬로미터가 그들이 걸을 수 있는 거리다.)
   Two thirds of the area is under water. (지역의 3분의 2가 침수되어 있다.)
   Where **is that ten dollars** I lent you? (내가 빌려준 10불은 어디 있느냐?)
   (*Where **is/are those ten dollars** I lent you?)
   "We have only **five gallons of gasoline**." "**That isn't** enough."
   ("우리는 5갤런의 휘발유밖에 없다." "그것으로는 충분치 않다.")
   ("***They aren't** enough.")

5. **집합명사**: "army, audience, club, committee, crew, family, government, herd, jury, public" 따위의 명사를 우리는 "집합명사(group nouns)"라고 부르며, 집단을 이루고 있는 구성원을 강조할 경우에는 복수로 쓰이고 집단을 강조할 때는 단수로 쓰인다. (N33.2를 보라.)

   The public are tired of demonstrations. (대중들은 데모에 지쳤다.)
   The audience was enormous. (청중은 대단히 많았다.)

6. **단수 한정사와 집합명사**: 집합명사가 단수 한정사(예: a/an, each, every, this, that)의 수식을

받을 경우 단수가 되는 것이 자연스럽다.

A jury, which **consists** of unprejudiced people, will find him not guilty.
(편견을 가지지 않은 사람들로 구성된 배심원은 그가 죄가 없다는 것을 알 것이다.)
(**A jury**, which **consist of** unprejudiced people, will find him not guilty보다 자연스럽다.)
I work for **this electronics firm** that **was** established in 1990.
(나는 1990년에 설립된 이 전기회사에서 일하고 있다.)
(I work for **this electronics firm** that **were** established in 1990보다 자연스럽다.)
The superintendent said **each class was** alloted $1,000 for the project.
(교장은 각 반에 연구과제를 위해 1,000달러씩 배정하라고 말했다.)
(The superintendent said **each class were** alloted $1,000 for the project보다 자연스럽다.)

단수와 복수명사에 대해서는 N27-N35를 보라.

A43   AGREEMENT-3: 등위접속 주어와 일치

1   **and**: 두 개 또는 그 이상의 단수 접속성분이 and로 결합된 주어는 복수가 된다.

Tom and Mary are ready to go fishing. (탐과 메리는 낚시 갈 준비가 되었다.)
What I say and what I do are my own affair.
(내가 무슨 말을 하든 무슨 짓을 하든 내 자신의 일이다.)

2   **etc.**: 단수명사구 다음에 "etc., and so on, and so forth" 따위의 표현이 따라 오면 복수로 취급된다.

The cost, the time etc. are what we consider to be critical in the project.
(우리는 비용과 시간 등이 이 사업에서 결정적인 요소라고 생각한다.)
The color, the size etc. have been the most important things in our design.
(우리 디자인에서 색상과 크기 등이 가장 중요한 요소였다.)
Good lifestyle, balanced diet and so on are essential for maintaining your health.
(건전한 생활방식과 균형 잡힌 식단 등이 건강을 유지하는 데 필수이다.)

▶ etc.는 "et cetera"의 약자이고 et는 and를 뜻하므로 "and etc."는 잘못된 표현이다. 사람의 이름을 나열할 때, 특히 여러 명이 공저 또는 공편한 책을 지칭할 때는 일반적으로 "et al."(= and others)을 쓴다.

The man packed his suits, his shoes, his shirts, (*and) etc.
(그 사람은 양복, 신발, 셔츠 등을 쌌다.)
I bought *A Derivational Approach to Syntactic Relations* written by S. Epstein **et al**.
(나는 에스 엡스틴 등이 쓴 〈통사관계에 대한 도출적 접근〉이라는 책을 샀다.)

3   **each와 every**: each나 every의 수식을 받으면 배분적 의미를 지니기 때문에 단수로 취급된다.

Every adult and (every) child was holding a flag.
(모든 어른과 아이들이 깃발을 들고 있었다.)

Each boy and girl is allowed to leave the camp area only once a week.
(각 남학생과 여학생은 일주일에 한 번씩만 야영지를 떠나는 것이 허용되었다.)

4 　**개념적 단수**: 비록 and로 등위접속 구문을 이루고 있지만 개념적으로 하나의 단위로 생각되는 표현은 단수가 된다.

The hammer and sickle was flying from the flagpole.
(소련의 국기인 쇠망치와 낫이 게양대에서 휘날리고 있었다.)
Danish bacon and eggs makes a good breakfast.
(덴마크식 베이컨과 달걀은 훌륭한 아침 식사가 된다.)

5 　**수학적 계산**: 수학적 계산은 단수 또는 복수로 취급된다.

$3 + 4 = 7$	Three **and** four **is/are** or **makes/make** seven.	[구어체]
	Three **plus** four **equals/is** seven.	[문어체]
$20 - 9 = 11$	Nine **from** twenty **is/leaves** eleven.	[구어체]
	Take away nine from twenty **is/leaves** eleven.	
	Twenty **minus** nine **equals/is** eleven.	[문어체]
$3 \times 4 = 12$	Three **fours** are twelve.	[구어체]
	Three **times** four **is** twelve.	
	Three **multiplied by** four **equals/is** twelve.	[문어체]
$8 \div 2 = 4$	Two(s) **into** eight **goes** four (times).	[구어체]
	Eight **divided by** two **equals/is** four.	[문어체]

▶ "one and 분수/백분율"은 복수로 취급된다.

One and a half years have passed since we last saw.
(우리가 마지막으로 본 지 1년 반이 지났다.)
(= **A year and a half have** passed since we last saw.)
We got home **one and a half hours** ago/**an hour and a half** ago.
(우리는 한 시간 반 전에 집에 왔다.)

6 　**more than + 명사**: 명사가 단수일 경우에는 단수동사와 일치하고, 복수일 경우에는 복수동사와 일치한다.

More than one student has seen him yesterday. (한 명 이상의 학생이 어제 그를 보았다.)
More than ten students have been punished. (열 명 이상의 학생이 벌을 받았다.)

7 　**이접접속사 or와 nor**: 동사는 자신과 가까이 있는 접속성분과 일치한다.

A **or/nor** B ＋ 동사
　　　↑──일치──↑

Either John or I am responsible for the accident.
(존이나 나 한쪽이 사고에 책임이 있다.)

Either the owner or the strikers have misunderstood the claim.
(소유주나 파업자들 중 어느 한쪽이 요구사항을 오해하고 있었다.)

8 neither ... nor: "neither ... nor"의 경우에는 단수와 복수가 모두 가능하지만 구어체에서는 복수동사를 더 자주 쓴다.

Neither he nor his wife has/have arrived.
(그와 부인이 둘 다 도착하지 않았다.)
Neither John nor Maty wants/want to see him.
(존과 메리 둘 다 그를 만나고 싶어 하지 않는다.)

9 not only ... but: "not ... but, not only/just/merely ... but (also)"는 위의 이접접속사 or의 원칙을 따른다.

Not (only) the speaker but all of us were invited.
(강연자뿐만 아니라 우리 모두가 초청을 받았다.)
Not just the students but also their teacher has enjoyed the film.
(학생들뿐만 아니라 그들의 선생님도 영화를 재미있게 보았다.)

A44   AGREEMENT-4: 기타 표현과 일치

1 **부정대명사**: 불확정적 수량을 표현하는 "all, any, no, none, some, half" 따위는 가산명사와 불가산명사와 두루 쓰일 수 있으며, "복수 가산명사"와 쓰일 경우에는 "복수"로 취급되고 "불가산명사"와 쓰일 경우에는 "단수"로 취급된다.

Some/All/Half (of the books) have been placed on the shelves.
(책 몇 권이/모두가/절반이 서가 위에 정돈되어 있었다.)
Some/All/Half (of the money) has been spent on repairs.
(돈 약간을/모두를/절반을 수리하는 데 썼다.)

▶ none이 "복수 가산명사"와 쓰일 때는 "단수" 또는 "복수"로 취급되지만, 뒤에 따라 오는 명사구가 "복수 대명사"일 경우에는 "복수"로 취급된다.

None of the books has/have been placed on the shelves.
(책이 한 권도 서가 위에 정돈되어 있지 않았다.)
None of them have/*has been placed on the shelves.
(그것들 중의 어느 것도 서가 위에 정돈되어 있지 않았다.)

▶ either와 neither는 일반적으로 단수로 취급된다.

The two guests have arrived, and **either**/but **neither is** welcome.
(손님 두 분이 도착했다. 두 분 다 환영을 받았다/받지 못했다.)

2 **절**: 일반적으로 모든 정형절과 비정형절은 단수가 된다.

How you got there doesn't concern me. (네가 어떻게 그곳에 갔든 나는 상관이 없다.)

Smoking cigarettes is hazardous to your health. (흡연은 건강에 해롭다.)

▶ 독립 관계절은 그 절을 이끄는 WH-절의 수에 의하여 단수 또는 복수가 결정된다.

What were supposed to be new proposals were in fact modifications of earlier ones.
(새로운 제안으로 여겨졌던 것이 실제로는 옛것을 수정한 것이었다.)
Whatever book a New York Times reviewer praises sells well.
(뉴욕 타임스의 서평가가 호평한 책은 어느 것이든지 잘 팔린다.)

3   양화사 + of + 복수(대)명사: 일반적으로 "복수동사"를 취한다.

| a couple of | half of | a group of |
| a lot of | the majority of | a number of 등 |

A couple of police officers stand guard across the street.
(두세 명의 경찰관이 도로 건너편에서 경계를 서고 있다.)
A group of workers are staging a protest in the chemical plant.
(일단의 노동자들이 화학 공장에서 항의를 하고 있다.)
A lot of trivial things seem to trouble him recently.
(여러 가지 사소한 일들이 최근에 그를 괴롭히는 것 같다.)
A considerable number of interviews are waiting for the actor.
(많은 회견이 그 배우를 줄줄이 기다리고 있다.)
Only a minority of people support the new laws.
(단지 소수의 국민만이 새 법을 지지한다.)
The majority of students find it hard to pay tuition fees.
(학생들의 대부분은 등록금을 내는 것이 버겁다.)
Most of the shops were closed down early yesterday.
(가게의 대부분이 어제 일찍이 문을 닫았다.)
Many of the employees work part-time. (많은 종업원들이 시간제로 일한다.)
Some of us regard his fifth novel as the best.
(우리 중의 몇 명은 그의 다섯 번째 소설을 최고라고 생각한다.)

4   any/either/neither/none of + 복수(대)명사: 문어체에서는 일반적으로 단수가 되지만 구어체에서는 복수가 되기도 한다.

Is/Are any of these paintings for sale? (이 그림 중에 어느 것이 팔 것입니까?)
Has/Have either of them called yet? (그들 중 어느 한 사람에게서라도 전화가 왔습니까?)
Neither of the guests speaks/speak Spanish. (손님 두 분 다 영어를 못 합니다.)
None of her friends wants/want to see her.
(그녀의 친구 중 누구도 그녀를 보고 싶어 하지 않는다.)

5   분수 + of + 명사구: 명사구가 단수이면 단수 동사를, 복수이면 복수 동사를 취한다.

Half of the bucket was filled. (물통의 반이 채워져 있다.)

Two-thirds of the workers are in favor of a strike. (노동자들의 3분의 2가 파업을 찬성한다.)

▶ 분수가 직접 명사를 수식하는 한정사로 쓰이고 분수가 1보다 클 경우에는 복수명사가 온다.

It weighs **one and a half kilos**. (그것은 무게가 1.5킬로다.)
He owns about **1.2 acres** of land in downtown Chicago.
(그는 시카고 시내에 약 1.2에이커의 땅을 소유하고 있다.)

6 **복수 지명과 국가명**: 복수형 지리적 명칭은 복수가 되는 것이 정상이지만, 복수형 국가명은 종종 단수로도 쓰인다.

The United States are/is negotiating with Mexico about the problem of immigration.
(미국은 멕시코와 이민문제를 협상하고 있다.)
The Netherlands have/has been known to have a lot of good skaters.
(네덜란드에는 훌륭한 비상 선수가 많은 것으로 알려졌다.)
The Alps are crowded with skiing tourists every winter.
(알프스는 겨울마다 스키 관광객으로 붐빈다.)
The Appalachians stretch from Quebec in the north to Alabama in the south.
(애팔래치아 산맥은 북쪽의 퀘벡에서 남쪽의 알라배마 주까지 뻗어 있다.)

▶ Flanders는 항상 단수가 된다.

Flanders is/*are the country where I spent my childhood.
(플랑드르는 내가 어린 시절을 보낸 곳이다.)

7 **보어의 수**: 서술보어(predicative complement)의 수는 자신의 서술대상, 즉 "주어" 혹은 "목적어"의 수와 일치하는 것이 정상이다.

My son is **a teacher**. (나의 아들은 선생이다.) (*My son is teachers.)
My sons are **teachers**. (나의 아들들은 선생이다.) (*My sons are a teacher.)

They consider **my son an idiot**/*idiots. (그들은 내 아들을 바보라고 생각한다.)
They consider **my sons idiots**/*an idiot. (그들은 내 아들들을 바보라고 생각한다.)

▶ 그러나 서술보어와 서술대상이 수에 있어서 일치하지 않는 경우를 많이 볼 수 있다.

His Ph.D. thesis was simply **five unrelated articles** assembled together.
(그의 박사학위 논문은 다섯 개의 관련이 없는 논문을 단순히 합해놓은 것이다.)
The biggest time waster is **meetings**. (가장 큰 시간 낭비는 회합을 하는 것이다.)
Our neighbors are **a nuisance** to us all. (우리 이웃은 우리 모두에게 골칫거리다.)
The accidents were **the result** of poor road conditions.
(사고들은 좋지 않은 도로 여건의 결과였다.)

We all consider **our neighbors a nuisance**.
(우리 모두는 우리 이웃들을 성가신 존재로 생각한다.)

The police consider **the accidents the result** of poor road conditions.
(경찰은 사고들을 나쁜 도로 여건의 결과라고 생각한다.)

▶ "절을 포함하는 주어"의 경우에는 종종 동사가 그 보어와 일치한다.

The only thing we need for the team **is/are a few new offensive players**.
(우리 팀에 필요한 것이 있다면 두서너 명의 새로운 공격수다.)
(참고: **A few new offensive players are/*is** the only thing we need for the team.)
What we need for our new house **is/are some new curtains**.
(우리 새집에 필요한 것은 새로운 커튼이다.)
(참고: **Some new curtains are/*is** what we need for our new house.)

8 **배분적 의미와 수**: 동시에 다수의 개체가 행할 같은 행동을 말할 때는 복수명사를 사용하는 것이 원칙이다.

The tourists are told to bring **umbrellas** for the trip.
(관광객들은 여행할 때 우산을 지참하라고 통보를 받았다.)
(**The tourists** are told to bring **an umbrella** for the trip보다 자연스럽다.)

▶ 그러나 단수의 경우도 자연스러운 경우가 있다.

Most of the employees have applied for **a loan** to buy **a house**.
(종업원의 대부분은 집을 사기 위해 대출을 신청했다.)
(**Most of the employees** have applied for **loans** to buy **houses**보다 자연스럽다.)

▶ 대명사와 함께 쓰이는 경우에는 복수형이 쓰인다.

The soldiers were in danger of losing **their lives**. (군인들은 생명을 잃을 위험에 빠져 있었다.)
(*The soldiers were in danger of losing **their life**.)

▶ 그러나 불가산명사의 경우에는 단수가 쓰인다.

They are all eager to present **their evidence** against the criminals.
(그들은 모두 범인들에게 불리한 증거를 제시하고 싶어 했다.)
(*They are all eager to present **their evidences** against the criminals.)
People think the purpose of education is only to advance **their knowledge**.
(사람들은 교육의 목적이 단지 지식을 향상시키는 것이라고 생각한다.)

9 who, what, which, whose: 이 "의문사"가 주어로 쓰일 경우에 비록 응답이 복수라 할지라도 일반적으로 "단수동사"를 취한다.

"**Who's** coming to the meeting?" "John, Bill, and Jane (are coming)."
("누가 회의에 옵니까?" "존과 빌 그리고 제인이 올 것입니다.")
"**What causes** the accidents?" "Drivers (cause the accidents)."
("무엇이 사고 원인입니까?" "운전자들이 원인입니다.")
"**Which annoys** you most?" "My past scandals (annoy)."
("어느 것이 당신을 가장 괴롭힙니까?" "과거의 스캔들입니다.")

"**Whose was** damaged by fire?" "Most of my neighbors' houses (were damaged)."
("누구의 집이 화재로 해를 입었습니까?" "대부분 우리 이웃의 집들이 해를 입었습니다.")

▶ 그러나 이 의문사들이 "주어보어"에 관해 물을 때는 "복수동사"를 취한다.

"**Who are** your closest friends?" "(My closest friends are) John and Bill."
("누가 가장 친한 친구냐?" "존과 빌이요.")
"**What were** the biggest obstacles to progress?" "(They are) Poor manpower and limited finance." ("무엇이 발전에 가장 큰 장애물입니까?" "열악한 인력과 제한된 재정입니다.")
"**Which are** the most important crops?" "(They are) Rice, barley and corn."
("어느 것이 가장 중요한 농작물입니까?" "쌀과 보리 그리고 옥수수입니다.")
"**Whose are** those cars?" "(They are) John's, Mary's and Bill's."
("누구의 차들입니까?" "존과 메리 그리고 빌의 차입니다.")

▶ what-관계절은 일반적으로 단수동사를 갖는다.

What she needs is friends. (그녀가 필요한 것은 친구다.)
(What she needs are friends보다 자연스럽다.)
(참고: Friends are/*is what she needs.)

그러나 종종 복수 보어 앞에서는 복수동사가 사용되기도 한다.

What we need most of all **are some really new ideas**.
(우리가 무엇보다도 필요한 것은 정말로 새로운 어떤 착안이다.)

10   **another와 a/an**: 이 한정사들은 단수명사와 함께 쓰이지만, 이들 뒤에 적절한 "형용사"와 "수사"가 오면 양 또는 시간을 나타내는 "복수명사"가 올 수 있다.

We have to wait **another three weeks** for the results.
(우리는 결과를 보려면 다시 3주를 기다려야 한다.)
There's still **another 500 dollars** to pay. (아직도 또 다른 500불을 지급해야 한다.)
They had **a happy ten days** in Hawaii for their honeymoon.
(그들은 하와이에서 10일간의 행복한 신혼여행을 가졌다.)
He ordered **an extra three pounds** of sugar for her.
(그는 그녀를 위하여 추가로 3파운드의 설탕을 주문했다.)

▶ every도 단수명사와만 사용되지만 빈도를 나타낼 때는 복수명사와 함께 쓰일 수 있다. (E32.5를 보라.)

He visits his parents **every three months**. (그는 3개월마다 부모님을 찾는다.)

A45   alive, live, living

이 단어들은 "살아 있는(having life)"이라는 의미를 공유하지만 구체적인 용법에서는 차이를 보인다.

1   **alive**: 명사의 "한정적" 수식어로 쓰일 수 없으며 "서술적"으로만 쓰인다. (A19.8을 보라.)

Who's the greatest **scientist alive**? (누가 생존해 있는 가장 위대한 과학자입니까?)
(= Who's the greatest **living scientist**?)
(*Who's the greatest **alive scientist**?)
He's sick and weak, but still **alive**. (그는 병이 들어 허약하지만 아직 살아 있다.)
You're lucky to be **alive** after such a bad car clash.
(그 끔찍한 차 사고에도 네가 살아 있다는 것이 행운이다.)
He caught some insects and kept them **alive** in a jar.
(그는 곤충을 몇 마리 잡아서 산채로 단지에 보관했다.)

2 live와 living: 이들은 alive와는 달리 명사를 앞에서 수식하는 "한정적"으로만 쓰인다. 일반적으로 live는 "동물"을 수식할 때 쓰이고, "사람" 또는 "사람과 밀접한 것"을 수식할 때는 living이 쓰인다.

They're protesting against experiments on **live/*living animals**.
(그들은 산 동물에게 실험하는 것에 대해 항의하고 있다.)
We want to stop the export of **live/*living sheep and cattle**.
(우리는 살아 있는 양과 소의 수출을 중단하기를 원한다.)
The cook killed **live/*living fish** before my very eyes to make sushi.
(요리사는 초밥을 만들려고 내 눈 앞에서 산 물고기를 죽였다.)

He's the world's greatest **living/*live opera singer**.
(그는 세계에서 가장 위대한 현존하는 오페라 가수다.)
A brother in Australia is Mary's only **living/*live relative**.
(호주에 사는 남동생 한 명이 메리의 살아 있는 유일한 친척이다.)
All **living/*live creatures** have a capacity to learn.
(모든 살아 있는 피조물은 학습능력을 가지고 있다.)

▶ "실상황을 방송하거나 실제로 연주하는" 것에는 live를, "인간과 불가분의 연관이 있는" 것에는 living을 사용한다.

There was a **live broadcasting**, not a recording, of his concert on KBS TV.
(KBS TV에서 그의 음악회를 녹음이 아니라 생방송을 했다.)
YTN broadcasted President's **live** press conference this morning.
(YTN은 오늘 오전에 대통령의 기자회견을 생방송했다.)
They say there're about 6,000 **living languages** in the world.
(세계에는 약 6,000개의 언어가 실제로 사용되고 있다고 한다.)
I am the **living bread** that came down from heaven.
(나는 하늘에서 내려온 살아 있는 떡이니.) [요 6:51]

▶ 정관사와 결합하여 "사람 집단"을 표현하는 형용사로는 living이 사용된다.

On the anniversary of the tragedy we all remember **the living** as well as the dead.
(그 비극의 기념일이 되면 우리 모두는 죽은 사람들뿐만 아니라 산 사람들도 기억에 떠올린다.)
Adam called his wife Eve, because she would be the mother of all **the living**.
(아담은 그의 아내를 하와라 불렀으니 그가 모든 산자의 어미가 됨이더라.) [창 3:20]

He is not the God of the dead but of **the living**.
(하나님은 죽은 자의 하나님이 아니요 살아 있는 자의 하나님이시니라.) [마 22:32]

A46   all

all은 "한정사, 한정사 선행어, 대명사, 부사"로 사용될 수 있다.

All bedrooms are equipped with built-in storage space.　　[한정사]
(모든 침실에 붙박이 보관 공간이 설치되어 있다.)
The man spent **all his life** looking for the lost city.　　[한정사 선행어]
(그 사람은 잃어버린 도시를 찾아 일생을 보냈다.)
He spent **all** he had, every last penny.　　[대명사]
(그는 가진 마지막 동전까지 모두 써버렸다.)
He's doing it **all by himself**.　　[부사]
(그는 전적으로 자기 혼자서 그 일을 하고 있다.)

1. **all과 both**: all은 한정사로서 셋 또는 그 이상의 개체 모두를 가리킬 때 사용된다. 두 개체가 항상 함께 존재할 경우 또는 두 개체를 함께 언급할 경우에는 both를 써야 한다. 다음을 비교해보라. (B32.1을 보라.)

    We'll buy **all four birds** in the cage. (우리는 새 장의 새 네 마리 모두를 사겠다.)
    (*We'll buy **all two birds** in the cage.)
    We'll buy **both birds** in the cage. (우리는 새 장의 새 두 마리 모두를 사겠다.)
    The detective met **both your parents**. (형사는 너의 부모님 두 분을 만났다.)
    (*The detective met **all your parents**.)
    Both John and Mike borrowed money from me. (존과 마이크 둘 다 나한테 돈을 빌려갔다.)

2. **한정사 선행어**: all은 "한정사 선행어"로서 한정사 앞에 올 수 있다. (P32를 보라.)

    All the students attended the graduation ceremony. (모든 학생이 졸업식에 참석했다.)
    The man wasted **all his life** looking for sunken treasure.
    (그 사람은 침몰한 보물을 찾아 전 생애를 낭비했다.)

    ▶ 한정사 선행어로 쓰이는 all은 명사구 뒤로 "이동"할 수 있으며, 주어위치에 있을 경우에 be동사나 조동사가 나타나면 그 뒤로 이동할 수 있다.

    The students all attended the graduation ceremony. (학생 모두가 졸업식에 참석했다.)
    Those apples were **all** rotten. (사과가 모두 상해 있었다.)
    The musician invited **them all** to the concert. (그 음악가는 그들 모두를 연주회에 초청했다.)
    She's made something to eat for **us all**. (그녀는 우리 모두를 위해 먹을 것을 만들었다.)

3. **부정대명사**: all은 부정대명사로서 관계절이나 "of-구"의 수식을 받을 수 있다. (I22를 보라.)

    All that matters is to be happy. (중요한 것은 행복하게 사는 것이다.)

I gave her **all she asked for**. (나는 그녀에게 원하는 것을 다 주었다.)
All I have is yours, and **all you have** is mine.
(내 것은 다 아버지의 것이요 아비지의 것은 내 것이온데) [요 17:10]

She said she had read **all of the books** in this room.
(= She said she had read **all the books** in this room.)
(그녀는 이 방에 있는 모든 책을 읽었다고 했다.)
All of our children are vacationing in Jeju Island.
(= **All our children** are vacationing in Jeju Island.)
(우리 아이들 모두가 제주도에서 휴가를 보내고 있다.)

▶ 한정사가 없는 명사 앞에는 일반적으로 of가 나타나지 않는다.

All children must be cared for with love.
(모든 아이는 사랑으로 돌봐야 한다.)
(***All of children** must be cared for with love.)
She used **all ((of) the) meat** to prepare the banquet.
(그녀는 연회를 준비하느라고 모든 고기를 써버렸다.)
(*She used **all of meat** to prepare the banquet.)

both에 대해서는 B32를, half에 대해서는 H2를 보라.

4 **강조어**: all은 부사로서 "명사, 형용사, 부사, 전치사, 접속사"의 강조어로 "completely"의 뜻으로 사용될 수 있다.

This coat is **all wool** while the other is a blend.
(이 코트는 완전한 모직이지만 다른 것은 혼방이다.)
I had to cycle in the rain and got **all wet**.
(나는 빗속에서 자전거를 타야 했고 물에 흠뻑 젖었다.)
The old man lives **all alone** in the forest. (그 어르신은 숲속에서 홀로 살고 있다.)
I've already heard **all about the accident**. (나는 사고에 대해서 이미 다 들었다.)
I looked **all around**, but I couldn't see anything.
(나는 사방을 둘러보았지만 아무것도 볼 수 없었다.)
It's **all because of** you. (그것은 전적으로 너 때문이다.)

A47 all과 every

all과 every는 일반적으로 집단이나 집단의 구성원을 가리킬 때 사용된다. 이 둘 사이에는 의미적 차이가 거의 없으나 (every는 "예외 없이"의 의미가 강하고 all은 "집단 전체"를 가리키는 경향이 있다), 문법적으로는 다르게 사용된다.

1 **단/복수명사**: every는 "단수명사"와 함께 쓰이고 all은 "복수명사"와 함께 쓰인다.

Every man makes mistakes. (모든 사람은 실수를 한다.) (***All man makes** mistakes.)

All men make mistakes. (모든 사람은 실수를 한다.) (***Every men make** mistakes.)

Every employee is striking for a reduction of the working hours.
(직원들이 하나도 빠짐없이 근로시간 단축을 위해 파업을 하고 있다.)
All employees are striking for a reduction of the working hours.
(직원 전체가 근로시간 단축을 위해 파업을 하고 있다.)

2. **한정사**: all은 한정사 선행어로서 한정사(예: 관사, 소유격, 지시사 등)와 함께 쓰일 수 있지만, every는 사용될 수 없다. 다음을 비교해보라.

    All the employees are striking for an improvement of their working conditions.
    (직원 모두가 작업조건의 향상을 위해 파업에 동참하고 있다.)
    (***Every the/an employee** is striking for a reduction of the working hours.)
    I've sent the invitation to **all my friends**. (나는 친구 모두에게 초대장을 보냈다.)
    I've sent the invitation to **every friend** of mine. (나는 친구들에게 빠짐없이 초대장을 보냈다.)
    (*I've sent the invitation to **every my friend/my every friend**.)

3. **불가산명사**: all은 "불가산명사"와 함께 쓰일 수 있지만, every는 쓰일 수 없다.

    I like **all music**. (나는 모든 음악을 좋아한다.)
    (*I like **every music**.)
    Not **all food** is good to eat. (모든 음식이 먹어도 좋은 것은 아니다.)
    (*Not **every food** is good to eat.)

4. **장소와 지역**: all은 "지역, 장소" 등 몇몇 가산명사와 함께 "전부, 전체"를 뜻하는 "the whole of" 대신에 쓰일 수 있다.

    He made an apology to **all Asia** for his country's past behavior. (= **the whole of Asia**)
    (그는 자기의 조국이 저지른 과거의 행위에 대해서 모든 아시아 국가에 사과했다.)
    All Seoul went crazy at the news about her scandal. (= **the whole of Seoul**)
    (서울 전체가 그녀의 스캔들 뉴스에 광란했다.)
    I've been around **all the village** looking for the cat. (= **the whole of the village**)
    (나는 고양이를 찾아 온 동네를 돌아다녔다.)

5. **시간 명사**: all과 every는 시간명사 "day, week, month, year" 등과 결합하면 의미가 달라진다는 점에 유의하라.

    She was here **all day**. (= from morning to night)
    (그녀는 온종일 여기에 있었다.)
    She was here **every day**. (Monday, Tuesday, Wednesday, ...)
    (그녀는 매일 여기에 왔다.)

    He was staying with us **all week**. (= from Sunday to Saturday)
    (그는 우리와 일주일 내내 같이 있었다.)

He was here **every week**. (at least once a week for a long period)
(그녀는 매주 여기에 왔다.)

all과 whole의 차이점에 대해서는 A51을 보라.
every와 each의 차이점에 대해서는 E2를 보라.

A48 all, everybody, everything

1   **all과 everybody/everything**: all은 의미상으로 everybody나 everything과 유사하지만, 독립적인 대명사로 쓰이는 everybody나 everything과는 달리 all은 특별한 맥락 하에서만 독립적인 대명사로 쓰인다.

Send my best wishes to **everybody** in the family. (가족의 모든 분에게 안부를 전해주세요.)
(*Send my best wishes to **all** in the family.)

He spent **everything** on the gambling. (그는 도박에 모든 것을 써버렸다.)
(*He spent **all** on the gambling.)
I decided to tell him **everything**. (나는 그에게 모든 것을 말하기로 했다.)
(*I decided to tell him **all**.)

If **everyone** is ready, I'll begin. (모두가 준비되면 시작하겠습니다.)
(*If **all** is ready, I'll begin.)

2   **대명사 all**: 맥락에서 생략된 성분을 예측할 수 있을 경우 all은 대명사로 쓰일 수 있다.

He hid 2 million won under the bed and the thieves took **all**.
(그는 침대 밑에 2백만 원을 숨겨놓았는데 도둑놈이 다 가져갔다.)
She has four children, **all** under the age of five.
(그녀에게는 아이가 넷 있는데 모두 5살보다 어리다.)

▶ all은 종종 단독으로 "모든 주변상황"을 의미하기도 한다.

All is dark and silent on the island now.
(섬은 지금 모든 것이 어둡고 고요하다.)
I hope **all** is well with you.
(나는 네가 모든 것이 잘 되기를 바란다.)

3   **all + 관계절**: all은 "관계절"의 수식을 받으면 일반적으로 everything을 뜻한다.

He spent **all (that) he had** on gambling. (그는 본인이 가진 모든 것을 도박에 써버렸다.)
He spent **everything** on gambling. (그는 모든 것을 도박에 써버렸다.)

He's done **all he could** to help us. (그는 우리를 돕기 위해 할 수 있는 모든 것을 했다.)
He's done **everything** to help us. (그는 우리를 돕기 위해 모든 것을 했다.)

▶ "all + 관계절" 구조는 또한 "오직 ... 뿐"이라는 뜻의 부정적 의미를 표현하기도 한다.

All that we're asking for is a little respect.
(우리가 요구하는 것은 단지 조그만 배려다.)
(= **The only thing that we're asking for** ...)
All I need is a roof over my head and a decent meal.
(내가 필요로 하는 것은 거주할 집과 분수에 맞는 음식일 뿐이다.)

A49   all과 (PRO)NOUNS ((대)명사)

1   **all과 대명사**: all은 대명사 뒤에 올 수 있지만, 대명사 앞에는 직접 올 수 없다. all이 대명사 앞에 오려면 all과 대명사 사이에 "of"를 삽입해야 한다.

They all went swimming.
All of them went swimming.
(그들은 모두 수영하러 갔습니다.) (***All they** went swimming.)

We have **all** been waiting for you for an hour.
All of us have been waiting for you for an hour.
(우리 모두는 당신을 한 시간 동안 기다리고 있었습니다.)
(***All we** have been waiting for you for an hour.)
She's made **us all** something to eat.
She's made **all of us** something to eat.
(그녀는 우리 모두에게 먹을 것을 만들어 주었다.) (*She's made **all us** something to eat.)

▶ 그러나 "보어 대명사"나 "짧은 응답"에서는 all이 대명사 다음에 올 수 없다.

*Is that **them all**?
Is that **all of them**? (이것이 전부입니까?)

"Who did you invite?" ("누구를 초청했습니까?")
"***Them all**."
"**All of them**." ("그들 모두를 초청했습니다.")

2   **all과 명사**: all이 한정사가 없는 명사와 결합하면 일반적으로 "전칭적 지시(generic reference)"를 갖는다. 다음을 비교해보라.

All men are created equal. (모든 인간은 평등하게 태어났다.)
All the men in this company are treated equally.
(이 회사의 모든 직원은 평등한 대우를 받는다.)
All animals have to eat in order to live. (모든 동물은 살기 위해 먹어야 한다.)
All the animals in the zoo are well taken care of.
(동물원의 모든 동물은 보살핌을 잘 받고 있다.)

▶ 한정사가 없을 경우에도 맥락에 따라 "특정의 지시(specific reference)"를 표현할 수 있다.

He'll see **all (the) students** at 9 o'clock. (그는 9시에 모든 학생들을 만날 것이다.)

All (the) men must leave their coats here, but (the) women may take theirs with them.
(모든 남성은 코트를 이곳에 맡겨야 하지만, 여성들은 코트를 소지할 수 있다.)

3   all과 불가산명사: all은 "복수가산명사"와 사용되는 것이 정상이지만 "불가산명사"와도 함께 쓰인다.

All these questions must be answered in an hour.
(이 모든 질문은 한 시간 내에 대답해야 한다.)
All animals have to eat in order to live. (모든 동물은 살기 위해 먹어야 한다.)
He ate **all his food**. (그는 본인의 음식을 다 먹었다.)
Have you drunk **all the milk**? (우유를 모두 마셨습니까?)

▶ all은 또한 자연스럽게 부분으로 나누어질 수 있는 대상을 가리키는 "단수 가산명사"와도 함께 쓰일 수 있다. (A51.4를 보라.)

All my family moved to Seoul in 2001. (우리 가족 모두가 2001년에 서울로 이사했다.)
It'll take several hours to tell **all the story**. (이야기를 전부 하려면 몇 시간이 걸릴 것이다.)
He was trying to find a proper solution **all the week**.
(그는 주 내내 적절한 해답을 찾으려고 애쓰고 있었다.)

4   all과 시간명사: all이 "단수 시간명사"와 함께 쓰일 때는 "정관사 the"를 생략할 수 있으며, 또한 대신 "the whole"을 사용할 수 있다. (A51을 보라.)

She spent **all (the) morning/day/week** at home.
(She spent **all of the morning/day/week** at home보다 자연스럽다.)
She spent **the whole morning/day/week** at home.
(그녀는 오전 내내/하루 종일/한 주 내내 집에서 보냈다.)

▶ 정관사 생략: all 다음의 명사구가 "숫자"를 가질 때는 정관사가 생략될 수 있다.

All (the) three brothers were arrested for stealing cars.
(세 형제 모두가 자동차 절도로 체포되었다.)
He has reserved **all (the) twenty rooms of the motel** for us.
(그는 우리를 위해 모텔 방 20개 전부를 예약했다.)

all과 every의 차이에 대해서는 A47을 보라.

A50   all과 NEGATION (부정)

1   all ... not: 우리는 일반적으로 동사를 부정함으로써 긍정문을 부정문으로 만들지만, all을 포함하는 명사구가 "주어"인 문장에서는 동사를 부정함으로써 부정문을 만들 수 없다. 다음을 비교해보라.

We **like** kimchi. (우리는 김치를 좋아한다.)
We **don't** like kimchi. (우리는 김치를 좋아하지 않는다.)

All **Koreans like** kimchi. (모든 한국인이 김치를 좋아한다.)
All **Koreans don't like** kimchi. (모든 한국인이 김치를 좋아하지는 않는다.)

위의 부정문은 두 가지 의미를 갖는다.

It's **not** the case that **all Koreans** like kimchi. (모든 한국인이 김치를 좋아하는 것은 아니다.)
It's the case that **Koreans don't** like kimchi. (한국인은 김치를 좋아하지 않는다.)

2   **not all과 no**: 위의 의미적 모호성을 피하는 방법은 all 앞에 not을 쓰거나 all을 no로 바꾸는 것이다.

Not all Koreans like kimchi. (모든 한국인이 김치를 좋아하는 것은 아니다.)
(= It isn't the case that **all Koreans** like kimchi.)
No Koreans like kimchi. (한국인은 김치를 좋아하지 않는다.)
(= It's the case that **Koreans don't** like kimchi.)

▶ "not all" 문장은 사실일 수 있지만 "no"로 시작하는 문장은 전면적인 부정이므로 실제적으로 거짓이 된다. 다음을 비교해보라.

Not all birds can fly.   **No birds** can fly.
(모든 새가 날 수 있는 것은 아니다.)   (새는 날 수 없다.)
Not all birds can play chess.   **No birds** can play chess.
(모든 새가 장기를 둘 수 있는 것은 아니다.)   (새는 장기를 둘 수 없다.)

"play chess"의 경우에는 "not all birds"를 주어로 가진 문장이, "fly"의 경우에는 "no birds"를 주어로 가진 문장이 실제적으로 거짓이 된다.

A51   all과 whole

1   **all/whole과 단수명사**: all (of)과 whole은 둘 다 "단수명사"와 함께 사용될 수 있다. 특히 어순의 차이에 유의하라.

한정사 + **whole** + 명사
all (of) + **한정사** + 명사

He spent **his whole life** looking for lost treasure.
He spent **all (of) his life** looking for lost treasure.
(그는 사라진 보물을 찾는 데 전 생애를 바쳤다.)

2   **all과 부정관사**: all은 일반적으로 "부정관사"와는 쓰이지 않으며 whole이 대신 쓰인다.

She's eaten **a whole apple**. (그녀는 사과 하나를 다 먹었다.) (*She's eaten **all an apple**.)
He hasn't slept for **a whole week**. (그는 한 주 내내 잠을 못 잤다.)
(*He hasn't slept for **all a week**.)

3   **불가산명사**: 대부분의 불가산명사에는 all (of)이 선호된다.

I've drunk **all (of) the milk**. (나는 우유를 다 마셨다.) (*I've drunk **the whole milk**.)
He's eaten **all (of) his food**. (그는 자기의 음식을 모두 먹었다.) (*He's eaten his whole **food**.)

4   **단수 구상명사**: 부분으로 나누어질 수 없다고 생각되는 "단수 구상명사"의 경우에는 "all of"나 "the whole"이 더 자연스럽다.

I haven't read **all of the book/the whole book**. (나는 그 책을 전부 읽었다.)
(I haven't read **all the book**보다 자연스럽다.)
The monkey ate **all of the banana/the whole banana**. (원숭이가 바나나를 다 먹었다.)
(The monkey ate **all the banana**보다 자연스럽다.)

5   **추상명사**: 추상명사 앞에는 "all the"보다 "the whole"이 선호된다.

You have to stand up in court and tell "the truth, **the whole truth** and nothing but the truth." (너는 법정에 서서 "진실, 모든 진실, 오직 진실만"을 말해야 한다.)
We have to ban certain chemicals before they pollute **the whole environment**.
(우리는 화학제품이 전체 환경을 오염시키기 전에 어떤 것은 금지해야 한다.)

6   **복수명사**: 복수명사와 쓰이면 whole는 "전부/모두"를 의미하고 all은 "every"와 유사한 의미, 즉 "예외 없이"를 의미한다. (A47을 보라.)

Whole forests were cut down in the 1960s. (1960년대에 전체 숲이 베어졌다.)
(= **Entire forests** were cut down in the 1960s.)
All forests will have disappeared in 3200 A.D.
(서기 3200년에 모든 숲이 하나도 빠짐없이 사라질 것이다.)
(= **Every forest** will have disappeared in 3200 A.D.)

Whole villagers were expelled from the village. (전 주민이 마을에서 쫓겨났다.)
All villagers were expelled from the village.
(한 명도 빠짐없이 모든 주민이 마을에서 쫓겨났다.)

7   **the whole of**: "the/소유격 + whole + 명사" 대신에 "the whole of + the/소유격+명사"를 사용할 수도 있다.

Julie spent **the whole of the summer** at home. (줄리는 여름 내내 집에 있었다.)
(= Julie spent **the whole summer** at home.)
I spent **the whole of my life** depicting the old script.
(나는 옛 문서를 해독하는 데 전 생애를 바쳤다.)
(= I spent **my whole life** depicting the old script.)

8   **고유명사**: "고유명사"와 "대명사" 앞에는 whole 대신에 "the whole of"나 "all (of)"를 사용한다.

The whole of/All (of) Venice was under water. (전 베니스가 물에 잠겨 있었다.)

(*Whole/*The whole Venice was under water.)
I've just read **the whole of/all (of)** *The Da Vinci Code*'.
(나는 〈다빈치 코드〉를 방금 다 읽었다.)
(*I've just read **whole/the whole** *The Da Vinci Code*'.
The B-29 bombers destroyed **the whole of/all (of)** Tokyo during the Pacific War.
(B-29 폭격기가 태평양 전쟁 중에 전 도쿄시를 파괴했다.)
You will be my witnesses in Jerusalem, and in **all Judea** and **Samaria,** and the ends of the earth.
(너희가 ... 예루살렘과 온 유다와 사마리아와 땅 끝까지 이르러 내 증인이 되리라.) [행 1:8]
I've eaten **the whole of/all of** it. (나는 그것을 다 먹었다.)

A52 allege, accuse, charge, indict, convict, sentence

이 단어들은 우리가 "범죄를 저지르거나 잘못된 일을 함으로써 법적인 제재를 받는 것"을 말할 때 사용한다. 특히 indict[ɪndáit]의 발음에 유의하라. (I24를 보라.)

1   allege: 입증된 것은 아니지만 누가 "범죄나 잘못을 했다고 선언하는 것"을 의미한다.

He **alleged** that the policeman had accepted the bribes.
(그는 그 경찰관이 뇌물을 받았다고 주장했다.)
It is **alleged** that the accused man was seen at the scene of the crime.
(피의자가 범죄 장소에서 목격되었다는 주장이 있다.)
The defense minister was **alleged** to be a spy of the enemy, but they have given no proof. (국방부 장관이 적국의 첩자라고 주장했지만 어떠한 증거도 제시되지 않았다.)

2   accuse: 범죄나 잘못을 "고발하다, 비난하다"를 의미한다. 흔히 "accuse someone of something" 구조를 갖는다.

He **accused** me of telling lies. (그는 내가 거짓말을 한다고 비난했다.)
The police **accused** the young man of murder. (경찰은 그 젊은이를 살인으로 고발했다.)
Her husband was **accused of** theft and fraud by the police.
(그녀의 남편은 경찰에 의해 절도와 사기로 고발당했다.)

3   charge: 범죄나 잘못을 "공식적으로 또는 공개적으로 고발하거나 비난하다"를 의미한다. 일반적으로 "charge someone with something" 구조를 가지며 수동형으로 많이 쓰인다.

The police are going to **charge** him with reckless driving.
(경찰은 그를 무모한 운전을 했다고 고발하려고 한다.)
The old man was **charged with** stealing food in the supermarket.
(그 노인은 슈퍼에서 음식을 훔쳤다고 고발당했다.)
The minister was **charged with** lying about the economy of the country.
(장관은 국가의 경제에 대해 거짓말을 한 것으로 고소되었다.)

4   indict: 특히 미국영어에서 범죄행위에 대해 "정식으로 기소하고 재판에 회부하는 것"을 의미한다. "indict someone for something" 구조를 가진다.

The boy was **indicted** for possessing cocaine by the police.
(그 소년은 코카인을 소지한 죄로 경찰에 의해 재판에 회부됐다.)
The witness was **indicted for** perjury before a grand jury.
(그 증인은 대배심원 앞에서 위증한 죄로 기소되었다.)
He was **indicted for** possessing the stolen jewelry.
(그는 도난당한 보석을 소지한 죄로 기소 당했다.)

5   convict: 범죄를 저지른 사람에게 재판을 통해서 "유죄를 선고하는 것"을 의미한다. 흔히 "convict someone of something" 구조를 갖는다.

The judge **convicted** her of shoplifting.
(판사는 그녀를 가게 물건을 훔친 것에 대해 유죄를 선고했다.)
The policeman was **convicted of** murder. (그 경찰관은 살인죄로 유죄선고를 받았다.)
The soldier was **convicted of** deserting the battle-ground by the military court.
(군사법정은 병사가 전장을 떠난 것에 유죄를 선고했다.)

6   sentence: 법원에서 판사가 죄를 저지른 사람에게 형벌을 내리는 것을 의미한다. 일반적으로 "sentence someone to something" 구조를 갖는다.

The judge **sentenced** the man to 10 years in prison.
(판사는 그에게 10년 징역형을 선고했다.)
The hired killer was **sentenced to** life imprisonment without parole.
(그 청부 살인업자에게 가석방이 없는 종신형이 선고되었다.)
The military court **sentenced** the general to death in his absence.
(군사법정은 궐석 재판에서 장군에게 사형을 선고했다.)

A53   allow, permit, let

이 세 단어는 모두 "어떤 일이 있게끔 허용하다"라는 의미를 지니며, 모두 "목적어 + 부정사" 구조를 허용한다.

My parents will **allow me to go** to the party.
(나의 부모는 내가 파티에 가는 것을 허락할 것이다.)
She **permitted her children to attend** school activities.
(그녀는 아이들이 학교 활동에 참여하도록 하였다.)
He doesn't **let anyone have** a look at the letter. (그는 아무도 그 편지를 못 보게 했다.)

1   allow와 permit: permit가 더 문어적이며 두 동사 모두 "-ing형" 목적어를 허용한다.

The authorities won't **allow/permit swimming** on the beach.

The authorities won't **allow/permit us to swim** on the beach.
(당국은 우리가 해변에서 수영하는 것을 허용하지 않을 것이다.)

▶ 수동구문이 널리 사용되며, "인칭 주어"와 "-ing형 주어"가 둘 다 허용된다.

We aren't allowed/permitted to swim on the beach.
(우리는 해변에서 수영하는 것이 허용되지 않는다.)
Swimming isn't allowed/permitted on the beach.
(해변에서 수영하는 것이 허용되지 않는다.)

▶ it를 주어로 갖는 수동구문은 permit의 경우에만 가능하다.

It's not permitted to swim on the beach. (해변에서 수영하는 것이 허용되지 않는다.)
*It is not allowed to swim on the beach.

2 let: 세 단어 중에 가장 덜 문어적이며, "목적어 + 원형 부정사"가 뒤에 온다.

Let me go home — I'm tired. (집에 가게 해 주십시오. 피곤합니다.)
She **let her son grow** his hair long. (그녀는 아들이 머리를 길게 기르는 것을 허락했다.)

▶ let는 일반적으로 수동구문에서 쓰이지 않는다.

*He **wasn't let** to grow his hair long.
He **wasn't allowed** to grow his hair long. (그는 머리를 길게 기르는 것이 허용되지 않았다.)

3 let와 allow: let와 allow는 "전치사적 부사"와 함께 쓰일 수 있다.

She opened the door and **let me in**. (그녀는 문을 열어 나를 들어오게 했다.)
I won't **let you down**. (나는 너를 실망시키지 않을 것이다.)

Her parents don't **allow** Mary **out** at night.
(메리의 부모는 메리가 밤에 외출하는 것을 허락하지 않는다.)
Mary isn't **allowed out** at night. (메리는 밤에 외출이 허용되지 않는다.)
*Her parents don't **permit** Mary **out** at night.

let에 대해서는 L9와 L10을 보라.

A54 allusion, illusion, delusion

1 allusion: 동사 "allude(암시하다, 언급하다)"의 명사형으로 "암시(suggestion), 간접적 언급"을 의미한다.

He was hurt by any **allusion** to his failure.
(그는 그의 실패에 대한 어떠한 언급으로도 상처를 받았다.)
Don't make any **allusions** to her height. (그녀의 키에 대해서는 어떠한 말도 하지 말아라.)

▶ allusion은 "(고전 문구의) 인용(reference)"을 의미할 수 있다.

His speeches are full of classical **allusions** which few people understand.
(그의 연설은 이해하는 사람이 거의 없는 고전에 대한 인용으로 가득 차 있다.)
The preacher likes to make an **allusion** to Homer while preaching.
(목사님은 설교할 때 호머를 언급하는 것을 좋아한다.)

2 **illusion과 delusion**: 이 두 단어는 공히 어떤 것을 진실이거나 사실인 것으로 잘못 생각하는 "오해, 착각"을 의미한다. 특히 illusion은 어떤 것이 진실이거나 사실로 보이지만 실제로 존재하지 않거나 보이는 것과 다르게 보는 "환상, 환각"을 의미하고, delusion은 존재하는 것에 대한 그릇된 그리고 종종 해가 되는 생각, 즉 "착각, 기만, 망상"을 의미한다.

It was an **illusion** that made me think I saw a man in the shadow.
(내가 어둠 속에서 한 남자를 보았다는 생각이 환상이었다.)
The white walls create the **illusion** that the room is very large.
(흰색 벽은 방을 매우 크게 보이게 하는 환각을 일으킨다.)
The old lady had the **delusion** that the butcher was always trying to cheat her.
(저 노부인은 푸줏간 주인이 그녀를 항상 속이려고 한다는 망상을 가지고 있었다.)
He was under the **delusion** that he could pass any test without studying for it.
(그는 공부하지 않고도 어떠한 시험에도 통과할 수 있다는 착각에 빠져 있다.)

A55 almost와 nearly

almost와 nearly는 유사한 의미를 가진 "정도부사(adverbs of degree)"로서 "어떤 것이 완전하기에는 조금 부족한 상황"을 표현할 때 사용된다. (D4.2를 보라.)

The bottle is **almost/nearly** full. (병이 거의 가득 찼다.)
The couple have been dating for **almost/nearly** three years.
(저 한 쌍의 남녀는 거의 3년간을 사귀고 있다.)

1 **수치**: 이들은 "수, 양, 시간, 연령" 등을 나타내는 표현 앞에서 쓰이며, 미국영어에서는 nearly가 자주 쓰이지 않는다.

I've been teaching at this school for **almost/nearly** ten years.
(나는 이 학교에서 거의 10년간을 가르치고 있다.)
He has 150 dollars in cash and **almost/nearly** 1,000 dollars in traveller's cheques.
(그는 현금 150불과 여행자 수표로 거의 1,000불을 가지고 있다.)
John is three years old and Sally is **almost/nearly** six.
(존은 세 살이고 샐리는 거의 여섯 살이다.)

2 **근접성**: 어떤 상황이 특정 기준이나 상태에 거의 도달하거나 거의 종료되었음을 말할 때 사용된다.

We were late, and **almost/nearly** missed the train.
(우리는 늦어서 기차를 거의 놓칠 뻔했다.)

I've **almost/nearly** finished my homework. (나는 숙제를 거의 끝냈다.)
We were **almost/nearly** at the top of the mountain when it began to rain.
(우리는 비가 오기 시작할 때 산 정상에 거의 와 있었다.)

(1) 누가 어떤 일을 거의 실행하거나 어떤 일이 거의 일어날 뻔한 것을 말할 때 사용된다.

I **almost/nearly** fell down the stairs this morning.
(나는 오늘 아침에 층계에서 거의 넘어질 뻔했다.)
The bathtub was **almost/nearly** overflowing — he turned the water off just in time.
(욕조의 물이 거의 넘치려고 했고, 그는 때맞추어 물을 잠갔다.)

(2) 최고 혹은 최악에 가깝거나 거의 불가능한 것을 말할 때 사용된다.

He was **almost/nearly** the best/worst student in the whole school.
(그는 전교에서 거의 최고/최악이라고 할 수 있는 학생이었다.)
Persuading Mary to change her mind was **almost/nearly** impossible.
(메리가 마음을 바꾸도록 설득하는 것은 거의 불가능했다.)

(3) "all, everything, everyone" 앞에서 사용될 수 있다.

Almost/Nearly all the passengers on the ferry were Korean.
(나루터에 있는 거의 모든 승객이 한국인이었다.)
The burglar stole **almost/nearly everything** in the house.
(도둑이 집에 있는 거의 모든 것을 훔쳐 갔다.)

3   **유사성**: 어떤 대상이 어떤 속성을 "거의 가지고 있음"을 말할 때는 일반적으로 almost를 사용한다.

My bicycle is **almost/*nearly** new. (나의 자전거는 거의 새것과 같다.)
Jake is **almost/*nearly** like a father to me. (제이크는 나에게 거의 아버지와 같다.)
Our cat understands everything — he's **almost/*nearly** human.
(우리 집 고양이는 모든 것을 이해하며 거의 사람과 같다.)
Do you know that the shape of the Earth is **almost** perfectly round?
(지구의 모습이 거의 완전한 원이라는 것을 너는 아느냐?)
She was wearing a hat that is **almost** blue but not quite.
(그녀는 완전하지는 않지만 거의 하늘색의 모자를 쓰고 있었다.)

4   almost와 nearly: 때때로 almost가 nearly보다 더 근접했음을 의미하는 경우도 있다.

It's **nearly** nine o'clock. (= 아마도 8:45) (얼추 9시다.)
It's **almost** nine o'clock. (= 아마도 8:57) (거의 9시다.)

5   very와 pretty: very와 pretty는 almost와 함께 쓰일 수 없다.

I've **very/pretty nearly** finished my homework. (나는 숙제를 거의 마쳤다.)
(*I've **very/pretty almost** finished my homework.)

George suddenly stood up, which **very nearly** upset the boat.
(조지가 갑자기 일어서서 배가 거의 뒤집힐 뻔했다.)

6 **비단언적 단어**: "never, nobody, nothing, any" 등 부정적 단어나 비단언적 단어 앞에서는 일반적으로 nearly를 사용하지 않는다. 대신에 "ever, anybody, anything" 등과는 almost나 hardly를 사용한다.

She can **almost never/hardly ever** expect a pay-raise this time.
(그녀는 이번에는 임금인상을 거의 기대할 수 없다.)
(*She can **nearly never** expect a pay-raise this time.)
Almost nobody/Hardly anybody can answer my questions.
(나의 질문에 답할 수 있는 사람은 거의 없다.)
(***Nearly nobody/anybody** can answer my questions.)
He hasn't eaten for two days, and he'll eat **almost/*nearly anything**.
(그는 이틀간 먹지 않아서 거의 아무것이나 먹을 것이다.)

A56 alone, lonely, lonesome, lone

alone은 주위에 아무도 없이 "홀로 있음"을 암시하고, lonely(구어체 미국영어에서는 lonesome)는 홀로 있음으로써 있을 수 있는 "외로움"을 의미한다. lonesome은 lonely보다 더 강한 외로움을 표현한다.

I like to be **alone** for short periods. (나는 잠깐 동안 홀로 있고 싶다.)
But after a few days I start getting **lonely/lonesome**.
(그러나 며칠 후에 나는 외로움을 느끼기 시작했다.)
Beth is **lonesome** without the children. (베스는 아이들이 없으면 외롭다.)

1 **lonely와 lonesome**: lonely와 lonesome이 장소를 의미한 표현과 사용되면 사람들이 사는 곳에서 멀리 "떨어져 있음"을 의미한다.

He's from a **lonely/lonesome** mountain village. (그는 산골 벽지마을 출신이다.)

▶ lonely와 lonesome은 "홀로(by oneself)"라는 의미로 사용해서는 안 된다.
She's afraid to travel **alone/*lonely/*lonesome**. (그녀는 홀로 여행하는 것을 꺼린다.)

2 **alone**: alone은 같은 의미를 가진 "on one's own"과 "by oneself"와 같이 all을 써서 강조할 수 있다.

He's been living **all alone/on his own/by himself** for five years now.
(그는 지금 5년 동안 홀로 살고 있다.)

이 용법의 예에 대해서는 A46.4를 보라.

▶ alone은 형용사로서 명사 앞에는 올 수 없으며, 서술적 형용사로는 쓰일 때는 "lonely"의 의미로 쓰일 수도 있다.

I cried like a child because I felt so **alone/lonely**. (나는 너무 외로워서 아이처럼 엉엉 울었다.)
He led a **lonely/*alone** life without friends. (그는 친구도 없이 외로운 삶을 살았다.)

▶ alone은 "(다른 것은 제외하고) ... 만/뿐"이라는 의미로도 쓰인다.

He spent thousands of dollars in clothes **alone**. (그는 옷을 사는 데만 수천 달러를 썼다.)
Man does not live by bread **alone**. (사람은 빵만으로 사는 것이 아니다.) [눅 4:4]

3   lone: 명사 앞에서 lone 또는 solitary가 "홀로"라는 의미로 쓰이며, lone은 문학적 단어다.

He is the **lone/solitary** survivor of the shipwreck. (그는 난파선의 유일한 생존자다.)
He's a **lone/solitary** little boy, quite happy to play on his own.
(그는 외톨이 어린 남자아이로서 혼자 놀기를 매우 좋아한다.)

A57   along과 alongside

along과 alongside는 둘 다 전치사와 부사로 사용될 수 있다.

We walked **along the road**.   [전치사]
(우리는 도로를 따라 걸었다.)
Most of us refused to work **alongside the new team**.
(우리 대부분은 새로운 팀과 함께 일하는 것을 거부했다.)
When I went to Paris, I took her **along**.   [부사]
(나는 파리에 갈 때 그녀를 데려갔다.)
We brought our boat **alongside**. (우리는 배를 옆에 나란히 댔다.)

1   along: along은 "한쪽에서 시작하여 다른 쪽까지"의 이동이나 공간을 의미하는 전치사로서 "road, river, corridor, line"과 같은 명사, 즉 길고 좁은 모습의 대상과 함께 쓰인다.

I saw her running **along the road**. (나는 그녀가 길을 따라 뛰는 것을 보았다.)
I love to see trees **along the sides of the street**.
(도로의 옆을 따라 있는 나무를 보는 것이 즐겁다.)

2   alongside: along과는 달리 alongside는 "옆에 나란히 있는 것"을 의미한다.

Children's prices are shown **alongside adult prices**.
(성인 요금 옆에 나란히 어린이 요금이 보인다.)
Johnson spent a week working **alongside the laborers**.
(존슨은 노동자들과 나란히 일하면서 일주일을 보냈다.)

A58   aloud, loud, loudly

1   loud: 형용사로서 "(소리나 음성이) 큰, 시끄러운"을 의미한다.

The TV's too much **loud**. Turn it down, please.
(티브이가 소리가 너무 크다. 좀 줄여줄래.)
Their radio was so **loud** that I could hear it through the wall.
(그들의 라디오 소리가 너무 커서 벽 이쪽에서도 들을 수 있었다.)
You have a clear, **loud** voice — Would you mind reading for us, please?
(당신의 목소리는 또렷하고 우렁찹니다. 우리에게 책을 좀 읽어주실 수 있으세요?)

2   aloud와 loudly: aloud와 loudly는 부사로 쓰이며, *aloudly라는 단어는 없다. aloud는 상대가 알아들을 수 있을 정도로 "소리 내어, 말로 표현하여"를 의미하고, loudly는 loud의 부사형으로 "고성으로, 큰 소리로"를 의미한다.

First, she read the letter to herself and then **aloud** to the class.
(그녀가 먼저 혼자 편지를 본 다음에 전 학급에 소리 내어 읽어주었다.)
All of them laughed **aloud** as they heard his joke.
(그들은 그의 농담을 듣고 모두 소리 내어 웃었다.)
Sarah, would you read your poem **aloud**? (사라야, 네 시를 소리 내어 읽어줄 수 있어?)

As he was deaf, I had to speak to him very **loudly**.
(그는 귀가 어두워서 아주 크게 말할 수밖에 없었다.)
He spoke so **loudly** it startled everybody. (그가 너무 큰 소리로 말해서 모두가 놀랐다.)

▶ "think aloud"는 "(무심코) 혼자 말을 하다"를 의미한다.

"What did you say?" "Sorry I was just thinking aloud."
("뭐라고 했어?" "아니야 나 혼자 말한 거야.")

▶ "out loud": 구어체에서 "aloud"와 같은 의미로 쓰인다.

This novel made me smile and occasionally laugh **out loud**.
(이 소설은 나를 미소 짓게 했고 이따금씩 큰 소리로 웃게 했다.)

A59   already, still, yet

"already, still, yet"는 "현재, 과거, 미래"의 어떤 시점을 중심으로 진행 중이거나 기대되는 상황을 표현할 때 사용된다.

1   already

(1) 상황이 현재 혹은 특정 시점 "이전의 시점"을 말할 때 사용된다.

"I suppose you've **already** passed your driving test." "No, I haven't."
("너는 이미 운전면허 시험에 통과한 것으로 생각하는데." "아닌데요.")
Sufficient data had **already** been assembled for the project.
(그 사업을 위해 충분한 자료가 이미 수집되어 있었다.)

(2) 상황이 이미 끝났기 때문에 다시 시도할 필요가 없을 때 사용된다.

You **already** told me that. (네가 나에게 이미 그것을 말했다.)
"Would you care for a cup of coffee?" "No thanks. I **already** had one."
("커피 한잔 드시겠습니까?" "괜찮습니다. 이미 한잔했어요.")

(3) 상황이 기대보다 더 일찍 일어나서 놀라움을 표현할 때 사용된다.

Have you **already** finished the homework? That was quick! (이미 숙제를 마쳤어? 참 빠르네.)
Is it **already** five o'clock? (벌써 다섯 시입니까?)

2 still: 현존하는 상황을 말할 때 사용하며, (놀랍게도) 상황이 끝나지 않았음을 말한다.

She's **still** asleep. (그녀는 아직도 자고 있다.)
Is it **still** raining? (아직도 비가 오고 있나?)
I've been thinking for hours, but I **still** can't decide.
(나는 몇 시간을 생각해 보았지만, 아직도 결정할 수가 없다.)
Do you **still** have Jane's phone number? (너는 아직도 제인의 전화번호를 가지고 있나?)

▶ 조금 전에 언급되었거나 일어난 상황에도 불구하고 어떤 상황이 일어났을 때 사용된다.

Clark didn't study much, but he **still** passed the exam.
(클락은 공부를 많이 하지 않았는데도 시험에 통과했다.)
The hotel was terrible. **Still**, we were lucky with the weather.
(호텔은 끔찍했다. 그렇지만 날씨는 행운이 따랐다.)

상황이 끝났음을 말하는 not any longer/more와 no longer에 대해서는 N21을 보라.

3 yet

(1) 기대했던 상황이 현재나 과거가 아니라 미래에 있음을 말하는 부정문에서 사용된다.

"Is Sally here?" "**Not yet**." ("샐리 왔어요?" "아직 안 왔다.")
The postman **hasn't** come **yet**. (집배원이 아직 안 왔다.)
I **haven't** asked him about it **yet**. (나는 그것에 대해서 그에게 아직 물어보지 않았다.)

(2) 문어적 표현에서 어떤 상황이 현재까지는 일어나지 않았지만 미래에 기대될 때 "as yet"를 사용한다.

We have no word from him **as yet**. (우리는 아직까지 그에게서 아무 말도 듣지 못했다.)
As yet we haven't needed extra staff, but it's only a matter of time.
(아직은 추가적인 인력이 필요하지 않지만, 그것은 단지 시간문제다.)

(3) 기대했던 상황이 "일어났는지 아닌지"를 물을 때 사용된다.

Is supper ready **yet**? (저녁 식사가 벌써 준비됐습니까?)
Has the mailman come **yet**? (집배원이 벌써 왔었어요?)

(4) 어떤 일을 지금 하지 않아도 된다고 말하는 부정문에서 사용된다.

You can't give up **yet**! (아직 포기해서는 안 된다.)

Don't go **yet**. I like talking to you. (아직 가지 마라. 너와 하고 싶은 말이 있다.)

(5) 일반적으로 의문문과 부정문에서 사용되지만 문어체에서는 때때로 still과 유사한 의미로 긍정문에서 사용된다.

We have **yet** to hear from the bank. (우리는 은행에서 아직 들을 말이 남아 있다.)
(= We are **still** waiting to hear from the bank.)

(6) but의 의미로 접속사로 쓰인다.

He's one of the youngest players on the field, (and) **yet** he can do wonders with a football.
 (그는 운동장에서 가장 어린 선수 중의 하나지만, 축구를 굉장히 잘한다.)
She says she's a vegetarian, (and) **yet** she eats chicken.
(그녀는 채식주의자라고 말하면서 닭고기를 먹는다.)
Your forefathers ate the manna in the desert, **yet** they died.
(너희 조상들은 광야에서 만나를 먹었으나 죽었거니와.) [요 6:49]

4 시제

▶ "already, still, yet"는 현재보다 과거와 연관이 있을 수 있다.

I went to see if she **had woken up yet**, but she **was still** asleep.
(나는 그녀가 벌써 일어났나 해서 가 보았으나, 아직도 자고 있었다.)
This was embarrassing, because her friends **had already arrived**.
(그녀의 친구들이 이미 도착해 있었기 때문에 당황스러웠다.)

▶ "already, still, yet"는 다양한 시제와 함께 사용될 수 있다. 영국영어에서 완료시제는 already와 yet와 흔히 함께 쓰이고, 미국인들은 종종 과거시제를 선호한다. 다음을 비교해보라.

Have you **called** the police **yet**?   [영국]
Did you **call** the police **yet**?   [미국]
(경찰에 벌써 연락했습니까?)

She's **already left**.   [영국]
She **already left**.   [미국]
(그녀는 이미 떠났다.)

5 위치

(1) already와 still은 일반적으로 문중위치에 온다.

Are you **already** here? (벌써 도착했어?)
She's **still** working. (그녀는 아직도 일하고 있다.)
I can **still** remember them. (나는 아직도 그들을 기억한다.)

(2) already는 강조를 위해 절 끝에도 올 수 있다.

Are you here **already**? You must have run all the way.
(벌써 도착했어? 쭉 뛰어온 것이 틀림없어.)
Have you eaten all the food **already**?
(그 음식을 벌써 다 먹었어?)

(3) still은 일반적으로 부정어나 조동사 앞에 온다.

She **still** isn't ready. (그녀는 아직 준비가 안 됐다.)
I'm **still** not ready. (나는 아직 준비가 안 됐다.)
We **still** do not know exactly what happened.
(우리는 아직 무슨 일이 일어났는지 정확히 모른다.)

(4) yet는 일반적으로 절 끝에 오지만, 본동사 앞이나 의문사 앞에 올 수도 있다.

I haven't finished my homework **yet**. (나는 아직 숙제를 마치지 못했다.)
We don't know whether she'll come **yet**. (우리는 아직 그녀가 올지 안 올지 모른다.)
They don't **yet** know the full facts. (그들은 아직 완전한 사실을 모른다.)
We don't **yet** have a solution to this problem.
(우리는 아직 이 문제에 대한 해답을 가지고 있지 않다.)
I haven't decided **yet** whether to take part in the competition.
(나는 아직 그 시합에 참가할 것인지 결정하지 않았다.)

A60 also, as well, too, either, neither, nor

이 단어들은 부사로서 이미 언급된 내용에 "추가적인 정보"를 제공할 때 사용된다. "also, as well, too"는 긍정적 추가 정보를 제공하기도 하고, 부정적 추가 정보를 제공하기도 한다. 그러나 "either, neither, nor"는 부정적 추가 정보를 제공할 때 사용된다.

긍정적 추가 정보: **also, as well, might (just) as well, too**
부정적 추가 정보: **also, as well, either, neither, nor, too**

1   **긍정적 부사의 위치**: as well과 too는 문미위치에 나타나지만, also는 일반적으로 문미위치에 오지 않는다.

He was a very respected politician, and a great soldier **too/as well**.
He was a very respected politician, and **also** a great soldier.
(그는 매우 존경받는 정치가이며 또한 위대한 군인이었다.)
(*He was a very respected politician, and **as well/too** a great soldier.)
(*He was a very respected politician, and a great soldier **also**.)
If you really knew me, you would know my Father **as well**.
(너희가 나를 알았더라면 내 아버지도 알았으리로다.) [요 14:7]

2   **also**: 다른 것에 비해 가장 형식적이며 일반적으로 보고서와 같은 문서에서 많이 쓰인다. also는 문중위치와 문두위치에도 올 수 있다.

Information is **also** available on children's health care.
(어린이의 건강보장에 대한 정보도 또한 이용할 수 있다.)
Smoking makes you ill. It's **also** expensive./**Also**, it's expensive.
(흡연은 당신을 병들게 합니다. 흡연은 또한 돈이 많이 듭니다.)
Trust in God, trust **also** in me. (하나님을 믿으니 또 나를 믿으라.) [요 14:1]

3   as well: (미국영어에서는 잘 사용되지 않지만) as well은 구어적인 표현으로 대화에서 가장 널리 사용된다.

Why don't you come along **as well**? (너도 또한 함께 가지 그래?)
They took several pieces of jewellery **as well**. (그들은 또한 몇 점의 보석도 훔쳐갔다.)

4   might (just) as well: 다른 방법이 없으니까 이렇게 하는 것이 좋을 것 같다고 표현할 때 사용되기도 하고, 어떤 상황이 다른 상황이 일어난 것과 같다고 말할 때 사용된다.

I think we **might as well** leave now.
(나는 우리도 지금 떠나는 것이 좋겠다고 생각한다.)
He never says anything. I **might as well** talk to a statue.
(그는 아무 말도 하지 않는다. 마치 비석에 대고 말하는 것 같다.)

5   also, as well, too: "also, as well, too"는 부정문에도 나타날 수 있으나, neither와 nor는 물론 either는 긍정문에 나타날 수 없다.

He smokes heavily, but he **doesn't also** drink too much.
(그는 흡연은 심하게 하지만 술은 그렇게 많이 마시지 않는다.)
You can borrow my umbrella, but you **can't** borrow my car **as well/too**.
(우산은 빌려 갈 수 있어도 자동차만은 안 된다.)
*Mary **can swim**, but Peter **can either**.
*Mary **can swim**, and **neither can** Peter.

6   too: 문어체나 문학작품에서 too는 주어 바로 다음에 올 수도 있으며, 주어 앞에 다른 표현이 올 때 주어 앞에 오기도 한다.

I, **too**, have experienced despair. (나도 역시 절망을 경험했다.)
Here, **too**, matters are not so simple. (여기에서도 문제가 그리 간단치가 않다.)
I **too** will love him and show myself to him.
(나도 그를 사랑하여 그에게 나를 나타내리라.) [요 14:21]

7   **부정적 부사의 위치**: 부정적 부사인 either는 문미위치에 오지만 nor와 neither는 일반적으로 문두위치에 온다.

He was a great soldier, but **not** a very respected politician **either**.
(그는 위대한 군인이었지만, 매우 존경받는 정치가는 아니었다.)
"I **don't** have any money." "**Neither** do I." ("나는 전혀 돈이 없다." "나도 마찬가지다.")

It was **not** my fault, **nor** his. (이것은 내 잘못도 아니고 그의 잘못도 아니다.)

8   nor와 neither: 영국영어에서는 종종 nor가 neither처럼 쓰인다.

"I don't want to go." "**Nor/Neither** do I." (***Either** don't I.)
("나는 가고 싶지 않다." "나도 마찬가지다.")

9   either와 neither: neither는 either와는 달리 문미위치에 오지 않는다.

"I can't swim." "I can't, **either.**/**Neither** can I." (*I can, neither.)
("나는 수영을 못 한다." "나도 마찬가지다.")

▶ 그러나 다음과 같은 짧은 응답에서는 neither가 문미위치에 오기도 한다.

"I don't have anything to do." "Me **neither.**" ("나는 할 일이 없다." "나도 마찬가지다.")

▶ 미국영어에서는 neither 대신에 either를 써도 같은 의미가 된다.

"I don't have anything to do." "Me **either.**" ("나는 할 일이 없다." "나도 마찬가지다.")

too의 다른 용법에 대해서는 T16을, either의 다른 용법에 대해서는 E8과 E9를, neither의 다른 용법에 대해서는 N16을 보라.

A61   alternate와 alternative

alternate(ly)는 어떤 것이 "하나 건너 또는 번갈아 일어나는" 것 또는 "이미 있는 것을 대신하는" 것을 의미하고, alternative는 "이미 있는 것을 대신할 수 있는" 것을 의미한다.

We've dated at **alternate** weekends for five years.
(우리는 5년간 격주로 주말에 데이트를 했다.)
She became **alternately** angry and calm.
(그녀는 번갈아 화를 냈다가 차분해졌다가 했다.)

It may be necessary to find **alternative** methods of achieving your goals.
(당신의 목표를 달성하려면 지금과는 다른 방법을 찾아야 할 필요가 있을지 모릅니다.)
The boss will be busy on Monday. So, we have to find an **alternative** day for the meeting.
(사장님이 월요일에 바쁠 것이니까 회의날짜를 바꿔야 한다.)

▶ alternate도 종종 alternative의 의미로 쓰인다.

He was forced to turn back and take an **alternate** route.
(그는 뒤돌아서서 대신 다른 도로를 선택해야만 했다.)
We're all disappointed at the appointment of an **alternate** director.
(우리는 다른 감독의 임명에 모두 실망했다.)

A62   although와 though

although와 though는 "...이지만"이라는 의미의 "양보접속사"로서 의미적 차이 없이 사용될 수 있지만, 몇 가지 면에서 차이를 보인다.

Although/Though this computer is quite cheap, it's one of the best machines on the market. (이 컴퓨터는 값이 꽤 싸지만 시장에 나온 최고의 컴퓨터 중의 하나다.)
Although/Though (she was) in poor condition, she continued to carry out her duties. (몸 상태가 좋지 않았지만 그녀는 자신의 할 일을 계속했다.)
I'd like to go out, **(al)though** it's a bit late. (좀 늦었지만 외출하고 싶다.)

1 even though: 대조를 강조하기 위해 "even though"를 쓴다. (E30을 보라.)

Even though I didn't understand a word, I kept smiling.
(나는 한마디도 이해할 수 없었으나 계속해서 미소를 지었다.)
Even though it may seem strange, I like housework.
(이상하게 보일지는 모르지만 나는 가사를 좋아한다.)
He who believes in me will live, **even though** he dies.
(나를 믿는 자는 죽어도 살겠고.) [요 11:25]

▶ "even although"는 불가능하다.

*****Even although** I didn't understand a word, I kept smiling.

2 however: though는 although와는 달리 however의 뜻을 가진 부사로 사용될 수 있다.

He had two heart attacks in a year. It hasn't stopped him smoking, **though**.
(그는 1년 동안 두 번이나 심장마비를 겪었으나 담배를 끊지 못했다.)
The strongest argument, **though**, is economic and not political.
(그러나 가장 강력한 논거는 경제적인 것이지 정치적인 것이 아니다.)

3 though와 전치: though-절의 경우 "동사"나 "보어"를 though 앞으로 이동하는 구문이 가능하다.

though + ... + 보어/동사 + ... ⇒ 보어/동사 + though + ...

Poor though they are, they gave money to charity.
(= **Though** they are **poor**, they gave money to charity.)
(그들은 가난하지만 자선하는 데 돈을 기부했다.)
Fool though he was, he knew how to fix the machine.
(= **Though** he was **a fool**, he knew how to fix the machine.)
(그는 바보이지만 그 기계를 수리하는 법을 알고 있었다.)
Fail though I did, I would not abandon my goal.
(= **Though** I **failed**, I would not abandon my goal.)
(나는 실패했지만 나의 목표를 포기하지 않았다.)

though와 even though의 차이에 대해서는 E30을 보라.
Cold as it was, I went out과 같은 문장에 대해서는 A98을 보라.
as though에 대해서는 A100을 보라.

A63   altogether와 all together

altogether는 부사로서 "완전히, 전적으로"를 의미하고, all together는 "모두 함께"를 의미한다.

The house was **altogether** destroyed by the fire. (집이 화제로 완전히 파괴되었다.)
In Korea, the situation is **altogether** different. (한국에서는 상황이 완전히 다르다.)

They sang and danced **all together**. (그들은 모두 함께 노래하고 춤을 추었다.)
We've very much enjoyed working **all together**.
(우리는 모두 함께 일하는 것이 매우 즐거웠다.)
We found the boys **all together** in the kitchen. (남자아이들은 모두 부엌에 있었다.)

▶ altogether는 "모두 합쳐서"라는 의미로도 쓰인다.

There were only five persons present **altogether**. (모두 합쳐서 다섯 사람만 참석했다.)
How much do I owe you **altogether**? (내가 모두 합쳐서 너에게 얼마나 빚을 졌느냐?)

A64   am

am은 be동사의 일인칭 단수 현재시제형으로 "강형 [æm]"과 "약형 [əm]"이 있으며, "축약형 -'m" [m]이 있다.

What **am** I doing here? (내가 여기서 뭘 하고 있지?)
I **am** happy. (나는 행복하다.)
I'm coming. (지금 가고 있어.)

1   am not: "am not"의 축약형은 없으며, 불가분하게 필요한 경우에는 aren't나 ain't가 사용된다.

I'm your friend, **am** I **not**?   [문어체]
I'm your friend, **aren't** I?   [구어체]
I'm your friend, **ain't** I?   [비표준]
(나는 네 친구지?)

2   ain't: "am/is/are/has/have not"의 비표준 축약형으로 ain't가 있으나 많은 사람들은 사용하는 것을 꺼린다.

"Can I have a cigarette?" "No, I **ain't** got none left."
("담배 한 개비 줄 수 있어?" "한 개비도 안 남았는데요.")

"Is Tom here?" "No, he **ain't** coming into work today."
("탐 있습니까?" "아니, 탐은 오늘 출근하지 않았다.")

A65 AMERICAN ENGLISH (미국영어)와 BRITISH ENGLISH (영국영어)-1: 문법

미국영어와 영국영어는 매우 유사하다. 문법과 철자법에서 약간의 차이가 있고 어휘와 관용어에서 차이가 좀 나타난다. 현대 영국영어는 미국영어의 영향을 많이 받고 있어서 두 영어의 차이가 점점 줄어들고 있다. 발음에서 종종 큰 차이가 나지만 미국영어와 영국영어를 쓰는 사람들이 서로를 이해하는 데 큰 어려움이 없다.

중요한 문법적 차이를 보이는 몇 가지 예를 들기로 하겠다. 많은 경우에 두 형태의 문장이 미국영어와 영국영어에서 다 허용되지만, 경우에 따라서는 미국영어와 영국영어에서 한 가지 형태의 문장만이 정상적인 표현으로 허용된다. 더 상세한 것은 이 문장의 구조를 논하는 부분을 보아주기 바란다.

1 **전치사**: 미국영어와 영국영어는 전치사 사용에서 차이를 보인다.

미국영어	영국영어
It's twenty **of** four. (4시 20분 전이다.)	It's twenty **to** four.
It's ten **after** nine. (9시 10분이다.)	It's ten **past** nine.
I never work **at the weekend**. (나는 주말에 절대 일하지 않는다.)	I never work **on the weekend**.
I haven't seen him **in ages**. (나는 그를 오랫동안 못 만났습니다.)	I haven't seen him **for ages**.
I moved **toward the car**. (나는 차 쪽으로 다가갔다.)	I moved **towards the car**.
I looked **out the window**. (나는 창문 밖을 내다봤다.)	I looked **out of the window**.
She lives **on Oxford Street**. (그녀는 옥스포드가에 산다.)	She lives **in Oxford Street**.
He is different **from me/than I am**. (그는 나와 다르다.)	He is different **from/to me**.
How many men are **on the team**? (팀에 몇 명의 선수가 있습니까?)	How many men are **in the team**?
We work **from Monday through/to Friday**. (우리는 월요일에서 금요일까지 일한다.)	We work **from Monday to Friday**.
My children are still **at school**. (나의 아이들은 아직도 학교에 다닌다.)	My children are still **in school**.

I haven't seen her **for/in years**.
(나는 몇 년 동안 그녀를 못 봤다.)
I'm seeing her **Sunday morning**.
(나는 그녀를 일요일 아침에 만날 것이다.)
The war ended **the January before last**.
(전쟁은 지지난 1월에 끝났다.)
Apart/Aside from the violin,
　he plays the piano and the flute.
(그는 바이올린 외에도 피아노와 플루트를 연주할 수 있다.)
Is anybody **(at) home**?
(집에 누가 있어요?)
He sat **across from me in the bus**.
(그는 버스에서 내 바로 건너편에 앉았다.)
He walked **around the lake**.
(그는 호수 주위를 걸었다.)

I haven't seen her **for years**.

I'm seeing her **(on) Sunday morning**.

The war ended **in the January before last**.

Apart from the violin,
　he plays the piano and the flute.

Is anybody **at home**?

He sat **opposite me in the bus**.

He walked **round the lake**.

2　**(조)동사**: 미국영어와 영국영어는 (조)동사의 용법에서 약간의 차이를 보인다.

미국영어
My son **just turned** 16.
(나의 아들이 얼마 전에 16살이 됐다.)
Elisa **has** a cold.
(엘리사는 감기에 걸렸다.)
Do you **have** any stamps?
(우표 있습니까?)
I **don't have** any stamps.
(우표가 없는데요.)
He has toothache, **doesn't he?**
(그가 치통을 앓고 있지?)
Do you **have to** go?
(가야 합니까?)
You **don't have to** go.
(꼭 갈 필요가 없습니다.)
I'd **gotten** a letter from her.
(나는 그녀에게서 편지 한 통을 받았다.)
I **(can)** see a car coming.
(차가 한 대 오는 것을 볼 수 있다.)
I suggested he **be** told.
(그에게 말해야 한다고 제안했다.)
"Will you buy it?" "I **may**."
("그것 살 겁니까?" "살 수도 있지요.")

영국영어
My son**'s just turned** 16.

Elisa **has got** a cold.

Have you any stamps?

I **haven't** any stamps.

He has toothache, **hasn't/doesn't he?**

Have you **to** go?/Do you **have to** go?

You **haven't to** go./You **don't have to** go.

I'd **got** a letter from her.

I **can** see a car coming.

I suggested he **should** be told.

"Will you buy it?" "I **may (do)**."

He behaves **as if he were a king**.
(그는 마치 자기가 왕인 것처럼 행동한다.)
Did you call the police **yet**?
(경찰을 이미 불렀습니까?)
She **already left**.
(그녀는 벌써 떠났다.)
I **looked at** him **going/go up** the ladder.
(나는 그가 사다리를 타고 올라가는 것을 보았다.)
He **likes to drink** coffee at night.
(그는 밤에 커피 마시는 것을 즐긴다.)
How('s) about going for a walk?
(산책하러 가는 게 어때?)

He behaves **as if he was a king**.

Have you **called** the police **yet**?

She's **already left**.

I **looked at** him **going up** the ladder.

He likes **drinking/to drink** coffee at night.

How about going for a walk?

3   **동사의 시제형**: 미국영어와 영국영어의 몇몇 동사는 과거시제형과 과거분사형에서 차이를 보인다. 이 차이점에 대해서는 V8.6을 보라.

4   **구두점**: 미국영어와 영국영어는 구두점에서도 차이를 보인다.

미국영어 (월 일, 연도)
April 15, 1939
4/15/1939
(1939년 4월 15일)

영국영어 (일 월 연도)
15 April 1939
15/4/1939

(미국영어에서는 "월, 일, 연도" 순으로, 영국영어에서는 "일, 월, 연도" 순으로 표기하며, 미국영어에서는 일반적으로 "일"과 "연도" 사이에 "쉼표"를 찍는다.)

Mr. John B. Smith will arrive **at 2:30 p.m**.
Mr John B Smith will arrive **at 2.30 pm**.
(존 비 스미스 씨가 오후 2시 30분에 도착할 것입니다.)

(영국영어에서와는 달리 미국영어에서는 일반적으로 약자에는 마침표를 찍는다. (A3을 보라.) 미국영어에서는 시간과 분 사이에 콜론을 찍고, 영국영어에서는 "마침표"를 찍는다.)

Dear Mr. MacArthur**:**
(친애하는 맥아더 씨)
  I am writing this letter ...
    (나는 이 편지를 씁니다 ...)

Dear Mr MacArthur**(,)**

  I am writing this letter ...

(미국영어에서는 편지 서두에서 호칭 다음에 "콜론"을 찍지만, 영국영어에서는 "쉼표"를 찍거나 아무 표시도 하지 않는다.)

He asked, **"Are you all right?"**
(그는 나에게 "괜찮으세요?"라고 물었다.)

He asked, **'Are you all right?'**

(미국영어에서는 피인용 표현에 "이중따옴표"를 사용하지만, 영국영어에서는 "단일따옴표"를 사용한다. (P61을 보라.))

5 여타 차이점

미국영어	영국영어
I'm getting **a toothache**. (나는 치통을 앓고 있다.)	I'm getting **toothache**.
Who can tell what will happen **in the future**? (누가 미래에 어떤 일이 일어날지를 말할 수 있습니까?)	Who can tell what will happen **in future**?
The patient was **in the hospital**. (환자는 입원해 있었다.)	The patient was **in hospital**.
(As) Cold as it was, we went out. (매우 추웠지만 우리는 외출을 했다.)	**Cold as it was**, we went out.
It looks **like** it's going to rain. (비가 올 것 같다.)	It looks **like/as if** it's going to rain.
"I'm sorry to trouble you." "**You're welcome**." '**Not at all**.' ("귀찮게 해서 미안합니다." "천만에요.")	'I'm sorry to trouble you.'
"May I borrow your pencil?" "**Sure**." ("연필 좀 빌릴 수 있습니까?" "네.")	'May I borrow your pencil?' '**Certainly**.'
"I **don't have** any money." "Me **neither/either**." ("저는 돈이 하나도 없습니다." "나도요.")	'I **haven't** any money.' 'Me **neither**.'
Tom doesn't live here **anymore**. (탐은 여기에 더 이상 살지 않는다.)	Tom doesn't live here **any more**.
The number is **five hundred (and) forty-nine**. (번호는 549입니다.)	The number is **five hundred and forty-nine**.
Come take a look at it. (와서 이것 좀 봐.)	**Come and take** a look at it.
Dial four nine **three three**. (4933) (번호 4933을 돌려라.)	Dial four nine **double three**. (4933)
One cannot succeed unless **he** tries hard. (노력하지 않으면 성공할 수 없다.)	**One** cannot succeed unless **one** tries hard.
(on the phone) Hello, is **this** Susan? (여보세요. 수잔입니까?)	Hello, is **that** Susan?
I bought **a sport shirt** for him. (나는 그에게 운동셔츠를 사주었다.)	I bought **a sports shirt** for him.
Please send him **a greeting card**. (그에게 인사카드를 보내라.)	Please send him **a greetings card**.
They moved the chairs **backward**. (그들은 의자를 뒤로 물렸다.)	They moved the chairs **backwards**.

He drove the car **toward me**.
(그는 나를 향해서 차를 몰았다.)
The business is doing **well/good** now.
(사업이 지금 잘 되고 있다.)
He looked at me **real strange/
really strangely**. (그는 나를 이상한 눈길로 쳐다봤다.)

He drove the car **towards me**.

The business is doing **well** now.

He looked at me **really strangely**.

A66 AMERICAN ENGLISH와 BRITISH ENGLISH-2: 어휘

어휘에는 두 영어 사이에 많은 차이가 있다. 때로는 한 단어가 다른 의미를 가지고 있고 (영: mad = "crazy"; 미: mad = "angry"), 같은 개념에 대해 다른 단어를 사용하기도 한다. (영: lorry = 미: truck) 그 유형에 따라 몇 가지 예를 들면 다음과 같은 것들이 있다.

1 별개의 어휘가 있는 경우

미국영어	영국영어
airplane	aeroplane
area code	dialling code (전화: 지역번호)
attorney, lawyer	barrister, solicitor
busy	engaged (전화: 통화중)
collect call	reserve the charges (전화: 수신자 부담 통화)
candy	sweets
checking account	current account
conductor (train)	guard
cookie, cracker	biscuit
corn	sweet corn, maize
crib	cot
crazy	mad
cuffs	turn-ups (양복바지의)
detour (road sign)	diversion
diaper	nappy
dormitory	hall of residence
driver's license	driving licence
electric cord	flex
elevator	lift
expressway/freeway	motorway
fire department	fire brigade
flashlight	torch
french fries	chips
garbage can, trash can	dustbin, rubbish bin

gas(oline)	petrol
gear shift	gear lever (자동차)
Girl Scout	Girl Guide
highway, freeway	main road, motorway
hood	bonnet (자동차)
intersection	crossroads
labor union	trade union
license plate	number plate
mad	angry
mailbox	pillar box
one-way ticket	single (ticket)
pavement	road surface
pit	stone (과일)
pitcher	jug
(potato) chips	crisps
public school	state school
raise	rise (월급)
ramp	slip road
rest room	public toilet
round trip	return journey/trip
sailboat	sailing boat
shopping cart	trolley
sick	ill
sidewalk	pavement
sneakers	trainers
stand in line	queue
stingy	mean
subway	tube/underground
truck	van, lorry
trunk	boot (자동차)
undershirt	vest
vacation	holiday(s)
vest	waistcoat
windshield	windscreen (자동차)
zee	zed (문자 z)
zip code	post code
zipper	zip

2   **공통으로 사용되는 미국영어 어휘**: 영국영어에 별개의 어휘가 있으면서 미국영어의 어휘도 사용하는 경우

미국영어	영국영어
apartment	flat
can	tin
car	motor car
charge account	credit account
dump truck	tipper lorry
eraser	rubber
first floor	ground floor
flat	puncture
French fries	chips
ice cream	ice
lawyer	solicitor
nail polish	nail vanish
scotch	whisky
telephone booth	telephone box
two weeks	fortnight
track (railway)	line
zero	nil/nought

3 **공통으로 사용되는 영국영어 어휘**: 미국영어에 별개의 어휘가 있으면서 영국영어의 어휘도 사용하는 경우

미국영어	영국영어
anyplace	anywhere
auto	car
bathroom	lavatory/toilet
bookstore	bookshop
bureau	chest of drawers
casket	coffin
catsup	(tomato) ketchup
check (restaurant)	bill
corn	maize/sweet corn
dish towel	tea towel
draft	conscription
drapes	curtains
druggist	pharmacist
dumb	stupid
elementary school	primary school
fall	autumn
faucet	tap
garbage, trash	rubbish/refuse
mean	nasty

movie	film
pants	trousers
pantyhose	tights
pocketbook, purse	handbag
railroad	railway
taxi	cab

4   공통으로 사용되는 어휘: shop과 store는 둘 다 사용되지만, shop은 영국영어에서 store는 미국영어에서 더 자주 사용되는 경우

미국영어	영국영어
Administration	Government
antenna	aerial
apartment	flat
baggage	luggage
mail	post
nightgown	nightdress
store	shop
sweater	jumper

A67 AMERICAN ENGLISH와 BRITISH ENGLISH-3: 철자

영국영어와 미국영어는 몇 가지 어미에서 체계적인 차이를 보인다. 미국영어가 영국영어와 다른 철자를 갖게 된 데는 미국의 유명한 사전 편찬자인 Noah Webster의 책임이 크다. 그 당시에 -or 또는 -our로 끝나는 일단의 단어를 영국영어에서는 -our 어미를 사용하게 된 데 반하여, 미국영어에서는 -or 어미를 사용하게 되었다: armo(u)r, behavio(u)r, colo(u)r, favo(u)r, flavo(u)r, harbo(u)r, labo(u)r, neighbo(u)r. 또한 "catalogue, dialogue"처럼 영국영어에서는 -ogue 어미를 미국영어에서는 "catalog, dialog"처럼 -og 어미를 사용한다. "calibre, centre, litre, manoeuvre, metre, theatre"처럼 영국영어에서는 -re 어미를 "caliber, center, liter, maneuver, meter, theater"처럼 미국영어에서는 -er 어미를 사용한다. 미국영어에서 "defense, offense, pretense"와 같은 단어에서 -ce 어미 대신에 -se 어미를 쓰는 것도 Webster에서 기인한다. 미국영어와 영국영어에서 "almanack, musick, physick, publick, traffick"과 같은 단어에서 k가 탈락된 것도 Webster의 제안을 따른 것이다. 미국영어에서 -ize로 끝나는 많은 동사가 영국영어에서는 -ise로 표기된다: "baptise, organise, realise, sympathise" 등 그 외의 두 영어 사이의 철자법이 다른 예를 생각해 보자.

1   별도의 철자를 가진 단어

미국영어	영국영어
airplane	aeroplane
bail out	bale out

미국영어	영국영어
check	cheque
checkers	chequers
drafty	draughty
leukemia	leukaemia
license (명사)	licence (명사)
maneuver	manoeuvre
pediatrician	paediatrician
panelist	panellist
paralyze	paralyse
program	programme
pajamas	pyjamas
snow plow	snow plough
tire	tyre

2　공통으로 사용되는 미국영어 철자

미국영어	영국영어
ether	aether
connection	connexion
encyclopedia	encyclopaedia
inquire	enquire
flotation	floatation
gram	gramme
inflection	inflexion
jail	gaol
Jr.	Jnr.
kilogram	kilogramme
medieval	mediaeval
primeval	primaeval
Sr.	Snr.

3　공통으로 사용되는 영국영어 철자

미국영어	영국영어
esthetics	aesthetics
ameba	amoeba
appall	appal
archeology	archaeology
ax	axe
B.S.	B.Sc.
busses	buses
cesarian	caesarian

미국영어	영국영어
karat	carat (gold)
cigaret	cigarette
counselor	counsellor
defense	defence
diarrhea	diarrhoea
disk	disc
donut	doughnut
insure	ensure
gage	gauge
gray	grey
instill	instil
jeweler	jeweller
marvelous	marvellous
mold	mould
mustache	moustache
M.S.	M.Sc.
offense	offence
peddler	pedlar
plow	plough
premiss	premise
skeptical	sceptical
story (building)	storey
thruway	throughway
traveler	traveller
willful	wilful
woolen	woollen

4 **어미의 차이**: 미국영어와 영국영어는 몇 가지 어미에서 차이를 보인다. 이 차이는 미국의 사전 편찬자인 Noah Webster의 제안에서 비롯되었다.

미국영어	영국영어
(-or)	**(-our)**
armor	armour
behavior	behaviour
color	colour
favor	favour
flavor	flavour
harbor	harbour
labor	labour
neighbor	neighbour
(-er)	**(-re)**

caliber	calibre
center	centre
liter	litre
maneuver	manoeuvre
meter	metre
theater	theatre

(-og)	(-ogue)
catalog	catalogue
dialog	dialogue
monolog	monologue

(-se)	(-ce)
defense	defence
license	licence
offense	offence
pretense	pretence

(-ize)	(-ise)
baptize	baptise
computerize	computerise
mechanize	mechanise
organize	organise
realize	realise
sympathize	sympathise

영국영어에서도 -ize형을 점차 많이 사용하고 있으며, capsize는 영국영어와 미국영어에서 두루 사용된다. advertise와 advertize는 둘 다 미국영어에서 사용된다. 그러나 다음의 단어들은 -ise형이 두 언어에서 두루 사용된다.

advise	comprise	compromise	despise
exercise	improvise	supervise	surprise

A68 AMERICAN ENGLISH와 BRITISH ENGLISH-4: 발음

미국영어나 영국영어나 지역적으로 많은 발음상의 차이를 보인다. 여기서 일반적이고 중요한 차이를 말하고자 한다.

(1) 비음화: 영국영어에서와는 달리 미국영어에서는 비음 앞에 오는 모음이 비음화되는 경향이 있다.

(2) [ɒ]와 [ɑ]/[ɔ]: 영국영어에서는 "cot, dog, got, gone, off, stop, lost"와 같은 단어의 모음을 원순단모음(rounded short vowel)인 [ɒ]로 발음하는 데 반하여, 미국영어에서는 "cot, got, stop"의 모음은 father의 첫 모음처럼 [ɑ]로 발음하고 "dog, gone, off, lost"의 모음

은 caught의 모음처럼 [ɔ]로 발음한다.

(3) [æ]와 [ɑ]: "after, ask, aunt, basket, bath, blast, castle, class, command, dance, disaster, example, fasten, France, giraffe, glass, half, last, laugh, mask, pass, path, plant, rather, sample, staff, task, vast, wrath" 등과 같은 단어에서 강세를 받는 모음은 미국영어에서는 [æ]로 발음되지만, 영국영어에서 [ɑ]로 발음된다. 미국영어에서도 far나 car처럼 -r 앞에서, calm, palm 등 -lm 앞에서 또는 father와 같은 단어에서는 [ɑ]로 발음되는 것을 볼 수 있다.

(4) [əʊ]와 [oʊ]: "home, go, open"과 같은 단어에서 모음 "o"가 영국영어에서는 [əʊ]로 발음되지만 미국영어에서는 [oʊ]로 발음된다.

(5) 묵음 r: 모음 다음에 나타나는 r이 영국영어에서 (그리고 미국의 New England 지방에서) 발음되지 않는다는 점이다. 따라서 영국영어에서는 "far, girl, heard" 따위의 단어는 각각 [fɑ:], [gə:l], [hə:d]로 발음된다.

(6) 중화된 t와 d: 미국영어에서는 모음 사이에 나타나는 t와 d가 중화되는 현상이 있다. 따라서 writer와 rider가 발음이 같아진다.

(7) 발음이 다른 단어: 몇 가지 단어들은 미국영어와 영국영어에서 다르게 발음된다.

	미국영어	영국영어
asthma	[ǽzmə]	[ǽsmə]
ate	[eɪt]	[ɛt]
been	[bɪn]	[bi:n]
capsule	[kǽpsəl]	[kǽpsjul]
erase	[ɪréɪz]	[ɪréɪs]
evolution	[ìvəlúʃən]	[ɛ̀vəlúʃən]
fragile	[frǽdʒaɪl]	[frǽdʒəl]
leisure	[líʒər]	[lɛ́ʒə]
lieutenant	[lutɛ́nənt]	[lɛftɛ́nənt]
medicine	[mɛ́dsɪn]	[mɛ́dɪsɪn]
missile	[mísaɪl]	[mísəl]
nephew	[nɛ́vju]	[nɛ́fju]
process	[prásɛs]	[prə́ʊsɛs]
progress	[prágrɛs]	[prə́ʊgrɛs]
schedule	[skɛ́dʒul]	[sɛ́djul]
tomato	[təméɪtəʊ]	[təmá:təʊ]
trait	[treɪt]	[treɪ]
vase	[veɪs]	[vɑ:z]

▶ 강세의 차이: 미국영어와 영국영어는 단어의 주강세의 위치에 있어서도 차이를 보인다.

	미국영어	영국영어
advertisement	[ædvərtáyzmənt]	[ədvə́:tɪsmənt]
ballet	[bælé]	[bǽle]

café	[kæfé]	[kǽfe]
chagrin	[ʃəgrín]	[ʃǽgrɪn]
corollary	[kɔ́rəlɛrɪ]	[kərɔ́lərɪ]
frontier	[frəntír]	[frʌ́ntɪə]
garage	[gərádʒ]	[gǽrɑdʒ]
laboratory	[lǽbrətɔrɪ]	[ləbɔ́rətərɪ]
magazine	[mǽgəzin]	[mægəzín]
miscellany	[mísələnɪ]	[mɪsélənɪ]
m(o)ustache	[mʌ́stæʃ]	[məstáʃ]
premier	[prɪmír]	[prɛ́mɪə]
reveille	[rɛ́vəli]	[rɪvǽlɪ]
translate	[trǽnslet]	[trænslét]
weekend	[wíkɛnd]	[wɪkɛ́nd]

A69   amoral, immoral, unmoral

1   **immoral**: "moral(도덕적인, 도덕(상)의)"이라는 단어와 의미적으로 대조를 이루는 단어는 두 가지가 있다: immoral과 unmoral. immoral은 "부도덕한, 음란한"의 의미를 가지며 moral의 반의어가 된다.

Lying and stealing are considered **immoral** conducts in every human society.
(거짓말하는 것과 도둑질하는 것은 모든 인간사회에서 부도덕한 행위로 간주된다.)
Deliberately making people suffer is **immoral**.
(고의로 사람을 괴롭히는 것은 부도덕하다.)

▶ moral은 그 반의어인 immoral과는 달리 명사의 "한정적 수식어"로만 쓰일 수 있다.

At that time, not everybody felt a **moral** responsibility to free the slaves.
(그 당시에는 노예를 해방해야 한다는 도덕적 책임감을 모든 사람들이 느낀 것은 아니었다.)
(*They think that abortion and birth control are not **moral**.)
They think that abortion and birth control are **immoral**.
(그들은 낙태와 산아제한이 부도덕하다고 생각한다.)

2   **unmoral**: 이 단어는 "도덕과는 상관이 없는"을 의미한다.

Most scientists believe their research to be **unmoral**, no matter what the results will be.
(대부분의 과학자들은 그들의 연구가 어떠한 결과를 가져오든 도덕과는 무관하다고 생각한다.)
Most soldiers consider that killing the enemies in the battle field is **unmoral**.
(대부분의 병사들은 전장에서 적을 죽이는 것은 도덕과는 상관이 없다고 여긴다.)

▶ 종종 unmoral과 같은 의미로 nonmoral이 사용되기도 한다.

3   **amoral**: "도덕관념이나 도덕적 규준이 없음"을 의미한다.

Cats are **amoral**; they can't be censured for killing birds.
(고양이는 도덕관념이 없기 때문에 새를 죽였다고 비난할 수 없다.)
We can't blame a little child for behaving badly in public because he's **amoral**.
(어린아이에게는 도덕관념이 없기 때문에 사람들 앞에서 행실이 나쁘다고 야단칠 수 없다.)

▶ amoral은 종종 unmoral의 뜻으로도 사용된다.

Some people think it's **amoral** to waste food while a lot of people are starving.
(어떤 사람들은 많은 사람들이 굶주리고 있는데 음식을 낭비하는 것이 도덕과는 상관이 없다고 생각한다.)

A70   and

and는 서로 연관이 있는 것으로 생각되는 "단어, 구, 절" 등 거의 모든 형태의 언어표현을 연결한다.

The boy ate **bread and cheese** for lunch. (그 남자아이는 점심으로 빵과 치즈를 먹었다.)
I am **the way and the truth and the life**. (내가 곧 길이요 진리요 생명이니.) [요 14:6]
We **drank and danced**. (우리는 마시고 춤을 추었다.)
The thief moved **quickly and quietly**. (도둑은 재빠르고 쥐 죽은 듯이 움직였다.)
She didn't speak to anyone and nobody spoke to her.
(그녀는 아무에게도 말을 걸지 않았고 아무도 그녀에게 말을 걸지 않았다.)

1   **셋 이상의 결합**: 문법적으로 유사한 표현을 셋 이상 결합할 때 마지막 표현 앞의 and를 남기고 다른 것은 생략한다.

We drank, talked, **and** danced. (우리는 마시고 떠들고 춤을 추었다.)
I wrote the letters, Peter addressed them, George bought stamps, **and** Alice posted them.
(나는 편지를 쓰고 피터는 봉투에 주소를 쓰고 조지는 우표를 사 오고 앨리스는 편지를 부쳤다.)
The man went, beheaded John in the prison, **and** brought back his head on a platter.
(그 사람이 나가 요한을 옥에서 목 베어 그 머리를 소반에 얹어다가) [막 6:27-28]

▶ 때때로 문학적 혹은 시적 문체에서 모든 and가 생략되기도 하지만 드문 일이다.

My dreams are full of darkness, despair, death. (나의 꿈은 어둠과 실망과 죽음으로 가득하다.)

2   **형용사와 and**: 명사 앞에 여러 개의 형용사가 올 때 일반적으로 and를 사용하지 않으며, 그 의미와 화자의 의도에 따라 형용사의 순서가 결정된다. (A19를 보라.)

Oil is their **principal reliable** source of income.
(기름이 그들의 가장 확실한 수입원이다.)
I was introduced a **handsome young criminal** lawyer.
(나는 젊고 잘생긴 형사 전문 변호사를 소개받았다.)
My company just moved in an **expensive big modern white** building.
(우리 회사는 크고 사치스러운 현대식 백색 건물로 이사했다.)

This is my **favourite traditional Italian musical** comedy.
(이것은 내가 가장 좋아하는 이탈리아 전통 음악희극이다.)

▶ 그러나 같은 유형의 의미를 가진 형용사가 어떤 대상들을 대조적으로 표현하거나 어떠한 상황을 강조하려고 할 때는 and를 사용한다.

Korean and Japanese athletes competed in the race.
(한국 선수와 일본 선수가 경기에서 경쟁했다.)
She bought **red and yellow** socks for the children.
(그녀는 아이들에게 빨간 양말과 노랑 양말을 사주었다.)
Poverty has always been **social and political** problems of every nation.
(빈곤은 언제나 모든 국가의 사회적 정치적 문제였다.)
The proposal was rejected by both the **older and younger** generations.
(그 제안은 노인 세대와 젊은 세대 모두에게 거부당했다.)
She's a **beautiful and intelligent** woman. (그녀는 아름답고 총명한 여성이다.)
It's an **ill-planned, expensive and wasteful** project.
(그것은 잘못 계획됐고 고비용이며 낭비적인 사업이다.)

3 **nice and:** "nice and"는 구어체에서 종종 다른 형용사나 부사 앞에서 부사처럼 사용되며, "매우/충분히"를 의미한다.

The orange is **nice and juicy**. (오렌지가 매우 수분이 풍부하다.)
The house is **nice and tidy**. (집이 아주 깔끔하다.)
It's **nice and warm** in front of the fire. (불 앞에 있으니까 아주 따뜻하다.)

▶ nice and는 [náɪsən] 또는 [náɪsnd]로 발음된다.

4 **and의 의미:** and로 결합되는 두 절 사이에는 "원인과 결과, 대조, 조건" 등 다양한 의미관계가 성립한다.

She got married **and** (then) she got pregnant.   [시간의 연속성]
(그녀는 결혼하고 임신했다.)
(= She got pregnant **after** she got married.)

He got up late **and** (therefore) he missed the train.   [원인과 결과]
(그는 늦게 일어나서 기차를 놓쳤다.)
(= He got up late, **so** he missed the train.)

She is talkative **and** (in contrast) her sister is quiet.   [대조]
(그녀는 말이 많으나 동생은 과묵하다.)
(= She is talkative, **but** her sister is quiet.)

He is poor **and** (yet) he is honest.   [양보]
(그는 가난하지만 정직하다.)
(= **Although** he is poor, he is honest.)

Ask **and** it will be given to you; seek **and** you will find;
knock **and** the door will be opened to you.　　　　[조건]
(구하라 그러면 너희에게 주실 것이요 찾으라 그러면 찾아낼 것이요
문을 두드리라 그러면 너희에게 열릴 것이니.) [눅 11:9]
(= **If** you ask **and** (then) it will be given to you; **if** you seek **and** (then) you will find;
if you knock **and** (then) the door will be opened to you.)

Six **and** five is eleven.　　　　[더하기]
(여섯 더하기 다섯은 열하나다.)
(= Six **plus** five is eleven.)

More and more people are losing their jobs.　　　　[정도의 증가]
(점점 더 많은 사람이 일자리를 잃고 있다.)

He **talked and talked and talked**.　　　　[반복적 행위]
(그는 말하고 또 말하고 계속해서 말했다.)

There were **dogs and dogs and dogs** all over the place.　　[큰 수량]
(개, 개, 개 사방에 개들이 있었다.)

5　　**결합적 의미와 분리적 의미**: 명사구가 등위접속사 and와 결합하면 종종 "결합적" 의미와 "분리적" 의미를 둘 다 지니는 표현이 나타난다. 등위접속된 표현을 완전한 절의 등위접속 구문으로 바꾸어 쓸 수 있으면 분리적 등위접속 구문이라고 하고, 그렇게 할 수 없으면 결합적 등위접속 구문이라고 한다. 다음의 예를 보라.

John and Mary **know the answer**.　　　　[분리적]
(존과 메리는 답을 안다.)
(= John knows the answer and Mary knows the answer.)

John and Mary **make a pleasant couple**.　　　　[결합적]
(존과 메리는 행복한 한 쌍이다.)
(*John makes a pleasant couple and Mary makes a pleasant couple.)

▶ 그러나 다음의 문장은 분리적 의미와 결합적 의미를 둘 다 가지고 있다.

John and Mary **won a prize**. (존과 메리가 상을 탔다.)

위 문장은 "존과 메리가 함께 하나의 상을 받았다"는 결합적 의미를 나타낼 수도 있고, "존과 메리가 별도로 상을 하나씩 받았다"는 분리적 의미를 나타낼 수도 있다.

▶ 다음의 문장들은 결합적 의미만을 나타낸다.

John and Mary **are good friends**. (존과 메리는 좋은 친구 사이다.)
John and his brother **look alike**. (존과 동생은 닮았다.)
John and Mary **have different tastes**. (존과 메리는 취향이 다르다.)

▶ 영어에는 분리적 의미를 명시적으로 나타내 주는 표현으로 "both (... and), each, neither... nor, respective, respectively" 등이 있다.

John and Mary **each** won a prize. (존과 메리가 각각 상을 탔다.)
(= John and Mary won a prize each.)
(= John won a prize and Mary won a prize.)

Both John **and** Mary won a prize. (존과 메리가 둘 다 상을 탔다.)
(= John and Mary both won a prize.)
(= John won a prize and Mary won a prize.)

John and Mary visited their **respective** uncles.
(존과 메리는 각각 자신의 삼촌을 방문했다.)
(= John visited his uncle and Mary visited her uncle.)

John, Peter, and Robert play football, basketball, and baseball **respectively**.
(존과 피터와 로버트는 각각 축구와 농구와 야구를 했다.)
(= John plays football, Peter plays basketball, and Robert plays baseball.)

▶ and는 일반적으로 [ænd]가 아니라 [ən(d)]로 발음된다.

the bread and (the) butter와 같은 표현에서처럼 and 다음의 생략에 대해서는 E14를 보라.
and를 가진 주어 다음에 오는 단수와 복수 동사에 대해서는 A43을 보라.
both ... and에 대해서는 B32를 보라.

A71 another, other, others

another는 같은 유형의 다른 하나를 "추가적으로" 말할 때 사용되고, other는 "둘 이상"을 말할 때 사용되며, others는 대명사로서 "다른 사람들/물건들"을 의미한다. 다음을 비교해보라.

There's **another problem** I would like to discuss with you.
(당신과 의논하고 싶은 문제가 하나 더 있다.)
There're **two other problems** I would like to discuss with you.
(당신과 의논하고 싶은 다른 두 가지 문제가 있습니다.)

I've **another friend** I'd like to invite. (초청하고 싶은 친구가 하나 더 있습니다.)
I've **some other friends** I'd like to invite. (초청하고 싶은 다른 친구 몇 명이 있습니다.)

I only know this book, but there might be **others**. (= other books)
(나는 이 책만 알고 있지만 다른 책들이 있을 수 있다.)
You shouldn't expect **others** to do the work for you. (= other people)
(너를 위하여 다른 사람들이 그 일을 해 주기를 기대하지 않는 것이 좋다.)

1 another: another는 어원적으로 "an + other"가 결합한 것이므로 앞에 한정사가 올 수 없으나, other는 한정사를 동반할 수 있다.

They have two dogs, and now they want **another dog/one**.
(그들에게는 개가 두 마리 있는데 또 다른 하나를 갖고 싶어 한다.)
(*... and now they want **an/the another dog/one**.)

I've found one earing — do you know where **the other one** is?
(귀걸이 하나는 찾았는데 너는 다른 하나가 어디 있는지 아느냐?)
(*... do you know where **an other one** is?)
Please, show us **your other pictures**. (당신의 다른 사진들을 보여주십시오.)

▶ another는 일반적으로 단수 가산명사와 함께 쓰이지만, few나 수의 수식을 받는 복수 가산명사와도 함께 쓰인다.

Another body had been discovered. (시체 하나가 더 발견되었다.)
(***Another bodies** had been discovered.)
Another three bodies were discovered. (또 다른 세 시체가 발견되었다.)
They're going to stay in Seoul for **another few more weeks**.
(그들은 서울에 다시 몇 주간 더 머물려고 한다.)

The research shows **another three examples** of the accident.
The research shows **the other three examples** of the accident.
(조사를 통해 그 사고의 또 다른 세 개의 사례를 보여주고 있다.)
(The research shows **the three other examples** of the accident도 가능하다.)

2 another와 other: another는 일반적으로 "하나 더/추가적인" 또는 "다른/별개의" 의미를 가진 한정사로 쓰이고, other는 형용사로서 "다른 하나/반대편 한쪽" 혹은 "(집단의) 나머지"를 의미한다.

I'd like to have **another** cup of coffee.	[한잔 더]
(커피 한 잔 더 마시고 싶습니다.)	
Jane supports one team, and I support **another**.	[다른 팀]
(제인은 한 팀을 응원하고, 나는 다른 팀을 응원한다.)	
I'll make one dish, and you can make **another**.	[하나 더]
(내가 한 가지 요리를 만들 테니 너는 다른 요리를 하나 더 만들 수 있다.)	

You can park on the **other** side of the street.	[반대편]
(거리 반대편에 차를 주차할 수 있습니다.)	
One man was arrested, but the **other** one got away.	[다른 한명]
(한 사람은 체포됐고 다른 한 사람은 도망쳤다.)	
I chose this coat because the **other** ones were all too expensive.	[나머지]
(다른 것들은 모두 너무 비싸서 나는 이 코트를 선택했다.)	

▶ another와 other는 둘 다 맥락상 그 의미가 명백할 경우 대명사로도 쓰이며, 일반적으로 one 또는 ones를 추가해도 무방하다.

Those cakes are wonderful. Could I have **another** (one)?
(케이크가 참으로 맛있습니다. 하나 더 먹을 수 있겠습니까?)
You've finished your drink. Have **another** (one). (술잔이 비었습니다. 한잔 더 하십시오.)

She carries a book in one hand and an umbrella in the **other** (one).
(그녀는 한 손에는 책을 들고 다른 손에는 우산을 들고 있다.)

I enjoyed her first novel so much I'm going to read all the **others** (= other ones).
(나는 그녀의 첫 소설이 너무 좋아서 다른 소설들도 다 읽을 예정이다.)

▶ another와 other는 둘 다 "추가적인" 의미를 가진다. another는 일반적으로 one more로 대치할 수 있지만, other는 수식하는 명사가 "불가산명사"이거나 "복수명사"일 경우 more가 더 자연스럽다.

Buy two CDs and get **another** (one) completely free.
(시디 두 개를 사면 다른 하나를 완전히 공짜로 받는다.)
(= Buy two CDs and get **one more** completely free.)
Do you have any **other** questions? (또 다른 질문이 있습니까?)
(= Do you have any **more** questions?)
Would you like some **more meat**? (고기를 더 드시겠습니까?)
(*Would you like some **other meat**?)
Would you like some **more strawberries**? (딸기를 더 드시겠습니까?)
(*Would you like some **other strawberries**?)

3   different: another와 other는 우리가 이미 가지고 있거나 알고 있는 것을 "대신하는 다른 (different)" 것을 의미한다.

I think we should paint it **another/different** color.
(나는 집을 다른 색으로 칠해야 한다고 생각한다.)
Do you have any **other/different** cakes, or are these the only ones?
(다른 케이크가 있습니까? 아니면 이것이 답니까?)

▶ 이 외의 경우에는 another와 other를 different를 대신해서 쓸 수 없다.

Every time I see her, she has a completely **different** hair style.
(내가 그녀를 볼 때마다 그녀는 완전히 다른 머리 모양을 하고 있다.)
(*Every time I see her, she has completely **another**/a completely **other** hair style.)
Some people say this is Shakespeare's work, but we think it was written by a **different** poet.
(어떤 사람은 이것이 셰익스피어의 작품이라고 말하지만 우리는 다른 시인이 쓴 것이라고 생각한다.)
(*Some people say this is Shakespeare's work, but we think it was written by **another/the other** poet.)

each other, each ... the other, one another에 대해서는 E3을 보라.

A72   answer, reply, respond

이 단어들은 "질문, 제안, 비판" 등을 받았을 때 이에 대한 반응으로 말로 "응답하는 것"을 뜻하며 큰 의미적 차이 없이 쓰인다.

You have to **answer** all the questions given below.
(밑에 주어진 모든 질문에 답해야 한다.)

I sent in my application and the university **replied** immediately.
(나는 원서를 제출했고 대학은 즉시 답서를 보냈다.)
When we asked information and instructions, the chairman **responded**.
(우리가 정보와 지시사항을 요청했을 때, 회장님께서 응답했다.)

1. answer: "질문이나 제안 또는 요청"에 대한 응답으로 무엇인가를 말하는 것을 의미한다.

    He thought for a long time before **answering**. (그는 대답하기 전에 한참 생각을 했다.)
    When questioned about the robbery, he **answered** that he knew nothing about it.
    (도난에 대해 질문을 받았을 때 그는 아무것도 모른다고 대답했다.)

    ▶ answer는 시험에서 주어지는 질문에 대해 글이나 말로써 대답하는 것을 표현한다.

    Answer as many questions as possible in the time provided.
    (주어진 시간 내에 가능한 한 많은 질문에 답하라.)
    I was able to **answer** only half of the questions in the test.
    (나는 시험문제를 절반밖에 답할 수 없었다.)

    ▶ answer는 걸려온 "전화를 받거나" 찾아온 손님에게 "문을 열어주는" 것을 표현할 때도 사용된다.

    I **answered the telephone**, and was surprised to hear her voice.
    (나는 전화를 받았으며, 그녀의 목소리를 듣고 놀랐다.)
    I knocked on the door for a long time, but no one **answered**.
    (나는 한참동안 문을 두드렸으나 아무도 응답하지 않았다.)

2. reply (to): 질문이나 비평에 대해 "(말이나 글로써) 응답하는 것"을 의미하며, 특히 다른 사람이 말한 것에 대해 응답할 때 사용된다.

    She asked him how old he was but he didn't **reply**.
    (그녀는 그에게 몇 살이냐고 물었으나 그는 대답하지 않았다.)
    He didn't **reply to** her question about where they were going.
    (그는 그들이 어디로 가고 있느냐는 그녀의 질문에 답하지 않았다.)

    ▶ "reply to"는 어떤 행동을 함으로써 상황에 "대응하는 것"을 의미할 수도 있다.

    The rebels **replied to** government threats with increased violence.
    (반군은 정부의 위협에 더 강한 폭력으로 대응했다.)
    She **replied to** the threats by going to the police.
    (그녀는 위협을 경찰에 보고함으로써 대처했다.)

3. answer to와 reply to: 편지나 초대 또는 공지에 대해 "회답하다, 응하다"를 표현할 때 사용된다.

    He got a job by **answering to/replying to** an ad in the paper.
    (그는 신문에 실린 광고에 응모하여 직업을 구했다.)

Since Margaret hasn't **answered to/replied to** the invitation, we're assuming she isn't coming. (마가렛이 초대에 회신을 보내지 않아서 오지 않는 것으로 생각하고 있다.)

4 respond (to): 글이나 말로써 응답하는 것을 의미한다.

He **responded** that he didn't want to see anyone. (그는 아무도 만나지 않겠다고 말했다.)
How do you **respond to** the allegations that you deliberately deceived your employer. (당신은 고용주를 의도적으로 속였다는 주장에 대해 어떻게 답할 것입니까?)

5 answer (to)와 respond (to): 비난이나 공격에 대한 반응으로 어떤 행동으로 응하는 것을 말한다.

She **responded/answered** by slamming the door behind her.
(그녀는 나가면서 문을 쾅 닫음으로써 의사를 표현했다.)
The government **answered to/responded to** public pressure by abolishing the new tax.
(정부는 대중의 압력에 새로운 세금의 폐지로 응답했다.)

A73 anticipate, expect, hope, look forward to, wait (for)

이 단어들은 공통적으로 미래에 일어날 상황에 대한 "예상하다, 기대하다"를 의미한다.

1 anticipate: 어떤 상황이 일어날 것으로 예상하고 "그 상황에 대처할 준비가 되어 있음"을 암시한다.

Organizers are **anticipating** a large crowd at the carnival this weekend.
(주최 측에서는 이번 주말 카니발에 많은 대중이 올 것이라고 예상하고 있다.)
It is **anticipated** that by next year interest rates will have dropped by 1%.
(다음 해까지 이자율이 1퍼센트 내릴 것이 예상된다.)
What Jeff did was to **anticipate** my next question.
(제프가 한 일은 나의 다음 질문을 예상하는 것이었다.)

▶ anticipate는 또한 어떤 일을 "남보다 먼저 하다"를 의미할 수 있다.

It is said Columbus discovered America, but he was probably **anticipated** by Vikings 500 years before. (콜럼버스가 미 대륙을 발견한 것으로 되어 있지만, 어쩌면 그보다 500년 전에 바이킹이 앞서 했을지도 모른다.)

2 expect: "가능성이나 계획"이 있어서 어떤 상황이 발생할 것이라고 생각하거나 믿는 것을 의미한다.

The army is **expecting** a lot of casualties in the attack.
(군은 그 공격에서 큰 희생을 예상하고 있다.)
Tom had been **expecting** that Louisa would pay a visit and she did.
(탐은 루이자가 방문할 것이라고 예상했고, 실제로 방문했다.)

3   hope: "어떤 상황이 발생하거나 사실이기를 바라며" 그것이 가능하다고 생각하는 것을 의미한다.

I **hope** you have a pleasant weekend.
(즐거운 주말을 보내기 바란다.)
One of these days I **hope** to write a book about my travels.
(근일 중에 나는 나의 여행에 대한 책을 쓸 수 있기를 희망한다.)

▶ expect와 hope: expect는 어떤 상황이 일어날 것이라고 "예상하는" 것을 강조하는 반면, hope는 어떤 상황이 일어나기를 "바라거나 희망하는" 것을 강조한다. expect의 경우에는 예상하는 상황이 좋을 수도 있고 나쁠 수도 있지만, hope의 경우에는 일반적으로 좋은 상황이 일어나기를 희망하는 것을 의미한다.

We **expect** that the train will be late for about 30 minutes.
(우리는 기차가 약 30분 정도 연착할 것으로 생각한다.)
Let's **hope** we can find a parking place on Waikiki Beach.
(와이키키 해변에 주차할 장소가 있기를 바랍시다.)

We **expect** he will be late to the meeting. (우리는 그가 회의에 늦을 것이라고 생각한다.)
We **hope** he won't be late to the meeting. (우리는 그가 회의에 늦지 않기를 바란다.)

I **expect** I get a poor grade in maths. (나는 수학에서 좋지 않은 점수를 받을 것으로 생각한다.)
I **hope** I get a grade A in maths. (나는 수학에서 A 학점을 받고 싶다.)

4   wait (for): 어떤 상황이 발생하거나 또는 어떤 사람이 도착할 때까지 어느 곳에 머물거나 다른 것을 하지 않는 것을 의미한다. await는 문어적 단어이며 현대영어에서는 wait (for)가 널리 쓰인다.

The committee is **waiting for/awaiting** a decision from head office before it takes any action. (위원회는 행동을 하기 전에 본사의 결정을 기다리고 있다.)
Kelly was standing outside the supermarket, **waiting for** a bus.
(켈리는 슈퍼마켓 밖에서 버스를 기다리면서 서 있었다.)

▶ expect와 wait: expect는 어떤 상황이 단순히 일어날 것이라고 "예상하는" 것을 의미하는 반면, wait는 이미 일어났어야 할 상황이 일어나지 않아서 그 상황이 일어나기를 "기다리는" 것을 의미한다.

She's **expecting** her husband to lose his job in the next few days.
(그녀는 남편이 며칠 후에 직장을 잃을 것이라고 예상하고 있다.)
(*She's **waiting for** her husband to lose his job in the next few days.)

We **expect** him to be home at 10 o'clock. (우리는 그가 10시에 집에 올 것으로 예상한다.)
We **waited for** him to be home by 10 o'clock. (우리는 그가 10시까지 집에 오기를 기다렸다.)

5   look forward to: 발생할 어떤 상황을 "즐거운 마음으로 기다리는" 것을 의미한다.

We're all **looking forward to** working with the new Prime Minister.
(우리 모두는 새 수상님과 함께 일하기를 고대하고 있습니다.)
I'm really **looking forward to** our vacation in Europe next year.
(나는 내년에 갈 유럽 휴가를 학수고대하고 있다.)

6   **구조**: 이 동사들은 다양한 보충어를 취한다.

(1) 자동사: hope, wait

Let's **hope** for the best. (잘될 것으로 기대합시다.)
Hurry up, everybody's **waiting**. (서둘러라. 모두 기다리고 있다.)

(2) 직접목적어: anticipate, expect, hope, wait, look forward to

(a) 명사구 보충어: anticipate, expect, look forward to

We all **anticipated a good time** at the party.
(우리 모두는 파티에서 즐거운 시간을 가질 것이라고 예상했다.)
We're **expecting an important letter** from the President.
(우리는 대통령으로부터 올 중요한 서신을 기다리고 있다.)
The children are **looking forward to the picnic**. (아이들은 피크닉을 학수고대하고 있다.)

(b) 전치사구 보충어: hope, wait

We're all **hoping for good weather** on our graduation day.
(우리 모두는 졸업식 날에 날씨가 좋기를 바라고 있다.)
They **waited for a taxi** for an hour. (그들은 택시를 한 시간 동안 기다렸다.)

(c) that-절 보충어: anticipate, expect, hope

Scientists **anticipate that there'll be a huge volcanic eruption on Mt. Baekdu**.
(과학자들은 백두산에서 큰 화산폭발이 있을 것이라고 예상한다.)
Few **expected that he would declare his candidacy for the Republican nomination for the presidency**.
(그가 공화당 대통령 후보지명에 참가를 선언할 것이라고 예상한 사람은 많지 않았다.)
Let's **hope** and pray **that the war will soon be over**.
(우리는 전쟁이 곧 끝나기를 희망하면서 기도합시다.)

(d) 동명사구 보충어: anticipate, look forward to

I didn't **anticipate having to do the cooking myself**.
(나는 내 스스로 요리를 해야 한다는 것은 예상치 못했다.)
We're **looking forward to seeing you soon**.
(우리는 당신을 곧 만날 수 있기를 고대하고 있습니다.)

(e) 부정사구 보충어: expect, hope, wait

I was **expecting to be offered financial assistance** for my research.
(나는 나의 연구에 대한 재정적 도움이 제공되기를 기대하고 있다.)

Someday I **hope to visit the Antarctica**. (언제고 나는 남극을 방문하고 싶다.)
All these people are **waiting to see the manager**.
(이 모든 사람들이 지배인을 보려고 기다리고 있습니다.)

(3) 직접목적어 + 부정사구 보충어: expect, wait

We never **expected him to stay so long**.
(우리는 그가 그렇게 오래 머물 것이라고 예상하지 못했다.)
He paused, **waiting for her to tell the truth**.
(그는 그녀가 진실을 말하기를 기다리며 잠시 멈췄다.)

(4) expect a lot/too much + of someone: 어떤 사람이 능력 이상의 행동을 하기를 기대할 때 사용된다.

The parents always **expect too much of their children**.
(부모는 항상 자신의 자식들에게서 지나치게 많은 것을 기대한다.)

(5) 진행형: expect와 hope는 일반석으로 단순현재형과 진행형이 거의 같은 의미로 쓰인다. 예외로는 expect가 "that-절"을 보충어로 취할 경우 진행형이 일반적으로 사용되지 않는다.

We **hope** that it won't rain tomorrow.
We're **hoping** that it won't rain tomorrow. (우리는 내일 비가 안 오기를 바란다.)

He **expects** John to work with her.
He's **expecting** John to work with her. (그는 존이 그녀와 함께 일하기를 기대하고 있다.)

They **expect** that there'll be no class tomorrow. (그들은 내일 수업이 없을 것이라고 예상한다.)
(*They're **expecting** that there'll be no class tomorrow.)

He **hopes** her to get home in time.
He's **hoping** her to get home in time. (그는 그녀가 제때 집에 오기를 바라고 있다.)

A74   any

any는 일반적으로 비단언적 맥락(즉 부정문이나 의문문)에 나타나며 "한정사, 대명사, 부사"로 사용될 수 있다.

| He never makes **any** big decisions. | [한정사] |

(그는 어떠한 중요한 결정도 내리지 않는다.)
| Are **any** of these books for sale? | [대명사] |

(이 책들 중에 판매하는 것이 있습니까?)
| He didn't want to stay at that hotel **any** longer. | [부사] |

(그는 그 호텔에 더 머물고 싶지 않았다.)

1   **불확정적 수량**: any는 수식하는 명사의 확정되지 않은 수량을 표현할 때 사용된다.

Do you need **any further information** about our firm?
(당신은 우리 회사에 대해서 정보가 더 필요합니까?)
No one has shown **any interest** in my proposal.
(내 제안에 대해서 아무도 관심을 보이지 않았다.)
There was hardly **any food** left when we got there.
(우리가 그곳에 도착했을 때는 먹을 것이 거의 남아 있지 않았다.)

any와 대조를 이루는 some에 대해서는 S24를 보라.

2 **부사**: any는 "형용사"와 "부사"의 비교급 앞에서 "좀, 조금이라도"라는 의미의 부사 혹은 강조부사로 사용된다.

Do you feel **any better**? (기분이 좀 나으십니까?)
They're too tired to go **any further**. (그들은 너무나 지쳐서 조금도 더 갈 수가 없었다.)

▶ any는 no와 더불어 "different, good, use"와 같은 표현과 함께 사용될 수 있다.

This television show doesn't look **any different** from the other one you showed me.
(이 텔레비전 쇼가 네가 나에게 보여준 다른 것과 다를 바가 조금도 없다.)
If it's **any good/use**, I'll buy it. (필요가 있다면 그것을 사겠다.)
It's **no good/use** useless) crying over spilled milk. (엎지른 물은 주워 담을 수 없다.)

3 **any of**: 대명사 any는 of와 함께 (정관사, 지시가, 소유격과 같은) "한정사"를 가진 "명사구"나 "대명사" 앞에 올 수 있다. 다음을 비교해 보라.

You can choose **any books** on the list. (목록의 어느 책도 선택할 수 있다.)
(= You can choose **any of the books** on the list.)
(*You can choose **any of books** on the list.)
(*You can choose **any the books** on the list.)
I didn't buy **any apples** in the grocery store. (나는 식품점에서 사과를 하나도 안 샀다.)
I didn't eat **any of the apples** in the refrigerator.
(나는 냉장고의 사과를 하나도 먹지 않았다.)
I don't remember **any stories** he told us.
(나는 그가 우리에게 해준 이야기들 중에 어느 것도 기억 못 한다.)
I wasn't interested in **any of the stories** he told us
(나는 그가 우리에게 해준 이야기 중에 하나도 관심이 없다.)
I don't think **any faculties** want to teach at the weekend.
(나는 교수 중에 누구도 주말에 수업하고 싶어 한다고 생각하지 않는다.)
I don't think **any of them** want to work on the weekend.
(나는 그들 중에 누구도 주말에 일하고 싶어 한다고 생각하지 않는다.)

▶ "any of + 복수명사"가 주어일 경우 동사는 "단수" 혹은 "복수"가 될 수 있다. 구어체에서는 복수가 더 흔히 쓰인다.

Is/Are **any of the paintings** for sale? (이 그림들 중에 판매하는 것이 있습니까?)
If **any of you is/are** interested, let me know.
(여러분 중에 흥미를 가진 사람이 있으면 나에게 알려주십시오.)
... **any of you** who **does** not give up everything he has cannot be my disciple.
(... 너희 중의 누구든지 자기의 모든 소유를 버리지 아니하면 능히 내 제자가 되지 못하리라.) [눅 14:33]

4   **독립적** any: 그 의미가 명백하면 any 다음에서 명사가 생략될 수 있다.

"Have you found out new evidence?" "I haven't **any** yet."
("새로운 증거를 찾았습니까?" "아직 아무것도 못 찾았습니다.")
He inherited a lot of money from his father, but there isn't **any** left.
(그는 아버지로부터 많은 돈을 상속받았지만 남은 것이 하나도 없다.)

5   **at all**: "at all"은 종종 "(not) any"의 의미를 강조하기 위해 쓰이기도 한다. (A114.3을 보라.)

He didn't play **any games at all**. (그는 전혀 게임을 하지 않는다.)
Does she speak **any French at all**? (그녀는 프랑스어를 조금이라도 합니까?)
Is there **any reason at all** to feel guilty? (죄의식을 느낄 무슨 이유라도 있습니까?)

some에 대해서는 S23과 S24를 보라.
any more/longer에 대해서는 N21을 보라.

A75   any와 ARTICLES (관사)

1   any와 a/an: any는 부정관사 a/an이 함께 사용될 수 없는 "불가산명사"나 "복수명사"와 함께 사용될 수 있다. 그런 의미에서 any는 불가산명사와 복수명사의 "부정관사"라고 할 수 있다. (A90을 보라.) 다음의 예들을 비교해 보라.

[단수가산명사]
He doesn't have **a child**. (그에게는 아이가 없다.)
*He doesn't have **child**.
*He doesn't have **any child**.

[복수명사]
*He doesn't have **a children**.
He doesn't have **children**. (그에게는 아이가 없다.)
He doesn't have **any children**. (그에게는 아이가 없다.)

[불가산명사]
*He doesn't have **an information** about the fire.
He doesn't have **information** about the fire. (그는 화재에 대해서 아는 것이 없다.)
He doesn't have **any information** about the fire. (그는 화재에 대해서 아는 것이 없다.)

위의 예에서 볼 수 있듯이 부정관사 "a(n)"는 단수가산명사와만 쓰일 수 있는 반면, "any"는 불가산명사와 복수가산명사와 함께 쓰일 수 있다. (A88.1을 보라.)

▶ 특히 any는 위의 의미로 "단수가산명사"와 함께 쓰이지 않는다는 점에 유의하라.

She doesn't have **a job**. (그녀는 직업이 없다.)
(*She doesn't have **any job**.)
Do you know **a good doctor**? (좋은 의사를 알고 계세요?)
(*Do you know **any good doctor**?)

▶ "difference, idea, reason"과 같은 "가산성 추상명사"가 "불가산명사"로 쓰일 경우에는 any와 함께 나타날 수 있다.

She doesn't have **any idea** where they've gone. (그녀는 그들이 어디로 갔는지 모른다.)
Is there **any difference** between the parties on public health issues?
(공공 건강 문제에 있어서 두 당 간에 무슨 차이가 있습니까?)
We don't have **any reason** to expect prices to fall.
(우리는 가격이 하락할 것이라는 아무런 근거를 가지고 있지 않습니다.)

2\. **any와 영의 관사** (zero article): any가 "불가산명사"나 "복수명사"와 함께 쓰일 경우 불확정적 수량을 암시하는 데 반하여, 수량에 대한 관심이 없을 때에는 일반적으로 관사를 쓰지 않는다. (상세한 것은 A91을 보라.) 다음을 비교해 보라.

Is there **any water** left in the refrigerator?
(냉장고에 물이 좀 남아 있습니까?)
Is there **water** left in the refrigerator?   [물의 양보다 존재여부에 관심]
(냉장고에 물이 있습니까?)

He doesn't have **any money**.   [돈이 한 푼도 없다는 의미]
(그에게는 돈이 한 푼도 없다.)
He doesn't have **money**.   [돈의 양에는 관심이 없음]
(그에게는 돈이 없다.)

A76 any와 either

둘 중에 하나를 선택할 경우에는 any가 아니라 either를 사용한다. (all과 both의 유사한 관계에 대해서는 A46.1을 보라.)

There's tea or coffee — you can have **either/*any**.
(차와 커피 중에 하나를 마실 수 있습니다.)
I can write with **either/*any hand**. (나는 양손으로 다 글을 쓸 수 있다.)
You can park the car on **either/*any side** of the road.
(도로 양편에 다 주차할 수 있습니다.)
I haven't met **either/*any of your parents**.
(나는 너의 부모님 중에 한 분도 만나 뵙지 못했다.)

A77 any와 every

1   **any와 긍정문**: any는 긍정문에서 사용될 경우 집단을 이루는 구성원 중에 "누구든, 어느 것이든, 무엇이든"을 표현하게 된다. 따라서 한 "집단의 모든 구성원"에 해당하는 상황을 말할 때는 every와 같은 뜻으로 사용되며, 항상 any에 주강세가 온다.

    Any/Every time I go to Seoul, I get caught in a traffic jam.
    (나는 서울에 갈 때마다 교통체증에 휘말린다.)
    Any/Every child would know that. (어린아이도 그것을 알 것이다.)
    Ask **any/every teacher** here and they'll tell you I'm right.
    (여기 있는 선생님 누구에게나 물어보십시오. 내가 옳다고 말할 것입니다.)
    Any/Every person who breaks the rules will be punished.
    (규칙을 어기는 사람은 누구든지 처벌을 받을 것이다.)
    We eat **any/every** kind of vegetables. (우리는 모든 종류의 야채를 먹습니다.)

2   **any와 every**: any는 한 집단의 각 구성원을 가리키는 데 반하여, every는 (all과 같이) 구성원 모두를 함께 가리키기 때문에, 어떤 "한 구성원에 해당하는 상황"을 말할 때는 any를 every로 대치할 수 없다. 다음을 비교해 보라.

    You can paint the house **any color** you like.
    (당신은 좋아하는 색으로 집을 칠할 수 있습니다.)
    (*You can paint the house **every color** you like.)
    You will find me at my desk at **any hour** of the day.
    (당신은 낮 시간 언제든지 제 사무실에 오면 저를 볼 것입니다.)
    (*You will find me at my desk at **every hour** of the day.)

    Every student (= All students) must hand in their assignment by Wednesday.
    (모든 학생은 숙제를 수요일까지 제출해야 한다.)
    (***Any student** must hand in their assignment by Wednesday.)
    Every boy (= All the boys) in the class passed the examination.
    (반의 모든 학생이 시험에 통과했다.)
    (***Any boy** in the class passed the examination.)

    every에 대해서는 E32를 보라.

A78 (not) any, no, none

1   **not any와 no**: no는 "not any"와 같은 의미를 갖지만 더 강조적이다.

    She **doesn't** have **any** friends. (그녀는 친구가 없다.)
    (= She **doesn't** have friends.)
    She has **no** friends. (그녀는 친구가 하나도 없다.)

    ▶ "not any"는 문장의 "주어 위치"에 올 수 없으며, 대신에 no가 일반적으로 사용된다.

No liqueur is allowed in the dormitory. (기숙사에서는 술이 허용되지 않는다.)
(***Not any** liqueur is allowed in the dormitory.)
(참고: They **don't** allow **any** liqueur in the dormitory.)

No students came to the concert last night.
(어제 저녁에 학생이 한 명도 음악회에 오지 않았다.)
(***Not any** students came to the concert last night.)

2 not any와 none: "not any" 대신에 none이 사용될 수 있으며 더 강조적이다.

There was**n't any** left. (아무것도 남지 않았다.)
There was **none** left. (남은 것이 하나도 없다.)

더 상세한 것은 N23을 보라.

A79 anyway

▶ anyway는 접속어로 사용된다.

"Mammy, can I have that doll for my birthday?"
"No, it's too expensive. **Anyway**, you have enough dolls already."
("엄마! 내 생일선물로 저 인형 사줄 수 있어요?" "너무나 비싸서 안 돼! 아무튼, 너 이미 인형을 많이 가지고 있잖아.")

▶ anyway는 종종 대화 중에 주제를 바꿀 때 사용된다.

"Dad's really old. He's nearly eighty one." "Is he? **Anyway**, let's not talk about ages."
("아버지가 정말로 늙으셨어. 거의 81세셔." "그래? 그런데, 우리 나이 얘기하지 말자.")

▶ anyway는 "어떻게 해서도(anyhow)/어쨌든"의 의미로 문미위치에 온다.

I don't care what you say; I'm going to do it **anyway**.
(나는 네가 무슨 말을 하든지 관심이 없다. 어쨌든 나는 그것을 할 것이니까.)
He may not like my visit, but I shall go and see him **anyway**.
(그는 내가 오는 것을 싫어할 수도 있지만, 나는 기어코 가서 그를 만날 것이다.)

A80 APOLOGIES (사과)

"사과"란 하지 말아야 할 것을 한 것에 대해 미안함을 표시하는 것이다. 사과할 때는 억양이 특히 중요한 역할을 한다.

1 작은 일: 심각한 실수가 아닐 경우에는 "(I'm) sorry", "excuse me", "I beg your pardon" 등을 사용한다. (E38을 보라.)

One coffee, please. **Sorry**, I only have a $50 bill.
(커피 한 잔 주십시오. 미안합니다만 50불짜리 지폐밖에 없는데요.)

Excuse me. Could I go past? (실례합니다. 좀 지나갈 수 있을까요?)
Excuse me, can you tell me the way to the museum please?
(죄송합니다. 박물관 가는 길을 좀 알려줄 수 있습니까?)
Oh, **I'm sorry**, did I disturb your nap? (미안합니다. 단잠을 깨웠지요?)
I beg your pardon. I didn't realize this was your parking space.
(정말 미안합니다. 여기가 어르신의 주차공간인 줄 몰랐습니다.)

2   큰 실수: 상대방에게 폐가 되는 일을 저질렀을 때

Oh, dear. **I'm terribly sorry**. We'll have your suit cleaned. **I do apologize**.
(아유, 정말로 죄송합니다. 양복을 세탁해 드리겠습니다. 진실로 사과드립니다.)
Will you forgive me if I miss the meeting?
(내가 회합에 참석하지 못해도 용서해 주십시오.)
I'm extremely sorry for forgetting to mail that letter.
(편지를 부치는 것을 잊었습니다. 정말로 죄송합니다.)

3   격식을 갖춘 사과: 어떤 일에 대한 공식적인 사과를 할 때

I'd like to apologize for what I said last night.
(제가 어젯밤에 한 말에 대해서 사과드리고 싶습니다.)
I apologize for leaving school without your approval.
(허락을 받지 않고 학교를 떠난 것을 사과드립니다.)

4   문서를 통한 사과 (written apologies): 글로써 사과를 표현할 경우

We regret that we will be unable to meet your order of 10,000 toy cars for Christmas because of our limited production capacity; we can only supply 1,000 before Christmas. **We sincerely apologize for** any inconvenience this may cause ...
(우리의 제한된 생산능력 때문에 귀하께서 크리스마스를 위하여 10,000개의 장난감 자동차를 주문한 것을 채울 수 없게 되어 유감스럽게 생각합니다. 크리스마스 전에 1,000개만을 공급할 수 있을 것 같습니다. 불편을 드리게 되어 진심으로 사과드립니다 ...)

A81   APPOSITION (동격)

동격구문에는 두 가지 유형이 있다. 두 개의 명사구로 구성된 것과 명사구 뒤에 절이 오는 구조가 있다.

1   **명사구 + 명사구**: 동격은 동일한 사람이나 사물을 가리키는 두 명사구를 나란히 배치하는 구조관계를 말한다. 동격에는 비제한적(nonrestrictive) 동격구조와 제한적(restrictive) 동격구조가 있다. 전자는 일반적으로 두 명사구 사이에 쉼표(콤마)를 찍으며 읽을 때도 떼어 발음한다. 이것은 마치 제한적/비제한적 관계절과 같다. (R12와 R13을 보라.)

   (1) 비제한적 동격: 뒤의 명사구가 앞 명사구에 단순히 추가적인 정보를 제공한다.

Fred, my cousin, lives in **Seoul, the capital city of Korea**.
(나의 조카 프레드가 한국의 수도 서울에 산다.)
Pat Buchanan, the independent candidate, is unlikely to win the election.
(독립적인 후보자인 팻 부캐넌은 선거에서 승리할 것 같지 않다.)

(2) 제한적 동격: 뒤의 명사구가 앞의 명사구의 속성을 확인하고 규정한다.

My cousin Fred lives in Seoul. (나의 조카 프레드는 서울에 산다.)
I've just finished reading **Dan Brown's novel "The Da Vinci Code"**.
(나는 방금 댄 브라운의 소설 〈다빈치 코드〉를 다 읽었다.)
[뒤의 명사구는 앞 명사구가 가리키는 대상을 확인시켜 준다.]

2 **명사구 + 절**: 동격절 구조는 명사구 다음에 절이 뒤따라 나온다는 점에서 외견상 관계절 구조와 유사하다. 차이점은 관계절에는 절을 구성하는 데 반드시 필요한 성분이 선행사 명사구로 표현되는 데 반하여, 동격절에는 그러한 결함이 나타나지 않는다. 다음을 비교해 보라.

That was **the news that we heard** ____ **on TV last night**.　　　[관계절]
(그것은 어젯밤에 우리가 텔레비전에서 들은 뉴스였다.)
We're delighted at **the news that my daughter is pregnant**.　　　[동격절]
(우리는 딸이 임신했다는 소식에 아주 기뻤다.)
The suggestion that he made ____ was worthless.　　　　　　　[관계절]
(그가 낸 제안은 쓸모없는 것이었다.)
The suggestion that the school should be built near the residential area was supported by the majority.　　　　　　　　　　　　　　　　　　　　　　　　　[동격절]
(학교를 주택지구 가까이 세워야 한다는 제안은 대다수의 지지를 받았다.)

3 **동격절을 이끄는 명사**: 동격절을 이끄는 명사는 일반적으로 "추상명사"다. 추상명사에는 동사 또는 형용사에서 파생된 파생 추상명사(예: decision, suggestion 등)와 비파생 추상명사(예: idea, fact 등)가 있다.

The idea that the problem will resolve itself is ridiculous.
(문제가 스스로 해결된다는 생각은 우스꽝스럽다.)
They were surprised at **the fact that he had murdered someone**.
(그들은 그가 살인했다는 사실에 놀랐다.)
I'm worried with **the thought that I might not have a job next year**.
(나는 내년에도 실직할지도 모른다는 생각에 괴롭다.)
The belief that no one is infallible is well-founded.
(누구도 절대적으로 옳을 수 없다는 믿음은 충분한 근거가 있다.)

파생명사에 대해서는 D11을 보라.

A82 appraise와 apprise

appraise[əpréɪz]는 "평가하다(evaluate), 판단하다(judge)"를 의미하고, apprise[əpráɪz]는 "...에 알리다(inform), ...에 통고하다(notify)"를 의미한다.

The couple **appraised** the house carefully before offering to buy it.
(그 부부는 그 집을 사기로 하기 전에 꼼꼼하게 평가해 보았다.)
The committee strongly recommended that the company **appraise** its recruit policy.
(위원회는 회사가 사원모집정책을 평가해 볼 것을 강력하게 추천했다.)

I needed to **apprise** the students of the dangers that may be involved.
(나는 학생들에게 일어날 수도 있는 위험에 대해서 알려줄 필요가 있었다.)
Have the customers been fully **apprised** of the advantages?
(고객님들에게 유리한 점에 대해서 충분히 알려드렸습니까?)

A83 apprehend와 comprehend

apprehend는 어떤 표현이나 상황의 "의미를 파악하는 것"을 의미하고, comprehend는 어떤 상황을 "포괄적으로 완전히 이해하는 것"을 의미한다.

They were slow to **apprehend** the danger. (그들은 위험을 파악하는 데 느렸다.)
I failed to **apprehend** why he was behaving like that.
(나는 그가 왜 그렇게 행동하는지 이해를 못 했다.)

▶ apprehend는 "체포하다, 구금하다(arrest)"의 의미로도 쓰인다.

The police have finally **apprehended** the killer. (경찰은 드디어 살인자를 체포했다.)

His lectures are always difficult to **comprehend**. (그의 강의는 항상 이해하기가 어렵다.)
I just don't **comprehend** her behaviors in the party.
(나는 파티에서의 그녀의 행동을 도저히 이해할 수가 없다.)

A84 apt, likely, liable

apt는 습관적이며 때때로 내재적인 "경향/성향"을 의미하고, likely는 상황의 본질이나 여건에 따라 발생할 수 있는 "개연성"을 의미하며, liable은 부담이 되거나 불이익이 될 수도 있는 "상황에 처할 수 있음"을 암시한다.

He's **apt** to get very upset when things go wrong.
(그는 일이 잘못될 경우 매우 화를 내는 경향이 있다.)
The pond was **apt** to dry up during summer, causing us great inconvenience.
(그 연못은 여름에 물이 말라버려서 우리에게 큰 불편을 주기 쉽다.)

He's **likely** to get very upset when things go wrong.
(그는 일이 잘못될 경우 매우 화를 낼 가능성이 있다.)

They're not **likely** to return after the beating that you gave them.
(너희들한테 패했으니까 그들이 돌아올 가능성은 없다.)

You're **liable** to be sued for breach of contract.
(너는 계약위반으로 고소당할 수 있다.)

The car's **liable** to overheat on long driving in hot weather.
(자동차는 더운 날씨에 오래 운전하면 과열할 수 있다.)

A85 Arab, Arabic, Arabian

이 단어들은 "형용사"로서 아랍과 관련 있는 표현에 사용되는 단어지만, 교환해서 사용되는 것이 허용되지 않는다.

1   Arab: "아랍인"이나 그들의 "문화 일반"을 가리킬 때 사용된다.

Some shops on this street are run by **Arab businessmen** who immigrated into Korea.
(한국으로 이민 온 아랍 상인들이 이 거리의 몇몇 상점을 운영하고 있다.)

The minister welcomed the **Arab prince** at Incheon International Airport.
(장관은 인천국제공항에서 아랍 왕자를 맞이했다.)

He taught **Arab history** at college before retiring.
(그는 은퇴 전에 대학에 아랍역사를 가르쳤다.)

The United Arab Republic was formed between Egypt and Syria in 1958.
(아랍 연맹 공화국은 1958년에 이집트와 시리아 사이에 구성되었다.)

▶ 아랍인 전체를 말할 때는 "the Arabs"라고 한다.

The Arabs conquered North Africa, Syria and Mesopotamia in the 7th Century.
(아랍인들은 7세기에 북아프리카, 시리아, 메소포타미아를 정복했다.)

2   Arabian: 홍해와 페르시아 만 사이의 "아라비아 반도(Arabia)와 관련 있는" 것을 표현할 때 사용된다.

Saudi Arabia occupies most of **the Arabian Peninsula**.
(사우디아라비아는 아라비아 반도의 대부분을 점유하고 있다.)

Our company are presently digging several oil wells in **the Arabian Desert**
(우리 회사는 현재 아라비아 사막에서 여러 개의 유정을 파고 있다.)

The Arabian horse is one of the earth's most beautiful creatures.
(아라비아 말은 지구상에서 가장 아름다운 피조물의 하나다.)

My boss drinks only **Arabian coffee** after lunch.
(우리 사장님은 점심 후에 아라비아커피만 마신다.)

We were all amazed at the stories in **the Arabian Nights**, when we were children.
(우리는 어렸을 때 〈아라비안 나이트〉의 이야기에 모두 반했었다.)

3   Arabic: "아랍어와 그와 연관된 것" 또는 "아랍 기원의 문학작품이나 문화의 산물"을 가리

킬 때 사용된다.

Some people think that Iranians speak **Arabic** as their mother tongue.
(어떤 사람들은 이란 사람들이 아랍어를 모국어로 쓴다고 생각한다.)
Europeans began to use **Arabic numerals** from the 12th century or so.
(유럽인들은 12세기경부터 아라비아숫자를 사용하기 시작했다.)
Turkey switched to Roman Alphabet from **Arabic Alphabet** in 1928.
(터키는 1928년에 아라비아 문자에서 로마 문자로 바꾸었다.)

A86 arise, raise, rise

"arise, raise, rise"는 유사한 의미를 가진 동사로 종종 혼동을 일으킨다. arise와 rise는 불규칙동사로서 자동사이지만, raise는 규칙동사로서 타동사다.

arise – arose – arisen   rise – rose – risen   raise – raised – raised

1   arise: "(사건, 어려움 등이) 일어나다, 발생하다"라는 뜻으로 사용된다. arise는 시에서 가끔 "(잠자리에서) 깨어나다(get up)"라는 뜻으로 사용되기도 한다.

Difficulties will **arise** as we do our job. (우리가 일을 하다보면 어려운 일이 있을 것이다.)
A crisis has **arisen** in the Ministry of Foreign Affairs. (외무부에 위기가 발생했다.)
Miss Park has finally **arisen** from her sickbed for five years.
(박 양은 5년간의 병상에서 드디어 일어났다.)

2   rise: "(해, 달 등이) 뜨다, (fall의 반의어로) 오르다, 상승하다"의 뜻으로 주로 사용된다. 또한 rise는 좀 딱딱한 표현이지만 "get/stand up"의 뜻으로 사용된다.

The river **rose** high after the heavy rain. (폭우 후에는 강물이 크게 불어났다.)
Sales of LCD televisions **rose** by 20% over the Christmas period.
(LCD 티브이의 판매가 크리스마스 기간 동안에 20퍼센트가 증가했다.)
My grandfather **rises** at 5 o'clock every morning to do his exercises.
(나의 할아버지는 매일 아침 5시에 잠자리에 일어나 운동을 하신다.)

3   raise: "…을 올리다, …을 (똑 바로) 세우다"를 의미한다.

I **raised** my finger to my lip as a sign for silence.
(나는 침묵의 표시로 손가락을 들어 입술에 갖다 댔다.)
Many shops have **raised** their prices. (많은 상점들이 가격을 올렸다.)

▶ raise는 미국영어에서 "(아이를) 기르다(bring up)"라는 의미로도 널리 쓰인다.

Helen's father died, leaving her mother to **raise** four children alone.
(헬렌의 아버지는 어머니에게 네 아이를 홀로 키우게 한 채 돌아가셨다.)
She married a Christian, despite being **raised** a Buddhist.
(그녀는 불교신자로 자랐지만 기독교인과 결혼했다.)

A87 arouse와 rouse

1   arouse: "(분노나 흥미를) 유발하다, (성적으로) 흥분시키다"를 의미한다.

His behavior was **arousing** the interest of the neighbors.
(그의 행동은 이웃들에게 흥미를 갖게 했다.)
Carl's decision **aroused** a great deal of anger among us.
(칼의 결정은 우리들 사이에 큰 분노를 일으켰다.)
He felt **aroused** by the pictures of naked women.
(그는 여자의 나체사진을 보고 성적으로 흥분했다.)

▶ arouse는 문학작품에서 종종 "(잠을) 깨우다(wake (up))"의 의미로 쓰인다.

About two o'clock, we were **aroused** from our sleep by a knocking at the door.
(우리는 2시경에 문을 두드리는 소리에 잠을 깼다.)

2   rouse: 무기력함에서 "각성시키다, 분발하게 하다"를 의미한다.

He seemed unable to **rouse** himself to do anything valuable.
(그는 어떤 가치 있는 일을 하도록 자신을 분발시킬 수 없는 것 같다.)
The speaker attempted to **rouse** the crowd with a cry for action.
(연사는 행동할 것을 외치면서 대중들을 분발시키려고 시도했다.)

▶ rouse는 격식적 문체에서 "wake up" 대신에 쓰이기도 한다.

I was **roused** by the ringing of a bell. (나는 벨 소리에 깼다.)
It's not easy to **rouse** the children in the morning.
(아침에 아이들을 깨우는 일은 쉽지 않다.)

A88 ARTICLES (관사)-1: 개요

영어에서 관사를 올바르게 사용하는 것은 가장 어려운 부분의 하나다. 다행스럽게도 대부분의 경우 관사를 잘못 사용하는 것이 의사소통 자체에는 큰 문제가 되지 않는다. 문장에서 모든 관사를 지워버린다고 해도 문장의 의미를 이해하는 데는 큰 어려움이 없다.

*I have nice living room, but everyone sits in kitchen even though living room is prettiest room in apartment.

위 표현에 필요한 관사를 넣으면 다음과 같다.

I have **a** nice living room, but everyone sits in **the** kitchen even though **the** living room is **the** prettiest room in **the** apartment. (우리 집에는 아름다운 거실이 있다. 이 거실이 우리 아파트에서 가장 아름다운 방이지만 모두들 부엌에 앉아 있다.)

1   **종류**: 관사는 학자에 따라 세 가지 또는 네 가지 종류로 분류된다. 관사에는 "부정관사 (indefinite article)"라고 부르는 a/an, "정관사(definite article)"라고 부르는 the, 관사나 다

른 한정사를 포함하고 있지 않은 명사에 나타나는 형태와 소리가 없는 "영의 관사(zero article)"가 있다. 학자에 따라서는 부정관사의 복수 개념으로 사용되는 some과 any를 관사로 분류하기도 한다. (A75와 S24를 보라.)

He hasn't had **a job** since 2010.	[부정관사]
(그는 2010년 이래 직업이 없었다.)	
He rejected **the job** that I offered.	[정관사]
(그는 내가 마련한 일자리를 거절했다.)	
Nowadays, **jobs** are hardly available for the boys.	[영의 관사]
(지금은 청년들을 위한 일자리가 많지 않다.)	
He hasn't had **any jobs** (*any job) since 2010.	[any]
(그는 2010년 이래 어떠한 직업도 갖지 않았다.)	
She bought **some eggs** (*some egg) in the supermarket.	[some]
(그녀는 슈퍼마켓에서 달걀 몇 개를 샀다.)	

관사는 뒤따라오는 단어의 발음에 따라 (간혹 말하는 사람의 의도에 따라) 다른 발음이나 철자를 갖는다.

2 **정관사 the**: the는 모음 앞에서는 [ði:]로 발음되고, 자음 앞에서는 [ðə]로 발음된다. 다음을 비교해 보라.

the ice [ði: ɑɪs]　　　　**the** snow [ðə snəʊ]

▶ [ði:]와 [ðə] 사이의 선택은 철자가 아니라 발음에 따라 결정된다. 자음으로 쓰였다고 할지라도 모음으로 발음되면 [ði:]로 발음된다.

the hour [ði: aʊər]　　　　**the** MP [ði: empi:]

▶ 모음 글자라 할지라도 자음으로 발음되면 the는 [ðə]로 발음된다.

the university [ðə jùːnɪvə́rsəti]
the one-pound coin [ðə wʌ́n páʊnd kɔ́ɪn]

▶ 우리는 종종 주저할 때 혹은 자음으로 시작하여도 다음 단어를 강조하고 싶을 때 the에 강세를 준 [ði:]로 발음한다.

3 **부정관사 a/an**: 정관사의 경우와 같이 a와 an의 선택은 철자가 아니라 발음에 따라 결정된다. 자음으로 쓰였다고 할지라도 모음으로 발음되면 an을 사용한다. (A1을 보라.)

an hour [ən áʊə]　　　　**an** MP [ən empí:]

▶ 모음 글자라 할지라도 자음으로 발음되면 a를 사용한다.

a university [ə jùːnɪvə́rsəti]
a one-pound coin [ə wʌ́n páʊnd kɔ́ɪn]

▶ 주저함이나 다음 단어를 강조하고 싶을 때 혹은 the와 대조를 하고 싶을 때, a를 [eɪ]로 발음하는 경우도 있다.

It's **a** [éi] reason — It's not the only reason. (그것은 한 가지 이유이고 유일한 이유는 아니다.)

4　**단수 가산명사**: 단수 가산명사는 특별한 경우를 제외하고는 항상 "관사"를 대동한다. (예외에 대해서는 A91을 보라.)

I wish I had enough money to buy **a new car**. (나는 새 차를 살만한 돈이 있었으면 좋겠다.)
(*I wish I had enough money to buy **new car**.)
Can I have **a banana**, please? (바나나 하나 먹어도 돼요?)
(*Can I have **banana**, please?)
The shirt that you have just bought is quite expensive. (네가 방금 산 셔츠가 꽤 비싸다.)
(***Shirt** that you have just bought is quite expensive.)
We spent all day at **the beach**. (우리는 온종일 해변에서 보냈다.)
(*We spent all day at **beach**.)

5　**불가산명사와 복수명사**: "불가산명사"와 "복수명사"는 일반적으로 부정관사와 함께 쓰이지 않고, 정관사나 영의 관사와 함께 쓰인다.

Water is essential for animal and plant life. (물은 동물과 식물의 생명 유지에 필수적이다.)
(***A water** is essential for animal and plant life.)
Is **the water** hot enough for a bath? (물이 목욕할 정도로 따듯합니까?)
(*Is **a water** hot enough for a bath?)

We usually have **good weather** in the summer.
(일반적으로 우리는 여름에 좋은 날씨를 갖는다.)
(*We usually have **a good weather** in the summer.)

They have to buy **new books** for the new semester.
(그들은 새 학기를 위해 새 책을 사야 한다.)
(*They have to buy **a new books** for the new semester.)

My parents ordered **new shirts** and **shoes** for us; **the shirts** were quite expensive, but **the shoes** weren't.
(부모님이 우리를 위해 새 셔츠와 신을 주문하셨는데 셔츠는 상당히 비쌌지만 신은 비싸지 않았다.)

6　**예외**: 많은 불가산명사가 "...의 유형 (a type of ...)", "...의 한 부분 (a portion of ...)"의 의미를 나타낼 경우 "가산명사"로 취급될 수 있다.

Do you have **a shampoo for dry hair**? (건조한 머리카락을 위한 샴푸가 있습니까?)
Three coffees, please. (커피 세 잔 주십시오.)

▶ 또한 많은 다른 불가산명사들도 가산명사로 사용될 수 있다. 이 명사들은 복수형이 없으며 a/an과 함께 쓰일 수 있다. 이 경우 명사는 일반적으로 형용사의 수식을 받으며 "제한적이고 특정적 의미"를 갖는다.

He has **a detailed knowledge of the business**.
(그는 그 사업에 대해서 상세하게 알고 있다.)

Any information would be **a tremendous help** to us.
(어떠한 정보도 우리에게는 큰 도움이 될 것이다.)
We all need **a good night's sleep**. (우리 모두는 하룻밤 푹 자는 것이 필요하다.)

7 **확정적 의미**: 정관사 the는 언급된 명사의 지시를 청자가 이미 알고 있다고 생각할 때 사용되고, 부정관사를 비롯한 영의 관사는 불확정적 의미를 표현한다.

He's going to take care of **the dog** while I'm away.
(그는 내가 없는 동안 개를 돌보게 될 것이다.)
He's going to buy **a dog** if I give him money. (내가 돈을 주면 그는 개를 살 것이다.)
New **books** are needed for the library. (도서관에 새로운 책이 필요하다.)

"the dog"의 경우는 화자가 어떤 개를 말하는지 청자가 알 수 있으나, "a dog"의 경우는 그렇지 않다. 마찬가지로 영의 관사를 가진 "new books"도 불확정적 의미를 가진다.

8 **특정적 의미**: 불확정적 의미를 가진 명사구는 문장에서 함께 쓰이는 다른 표현이나 맥락에 따라 "특정적(specific)" 의미를 나타낼 수도 있고 "불특정적(non-specific)" 의미를 나타낼 수도 있다.

Mary wants to marry **a doctor**. (메리는 의사와 결혼하고 싶어 한다.)

위의 문장에서 화자는 Mary가 결혼하고 싶어 하는 "특정의 의사"를 전제하고 말 수도 있고, 단순히 Mary가 의사 직업을 가진 사람과 결혼하고 싶어 한다고 말할 수도 있다. 다음의 예에서 첫 문장은 특정의 의사를 전제로 하는 데 반하여, 두 번째 문장은 불특정의 의사를 의미한다.

Mary wants to marry **a doctor**; he is an eye doctor.
(메리는 의사와 결혼하기를 원하는데 그는 안과의사다.)
Mary wants to marry **a doctor**; she doesn't have any one in mind yet.
(메리는 아직 마음에 둔 사람은 없지만 의사와 결혼하고 싶어 한다.)

▶ 다음을 비교해 보라.

특정적 의미	불특정적 의미
They've moved to **a new house**. (그들은 새집으로 이사했다.)	I'd like to have **a glass of water**. (물 한 잔 마시고 싶습니다.)
A man entered the room. (한 남자가 방으로 들어왔다.)	Please bring me **a chair**. (의자 좀 가져오시죠.)
Some people seem to think so. (어떤 사람들은 그렇게 생각하는 것 같다.)	We need **some wine**. (포도주가 좀 필요합니다.)

▶ "의문문, 명령문, 존재문"에서 불확정적 명사구는 "불특정적" 의미를 갖는다.

Did you send **a bouquet** to her? (그녀에게 꽃다발을 보냈느냐?)
Give me **a tuna sandwich**, please? (참치 샌드위치를 하나 주십시오.)
There're **some cockroaches** under the table. (식탁 밑에 바퀴벌레들이 있다.)

9   **전칭적 의미**: "정관사"와 "부정관사" 그리고 "영의 관사"가 공히 명사가 가리키는 사람이나 사물 전체를 지시하는 "전칭적(generic)" 의미를 표현할 수 있다.

A/The dog is a pet animal. (개는 반려동물이다.)
Dogs are pet animals. (개는 반려동물이다.)
Milk is health food. (우유는 건강식품이다.)

(1) 정관사 (the): 우리는 "단수 가산명사"와 "정관사 the"를 사용하여 그 명사의 전칭적 의미를 표현할 수 있다.

The dog is a faithful animal. (개는 충성스러운 동물이다.)
The panda is becoming an increasingly rare animal.
(판다는 점점 더 희귀동물이 되어가고 있다.)
The car is responsible for the damage of our environment.
(자동차가 우리 환경 손상에 책임이 있다.)

(2) 부정관사 (a/an): 우리는 또한 어떤 집단이나 부류에 속한 어느 한 구성원을 언급함으로써 그 집단이나 부류 전체를 표현할 수 있다. 이 경우 "단수 가산명사"와 "부정관사"를 사용한다. (A90.2를 보라.)

A child needs a lot of love. (어린아이는 많은 사랑을 필요로 한다.)
A cheetah can run faster than **a lion**. (치타는 사자보다 빨리 달릴 수 있다.)
He's old enough to drive **a car**. (그는 자동차를 운전할 수 있는 나이다.)

위의 문장은 단수명사를 복수명사로 대치해도 그 의미가 크게 변하지 않는다.

Children need a lot of love. (어린아이들은 많은 사랑을 필요로 한다.)
Cheetahs can run faster than **lions**. (치타들은 사자들보다 더 빨리 달릴 수 있다.)
He's old enough to drive **cars**. (그는 자동차를 운전할 수 있는 나이다.)

(3) 영의 관사: 관사가 없는 "불가산명사"와 "복수 가산명사"도 전칭적 의미를 표현할 수 있다. (A91을 보라.)

Elephants are said to have a very good memory.
(코끼리는 매우 좋은 기억력을 가지고 있다고 한다.)
Computers are an essential ingredient of modern life.
(컴퓨터는 현대생활에서 없어서는 안 되는 요소다.)
Life is too short to worry about only money! (인생은 돈만을 걱정하기에는 너무나 짧다.)

A89   ARTICLES-2: 정관사 the

1   **아는 대상**: 정관사는 맥락에 의해 혹은 이미 앞에서 언급됨으로써 청자가 어느 대상을 가리키는가를 알고 있다고 생각될 경우 사용된다.

I'm going to have a date with **the girl**. (나는 그 여성과 데이트를 하려고 한다.)
[청자가 내가 데이트할 여자가 누구인지 알고 있다고 생각할 경우]

I'm going to have a date with **a girl**. (나는 어떤 여성과 데이트를 하려고 한다.)
[청자가 내가 데이트할 여자가 누구인지 모르고 있다고 생각할 경우]

We ordered **a pizza** and **salad**. **The pizza** was nice but **the salad** was disgusting.
(우리는 피자와 샐러드를 주문했는데 피자는 좋았지만 샐러드는 혐오감을 주었다.)

"So what did you do then?" "I gave **the money** straight back to **the policeman**."
("그래서 그다음에 어떻게 했어?" "돈을 경찰관에게 바로 돌려줬어요.")
[화자는 청자가 이미 돈과 경찰관에 대해 들었기 때문에 the를 사용하고 있다.]

2   **주변 환경**: 우리가 살면서 접할 수밖에 없는 "주변에 있는 대상"은 화자나 청자가 어느 대상을 말하는지 알고 있으므로 정관사를 쓴다.

He parked **the car** in **the garage**. (그는 차고에 차를 주차했다.)
She's in **the kitchen**. (그녀는 부엌에 있다.)
John's talking to his son in **the living room**. (존은 거실에서 아들과 말하고 있다.)
We talked about **the weather**. (우리는 날씨에 대해서 말했다.)
My parents like **the sea**. (우리 부모는 바다를 좋아한다.)

the town	the mountains	the fog
the future	the country	the rain
the weather	the universe	the sea
the wind	the night	the sunshine
the seaside 등		

▶ "nature, society, space"와 같은 단어들은 일반적 의미를 가질 경우에도 영의 관사를 사용한다는 것에 유의하라. (A91을 보라.)

All these materials are found in **(*the) nature**. (이 모든 물질은 자연에서 발견된다.)
Children are the most valuable members of **(*the) society**.
(아이들은 사회의 가장 값진 일원이다.)
Who was the first American in **(*the) space**? (대기권 밖으로 나간 첫 미국인이 누굽니까?)

3   **명시된 대상**: 화자가 수식어를 써서 "특정 대상"을 가리킬 경우 정관사를 쓴다.

Who's **the man over there with John**? (저기 존과 함께 있는 남자가 누굽니까?)
Did you bring **the book that I lent you**? (내가 빌려준 책을 가져왔습니까?)
He's **the president of the Yacht Club**. (그는 요트클럽의 회장이다.)

4   **유일한 존재**: 우주의 유일한 존재로 여겨지는 것을 "보통명사"로 표현할 경우 정관사를 쓴다.

| the sun | the moon | the world |
| the stars | the earth | the North Pole 등 |

▶ 청자가 아무것도 모르고 있는 대상이라 할지라도 선택의 여지가 없을 경우에 the를 사용할 수 있다.

You don't know **the Andersons**, do you? (당신은 앤더슨 집안을 모르시지요?)
[여기서 the를 사용한 것은 화자의 주변에 단지 하나의 Anderson 가족만이 있기 때문이다.]
Have you never heard of **the Thirty Years' War**?
(당신은 30년 전쟁에 대해서 들은 적이 없습니까?) [30년 전쟁은 하나뿐이다.]

5   **최고/최초**: "최상(superlative), 최초(first), 다음(next), 마지막(last), 동일한 것(same), 유일한 것(only)"도 일반적으로 하나밖에 없기 때문에 정관사와 함께 쓰인다.

       She's **the oldest** in my family. (그녀는 우리 가족 중에 연세가 가장 많다.)
       We live in **the same town**. (우리는 같은 도시에서 살고 있다.)
       When is **the first airplane** to San Francisco?
       (샌프란시스코행 첫 비행기가 언제 있습니까?)
       He was **the only survivor** of the disaster. (그는 그 재앙의 유일한 생존자다.)

6   **문화의 산물**: "영화, 연극, 언론매체"에는 일반적으로 정관사를 쓴다.

       We go to **the movies/the theatre** every week. (우리는 매주 영화를/연극을 관람한다.)
       (참고: We go to **a movie** every week. *We go to **the movie** every week.)
       They will support the freedom of **the press**. (그들은 언론의 자유를 지지할 것이다.)

7   **전칭적 의미**: 사람이나 동물의 일반적 특성이나 상황에 대해서 말할 때 종종 정관사를 쓴다.

       The Koreans are very creative and diligent. (한국인은 매우 창의적이고 부지런하다.)
       The tiger is the most ferocious animal on land. (호랑이는 육지에서 가장 사나운 동물이다.)
       When the economy is bad, **the poor** are suffering most.
       (경제가 나빠지면 빈곤층이 가장 큰 어려움을 겪는다.)

8   **발명품**: "발명품" 또는 "악기"에는 일반적으로 정관사를 쓴다.

       Can you imagine life without **the mobile telephone** and **the computer**?
       (너는 휴대전화와 컴퓨터가 없는 삶을 상상할 수 있나?)
       They say that **the violin** is more difficult to play than **the piano**.
       (바이올린이 피아노보다 연주하기가 더 어렵다고들 한다.)
       We sat down and turned on **the radio**. (우리는 앉아서 라디오를 켰다.)

9   **유명한 대상**: 언급되는 대상이 잘 알려진 대상이라는 것을 확인시켜 줄 때 종종 the를 사용하며, 종종 정관사는 강한 발음인 [ðiː]로 발음된다.

       She married Richard Burton, **the actor**. (그녀는 그 유명한 배우 리처드 버튼과 결혼했다.)
       Antonio Gaudi, **the Spanish architect**, designed Barcelona Cathedral.
       (스페인의 건축가인 안토니오 가우디가 바르셀로나 대성당을 설계했다.)
       You are **the Judge Samuelson**, aren't you? (당신이 바로 그 새뮤얼슨 판사지요?)
       Miami is **the place** for young people who like to live life to the full.
       (마이애미는 마음껏 활기에 찬 삶을 원하는 젊은이들을 위한 그 장소다.)

10　**날짜**: 10년 또는 100년 단위의 기간을 언급할 때나 날짜를 말할 때 정관사 the를 사용한다.

　　The anthology contains works of the greatest novelists of **the 1900s**.
　　(이 문집은 1900년대의 위대한 소설가들의 작품을 수록하고 있다.)
　　In **the thirties** unemployment was widespread. (1930년대에는 실업이 팽배했다.)
　　The couple married on **the 3rd day** of December (그 부부는 12월 3일에 결혼했다.)

11　**비교급**: the + 비교급 ... the + 비교급 (C31.1을 보라.)

　　The harder you work, **the more successful** you will be.
　　(열심히 일할수록 더 성공적이 될 것이다.)
　　The more she eats, **the fatter** she gets. (그녀는 먹으면 먹을수록 더 비대해진다.)

12　**신체의 부분**: 우리 신체의 일부나 그것에 속한 것에 대해 말할 때 일반적으로 the가 아니라 "소유격"을 사용한다.

　　He stood in the doorway, his coat over **his arm**. (그는 코트를 팔에 걸고 출입구에 서 있었다.)
　　(*He stood in the doorway, the coat over **the arm**.)
　　Jean wore a string of pearls around **her neck**. (진은 줄에 낀 진주를 목에 걸고 있었다.)
　　(*Jean wore a string of pearls around **the neck**.)
　　The woman appeared with a little boy on **her back**.
　　(그 여자는 어린 남자아이를 등에 업고 나타났다.)
　　(*The woman appeared with a little boy on **the back**.)

　　▶ 그러나 절의 목적어(나 수동문의 주어)와 관련이 있는 "전치사구"를 사용하여 신체의 부분에 대해 말할 때는 보통 "정관사 the"를 사용한다.

　　She hit **him** in **the stomach**. (그녀는 그의 배를 때렸다.)
　　(*She hit **him** in **his stomach**.)
　　Can't you look at **me** in **the eye**? (나의 눈을 쳐다볼 수 없어?)
　　(*Can't you look at **me** in **my eye**?)
　　He was shot in **the right leg**. (그는 다리에 총을 맞았다.)
　　(*He was shot in **his right leg**.)

13　**수량의 단위** (unit of quantity): "판매, 생산, 분배" 등의 행위에서 수량의 단위를 "by-전치사구"로 표현할 수 있으며, 이 경우 단위 표현 앞에 "정관사 the"가 사용된다.

　　Eggs are usually sold **by the dozen**. (계란은 일반적으로 다스로 판다.)
　　We sell gasoline **by the liter** in Korea. (한국에서는 휘발유를 리터로 판다.)
　　Part-time employees are paid **by the hour**.
　　(시간제 종업원은 시간 단위로 돈을 받는다.)
　　She gave out candies to the kids **by the handful**.
　　(그녀는 아이들에게 사탕을 한 줌씩 나눠주었다.)

　　the blind 등에 대해서는 A22.1을 보라.

the Japanese 등에 대해서는 A22.4를 보라.
next와 the next에 대해선 N18을, last와 the last에 대해서는 L1을 보라.

A90   ARTICLES-3: 부정관사 a/an

부정관사는 "단수가산명사"와 함께 사용되고 "불가산명사"와는 함께 사용되지 않는다.

We need **a good computer** to continue the research.   [가산명사]
(우리는 연구를 계속하려면 좋은 컴퓨터가 필요하다.)
(*We need **good computer** to continue the research.)

I need **good advice** about buying a home.   [불가산명사]
(나는 집을 사는 것에 대해 좋은 조언을 원한다.)
(*I need **a good advice** about buying a home.)

가산명사와 불가산명사에 대해서는 N28을 보라.

1   **처음 언급**: 처음으로 언급하는 대상이나 청자가 모르는 대상을 언급할 때 일반적으로 부정관사를 사용한다.

   The old lady bought **a beautiful boat**. But **the boat** needs some repairing.
   (그 노부인이 멋있는 배를 샀다. 그런데 그 배는 좀 수리를 해야 한다.)
   An old man and **a young lady** lived in that house. **The lady** sold the house, as soon as **the old man** passed away.
   (노인 남자와 젊은 여자가 저 집에 살았었다. 그 여자는 노인이 죽자마자 집을 팔았다.)

2   **전칭적 의미**: 부정관사는 어떤 집단이나 부류에 속하는 어느 "불특정 구성원"을 언급함으로써 그 집단이나 부류 "전체"를 의미할 수 있다. (A88.9를 보라.)

   Would you like **a sandwich**? (샌드위치를 드시고 싶습니까?)
   A dictionary is **a book** that tells us about the meanings of words.
   (사전이란 단어의 뜻을 설명해주는 책이다.)
   There're no easy ways of learning **a foreign language**.
   (외국어를 배우는 데 쉬운 방법이란 없다.)

3   **직업/소속**: 부정관사는 어떤 사람의 "직업"을 말하거나 어떤 대상이 어떤 "부류"에 속하는가를 말할 때 단수 가산명사와 함께 쓰인다.

   Her husband is **a violinist**. (그녀의 남편은 바이올리니스트다.)
   He was praised as **an actor**, but less so as **a director**.
   (그는 배우로는 칭찬을 받았지만 감독으로는 별로였다.)
   What he said was meant as **a joke**. (그가 한 말은 농담으로 한 것이다.)
   He started eating **an apple**. (그는 사과를 먹기 시작했다.)
   I suggest you leave it to **an expert**. (내가 말하는데 그것은 전문가에 맡겨라.)

We're waiting for **a bus**. (우리는 버스를 기다리고 있다.)

4   **one**: 부정관사 a/an은 one의 의미로 "two, three, ..." 등과 대조를 이룬다.

He ordered **a glass** of beer and **two cups** of tea. (그는 맥주 한 잔과 차 두 컵을 주문했다.)
We lived in Seoul for **a year/five years**. (우리는 서울에 1년간/5년간 살았다.)

▶ 일반적으로 숫자 앞에서 one 대신에 부정관사 a를 쓴다.

a half   **a** dozen   **a** hundred   **a** thousand 등

hundred, thousand 등과 a에 대해서는 N43.14를 보라.

▶ 그러나 숫자를 강조할 때는 a 대신에 one이 사용된다. 다음을 비교해 보라.

Fortunately, only **one** cup was broken. (다행히도 컵 하나만 깨졌다.) [두 개나 세 개가 아닌]
Fortunately, only **a** cup was broken. (다행히도 컵 하나 깨졌다.) [다른 물건이 아닌]

5   **빈도**: 빈도를 나타내는 표현에서 부정관사 a/an은 "per, every(... 마다)"의 의미를 갖는다.

She takes a shower once **a day**/twice **a week**/six times **a year**.
(그녀는 매일 한 번씩/매주 두 번씩/매년 여섯 번씩 샤워한다.)
(= She takes a shower once **per** day/twice **per** week/six times **per** year.)
(= She takes a shower once **every** day/twice **every** week/six times **every** year.)

We pay a thousand dollars **a month** for the apartment.
(우리는 아파트 세로 매달 천 불씩 낸다.)
She eats an apple **a day** for her skin.
(그녀는 피부를 위하여 매일 사과를 한 개씩 먹는다.)
The boat is travelling fifty miles **an hour**. (이 배는 시간당 50마일을 간다.)

빈도에 대해서는 F18을 보라.

6   **수량 명사**: 부정관사는 수량을 나타내는 명사와 함께 다양한 양화사를 구성한다. (Q1을 보라.)

a bit (of)   a good/great deal of   a few (of)
a good/great many   a little (of)   a little bit (of)
a lot (of)   a (good/great/large) number (of) 등

A rat ate just **a bit** of cheese. (쥐가 치즈를 조금만 먹었다.)
A number of employees protested against their poor working conditions.
(많은 종업원이 열악한 작업환경에 대해 항의했다.)
A great many people took the street to support the new law.
(많은 국민들이 새 법을 지지하기 위하여 거리로 나왔다.)

7   **유형/부분**: 부정관사는 유형을 의미하는 "kind와 type" 그리고 "piece, cup" 등과 같은 부분

사와 함께 쓰인다. (P6을 보라.)

a kind of chair **a type** of car
a piece of cheese **a cup** of coffee

A91　ARTICLES-4: 영의 관사

대부분의 명사는 자신의 앞에 관사 또는 다른 한정사를 갖고 나타난다. 관사나 다른 한정사를 대동하지 않고 홀로 쓰이는 명사에는 관사가 없는 것으로 간주되어 왔으나, 근래에 와서는 이러한 명사에도 소리와 형태가 없는 "영의 관사(zero article)"가 있는 것으로 가정한다. 영어에서 "불확정적 의미를 가진 복수명사나 불가산명사" 앞에는 a/an 또는 the가 나타날 수 없으며, 대신에 "영의 관사"가 나타난다고 가정한다.

We're expecting **a visitor**.　　　[단수 가산명사]
(우리는 손님 한 분을 기다리고 있다.)
We're expecting **visitors**.　　　[복수 가산명사]
(우리는 손님들을 기다리고 있다.)
He picked up **a stone**.　　　[단수 가산명사]
(그는 돌 하나를 집어 들었다.)
The wall's made of **stone**.　　　[불가산명사]
(그 담은 돌로 지어졌다.)

다음의 경우에 단수 가산명사가 불가산명사처럼 관사 없이 사용된다.

1　　**시설과 기관**: 시설이나 장소를 표현하는 단수 가산명사는 그 시설이나 장소 자체보다 그 "기능" 또는 "역할"을 의미할 때는 일반적으로 "관사가 생략"된다. 특히 이 현상은 장소 전치사 "at, in, to, from, into, out of" 다음이나 동사 "begin, leave, stay, enter, start" 등 다음에서 나타난다.

In Korea children **start/begin school** at the age of six.
(한국에서는 아이들이 여섯 살에 학교에 가기 시작한다.)
What do you want to do when you **leave college**? (대학을 마치면 무엇을 하고 싶으냐?)
I met her when we were **in/at university**. (우리가 대학생일 때 나는 그녀를 만났다.)
They were late **for class** this morning. (그들은 오늘 아침에 수업에 늦었다.)
My parents go **to church** every Sunday. (나의 부모님은 일요일마다 교회에 가신다.)
Come on kids, it's time to go **to bed**. (얘들아! 잠잘 시간이다.)
He's been **out of prison/jail** for three years now. (그는 감옥에서 나온 지 3년이 되었다.)
The refugees were **at sea** for fifty days before reaching land.
(피난민들은 상륙하기까지 50일 동안 바다를 떠돌았다.)
I'm going **to town** at lunch-time to do some shopping.
(나는 점심때 시내에 가서 쇼핑을 좀 하려고 한다.)
I don't want to disturb you when you're **at table**.
(식사 중에 방해하고 싶지 않습니다.)

▶ hospital의 경우 미국영어에서는 정관사 the를 사용한다.

By the time he went **to (the) hospital,** the pain was really bad.
(그가 입원했을 때는 고통이 정말 심했다.)
She spent six months **in (the) hospital** in 2012.
(그녀는 2012년에 6개월간 병원에 입원했었다.)

▶ 그러나 장소나 시설 자체를 가리킬 때는 관사가 사용된다.

I'll meet her **at the college**. (나는 그녀를 대학에서 만나려고 한다.)
They want to send their children **to a good university**.
(그들은 아이들을 좋은 대학에 보내고 싶어 한다.)
There's no playing ground **in the school**. (학교에 운동장이 없다.)
There's a big elm tree **beside the church**. (교회 옆에 큰 느릅나무 한 그루가 있다.)
Four women were sitting **at the table**, playing bridge.
(네 여자가 식탁에 앉아서 브리지 카드놀이를 하고 있다.)

2   **식사와 음료**: 식사의 명칭을 (예: breakfast, dinner, lunch, supper, tea 등) 표현할 때는 관사를 사용하지 않는다. 그러나 "한정적 수식어"의 수식을 받을 때에는 관사가 사용된다.

My doctor says **breakfast** is an important meal.
(의사가 아침 식사를 하는 것이 중요하다고 했다.)
Dinner will be served in half an hour. (식사가 30분 후에 나올 것입니다.)
I'm afraid he'll be at **lunch** until two o'clock. (미안합니다만 그는 2시까지 점심을 하실 것입니다.)
Tea will be ready for the visitors. (방문자들을 위해 차가 준비될 것입니다.)

The breakfast they served in the hotel was excellent.
(호텔에서 제공하는 아침 식사가 훌륭했다.)
The kids will get **a hot lunch** at school during the winter.
(아이들은 겨울 동안에 학교에서 따뜻한 점심을 먹게 될 것이다.)
We had **a romantic candlelit dinner** to celebrate my wife's 50th birthday.
(우리는 내 처의 50세 생일을 축하하기 위해 촛불을 밝힌 낭만적인 만찬을 가졌다.)

3   **낮과 밤**: 하루의 일정한 기간을 의미하는 어휘는 (예: dawn, day, daybreak, dusk, midday, midnight, night, nightfall, noon, sunrise, sunset, twilight 등) 관사 없이 사용된다.

Lions usually hunt **by night** and sleep **by day**.
(사자들은 보통 밤에 사냥하고 낮에 잔다.)
We'll have to leave **before dawn** if we want to get there in time.
(그곳에 시간 내에 도착하려면 새벽에 떠나야 할 것이다.)
The street-lights turn on **from sunset to sunrise**. (가로등은 일몰부터 일출까지 켜놓는다.)
People usually lock the doors **at nightfall**. (사람들은 일반적으로 해 질 녘에 문을 잠근다.)

▶ morning과 evening은 일반적으로 관사가 사용된다.

What time do you usually get home **in the evening**? (저녁 몇 시에 보통 집에 돌아오십니까?)

I'll telephone you first thing **in the morning**. (내일 아침에 무엇보다도 먼저 당신에게 전화할게.)

They prefer working **during the night**. (그들은 밤에 일하는 것을 더 좋아한다.)
Foxes usually remain hidden **during the day**. (여우는 보통 낮 동안에는 숨어 있다.)

4 **교통수단**: "교통수단"을 의미하는 표현(예: bicycle, boat, bus, car, plane, taxi, train, tube 등)과 "교통방법"을 의미하는 표현(예: air, sea, land, road, rail 등) 그리고 "통신수단"을 의미하는 표현은 (예: radio, phone, letter, mail 등) "전치사 by"와 함께 쓰일 때 관사가 쓰이지 않는다.

I didn't know she liked to travel **by plane**. (나는 그녀가 비행기 여행을 좋아했다는 것을 몰랐다.)
Do you see anyone you know **on the plane**? (비행기에 아시는 분이 있습니까?)

Most export cargoes are transported **by sea**. (대부분의 수출화물은 배로 운송됩니다.)
John stripped his clothes and ran **into the sea**. (존은 옷을 훌훌 벗고 바다로 뛰어 들어갔다.)

Most of his work is carried out **by phone**. (그는 대부분의 일을 전화로 한다.)
He usually does his work **over the phone**. (그는 보통 자신의 일을 전화로 한다.)

▶ foot의 경우에는 전치사 on이 사용된다.

It'll take about two hours **on foot**, but ten minutes **by car**.
(걸어서는 약 두 시간 걸리지만 차로는 10분 걸립니다.)
Are you going **by bicycle** or **on foot**? (자전거로 갈 것입니까 걸어서 갈 것입니까?)

5 **단어 쌍**(pairs of words): 동일한 단어나 의미적으로 연관이 있는 한 쌍의 단어가 접속사나 전치사에 의해 결합될 경우 관사가 종종 생략된다.

People in this country have meals **with knife and fork**.
(이 나라 사람들은 나이프와 포크로 식사를 한다.)
It's not clear whether the plane went down **over land or sea**.
(비행기가 땅 위로 떨어졌는지 바다 위로 떨어졌는지 명백하지 않다.)
Some old crafts are handed down **from father to son**.
(어떤 오래된 기술들은 아버지에서 아들로 전수된다.)
Although never married, they lived as **husband and wife** for forty years.
(결혼은 안 했지만 그들은 남편과 부인으로 40년을 살았다.)
We can hear the traffic noise **day and night** here.
(여기서는 밤낮으로 자동차 소음이 들린다.)

on land and sea	from top to bottom	inch by inch
arm in arm	hand in hand	day after day
body and soul	lock and key 등	

6 **type/kind/sort of**: 유사한 자질을 가진 집단의 한 구성원을 표현하는 "type/kind/sort of" 다음에 오는 단수 가산명사는 일반적으로 부정관사 a/an을 갖지 않는다.

He's not **the kind of person** to get married. (그는 결혼할 사람이 아니다.)
This type of mistake is easy to make. (우리는 이런 실수를 쉽게 할 수 있다.)
Spaniels are **my favorite breed of dog**. (스패니얼은 내가 좋아하는 개 종류다.)
She bought **a cheaper sort of radio**. (그녀는 값싼 종류의 라디오를 샀다.)
They've developed **a new variety of rose**. (그들은 새로운 종류의 장미를 개발했다.)

kind of, sort of 등에 대해서는 K1을 보라.

7 **서술적 명사구**: 명사구는 지시적(referential)으로 사용될 수도 있고, 서술적(predicational)으로 사용될 수도 있다. 지시적 명사구는 특정대상을 가리키지만, 서술적 명사구는 문장의 주어나 목적어의 속성을 표현한다.

He met **the cleverest boy in this school**.   [지시적]
(그는 이 학교에서 가장 똑똑한 남자 학생을 만났다.)
Joseph is **the cleverest boy in this school**.   [서술적]
(조셉은 이 학교에서 가장 똑똑한 남자 학생이다.)

문장의 주어나 목적어가 어떤 조직체의 "직함, 역할, 기능, 직책" 등을 표현하는 서술적 명사구는 다음과 같은 경우에 정관사 the 없이 사용된다.

(1) 서술적 명사구가 연결동사의 주어보어로 쓰일 경우 정관사 the가 생략된다.

Do you know why he turned **traitor/communist**?
(그가 왜 배반자/공산주의자가 됐는지 아십니까?)
Desmond Tutu was ordained **catholic priest** in 1960.
(데스몬드 투투는 1960년에 천주교신부로 서품되었다.)
Mr. Kim went **socialist**, when he was a college student.
(김 군은 대학생일 때 사회주의자가 되었다.)

(2) 그러나 서술적 명사구가 "of-전치사구"의 수식을 받을 경우에는 정관사가 수의적으로 쓰일 수 있다.

Some people think De Gaulle was **(the) king of France**.
(어떤 사람들은 드골을 프랑스의 왕이었다고 생각한다.)
Jimmy Carter was **(the) President of the USA** for four years.
(지미 카터는 4년간 미국 대통령을 지냈다.)

(3) 서술적 명사구가 "신분의 변화"를 의미하는 동사의 목적어보어로 (또는 "신분의 변화"를 의미하는 동사의 수동형에서는 주어보어로) 쓰일 경우에는 정관사 the가 쓰이지 않는다.

The board of trustees appointed him **president of the university**.
(이사회에서 그를 대학총장으로 임명했다.)
The Archbishop crowned her **Queen of England**.
(대주교가 그녀에게 영국여왕의 왕관을 씌워주었다.)
Charles was elected **president of the club**. (찰스가 클럽의 회장으로 선출되었다.)

(4) 서술적 명사구의 지시가 여러 대상 중에 어느 하나를 가리킬 때는 부정관사 a/an이 사용된다.

The shareholders elected Mr. Gibson **president of the department store**.
(주주들이 깁슨 씨를 백화점 사장으로 뽑았다.)
The president appointed Mr. Kim **a director of the company**.
(사장님은 김 군을 회사의 한 이사로 임명했다.)
Mr. Wilson was **Prime Minister of Britain** in 1969. (윌슨 씨는 1969년에 영국의 수상이었다.)
Mr. McCarthy is **a professor in the University of London**.
(맥카시 씨는 런던대학교의 교수다.)

8 **질병**(illness): 표준 영국영어에서 질병의 이름은 일반적으로 불가산명사다. (N28.9를 보라.) 구어체에서 "the measles, the flu"와 같이 흔히 있는 질병의 명칭에 the를 사용할 수 있지만 다른 병명에는 영의 관사가 사용된다.

I think I've got **(the) measles**. (홍역에 걸린 것 같습니다.)
Have you had **appendicitis**? (맹장을 앓은 적 있으세요?)
I'm getting **toothache**. (미국영어 ... **a toothache**.) (이가 아픕니다.)

▶ 예외로는 "a cold, a headache (미국영어에는 an earache, a backache)" 등이 있다.

I caught **a horrible cold**. (끔찍한 감기에 걸렸습니다.)
He had **a headache** and couldn't go to work. (그는 두통이 있어서 직장에 못 나갔다.)

9 **영의 관사와 any/some**: some/any는 얼마나 많은 수량인지에 관심이 없고 확정적이지 않은 제한된 수량을 말할 때 사용되고, 영의 관사는 한계가 없는 수량 혹은 수량에 관심이 없을 경우에 사용된다.

We've planted **some roses**.　　　　　　　[제한된 수의 장미]
(우리는 장미를 좀 심었습니다.)
I like **roses**.　　　　　　　　　　　　　　[수에 관심이 없는 장미]
(나는 장미를 좋아합니다.)
We've met **some students**. (우리는 학생 몇 명을 만났다.)
We invited **students** to the party. (우리는 학생들을 파티에 초청했다.)
Would you like **some more beer**? (맥주 좀 더 마시겠습니까?)
We need **beer, sugar, eggs, butter, rice** and **toilet paper**.
(우리는 맥주, 설탕, 달걀, 버터, 쌀, 화장지가 필요하다.)
Is there **any water** in the refrigerator? (냉장고에 물이 좀 있습니까?)
Is there **water** on the moon? (달에는 물이 있습니까?)

▶ 따라서 수량이 명백한 대상에는 some/any를 사용하지 않는다.

You have **pretty fingers**. (손가락이 예쁩니다.)

(You have **some pretty fingers**는 부자연스럽다.)
She has **pretty legs**. (그녀는 다리가 예쁘다.)
(She has **some pretty legs**는 부자연스럽다.)

some과 any의 다른 용법에 대해서는 A74-78, S23, S24를 보라.

A92 ARTICLES-5: 고유명사와 정관사

고유명사(proper nouns)와 정관사의 관계는 그 범위가 광범위하기 때문에 모두를 포함하기가 매우 어렵다. 이 관계에 대한 일반화의 법칙에는 많은 경우 예외가 있다는 점에 유의하기 바란다.

1   **인명**: 인명에는 일반적으로 관사를 붙이지 않는다.

Dr. Zhibago, General MacArthur, President Kennedy   [직함과 함께]
John Smith, Mary O'connor, Bill, Shakespeare   [직함 없이]

▶ 아버지, 어머니 등도 유일한 존재로서 관사가 없이 고유명사처럼 쓰인다.

Father/Daddy/Dad is here.
Mother/Mommy/Mom will come on Saturday.

▶ 고유명사도 보통명사처럼 부정관사나 복수형을 가질 수 있는데, 이 경우에는 뜻이 변한다.

a Shakespeare (셰익스피어와 같은 작가)
Shakespeares (셰익스피어와 같은 작가들)
the Lees, the Smiths (가문)

2   **대륙 명**: 대륙 명에는 일반적으로 관사를 붙이지 않는다.

Asia	(North) America	(Central) Australia
British East Africa	South Africa	West Africa
Central America	South East Asia	Antarctica

3   **세계의 지역**: 대륙의 집단이나 별칭 또는 지역에는 정관사를 사용한다.

the Far East	**the** Midwest
the Eastern Hemisphere	**the** Northern Hemisphere
the New World	**the** Third World
the Americas	**the** Arctic
the Antarctic Circle	**the** Dark Continent
the Antarctic Continent	**the** New Continent

4   **국가 명**: 일반적으로 관사를 붙이지 않지만 예외도 있다.

England	(North) Korea	(modern) Brazil
Australia	Great Britain	(French) Canada
Communist China	Nationalist China	Red China

the Congo	**the** East Bengal	**the** Netherlands
the Gambia	**the** Belgian Congo	**the** Equatorial Guinea
(the) Sudan	**(the)** Ukraine	**(the)** Yemen

the Republic of Korea　　　　**the** Kingdom of Thailand
the Central African Republic　**the** Fifth Republic
the German Democratic Republic　**the** Irish Republic

5　국가연합, 국제기구: 일반적으로 정관사를 붙인다.

the Commonwealth　　　**the** European Community
the Big Five　　　　　　**the** United Nations (UN)
the Organization of Economic Cooperation and Development (OECD)
the United Arab Emirates (UAE)

the International Red Cross　　　**the** International Olympic Committee (IOC)
the World Health Organization (WHO)
the United Nations Children's Fund (UNICEF)

6　도시 명: 일반적으로 관사를 붙이지 않지만, 별칭이나 도시 명이 of-구에 올 때는 정관사를 사용한다.

(downtown) Seoul	(ancient) Rome	(East) Berlin
Ho Chi Minh City	New York City	Vatican City

the Empire City	**the** Forbidden City	**the** Holy City
the City of London	**the** City of Seoul	**the** City of New York
the Hague	**the** Bronx	**the** Chicago I like

7　산, 산맥, 고원, 계곡/협곡: 산에는 일반적으로 정관사를 붙이지 않지만, 산맥과 고원 그리고 계곡 명칭에는 붙인다.

Mount Everest	Mont Blanc	Mount Baekduw
Lookout Mountain	Stone Mountain	Table Mountain
Harney Peak	Lenin Peak	Missionary Ridge

the Rockies	**the** Alps	**the** Taebaek Mountains
the Cascade Range	**the** Pennines	**the** Eastern Ghats

the Tibetan Plateau	**the** Colorado Plateau	**the** Deccan Plateau
the Golan Heights	**the** Kaema Heights	**the** Atherton Tableland

the Grand Canyon   the Three Gorges   the Indus Valley
the Nile Valley   the Shenandoah Valley   the Valley of the Kings

8   강과 사막: 정관사를 붙인다.

the Amazon River   the Mississippi (River)   the Blue Nile
the Stony Tunguska   the Han River   the White Volta

the Mojave Desert   the Nubian Desert   the Sahara (Desert)
the Gobi Desert   the Gobi Desert   the Takla Makan Desert

9   댐, 저수지, 호수, 석호: 일반적으로 정관사를 붙이지만 예외도 많다.

Davis Dam   Glen Canyon Dam   Soyang Dam
Hoover Dam   Kariba Dam   Guri Dam

▶ 예외: **the** Aswan High Dam, **the** Three Gorges Dam

Hell Hole Reservoir   Green Mountain Reservoir
Upper Stillwater Reservoir   Paldang Reservoir
Allegheny Reservoir   Union Valley Reservoir

Diamond Vallet Lake   Loch Ness   Great Slave Lake
Soyang Lake   Crater Lake   Great Bear Lake
Lake Michigan   Lake Superior   Lake Baikal

▶ 예외: **the** Great Salt Lake

the Great Lakes   the Finger Lakes   the Chiputneticook Lakes

Burley Lagoon   Condado Lagoon   Bolinas Lagoon
Truk Lagoon   Marovo Lagoon   Pileh Lagoon

▶ 예외: **the** Blue Lagoon in Turkey, **the** Aitutaki Lagoon

10 폭포: 정관사를 붙인다.

the Victoria Falls   the Horseshoe Falls   the Niagara (Falls)
the Sutherland Falls the Angel Falls   the Iguassu Falls

11 대양, 해, 해협, 해류, 운하: 정관사를 붙인다.

the Antarctic Ocean   the Atlantic Ocean   the Pacific Ocean
the Indian Ocean   the Arctic Ocean   the South Pacific Ocean

the Red Sea   the Bering Sea   the East Sea
the Black Sea   the Dead Sea   the Mediterranean Sea

the Aleutian Current the Japan Current   the Gulf Stream

the California Current	**the** West Wind Drift	**the** Equatorial Current
the English Channel	**the** Korea Strait	**the** Bering Strait
the Strait of Gibraltar	**the** Bosporus Strait	**the** Hormuz Strait
the Suez (Canal)	**the** Grand Canal	**the** Panama Canal
the Suzhou Canals	**the** Stockholm Canals	**the** Kiel Canal

12   섬과 만: 일반적으로 정관사를 붙이지 않지만 예외도 많다.

Christmas Island	Devil's Island	Easter Island
Manhattan Island	Three Mile Island	Treasure Island
Kauai Island	Fiji Island	Maui Island
Jeju Island	Okinawa Island	Santorini Island

▶ 예외

the Mount Desert Island	**the** Island of the Blessed
the Isle of France	**the** Isle of Wight

Botany Bay	Chesapeake Bay	Guantanamo Bay
Hudson Bay	Dvina Gulf	Wonsan Bay
Long Island Sound	Puget Sound	McMurdo Sound

▶ 예외

the Golden Gate	**the** Golden Horn	**the** Great Australian Bight
the Persian Gulf	**the** Saronic Gulf	**the** Solway Firth

13   제도, 반도, 연안: 정관사를 붙인다.

the Aleutian Islands	**the** Bahama Islands	**the** Philippine Islands
the Hawaiian Islands	**the** Midway Islands	**the** Philippine Islands
the British Isles	**the** Scilly Isles	**the** Western Isles
the Inner Hebrides	**the** New Hebrides	**the** Outer Hebrides
the British West Indies	**the** Dutch East Indies	**the** West Indies
the Alexander Archipelago	**the** Bismarck Archipelago	

the Golden Chersonese	**the** Taulic Chersonese	
the Balkan Peninsula	**the** Malay Peninsula	
the Korean Peninsula	**the** Scandinavian Peninsula	

the Barbary Coast	**the** Ivory Coast	**the** West Coast
the Coromendal Coast	**the** Murmansk Coast	**the** Slave Coast

14   별, 별자리, 행성: 정관사가 붙지 않는다.

Venus	Jupiter	Polaris	Mars
Uranus	Saturn	Neptune	Mercury

► 예외: **the** North Star, **the** Sun/sun, **the** Moon/moon, **(the)** Earth/earth

► 별자리: 고유의 명칭에는 정관사가 필요 없지만, 별칭에는 항상 정관사를 붙는다.

Orion (**the** Hunters) Ursa Minor (**the** Little Bear/Dipper)
Taurus (**the** Bull) Cancer (**the** Crab)
Perseus (**the** Hero) Scorpius (**the** Scorpion)
Andromeda (**the** Princess) Hercules (**the** Strong Man)

15 건물: 일반적으로 정관사를 붙이지만 예외도 많다.

the Civic Auditorium **the** Capitol **the** Empire State Building
the Lincoln Center **the** Rockefeller Center **the** Albert Hall
the Kremlin **the** Pentagon **the** Parthenon

the Blue House **the** White House
the Metropolitan Opera House **the** Bolshoi Theater
the Mermaid Theater **the** Madison House

Kennedy Space Center World Trade Center King Sejong Cultural Center
Carnegie Hall Independence Hall Westminster Hall
Blair House Trinity House Madison Square Garden

16 병원: 일반적으로 정관사를 붙이지 않는다.

Northwestern Memorial Hospital Massachusetts General Hospital
Seoul National University Hospital Washington Hospital Center
UCLA Medical Center Yonsei Medical Center

► 예외

the Mayo Clinic **the** Cleveland Clinic **the** Middlesex Hospital

17 공항, 기차역, 버스 터미널, 항공사: 일반적으로 정관사를 붙이지 않는다.

Incheon International Airport Kennedy Airport
London Heathrow Airport Los Angles International Airport
John F. Kennedy International Airport Tokyo International Airport

Grand Central Station Paddington Station
Seoul Station Banpo Bus Terminal

Korean Airlines Lufthansa German Airlines Thai Airways
Singapore Airlines Northwest Orient Airlines Delta Air Lines

18 교량: 일반적으로 정관사를 붙인다.

the Golden Gate Bridge **the** Han River Bridge

the Tower Bridge **the** Sydney Harbor Bridge
the Millau Viaduct Bridge **the** Great Belt Bridge

▶ 예외: Westminster Bridge, Marco Polo Bridge

19 **호텔**: 일반적으로 정관사를 붙인다.

the Hilton (Hotel) **the** Sheraton (Hotel) **the** Marriott
the Venetian Resort Hotel **the** Wellington Hotel **the** Shilla Hotel

▶ 예외(hotel의 이름이 뒤에 올 때): Hotel Ambassador, Hotel Lotte

20 **박물관, 미술관, 도서관**: 일반적으로 정관사를 붙인다.

the Acropolis Museum **the** London Museum
the Smithsonian **the** National Folk Museum of Korea
the Louvre **the** Vatican Museums

the National Portrait Gallery **the** National Gallery
the Tate Gallery **the** Metropolitan Museum of Art
the Prado **the** Uffizi Gallery

the Library of Congress **the** Bodleian (Library)
the British Library **the** New York Public Library
the Vatican Library **the** Australian National Library

21 **공원, 놀이 공원, 경기장, 묘지**: 일반적으로 정관사를 붙이지 않는다.

Central Park Glacier National Park
Hawaii Volcanoes National Park Yellowstone National Park
Yosemite National Park Seoul Namsan Park
Kew Gardens Hampstead Heath

Walter Disney World Universal Studios Hollywood
Woodland Discovery Playground Nagasaki School

▶ 예외: **the** Seoul Children's Grand Park (= Seoul Grand Park)

Seoul Olympic Stadium Saporo Dom
Fenway Park Seoul World Cup Stadium
Madison Square Gardens Old Trafford

Arlington National Cemetery Dongjak National Cemetery
Gettysburg National Cemetery Highgate Cemetery in London

▶ 예외: **the** Merry Cemetery

22 **동물원, 식물원, 수족관**: 일반적으로 정관사를 붙인다.

    the Berlin Zoo   the Asahiyama Zoo
    the Taronga Zoo   the San Diego Zoo

   ▶ 예외: Bristol Zoo, London Zoo

    the Royal Botanic Gardens   the Montreal Botanical Garden
    the Jardim Botanicon   the Brooklyn Botanic Garden

    the COEX Aquarium   the Osaka Marine World
    the Monterey Bay Aquarium   the Busan Aquarium

23 **성당/수도원, 사찰/신전, 궁전**: 일반적으로 정관사를 붙인다.

    Canterbury Cathedral   Notre Dame Cathedral   St. Peter's Basilica
    Westminster Abbey   Erdene Zuu Monastery   Fountains Abbey

    the Salt Lake Temple   the Haeinsa Temple
    the Mahabodhi Temple   the Shwedagon Pagoda
    the Bulguksa Temple   the Parthenon
    the Temple of Apollo

   ▶ 예외: Yasukuni Shrine, Ankor Wat

    the Palace of Versailles   the Potala Palace
    the Alhmbra   the Forbidden City
    the Summer Palace   the Vatican

   ▶ 예외

    Buckingham Palace   Changduk Palace   Hampton Court Palace

24 **장벽/성벽, 탑**: 일반적으로 정관사를 붙인다.

    the Berlin Wall   the Wailing Wall   the Great Wall (of China)
    the Walls of Ston   the Berlin Wall   the Walls of Constantinople

    the Eiffel Tower   the Namsan Tower   the Washington Monument
    the Luxor Obelisk   the Flamingo Obelisk   the Dabo Pagoda

25 **성**: 일반적으로 정관사를 붙이지 않는다.

    Windsor Castle   Edinburgh Castle   Prague Castle
    Leeds Castle   Corfe Castle   Neuschwanstein Castle

26 **거리와 광장**: 정관사를 붙이지 않는다.

    Main Street   Downing Street   Oxford Street

Fifth Avenue	Madison Avenue	Pennsylvania Avenue
Times Square	Tiananmen Square	Trafalgar Square
Dupont Circle	Piccadilly Circus	Seoul City Plaza

▶ 예외: **the** Red Square

27 **길과 고속도로**: 정관사를 붙인다.

the Oregon Trail   **the** Santa Fe Trail   **the** Great Ocean Walk
the Jeju Olle Trail   **the** Appalachian Trail   **the** Inca Trail

the Alaska Highway   **the** Pan-American Highway
the West Side Highway   **the** Kyungbu Highway

28 **학교명**: 일반적으로 정관사가 붙지 않는다.

Eton College   King's College   Radcliffe College
Harvard University   London University   Sogang University,
Cambridge University   Ihwa Woman's University
Charterhouse School   Freedom School   St. Paul School

▶ 예외: **the** Johns Hopkins University

▶ 학교 명칭이 뒤에 올 때 정관사가 붙는다.

the University of Hawaii   **the** University of Notre Dame
the University of California   **the** National University of Seoul
the Massachusetts Institute of Technology

29 **교파**: 정관사를 붙인다.

the Anglican Church   **the** Roman Catholic Church
the Episcopal Church   **the** Greek Orthodox Church
the Presbyterian Church   **the** Unification Church

30 **경기**: 일반적으로 정관사를 붙인다.

the World Cup   **the** World Series   **the** Super Bowl
the Rose Bowl   **the** Masters   **the** Wimbledon Championship

31 **군 조직체/군사동맹**: 정관사를 붙인다.

the Red Army   **the** United States Army
the United States Marine Corps   **the** Royal Air Force
the National Guard   **the** Republic of Korea Army

the Dual Alliance   **the** North Atlantic Treaty Organization (NATO) the Holy Alliance   the Southeast Asia Treaty Organization (SEATO)

32 공휴일, 기념일, 월명, 요일, 시간대: 일반적으로 정관사를 붙이지 않는다.

Christmas (Day)   Easter (Sunday)   Independence Day
Lincoln's Birthday   April Fool's Day   Armistice Day
Children's Day   General Election Day   Labor Day
Mother's Day   New Year's Day   Thanksgiving Day

▶ 예외
the Commonwealth Day   the Empire Day   the Inauguration Day
the Judgment Day   the Last Day   the Texas Independence Day

Monday   January   August
Black Monday   Shrove Tuesday   Holy Thursday
Earth Week   Holy Year   New Year
Christmas Eve   Allhallows Eve   New Year's Eve

Atlantic Standard Time   Central European time
Eastern Standard Time   Pacific (standard) time

▶ 이 표현들도 수식어를 동반할 경우 정관사를 필요로 한다.

the Easter of that year   the next January
the first Sunday of September   the last century

33 상, 훈장, 증서, 졸업장: 일반적으로 정관사를 붙이지 않는다.

Distinguished Flying Cross   Iron Cross   Victoria Cross
Distinguished Service Medal   Medal for Merit   Medal of Freedom

▶ 예외
the Legion of Honor   the (Congressional) Medal of Honor
the Order of Lenin   the Royal Victorian Order

Higher National Certificate   International Certificate of Vaccination
High National Diploma   Ordinary National Diploma

34 성서, 신문, 정기 간행물, 잡지: 성서와 신문 그리고 정기 간행물에는 일반적으로 정관사를 붙이지만, 잡지에는 일반적으로 붙이지 않는다.

the (Holy) Bible   the Koran   the Buddhist scriptures
the New Testament   the Old Testament   the King James Version

the New York Times   the Chosun Ilbo   the Wall Street Journal
the London Gazette   the Washington Post   the Herald Tribune

the Wall Street Journal   the Economist   the New York Observer

People	Bloomberg Businessweek	Entertainment
National Geographic	Harper's Bazzar	Time
Newsweek	Reader's Digest	Sports Illustrated

▶ 예외

the New Yorker **the** New York Times Book Review
the Quarterly Review

35 **조약, 협정, 제도**: 조약이나 협정에는 일반적으로 정관사가 쓰이고, 제도에는 쓰이지 않는다.

the United Nations Charter   **the** International Phonetic Alphabet
the World Calendar   **the** Universal Declaration of Human Rights

International Systems of Units   International Scientific Vocabulary
Universal Decimal Classification   Universal Product Code

36 **왕조, 제국, 역사적 기간/사건**: 일반적으로 정관사가 붙는다.

the Yi Dynasty	**the** British Empire	**the** Byzantine Empire
the Chinese Empire	**the** Ottoman Empire	**the** Roman Empire
the Middle Kingdom	**the** Old Kingdom	**the** United Kingdom
the Grand Monarch	**the** Merry Monarch	**the** Dual Monarchy
the Bronze Age	**the** Jazz Age	**the** New Stone Age
the Stone Age	**the** Dark Ages	**the** Middle Ages
the Christian era	**the** Common Era	**the** Muslim era
the Renaissance	**the** French Revolution	**the** Korean War
the Great Depression	**the** Great Fire	**the** Long March
the Great Exhibition	**the** Boston Massacre	**the** Protestant Reformation
the Missouri Compromise	**the** Norman Conquest	
the American Revolution	**the** French Revolution	
the October Revolution	**the** Great Cultural Revolution	
the Puritan Revolution	**the** Russian Revolution	

축약 표현과 정관사의 용법에 대해서는 (NATO, the USA) A3을 보라.

A93   artificial, man-made, synthetic

이 세 단어는 모두 "자연적(natural)이지 아닌 것"을 의미한다.

1   **man-made**: 자연에 그대로 존재하지 않고 인간에 의해 만들어진 것을 의미한다.

The city is surrounded with several natural and **man-made** lakes.
(그 도시는 여러 개의 자연호수와 인공호수로 둘러싸여 있다.)

People use more and more **man-made** fibers such as nylon and acrylic for clothes.
(사람들은 옷을 만드는 데 나일론과 아크릴과 같은 인공섬유를 점점 더 많이 사용한다.)

2 artificial: 자연에 존재하는 것이 아니고 인간이 "기술과 과학"으로 만들어 낸 것을 말할 때 사용한다.

Some **artificial** flowers are barely distinguishable from natural ones.
(어떤 조화는 생화와 거의 구분되지 않는다.)
Some farmers try to do farming without using **artificial** fertilizers.
(어떤 농부들은 인공비료를 쓰지 않고 농사를 지으려고 노력한다.)
The scientist claimed that **artificial** intelligence would take over much of human work in the near future. (과학자는 머지않은 장래에 인공지능이 인간이 하는 일의 많은 부분을 대치하게 될 것이고 주장했다.)

3 synthetic: 특히 "화학적 과정"을 통해 인위적으로 만들어진 "자료로 제조된 것"을 가리킬 때 사용된다.

Boots made from **synthetic** rubber should not be washed in a machine.
(인공고무로 만든 장화는 기계로 세탁해서는 안 된다.)
Old herbal remedies disappeared and were replaced by **synthetic** drugs.
(약초를 쓰는 오래된 치료법이 사라지고 합성의약품으로 대치되었다.)

▶ man-made라는 표현이 성차별적이라고 하여 최근에 와서는 artificial이나, 특히 화학적 제품에는 "합성의, 종합의"라는 의미로 synthetic이 더 많이 쓰인다.

There're a lot of **artificial** structures in the valley, which we don't know their exact dates. (계곡에는 정확한 연대를 모르는 많은 인공구조물들이 있다.)
The rug is made from wool and **synthetic** fibers.
(그 양탄자는 양털과 합성섬유로 만들어졌다.)

A94 as

as는 "부사, 전치사, 관계 대명사, 접속사"로 사용될 수 있으며, [əz]로 발음되는 약형과 [æz]로 발음되는 강형이 있다.

Paul runs fast, but I run just **as** fast.	[부사]
(폴도 빨리 달리지만 나도 폴만큼 빨리 달린다.)	
He's **as** tall as I (am)/me.	[부사]
(그는 나와 키가 같다.)	
He's as tall **as** I (am)/me.	[접속사]
(그는 나와 키가 같다.)	
I used my coat **as** a blanket.	[전치사]
(나는 내 코트를 덮개로 사용했다.)	

We have the same trouble **as**/that they had.   [관계 대명사]
(우리는 그들과 같은 어려움에 처해 있다.)

1   **부사 as**: "수량이나 정도"가 대등함을 말할 때 사용된다. (C28.1을 보라.)

Paul has a lot of money but I have **as** much. (폴도 돈이 많지만 나도 그만큼 있다.)
This box is twice **as** heavy as that one. (이 상자가 저 상자보다 두 배 무겁다.)

2   **전치사 as**: "비교, 자격, 용도, 동일성, 시기" 등을 의미한다.

(1) 비교: "...처럼(like)"의 의미로 쓰인다.

They all rose together **as** one man. (그들은 모두 한 사람처럼 함께 일어났다.)
He stared **as** a man possessed. (그는 무엇에 홀린 사람처럼 노려봤다.)
His appearance was like lightning, and his clothes were white **as** snow.
(그 형상이 번개 같고 그 옷은 눈같이 희거늘) [마 28:3]

(2) 자격: "...로서"의 의미로 사용된다.

As a parent, I feel that more should be done to protect our children.
(나는 부모로서 아이들을 보호하기 위해 어떤 조치가 더 취해져야 한다고 생각한다.)
She was highly praised **as** an actress. (그녀는 배우로서 높이 평가받았다.)

(3) 용도: "...로써"의 의미로 사용된다.

Besides their own language, they use English **as** a spoken language.
(그들은 자신의 언어 외에도 영어를 구어로 사용하고 있다.)
This box will serve **as** a table. (이 상자를 식탁으로 사용할 것이다.)

(4) 동일성: "...라고" 생각한다는 의미로 사용된다.

They regard him **as** a fool. (그들은 그를 바보라고 생각한다.)
I consider the boy **as** a genius. (나는 그 소년이 천재라고 생각한다.)
The judge took what I said in the court **as** evidence.
(판사는 내가 법정에서 말한 것을 증거로 채택했다.)

(5) 시기: "...일 때에"의 의미로 사용된다.

As a child, he lived in China. (그는 어릴 때 중국에서 살았다.)
I'll show you all the places I visited **as** a boy. (내가 어릴 때 가본 곳을 다 보여줄게.)

3   **접속사 as**: "정도, 양태, 비례, 시간, 이유, 양보, 제약, 관계사, 연계" 등의 의미로 사용된다.

(1) 정도: "...만큼/정도로"의 의미로 수량과 정도를 비교할 때 쓰이는 "as ... as" 표현에서 두 번째 as로 사용된다.

Jane comes to visit me as often **as** she can. (제인은 할 수 있는 한 자주 나를 찾아온다.)
This box is twice as heavy **as** that one. (이 상자는 저 상자보다 두 배 무겁다.)
John can't run so/as fast **as** Bill (can). (존은 빌만큼 빨리 달릴 수 없다.)

(2) 양태: "...처럼/같이" 의미의 양태 또는 상태를 의미할 수 있다.

Do **as** I say. (내가 말한 대로 해라.)
You'll be paid, **as** promised. (약속과 같이 돈을 받을 것이다.)
Robert was late **as** usual. (로버트는 항상 그랬듯이 늦었다.)
We'd better leave things **as** they are until the police arrive.
(경찰이 도착할 때까지 모든 것을 있는 그대로 두는 것이 좋겠다.)
David, **as** you know, hasn't been well lately. (알다시피 데이빗은 근래에 건강이 좋지 않았다.)
As I explained on the phone, you were recommended for the job.
(내가 전화로 설명한 것처럼 네가 그 자리에 추천되었다.)
As you send me into the world, I have sent them into the world.
(아버지께서 나를 세상에 보내신 것같이 나도 그들을 세상에 보내었고.) [요 17:18]

(3) 비례: "...(함)에 따라" 의미의 비례를 의미할 수 있다.

As she grew older, she became more silent.
(그녀는 나이를 먹어감에 따라 점점 더 말이 없어졌다.)
As time passed, things seemed to get worse.
(시간이 지남에 따라 일이 더 꼬이는 것 같았다.)

(4) 시간: 시간을 의미하는 접속사(when/while)처럼 쓰일 수 있다. (A99를 보라.)

I saw John **as** I was getting off the subway. (나는 지하철에서 내리면서 존을 보았다.)
He told us the stories, **as** we went along. (그는 함께 걸으면서 우리에게 이야기를 해주었다.)
As Jesus was walking beside the Sea of Galilee, he saw two brothers, Simon called Peter and his brother Andrew. (예수께서 갈릴리 해변에 다니시다가 두 형제 곧 베드로라는 시몬과 그의 형제 안드레(를)... 보시니...) [마 4:18]

(5) 이유: 원인 혹은 이유를 의미하는 접속사(because)처럼 쓰일 수 있다. (B11과 12를 보라.)

As it was getting late, we turned around to start for home.
(늦었기 때문에 우리는 돌아서서 집으로 오기 시작했다.)
We asked Phillip to come with us, **as** he knew the road.
(우리는 필립이 길을 알기 때문에 같이 가자고 했다.)

(6) 양보: 양보를 의미하는 접속사(though)처럼 쓰인다. (A98을 보라.)

Child **as** he was, he was brave. (그는 어린아이지만 용감했다.)
Late **as** it was, we started. (비록 늦었지만 우리는 출발했다.)

(7) 제약: 이미 알려졌거나 언급된 것을 말할 때 사용된다.

His criticisms, **as** I remember, were highly esteemed.
(내가 기억하기로는 그의 비평은 높은 평가를 받았다.)
This isn't the American way of life **as** I know.
(내가 아는 한 이것은 미국식 생활방식이 아니다.)

(8) 관계사: as는 same 또는 such를 포함하는 명사구와 so 또는 as가 선행하는 형용사나

부사 뒤에서 "관계대명사"로 쓰인다. (A95.8을 보라.)

Such food **as** they gave us was scarcely fit to eat.
(그들이 우리에게 준 그런 음식은 먹기에 적합하지 않았다.)
(참고: The food **that** they gave us was scarcely fit to eat.)
They're making the **same** mistake **as** they made last time.
(그들은 지난번에 한 것과 같은 실수를 저지르고 있다.)
(참고: They're making the **same** mistake **that** they made last time.)
She was **as** helpful **as** could be. (그녀는 할 수 있는 한 도움을 주려고 했다.)
(참고: She was helpful **as** much as she could be.)

(9) 연계: 지금 말하는 것이 다른 대상에도 해당된다는 것을 말할 때 "as + 조동사 + 주어 구조"를 사용한다.

Jane is very tall, **as was her mother**. (제인은 자신의 어머니처럼 키가 매우 크다.)
She voted for the Republican party, **as did her husband**.
(그녀는 남편과 마찬가지로 공화당에 투표했다.)

(10) 양립성: 앞의 말이 사실인 것처럼 뒤의 말도 사실임을 표현할 때 사용된다.

Just **as Germans enjoy their beer,** so Koreans enjoy their soju.
(독일 사람들이 맥주를 좋아하는 것처럼 한국 사람들은 소주를 좋아한다.)
As the wind blew harder, so the sea grew rougher.
(바람이 더 세게 불수록 바다가 더 거칠어졌다.)
As I have loved you, so you must love one another.
(내가 너희를 사랑한 것같이 너희도 서로 사랑하라.) [요 13:34]

A95 as/so ... as와 as much/many (...) as

이 표현은 주절이 의미하는 것과 종속절이 의미하는 것이 "대등하다"는 것을 표현할 때 사용된다. 이들 표현 뒤에는 (즉 두 번째 as 다음에는) "명사나 대명사 또는 절" 등의 다양한 표현이 따라 나올 수 있다.

1   as + 형용사/부사 + as: 이 구조는 형용사나 부사가 "비교기준"이 될 경우에 사용된다.

Jane is **as healthy as** me. (제인은 나만큼 건강하다.)
I can't run **as fast as** I used to. (나는 옛날만큼 빨리 달리지 못한다.)

2   not as/so + 형용사/부사 + as: not 다음에서 "as ... as ..." 대신에 "so ... as ..."를 사용할 수 있다.

He's **not as/so successful as** his sister. (그는 자기의 누이만큼 성공하지 못했다.)
It's **not as/so good as** it used to be. (그것은 옛날만큼 좋지 않다.)

▶ 이 구조는 구어체 영어에서 "less than"보다 더 흔히 나타난다. (L7.3을 보라.)

It was **not so painful as** I'd expected. (그것은 내가 생각했던 것만큼 고통스럽지 않았다.)
It was **less painful than** I'd expected. (그것은 내가 생각했던 것보다 덜 고통스러웠다.)

3 **주어형과 목적어형**: as 다음의 대명사는 특히 구어체에서 "목적어형(me, him, us 등)"이 더 자주 사용된다.

He doesn't play the violin as well **as me**. (그는 나만큼 바이올린을 잘 연주하지 못한다.)
I can jump as high **as him**. (나는 그 사람만큼 높이 뛸 수 있다.)

▶ 문어체에서는 as 다음에 "주어 + 조동사 구조"가 선호된다.

He doesn't play the violin as well **as I do**.
I can jump as high **as he can**.

▶ 현대 영어에서는 (조)동사가 뒤따라 나오지 않으면 "주어형 대명사"가 (예: as well as he) 잘 쓰이지 않는다.

She doesn't play the violin as well **as I**.
I can jump as high **as he**.

4 **분수와 배수의 수식**: "as ... as" 표현은 "분수(half, two-thirds 등)"나 "배수(twice, three times 등)"의 수식을 받을 수 있다. (C33을 보라.)

You're not **half as clever as** you think you are.
(너는 네가 생각한 것보다 절반도 현명하지 못하다.)
This table is **two-thirds as long as** the one in the hall.
(이 식탁은 길이가 강당에 있는 것의 3분의 2다.)
I'm not going out with a man who's **twice as old as** me.
(나는 나이가 나보다 두 배나 많은 남자와 데이트를 할 의향이 없다.)
It took **three times as long as** I had expected.
(내가 생각했던 것보다 3배나 시간이 더 걸렸다.)
(혹은 It took **three times longer than** I had expected.)

5 **부사의 수식**: "as ... as"는 "(not) nearly, almost, just, nothing like (영국영어), every bit, exactly, not quite" 등의 수식을 받을 수 있다. (C33을 보라.)

He's not **nearly as strong as** his brother. (그는 동생에 비해 힘이 비교도 안 된다.)
She's **just as beautiful as** ever. (그녀는 언제나 변함없이 아름답다.)
Your father is **nothing like as healthy as** he used to be.
(너의 아버지는 옛날만큼 건강하지 못하시다.)
She's **every bit as smart as** her sister. (그녀는 어느 모로 보나 동생 못지않게 영리하다.)
I'm **not quite as tired as** I was yesterday. (오늘은 어제만큼 피곤하지 않다.)

6 as much + (불가산명사)/many + (복수 가산명사) + as: 이 구조는 명사가 "비교기준"이 되

고 "수"나 "양"에 관해서 말할 때 사용된다.

▶ much는 "불가산명사"와 함께 쓰이고, many는 "복수 가산명사"와 함께 쓰인다.

I don't have **as much money as** I thought. (나에게는 생각했던 것보다 돈이 없다.)
I want you to have **as much fun as** I did.
(내가 그랬던 것처럼 너도 재미있는 시간을 갖기 바란다.)
They failed to recruit **as many students this year as** last year.
(그들은 금년에 작년만큼의 학생을 모집하는 데 실패했다.)
My father told me that he had received twice **as many medals as** the general.
(나의 아버지는 그 장군이 받은 훈장의 두 배를 받았다고 나에게 말했다.)

▶ as much의 경우 "a(n) + 단수 가산명사"가 뒤따라 올 수 있다.

Mary is **as much a friend to her as** her sister.
(메리는 그녀에게 친자매와 같은 친구다.)
... you make him twice **as much a son of hell as** you are.
(... 너희는 [그를] 너희보다 배나 지옥 자식이 되게 하는 도다.) [마 23:15]

▶ as much/many는 뒤따르는 명사 없이 "대명사"로도 사용될 수 있다.

I ate **as much** as I could. (나는 먹을 수 있는 만큼 먹었다.)
She didn't catch **as many** as she'd hoped. (그녀는 바라던 만큼 잡지 못했다.)
They say the people of LA speak 12 languages and teach just **as many**.
(LA의 사람들은 12가지 언어를 사용하며 같은 수의 언어를 가르친다고 한다.)

7 **as much/many as + 수/양**: "as much/many as + 숫자"는 어떤 "양"이나 "수"가 생각했던 것보다 크다는 것을 표현한다.

As many as two thousand people attended the meeting.
(2,000명이나 되는 사람들이 모임에 참가했다.)
This machine cost **as much as $20,000**. (이 기계는 2만 불이나 값이 나간다.)

8 **관계사 as**: "as much/many (...) as"에서 뒤에 있는 as는 "관계대명사"처럼 절의 주어나 목적어를 대신할 수 있다.

We have enough food for **as many people as** want it.
(우리에게는 원하는 사람이면 모두 먹을 만큼의 충분한 음식이 있다.)
(*We have enough food for **as many people as they** want it.)
(참고: We have enough food for **the people who** want it.)

I gave him **as much food as** he could eat. (나는 그에게 먹을 수 있을 만큼의 음식을 주었다.)
(*I gave him **as much food as** he could eat **it**.)
(참고: I gave him **some food that** he could eat.)

▶ 이 외에도 as는 "such, the same, so"와 함께 "관계대명사"처럼 사용된다. (A94.3을 보라.)

I have **the same trouble as** they had. (나는 그들과 같은 어려움을 겪고 있다.)
(*I have the same trouble **as** they had **it**.)
(참고: I have **the same trouble that** they had.)
She's not a student **such as** would cut her classes. (그녀는 수업을 빼먹는 그런 학생이 아니다.)
(*She's not a student **such as she** would cut her classes.)
(참고: She's not a student **who** would cut her classes.)
The school didn't buy **so many books as** the students want.
(학교는 학생들이 원하는 만큼의 책을 사지 않았다.)
(*The school didn't buy so many books as the students want **them**.).
(참고: The school didn't buy **enough books that** the students want.)

9 **직유법**(simile): "as ... as" 구조를 직유법의 한 방식으로 종종 사용한다.

She sat there **as quiet as a mouse**. (그녀는 쥐 죽은 듯이 조용히 앉아 있었다.)
The girl looks **as cool as a cucumber**. (그 여자는 매우 침착해 보인다.)
Therefore be **as shrewd as snakes** and **as innocent as doves**.
(그러므로 너희는 뱀과 같이 지혜롭고 비둘기같이 순결하라.) [마 10:16]

as good as gold	as cold as ice	as black as night
as hard as nails	as ... as hell	as white as a sheet
as brave as a lion	as black as pitch	as old as the hills
as deaf as a post	as poor as a church mouse	
as cool as a cucumber 등		

as long as에 대해서는 A102를 보라.
as well as에 대해서는 A104를 보라.
She's as good a dancer as her brother와 같은 문장에서의 어순에 대해서는 A19.7을 보라.
as ... as가 양보적 의미로 쓰이는 것에 대해서는 A98.2를 보라.
다른 비교구문에 대해서는 C28-C33을 보라.

A96   as/so far as

"as far as"는 비교구문으로 쓰이기도 하고 "관용적"으로 쓰이기도 한다. "so far as"는 긍정문에서는 관용적으로만 쓰인다. "as/so far as"가 관용적으로 사용될 때는 일반적으로 뒤에 따라 나오는 표현이 제한적이며, 나름대로 특정의 의미를 표현한다.

1   **as/so far as I'm concerned**: 어떤 상황에 대해 자신의 의견을 제시할 때

As far as I'm concerned, she can come home whenever she likes.
(나의 입장에서 보면 그녀는 원할 때 언제든지 집에 올 수 있다.)
So far as I'm concerned, you don't have to worry about the future of your son.
(내가 관계를 하는 한 너는 아들의 미래를 걱정하지 않아도 된다.)

2　　as/so far as something is concerned: 특정 상황에 대해 말하기를 원할 때

As far as money is concerned, there shouldn't be a problem.
(돈에 관한 한 문제가 있을 수 없다.)
So far as the exam is concerned, all the students have been preparing for it for a year.
(그 시험에 관한 한 모든 학생들이 1년 동안 준비를 해왔다.)

▶ 사람에 따라서는 "be concerned"를 생략하고 "as/so far as"를 전치사처럼 사용하기도 한다.

As/So far as the weather, it'll be fine tomorrow. (날씨에 관한 한 내일 좋을 것이다.)

3　　as/so far as I know/can tell/can say/can remember/can see 등: 내가 모든 사실을 알고 있는 것은 아니지만 어떤 상황이 사실이라고 생각하고 있음을 말하고자 할 때

There weren't many buildings there, **as/so far as I can remember**.
(나의 기억으로는 그곳에 빌딩이 많지 않았다.)
There's nothing else to discuss, **as/so far as I can see**.
(내가 보기로는 더 이상 논의할 것이 없다.)
There've been no changes, **as/so far as I can tell**.
(내가 말할 수 있는 것은 어떠한 변화도 없었다는 것이다.)
He isn't coming today, **as/so far as I know**.
(내가 알기로는 그는 오늘 오지 않는다.)

4　　as/so far as it goes: 비록 제한적이기는 하지만 어떤 "개념, 제안, 계획" 등이 개선의 여지는 있지만 나름대로 만족스럽다는 것을 말할 때

His theories are fine, **as/so far as they go**. (그의 이론이 나름대로는 괜찮다.)
His plan for tax relief is fine **as/so far as it goes** but will not be sufficient to satisfy the people.
(그의 세금 완화정책이 나름대로 만족스럽지만 국민을 만족시키는 데는 충분하지 않다.)

A97　as와 like (유사성)

like는 유사성(similarity)을 표현하는 "전치사" 또는 "접속사"로 사용되지만, as는 이 경우 "접속사"로만 쓰인다. (전치사로 쓰이는 as에 대해서는 A94.2를 보라.)

The club is managed **like/*as** a big family.　　　　[전치사]
(이 클럽은 큰 가족처럼 운영된다.)
Don't talk to me **like/as** you talk to a baby.　　　　[접속사]
(애기한테 말하는 것처럼 나에게 말하지 마세요.)

1　　유사성: like는 한 대상이나 상황이 다른 대상이나 상황과 유사하다는 것을 표현할 때 사용할 수 있다.

Her hair is dark brown **like her mother's**.
(그녀는 머리카락이 그녀의 어머니처럼 흑갈색이다.)
He's growing more **like his father** every day.
(그는 날이 갈수록 점점 더 자신의 아버지와 같아진다.)
The kingdom of heaven is **like a mustard seed**, ...
(천국은 ... 겨자씨 한 알 같으니.) [마 13:31]
His appearance was **like lightning**, and his clothes were white as snow.
(그 형상이 번개 같고 그 옷은 눈같이 희거늘) [마 28:3]

2   예를 들 때: like는 "such as"와 같은 의미로 사용된다.

Things **like/such as glass, paper and plastic** can all be recycled.
(유리, 종이, 플라스틱과 같은 물건은 모두 재활용이 가능하다.)
I prefer clothes which are made out of natural materials **like/such as cotten and wool**.
(나는 면화나 양모와 같은 천연소재로 만든 옷을 더 좋아한다.)

3   전형적 특성: like는 특정인의 "전형적인 특성"을 말할 때 사용된다.

It's just **like her to run away** from her responsibilities.
(그것은 마치 그녀가 책임을 회피하려는 것과 같다.)
It's not **like John to be late** to the meeting. (모임에 늦은 것은 존답지 않다.)

4   **just like that**: 깊은 생각이나 계획 없이 어떤 일을 하려고 할 때 사용된다.

You can't give up your job **just like that**! (너는 네 직장을 그런 식으로 포기할 수 없다!)
He's decided to leave his wife **just like that**! (그는 부인과 간단히 헤어지기로 결심했다!)

5   **something like**: 개략적인 양을 표현할 때 (= approximately) 사용된다.

He's scored **something like** 60 goals this season.
(그는 이번 시즌에 대략적으로 60골을 넣었다.)
There're **something like** 10 million people living in Seoul.
(서울에 약 천만 명의 사람이 살고 있다.)

6   **nothing like**: 전혀 아님을 표현할 때 (not at all) 사용된다. (A97.6을 보라.)

Twenty years ago travel was **nothing like** as easy as it is now.
(20년 전에는 여행이 지금처럼 쉽지 않았다.)

▶ "there's nothing like"는 비교가 안 될 만큼 좋음을 표현할 때 사용된다.

There's nothing like a good cup of coffee. (맛있는 커피 한 잔에 비할 게 없다.)

7   전치사구: as와 like는 "전치사구" 앞에서는 유사성을 의미하는 전치사로 사용될 수 있다.

In 1939, **as/like in 1914**, everybody seemed to want war.
(1914년처럼 1939에도 모든 사람이 전쟁을 원하는 것 같았다.)
We can criticize the President in Korea, **as/like in America**.
(미국에서처럼 한국에서도 대통령을 비판할 수 있다.)
As/Like with his earlier movies, the special effects in his latest film are brilliant.
(그의 옛 영화에서처럼 그의 최근 영화의 특수효과가 훌륭하다.)

8   **as if**: 사람에 따라서는 옳지 않다고 생각하지만 like는 "as if"의 의미로 쓰일 수 있다. (A100을 보라.)

He looked at me **like** I was crazy. (그는 나를 마치 미친 사람처럼 쳐다봤다.)
(= He looked at me as if I was crazy.)
This meat smells **like** it's gone bad. (이 고기는 상한 것 같이 냄새가 난다.)
(= This meat smells as if it's gone bad.)

9   **주어와 조동사의 도치**: "like-절"에서와는 달리 "as-절"에서는 문어체에서 때때로 주어와 조동사의 도치가 일어날 수 있다. (조동사 도치에 대해서는 I48을 보라.)

I voted the Republican Party, **as my wife did/as did my wife**.
(나는 내 처가 한 것처럼 공화당에 투표했다.)
(= I voted the Republican Party, **like my wife did/*like did my wife**.)

10   **as you know**: "as you know, as I promised, as we agreed, as you suggested" 등은 화자와 청자/필자와 독자에게 둘 다 알려진 "공동의 입장"을 소개할 때 사용된다. 이 경우 타동사인 "know"와 "agree" 등 다음에 목적어를 가질 수 없다.

As you know, next Tuesday's meeting has been cancelled.
(아시다시피 다음 화요일 모임이 취소됐습니다.)
(***As you know it**, next Tuesday's meeting has been cancelled.)
I'm sending you the bill for the repairs, **as we agreed**.
(우리가 합의한 것처럼 수리 청구서를 보냅니다.)
(*I'm sending you the bill for the repairs, **as we agreed it**.)

11   **as is well-known**: 이와 유사한 수동형 표현으로 "as was promised, as was agreed, as was suggested" 등이 있다. 이 표현에는 as 다음에 주어가 없다는 점에 유의하라.

As is well-known, more people get colds in wet weather.
(잘 알려진 것처럼 습한 날씨에는 사람들이 더 많이 감기에 걸립니다.)
(***As it is well-known**, more people get colds in wet weather.)
I'm sending you the bill, **as was agreed**. (합의한 것처럼 청구서를 보냅니다.)
(*I'm sending you the bill, **as it was agreed**.)
The money was repaid, **as was promised**. (약속했듯이 돈을 돌려보냈습니다.)
(*The money was repaid, **as it was promised**.)

12　　as happened: 위에서와 마찬가지로 happen과 동사 앞에서도 주어가 생략되어야 한다.

An earthquake can destroy one part of a city while leaving other parts untouched, **as (*it) happened in Mexico in 1986**. (1986년 멕시코에서 그랬던 것처럼 지진은 도시의 한 부분은 파괴하고 다른 부분에는 손상을 주지 않을 수 있다.)
There's no simpler answer, **as (*it) is often the case in science**.
(과학에서 자주 있는 경우처럼 더 간단한 답이 없다.)

13　　like-구: "like-구"가 문미위치는 올 경우 앞의 주절이 긍정이든 부정이든 일반적으로 "긍정의 의미"를 표현한다.

I **smoke, like Jane**. [Jane smokes.]
(나는 제인처럼 담배를 핀다.) [제인은 담배를 핀다.]
I **do not smoke, like Jane**. [Jane smokes.]
(나는 제인처럼 담배를 안 핀다.) [제인은 담배를 핀다.]
[우리말 번역에서는 "제인이 담배를 피기도 하고 안 피기도 한다"가 된다.]
I'm (not) **a Conservative, like Joe**. [Joe is a Conservative.]
(나는 조처럼 보수적이다/보수적이 아니다.) [조는 보수적이다.]

▶ 그러나 "like-구"가 부정문의 문두위치에 오면 "부정의 의미"를 표현한다.

Like Jane, I **don't** smoke. [Jane **does not** smoke.]

14　　what ... like: 어떤 대상의 "외모"나 "특성"에 대해서 물을 때 사용된다.

What's the house **like** inside? (집의 내부가 어떻습니까?)
What is the kingdom of God **like**? (하나님의 나라가 무엇과 같을까?) [눅 13:18]
"**What**'s Bill **like**?" "He's quiet and a bit shy."
("빌이 어떤 사람입니까?" "조용하고 약간 부끄러움을 탑니다.")

as ... as의 비교에 대해서는 A95와 C28을 보라.
as if로 쓰이는 like에 대해서는 A100.5를 보라.
the same as에 대해서는 S2를 보라.
such as에 대해서는 S39.12를 보라.

A98　as와 though

though는 접속사로서 "양보절"을 이끈다.

Though it seems incredible, he got A⁺ in the final math exam.
(믿어지지가 않을 것 같지만 그는 수학 기말시험에서 A⁺를 받았다.)

격식적 문체에서 though가 이끄는 양보절은 조건절(I5.2를 보라.)에서와 마찬가지로 술부의 일부가 수의적으로 전치되는 구조가 가능하다.

Incredible though it seems, he got A⁺ in the final math exam.

이러한 술부의 전치는 as가 양보접속사로 쓰일 경우에는 "의무적"으로 일어난다. 술부의 전치가 일어나지 않은 "as-절"은 양보절로 해석되지 않는다.

Incredible as it seems, he got A⁺ in the final math exam.
(***As it seems incredible**, he got A⁺ in the final math exam.)

Fail as/though I did, I would not abandon my goal.
(실패했지만 나는 나의 목표를 포기하지 않을 것이다.)
Strong as/though he was, he couldn't lift the box.
(그는 힘이 세지만 그 상자를 들 수 없었다.)
Fast as/though he ran, he had no chance of winning.
(그는 빠르지만 승리할 수가 없었다.)
Genius as/though he is, he doesn't know how to fix the machine.
(그는 천재이지만 그 기계를 수리하는 법을 모른다.)

1 although: 이 구조에서 though를 "although"로 대치할 수 없다. 또한 전치되는 명사구에서는 "부정관사가 생략"되어야 한다.

Angry as/though/*although he was, he couldn't help smiling.
(그는 화가 났으나 웃지 않을 수 없었다.)
Strong as/though/*although he was, he couldn't lift the box.
(그는 힘이 세지만 그 상자를 들지 못했다.)
(***A) Big hit as/though** it was in Europe, nobody seems to have heard of it.
(그 노래는 유럽에서 큰 인기를 얻었지만 아무도 들어 본 적이 없는 것 같다.)
(참고: **Though it was a big hit** in Europe, nobody seems to have heard of it.)
(***A) Genius as/though** he was, he couldn't solve the puzzle in the paper.
(그는 천재였으나 신문에 실린 수수께끼를 풀 수 없었다.)
(참고: **Though he was a genius**, he couldn't solve the puzzle in the paper.)

2 as ... as: 미국영어에서 "as ... as"가 양보의 의미로 사용된다.

As cold as it was, we went out. (추웠지만 우리는 외출을 했다.)
As popular as he is, he doesn't seem to have many friends.
(그는 인기가 많지만 친구가 많지 않은 것 같다.)

3 that: 미국영어에서는 주어보어가 "명사구"일 경우에, 영국영어에서는 주어보어가 "형용사"일 경우에 "접속사 that" 앞으로 전치될 수 있으며, "that-절"은 양보절로 해석된다.

Fool that he was, he managed to evade his pursuers.
(그는 비록 바보이지만 자신을 쫓는 자들을 떨쳐버리는 데 성공했다.)
Poor that they were, they gave money to charity.
(그들은 비록 가난하지만 자선하는 데 돈을 기부했다.)

4   **because**: 때때로 as는 이 구문에서 because의 뜻으로도 사용될 수 있다. (B12를 보라.)

Tired as he was, he decided to go to bed. (그는 피곤해서 잠을 자기로 결정했다.)
(= **Because he was tired**, he decided to go to bed.)
Late as it was, we gave up taking a walk. (늦어서 산책을 포기했다.)
(= **Because it was late**, we gave up taking a walk.)

A99 as와 while

이들은 접속사로서 "시간"을 의미하는 절을 이끌 수 있다. 이 시간 절은 두 개의 "상황, 사태, 행위"가 동시에 일어날 때 사용된다. 그러나 이들은 종종 약간의 의미적 차이를 가지고 사용되기도 한다.

As I was getting into the car, I noticed a ten dollar bill on the ground.
(나는 차를 타려는데 땅바닥에 10불짜리 지폐 한 장이 떨어져 있는 것을 보았다.)
Racing was halted for an hour **while the track was repaired**.
(경주로를 수리하는 동안 경마가 잠시 중단되었다.)

1   **진행형**: "while-절"은 어떤 사태가 지속되는 기간을 표현하며, 주절은 이 기간 동안 일어나는 다른 사태를 표현한다. 다시 말해서 "while-절"을 포함하는 문장은 같은 기간에 일어나는 두 개의 사태를 기술하며, "지속되는 행위나 사태"를 표현하기 때문에 일반적으로 진행형 동사가 사용된다.

While they were dancing, someone took a picture.
(그들이 춤출 때 누군가가 사진을 찍었다.)
I heard him come in **while we were having dinner**.
(우리는 저녁을 먹고 있을 때 그가 들어오는 소리를 들었다.)

▶ "as-절"도 "while-절"과 같이 동시에 일어나는 두 개의 사태를 말할 때 진행형을 사용할 수 있다.

He saw the thief **as he was leaving the building**. (건물을 막 나오다가 도둑을 보았다.)
As I was walking down the street, I saw Joe driving a Porsche.
(나는 거리를 걸어가다가 조가 포르셰를 운전하고 가는 것을 보았다.)

2   **동일한 시제**: 동시에 두 개의 비교적 "긴 지속적 사태"가 일어나고 있거나 일어난 것을 말할 때는 일반적으로 두 절이 같은 시제형을 사용한다.

All the jury's eyes **were** on him **as he continued his testimony**.
(그가 증언을 계속하는 동안 모든 배심원들이 그를 주시하고 있었다.)
I was listening to the radio **while you were drying up your hair**.
(네가 머리를 말리고 있을 때 나는 라디오를 듣고 있었다.)
While she works, her parents always **take care of** her children.
(그녀가 일할 때 그녀의 부모가 항상 아이들을 돌본다.)

While he was making the speech, the TV camera man **was filming**.
(그가 연설하고 있을 때 텔레비전 카메라맨은 영상을 찍고 있었다.)

3   **as-절**: 함께 변화하거나 발전 또는 쇠퇴하는 두 개의 사태를 표현할 때는 "as-절"을 사용한다.

She **gets** more attractive **as she gets older**. (그녀는 나이가 들수록 더 매력적이게 된다.)
As time passed, things **seemed** to get worse. (시간이 지날수록 일이 더 꼬이는 것 같다.)

▶ 두 개의 "순간적 행위나 사태"가 동시에 일어나고 있거나 일어난 것을 말할 때 종종 "(just) as"를 사용한다.

(Just) as I opened my eyes I **heard** a strange voice.
(내가 막 눈을 뜨는 데 이상한 소리가 들렸다.)
The play **started (just) as I got there**. (내가 도착하면서 연극이 시작되었다.)

while에 대해서는 W13을 보라.

A100 as if와 as though

"as if"와 "as though"는 "어떤 상황이 사실이거나 어떤 사태가 일어난 것 같이 보인다"라고 표현할 때 사용된다. 따라서 어떤 상황이 실제로 사실일 수도 있거나 어떤 사태가 실제로 일어났을 수도 있으며, 또한 그 반대일 수도 있다.

It looks **as if/as though** the weather is improving.
(날씨가 좋아지고 있는 것처럼 보인다.)
She looked **as if/as though** she'd heard some bad news.
(그녀는 마치 어떤 나쁜 소식이라도 들은 것처럼 보였다.)
George was behaving **as if/as though** nothing had happened.
(조지는 아무 일도 없었던 것처럼 행동하고 있었다.)
I felt **as if/as though** I was dying. (나는 마치 내가 죽어가고 있는 것처럼 느꼈다.)

1   **비실제적 상황**: 어떤 상황이 사실일 수 없거나 어떤 사태가 실제로 일어나지 않았다는 것을 표현하려면, 다시 말해서 현재의 "비실제적 상황 또는 사태"를 표현하려면 "과거시제"를 사용한다. 다음을 비교해 보라.

It sounds **as if she's been really ill**.
(그녀가 실제로 아픈 것처럼 들린다.) [그녀가 실제로 아플 수도 있다.]
It sounds **as if she was ill**.
(그녀가 마치 아팠던 것처럼 들린다.) [그녀는 아프지 않다.]

He talks about Singapore **as if he has lived there**.
(그는 마치 그곳에 사는 것처럼 싱가포르에 대해서 말한다.) [싱가포르에 살 수도 있다.]
He talks about Singapore **as if he lived there**.
(그는 마치 그곳에 살았던 것처럼 싱가포르에 대해서 말한다.) [싱가포르에 산 적이 없다.]

Gary behaves **as though nothing has happened.**
(개리는 아무 일도 없는 것처럼 행동한다.) [어쩌면 아무 일이 없을 수 있다.]
Gary behaves **as though nothing happened.**
(개리는 아무 일도 없었던 것처럼 행동하고 있다.) [어떤 일이 있었다.]

▶ 그러나 과거의 비실제적 상황이나 사태를 표현하기 위해 과거완료형을 사용하지 않는다.

He acted **as if he was a king.**
(그는 마치 왕이었던 것처럼 행동했다.) [그는 왕이 아니었다.]
(*He acted **as if he had been a king.**)

2   were: 미국영어의 구어체에서는 "비실제적 상황"을 표현할 때 was 대신에 were가 자주 사용될 수 있다.

He acts **as if/though he were a millionaire.** (그는 마치 백만장자인 것처럼 행동한다.)
He talks **as if he were rich.** (그는 마치 부자인 것처럼 말한다.)
She treats me **as if I were her servant.** (그녀는 내가 마치 자기 종인 것처럼 취급한다.)

3   강조: "as if/as though"는 말하고자 하는 것을 반의적으로 강조할 때 사용될 수 있다.

As if I didn't have enough problems! (내게 많은 문제가 없는 것 같지!)
["나는 이미 많은 문젯거리를 가지고 있다"라는 것을 반의적으로 강조하고 있다.]
He said that he'd never speak to me. **As if** I cared! (= I don't care.)
(그가 나에게 절대로 말하지 않겠다고 하는데 내가 그 말에 관심이 있는 것 같지!)
[그의 말에 "전혀 관심이 없다"는 것을 강조하고 있다.]

4   it's not as if: "as if"는 "it's not"와 결합하여 말하고 하는 것을 강하게 부정함으로써 강조할 때 사용된다.

Why is he so surprised? **It isn't as if** he wasn't warned.
(그가 왜 그렇게 놀라는 거야? 그가 경고를 받지 않은 것은 아닌데.)
["그가 경고를 받았다"는 것을 강조하고 있다.]
Why do they never go on holiday? I mean **it's not as if** they're poor.
(그들은 어째서 휴가를 가지 않는 거야? 내 말은 그들이 가난하다는 것이 아니다.)
["그들이 가난하지 않다"는 것을 강조하고 있다.]

5   like: 특히 미국영어의 구어체에서 like가 "as if/though" 대신에 사용된다. 그러나 문어체에서는 옳은 용법으로 간주되지 않는다.

He looked at me **like** I was mad. (그는 마치 나를 미친 사람처럼 쳐다봤다.)
It sounds to me **like** you ought to find a new job.
(나에게는 마치 네가 새 일자리를 찾아야 한다는 소리처럼 들린다.)

like와 as의 차이점에 대해서는 A97을 보라.

A101 as it is와 as it were

1. **as it is**: 문두위치에서는 실제 상황이 기대했던 상황과 다를 때 "실은, 사실을 말하면(in reality)"의 의미로 사용되고, 문중위치나 문미위치에서는 "이미, 이 전에(already)"의 의미로 쓰인다.

   They hoped to finish the kitchen by Friday, but **as it is** they'll probably have to come back next week.
   (그들은 금요일까지 부엌을 끝내려고 희망했으나 실은 다음 주에 다시 와야 할 것 같다.)
   As it is, scientists have no way of knowing what caused the Big Bang.
   (사실을 말하면 과학자들도 무엇이 대폭발을 유발했는지를 알 길이 없다.)
   I'm not buying anything else for the children today — I've spent far too much money **as it is**.
   (나는 아이들에게 더 이상 아무것도 사주지 않으려고 한다. 나는 벌써 너무나 많은 돈을 썼다.)
   Just keep quiet — we're in enough trouble **as it is**.
   (좀 조용히 해라. 우리는 이미 큰 난관에 처해 있다.)

2. **as it were**: 삽입구로서 "이를테면(so to speak)"을 의미한다.

   He is, **as it were**, a walking dictionary. (말하자면 그는 걸어 다니는 사전이다.)
   She's my best friend, my second self, **as it were**.
   (그녀는 나의 최고의 친구, 이를테면 제2의 나다.)

A102 as/so long as

1. 조건: "as/so long as"는 조건을 표현할 때 종종 사용된다.

   You may borrow my bicycle **as long as** you promise to give it back by Friday.
   (금요일까지 돌려주겠다고 약속한다면 내 자전거를 빌려 갈 수 있다.)
   You can keep the book **as long as** you think you need it.
   (필요하다고 생각하면 책을 가지고 있어도 됩니다.)

2. 이유: 특히 미국영어에서 "as/so long as"는 문장 앞에서 "be동사"와 함께 사용될 때 "…인 이상/ … 이므로(since)"의 의미를 갖는다.

   As long as you're up, get me a drink. (일어났으니까 나에게 마실 것 좀 주시오.)
   As long as you were here, they might as well start the show.
   (당신이 여기 왔으니까 그들이 공연을 시작하게 될 것이다.)

3. 시제: "as long as" 절에서는 현재시제를 써서 미래 시간을 표현한다.

   I'll remember that day **as long as I live**.
   (내가 살아 있는 한 그날을 기억할 것이다.)

(*I'll remember that day as long as I **will** live.)
You can take my car **as/so long as you drive carefully**.
(조심스럽게 운전할 것이라면 내 차를 가져갈 수 있다.)
(*You can take my car as/so long as you **will** drive carefully.)

A103 as to, as for, as from, as of

1   as to와 as for: 이들은 문두위치에서 앞의 말과 연관이 있는 주제를 소개하는 역할을 하며, "…에 관해서는/…은 어떤가 하면(with regard to)"을 의미한다.

As for you, I never want to see you here again.
(너로 말할 것 같으면 나는 너를 여기서 다시는 보고 싶지 않다.)
As to where we'll get the money from, we'll talk about that later.
(우리가 어디서 돈을 구할 것인가에 대해서는 후에 말할 것이다.)

2   as to: "as to"는 문중위치나 문미위치에서 "…에 관하여(about)" 혹은 "…에 따라(according to)"를 의미한다.

I can't answer questions **as to how long this will last**.
(나는 이것이 얼마나 오래 지속할 것인가에 대한 질문에 답할 수 없다.)
All the jackets were arranged **as to size and color**.
(모든 재킷이 크기와 색깔에 따라 정돈되었다.)

3   as of/from: 어떤 시점에서 시작하여 계속되는 현상을 말할 때 사용된다.

As from today, you are in charge of the office. (오늘부터 당신이 이 사무실의 책임자다.)
As of now, there will be no more paid overtime.
(이 시간부터 더 이상 초과수당이 지급되지 않을 것이다.)

A104 as well as

"as well as"는 어떤 것에 다른 것을 "추가"할 때 사용되며, 접속사나 전치사로 사용된다.

All of us passed the test **as well as** Gary. (우리 모두와 개리도 시험에 통과했다.)
(= All of us passed the test **in addition to/besides** Gary.)
He publishes **as well as** printing his own books. (그는 본인의 책을 인쇄도 하고 출판도 한다.)
(= He publishes **and** prints his own books.)

1   and: "as well as"는 등위 접속사 and와 유사하게 사용될 수 있지만 "종속 접속사"의 특성도 지니고 있다.

He's handsome **as well as** intelligent. (그는 잘 생기고 총명하다.)
(= He's handsome **and** intelligent.)

That man **as well as** his wife are not to be trusted.
(그 남자와 그의 부인을 믿어서는 안 된다.)
(= That man **and** his wife are not to be trusted.)
John, **as well as his brothers**, was responsible for the accident.
(그의 형제들과 더불어 존도 사고에 책임이 있었다.)
(= John was responsible for the accident, **as well as his brothers**.)
She works in television **as well as writing children's books**.
(그녀는 텔레비전 방송에서 일하면서 어린이용 책도 쓴다.)
(= **As well as writing children's books**, she works in television.)

▶ 등위 접속사처럼 사용될 때도 "as well as"는 두 개의 독립 문장은 결합할 수 없다.

*Mary was vacuuming the living room **as well as** John was washing dishes.
(참고: Mary was vacuuming the living room **and** John was washing dishes.)

▶ "as well as"가 두 개의 단수명사를 결합할 경우에 복수동사를 취할 수 있다.

The record player **as well as** the electric bulb **are** inventions of Edison.
(레코드플레이어와 전구도 에디슨의 발명품이다.)

그러나 만약 첫 번째 주어가 단수이고 특히 "as well as ..."가 쉼표로 분리되어 있으면, 동사도 단수가 될 가능성이 높다.

The record player, **as well as** the electric bulb, **is** an invention of Edison's.

▶ 이러한 문제를 피하기 위해 "as well as 구"를 문장 끝으로 보낸다.

The record player **is** an invention of Edison's **as well as** the electric bulb.

2 **동사구**: 두 개의 동사구를 결합할 경우 "as well as" 바로 다음에 오는 동사는 -ing형이 되는 것이 정상이다.

He gives help to people in need **as well as raising** money for local charities.
(그는 필요한 사람들에게 도움을 주고 또한 지역의 자선을 위해 모금활동도 한다.)
(*He gives help to people in need **as well as raises** money for local charities.)
Smoking is dangerous, **as well as making** you smell bad.
(흡연은 해로우며 또한 악취를 풍긴다.)
(*Smoking is dangerous, **as well as (it) makes** you smell bad.)
As well as breaking his leg, he hurt his arm.
(그는 다리가 부러졌을 뿐만 아니라 팔에도 상처를 입었다.)
(***As well as (he) broke his leg**, he hurt his arm.)

▶ 그러나 두 개의 부정사구가 결합될 경우 "as well as" 바로 다음에는 (to 없는) 원형부정사가 쓰일 수 있다.

He wants **to go** to college for the future **as well as earn** money for the family.
(그는 장래를 위해 대학에 진학하고도 싶고 가족을 위해 돈도 벌고 싶다.)

I have **to feed** the animals **as well as look** after the children.
(나는 동물에 먹이도 줘야 하고 아이들을 돌보기도 해야 한다.)

3 **중의성**: "as well as"는 중의성을 가진 표현이다. 하나는 우리가 지금까지 논의한 "and/in addition to"를 의미하는 관용적 용법과 다른 하나는 "well"이 "양태부사"로서 대등비교구 문으로 사용되는 것이다.

She plays the piano **as well as sings** pansori.   [비교구문]
(그녀는 판소리를 잘 부르는 것처럼 피아노도 잘 친다.)
(= Her playing the piano is as good as her singing pansori.)
She plays the piano **as well as singing** pansori.   [관용적 용법]
(그녀는 판소리를 부를 줄 알고 피아노도 칠 줄 안다.)
(= She not only sings pansori but also plays the piano.)

▶ 따라서 다음의 문장은 중의적이다.

She plays **the piano as well as the violin**.
(= She plays the piano as well as she plays the violin.)
(그녀는 피아노를 잘 치는 것처럼 바이올린도 잘 연주한다.)
(= She plays the piano in addition to the violin.)
(그녀는 바이올린 외에도 피아노를 연주할 줄 안다.)

▶ 두 개의 문장을 결합한 다음의 문장은 "비교구문"으로만 해석된다.

She sings **as well as** she dances. (그녀는 노래도 잘 부르고 춤도 잘 춘다.)
as well, also, too에 대해서는 A60을 보라.

A105 ashore와 onshore

이 두 단어는 "바닷가, 호숫가, 강가(shore)"와 연관된 단어로서, 이들은 보통 부사로 사용되 지만 종종 형용사로도 쓰인다.

1 ashore: 일반적으로 "장소, 위치(to/on(to))"를 강조하는 의미로 쓰인다.

Strong winds drove the cargo ship **ashore** near Newport.
(강한 바람으로 그 수송선은 뉴포트 근방에서 좌초됐다.)
We gathered pieces of wood that had washed **ashore** to make the fire.
(우리는 불을 피우기 위해 바닷가에 밀려온 나무 조각들을 수집했다.)

▶ ashore가 형용사로 쓰일 경우 a-로 시작하는 영어의 대부분의 형용사처럼 명사 앞에 올 수 없다. (A19.8을 보라.)

After twenty years at sea, it was not easy for him to get used to life **ashore**.
(그는 20년간의 바다생활 후에 육지생활에 익숙해지는 것이 쉽지 않았다.)

2   **onshore**: 일반적으로 "방향(towards)"을 강조하는 의미로 쓰인다.

It's a wonder to watch that a small tugboat pulls a huge crude oil carrier **onshore**.
(조그마한 예인선이 거대한 유조선을 바닷가로 예인하는 것을 보면 놀랍다.)
It's very difficult to drive a yacht out to the sea, when the wind blows **onshore**.
(바닷바람에 맞서 요트를 바다로 몰고 나가는 것은 매우 어렵다.)

▶ 형용사로 쓰이는 onshore는 "(바다에서) 해변으로"의 방향을 뜻하기도 하지만, "offshore(근해의/바다의)"와 대조되는 "육지의/육상의" 의미로 자주 사용된다.

Strong **onshore** winds pushed the ship ashore.
(강력한 바닷바람이 배를 해변으로 밀어 올렸다.)
The country has Western Europe's largest **onshore** oil field.
(그 나라에는 서유럽에서 가장 큰 육지 유전이 있다.)
He invested a large sum of money in Britain's **offshore** oil industry.
(그는 영국의 바다 원유사업에 큰돈을 투자했다.)

3   **offshore와 inshore**: offshore는 "해변에서 멀리 떨어져 있음"을 뜻하고, inshore는 "해안에 가까운, 연안의"를 의미하다. 따라서 "offshore fishery(근해어업)"는 종종 "deep-sea fishery(원양어업)"라고도 하고, "inshore fishery(연안어업)"는 종종 "bay fishery"라고도 한다. inshore는 부사로서 onshore와 같은 의미로 사용되기도 한다.

The boat was headed **inshore/onshore**. (배는 해안을 향하고 있었다.)

A106 ask와 ask for

"어떤 것을 말로써 응답해줄 것을 요구할 때"는 ask를 사용하고, "어떤 것을 (행동으로) 해주기를 원할 때"는 "ask for"를 사용하다.

You can **ask** any questions you wish. (원하는 질문을 무엇이든지 할 수 있다.)
She **asked** my name first. (먼저 그녀는 내 이름을 물어봤다.)

She **asked for** help. (그녀는 도움을 청했다.)
Do you know who **asked for** your advice? (누가 너의 충고를 요청했는지 알고 있어?)

1   **가격**: 가격을 묻거나 대금을 요구할 때는 "ask ... for"를 사용한다.

He's **asking** too much money for his car.
(그는 자동차 값으로 너무나 큰돈을 요구한다.)
She **asks** $1,000 a month rent **for** the apartment.
(그녀는 그 아파트 월세로 한 달에 1,000달러를 요구한다.)
Ask the price **for** the suit. (양복 값을 물어봐라.)

2   **설명**: "(... 에 대해서) 설명해 줄 것을 원할 때"는 "ask about"를 사용한다.

Visitors usually **ask about** the history of the castle.
(방문자들은 대체로 성의 역사에 대해서 물어본다.)
He **asked about** her family background. (그는 그녀의 가족 배경에 대해서 물어봤다.)

3   **두 개의 목적어**: ask는 간접목적어를 가질 수 있다.

They **asked me** a lot of questions. (그들은 나에게 많은 것을 물었다.)
He **asked her** her telephone number. (그는 그녀에게 전화번호를 물어봤다.)
She **asked him for** a lot of money. (그녀는 그에게 많은 돈을 요구했다.)
The boy **asked me for** a cigarette. (그 소년은 나에게 담배를 달라고 했다.)
Ask me for anything you want, and I'll give it to you.
(무엇이든지 네가 원하는 것을 내게 구하라 내가 주리라.) [막 6:22]

▶ ask의 경우에는 give와는 달리 간접목적어를 전치사구로 바꿀 수 없다. 다음을 비교해보라.

They **asked me** a lot of questions. (그들은 나에게 많은 것을 물었다.)
(*They **asked** a lot of questions to me.)
(참고: They **gave me** a lot of money. (그들은 나에게 큰돈을 주었다.))
(= They **gave** a lot of money to me.)

▶ 직접목적어가 "시제절"일 경우에는 거의 예외 없이 "WH-절"이나 "if-절"이 된다.

She asked me **whether/if we'd enjoyed the dinner**.
(그녀는 우리가 저녁 식사를 맛있게 먹었는지 물어봤다.)
Ask him **how old he is**. (몇 살인지 그에게 직접 물어봐라.)
I asked him **what he wanted**. (나는 그가 원하는 것이 무엇인지 물어봤다.)

4   **속격 목적어**: 누구의 "도움, 충고, 지시, 허가" 등을 요구할 때는 간접목적어를 "속격"으로 하는 구조가 가능하다. 다음을 비교해보라.

I **asked him for help**. (= I asked **his** help.) (나는 그에게 도움을 요청했다.)
I **asked my Mom for permission** to go fishing. (= I asked **my Mom's** permission to go fishing.) (나는 엄마에게 낚시 가는 것을 허락해 달라고 말했다.)

▶ 간접목적어가 비한정적 명사구(indefinite noun phrase)일 경우 "직접목적어 + of + 간접목적어" 구조가 허용된다.

I would like to **ask you a favor**. (= I would like to **ask a favor of you**.)
(나는 당신의 도움을 받고 싶습니다.)
You have no right to **ask me anything**. (= You have no right to **ask anything of me**.)
(당신은 나에게 어떠한 것도 요구할 권리가 없다.)

5   **ask와 to-부정사**: ask는 "부정사 보충어"를 가질 수 있다.

▶ ask + to-부정사: "(... 해달라고) 부탁하다, (... 하고 싶다고) 말하다"를 의미한다.

She's never **asked to borrow money**. (그녀는 돈을 빌려달라고 한 적이 한 번도 없다.)
I **asked to go home**. (나는 집에 가게 해달라고 말했다.)

▶ ask + 간접목적어 + to-부정사: 어떤 사람에게 무엇을 해 줄 것을 "요청하다, 말하다"를 의미한다.

Ask John to mail those letters tomorrow. (존에게 내일 그 편지들을 부쳐달라고 부탁하시오.)
Karen **asked her husband to see** a doctor. (카렌은 남편에게 병원에 가보라고 했다.)
She **asked him to come** with her. (그녀는 그에게 같이 가자고 했다.)

6 ask (someone) that-절: ask는 "that-절"을 보충어로 가질 수 있으며, 이 경우 "that-절"의 동사는 "가정법"이 된다. (가정법에 대해서는 S37을 보라.)

Was it too much to **ask that he (should) be allowed** some privacy?
(그에게 사적인 시간이 좀 허용되어야 한다고 요구하는 것이 지나친 것입니까?)
I **asked the teacher that the children (should) be sent** home early in the afternoon.
(나는 선생님에게 아이들을 오후 일찍이 집으로 보내야 한다고 말했다.)

▶ "ask + for-전치사구 + to-부정사" 구조가 종종 쓰이는데, "ask + that-절"로 해석된다.

We **asked for the children to have** more free time.
(= We **asked that the children (should) have** more free time.)
(우리는 아이들에게 더 많은 자유시간을 주어야 한다고 요구했다.)
He **asked for the letter to be sent** to her address.
(= He **asked that the letter (should) be sent** to her address.)
(그는 편지를 그녀의 주소로 보내라고 했다.)

A107 asleep와 sleep

sleep는 잠자는 "행위"를 의미하고 asleep은 잠을 자고 있는 "상태"를 의미한다.

When I came home late at night, my son **was sleeping/asleep**.
(내가 밤늦게 집에 왔을 때 아들은 자고 있었다.)
We found Mom **sleeping/asleep** on the sofa.
(우리는 엄마가 소파 위에서 잠들어 있는 것을 보았다.)
It was nine o'clock in the morning and Tom was still **sleeping/asleep**.
(아침 아홉 시인데 탐은 아직 자고 있었다.)

1 sleep: "습관적 행위"를 말할 때 또는 "얼마 동안, 얼마나 깊이 혹은 어느 곳에서 잠을 자는가"를 표현할 때 사용된다.

Most people **sleep/*are asleep** for about eight hours a day.
(대부분의 사람은 하루에 8시간 잔다.)
He **slept/*was asleep** for a whole day, after he had finished the report.
(그는 보고서를 끝내고 하루 종일 잤다.)

I couldn't **sleep/*be asleep** well last night because of all the noise next door.
(이웃에서 나는 소리 때문에 나는 어젯밤에 잠을 잘 자지 못했다.)

2   asleep: "잠을 자고 있는 상태"를 의미한다.

I'm surprised to see you awake — ten minutes ago you **were asleep**.
(10분 전에는 잠을 자고 있었는데 깨어 있는 너를 보고 놀랐다.)
By the time I had carried the child to bed, she **was** already **asleep**.
(아이를 침대로 안아 갔을 즈음에는 아이는 이미 잠들어 있었다.)

▶ fast/sound asleep: "깊이 잠들어 있다"를 의미한다.

The baby's **fast/sound asleep** in the cradle.
(애기가 요람에서 깊이 잠들어 있다.)

3   fall asleep과 go to sleep: "잠들다"라고 말할 때는 sleep이라고 하지 않는다.

I usually **go to sleep/fall asleep** as soon as I close my eyes.
(*I usually **sleep** as soon as I close my eyes.)
(나는 통상적으로 눈을 감자마자 잠든다.)
The lecture was so boring most of us **fell asleep/went to sleep**.
(*The lecture was so boring most of us **slept**.)
(강의가 너무 지루해서 우리 대부분은 잠들었다.)
Our friend Lazarus has **fallen asleep**, but I am going there to wake him up.
(우리 친구 나사로가 잠들었도다. 그러나 내가 깨우러 가노라.) [요 11:11]

▶ 그러나 "fall asleep"는 상태를 의미하고 "go to sleep"은 행동을 의미하므로 지시문에서는 "fall asleep"이 쓰이지 않는다.

Please, you two stop talking and **go to sleep/*fall asleep**.
(너희들 둘 그만 말하고 잠 좀 잘래.)

4   get to sleep: 어려움을 겪은 후에 "잠에 들다"를 의미한다.

I came home late, but it took me almost an hour to **get to sleep**.
(나는 집에 늦게 왔는데 잠드는 데 거의 한 시간이나 걸렸다.)
I finally **got to sleep** at four o'clock this morning.
(나는 오늘 새벽 4시에야 결국 잠에 들었다.)

A108 assess, appraise, evaluate

이 단어들은 사람이나 물건의 "자질, 능력, 가치" 등을 평가하는 것을 의미한다.

The booklet aims to help parents **assess** recent educational changes.
(그 소책자는 부모들이 근래의 교육변화를 평가하는 데 도움을 주는 것을 목적으로 하고 있다.)

The stolen necklace had been **appraised** at about 1 billion won.
(도난당한 목걸이의 가치는 10억 원 정도 되는 것으로 감정되었다.)
It's not right to **evaluate** people by their clothes.
(사람을 입은 옷으로 평가하는 것은 옳지 않다.)

1   assess: 특히 공적인 목적을 위해 "재산이나 비용을 산정할" 때 사용된다.

The town clerk has **assessed** our house 200 million won.
(시 직원은 우리 집의 가격을 2억 원으로 산정했다.)
The insurers **assessed** the cost of the flood damage at 10 million won.
(보험회사는 홍수 피해액을 1,000만 원으로 산정했다.)

2   appraise: "가치, 수량, 질, 장점" 등에 대해 "공적으로 평가하는" 것을 의미한다.

All the lecturers in the college are **appraised** by the students who took their courses.
(대학의 모든 교수들은 그들의 과목을 택한 학생들의 평가를 받는다.)
They intend to **appraise** the environmental costs of the project.
(그들은 그 사업의 환경적 비용을 산정할 예정이다.)

3   evaluate: 어떤 활동이나 계획 또는 제안의 "가치나 유용성 또는 중요성"을 평가하는 것을 의미한다.

We've arranged a meeting to **evaluate** their proposals.
(우리는 그들의 제안을 평가하기 위해 회합을 마련했다.)
It's impossible to **evaluate** the results without knowing about the research methods employed. (사용된 연구방법에 대해서 모르면 그 결과를 평가할 수 없다.)

A109 assure, ensure, insure

1   assure: "단언하다(say positively/with confidence)"라는 의미로 "간접목적어"를 반드시 대동한다.

The doctor **assured her** that he would do his best to save the child's life.
(의사는 그녀에게 아이의 생명을 구하는 데 최선을 다하겠다고 단언했다.)
(*The doctor **assured** that he would do his best to save the child's life.)
The president has **assured** us that he would look into the matter.
(사장님은 그 문제를 조사해 볼 것이라고 우리에게 확언했다.)
(*The president has **assured** that he would look into the matter.)

2   ensure와 insure: 이 두 단어는 발음이 [inʃúər]로 동일하다. 영국영어에서는 ensure를, 미국영어에서는 insure를 사용하며, 어떤 상황이 일어날 것을 "보장하다, 확실하게 하다"를 의미한다.

He **ensured/insured** a well-paying job for her. (그는 그녀에게 보수가 좋은 직장을 보장했다.)
Our task is to **ensure/insure** compliance with the regulations.
(우리의 임무는 규정을 따르는 것을 확실히 하는 것이다.)

▶ assure도 종종 ensure의 의미로 사용된다.

Full religious freedom must be **assured** for all persons.
(완전한 종교의 자유는 모든 사람에게 보장되어야 한다.)
Excellent reviews have **assured** the success of the movie.
(훌륭한 영화평이 그 영화의 성공을 보장했다.)

3   insure: "보험에 들다, 보험에 가입하다"를 의미한다.

He was **insured** at the time of the accident. (그 사고가 났을 때 그는 보험에 가입되어 있었다.)
He **insured** his car against accident, theft and fire.
(그는 자기의 차를 사고와 도난 그리고 화재에 대비해서 보험을 들었다.)

▶ insure의 명사형은 "insurance(보험, 보험계약)"다. 그러나 영국영어에서는 insure의 명사형으로 특히 생명보험의 경우에는 종종 "assurance"를 사용한다.

He has **car insurance** against accident, theft and fire.
(그는 사고와 도난 그리고 화재에 대비해서 자동차 보험에 들었다.)
He has $100,000 **life insurance/assurance**, which his wife will receive if he dies first.
(그는 본인이 먼저 죽을 경우 부인이 받을 10만 달러짜리 생명보험에 들어 있다.)

A110   at

at는 주로 "장소나 시간"을 표현할 때 사용되는 중요한 전치사다. (장소전치사로서의 at에 대해서는 A111을 보고, 시간전치사로서의 at에 대해서는 A112를 보라.) at는 그 외에 다음과 같은 경우에 사용된다.

1   **수치**: at는 "나이, 가격, 속도, 온도, 비율" 등의 수치를 의미하는 표현과 종종 함께 쓰인다.

Nowadays most people retire **at the age of 60**.
(요사이는 대부분의 사람들이 60세에 은퇴한다.)
You can buy a dozen of eggs **at 2,000 won** at the supermarket.
(슈퍼마켓에서 계란 12개를 2천 원에 살 수 있다.)
He was arrested for driving his sports car **at 150 kilometers an hour**.
(그는 자기의 스포츠카를 시속 150킬로로 운전하다 체포되었다.)
The model structure melted down **at 50 degrees Celsius**.
(모형 구조가 섭씨 50도에서 녹아버렸다.)
The population of the country decreases **at a steady rate**.
(우리나라의 인구가 꾸준한 비율로 감소하고 있다.)

2 **방향과 목표**: at는 "방향 또는 의도된 목표"를 가리키는 전치사로 사용된다.

   They pointed **at us** as we drove by.
   (그들은 우리가 운전하고 지나가는데 우리에게 손가락질을 했다.)
   He shot **at the General** but missed. (그는 장군을 향해 총을 쐈으나 빗나갔다.)
   She smiled **at me** when I was depressed by my awful exam results.
   (형편없는 시험성적으로 의기소침해 있을 때 그녀는 나를 향해 미소를 지었다.)

3 **상태의 원인**: at는 느낌이나 행동의 "원인이 된 행위나 말 또는 생각"과 함께 쓰인다.

   I was **surprised/amused/pleased at** (= by) **his words**.
   (나는 그의 말에 놀랐다/기분이 좋았다/기뻤다.)
   She was **angry at his bad behavior**. (그녀는 그의 나쁜 행동에 화가 났다.)
   He became deeply **depressed at his wife's death**.
   (그는 부인의 죽음으로 깊은 우울증에 걸렸다.)

4 **판단**: at는 종종 "판단"을 필요로 하는 표현과 함께 쓰인다.

   She's **good/bad at arranging things**. (그녀는 물건 정돈을 잘한다/잘 못한다.)
   He's doing **fine at his job**. (그는 자기의 일을 잘하고 있다.)
   Miss Kim is quite **skillful at dealing with difficult customers**.
   (김양은 까다로운 고객을 다루는 특별한 능력을 가지고 있다.)

5 **상황 또는 상태**: 어떤 "상태 또는 상황"에 처해 있음을 표현할 때 사용된다.

   The President announced that the country was **at war**.
   (대통령은 국가가 전쟁상태에 들어갔다고 선언했다.)
   The strike means that no work is being done — everything is **at a standstill**.
   (파업은 어떠한 작업도 이루어지지 않고 모든 것이 정지된다는 것을 의미한다.)

   ▶ "극단적 상태"를 말할 때 사용된다.

   The garden is **at its best** in May. (정원은 5월에 최고 상태가 된다.)
   I'm afraid we can only pay you 5,000 won an hour **at (the) most**.
   (미안합니다만 우리는 시간당 최고 5천 원만 지불할 수 있습니다.)

A111 at, on, in (장소)

"at, on, in"은 영어의 대표적인 장소 전치사(place prepositions)다.

1 **at**: at는 일반적으로 "장소나 위치"를 표현할 때 사용된다.

   We can meet **at your house**. (너의 집에서 만나자.)
   Turn right **at the next corner**. (다음 모퉁이에서 오른쪽으로 도십시오.)
   The children enjoyed themselves **at the zoo**. (아이들은 동물원에서 즐거운 시간을 보냈다.)

at the beginning	**at** the end	**at** the entrance
at the front	**at** the back	**at** her side
at the top	**at** the bottom	**at** the center 등

(1) at는 좀 더 "정확한 장소나 지점"을 표현할 때 사용된다.

They live **at 29 Prospect Street**. (그들은 프로스펙트가 29번지에 산다.)
We were waiting **at the bus stop**. (우리는 버스 정류장에서 기다리고 있었다.)

(2) at는 "거쳐 가는 장소나 어떤 행동을 위한 장소"를 표현할 때도 사용된다.

The plane stops for an hour **at Frankfurt**. (비행기는 프랑크푸르트에서 한 시간 동안 체류한다.)
The two presidents had a summit meeting **at Naples**.
(두 대통령은 나폴리에서 정상회담을 가졌다.)
The ship touched **at the Canary Islands**. (그 배는 카나리아제도에 정박했다.)
I'll be waiting for you **at the club**. (나는 클럽에서 너를 기다리고 있을 것이다.)
We'll have lunch **at MacDonald** in Main Street.
(우리는 메인가에 있는 맥도날드에서 점심을 먹을 것이다.)

(3) at는 종종 "장소의 명칭" 앞에 사용되는데, 이 경우 장소 자체보다 그곳에서 일어나는 "상황"이나 "활동"을 말한다.

We were great friends when we were **at college**. (= college students)
(우리는 대학생 시절에 가까운 친구였다.)
I didn't see you **at church** this morning. (= attend church service)
(나는 오늘 오전 예배에서 너를 못 봤다.)
He's a student **at Harvard**. (그는 하버드대 학생이다.)
He's **at the London School of Economics**. (그는 런던 경제대학 학생이다.)

▶ at는 "활동"이나 "상태"를 의미하는 명사와 결합할 수 있다.

She felt completely **at ease** with Bill.
(그녀는 빌과 함께 있을 때 완전히 편안함을 느꼈다.)
Have lunch and then we can discuss it **at leisure**.
(점심을 먹고 그다음에 이 문제를 천천히 논의할 수 있다.)
After 10 years in prison, he's **at liberty** finally.
(그는 10년을 감옥에서 보낸 후에 드디어 자유의 몸이 되었다.)

더 많은 예에 대해서는 P37을 보라.

▶ at는 또한 "집단적 활동"을 표현할 때도 사용된다.

Everyone enjoyed themselves **at Emma's birthday party**.
(모든 사람들이 엠마의 생일 파티에서 즐겼다.)
They first met **at a concert** last year. (그들은 작년에 음악회에서 처음 만났다.)
He's going to give a speech **at the gathering** of young students.
(그는 젊은 학생들의 집회에서 연설할 예정이다.)

        at a meeting   **at** a lecture   **at** the match 등

2   on

(1) on은 사물의 "표면과 접촉한 상태"를 말할 때 사용된다.

She just throws her clothes **on the floor**, when she's tired.
(그녀는 지치면 옷을 방바닥에 그냥 벗어 던져버린다.)
He threw himself **on the bed**. (그는 침대 위에 몸을 던졌다.)
He had his portrait hung **on the other wall**. (그는 자기의 초상화를 반대편 벽에 걸게 했다.)
She panicked when she saw a lizard crawling **on the ceiling**.
(그녀는 천정에 도마뱀이 기어가는 것을 보고 공포에 사로잡혔다.)
People usually wear the engagement ring **on their third finger**.
(사람들은 일반적으로 약혼반지를 세 번째 손가락 약지에 낀다.)
There aren't many apples **on the tree** this year.
(올해에는 사과나무에 사과가 많이 달리지 않았다.)

(2) on은 "몸의 한 부분이 어떤 것과의 접촉"을 말할 때도 사용된다.

He stood **on his feet** when he was 7 months old. (그는 일곱 달 될 때 두 발로 섰다.)
He's always **on his knees** when praying. (그는 항상 두 무릎을 꿇고 기도한다.)
He suddenly kissed her **on the cheek** in public.
(그는 갑자기 여러 사람 앞에서 그녀의 볼에 입을 맞췄다.)

(3) on은 "도로변, 강변, 해변, 호수 변, 경계선 근처" 등을 말할 때도 사용된다.

There's a magnificent lookout platform **on Lake Soyang**.
(소양호에는 멋있는 전망대가 있다.)
MIT is located **on the Charles River**.
(매사추세츠 공과대학은 찰스강변에 있다.)
They lived in a small town **on the border** between North Korea and China.
(그들은 북한과 중국의 국경 가까이에 있는 작은 마을에서 살았다.)
They have a summer house **on a beach** not far from Haeundae.
(그들은 해운대에서 멀지 않은 해변에 여름별장을 가지고 있다.)

(4) on은 "번지가 명시되지 않은 주소나 건물의 층"에 쓰인다.

They live **on Prospect Street**. (그들은 프로스펙트 가에 산다.)
[영국영어: They live in Prospect Street.]
Our office is **on the 10th floor** of the building. (우리 사무실은 이 건물 10층에 있다.)

3   in: in은 "넓은 지역 내에 있는 위치"나 (모든 면이 둘러싸여 있는) "3차원적 공간" 내에 있는 위치에 사용된다. (P35.1을 보라.)

He's **in his room** all day. (그는 종일 자기 방에 있다.)
She intended to have a vacation **in Hawaii**. (그녀는 하와이에서 휴가를 보내려고 했다.)
The plane crash-landed **in the desert**. (비행기가 사막에 동체착륙을 했다.)

There're many trees **in the mountains**. (산에 나무가 많다.)
He couldn't find his car **in the parking lot**. (그는 주차장에서 자신의 차를 찾을 수 없었다.)

at/in과 to의 차이에 대해서는 A113을 보라.
at, on, in의 차이에 대해서는 A111, A113, P35와 P37을 보라.

A112 at, on, in (시간)

1   at: at는 "(시계의) 시간(clock time)"을 말할 때 사용된다.

She always goes to work **at six o'clock**. (그녀는 항상 6시에 일터로 간다.)
I'll visit you **at 5:30**. (5시 30분에 찾아가겠습니다.)
Let's meet **at lunch time**. (점심때 만납시다.)
He left home **at noon**. (그는 정오에 집을 나섰다.)

2   on: on은 "날짜(days)"를 표현할 때 사용된다.

I'll call on her **on Sunday**. (나는 일요일에 그녀를 방문할 것이다.)
He was born **on April 15th, 1999**. (그는 1999년 4월 15일에 태어났다.)
You can come **on the following day**. (너는 그 다음 날 올 수 있다.)
They're having a party **on New Year's Day**. (그들은 새해 첫날에 파티를 가질 예정이다.)

▶ 날짜의 반복을 표현할 때는 복수형(Sundays, Mondays 등)을 사용한다.

We can't come, because we go to church **on Sundays**.
(우리는 일요일에 교회에 가기 때문에 올 수가 없습니다.)
Nowadays no body's willing to work **on Saturdays**.
(지금은 아무도 토요일에 일하려고 하지 않는다.)

3   in과 on: in과 on은 "하루의 한 부분"을 표현할 때 사용될 수 있다.

(1) in (하루의 부분): in은 "하루를 구성하는 한 부분"을 표현할 때 사용된다.

Classes start **in the morning** and go through the whole day.
(수업은 아침에 시작해서 종일 계속된다.)
We met at three o'clock **in the afternoon**. (우리는 오후 3시에 만났다.)
We do most of our studying **in the evening**. (우리는 대부분의 공부를 저녁에 합니다.)
I can't sleep **in the daytime**. (나는 낮에 잠을 못 잡니다.)

(2) at night: "밤에"를 의미하는 표현은 "in the night"가 아니라 "at night"다.

He usually goes to work **at night**. (그는 보통 밤에 일하러 간다.)
Temperature often drops **at night**. (종종 밤에는 온도가 내려간다.)

(3) in the night: "in/during the night"는 "밤 동안"을 의미한다.

He had to go to work **in the night**. (그는 밤 동안 일을 해야 했다.)

Temperature suddenly dropped **in the night**. (밤 동안에 온도가 갑자기 떨어졌다.)

▶ 따라서 습관적이거나 일반적인 것을 의미하는 "현재시제의 동사"와는 함께 쓰일 수 없다.

*He usually goes to work **in the night**.
*Temperature often drops **in the night**.

(4) on: 어느 "특정한 하루의 한 부분"을 말하거나 "하루의 한 부분에 대해 설명"을 붙일 경우에 on을 사용한다.

He may see you **on Monday morning**. (그는 월요일 오전에 너를 만날 수 있을 것이다.)
What are you planning to do **on Friday evening**? (금요일 저녁에 무엇을 할 계획이냐?)
We went out **on a cold afternoon** in early spring. (우리는 초봄날 쌀쌀한 오후에 외출했다.)
They're going to meet **on the morning of June first**.
(그들은 6월 1일 아침에 만날 예정이다.)

4   in: "하루보다 더 긴 시간"을 말할 때는 일반적으로 in을 사용한다.

The Confederate surrendered **in the week** after the battle at Gettysburg.
(남부 연합은 게티즈버그 전투가 끝난 그 다음 주에 항복했다.)
The Korean War broke out **in June, 1950**. (한국전쟁은 1950년 6월에 일어났다.)
That Buddhist temple was built **in the 15th century**. (저 사찰은 15세기에 건축되었다.)
Many Southeast Asians visit Korea **in winter** to see snow.
(많은 동남아시아인들은 눈을 보려고 겨울에 한국에 온다.)
Korea lost its sovereignty to Japan **in 1910**. (한국은 1910년에 주권을 일본에 빼앗겼다.)

5   **기간**: in은 "어떤 일이 일어나거나 완료되기까지의 기간"을 표현할 수 있다. (A35.2를 보라.)

You'll be informed of the result **in three or four days**.
(당신에게 삼사일 후에 결과가 통보될 것입니다.)
The test will last **in about 2 hours**. (시험은 약 2시간 걸릴 것입니다.)

▶ 어떤 일이 "일어나게 되는 시점"을 말할 때는 "in + 시간명사 + -'s + time"을 사용한다. 다음을 비교해보라.

Visit me again **in a month's time**. (= after a month) (한 달 후에 다시 오시오.)
He wrote the book **in a month**. (= for a month) (그는 한 달 동안에 그 책을 썼다.)
(*He wrote the book **in a month's time**.)

I'll show you the plan **in three weeks' time**. (= after three weeks)
(3주 후에 너에게 계획을 보여줄 것이다.)
We stayed there **for three weeks**. (우리는 그곳에 3주간 머물렀다.)
(*We stayed there **in three weeks' time**.)

▶ 영국영어에서와 달리 미국영어에서는 in이 기간을 의미하는 전치사 for처럼 사용될 수 있다.

I haven't visited my parents **for/in years**. (나는 부모님을 수년간 찾지 못했다.)

6 **at/on**: at는 또한 "Christmas, New Year, Easter, Thanksgiving(미국)"과 같은 휴일 기간을 가리킬 때 사용된다.

I'm going to finish my homework **at Easter**. (나는 부활절 기간에 숙제를 끝낼 것이다.)
All the family members will get together **at Thanksgiving**.
(온 가족이 감사절 기간에 모일 것이다.)

▶ 그러나 휴일의 하루를 말할 때는 on을 사용한다.

We'll go to church **on Christmas Day**. (우리는 크리스마스 날에 교회에 간다.)
They went to the movies **on New Year's Day**. (그들은 새해 첫날에 영화관에 갔다.)
On the third day he will be raised to life! ([그는] 제삼일날에 살아나리라!) [마 20:19]

▶ 영국 사람들은 "at the weekend"라고 하고, 미국 사람들은 "on the weekend"라고 한다.

We went to the summer house **at/on the weekend**. (우리는 주말에 여름별장에 갔다.)

7 **시간전치사의 생략**: 시간전치사는 종종 생략될 수 있다. (P38.4를 보라.)

(1) 시점을 나타내는 시간전치사 "at, on, in"의 목적어인 시간명사가 "last, next, this, that, all, any, every, each, yesterday, tomorrow" 등의 수식을 받을 때는 시간전치사는 생략된다.

I'll be leaving **(*in) next week**. (나는 다음 주에 떠난다.)
I saw her **(*on) last Thursday**. (나는 그녀를 지난 목요일에 봤다.)
John came to see me **(*on) yesterday morning**. (존이 어제 아침에 나를 보러 왔다.)
I'm always at home **(*in) every evening**. (나는 저녁에는 항상 집에 있다.)
(*In) Every summer she returns to her childhood home.
(그녀는 여름마다 어릴 때 살던 집에 간다.)
They visit their parents **(*in) each year**. (그들은 매년 부모님을 찾는다.)
I didn't feel very well **(*in) that week**. (나는 그 주에 몸이 별로 좋지 않았다.)
Come **(*at) any time**. (아무 때나 와라.)
He stayed at home **(*for) all day**. (그는 종일 집에 있었다.)

(2) 현재에서 "두 단위 이상 떨어진 시간"을 나타내는 표현에서는 전치사가 "수의적으로" 생략된다.

He left the town **(on) the day before yesterday**. (그는 그저께 마을을 떠났다.)
He'll leave the town **(on) the day after tomorrow**. (그는 모레 마을을 떠날 것이다.)
The war ended **(in) the January before last**. (전쟁은 지지난 1월에 끝났다.)

▶ 미국식 영어에서는 전치사 in을 생략하고 "the January before last"라고 한다.

(3) 과거 또는 미래의 어떤 "주어진 시점의 전이나 후의 시간"을 가리킬 때 전치사는 "수의적으로" 생략될 수 있다.

They got married **(at) the next weekend**. (그들은 그다음 주말에 결혼했다.)
We met **(on) the following day**. (우리는 그다음 날 만났다.)
John visited us **(in) the previous spring**. (존이 그전 봄에 우리를 방문했다.)

(4) 기간을 의미하는 전치사 for는 "지속적 상태를 뜻하는 동사"와 함께 쓰일 경우에 수의적으로 생략될 수 있다. 그러나 명시된 기간 동안 어떤 행위나 상태가 지속되지 않을 경우에는 for를 생략할 수 없다.

We **stayed** there **(for) three months**.
(우리는 그곳에 3주 동안 머물렀다.)
The rainy weather **lasted (for) the whole time** we were there.
(비가 오는 날씨가 우리가 그곳에 있는 동안 내내 지속됐다.)
I **taught** her **for three years**. (나는 3년간 그녀를 가르쳤다.)
(*I **taught** her **three years**.)
I haven't **spoken** to her **for three years**. (나는 그녀에게 3년간 말을 하지 않았다.)
(*I haven't **spoken** to her **three years**.)

(5) 전치사의 목적어가 all의 수식을 받으면 for는 "의무적으로" 생략된다.

We stayed there **all week**. (우리는 일주일 내내 그곳에 머물렀다.)
(*We stayed there **for all week**.)
I haven't seen her **all day**. (나는 그녀를 온종일 못 봤다.)
(*I haven't seen her **for all day**.)

(6) 전치사구가 문두에 올 경우에는 전치사 for를 생략하지 않는 것이 좋다.

For 600 years (*600 years), the cross lay undisturbed.
(600년 동안 그 십자가가 방해받지 않은 채 놓여 있었다.)
The cross lay undisturbed **(for) 600 years**.

(7) "What/Which + 시간 표현"으로 시작하는 의문문과 시간 표현만 포함하는 응답에서도 전치사는 일반적으로 생략된다.

What day is the meeting? (모임이 어느 날에 있습니까?)
(***On what day** is the meeting?)
Which week did you say you're on holiday? (어느 주에 휴가라고 말했지?)
(***In which week** did you say you're on holiday?)
"**What time** are you leaving?" "At eight o'clock."
("몇 시에 떠나십니까?" "여덟 시에 떠납니다.")
(***At what time** are you leaving?)
"We'll meet tomorrow." "**What time**?" (***At what time**?)
("우리 내일 만납니다." "몇 시에요?")

in과 during, for와 during의 차이점에 대해서는 D30.1과 2를 보라.

A113 at, in, on, to (방향)

at는 일반적으로 "장소/위치(place/position)"를 나타내는 데 반하여 (A111을 보라.), to는 "이동(movement)과 방향(direction)"을 나타내는 데 사용된다. in과 on은 주로 장소를 표현하는 전치사로 쓰이지만, 동사에 따라 각각 into와 onto의 의미로 "이동과 방향"을 나타낼 수도 있다. 다음을 비교해보라.

He works **at the market**.   [위치]
(그는 시장에서 일한다.)
He went **to the market**.   [방향]
(그는 시장에 갔다.)

The boy stayed **in the pool**.   [위치]
(그 소년은 수영장 안에 있었다.)
The boy fell/jumped **in/into the pool**.   [방향]
(그 소년은 수영장 안으로 떨어졌다/뛰어들었다.)

The man slept **on the floor**.   [위치]
(그 사람은 마룻바닥에서 잤다.)
The man fell/jumped **on/onto the floor**.   [방향]
(그 사람은 마루 위로 넘어졌다/뛰어올랐다.)

1   at/in: 이동의 종착지를 말하기 전에 이동의 목적을 먼저 말하면 일반적으로 장소 앞에 at/in을 사용한다. 다음을 비교해 보라.

Let's go **to La Seine for lunch**.   [종착지]
(점심 먹으러 라센느에 갑시다.)
Let's go and have **lunch at La Seine**.   [목적]
(라센느에 가서 점심을 합시다.)
(*Let's go and have **lunch to La Seine**.)

I moved **to Busan to live with my parents**.   [종착지]
(나는 부모님과 함께 살려고 부산으로 이사했다.)
I moved **to live with my parents in Busan**.   [목적]
(나는 부모님과 함께 부산에서 살려고 이사했다.)
(*I moved **to live with my parents to Busan**.)

2   at: at는 "시각의 초점", "행위의 대상," "공격의 표적"을 가리킬 때 사용된다.

(1) at는 "look at"에서와 같이 "stare, glare, gaze, peer, gape"와 같은 동사 다음에서 "시각적 초점의 대상"을 가리킨다.

The boy was **looking at the watch**. (그 아이는 시계를 쳐다보고 있었다.)
What are you **staring at**? (뭘 노려보고 있어?)
He **peered at** the car ahead through the wet windshield.

(그는 물에 젖은 차창을 통해 앞에 가는 자동차를 응시했다.)

(2) at는 "smile, laugh, wave, frown, point" 등과 같은 동사 다음에 와서 "행위의 대상"을 가리킨다.

I **waved at** her across the room. (나는 방 건너편에 있는 그녀에게 손을 흔들었다.)
For the first time she **smiled at me**. (그녀는 처음으로 나에게 미소 지었다.)
The teacher **frowned at the noisy students**, but it had no effect.
(선생님은 떠드는 학생들에게 눈살을 찌푸렸지만 소용이 없었다.)
The boys **laughed at the girl**, when she fell off on the floor.
(남자아이들은 여자아이가 바닥에 넘어지자 웃음을 터뜨렸다.)

(3) at는 "shoot, scream, throw, shout, yell"과 같은 동사의 "공격 표적"을 가리킨다.

Two guys walked in and started **shooting at people**.
(두 녀석이 걸어 들어오더니 사람들을 향해 총을 쏘기 시작했다.)
I wish you'd stop **shouting at the children**. (아이들에게 그만 소리를 지르면 좋겠다.)
Don't **yell at me** like that. (나에게 그렇게 고함치지 마.)

3   to: "공격의 의도"가 없을 때는 "throw to, shout to, yell to"라고 말한다.

Please do not **throw food to the animals**. (동물에게 음식을 던져주지 마십시오.)
"I love you," she **shouted to me**. ("당신을 사랑해"라고 그녀가 나에게 소리를 질렀다.)
We **yelled to** them to ask for help. (우리는 그들에게 도와달라고 큰 소리로 말했다.)
He **looked to** her for support. (그는 지지해 달라고 그녀를 바라보았다.)

A114 at all

"at all"은 일반적으로 긍정 평서문에는 나타나지 않으며, "비단언적 맥락"인 부정문이나 의문문 또는 조건문에서 사용된다.

He's **not** been looking well **at all** recently. (그는 근래에 건강이 전혀 좋아 보이지 않았다.)
Has the situation improved **at all**? (상황이 좀 좋아졌습니까?)
He'll come before supper if he comes **at all**. (그가 적어도 올 거라면 저녁 식사 전에 올 것이다.)

1   **부정문**: "at all"은 부정문에서 부정을 강조하는 "전혀, 조금도"라는 의미로 사용된다.

I **didn't** understand his lecture **at all**. (나는 그의 강의를 하나도 알아듣지 못했다.)
(= I didn't understand his lecture even a little.)
She **wasn't** satisfied **at all**. (그녀는 조금도 만족하지 않았다.)
They've done **nothing at all** to put the problem right.
(그들은 문제를 해결하려고 어떤 것도 하지 않았다.)

2   **의문문과 조건문**: "at all"은 또한 의문문과 조건문에서 "적어도, 조금이라도(ever)"의 의미로 쓰인다.

Did you enjoy the show **at all**? (공연을 조금이라도 즐겼습니까?)
Have the working conditions improved **at all**? (작업환경이 조금이라도 좋아졌습니까?)
He'll play golf with us **if** he arrives in time **at all**.
(그가 시간 내에 도착한다면야 우리와 골프를 칠 것이다.)
Don't get involved, **if** you are **at all** worried about the project.
(네가 그 사업에 대해서 조금이라도 걱정이 된다면 관여하지 말아라.)

3   any와 at all: "at all"은 "(not) any"의 의미를 강조하기 위해 쓰일 수 있다.

Did you see **any man at all**? (당신은 누군가를 보았습니까?)
She doesn't like **any Western food at all**.
(그녀는 서양식 음식을 전혀 좋아하지 않는다.)
Is there **any difference at all** between "begin" and "start"?
("begin"과 "start" 사이에는 어떤 차이가 있긴 합니까?)

4   not at all: "Not at all"은 "감사나 사과에 대한 응답"으로 종종 사용된다.

"Thanks for your favorite consideration."
"**Not at all**." [영국영어] / "You're welcome." [미국영어]
("호의적인 고려에 감사드립니다." "천만의 말씀입니다.")
"I'm sorry to trouble you." "**Not at all**." ("귀찮게 해서 미안합니다." "천만에요.")

A115 at last, eventually, finally, lastly, in the end

이 단어들은 일정 시간이 지난 다음에 어떤 상황이 뒤따라 나올 때 사용된다.

1   at last: "오랫동안 바라던 상황이 드디어 일어났음"을 암시한다.

At last the rain stopped and we were able to continue the game.
(결국은 비가 멈추고 우리는 경기를 계속할 수 있었다.)
The baby fell asleep **at last**. (드디어 애기가 잠에 들었다.)
I walked for several hours and **at last** I came to the edge of a small town.
(나는 몇 시간을 걸은 후에 결국 작은 도시의 변두리에 도달했다.)

2   eventually: 특히 "여러 번의 지체가 있은 후에 어떤 상황이 일어났음"을 암시한다.

The train was over three hours late. We **eventually** got home at quarter to twelve.
(기차가 세 시간 이상 연착되었고, 결국 우리는 12시 15분 전에 집에 왔다.)
We waited more than an hour for him but **eventually** we had to leave without him.
(우리는 한 시간 이상 그를 기다렸으나 결국 그이 없이 떠나야 했다.)
Although she has been ill for a long time, it still came as a shock that she **eventually** died. (그녀는 오랫동안 아팠지만 그녀가 결국 죽었다는 사실은 하나의 충격이었다.)

3   finally: 특히 "큰 어려움을 거쳤음"을 암시한다.

   The food finally arrived at the end of last week and distribution began.
   (드디어 식량이 지난 주말에 도착했으며 분배가 시작되었다.)
   Finally, after ten hours of negotiations, the gunman gave himself up.
   (10시간의 협상 끝에 드디어 무장범은 자수했다.)
   John finally decided, after much thought, to leave his job.
   (많은 생각 끝에 존은 결국 직장을 그만두기로 했다.)

4   lastly: "연속되는 일연의 상황의 끝"을 암시한다.

   Lastly, I want to thank all of you for your help.
   (마지막으로, 도움을 주신 여러분 모두에게 감사드리고 싶습니다.)
   This problem has been caused by lack of preparation, by careless use of money, and lastly by a failure to observe regulations.
   (이 문제의 원인은 준비의 부족, 재정의 남용 그리고 마지막으로 규정 준수의 실패였다.)
   Lastly, I ask all of you to keep this information secret.
   (마지막으로 여러분 모두가 이 정보를 비밀로 해주시기 바랍니다.)

   ▶ finally가 lastly의 의미로 쓰일 수 있다.

   Add flour, salt, sugar, and finally the milk.
   (밀가루와 소금과 설탕과 마지막으로 우유를 첨가해라.)

5   in the end: "긴 기간 동안 많은 상황이 일어난 후"를 암시한다.

   You can't escape — wherever you go the police will find you in the end.
   (너는 도망칠 수 없다. 네가 어디를 가든지 결국 경찰이 너를 찾아낼 것이다.)
   In the end they will win the war, even if they lose one or two battles.
   (한두 개의 전투에서는 지더라고 결국 그들은 전쟁에서 승리할 것이다.)
   I decided to marry her in the end. (결국 나는 그녀와 결혼하기로 결심했다.)

   ▶ at the end: 지체나 기다림과는 관계가 없으며 단순히 "어떤 상황의 끝"을 의미한다.

   He's going to Mokpo at the beginning of next week, and I'm going there at the end.
   (그는 다음 주초에 목포에 가려고 하고 나는 주말에 가려고 한다.)
   Some people were in tears at the end of the film.
   (몇몇 사람은 영화 끝에 눈물을 보였다.)

   ▶ at the end of the day: 영국영어에서 "finally, in the end"의 의미로 쓰인다.

   Of course I'll be taking advice on this matter, but at the end of the day, it's up to me to decide what to do.
   (물론 이 문제에 대해 충고를 듣겠지만 어떻게 할 것인가를 결정하는 것은 결국 내 책임이다.)

A116 authentic, authoritative, genuine

genuine은 "인위적이고 불순한 그리고 가짜의 특성이 포함되어 있지 않음"을 강조하고, authentic은 "사기이거나 위조가 아님"을 강조하며, authoritative는 "권위자에 의해 인정된 공적인 것"을 강조한다.

1   authentic과 genuine: 이 둘은 의미가 거의 같으며 단지 genuine은 "내재적 속성이나 원천적 근원"에서 유래했음을 강조한다.

     If it's a **genuine** Michelangelo drawing, it'll sell for millions.
     (만약 그것이 미켈란젤로의 진짜 그림이라면 수백만 달러가 나갈 것이다.)
     The reforms are motivated by a **genuine** concern of the disabled.
     (개혁은 장애인에 대한 순수한 관심에서 비롯했다.)
     We heard an **authentic** account of the wreck, given by one of the ship's officers.
     (우리는 배의 사관 중의 한 사람으로부터 배의 난파에 대해 거짓 없는 설명을 들었다.)
     We saw an **authentic** letter written by George Washington.
     (우리는 조지 워싱턴이 쓴 진짜 편지를 보았다.)

2   authentic: 어떤 예술작품이 모든 증거로 보아 의심의 여지가 없는 "진품임"을 표현할 때 자주 쓰이며, 종종 genuine과 교환해서 사용되기도 한다.

     They say the painting is an **authentic**/a genuine masterpiece of da Vinci.
     (그 그림은 진짜 다빈치의 걸작이라고들 한다.)
     The billionaire spent several million dollars for an **authentic**/a genuine painting of Rembrandt. (그 억만장자는 렘브란트의 진짜 그림을 수백만 달러에 샀다.)

3   genuine: "자연에 존재하는 것"에는 일반적으로 genuine을 사용한다.

     Her necklace is decorated with **genuine** diamonds and pearls.
     (그녀의 목걸이는 자연산 다이아몬드와 진주로 장식되어 있다.)
     This table is **genuine** mahogany, not wood to look like it.
     (이 식탁은 마호가니처럼 보이게 칠한 것이 아니라 진짜 마호가니 나무로 만들어진 것이다.)

4   authoritative: "학문적 위상 또는 공적 권위"가 있음을 의미한다.

     This book is the most **authoritative** work on Korean surnames.
     (이 책은 한국 사람들의 성씨에 대한 가장 권위 있는 연구다.)
     Authoritative orders came to the ambassador from the President.
     (대통령으로부터 대사에게 공적인 명령이 하달되었다.)

A117 AUXILIARY VERBS (조동사)

문장을 구성하는 성분의 **품사**(parts of speech) 중에서 어느 것 하나 중요하지 않은 것이 없지만, 영어를 잘 배운 사람이라 할지라도 조동사를 정확히 구사하는 사람은 흔치 않다. 영어에서 조동사는 통사적으로 매우 중요한 역할을 할 뿐만 아니라, 그들이 지니는 다양한 뜻과 미묘한 의미적 차이는 그 구별이 매우 까다롭다. 예를 들어 "must, have to, should, ought to, need" 등은 모두 의무(obligation)를 뜻하면서도 미묘한 의미적 차이를 보인다. (M21-M24를 보라.) 평서문에서 조동사의 정상적인 위치는 "주어"와 "어휘적 동사" 사이가 되며, 한 문장에 하나 이상의 조동사가 동시에 나타날 수 있다.

문장 = 주어 + **조동사** + 동사구

He **does**n't like to study English grammar.
(그는 영문법 공부하는 것을 좋아하지 않는다.)
She **may have been** detained by the police for questioning.
(그녀는 어쩌면 조사 때문에 경찰에 의해 지체됐는지도 모른다.)

1   **조동사의 특성**: "어휘적 동사"와 "조동사"는 통사적으로 다음과 같은 점에서 차이를 보인다.

(1) 조동사는 "의문문"에서 주어(subject) 앞에 올 수 있다. 다음을 비교해보라.

He **can** speak English. (그는 영어로 말할 수 있다.)
Can he speak English? (그는 영어로 말할 수 있나?)

John **is** coming to Korea next year. (존은 내년에 한국에 옵니다.)
Is John coming to Korea next year? (존은 내년에 한국에 옵니까?)

You **have** seen the play. (너는 그 연극을 보았다.)
Have you seen the play? (너는 그 연극을 보았느냐?)

You bought something. (너는 무엇인가 샀다.)
What **did** you buy? (무엇을 샀느냐?)

He **speaks** English. (그는 영어를 말할 줄 안다.)
(***Speaks** he English?)

(2) 어휘적 동사와는 달리 조동사는 "부가 의문문"에 나타날 수 있다.

She **can** speak English, **can't** she? (그녀는 영어로 말할 수 있지?)
The man **didn't** leave for Busan, **did** he? (그 남자는 부산으로 떠나지 않았지?)
(*The man **left** for Busan, **leftn't** he?)

(3) 조동사는 긍정문을 "부정문"으로 만들어 주는 단어인 "not"를 자신의 바로 뒤에 가질 수 있다. 다음을 비교해보라.

He **can** speak English. (그는 영어로 말할 수 있다.)
He **cannot** speak English. (그는 영어로 말할 수 없다.)

John **is** coming to Korea next year. (존은 내년에 한국에 온다.)
John **is not** coming to Korea next year. (그는 내년에 한국에 안 온다.)
You **have** seen the play. (너는 그 연극을 보았다.)
You **have not** seen the play. (너는 그 연극을 보지 않았다.)
He **speaks** English. (그는 영어를 말할 줄 안다.)
(*He **speaks not** English.)

(4) 조동사는 여러 유형의 "생략 구문"에서 동사구를 대신해서 나타날 수 있다.

You **have** seen the play, and so **have** I. (너도 그 연극을 보았고 나도 보았다.)
(= You **have** seen the play, and I have seen the play.)
(*He **speaks** English, and so **speaks** she.)
"Can he speak English?" (그는 영어로 말할 수 있습니까?)
"Yes, he **can**." / "No, he **can't**." ("네, 할 수 있습니다."/"아니요, 할 수 없습니다.")

(5) 문장이 부정이 아니라 긍정이라는 것을 강조할 때 조동사에 "주 강세"가 주어진다.

"Won't you try again?" "Yes, I **will** try again."
(다시 해보지 않을래? "예, 다시 해보겠습니다.")
"He must speak to the teacher." "He **did** speak to him."
("그는 선생님에게 말해야 한다." "했습니다.")

조동사와 "연산자"의 차이에 대해서는 O17을 보라.

2 **조동사의 종류**: 조동사는 일반적으로 "세 가지 유형"으로 분류된다.

기본 조동사 (primary auxiliaries): have, be, do
양상 조동사 (modal auxiliaries); can/could, may/might, shall/should, will/would, must, ought (to), used (to), dare, need
준조동사 (semi-auxiliaries): have to, had better 등

3 **기본 조동사**: "be, do, have"는 영어의 기본조동사로서 다른 조동사와는 달리 동일한 형태의 "어휘적 동사"가 있다. 다음을 비교해보라.

He **is** a student. (그는 학생이다.)
He **is** studying English. (그는 영어를 공부하고 있다.)
He **did** his best to help us. (그는 최선을 다하여 우리를 도왔다.)
He **did**n't do his best to help us. (그는 우리를 돕는 데 최선을 다하지 않았다.)
He **has** two brothers and one sister. (그에게는 두 남자 형제와 여동생 한 명이 있다.)
He **has**n't visited his parents for two years. (그는 부모님을 2년 동안 찾지 않았다.)

(1) be: 다른 동사와 결합하여 "진행(progressive)형"과 "수동(passive)형"을 만든다.

Is it raining? (비가 옵니까?)

He **was** promoted to colonel two years ago. (그는 2년 전에 대령으로 진급했다.)

(2) do: 조동사가 없는 문장을 "질문, 부정, 비조동사의 강조형"을 구성할 때 쓰인다.

Do you want to have coffee? (커피 마시겠습니까?)
He **didn't** arrive yet. (그는 아직 도착하지 않았다.)
Do be quiet! (제발 조용히 해라!)

(3) have: "완료(perfect)형"을 만드는 데 쓰인다.

Where **have** you **been**? (어디에 갔었느냐?)
I didn't realize that he **had betrayed** his country.
(나는 그가 자신의 조국을 배반한 줄 몰랐다.)

be에 대해서는 B2를, do에 대해서는 D24-D26을, have에 대해서는 H6-H10을 보라.

4 **양상 조동사**: 양상 (modal) 조동사 "will, shall, would, should, can, could, may, might, must, ought (to), used (to), need, dare"는 다른 동사와 결합하여 다양한 의미를 표현하는데 대부분은 "확신 또는 의무의 정도"와 관련이 있다. (상세한 것은 M21-M24를 보라.)

5 **준조동사**: be 또는 have 동사로 시작하는 준조동사(semi-auxiliary)에는 "be about to, be going to, be to, have to, have got to, had better" 등이 있다.

be about to는 B4를, be going to는 B6을, be to는 B9를, have to와 have got to는 H10을, had better는 H1을 보라. 이 외의 준-조동사로 분석되는 표현에 대해서는 P8.6을 보라.

A118 awake, wake, awaken, waken

이들은 자동사와 타동사로서 상호교환해서 사용될 수 있지만, 이들 중에 wake가 가장 흔히 쓰이며 종종 전치사적 부사 up과 함께 쓰인다. awaken와 waken은 규칙동사이며, awake와 wake는 규칙동사와 불규칙동사 두 가지가 다 가능하다.

[원형]	[과거형]	[과거분사형]
awaken	awakened	awakened
waken	wakened	wakened
awake	awaked/awoke	awaked/awoke(n)
wake	waked/woke	waked/woken

I **woke** up three times in the night. (나는 밤에 세 번이나 깼다.)
Please **wake** me (up) at 5:30. (5시 30분에 나를 깨워주세요.)

1 waken: 문학 작품에서 wake 대신 종종 사용된다.

The princess didn't **waken** for a hundred years. (공주는 백 년 동안 깨어나지 않았다.)
Then, the prince **wakened** her with a kiss. (그런데 왕자가 키스로써 공주를 깨웠다.)

2　　awake와 awaken: 문학작품에서 종종 사용되는 단어로서 "감정이나 인식의 각성"을 표현할 때 자주 사용된다.

Her letter **awoke** old memories.
(그녀의 편지가 옛 추억을 일깨웠다.)
Old memories **awoke** in her when she read the letter.
(그녀가 편지를 읽었을 때 옛 추억이 그녀에게서 되살아났다.)
The news **awakened** the country to the danger of war.
(그 소식은 국민에게 전쟁의 위험을 깨닫게 했다.)

▶ awake는 asleep의 반의어로서 형용사로 쓰일 수 있으며, 영어의 다른 a-로 시작하는 형용사와 마찬가지로 일반적으로 명사를 앞에서 수식하는 "한정적 형용사"로 쓰일 수 없다. 한정적으로 쓰일 때는 각각 waking과 sleeping이 쓰인다. (A19.8과 A107을 보라.)

The child was wide **awake** and running around his bedroom all night.
(그 아이는 한잠도 자지 않고 밤새도록 방에서 뛰어다녔다.)
The baby was **asleep** all night, so its mother could get some sleep.
(아이가 밤새 잠을 자서 어머니가 잠을 좀 잘 수 있었다.)
Most of their **waking/*awake** hours were spent eating.
(그들은 깨어 있는 시간의 대부분을 먹는 것으로 보냈다.)
She looked lovingly at the **sleeping/*asleep** child.
(그녀는 잠자고 있는 아이를 사랑스럽게 바라보았다.)

A119　award와 reward

1　　award: 어떤 사람의 업적이나 능력을 인정하여 "상장"을 주거나 "물질적 보상"을 하는 것을 의미한다.

The university has **awarded** him a $1,000 travel grant.
(대학은 그에게 1,000달러의 여행경비를 수여했다.)
Jeonghi has been **awarded** a golf scholarship at the University of Hawaii.
(정희는 하와이대학교에서 골프 장학금을 받았다.)

2　　reward: 어떤 사람의 "선행이나 노고"에 대하여 무엇인가를 "보답"하는 것을 의미한다.

The club's director **rewarded** him with a free season ticket.
(클럽감독은 그에게 무료 정기입장권으로 보상했다.)
He gave the children some chocolate to **reward** them for behaving well.
(그는 아이들이 예의바르게 행동한 데 대해 초콜릿으로 보답했다.)

A120　aware와 conscious

aware와 conscious는 어떤 것이 존재한다는 것을 "알거나 느끼는 것"을 의미한다.

She was **conscious** of her own shortcomings. (그녀는 자신의 결점을 자각하고 있었다.)
She was not **aware** of her danger. (그녀는 자신이 처한 위험을 알아차리지 못했다.)

1   conscious: 처한 상황을 감각적으로 "느끼는 것"을 강조한다.

He was **conscious/*aware** of a sharp pain in the chest.
(그는 가슴에 심한 통증을 느꼈다.)
The tooth doesn't exactly hurt but I'm **conscious/*aware** of it all the time.
(정확히 말해서 이빨은 아프지 않지만 항상 신경이 쓰인다.)

▶ conscious는 단순히 "깨어 있는, 의식이 있는(awake)"의 의미로도 쓰인다.

The driver was still **conscious** when the ambulance arrived.
(구급차가 도착했을 때만 해도 운전자는 의식이 있었다.)
The surgery can be performed on a **conscious** patient using acupuncture.
(침을 사용하여 의식이 있는 환자를 수술할 수 있다.)

2   aware: 우리 주위에서 일어나는 것을 단순히 "인지하는" 것을 강조한다.

I was too sleepy to be **aware/*conscious** of how cold it was.
(나는 너무나 졸려서 날씨가 얼마나 추운지 깨닫지 못했다.)
Are you **aware/*conscious** that your car is parked on a double yellow line?
(당신은 차를 이중 황색선 위에 주차했다는 것을 알고 있습니까?)

A121   away

away는 주로 "부사"로 쓰이지만 드물게 "형용사"로도 쓰인다.

1   **멀어지는 것**: 어떤 위치를 "떠나거나" 어떤 위치에서 "떨어져 있음"을 표현할 때

The baby was crying as she drove slowly **away**.
(그녀가 운전해서 점차 멀어지자 애기는 울었다.)
Mr. Kim will be **away** on holiday until the end of the week.
(김 군은 그 주가 끝날 때까지 휴가로 여기 없을 것이다.)

2   **거리**: "거리"를 표현할 때

We were sitting two meters **away** from the fireplace.
(우리는 벽난로에서 2미터 떨어져서 앉아 있었다.)
There's another hotel not far **away**. (멀지 않은 곳에 다른 호텔이 있다.)
Go; I will send you far **away** to the Gentiles.
(떠나가라. 내가 너를 멀리 이방인에게로 보내리라.) [행: 22:21]

3   **미래**: "미래의 시점"을 표현할 때

Christmas is only a month **away**. (크리스마스가 한 달밖에 안 남았다.)
My exam is still three weeks **away**, so I've plenty of time.
(시험이 3주나 남았으니 시간이 충분하다.)
As you know, the Passover is two days **away**.
(너희가 아는 바와 같이 이틀이 지나면 유월절이라.) [마 26:2]

4   **안전한 곳**: 안전한 장소나 밀폐된 장소를 표현할 때

Put your money **away**, so that she can't find it. (돈을 그녀가 찾지 못하게 치워둬라.)
My grandparents had $1,000 hidden **away** in an old shoe box.
(조부모님이 오래된 구두 상자에 1,000불을 숨겨두었다.)

5   **사라지는 것**: 점차 "사라지거나 없어지는 것"을 표현할 때

All the water is boiled **away** and the saucepan is ruined.
(물이 모두 끓어 없어지고 스튜용 냄비는 못 쓰게 되었다.)
Rubin gave **away** all his money to charity. (루빈은 모든 돈을 자선단체에 주었다.)
Heaven and earth will pass **away** but my words will never pass **away**.
(천지는 없어지겠으나 나의 말은 없어지지 아니하리라.) [눅 21:33]

6   **지속적 행동**: "지속적인 행동"을 말할 때

Sara has been working **away** in the garden all day.
(사라는 온종일 정원에서 계속 일했다.)
He hasn't slept a bit — he was coughing **away** all night.
(그는 잠을 조금도 못 자고 밤새 계속해서 기침했다.)

7   **원정 경기**: "원정지에서의 경기"를 말할 때

Dusan Bears are **playing away** at Busan on Saturday.
(두산 베어스는 토요일에 부산에 원정 가서 경기할 것이다.)
It was a sensational 3-2 victory for the team that **played away**.
(원정 가서 경기한 팀이 3대 2로 승리했다는 것은 대단한 것이었다.)

▶ 이 경우 away는 "형용사"로도 쓰인다.

We lost **the away game**, but won both the home games.
(우리는 원정경기에서는 패했으나 홈경기를 둘 다 승리했다.)
Our team are about to play **an important away match**.
(우리 팀은 중요한 원정경기를 막 시작하려고 한다.)

A122 awesome과 awful

1   awesome: 경외심을 느낄 정도로 "경탄할 만한, 엄청난, 무시무시한"을 의미한다.

The minister has an **awesome** responsibility for coordinating child-care policy.
(장관은 보육정책을 조정해야 할 막중한 책임을 가지고 있다.)
Traveling Greenland last summer was an **awesome** experience for me.
(지난 여름 그린랜드 여행은 나에게는 엄청난 경험이었다.)
We would then face the **awesome** prospect of nuclear war.
(그렇게 되면 우리는 핵전쟁이라는 무시무시한 상황에 직면하게 될 것이다.)

▶ awesome은 특히 미국영어의 구어에서 "최고의, 멋진"의 의미로 널리 사용된다.

Their last concert was really **awesome**. (그들의 마지막 연주회는 정말로 최고였다.)
He looks totally **awesome** in his new suit. (그는 새 양복을 입으니까 정말로 멋져 보인다.)

2　　awful: "끔찍한 (terrible), 지독한(extremely bad), 혐오스러운(very unpleasant)"을 의미한다.

We've had an **awful** journey — there was heavy traffic all the way.
(끔찍한 여행이었다. 여행 내내 교통체증이었다.)
I've had an absolutely **awful** day. (나는 최악의 하루를 보냈다.)
He died an **awful** death. (그는 끔찍한 죽음을 당했다.)
Conditions in the hospital were **awful**. (병원의 상태가 끔찍했다.)

▶ 구어체에서 awful은 명사 앞에서 "대단한"이라는 강조 형용사로 쓰일 수 있다.

An **awful** lot of people died in the war. (굉장히 많은 사람들이 전쟁으로 죽었다.)
It was an **awful** risk to take on that job, but it proved worthwhile in the end.
(그 일을 시작한 것은 대단한 모험이었으나 결국 가치가 있었음이 증명되었다.)

▶ 미국영어의 구어체에서 awful은 형용사 앞에서 "몹시, 아주(= very)"라는 의미의 부사로 쓸 수 있다.

I'm not **awful** good at skiing — in fact I'm rather bad.
(나는 스키를 잘 못 탄다. 사실은 엉망이다.)
It's an **awful** long time since we last saw each other.
(우리가 마지막으로 본 지가 매우 오래 되었다.)
I'm **awful** sorry about what's happened. (일어난 일에 대해서 정말 미안합니다.)

▶ look/feel/smell/taste **awful**: 이들은 각각 "(모습이) 병들어 보이는, (기분이) 언짢은, (냄새가) 지독한, (맛이) 역겨운"을 의미다.

You **look awful**. Have you seen a doctor? (너 아파 보인다. 병원에 갔었어?)
I **feel awful** — I think I must have flu. (나는 기분이 언짢다. 독감에 걸린 게 틀림없어.)
That food **smells awful** — is it safe to eat? (음식에서 지독한 냄새가 나는데 먹어도 괜찮을까?)
Whatever this food is, it **tastes awful**. (이것이 무슨 음식인지는 몰라도 맛이 역겹다.)

A123　awhile과 a while

"a while"은 명사구로서 특히 "짧은 기간"을 의미하고, "awhile"은 주로 문학작품에서 쓰이는 부사로서 "잠시, 얼마동안"을 의미한다. (W13.5를 보라.)

Just wait for **a while** and then I'll help you. (잠시만 기다리십시오. 그러면 도와드리겠습니다.)
Mr. Taylor will be with you in **a while**. (스미스 씨가 잠시 후에 오실 것입니다.)
In **a little while** you will see me no more, and then after **a little while** you will see me. (조금 있으면 너희가 나를 보지 못하겠고 또 조금 있으면 나를 보리라.) [요 16:16]

I'd like to rest **awhile** before we continue hiking.
(등산을 계속하기 전에 나는 잠시 쉬고 싶다.)
He stayed **awhile** after dinner to talk about his plan.
(그는 자신의 계획에 대해 말하기 위해 식사 후에 잠시 머물렀었다.)

B1 bad와 badly

bad는 형용사로서 "good의 반의어"이고, badly는 부사로서 "well의 반의어"다. bad와 badly는 둘 다 worse와 worst를 "비교급형"과 "최상급형"으로 가진다.

	비교급형	최상급형
bad	worse	worst
badly	worse	worst

The **bad** weather stopped our football game. (나쁜 날씨로 축구경기가 중단되었다.)
Smoking is **bad** for your health. (흡연은 건강에 나쁘다.)
The company has been very **badly** managed. (회사가 매우 엉터리로 운영되었다.)
Our team was **badly** beaten at the last week football game.
(우리 팀은 지난 주 축구경기에서 크게 패했다.)

The weather of this spring is **worse** than last year. (올해 봄 날씨가 작년보다 더 좋지 않다.)
He plays tennis **worse** than he plays baseball. (그는 야구보다 테니스를 더 못 한다.)

We've had the **worst** storm in ten years.
(10년 만에 최악의 태풍이 왔다.)
She was one of the **worst** students in my class.
(그녀는 우리 반에서 최악의 학생 중의 하나였다.)

1. feel bad: "미안하게 생각한다(feel sorry)"는 의미와 "몸이 좋지 않다(feel ill)"는 의미로 사용된다.

   I **felt bad** about not being able to come last night.
   (나는 어젯밤에 올 수 없어서 마음이 언짢았다.)
   I **feel bad** that he's doing most of the work.
   (나는 그가 대부분의 일을 해서 미안하게 생각한다.)
   He was feeling bad yesterday and decided to stay at home.
   (그는 어제 몸이 좋지 않아서 집에 머물기로 했다.)

2. bad at: "good at"의 반의적 표현으로 어떤 것을 "잘할 수 없음(not able to do well)"을 의미한다.

   I'm really **bad at** the game of go. (나는 정말 바둑을 잘 못 둔다.)
   My wife is very **bad at** cooking. (내 처는 요리를 정말 못 한다.)

3. not bad: 생각했던 것보다 상황이 "그렇게 나쁘지 않다"거나 반의적으로 "매우 좋다"는 의미로 구어에서 자주 사용된다.

   "How's everything going?" "Oh, **not bad**." ("요새 어떻게 지내?" "나쁘지 않습니다.")
   "Five million dollars!" "That's **not bad**." ("500만 달러야!" "그거 괜찮은데.")

4   **badly**: 구어체에서 강조하는 "정도부사"로 사용된다. 특히 "want"나 "need"와 같은 단어와 "hurt, injured, wounded"와 같은 분사형 형용사와 많이 쓰인다.

We **badly wanted** to help her, but there was nothing we could do.
(우리는 그녀를 정말로 돕고 싶었으나 우리가 할 수 있는 것이 없었다.)
The school is **badly in need** of some new computers.
(학교가 새로운 컴퓨터 몇 대를 급히 필요로 한다.)
Some of the passengers were **badly injured**. (승객 중에 몇 명은 심한 부상을 입었다.)

▶ bad는 구어체에서 종종 부사처럼 사용되기도 하지만 사람에 따라서는 문법적으로 옳지 않다고 생각한다.

We need that money **bad**. (우리는 그 돈이 꼭 필요하다.)
My arm hurts so **bad**. (나는 팔이 몹시 아프다.)

B2   be

be동사는 영어의 동사 중에 가장 다양한 형태를 가진 동사다. be동사는 do와 have와 더불어 기본 조동사에 속한다. (A117을 보라.)

1   **형태**: be 동사에는 원형을 포함해서 모두 8가지 형태가 있다.

주어		현재	과거	분사	
				현재	과거
단수	일인칭	I	am	was	being	been
	삼인칭	he/she/it	is			
복수		we/you/they	are	were		

이인칭 대명사 you는 단복수 구분이 없으며 항상 "복수동사"를 취한다. "현재시제형 be동사"만 축약형(contracted form)을 가질 수 있으며 일상 대화에서는 주로 축약형이 사용된다.

I **am** working. ⇒ I**'m** working.
You **are** working. ⇒ You**'re** working.
He **is** working. ⇒ He**'s** working.
We **are** working. ⇒ We**'re** working.

I **was** working. ⇒ *I**'s** working.
You **were** working. ⇒ *You**'re** working.
He **was** working. ⇒ *He**'s** working.
They **were** working. ⇒ *They**'re** working.

you에 대해서는 Y3을 보라.
조동사의 축약에 대해서는 C46을 보라.

2　**조동사**: "be동사"는 조동사로서 "진행형"과 "수동형"을 구성하는 역할을 한다. "진행형"은 be동사와 본동사의 "-ing형"을 결합하여 만들고, "수동형"은 be동사와 본동사의 "과거분사형"을 결합하여 만든다.

(1) 진행형: be + V-ing

I **am studying** English. (나는 영어를 배우고 있다.)
He **is studying** English. (그는 영어를 배우고 있다.)
They **were studying** English. (그들은 영어를 배우고 있었다.)

(2) 수동형: be + V-en

I **was deceived** by his uniform. (나는 그의 제복에 속았다.)
Trouble-makers **are encouraged** to leave. (말썽을 일으킬 사람은 떠나도록 권고를 받았다.)
The stolen jewelry has **been found** by the police. (도난당한 보석이 경찰에 발견됐다.)

3　**본동사**: 문장의 본동사로 쓰이는 "be동사"는 영어의 대표적인 "연결(copular)동사"로서 본동사로 쓰일 경우 다른 기본 조동사 do나 have와는 달리 의문문이나 부정문을 구성하기 위해 "do동사"의 도움을 받을 필요가 없다.

He **is** sick. (그는 아프다.)
He **is** not sick. (그는 아프지 않다.)
(*He **does** not be sick.)
Is he sick? (그는 아픕니까?)
(***Does** he be sick?)
He **is** sick, and she **is** too/so **is** she. (그도 아프고 그녀도 아프다.)
(*He **is** sick, and she **does** too/so **does** she.)

연결동사에 대해서는 C52를 보라.

4　**be와 do**: be동사가 나타나는 "부정 명령문"에서는 "do동사"의 도움이 필요하다.

Don't be silly! (***Be not** silly!) (바보짓 하지 마래)
Don't be such a nuisance! (말썽 피우지 마라.)

▶ 또한 do는 be동사를 포함하는 "강조적 명령문"에서도 사용된다.

Do be careful! (부디 조심해라!)
Do be quiet, for God's sake! (제발 조용히 해라.)

▶ 구어체에서 "명령문과 유사한 의미를 가진 다른 구조"에서도 때때로 do는 be동사가 함께 쓰인다.

Why **don't** you **be** a good boy and sit down? (착하게 좀 앉아 있는 것이 어때?)
If you **don't be** quiet, you'll go straight to bed. (조용히 안 할 거면 바로 잠자러 가라.)

조동사 do의 다른 용법에 대해서는 D25를 보라.

B3   be able to

1   **be able to**: able은 특히 "be able + to-부정사" 구문에 많이 나타나며, can과 같이 어떤 일을 하는 데 필요한 "기술, 능력, 지식"을 가지고 있음을 표현한다.

He's **able to/can** cope with the problem.
(그는 그 문제를 잘 처리할 수 있다.)
I've always wanted to **be able to** speak French.
(나는 항상 프랑스어를 말할 수 있기를 원했다.)
Are you **able to** get financial help?
(재정적 도움을 받을 수 있습니까?)

▶ 부정형으로는 정상적인 not을 사용하는 것 외에 unable이 있다.

I **am not able to/am unable to/cannot** understand what she wants.
(나는 그녀가 무엇을 원하는지 알 수가 없다.)

2   **지각동사**: 진행형이 없는 "지각동사(hear, see, smell, feel, taste 등)"가 can과 함께 쓰이면 진행의 의미를 지닌다. (상세한 것은 P23을 보라.) 이 경우에 can 대신에 "be able to"를 쓰는 것은 부자연스럽다.

I **can see** Mary coming up the stairs. (메리가 층계를 올라오는 것이 보인다.)
(I'**m able to see** Mary coming up the stairs.보다 자연스럽다.)
(*I'**m seeing** Mary coming up the stairs.)
Can you **hear** somebody knocking at the door? (누군가 문을 두드리는 소리가 들리느냐?)
(**Are** you **able to hear** somebody knocking at the door?보다 자연스럽다.)
(*Are you **hearing** somebody knocking at the door?)

3   **be able to와 can**: "be able to"는 종종 can의 "부족한 점"을 보충해 준다.

(1) "be able to"는 can이 사용될 수 없는 "부정사절"에 나타날 수 있다.

I'd like to **be able to** afford a new car. (나도 새 차를 가질 수 있는 여유가 있으면 좋겠다.)
(*I'd like to **can** afford a new car.)
He hopes to **be able to** see her every day. (그는 그녀를 매일 볼 수 있기를 바란다.)
(*He hopes to **can** see her every day.)

(2) "be able to"는 can을 대신하여 다른 "양상조동사"와 함께 사용된다.

Why don't you talk to the secretary? She **might be able to** help you.
(비서에게 말하는 게 어떤가? 비서가 너를 도와줄 수도 있을 것이다.)
(*She **might can/can might** help you.)
If I get a job in Seoul, I **will be able to** visit you every week.
(만약 내가 서울에서 일자리를 얻으면 너를 매주 볼 수 있을 것이다.)
(*If I get a job in Seoul, I **will can/can will** visit you every week.)

One day scientists **will be able to** find a cure for cancer.
(언제고 과학자들이 암 치료법을 찾아낼 수 있을 것이다.)
(*One day scientists **will can/can will** find a cure for cancer.)

(3) "be able to"의 과거형인 "was/were able to"는 can의 과거형으로 사용될 수 있다.

The young doctor **was able to** cure my mother's illness.
(그 젊은 의사가 내 어머니의 병을 고칠 수 있었다.)
They **were unable to** figure out what the girl wanted.
(그들은 그 아가씨가 원하는 것을 알아낼 수 없었다.)

(4) 완료형이 없는 can 대신에 "has/have been able to"가 사용된다.

Unfortunately, he **hasn't been able to** drive since the accident.
(불행히도 그는 사고 이후 운전을 할 수 없었다.)
What **have** you **been able to** find out? (무엇을 알아낼 수가 있었습니까?)
(*What **have** you **could** find out?)

4 be able to와 수동: "be able to"는 "수동형 부정사"와는 일반적으로 사용되지 않는다.

He **can't** be understood. (그가 말하는 것을 이해하는 사람이 없다.)
(*He's **not able to be understood**.)
This book **can** be translated. (이 책은 번역할 수 있다.)
(*This book **is able to be translated**.)

5 능력: able은 또한 형용사로서 어떤 일을 하는 데 "능력이 있음"을 의미한다.

She's one of the **ablest** secretaries in the company.
(그녀는 회사에서 가장 능력 있는 비서 중의 한 명이다.)
I don't think he's **able** enough to do the work.
(나는 그가 그 일을 할 만큼 능력이 있다고 생각하지 않는다.)

6 be capable of: "be able to"와 유사한 의미로 쓰이기도 하지만, 종종 "...하는 경향이 있는/...하기 쉬운"의 의미로도 쓰인다.

She's **capable of** teaching/able to teach English as well as French.
(그녀는 영어와 프랑스어를 가르칠 수 있다.)
They built an electric power station **capable of** generating enough energy for the whole city. (그들은 전 도시가 충분히 사용할 수 있는 전기를 생산할 수 있는 발전소를 건설했다.)
She promised to come, but she's quite **capable of** changing her mind.
(그녀는 오겠다고 약속했지만 마음을 쉽게 바꿀 수 있다.)
I don't think he's **capable of** cheating at poker.
(나는 그가 포커게임에서 속임수를 쓰는 그런 사람이라고 생각하지 않는다.)

능력의 can에 대해서는 C3을 보라.

B4 be about to

▶ 어떤 상황이 "곧 일어날 수 있음"을 표현한다.

We **were about to leave** when Tom arrived. (탐이 도착했을 때 우리는 막 나가려는 참이었다.)
Experts think the volcano **is about to erupt**. (전문가들은 화산이 곧 분화할 것으로 생각한다.)
Listen carefully what I **am about to tell** you. (이 말을 너희 귀에 담아두라.) [눅 9:44]

▶ "be not about to"는 구어체 미국영어에서 어떤 행위를 "할 의향이 없음"을 의미한다.

I'm not about to stop when I'm so close to success.
(나는 성공에 다 가까워진 이 때에 중지할 생각이 없다.)
I've never smoked in my life and **I'm not about to start** now.
(나는 평생 담배를 피우지 않았고 지금 담배를 시작할 생각은 없다.)

B5 be/have finished (with)

영어에서 동사의 "과거분사형"은 일반적으로 두 가지 구문에 나타난다. 조동사 have와 결합하여 "완료형 구문"을 구성하거나, be동사와 결합하여 "수동형 구문"을 구성한다. 수동형 구문에 나타나는 동사의 과거분사형은 종종 수동의 의미를 상실하고 형용사로 쓰이는 경우가 있다. (A21.4를 보라.)

1   be/have finished: finished가 형용사로 쓰이는 경우 완료형과 의미적 차이가 거의 나타나지 않으므로, 구어에서는 "have finished"보다 "be finished"가 더 널리 쓰인다.

I'm finished for the day. (오늘 일은 다 끝났다.)
I've finished for the day.

When do you expect to **be finished**? (언제 끝날 것으로 생각합니까?)
When do you expect to **have finished**?

2   be/have finished with something: 어떤 것을 더 이상 사용할 필요가 없음을 표현한다.

Are/Have you **finished with** the scissors? (가위를 다 썼습니까?)
I'm/I've finished with your tools already. (당신의 공구를 이미 다 썼습니다.)

3   be/have finished with someone: 어떤 사람에게 더 이상 할 말이나 관심이 없음을 표현하거나 관계가 끝났음을 말할 때 사용한다. 특히 그 상대에게 화가 났거나 벌을 주기를 원할 때 사용된다.

Don't go. I **haven't/I'm not finished with** you yet. (가지 마라, 너하고 말이 끝나지 않았다.)
"When **I'm/I've finished with** you," he said, "you'll be lucky if you're still alive."
("내가 너와 끝장을 낼 때까지 네가 살아 있다면 다행일 것이다"라고 그는 말했다.)

finish의 다른 용법에 대해서는 E22를 보라.

B6 be going to

"be going to"는 미래를 의미하는 표현으로, 어떤 것을 할 "의도"가 있거나 어떤 상황이 일어나는 것이 "기대"될 때 사용된다. (F23.4를 보라.)

1 **의도**: "be going to"는 무엇을 하려고 하는 "의도, 의향"을 표현할 때 사용된다.

Are you **going to go** to Clara's party in the evening?
(너는 오늘 저녁에 클라라의 파티에 갈 거냐?)
I**'m going to tell** him what you did. (나는 네가 한 짓을 그에게 말할 것이다.)

2 **미래의 상황**: 미래에 어떤 상황이 일어날 "조짐"이 있음을 표현할 때 사용된다.

There**'s going to be** trouble when he finds out about this.
(그가 이것을 알면 곤란한 일이 일어날 것이다.)
It**'s going to rain** later in the afternoon. (오후 늦게 비가 내릴 조짐이 있다.)

3 **시제**: "be going to"는 "과거시제나 완료시제"를 써서 "실행되지 못한 의도"를 표현할 수 있다.

He **was going to call** me this morning, but I haven't heard from him yet.
(그는 오늘 아침에 나에게 전화하기로 되어 있었는데 아직까지 소식이 없다.)
They**'ve been going to remodel** the auditorium for the past five years.
(그들은 지난 5년간 대강당을 개조하려고 했었다.)

4 **gonna**: "going to"는 미국영어의 비격식적 구어체에서 "gonna"로 표기되고 [gɔ́nə]로 발음된다.

This isn't **gonna** be easy. (이거 쉽지 않을 거야?)
What am I **gonna** do? (내가 어떻게 해야 해?)

B7 be gone

gone은 동사 go의 과거분사형으로 형용사처럼 be동사와 함께 여러 가지 의미를 표현한다.

1 **제자리에 없음**: 사람이나 물건이 있던 곳에 없음을 표현한다.

When we got there, he had already **been gone**.
(우리가 그곳에 도착했을 때는 그는 이미 그곳에 없었다.)
Many of the old buildings **are gone** now. (지금은 옛 건물들이 많이 없어졌다.)
He's **been gone** for several years — no one knows what he's doing.
(그는 수년간 보이지 않았으며, 그가 무엇을 하고 있는지 아는 사람이 없다.)

2 **죽음**: gone은 "죽음"을 의미하기도 한다.

His wife's **been gone** for several years. (그의 부인은 수년 전에 죽었다.)
All the natives in this island **were gone** from tuberculosis.
(이 섬의 원주민들은 결핵으로 모두 죽어 버렸다.)

3 **임신**: "be + 기간 + gone" 구조는 명시된 기간 동안 "임신"했음을 의미한다.

She got married when she **was four months gone**. (그녀가 결혼할 때 4개월 임신 중이었다.)
(= She got married when she had been pregnant for four months.)
How far gone is she? (그녀가 임신한 지 얼마나 됐습니까?)
(= How long has she been pregnant?)

4 **be + gone + 시간/나이**: "be + gone + 시간/나이" 구조는 영국영어의 문어체에서 종종 명시된 시간보다 "늦은" 또는 명시된 나이보다 "많은"을 의미하는 전치사처럼 쓰인다.

When I returned home, it **was gone midnight**. (= ... it was later than midnight.)
(내가 집에 돌아왔을 때는 자정이 지났다.)
Nobody'd have thought he **was gone 60**. (= ... he was older than 60.)
(아무도 그가 60이 넘었다고 생각하지 않았다.)

B8   be supposed to

1 **추정**: 어떤 상황이 "사실이라고 믿거나 추정하는 것"을 표현할 때 쓰인다.

Milk **is supposed to** be good for health. (우유는 건강에 좋은 것으로 추정된다.)
Mrs. Carter**'s supposed to** have a lot of money.
(카터 부인은 돈을 많이 가지고 있는 것으로 생각된다.)
This repellent **is supposed to** expel mosquitoes.
(이 방충제는 모기를 쫓는 것으로 되어 있다.)

2 **의무와 책임**: 어떤 것을 해야 할 "의무"나 "책임"이 있음을 말할 때 쓰인다.

You**'re supposed to** do your homework in ink. (너는 숙제를 잉크로 해야 한다.)
What's he doing out of bed — he**'s supposed to** be asleep.
(그가 잠자리에 있지 않고 뭘 하는 거야. 잠을 자고 있어야 하는데.)
The children **are supposed to** be at school by 8:45 a.m.
(학생들은 오전 8시 45분까지 학교에 와야 한다.)

▶ "not supposed to"는 "금지"를 표현할 때 사용되기도 한다.

I**'m not supposed to** tell anybody. (나는 아무에게도 말해서는 안 된다.)
You**'re not supposed to** park here. (이곳에 주차하면 안 됩니다.)

3 **계획과 의도**: 어떤 일이 계획되어 있거나 의도된 것을 말할 때 쓰인다.

The train **is supposed to** leave late tonight. (기차는 오늘 밤늦게 떠날 예정이다.)

216 | Practical Modern English I

The batteries **are supposed to** last for a month. (배터리가 한 달 동안 지속될 것이다.)
We**'re supposed to** check out of the hotel by 11 o'clock.
(우리는 11시까지 계산을 마치고 호텔을 나올 작정이다.)

▶ 의도되었던 상황이 "실제로 일어나지 않았음"을 표현할 때도 사용된다.

Lucy **was supposed to** come to lunch. Do you know what happened?
(루시가 점심 식사에 올 예정이었는데, 무슨 일이 있었는지 알고 있어?)
This cream **is supposed to** stop you getting sunburnt. Look at my back covered with blisters. (이 크림은 햇볕에 타는 것을 막아주어야 하는데, 물집으로 뒤덮인 내 등을 봐라.)

4   what's that supposed to mean?: 상대방이 방금 한 말에 기분이 상했을 때 사용한다.

"It seems the relationship with your new girl-friend isn't going quite well lately." "What's that **supposed to** mean?"
("너 요사이 새 여자 친구와의 사이가 별로인 것 같은데." "그거 무슨 뜻으로 하는 말이야?")

"supposed to"는 [səpóuzdtə]가 아니라 [səpóustə]로 발음된다.

B9   be to

1   **계획된 행동/의무**: 약속이나 계획에 따라 해야 하는 "의무"나 "행동"을 표현할 때 사용된다.

He**'s to appear** on television tomorrow. (그는 내일 텔레비전에 나올 계획이다.)
One of us **is to give** our opinion on the project.
(우리 중에 한 사람이 그 계획에 대한 우리의 생각을 전해야 한다.)
The Prime Minister **is to visit** Australia next summer.
(수상님은 내년 여름에 호주를 방문할 계획이다.)
The President**'s to return** to Korea tomorrow. (대통령은 내일 귀국할 예정이다.)
You**'re to wait** here in this room until I return.
(너는 내가 돌아올 때까지 이 방 여기서 기다려야 한다.)
All staff **are to wear** uniforms. (모든 직원은 제복을 입어야 한다.)
She will give birth to a son, and you **are to give** him the name Jesus.
(아들을 낳으리니 이름을 예수라 하라.) [마 1:21]

▶ 이 경우 "be not + 부정사"는 "금지"를 표현한다.

When we were children, we **were not to speak** at table.
(우리가 어릴 때에는 식사 때 말해서는 안 되었다.)
We**'re not to disturb** the boss when he's asleep. (상사가 잠잘 때 방해해서는 안 된다.)
You**'re not to wear** casuals during working hours.
(작업 시간에는 평상복을 입어서는 안 된다.)

2   **실현되지 않은 의무나 행동**: "was to + 완료형 부정사"는 "계획된 의무나 행위"가 이루어지지 않았음을 표현한다.

The Prime Minister **was to have visited** Australia last summer, but he couldn't.
(수상님은 지난여름에 호주를 방문할 계획이었으나 그럴 수 없었다.)
I **was to have taken** a new job, but I changed my mind.
(나는 새 일자리를 가질 예정이었으나 마음을 바꾸었다.)
The football game **was to have played** today, but it was cancelled.
(축구경기가 오늘 있을 예정이었으나 취소되었다.)

3 **계획**: 어떻게 할 것인가를 직접 또는 간접적으로 표현할 때도 사용된다.

What **am I to tell** her? (내가 그녀에게 뭐라고 해야 합니까?)
How **are we to get** out of the present mess?
(이 궁지에서 어떻게 빠져나갈 계획입니까?)
The nurse asked whether she **was to let in** the next patient.
(간호사가 다음 환자를 들어오게 해야 하는지 물었다.)
The teacher said I **was to use** a dictionary. (선생님이 나에게 사전을 사용해도 된다고 말했다.)
Did the teacher say we **were to use** a dictionary?
(선생님이 사전을 사용해도 된다고 말했느냐?)

4 **숙명적 상황**: "was/were to"는 숙명적으로 이루어질 수밖에 없었던 상황에 사용된다.

I **was to meet** her again in a conference several years later.
(나는 수년 후에 학회에서 그녀를 다시 만날 운명이었다.)
This young politician **was** later **to become** the leader of the nation.
(이 젊은 정치인은 후에 국가의 지도자가 될 운명이었다.)
The wreck of the ship **was not to be found** until many years later.
(배의 잔해가 여러 해가 지날 때까지도 발견되지 않을 운명이었다.)

5 **가능성**: "be to + 수동 부정사"는 종종 "가능성(possibility)"을 표현한다.

A lot of modern paintings **are to be seen** in the Tate Gallery.
(많은 현대회화를 테이트 미술관에서 볼 수 있을 것이다.)
More species **are to be found** under water than on land.
(땅 위에서보다 물 밑에서 더 많은 생명의 종이 발견될 수 있다.)
We searched everywhere but the ring **was** nowhere **to be found**.
(우리는 모든 곳을 찾아봤으나 반지가 있을 만한 곳이 없었다.)

6 **희망**: "be to"는 조건절에서 "희망(hope)"을 표현한다.

If you **are to succeed**, you must work hard. (성공하기를 원하면 열심히 해야 한다.)
If we **are to get** there on time, we should leave now.
(제시간에 그곳에 도착하려면 지금 떠나야 한다.)
If we **are to succeed** in this enterprise, we shall need to plan everything very carefully.
(우리가 이 사업에서 성공하려면 모든 것을 매우 세심하게 준비할 필요가 있다.)

If they **are to get** there in time, they must leave early in the morning.
(그들이 시간 내에 그곳에 도착하려면 아침 일찍 떠나야 한다.)

7   were to: "were to"는 "가상적 조건절"에서 과거시제 대신에 쓰일 수 있다.

What would you say if I **were to tell** that Fred has divorced his wife?
(만약 프레드가 부인과 이혼했다고 말한다면 너는 뭐라고 할 거냐?)
(= What would you say if I **told** you that Fred has divorced his wife?)
If she **were to see** me in your arms, she would kill me.
(내가 네 팔에 안겨 있는 것을 보면 그녀는 나를 죽일 것이다.)
You'd be a fool if you **were to sell** the house now. (지금 집을 판다면 너는 멍청이다.)

B10   be willing to

"be willing to"는 우리가 어떤 것을 "기꺼이 하거나 행동으로 옮길 마음의 준비가 되어 있음"을 표현할 때 사용된다.

I'**m willing to do** anything you like. (나는 네가 좋아하는 것은 무엇이든지 할 생각이다.)
If you'**re willing to fly** at night, you can get a much cheaper ticket.
(밤에 비행기를 탈 생각이 있다면 훨씬 값싼 표를 구할 수 있다.)
We'**re willing** for them **to use** our garage.
(우리는 그들에게 우리 차고를 이용하게 할 생각이 있다.)

▶ willing은 be 동사 외에도 "seem, look, sound"와 같은 연결동사와 함께 쓰일 수 있다.

"What did he say?" "Well, he **seems willing to help** us."
("그가 뭐라고 했지?" "저, 그가 우리를 도와줄 생각이 있는 것 같아요.")
He **sounded willing to go** with us, when I spoke on the phone yesterday.
(내가 어제 전화통화를 했을 때는 그가 우리와 함께 갈 의향이 있어 보였다.)

B11   because

1   개요: because는 이유절을 이끄는 대표적인 "종속접속사"다. (다른 이유 접속사에 대해서는 B12와 R4를 보라.)

We can't go to your party **because we're going away this weekend**.
(우리는 이번 주말에 어디 가기 때문에 너의 파티에 갈 수 없다.)
The match was cancelled **because it snowed**. (눈이 와서 경기가 취소되었다.)

▶ "because-절"은 주절의 앞으로 이동할 수 있다.

Because we're going away this weekend, we can't go to your party.
Because it snowed, the match was cancelled.

2　**독립적 응답**: 구어체에서 "because-절"은 다른 이유절과는 달리 질문에 대한 독립적인 응답으로 사용될 수 있지만, 문어체에서는 잘 허용되지 않는다. (R4를 보라.)

"Why can't I go?" "**Because you're not old enough.**"
("왜 나는 갈 수 없어요?" "나이가 어리기 때문이야.")
"Why did you do it?" "**Because I wanted to help her.**"
("왜 그랬어?" "그 여자를 돕고 싶어서요.")

3　**수식어**: "because-절"은 다른 이유절과는 달리 (just, mainly, only, partly, simply와 같은) 부사의 수식을 받을 수 있다.

Many students lose grades **simply because** they don't read the questions carefully.
(많은 학생들이 단순히 질문을 조심스럽게 읽지 않아서 점수를 잃는다.)
I decided to go with them **mainly because** I had nothing better to do.
(내가 할 더 좋은 일이 없다는 것이 그들과 함께 가기로 결정한 주원인이다.)

▶ 구어체에서 "just because-절"은 어떤 특정 상황이 반드시 어떤 특정 결론에 이르는 것이 아니라고 말할 때 사용한다. 여기서 "just because-절"이 "명사절"로 쓰일 수도 있다.

Just because you're my brother, that doesn't mean I have to like you.
(네가 내 동생이라는 것이 내가 너를 좋아해야 한다는 의미는 아니다.)
Just because you can borrow my car for tonight doesn't mean you can borrow it any time.
(네가 오늘 밤에 내 차를 빌려 갈 수 있다고 해서 네가 언제든지 그럴 수 있다는 것은 아니다.)

4　reason: "because-절"은 명사 "reason"을 수식하는 절을 이끌 수 없다.

The reason that/why/*because I'm writing to you is to invite you to the meeting.
(내가 편지를 보내는 이유는 당신을 회의에 초청하려는 것입니다.)

▶ 물론 reason 다음에서 that이나 why를 생략할 수 있다.

She loves children, and that's **the reason she became a teacher.**
(그녀는 아이들을 사랑한다. 그것이 그녀가 선생님이 된 이유다.)

▶ "because-절"은 "reason"이 주어인 문장에서 주어보어로 쓰이기도 하지만, 어떤 사람은 이 용법이 옳지 않다고 생각한다.

Sorry I'm late — **the reason** is **because I overslept.**
(늦어서 미안합니다. 늦잠을 자서 늦었습니다.)

B12　because, as, since, for

이 네 단어 모두 어떤 "상황, 행동, 사건" 등이 있게 한 "이유" 또는 "원인"을 표현할 때 사용되지만, 그 용법이 약간씩 다르다.

1. **because-절**: 이유 또는 원인을 표현하는 가장 대표적인 절로서 화자나 필자가 어떤 상황에 대한 이유를 "강조"하거나 "새로운 정보를 제공"하려고 할 때 사용된다. (더 상세한 것은 R4를 보라.)

   They had to move **because their building was to be torn down.**
   (그들은 건물이 헐릴 예정이었기 때문에 이사해야 했다.)
   Because I was ill for six months, I lost my job.
   (나는 6개월간 아팠기 때문에 직업을 잃었다.)

   ▶ 이러한 이유에서 why로 시작하는 질문의 응답으로는 "because-절"만이 가능하다.

   "**Why** did you do it?" "**Because Eddy told me to.**"
   ("왜 그랬어?" "에디가 그러라고 해서요.")
   "**Why** can't I have an ice-cream?" "**Because I say so**, that's why!"
   ("나는 왜 아이스크림을 먹을 수 없어?" "내가 말했으니까. 그게 이유다.")
   "**Why** did he take a taxi?" "*As/*Since he was in a hurry." (그가 왜 택시를 탄 거야?)
   (참고: As he was in a hurry, he took a taxi.)

2. **as/since-절**: "as/since-절"은 일반적으로 청자나 독자에게 이미 이유가 알려져 있거나 그 이유가 문장의 중요한 부분이 아닐 경우 사용된다. (시간을 의미하는 since에 대해서는 S14를 보라.)

   As it's getting late, I turned around to start for home.
   (늦어지기 때문에 나는 뒤돌아서 집으로 출발했다.)
   We asked Mary to come with us, **as she knew the road.**
   (메리가 길을 알기 때문에 같이 가자고 청했다.)
   Since you have a few minutes, let's have a cup of coffee.
   (몇 분 남았으니까 커피 한잔하자.)
   He decided not to go to the conference, **since he couldn't take his wife with him.**
   (그는 부인을 데려갈 수 없어서 학회에 안 가기로 했다.)

   ▶ so: "as-절"과 "since-절"은 비교적 문어적 표현이기 때문에, 구어체에서는 so가 종종 같은 의미로 사용된다.

   It's raining again, **so** we'll have to stay at home. (비가 다시 내려서 집에 머물 수밖에 없다.)
   (= **As** it's raining again, we'll have to stay at home.)
   He hadn't paid his bill, **so** his electricity was cut off.
   (그는 전기료를 내지 않아서 전기가 차단되었다.)
   (= **Since** he hadn't paid his bill, his electricity was cut off.)

3. **for-절**: "for-절"은 새로운 정보를 도입하지만, 이유를 되돌려 다시 생각해보고 제시할 경우 사용되며, 맥락에서 거의 분리된 어구에 해당한다. 이러한 이유에서 어떤 학자들은 for를 "and, or, but"과 같은 등위접속사로 분류하기도 한다. for-절은 문어체로서 일반적으로 문두 위치에 올 수 없으며, 홀로 쓰일 수도 없다. (그러나 영어 성경을 보면 for로 시작하는 문장

을 종종 볼 수 있다.)

The girl did all the shopping and cooking, **for her mother was in the hospital**.
(그 아가씨는 어머니가 입원해 있어서 장보고 요리하는 것을 다 했다.)
Repent, **for kingdom of heaven is near**. (회개하라, 천국이 가까이 왔느니라.) [마 4:17]
I cannot tell whether she is old or young, **for I have never seen her**.
(그녀를 본 적이 없기 때문에 그녀가 늙었는지 젊었는지 말할 수 없다.)

B13   because of, due to, owing to, on account of

이들은 모두 이유 "복합 전치사"로서 "명사(구)"를 목적어로 취한다.

Because of/Due to/Owing to bad weather, the match was cancelled.
(나쁜 날씨로 인해 경기가 취소되었다.)
The concert was cancelled **because of/due to/owing to** lack of money.
(자금이 없어서 음악회가 취소되었다.)

1   due to와 owing to: "due to"와 "owing to"는 이유나 원인을 표현하는 복합 전치사로서 "because of"보다 더 문어적이다.

Tom was absent from the game **due to** illness. (탐은 아파서 경기에 참가하지 않았다.)
The flight to New York will be cancelled **owing to** bad weather.
(나쁜 날씨 때문에 뉴욕행 비행기가 취소될 것이다.)
The boys all got wet **because of** the storm. (남자아이들은 모두 폭풍우 때문에 흠뻑 젖었다.)

2   be와 owing to: "owing to"는 일반적으로 "be동사" 바로 다음에 오지 않는다.

The fire **was because of/due to** a faulty wire in the plug.
(화재는 단자의 잘못된 전기선 때문이었다.)
(*The fire **was owing to** a faulty wire in the plug.)

이것은 어쩌면 owing이 owe라는 동사에서 기인했기 때문일 수도 있다. "owing to"를 "be동사" 다음에 놓으면 진행형이 되어 더 이상 관용적으로 사용할 수 없다고 할 수 있다.

His absence from the game **was due to** illness. (그가 경기에서 빠진 것은 병 때문이었다.)
(*The cancellation of the flight to New York **was owing to** bad weather.)

3   on account of: 일반적으로 "어려움"이나 어떤 "문제"가 원인이 되었을 때 사용한다.

The doctor recommended me to wear flat shoes **on account of** my back problem.
(의사는 나에게 등 문제 때문에 바닥이 평평한 신을 신으라고 했다.)
The final game was postponed **on account of** bad weather.
(결승경기는 좋지 않은 날씨로 연기되었다.)
On account of me you will stand before governors and kings...
(나로 말미암아 너희가 권력자들과 임금들 앞에 서리니...) [막 13:9]

B14 become

1 **연결동사**: become은 be나 seem과 같은 "연결동사"로서 명사와 형용사를 보어로 가질 수 있으며 "상황의 변화"를 표현한다.

   Pollution from cars has **become a major environmental problem**.
   (자동차 공해가 환경의 중요한 문제가 되었다.)
   I was **becoming** increasingly **suspicious of his motives**.
   (나는 그의 동기에 점점 의심이 갔다.)

2 **타동사**: become은 명사구를 목적어로 취하는 타동사로서 "어울리다/잘 맞다(suit)"라는 의미로 사용된다.

   That dress **becomes your sister** very well. (그 드레스는 네 여동생과 매우 잘 어울린다.)
   That sort of vulgar language hardly **becomes a man** in your position.
   (이런 식의 상스러운 말은 당신과 같은 위치에 있는 사람에게는 어울리지 않는다.)

3 **become of**: 일반적으로 만나본 지 상당한 시간이 흐른 후에 사람이나 물건에 어떤 일이 생겼는가를 물을 때, 또는 관심이 있는 사람에게 어떤 일이 일어날 것인가를 물을 때 사용된다.

   What **became of** the girl who you had dated at college?
   (네가 대학생 때 데이트했던 그 아가씨 어떻게 됐어?)
   What **became of** the ancient Chinese vase she used to have?
   (그녀가 가지고 있던 옛 중국 꽃병은 어떻게 됐어?)
   What will **become of** Jack when his wife dies? (잭은 부인이 죽으면 어떻게 될까?)

B15 been to와 been in

1 **been to**: be동사의 과거분사형인 been은 전치사 to와 함께 "다녀오다(gone and come back)" 또는 "다녀가다(come and gone back)"의 의미를 표현한다.

   They've already **been to Israel**, and are to go on to Jordan.
   (그들은 이미 이스라엘에 갔고, 요르단으로 갈 예정이다.)
   I've never **been to Paris**, but I hope to visit it next fall.
   (나는 파리에 가본 적이 없지만, 다음 해 가을에 방문하기를 희망한다.)
   My grandparents have **been to Seoul** to see us.
   (조부모님이 우리를 보려고 서울을 다녀가셨다.)

2 **been in**: "been"은 "in-전치사구"와 함께 "살다(live), 머물다(stay)"의 의미로 쓰인다.

   How long have you **been in Seoul**? (서울에서 얼마나 살았습니까?)
   She'd **been in the hospital** for a month last year.
   (그녀는 작년에 한 달 동안 병원에 입원했었다.)

3   **gone to**: 가서 돌아오지 않았을 때 "been to"가 아니라 "gone to"를 써야 한다.

He'd **gone to Australia** not **long** before. (그는 얼마 전에 호주로 떠났다.)
He'd **been to Australia** not **long** before. (그는 얼마 전에 호주에 다녀왔다.)

▶ 영국영어에서는 "been"만을 써서 종종 "왔다가다"를 표현하기도 한다.

Has the **newsboy been** yet? (신문배달소년이 벌써 왔다갔냐?)
The **mailman** hasn't **been** yet. (우편배달부가 아직 왔다가지 않았다.)

4   **ever와 before**: ever와 before는 둘 다 "과거 언젠가(at any time in the past)"를 의미할 수 있지만, before는 현재의 상황을 가리키면서 그 상황이 다른 시점에도 일어났는가를 물어보는 반면, ever는 현재의 상황을 가리키지 않는다. 다음을 비교해보라.

Have you **been to Korea before**?   [청자는 현재 한국에 있을 가능성이 있다.]
(한국에 처음 오셨어요?)
Have you **ever been to Korea**?   [청자는 현재 한국에 있지 않을 가능성이 있다.]
(한국에 가 보신 적 있으세요?)

따라서 "I have**n't** been to Korea **before**."는 한국에 처음 온 사람의 대답으로 자연스럽지만, "I've **never** been to Korea."는 자연스럽지 않다.

B16 before

before는 "접속사, 부사, 전치사"로 쓰인다.

He took a cold shower **before he went to bed**.   [접속사]
(그는 자기 전에 찬 물로 샤워를 했다.)
She had never been to Italy **before**.   [부사]
(그녀는 전에 이탈리아에 가본 적이 없었다.)
The building should be completed **before Christmas**. [전치사]
(그 건물은 크리스마스 전에 완공되어야 한다.)

1   **선행 상황**: before는 어떤 사건이나 행위가 다른 사건이나 행위가 있기 "이전에 일어나는 것"을 말할 때 사용된다.

We want to buy a new house now **before prices go up**.
(우리는 값이 오르기 전에 지금 새집을 사고 싶다.)
Before the bell rings, we may play games.
(종이 울리기 전까지 우리는 경기를 할 수 있다.)
... **before the rooster crows**, you will disown me three times!
(닭 울기 전에 네가 세 번 나를 부인하리라.) [요 13:38]

2   **예방**: before는 특정의 상황이 일어나지 않도록 "예방하는 것"을 표현할 때 사용된다.

Hide that money somewhere **before the police find out**.
(경찰이 찾지 못하게 그 돈을 어디에 숨겨라.)
We have to destroy wolves **before they attack livestock**.
(늑대가 가축을 공격하는 것을 막으려면 그들을 사살해야 한다.)

3   **지나간 기간**: before는 어떤 사건이 일어난 시점의 일정한 기간 이전에 다른 사건이 일어났음을 표현할 때 사용되며, 기간은 before 앞에 놓는다.

Korea had published books with metal types **a century before the West did**.
(한국은 서양보다 한 세기 전에 금속활자로 책을 찍어냈다.)
It took more than **ten years before he realized that he had made wrong decisions**. (그가 그릇된 결정을 내렸다는 것을 아는 데 10년 이상이 걸렸다.)

4   **미래 시간**: before는 어느 시점 이전에 어떤 상황이 이루어져야 한다는 것을 표현할 때 사용된다.

The road must be completed **before the end of the year**.
(도로는 해가 가기 전에 완성되어야 한다.)
We must clean the room **before our parents come back**.
(우리는 부모님이 돌아오시기 전에 방을 청소해야 한다.)

▶ 앞서는 기간을 명시적으로 표현할 때는 "two minutes/five hours/three years etc. + before"와 같이 말한다.

He arrived just **two minutes before the ceremony**.
(그는 기념식 바로 2분 전에 도착했다.)
Her parents had passed away **two years before she graduated college**.
(그녀의 부모님은 그녀가 대학을 졸업하기 2년 전에 돌아가셨다.)

5   **조건**: before는 어떤 일을 해야 다른 일이 가능하다고 표현할 때 사용된다.

You have to go to college **before you can get a degree**.
(학위를 받으려면 대학에 가야 한다.)
You need a driver's license **before you drive a car**.
(차를 운전하려면 자동차 운전면허가 필요하다.)

6   **결의**: before는 어떤 특정의 일을 하지 않을 것이라는 "결의"를 표현할 때 사용된다.

She would die **before she would admit her faults**.
(그녀는 자기의 잘못을 인정하느니 죽을 것이다.)
He will quit **before he accepts the new rules**.
(그는 새로운 규칙을 받아들이느니 그만둘 것이다.)

7   **중요성**: before는 중요성에서 앞선다는 것을 표현한다.

He always put quality **before quantity**. (그는 항상 양보다 질을 우선한다.)
In the air transport business, safety must always come **before profit**.
(항공운송사업에서는 항상 안전이 이익을 우선해야 한다.)

8 **권위**: before는 "직위"나 "권위"를 의미하는 표현 앞에서 사용된다.

The men appeared **before the judge** yesterday. (그 남자들은 어제 판사 앞에 섰다.)
The proposal **before the committee** is that we reduce our spending by 10%.
(위원회에 제출된 제안서에 따르면 비용을 10퍼센트 줄이는 것이다.)

9 **여타 용법**: 다음과 같은 표현에서도 사용된다.

They abducted his only son right **before his (very) eyes**.
(그들은 그의 눈앞에서 그의 아들을 납치해 갔다.)
How much does your husband earn **before tax**? (당신 남편은 세전에 얼마를 법니까?)

10 **부사 before**: before는 시간부사로서 "현재 혹은 과거 어느 시점 이전"의 시간 또는 기간을 의미한다. 현재 이전의 시점을 의미할 때는 "과거시제나 (영국영어에서) 현재완료"가 사용되고, 과거 이전의 시점을 의미할 때는 "과거완료"가 일반적으로 사용된다.

She **looked** just the same as **before**. (그녀는 전과 똑같아 보였다.)
I've **never been** to Africa **before**. (나는 전에 아프리카에 가본 적이 없다.)

She realized that she **had seen** him **before**. (그녀는 그를 전에 본 적이 있음을 알았다.)
Never **before had** he **seen** so many people starving.
(그는 전에 그렇게 많은 사람들이 굶주리는 것을 본 적이 없었다.)

11 **the day/week/year etc. + before**: 과거시점으로부터 거꾸로 계산하는 시간표현 다음에는 before를 사용할 수 있으며, 이 경우 "과거시제"가 사용될 수도 있으나 "과거완료 시제"가 일반적으로 사용된다.

We were in London **last week** and in Rome **the week before**.
(우리는 지난주에 런던에 있었고 그 전 주에는 로마에 있었다.)
(= the week before last week)
We **had met** on **the Saturday before**. (우리는 지지난 토요일에 만났었다.)
(= the Saturday before last Saturday)

12 **before와 ago**: "현재로부터 거꾸로 시간"을 말할 때에는 before가 아니라 ago를 사용한다.

I left school **four years ago**. (나는 4년 전에 학교를 그만두었다.)
(= four years from now)
(*I left school **four years before/before four years**.)

before와 ago의 차이에 대해서는 A39를 보라.
before와 ever의 차이에 대해서는 E31.5를 보라.

B17 before와 in front of

일반적으로 "in front of"는 장소 명사와 함께 사용되고, before는 시간 명사와 함께 사용된다.

You must get there **before/*in front of nine o'clock**.
(너는 9시 전에 그곳에 도착해야 한다.)
He parked the car **in front of/*before the hotel**. (그는 호텔 앞에 차를 주차했다.)

1   **before**: before는 "in front of"와 함께 육안으로 보이는 사람이나 물체 앞에서 일어나는 상황을 말할 때 그리고 특히 줄서기나 목록 등에서 앞서는 것을 표현할 때 사용될 수 있다.

Korea will face Brazil this afternoon **before/in front of a crowd of 100,000 spectators**.
(한국 팀은 오늘 오후에 10만 명의 관중 앞에서 브라질 팀과 대적할 것이다.)
The average children spend three to four hours **before/in front of the TV**.
(아이들은 평균적으로 텔레비전 앞에서 세 시간에서 네 시간을 보낸다.)
He was **before/in front of me in a queue**. (그는 줄에서 내 앞에 있었다.)
The letter A comes **before/in front of the letter B** in the Roman alphabet.
(로마 알파벳에서 A문자는 B문자 앞에 온다.)

2   **중요한 상황**: before와 "in front of"는 문어체에서 어떤 중요한 상황이 앞에 있음을 표현할 때 사용된다.

He had a wonderful year **before/in front of him to do as he pleased**.
(그는 자신이 좋아하는 것을 하면서 살 수 있는 멋있는 한 해가 앞에 있었다.)
You have your whole life **before/in front of you**. (네 앞에 너의 전 생애가 놓여 있다.)

B18 begin와 start

이 두 단어는 우리나라 말에서 비교적 쉽게 구분되어 사용된다.

1   **begin과 start**: 어떤 "사건, 상황, 현상, 행동"을 "시작하다, 착수하다"를 표현할 때는 일반적으로 begin과 start를 둘 다 사용할 수 있다.

We'll **begin/start** the meeting at 10 o'clock. (회의를 10시에 시작할 것이다.)
The conference **began/started** at 10 o'clock. (회의가 10시에 시작했다.)
The word "psychology" **begins/starts** with the letter "p".
("psychology"라는 단어를 문자 "p"로 시작한다.)
His new book **begins/starts** with the story of his childhood.
(그의 새 책은 자신의 어린 시절에 대한 이야기로 시작한다.)

2   **start**: "여행"이나 "길"을 "떠나다, 출발하다"를 표현할 때와 "자동차"와 같은 "기계"를 "작동하다, 시동을 걸다"를 표현할 때는 begin이 아니라 start를 사용한다.

We have to **start/*begin** early in the morning to get there in time.
(그곳에 시간에 맞춰 도착하려면 아침 일찍이 떠나야 한다.)
On cold days it takes time to **start/*begin** a car.
(추운 날에는 자동차 시동을 거는 데 시간이 걸린다.)
My wife had to learn how to **start/*begin** the new washing machine.
(내 처는 새 세탁기를 어떻게 작동하는지 배워야 했다.)

3 to-부정사와 ing-구: 뒤에 동사가 따라올 때 기본적으로 begin은 "to-부정사"를 취하고 start는 "ing-구"를 취하지만 예외가 있다.

▶ begin은 뒤따라 나오는 동사가 "감정, 인지, 상태"를 의미할 경우 일반적으로 "to-부정사"가 선호되고, 동사가 "행동, 과정"을 의미할 경우 "to-부정사"와 "ing-구"가 둘 다 가능하다.

I **began to feel** dizzy. (나는 어지럼을 느끼기 시작했다.)
I'm **beginning to understand** at last. (나는 드디어 이해가 됩니다.)
I **began to think** you were never coming.
(당신이 오지 않는구나 하는 생각이 들기 시작했습니다.)
When did you **begin to learn/learning** English?
(당신은 언제부터 영어를 배우기 시작했습니까?)
The baby **began to cry/crying**. (애기가 울기 시작했다.)
She **began to talk/talking** of the accident. (그녀는 사고에 대해서 말하기 시작했다.)

그러나 동사 begin이 진행형이 될 경우 "to-부정사"가 선호된다.

Snow **began to fall/falling** again. (눈이 다시 오기 시작했다.)
Snow was **beginning to fall/*falling** again. (눈이 다시 오기 시작했다.)
It **began to rain/raining**. (비가 오기 시작했다.)
It was **beginning to rain/*raining**. (비가 오기 시작했다.)

▶ start는 기본적으로 뒤에 오는 동사의 "ing-형"을 택하지만, 자신이 진행형일 경우에는 "to-부정사"가 선호된다.

Have you **started working/*to work** yet? (이미 일을 시작했습니까?)
It started **raining/*to rain** again. (비가 다시 오기 시작했다.)
It was **starting to rain/*raining** again. (비가 다시 오기 시작했다.)

4 to begin with와 to start with: 우리가 말하고 싶은 여러 개의 내용 중에 첫 번째 내용을 말할 때 사용된다.

To begin with/To start with, we must find out when and where it happened.
(먼저 우리는 그것이 언제, 어디서 일어났는가를 알아야 한다.)
"What does he think about our proposal?" "Well, **to begin with/to start with**, he doubts it's going to work." ("우리 제안에 대해서 그가 어떤 생각을 가지고 있습니까?" "저, 우선, 그는 그것을 실행할 수 있을지에 대한 확신이 없습니다.")

▶ "to begin with"는 어떤 상황이나 사건의 첫 단계를 말할 때 사용된다.

The lecture was great **to begin with**, but now it's difficult.
(강의가 처음에는 참 좋았으나 지금은 어렵다.)
I helped him **to begin with**, but I got soon exhausted.
(나는 처음에는 그를 도왔으나 곧 지쳐버렸다.)

B19   behind와 ahead (of)

behind와 ahead of는 전치사로, behind와 ahead는 부사로 쓰인다.

The manager is standing **behind a large desk**.   [전치사]
(지배인이 큰 책상 뒤에 서 있다.)
He's giving a series of concerts **ahead of the world tour**.
(그는 세계 일주 연주를 떠나기 전에 일련의 연주회를 열고 있다.)
I will send my messenger **ahead of you**, who will prepare your way before you.
(내가 내 사자를 네 앞에 보내노니 그가 네 앞에서 네 길을 준비하리라.) [눅 7:27]

The car **behind** is chasing us for an hour.   [부사]
(차가 뒤에서 우리를 한 시간 동안이나 쫓고 있다.)
He fixed his eyes on the car **ahead**.
(그는 앞에 가는 차에서 눈을 떼지 않았다.)

1   **열세와 우세**: behind는 "공간, 계획, 능력, 직업, 학문, 경쟁" 등에서 "뒤지는 것"을 의미하고, ahead (of)는 "앞서는 것"을 의미한다.

I want to speak to the man standing **behind you**.
(나는 네 뒤에 서 있는 사람에게 말하고 싶다.)
We let the other cars go **ahead of us**. (우리는 다른 차들을 우리 앞에 가게 했다.)
Turn left at the corner, and you'll see the hospital straight **ahead**.
(저 모퉁이에서 좌회전하면 병원이 똑바로 앞에 보일 겁니다.)
If he can't go faster, leave him **behind**. (그가 더 빨리 갈 수 없다면 그를 떼어놓고 가자.)
I was always **behind/ahead of my classmates** in mathematics.
(나는 항상 수학에서 내 반 학생들에게 뒤졌다/앞섰다.)
... after I have risen, I will go **ahead of you** into Galilee.
(... 내가 살아난 후에 너희보다 먼저 갈릴리로 가리라.) [마 26:32]
The theory was in many ways far **behind/ahead of its time**.
(그 이론은 많은 면에서 그 시대에 많이 뒤졌다/앞섰다.)
Our project is already two years **behind/ahead of schedule**.
(우리의 사업은 이미 계획보다 2년 뒤졌다/앞섰다.)
I'm afraid I'm a bit **behind/ahead** with my work.
(미안하지만 나는 작업에 약간 뒤지고/앞서고 있다.)

2 　**의도**: behind는 "숨겨진 이유나 진실 또는 깊은 뜻"이 있음을 표현할 때 사용된다.

　　I would like to know what's **behind this change of schedule**.
　　(나는 이 일정의 변화 뒤에 무슨 의도가 있는지 알고 싶다.)
　　I wonder what lies **behind Garry's sudden interest in tennis**.
　　(나는 개리가 갑자기 테니스에 관심을 가진 이유가 의아하다.)
　　We were determined to find the truth **behind this mystery**.
　　(우리는 이 미스터리 뒤에 숨겨진 진실을 밝히기로 결심했다.)
　　We can see all his enthusiasm **behind the work he has done for us**.
　　(우리는 그가 우리를 위해 해온 일에 쏟아온 그의 열정을 알고 있다.)

3 　**지지**: behind는 사람이나 주장을 "지지할 때" 사용된다.

　　The workers were all **behind the strike**. (노동자들 모두가 파업에 동조했다.)
　　If you run for election, the whole community will be **behind you**.
　　(만약 당신이 선거에 출마하면 전 지역이 당신을 지지할 것이다.)

4 　**망각**: "put sth behind"는 좋지 않은 경험이나 상황을 "잊을 것"을 표현한다.

　　Now you can **put all these worries behind you**.
　　(이제는 이 모든 걱정거리를 기억에서 지워버릴 수 있다.)
　　Put the incident behind you and get on with normal life.
　　(그 사건은 잊고 정상적인 삶을 살아라.)

B20　believe와 believe in

believe는 "어떤 것이 사실이거나 어떤 사람이 사실을 말한다"고 생각할 때 사용하고, "believe in"은 "어떤 것의 존재나 어떤 것을 신앙적으로 믿을 때" 혹은 "어떤 사람의 진실성이나 인격을 믿음으로써 신뢰할 때" 사용한다.

I **believe** that man. (나는 저 사람이 사실을 말한다고 믿는다.)
I **believe in** that man. (나는 저 사람의 인격을 믿는다/나는 저 사람을 신뢰한다.)

The police don't **believe** his account of the accident.
(경찰은 사고에 대한 그의 설명을 믿지 않는다.)
Many people **believe in** the immortality of the soul. (많은 사람들이 영혼의 불멸을 믿는다.)

Believe in the Lord Jesus, and you will be saved.
(주 예수를 믿으라. 그리하면 네가 구원을 받으리라.) [행 16:31]
He's a Christian, but his wife **believes in** Buddhism.
(그는 기독교인데 그의 부인은 불교를 믿는다.)

We didn't **believe** his stories of ghosts, but we still **believe in** ghosts.
(우리는 귀신에 대한 그의 말을 믿지 않았지만 귀신은 있다고 믿는다.)

▶ believe in: 종종 어떤 것이 "옳거나 효과적이거나 가치가 있다"고 생각할 때 사용되기도 한다.

The teacher **believes in** letting children learn on their own pace.
(그 선생님은 아이들이 각자의 역량에 따라 학습하도록 하는 것이 효과적이라고 믿는다.)
They don't **believe in** kindness to criminals.
(그들은 범죄자에게 친절을 베푸는 것이 옳다고 생각하지 않는다.)

▶ believe it or not: 믿기 어려운 "놀라운 상황"을 말할 때 사용된다.

My grandson enjoys nursery school, **believe it or not**.
(믿기 어려운 줄 알지만 내 손자 놈이 유아원을 좋아해.)

▶ make believe: 어떤 상황이 사실이 아닌데 사실인 양 생각하거나 가장함을 의미한다.

Let's **make believe** we're detectives and searching for criminals.
(우리가 형사로서 범인을 찾고 있다고 가정하자.)

B21 below와 under

1 **낮은 위치**: "보다 낮은" 위치를 표현할 때는 below와 under를 둘 다 사용할 수 있다.

Women used to wear skirts **below/under the knees**.
(여성은 치마를 무릎 아래로 내려오게 입었었다.)
The subway is passing **below/under the City Hall**. (지하철이 시청 밑으로 지나간다.)

▶ "바로 아래인" 경우에는 under를, "(바로 아래가 아니라) 단순히 낮은" 것을 의미할 때는 below를 사용한다.

The lights **under the bridge** grew bright and the jet of water shot up.
(다리 바로 밑에 있는 전등들이 밝아지면서 물줄기가 위로 솟아올랐다.)
They've been digging tunnels **under the ground** to find precious metal.
(그들은 값진 금속을 찾기 위해 땅 밑으로 터널을 뚫고 있었다.)
The old man lives on the floor **below us**. (그 노인네는 우리보다 아래층에 산다.)
There's a drugstore **below our little apartment**. (우리 작은 아파트 밑에 약국이 있다.)

2 **연속성**: 하나가 다른 것을 덮거나 접촉된 상태일 경우, 혹은 두 대상 사이에 연속성이 있는 것으로 생각할 때는 "under, underneath, (문어체에서) beneath"를 사용한다.

The patient lay down **under the blanket** to keep cold out.
(환자가 추위를 쫓기 위해 담요를 덮고 누워 있었다.)
Can you see a little shack **under the tree**?
(나무 밑에 있는 작은 통나무집이 보이지요?)
He put on only his underwear **under a thick fur coat**.
(그는 두꺼운 털 코트 밑에 속옷만 입고 있었다.)

There's a mouse **under(neath) the piano**. (피아노 바로 밑에 쥐 한 마리가 있다.)
Our ship passed **beneath/under the Golden Gate Bridge** into San Francisco Bay.
(우리가 탄 배는 금문교 밑을 지나 샌프란시스코만 안으로 들어갔다.)
Far **beneath the waters of the North Atlantic** lies the wreck of the Titanic.
(타이타닉호의 잔해가 북대서양의 깊은 물 아래 놓여 있다.)

3 **기준 이하**: "온도, 높이, 깊이, 계급" 등에서 낮은 위치에 있거나 어떤 기준보다 낮을 경우에는 below를 사용한다.

The temperature is three degrees **below zero**. (온도가 영하 3도다.)
The Dead Sea is about 400 meters **below sea level**. (사해는 해발 아래 약 400미터에 있다.)
A major is **below a colonel** in the Korean army. (한국군에서 소령은 대령 밑이다.)
She's well **below average** in intelligence. (그녀는 지능이 평균보다 훨씬 아래다.)
You were driving well **below the speed limit**.
(너는 속도제한에 훨씬 못 미치는 속도로 운전하고 있었다.)

4 **하류/남쪽**: below는 "... 하류에/남쪽에"의 뜻으로, under는 "(가로질러) 지하로"의 뜻으로 쓰인다.

They decided to build a bridge **below the river**. (= across the lower stream of the river)
(강 하류에 다리를 건설하기로 했다.)
They decided to build a tunnel **under the river**. (= across under the river)
(강 밑으로 터널을 파기로 했다.)
The city is located 10 kilometers **below Seoul**. (= to the south of Seoul)
(그 도시는 서울 남쪽 10킬로미터 위치에 있다.)

5 **한계 이하**: under는 "연령, 속도" 등에서 한계를 "밑도는 것"을 나타낼 때 사용된다.

You have to be **under 18** to apply for the scholarship.
(장학금을 신청하려면 18세 이하여야 한다.)
He insisted that he was driving at **under 100mph**.
(그는 시속 100마일 이하로 운전하고 있었다고 주장했다.)
There were only **under 1,000 people** at the festival.
(축제에 1,000명도 안 되는 사람만이 참석했다.)

6 **여타 의미**: 이 밖에도 under는 다양한 의미로 사용된다.

The plan for hiring more staff is still **under discussion**. [과정]
(직원을 더 고용할 계획은 아직 논의 중이다.)
He was accused of driving **under the influence of alcohol**. [조건, 사정]
(그는 음주운전을 한 혐의로 기소되었다.)
The question is whether the trade is illegal **under international law**. [기준]
(문제는 그 거래가 국제법에 비추어 불법이냐다.)

Under her leadership, the magazine's circulation has doubled
  in less than a year. [직위, 통치]
(그녀의 지도로 일 년도 안 돼서 잡지의 발행 부수가 두 배로 늘었다.)
At Brown he studied **under** Prof. **F. R. Levis**. [사제지간]
(그는 브라운 대학교에서 에프 알 레비스 교수 밑에서 공부했다.)
He made a few records **under the name of Joe Ritchie**. [가명]
(그는 조 리치라는 이름으로 음반 몇 개를 냈다.)

7   **전치사적 부사**: below와 under는 그 목적어가 맥락에서 이해될 수 있을 경우 생략될 수 있는 목적어 없는 전치사, 즉 부사로 쓰일 수 있다.

There're five bedrooms, a large attic above (the bedrooms) and wine cellars **below (the bedrooms)**. (침실 다섯 개와 위에는 큰 다락방과 아래에는 포도주 저장고가 있다.)
We live in the basement, and the subway passes through **under (us)** every 10 or 15 minutes. (우리는 지하실에 사는데 우리 밑으로 매 10분이나 15분마다 지하철이 지나간다.)

below와 under의 차이는 above와 over의 차이와 같다. 상세한 것은 A11을 보라.

B22   beside와 besides

1   **위치**: beside는 장소전치사로서 "…의 옆에(by)"를 의미한다.

The boy came in and sat **beside me**. (그 소년은 들어와서 내 옆에 앉았다.)
She arranged the table **beside the bed**. (그녀는 침대 옆에 식탁을 놓았다.)
I'm going to plant these red roses **beside the yellow ones**.
(나는 이 붉은 장미를 노란색 장미 옆에 심으려고 한다.)

2   **추가**: besides는 전치사 또는 부사로서 이미 알려진 것에 "새로운 정보를 추가"하는, "… 외에도"라는 의미로 사용된다. (B24를 보라.)

People choose jobs for other reasons **besides money**.
(사람들은 돈 외의 다른 이유로도 직장을 선택한다.)
Besides being heartbroken, he felt foolish.
(그는 슬픔에 빠졌을 뿐만 아니라 자신이 어리석게 생각됐다.)
The new house has a swimming pool, a tennis court, and much more **besides**.
(새집에는 수영장과 테니스 코트 외에도 더 많은 것이 있다.)
We sampled lots of baked things and took home masses of cookies **besides**.
(우리는 많은 구운 음식을 시식했으며 그 외에도 과자를 다량으로 집어왔다.)

3   **연결부사**: besides는 구어체에서 많이 쓰이는 접속어(conjuncts)로서 이미 제시된 것에 더 강하고 결정적인 논거를 추가하는 "더욱이(moreover)/여하튼(anyway)"의 의미로 종종 사용된다. 이 경우 besides는 대체로 절 앞 위치에 온다. (접속어에 대해서는 C39를 보라.)

I cancelled the trip to France; **besides**, I don't have money.
(나는 프랑스 여행을 취소했다. 여하튼 나는 돈이 없다.)
It's too late to go out now; **besides**, it's starting to rain.
(지금 외출하기에는 너무 늦었다. 더욱이 비가 오기 시작했다.)
She didn't go to the concert; **besides**, she had a headache.
(그녀는 음악회에 가지 않았다. 게다가 그녀는 머리가 아팠다.)

B23   besides, except, but, apart from, aside from

이 표현들은 모두 "전치사"로 사용될 수 있으며 혼동하기 쉽다.

1   besides (추가): 일반적으로 무엇을 "추가"한다는 의미로 사용된다.

Besides the violin, he plays the piano and the flute.
(그는 바이올린 외에도 피아노와 플루트를 연주할 줄 안다.)
Besides being a beauty, she's a really nice person.
(그녀는 미인일 뿐만 아니라 정말로 좋은 분이다.)

2   except와 but (제외): 무엇을 "제외"한다는 의미로 사용된다.

I can play all musical instruments **except the violin**.
(나는 바이올린을 제외하고 모든 악기를 다룰 수 있다.)
He gets up early every day **except Sunday**.
(그는 일요일을 제외하고는 매일 아침 일찍 일어난다.)
I could help her any day **but Friday**. (나는 금요일을 빼고는 언제든지 그녀를 도울 수 있었다.)

3   apart/aside from (추가와 제외): 이들은 "추가"의 의미와 그 반대인 "제외"의 의미 두 가지로 사용될 수 있다.

Apart/Aside from the violin, he plays the piano and the flute.
(그는 바이올린 외에도 피아노와 플루트를 연주할 줄 안다.)
(= **Besides the violin**, he plays the piano and the flute.)
Apart/Aside from his earnings as a football coach, he also runs a sports shop.
(그는 축구 코치로 버는 것 외에 또한 운동용품점을 운영한다.)
(= **Besides his earnings** as a football coach, he also runs a sports shop.)

I like all musical instruments **apart/aside from the violin**.
(나는 바이올린을 제외하고 모든 악기를 좋아한다.)
(= I like all musical instruments **except the violin**.)
Apart/Aside from the ending, it's a really good movie.
(끝부분을 제외하고는 정말로 좋은 영화다.)
(= **Except for the ending**, it's a really good movie.)

4　　　**의미의 중화**: "no, nobody, nothing" 그리고 유사한 "부정적 표현" 다음에서 이 단어들은 그 의미가 중화되어 같은 의미를 갖는다.

He has **nothing besides/except/apart from/aside from/but his salary**.
(그는 자기 봉급 외에는 아무것도 없다.) (= He only has his salary.)
No one passed the test **besides/except/apart from/aside from/but John**.
(존만 시험을 통과했다.) (= Only John passed the test.)

except와 except for에 대해서는 E36을 보라.
nothing but에 대해서는 B35.2를 보라.

B24　besides와 in addition (to)

B22에서 언급한 것처럼 besides는 이미 알려진 정보 외에 "추가적인 정보"를 말할 때 사용된다. 이런 점에서 besides는 "in addition to"와 같은 의미를 갖는다. "in addition to"는 복합전치사로 사용되고, "in addition"은 연결부사로 사용된다.

There's a postage and packing fee **in addition to/besides** the repair charge.
(수리비에 추가하여 우편료와 포장비가 있습니다.)
In addition to/Besides teaching, she also works at the weekends as a nurse.
(그녀는 가르치는 것에 더하여 주말에는 또한 간호사로 일한다.)
The company provides cheap Internet access; **in addition/besides**, it makes shareware freely available.
(회사는 값싸게 인터넷 접속을 하게 하며, 추가로 사소한 소프트웨어는 무료로 쓰게 한다.)
Aspirin makes body temperature drop; **in addition/besides**, it makes muscles relax.
(아스피린은 체온을 낮추며, 그 외에도 근육을 이완시킨다.)

B25　bet

bet라는 단어의 기본적인 의미는 "경주, 놀이, 운동, 시합" 등의 결과에 "(돈을) 걸다 (gamble)" 또는 "(틀림없이 …라고) 내기를 하다"를 의미한다.

He **bet** hundred thousand dollars on that racehorse.
(그는 저 경주마에 100,000달러를 걸었다.)
She **bet** five dollars that I would't do it.
(그녀는 내가 그것을 하지 않을 것이라 것에 5달러를 걸었다.)

1　　　I bet/I'll bet: 다음과 같은 경우에 사용된다.

▶ 증명할 수는 없으나 어떤 것이 발생하거나 진실이 될 것이라고 "상당히 확신할" 때

I bet (you) (10,000 won) that she's missed the bus.
(나는 (너에게) 그녀가 버스를 놓쳤다는 데 (만 원을) 건다.)

▶ 누가 방금 말한 것을 "이해하거나 상상할 수 있음"을 표현할 때

"I was so relieved that I didn't have to clean up after the party." "**I bet** you were."
("나는 파티 후에 청소를 하지 않아도 되어서 매우 마음이 편했다." "물론 그랬을 겁니다.")

▶ 누가 방금 한 말이 "믿어지지가 않을" 때

"I'm definitely going to give up smoking this time." "Yeah, **I bet!**"
("이번에는 확실히 담배를 끊으려고 합니다." "(못 믿겠다는 듯이) 예, 그래요!")

2 you bet: (구어에서) 어떤 사람이 제안한 것에 "동의하거나 실행할 의향"이 있음을 강조할 때

"Are you coming to the party?" "**You bet!**" ("파티에 오실 겁니까?" "물론이지요!")
"Will our football team win the match?" "**You bet!**"
("우리 축구팀이 경기에서 승리할까?" "이기고 말고!")

▶ 종종 "you bet"과 같은 뜻으로 "you betcha"를 사용하기도 한다.

3 (do you) want to bet/wanna bet?: 누가 방금 말한 것이 "사실이 아니거나" 발생할 "가능성이 없다"고 생각할 때

"I'm sure she'll come and visit us tomorrow." "**Do you wanna bet?**"
("나는 그녀가 내일 우리를 찾아올 것이라고 확신한다." "내기 할래?")

B26 between, among, amid

between은 "시간과 장소전치사"로 쓰이고, among은 "장소전치사"로만 쓰이며, amid는 "장소와 상황전치사"로 쓰인다.

The river flows **between two high mountains**. (이 강은 두 개의 높은 산 사이로 흐른다.)
The murder must have taken place **between 10 p.m. and 6 a.m.**
(살인은 오후 10시와 오전 6시 사이에 일어난 것이 틀림없다.)
The girl quickly disappeared **among the crowd**.
(그 아가씨는 대중들 사이로 민첩하게 사라졌다.)
They stayed at a tiny bungalow **amid clusters of trees**.
(그들은 무성한 나무들 속에 있는 방갈로에 머물렀다.)
He cancelled the trip to Madrid **amid growing signs of a political crisis**.
(그는 정치적 위기의 징조를 보이는 마드리드 여행을 취소했다.)

1 between, among, amid: 둘 혹은 그 이상의 "독립적인 대상"들 사이의 위치에 대해 말할 때는 between을 쓰고, "독립적이라고 여겨지지 않는 대상"과 섞여 있음을 말할 때는 among을 사용하며, "어떤 대상"들에 의해 둘러싸여 있거나 "어떤 상황" 속에 있음을 말할 때는 amid를 사용한다. 다음을 비교해보라.

The baby likes to sleep **between his parents**.
(아기는 자기 부모 사이에서 잠자는 것을 좋아한다.)
Our house is **between the woods, the river and the village**.
(우리 집은 숲과 강과 마을 사이에 있다.)
The baby is playing **among a crowd of children**. (아기가 어린이들 사이에서 놀고 있다.)
His house is hidden **among the trees**. (그의 집은 나무들 속에 숨겨져 있다.)
Placards **amid the waving banners** proclaimed the desire for independence.
(나부끼는 국기들 사이에 있는 플래카드가 독립의 열망을 선언하고 있다.)
The two men slipped away without being noticed **amid the confusion**.
(그 두 남자는 혼란 중에 눈에 띄지 않게 빠져나갔다.)

2   **(in) between**: 두 대상 사이의 "공간" 혹은 두 시점이나 사건의 사이의 "시간적 간격"을 말할 때 일반적으로 사용된다.

She let the table stand **(in) between the two doors**.
(그녀는 두 문 사이에 식탁을 놓게 했다.)
We need two meters **(in) between the windows**. (창문 사이가 2미터는 되어야 한다.)
I have to do something **(in) between nine and eleven**.
(나는 9시와 11시 사이에 무엇인가를 해야 한다.)
Most of the victims were young men **(in) between the ages of 16 and 21**.
(희생자는 대부분 16세와 21세 사이의 젊은 남자들이었다.)
Hitler seized the power from the political turmoil of Germany **(in) between the two world wars**. (히틀러는 두 세계대전 사이에 있었던 독일의 정치적 혼란으로 권력을 잡았다.)

3   **반복적 상황**: "반복적인 상황 사이의 기간"을 표현할 때는 "(in) between" 다음에 그 상황의 "복수"를 써서 표현한다.

The actress met the visitors **(in) between acts**. (그 여배우는 막간에 내방객들을 만났다.)
All the students go out to the playground **(in) between classes**.
(모든 학생들은 수업 사이에는 운동장으로 나간다.)

4   **부사**: "in between"은 부사로 쓰일 수도 있다.

My father bought a house and stables with a yard **in between**.
(아버지는 집과 마구간 사이에 마당이 있는 집을 샀다.)
I've had a few jobs with two years of unemployment **in between**.
(나는 2년간의 실업 중에 몇 가지 직업을 가졌었다.)

5   **동사와 명사**: 다음의 동사와 명사들은 between과 함께 쓰일 수 있다.

▶ 동사
arbitrate	choose	discriminate	distinguish
divide	judge	share 등	

The committee will **arbitrate between management and unions**.
(위원회가 경영진과 노동조합 사이를 중재할 것이다.)
He's incapable of **discriminating between the good idea and the bad one**.
(그는 좋은 생각과 나쁜 생각을 구별할 수 있는 능력이 없다.)

▶ 명사

| arbitration | choice | conflict | difference |
| discrimination | dispute | judgement | similarity 등 |

What are the main **differences between crows, rooks and jackdaws**?
(까마귀와 떼 까마귀와 갈 까마귀의 주요 차이점이 무엇입니까?)
The border **dispute between the two countries** will never be settled soon.
(두 나라의 국경분쟁이 결코 빠른 시일 내에 해결되지 않을 것이다.)
At lunchtime, there's a **choice between the buffet and the set menu**.
(점심으로 뷔페와 정해진 식단 중에 하나를 선택할 수 있다.)

6   choose, distribute, divide, share: divide와 share는 "나열된 단수명사" 앞에서는 일반적으로 between이 사용되고, "복수명사" 앞에서는 between과 among을 함께 사용할 수 있는데 반하여, 일반적으로 choose는 between과 함께 쓰이고 distribute는 among과 함께 쓰인다. 다음을 비교해 보라.

He **divided** his money **between his wife, his daughter and his sister**.
(그는 돈을 부인과 딸과 여동생에게 나누어 주었다.)
Divide the sauce **among five bowls**. (소스를 다섯 그릇으로 나누어라.)
I **shared** the food **between/among all my friends**.
(나는 모든 친구들과 음식을 나누어 먹었다.)
They do not **share** information **among themselves**. (그들은 서로 정보를 공유하지 않는다.)

For pudding we can **choose between ice cream and apple tart**.
(푸딩과 함께 아이스크림이나 사과 타르트 중에 하나를 선택할 수 있다.)
Clothes and blankets were **distributed among the refugees**.
(옷과 담요를 피난민들에게 나누어 주었다.)

7   among: "...의 중에서 하나 (one of, some of)"를 의미할 수 있다.

A ten-year-old boy is **among the injured**. (부상자 중에는 열 살 난 소년이 한 명 있다.)
(= A ten-year-old boy is one of the injured.)

He has a number of criminals **among his friends**.
(그의 친구들 중에는 범죄자들이 여러 명 있다.)
(= A number of criminals are included **in/among his friends**.)

8   amid: amid는 문학적 표현에서 종종 "어떤 대상에 의해 둘러싸여 있음"을 말할 때 사용되지만, 보고서나 뉴스에서는 일반적으로 "소란스럽거나 혼란스러운 상황 중에 있음"을 표현

할 때 사용된다.

We sat **amid the trees**. (우리는 나무에 둘러싸여 앉아 있었다.)
The dollar has fallen in value **amid rumors of weakness** in the US economy.
(미국 경제가 악화될 것이라는 소문 속에 달러의 가치가 떨어졌다.)
Children were changing classrooms **amid laughter and shouts**.
(학생들은 웃음과 고함 속에 교실을 옮겨 가고 있었다.)

B27   beyond

beyond는 전치사 또는 부사로 쓰인다.

1   **위치**: "반대편 저쪽"을 표현한다.

My house is **beyond** the bridge. (나의 집은 다리 건너편에 있다.)
Don't go **beyond** the town boundary. (도시 경계를 넘지 마라.)
He heard footsteps **beyond** the door. (그는 문 반대쪽에서 나는 발소리를 들었다.)

They crossed the mountains and headed for the valleys **beyond**.
(그들은 산들을 넘어 그 너머에 있는 계곡으로 향했다.)
We walked through the town and stopped a couple of miles **beyond**.
(우리는 도시를 가로질러 걸은 다음 그 너머 2마일 정도 가서 정지했다.)

2   **한계**: 수량이나 능력의 "한계를 넘어"를 의미한다.

He lives **beyond** his income. (그는 자기의 수입 이상으로 산다.)
The situation was **beyond** my control. (상황이 나의 통제능력 밖에 있었다.)
Such tasks are **beyond** the scope of the average school kids.
(그런 학업은 평균적인 학생들의 한계를 넘어서는 것이다.)

3   **시간**: "보다 늦게"를 의미한다.

Don't stay out **beyond** 10 o'clock. (= after 10 o'clock) (10시 너머까지 밖에 있지 마라.)
The curfew has been extended **beyond** 2010. (통행금지가 2010년 너머까지 연장되었다.)
A serious economic crisis is awaiting us in the coming year and **beyond**.
(심각한 경제위기가 다가오는 해와 그 너머까지 우리를 기다리고 있다.)
The disco went on until midnight and **beyond**. (디스코는 자정과 그 너머까지 계속되었다.)

4   **이해**: 사람을 가리키는 명사 앞에서 "(이해가) 불가능한"을 의미한다.

The whole problem is quite **beyond** him. (모든 문제가 그의 능력을 훨씬 넘어선 것이다.)
What you had done was **beyond** me. (네가 한 짓은 나의 이해 밖이다.)

5   **제외**: (부정문에서) "제외하고"를 의미한다.

He has nothing **beyond** his pension. (= except his pension)
(그는 연금 외에는 아무것도 없다.)
He has no personal staff **beyond** a secretary who can't make coffee.
(그는 커피도 못 끓이는 비서 외에는 개인 보좌진이 하나도 없다.)
I know nothing **beyond** random facts. (나는 이런저런 사실을 제외하고는 아는 것이 없다.)

B28   biannual과 biennial

biannual[baiǽnuəl]은 "1년에 2번씩(twice a year)"을 의미하고, biennial[baiéniəl]은 "격년(once every two years)"을 의미한다.

He holds a **biannual** exhibition of his work in New York.
(그는 뉴욕에서 1년에 두 번씩 작품전시회를 연다.)
You'll need to have a routine **biannual** examination.
(당신은 일상적으로 1년에 두 번씩 검사를 받을 필요가 있다.)
The committee has just published its **biennial** report on major housing projects.
(위원회는 격년으로 내는 주요 주택계획에 대한 보고서를 방금 출간했다.)
The **biennial** Commonwealth conference was held in London last year.
(격년으로 열리는 영연방회의가 작년에 런던에서 열렸다.)

▶ biannual은 "매 6개월마다 한 번씩(occurring every half year)"을 의미하는 semiannual과 구별된다.

The **biannual** examinations will be held in May and September this year.
(금년에는 매년 두 번씩 치러지는 시험이 5월과 9월에 있을 것이다.)
Our school nurse recommends a **semiannual** visit to the dentist.
(우리 학교 간호사는 매 6개월마다 치과에 갈 것을 권고한다.)

▶ biennial은 명사로 쓰일 경우 "2년생 식물" 또는 "2년마다 열리는 행사"인 biennale[bienná:lei]를 의미하기도 한다.

The 2020 Kwangju **Biennale** was held in September.
(2020년도 광주 비엔날레는 9월에 열렸다.)

B29   big, large, great

이 단어들은 "크기, 수, 양, 정도" 등에 있어서 평균보다 "큰 것"을 의미한다.

1 big와 large: 일반적으로 실체가 있는 가산 구상명사(countable concrete noun)와 함께 쓰인다. large는 big보다 약간 더 격식적 표현이다.

They live in a **big** house in the suburbs of Seoul (그들은 서울 근교의 큰 집에 산다.)
She has blonde hair and **big** eyes. (그녀는 금발머리와 큰 눈을 가지고 있다.)

There was a **large** garden on the other side of the fence. (울타리 너머에는 큰 정원이 있었다.)
He put the document of contract in a **large** brown envelope.
(그는 계약서류를 큰 갈색 봉투에 넣었다.)

▶ big는 large와는 달리 "가산 추상명사(countable abstract noun)"와 함께 쓰일 수 있는데 그 의미는 "중요한"을 의미한다.

He's about to make a **big/*large** decision on his future.
(그는 자기의 미래에 대해서 곧 중요한 결정을 내리려고 한다.)
There's a **big/*large** difference between understanding something and explaining it to others. (어떤 것을 이해하는 것과 그것을 다른 사람에게 설명하는 것 사이에는 큰 차이가 있다.)

▶ big는 구어체에서 종종 부사로 사용된다.

He likes to talk **big** about his college life.
(그는 자신의 대학생활에 대해서 허풍떠는 것을 좋아한다.)
You shouldn't act **big** in the class, simply because you do well at school.
(성적이 좋다는 이유로 반 친구들에게 거들먹거려서는 안 된다.)

2   great: 일반적으로 "추상명사(abstract noun)"와 함께 사용되며, "가산 구상명사"와 쓰이면 일반적으로 "유명한(famous), 위대한"을 의미한다.

It gives me **great** pleasure to introduce tonight's speaker.
(오늘 저녁의 연사를 소개하게 되어 매우 기쁩니다.)
We had a **great** improvement in water standards over the last 10 years.
(지난 10년 동안 물의 질에 있어서 큰 개선이 있었다.)
He was a **great** statesman in the history of the United States.
(그는 미국역사에서 위대한 정치가였다.)
She's a graduate of a **great** university in Korea. (그녀는 한국에서 유명한 대학을 졸업했다.)

▶ great는 종종 크다는 것을 "강조"하는 표현으로 쓰이기도 한다.

They've built a **great big** shopping mall in the center of town.
(그들은 도심에 매우 큰 쇼핑몰을 지었다.)
They've been standing in a **great long** queue for two hours to buy bread.
(그들은 빵을 사려고 두 시간 동안 매우 긴 줄에 서있었다.)

3   at large: "at large"는 관용적 표현으로 다양한 의미로 사용된다.

Don't go outside; the escaped prisoner is still **at large**.
(외출하지 말아라. 탈출한 범인이 아직 도피 중이다.)
The new tax law is supported by the people **at large**.
(새로운 세법은 일반대중의 지지를 받고 있다.)
She was appointed as a minister **at large** by this government.
(그녀는 이 정부에 의해 무임소 장관으로 임명되었다.)

I told him my childhood story **at large**. (나는 그에게 나의 어린 시절을 상세히 말해주었다.)

B30   bill, check, invoice

우리는 물건을 구입하거나 음식을 사먹거나 어떤 일을 시켰을 때 "청구서"라는 것을 받게 된다.

1　　bill: 가장 일반적으로 쓰이는 단어로서 널리 사용된다.

I don't know how I'm going to pay all these **bills**!
(나는 이 모든 청구서들을 어떻게 지불해야 할지 모르겠다.)
They sent us a **bill** for the work they had done last week.
(그들은 자신들이 지난주에 한 작업에 대한 청구서를 우리에게 보냈다.)
My mother nearly fainted when she saw this month's phone **bill**.
(나의 어머니는 이번 달 전화비 청구서를 보고 거의 까무러칠 뻔했다.)

2　　check: 미국영어에서 특히 "음식값 계산서"를 의미한다.

With his dinner and the cigarettes, the **check** came to about 30 dollars.
(그의 저녁 식사와 담뱃값으로 청구서가 거의 30달러나 되었다.)
Waiter! Can I have the **check**, please? (아저씨! 계산서 좀 주실래요?)
The food at the restaurant was great, but the **check** cost me a week's salary.
(음식점의 음식은 참 좋았는데 음식값으로 1주분의 임금을 썼다.)

3　　invoice: 회사나 조직체가 보내는 "청구서"를 의미한다.

You'll find the **invoice** attached to the box. (청구서는 상자에 부착되어 있습니다.)
You must send your **invoice** before the end of the month.
(월말까지 청구서를 보내주셔야 합니다.)
Will you send me the **invoice**, or do I have to pay now?
(청구서를 보내주시겠습니까 혹은 지금 현금으로 지불할까요?)

B31   born과 borne

bear는 "불규칙동사"로서 과거형은 bore이고 과거분사형은 borne이다. bear가 "낳다, 출산하다"를 의미할 경우 두 개의 과거분사형 born과 borne을 갖는다. born과 borne은 동일하게 [bɔːrn]으로 발음된다.

1　　born: 출생을 말할 때 우리는 일반적으로 "수동형(be + 동사의 과거분사형)"을 사용하는 데 이 경우 bear의 과거분사형 중에 born, 즉 "be born"이 사용된다.

A little over 200,000 infants are **born/*borne** in Korea every year.
(한국에서는 매년 20만 명이 조금 넘는 아이들이 태어난다.)

My parents were **born/*borne** in North Korea before the Korean War.
(나의 부모님은 한국전쟁 이전에 북한에서 태어났다.)
He was **born** with the silver spoon in his mouth.
(그는 부유한 집에서 태어났다 = 그는 금수저를 입에 물고 태어났다.)
... no one can enter the kingdom of God unless he is **born** of water and the Spirit.
(사람이 물과 성령으로 나지 아니하면 하나님의 나라로 들어갈 수 없느니라.) [요 3:5]

2　　borne: 그러나 bear가 "능동문"이나 "다른 의미"로 쓰일 때에는 과거분사형 borne이 사용된다.

She has **borne/*born** him three sons and two daughters.
(그녀는 그와 아들 셋과 딸 둘을 낳았다.)
Black people have **borne/*born** the brunt of racial violence.
(흑인들은 인종차별의 예봉을 견뎌왔다.)

▶ "선천적으로 타고난" 속성을 표현할 때도 borne이 아니라 born이 사용된다.

It was obvious from his childhood that Larry was a **born/*borne** athlete.
(래리는 확실히 어릴 때부터 타고난 운동선수였다.)
Although he hasn't gotten a proper education, he's a **born/*borne** teacher.
(그는 적절한 교육을 받지 않았으나 타고난 선생이다.)

B32　both

both는 "한정사, 한정사 선행어, 대명사, 접속사"로 쓰일 수 있다.

The boy's holding the cup with **both hands**.	[한정사]
(그 소년은 양손으로 컵을 들고 있다.)	
Both the students passed the test.	[한정사 선행어]
(두 학생 다 시험에 통과했다.)	
Both of my parents were farmers.	[대명사]
(나의 양친은 농부였다.)	
I can **both speak and write English**.	[접속사]
(나는 영어로 말할 수도 있고 쓸 수도 있다.)	

1　　both와 all: both는 "둘"을 가리키고 all은 "셋 이상"을 가리킨다.

He used **both his hands** to lift up the box. (그는 양손을 써서 상자를 들었다.)
(*He used **all his hands** to lift up the box.)
People lined up on **both/*all sides** of the street to welcome the visiting foreign dignitaries.
　(사람들은 예방하는 외국 고위인사들을 환영하기 위해 거리 양편에 줄 서 있었다.)
I have **two brothers and one sister, all** of whom are at college.
(나는 형 둘과 누이 한 명이 있는데 모두 대학생이다.)

2   **of-구**: both는 all과 마찬가지로 뒤에 오는 명사구 앞에 "of"의 삽입을 허용한다.

   She's eaten **both (of) the chops**. (그녀는 고기 두 조각을 다 먹었다.)
   Both (of) my parents like riding. (나의 부모는 두 분 다 말 타는 것을 좋아하신다.)
   Both (of) these oranges are bad. (이 오렌지는 둘 다 상했다.)

3   **한정사의 생략**: all과는 달리 both 다음에서 종종 the나 소유격이 생략되기도 한다.

   She's eaten **both (the) chops**. (그녀가 두 조각을 다 먹었다.)
   He lost **both (my) parents** when he was a child. (그는 어릴 때 양친을 잃었다.)
   Both (these) oranges are bad. (오렌지가 둘 다 상했다.)

4   **대명사**: of 다음에 "인칭 대명사(의 목적격 형)"가 올 경우에는 "of"가 생략될 수 없다.

   Both of them can come tomorrow. (그들은 둘 다 내일 올 수 있다.)
   (*Both them/they can come tomorrow.)
   She's invited **both of us**. (그녀는 우리를 둘 다 초청했다.)
   (*She's invited both us.)
   Mary sends **both of you** her love. (메리가 너희 둘 다에게 안부를 전한다.)

   ▶ both는 독립적으로 대명사로 쓰일 수 있다.

   This dress is cheaper, but that one is more attractive. I'll buy **both** (of them).
   (이 드레스는 값이 싸지만 저 드레스가 더 매력적이다. 나는 둘 다 살 것이다.)

5   **이동**: all과 마찬가지로 both가 "주어 명사구"의 일부일 경우 명사구 다음으로 이동할 수 있으며, 조동사가 있으면 조동사 뒤로 이동할 수 있다. 주어가 대명사일 경우에는 "의무적"으로 이동해야 한다.

   The professors both missed the concert. (교수님 두 분 다 음악회를 놓쳤다.)
   (= **Both ((of) the) professors** missed the concert.)
   They both visited China. (그들은 두 분 다 중국을 방문했다.)
   (= **Both of them** visited China.) (*Both they visited China.)

   The students will **both** attend the concert. (학생 둘 다 음악회에 참석할 것이다.)
   Those apples were **both** rotten. (저 사과는 둘 다 썩었다.)
   We can **both** play golf. (우리는 둘 다 골프를 칠 줄 안다.)

6   **목적어와 both**: both가 "대명사 목적어"의 일부이면 목적어 다음으로 이동할 수 있으나, 목적어가 "명사구"일 경우는 이동이 허용되지 않는다.

   She's invited **us both**. (그녀는 우리 둘을 초대했다.)
   (참고: She's invited **both of us**. *She's invited **both us**.)
   Mary sent **you both** her love. (메리는 너희 둘에게 안부를 보냈다.)
   (참고: Mary sends **both of you** her love. *Mary sends **both you** her love.)

She's invited **both (of) the students**. (그녀는 두 학생을 초대했다.)
(*She's invited **the students both**.)

▶ 그러나 이 구조는 "보어 대명사"나 "짧은 응답"에서 사용되지 않는다.

"Who broke the window — Sarah or Alice?"
"It was **both of them**." (*It was **them both**.)
("누가 유리창을 깼어? 사라야 앨리스야?" "둘이서 깼어요.")
"Who did you invite?" "**Both of them**." (***Them both**.)
("누구를 불렀느냐?" "둘 다요.")

7 both와 not: "both ... not"는 일반적으로 사용되지 않으며 대신에 neither가 쓰인다.

Neither of the students passed the test. (두 학생 중에 아무도 시험에 합격하지 못했다.)
(***Both of the students** didn't pass the test.)
Neither of them is here. (둘 중에 아무도 여기 없다.)
(***Both of them** are **not** here.)

8 both와 and: "both ... and"는 다양한 형태의 단어나 구를 결합할 수 있다.

She's **both pretty and clever**. (그녀는 아름답고 명석하다.)
She met **both the professor and his assistant**. (그녀는 교수와 조교 두 사람을 만났다.)
Now women work **both before and after** having their children.
(지금은 여성들이 아이를 낳기 전과 후에 다 일한다.)
She **both danced and sang**. (그녀는 춤도 추고 노래도 불렀다.)
David **both loves Joan and wants to marry her**.
(데이비드는 조안을 사랑하며 그녀와 결혼하고 싶어 한다.)

▶ 그러나 완전한 절은 "both ... and"로 결합될 수 없다.

***Both** Mary washed the dishes **and** Peter dried them.
***Both** we built the bridge **and** they destroyed it.

한정사에 대해서는 D13을, 한정사 선행어에 대해서는 P32를, 접속어로서의 both에 대해서는 C54.2를 보라.

B33 bring과 take

기본적으로 bring은 사람이나 물건을 "화자나 청자가 있는 곳"으로 이동하거나 옮기는 것을 의미하고, take는 한 곳에서 다른 곳으로 "이동하거나 옮기는 것"을 의미한다.

Would you **bring** that knife to me, please? (저 나이프 좀 저에게 가져다주실래요?)
"I left my mobile phone at the office." "O, here it is. I'll **bring** it to you."
("휴대전화를 사무실에 놓고 왔는데요." "예, 여기 있네요. 제가 가져다 드릴게요.")

John **took** the parcel to the post office. (존이 소포를 우체국에 가져갔다.)

My wife went to Jeju Island, **taking** the children with her.
(내 처는 아이들을 데리고 제주도에 갔다.)

1   **화자와 청자의 위치**: 우리는 bring을 쓰느냐 take를 쓰느냐에 따라 화자와 청자의 위치를 알 수 있다.

For some reason, Jerry had **brought/taken** a camera with him.
(어떤 이유에선지 제리가 카메라를 가져왔다/가져갔다.)
[bring은 화자가 Jerry와 함께 있을 가능성이 높고, take는 가능성이 낮다.]
"Shall I **bring/take** anything to the party?" "Oh, just a bottle of wine."
("파티에 무엇 좀 가져갈까요?" "오 그래요, 포도주 한 병만 가져오세요/가져가세요.")
[bring을 쓰면 청자도 파티에 갈 가능성이 높은 데 반하여 take는 그 반대일 가능성이 높다.]
It was the first time Dustin had **brought/taken** a girl home.
(더스틴이 여자를 집에 데려온/데려간 것이 처음이다.)
[bring의 경우에 화자가 더스틴과 가족이거나 가까운 관계임을 암시한다.]
Would you mind **bringing/taking** Susie home?
(수지를 집으로 데려다/데려가 줄 수 있습니까?)
[bring은 화자가 Susie의 집 방향으로 갈 가능성을 의미하고, take는 화자가 Susie의 집 방향과는 상관이 없음을 암시한다.]

2   **비격식적 용법**: 특히 미국영어의 비격식적 용법에서 take 대신에 bring을 사용하는 경우가 있다.

Bring that letter to your teacher. (그 편지를 선생님에게 가져다 드려라.)
She **brought** her child to school. (그녀는 자신의 아이를 학교에 데려갔다.)

3   get과 fetch: 이들은 어떤 장소에 가서 무엇을 가지고 돌아오는 행위를 말한다.

I went to upstairs to **get** my jacket. (나는 웃옷을 가지러 위층에 올라갔었다.)
She went to **fetch** some water from the river. (그녀는 물을 길러 강에 갔다.)

bring과 take의 차이는 come과 go(C26)의 차이와 유사하다.

B34   broad와 wide

broad와 wide는 많은 경우 같은 의미로 사용된다.

The river's too **broad/wide** for you to swim across.
(그 강은 네가 헤엄쳐 건너가기에는 너무나 넓다.)
We walked down a **broad/wide** street lined with trees.
(우리는 가로수가 양편에 줄지어 서있는 넓은 거리를 걸어내려 갔다.)

1   broad: "길, 강, 들, 신체부위" 등의 한편에서 다른 편까지의 "공간(expanse)이 넓음"을 강

조한다.

The wrestler was tall and had **broad** muscular shoulders.
(그 레슬링선수는 키가 크고 넓은 근육질 어깨를 가졌다.)
The **broad** river reflected the flickering lights of the city.
(넓은 강은 도시의 명멸하는 불빛을 반사했다.)
The canal is over 100 meters **broad** at its widest point.
(그 운하는 가장 넓은 곳이 100미터가 넘는다.)

2 wide: "물건, 공간, 지역" 등의 한편에서 다른 편까지의 "거리(distance)"가 크다는 것을 강조하며, 광대하고 거대한 것을 의미한다.

His parents' house is on a **wide** avenue which is lined with cherry trees.
(그의 부모님의 집은 벚나무가 양편에 줄 서있는 넓은 거리 옆에 있다.)
The doorway wasn't **wide** enough to get the piano through.
(출입구가 피아노가 통과할 정도로 넓지 않았다.)
The professor told us to go forth into the **wide** world.
(교수님은 우리에게 넓은 세계 속으로 걸어 나가라고 말씀하셨다.)
Columbus sailed across the **wide** ocean.
(콜럼버스는 드넓은 바다를 가로질러 항해했다.)

3 how wide: 어떤 대상의 "넓이"를 묻거나 말할 때는 일반적으로 wide를 사용한다.

How **wide** is the conference room? (그 회의실은 넓이가 어떻게 됩니까?)
I'm not exactly sure how **wide** my car is — probably 2 meters.
(나는 내 차 폭이 얼마나 되는지 정확히 모른다. 아마 2미터 정도일 거야.)

4 **비유적 용법**: broad와 wide는 다양한 비유적 의미로 쓰인다.

Her father is **broad**-minded, tolerant and liberal.
(그녀의 아버지는 편견이 없고 관대하며 개방적이다.)
We were in **broad** consensus/agreement. (우리는 포괄적 합의를 했다.)
His mother has a **broad** Busan accent. (그의 어머니는 완전한 부산 말씨를 쓰신다.)
Last year he gave a **broad** hint that he might retire.
(지난해에 그는 은퇴할 수도 있다는 명백한 암시를 주었다.)
Thieves broke into the bank in **broad** day-light (도둑들이 백주에 은행을 털었다.)

At 4 a.m. he was still **broad/wide** awake. (새벽 4시까지도 그는 완전히 깨어 있었다.)
Open your mouth **wide**. (입을 크게 벌리세요.)
Stand your legs **wide** apart. (양발을 쫙 벌리고 서세요.)
Johnson's throw to first base went **wide**. (존슨의 1루 투구는 완전히 빗나갔다.)
The opinion polls were **wide** of the mark. (여론조사가 예상을 벗어났다.)

B35 but

but는 "접속사, 전치사, 부사"로 쓰일 수 있다.

Tom wasn't there **but** his brother was.　　　[접속사]
(탐은 그곳에 없었지만 그의 형은 있었다.)
He eats nothing **but** hamburgers.　　　[전치사]
(그는 햄버거 외에는 먹지 않는다.)
We can **but** cry. (우리는 울 수밖에 없다.) [부사]
He's **but** a baby. (그는 애기일 뿐이다.)

1 **접속사**: 두 개의 절을 연결하는 "등위접속사"로 사용되며, 앞 절에서 언급한 내용과 "대조"를 이루거나 예상하기 어려운 내용을 "추가"할 때 사용된다.

It's an old car, **but** it's very reliable. (오래된 자동차지만 매우 믿을만하다.)
We've invited him to the party, **but** he may decide not to come.
(우리는 그를 파티에 초청했으나 그는 안 오기로 결정할 수도 있다.)
I did not come to judge the world, **but** to save it.
(내가 온 것은 세상을 심판하려 함이 아니요 세상을 구원하려 함이로다.) [요 12:47]
They would have married sooner, **but** they had to wait her parents' permission.
(그들은 더 일찍 결혼했을 수도 있었으나 그녀 부모의 허락을 기다려야 했다.)
I'd like to go with you, **but** I'm too busy now.
(너와 같이 가고 싶지만 지금은 너무나 바쁘다.)
My house will be a house of prayer; **but** you have made it 'a den of robbers.'
(내 집이 기도하는 집이 되리라 하였거늘 너희는 강도의 소굴로 만들었도다.) [눅 19:46]

2 **전치사**: but는 "예외적인 것"을 의미하며 특히 "부정적 부정대명사, 전칭 부정대명사, 비단언적 부정대명사, 의문사" 다음에서 전치사로 사용된다.

all	anyone	anything	anywhere
anytime	everyone	everything	everywhere
no one	nobody	none	nothing
what	where	who 등	

There's **no one** here **but** me. (여기에는 나 외에 아무도 없다.)
They're **all** wrong **but** him. (그를 제외하고는 그들 모두가 틀렸다.)
He is unpopular with **all but** his most ardent admirers.
(그는 가장 맹렬한 숭배자를 제외하고는 모든 국민에게 인기가 없다.)
Everybody came to the party **but** Harry. (해리를 제외하고는 모두 파티에 왔다.)
You can find it **everywhere but** in Scotland.
(너는 스코틀랜드를 제외하고는 어디서든지 그것을 볼 수 있다.)
I'll take **anything but** that.
(나는 저것만을 제외하고는 어떤 것이든 받겠다.)

I could see **nothing but** the lighthouse in the fog.
(나는 안개 속에서 등대 외에는 아무것도 볼 수 없었다.)
Who but George would do such a thing? (조지 외에 누가 그런 짓을 했겠느냐?)
Who can forgive sins **but** God alone?
(오직 하나님 한 분 외에는 누가 능히 죄를 사하겠느냐) [막 2:7]
... if **anything but** death separates you and me.
(만약 내가 죽는 일 외에 어머니를 떠난다면 ...) [룻기 1:17]

따라서 "*The window is never opened **but** in summer"라고 할 수 없으며, "The window is never opened **except/save** in summer"라고 해야 한다.

3   **but과 수사**: (특히 영국영어에서) but는 서수와 기수를 결합하여 "근접의 정도"를 표현한다.

the first/next/last ... + but + one/two/three ...

They live **the next house but one**. (그들은 한 집 건너 다음 집에 산다.)
(= They live two houses away from us.)
This is **the last episode but one**. (이것이 마지막에서 두 번째 에피소드다.)
(= This is one before the last episode (of this drama serial).)
He was **the first but two** in the race. (그는 경주에서 두 명을 제외하고 일등을 했다.)
(= He was the third in the race.)

4   **전치사/접속사**: "전치사"로서의 but와 "접속사"로서의 but가 종종 구별되지 않는 경우가 있다. 따라서 다음과 같은 표현에서 목적어형과 주어형이 둘 다 사용될 수 있는 것은 바로 이런 점을 반영한다.

No one **but he/him** showed much interest in my proposal.
(그를 제외하고는 아무도 내 제안에 큰 관심을 보이지 않았다.)
Everyone **but I/me** was told. (나를 제외하고 모두들 들었다.)
(= Everyone was told **but me**.)
Who **but he/him** would do such a thing? (그를 제외하고 누가 그런 짓을 했을까?)
(= Who would do such a thing **but him**?)

5   **but와 동사**: but 다음에 오는 동사형은 앞에 어떠한 구조가 오느냐에 따라 "부정사"나 "-ing형" 동사가 온다.

He had no choice **but to marry** her. (그는 그녀와 결혼하는 것 외에 선택의 여지가 없다.)
(= He had no choice **but he had to marry her**.)
What can we do **but sit and wait**? (앉아서 기다리는 것 외에 무엇을 할 수 있나?)
(= What can we do **but we sit and wait?**)
She's interested in nothing **but skiing**. (그는 스키 외에는 관심이 있는 것이 없다.)
(= She's interested in nothing **but she's interested in skiing**.)

6   **부사**: but는 부사로 사용될 때 "다만/ ... 뿐(only)"을 의미한다.

This is **but** one of the methods used to solve the problem.
(이것은 그 문제를 푸는 데 사용된 방법 중의 하나일 뿐이다.)
It's going to be difficult. Anyway, we can **but** try.
(어려울 것이다. 어쨌든 해볼 수밖에 없다.)

except에 대해서는 E36을 보라.
접속사 but과 and 다음에서의 생략에 대해서는 E14를 보라.

B36 but for와 but then

1 but for: "but for"는 만약 어떤 것이 존재하지 않았거나 일어나지 않았다면 어떻게 되었을 것인가를 표현할 때 사용된다.

I would have been in real trouble **but for** your help.
(너의 도움이 아니었다면 나는 정말 곤경에 빠졌을 것이다.)
But for the storm, I would have been home before eight.
(폭풍이 없었다면 나는 8시 전에 집에 왔을 것이다.)

2 but then (again): 방금 말한 것과 상반되는 것을 말하거나, 방금 말한 것이 놀라운 것이 아니라는 것을 말할 때 사용된다.

John might be ready to help us, **but then** (again), he might not.
(존이 우리를 도와줄 준비가 되어 있을 수도 있다. 그러나 다른 한편으로는 아닐 수도 있다.)
Diana missed the last rehearsal, **but then** she always was unreliable, wasn't she?
(다이애나가 마지막 연습에 빠졌다. 그렇다면 그녀는 항상 신뢰할 수 없다는 것 아니야?)

3 who/what should ... but: 예기치 않은 사태를 말할 때 이 구조가 사용된다.

As I left the house, **who should** come to see me **but** my old friend Sam?
(내가 집에 없을 때 나의 옛 친구 샘 외에 누가 나를 찾아오겠습니까?)
At that moment, **what should** happen **but** (that) the car wouldn't start?
(그 순간에 차가 시동이 걸리지 않는 것 빼고는 무슨 일이 있었겠어?)

B37 by

by는 다양한 의미를 가진 "전치사"로 사용되며 제한적으로 "부사"로도 사용된다.

He was standing **by the window**, when I entered the room.　　[장소]
(그는 내가 방에 들어갔을 때 창문 옆에 서 있었다.)
Please, be here **by this time** tomorrow.　　[시간]
(내일 이 시간까지 여기 오십시오.)
He killed the small animal **by hitting it**.　　[방법]
(그는 작은 동물을 때려서 죽였다.)

The book was written **by Mr. Johnson.**   [행위자]
(그 책은 존슨 씨가 썼다.)
He walked **by** without noticing me.   [부사]
(그는 나를 알아보지 못하고 지나갔다.)
Stop **by** for a chat after work. (퇴근 후에 잡담하러 들러라.)

1   **by**: 어떤 대상에 "근접한 위치나 근접한 곳"을 지나가는 것을 의미한다.

     He wanted to keep her close **by him** always. (그는 그녀를 항상 가까이 두고 싶어 했다.)
     She parked her car **by a no-parking sign**. (그녀는 주차금지 표지 옆에 차를 세웠다.)
     We go **by the post office** every morning on my way to work.
     (우리는 매일 아침 일하러 갈 때 우체국 옆을 지나간다.)

2   **by**와 **near/close to**: by는 "near"나 "close to"보다 더 근접한 위치를 말한다. 다음을 비교해 보라. (C22를 보라.)

     We live **near/close to the sea.** (우리는 바다 가까이에 산다.)
     [몇 킬로미터 정도 떨어져서]
     We live **by the sea.** (우리는 바다 옆에 산다.)
     [바다를 볼 수 있는 위치에]

3   **경과**: by는 어떤 장소에 가기 위해 사용하는 길이나 지점을 표현할 때 사용된다.

     Did you come **by the nearest road**? (가장 가까운 도로로 왔습니까?)
     I travelled to Paris **by Dover and Calais**. (나는 도버와 깔레를 통과해 파리로 갔다.)
     He must have left the building **by the back door**.
     (그는 뒷문을 통해 건물을 나간 것이 틀림없다.)

4   **특정 시점 이전**: 어떤 "특정 시점 이전 또는 적어도 늦지 않은 시점"을 의미한다.

     She promised to be back **by five o'clock**. (그녀는 5시까지 돌아오겠다고 약속했다.)
     "Can I borrow your car?" "Yes, but I must have it back **by tonight**."
     ("차 좀 빌릴 수 있어?" "네. 그런데 오늘 밤까지 돌려주셔야 합니다.")
     By the end of the meal, everybody was drunk.
     (식사가 끝날 때가 되어서는 모두가 취해 있었다.)

5   **by the time (that)**: "어떤 사태가 일어난 시점 이전"의 뜻으로 부사절을 이끈다.

     I'll be in bed **by the time you get home**. (네가 집에 왔을 때는 나는 잠을 자고 있을 것이다.)
     By the time that the guards realized what was happening, the gang were already inside the bank.
     (경비가 무슨 일이 일어나고 있는가를 알아차렸을 때는 강도들이 이미 은행 안에 들어와 있었다.)

6   **기간**: by는 기간을 의미할 수도 있다.

Lions sleep **by day** and hunt **by night**. (사자는 낮에 자고 밤에 사냥한다.)
We travelled **by night** and rested **by day**. (우리는 밤에 이동하고 낮에 쉬었다.)

by와 until의 차이에 대해서는 U3.6을 보라.

7 **방법과 수단**: 어떤 행위를 위해 사용하는 방법 또는 수단을 표현할 때 쓰인다.

We started the engine **by turning the key**.
(우리는 키를 돌려서 엔진에 시동을 걸었다.)
The company has mined the coal **by a totally different method**.
(회사는 완전히 다른 방법으로 석탄을 채굴했다.)
He said he had learned English **by listening to the radio**.
(그는 라디오를 듣고 영어를 배웠다고 했다.)

8 **교통/통신 수단**: 교통 또는 통신 수단을 말할 때 사용되며 일반적으로 관사가 사용되지 않는다.

Many people go to work **by bus/car/train/bicycle**.
(많은 사람들이 버스/자동차/기차/자전거를 타고 일하러 간다.)
We like to travel **by airplane/boat**. (우리는 비행기/배를 타고 여행하는 것을 좋아한다.)
We can reserve the tickets **by phone**. (우리는 전화로 표를 예약할 수 있다.)
Send the letter **by airmail**. (항공우편으로 편지를 보내라.)

▶ 그러나 "on foot, on horseback"이라고 한다.

He crossed the field **on foot/horseback**. (그는 걸어서/말을 타고 벌판을 가로질렀다.)

9 **결과를 위한 행위와 수단**: by는 우리가 어떤 결과를 얻기 위해 우리가 "무엇을 하는가"를, with는 우리가 어떤 결과를 얻기 위해 "사용하는 수단이나 방법"을 의미한다. (수단과 방법의 의미로 쓰이는 with에 대해서는 W20.2를 보라.)

He's killing time **by/*with doing crossword puzzles**.
He's killing time **with/*by crossword puzzles**.
(그는 크로스워드 퍼즐을 하면서 시간을 보내고 있다.)

She cleaned the floor **by using a vacuum cleaner**.
She cleaned the floor **with a vacuum cleaner**.
(그녀는 진공청소기로 마루를 청소했다.)

10 **without**: without은 by와 with의 "반의어"가 될 수 있다. (다른 용법에 대해서는 W21을 보라.)

You can open the door **with this key**. (이 열쇠로 문을 열 수 있습니다.)
You can't open the door **without this key**. (이 열쇠가 없으면 문을 열 수 없습니다.)
It's not easy to wake him up **by shouting**. (소리를 쳐서 그를 깨우는 것이 쉽지 않다.)

I know the way to wake him up **without shouting**.
(나는 소리를 치지 않고 그를 깨우는 방법을 안다.)

11 **법칙과 기준**: by는 어떤 것을 위하여 따르는 "법칙"이나 "기준"을 의미할 수 있다.

We all have to play the game **by the rules**. (우리 모두는 규칙에 따라 경기를 해야 한다.)
They earned 700 billion won, but it was low **by their standard**.
(그들은 7천억 원을 벌었지만 그들의 기준으로는 적다.)

12 **행위자**: 특히 수동절에서 by는 "행위자", 즉 행위가 있게 하는 사람이나 물건을 이끈다. (P9를 보라.)

The church was designed **by the famous architect** Sugeun Kim.
(그 교회는 유명한 건축가 김수근 씨가 설계했다.)
My car was damaged **by a falling branch**. (내 차는 떨어지는 나뭇가지에 손상을 입었다.)

13 **단위**: 어떤 행위와 관련된 "양이나 수의 단위"를 표현할 때 사용된다.

Our wages were increased only **by 3%**. (임금이 3퍼센트만 인상되었다.)
All the workers here are paid **by the hour**. (여기 있는 모든 노동자는 시간제로 임금을 받는다.)
Our office floor space measures/is fifteen meters **by twelve**.
(우리 사무실 바닥 공간은 폭 12미터 길이 15미터다.)
They rent the apartment **by the year**. (그들은 아파트를 연 단위로 임대한다.)
The supermarket sells eggs **by the dozen**. (슈퍼마켓에서 달걀을 다스로 판다.)
We missed the train **by two minutes**. (우리는 2분 늦어서 기차를 놓쳤다.)

14 **정보**: 어떤 대상에 대한 "특성, 직업, 출생" 등의 정보를 표현할 때 사용된다.

George I and George II were Germans **by birth**. (조지 1세와 2세는 태생이 독일인이다.)
He's a plumber **by profession**. (그는 직업이 배관공이다.)

15 **연속**: 어떤 상황이 "연속해서 점차적으로" 일어나는 것을 표현할 수 있다.

My grandfather is growing weaker **day by day**. (할아버지가 매일 매일 더 허약해지신다.)
Working conditions are improving **little by little** across the whole country.
(전국에 걸쳐 작업여건이 조금씩 개선되고 있다.)
Calling the Twelves to him, he sent them out **two by two** and gave them authority over evil spirits.
(열두 제자를 부르사 둘씩 둘씩 보내시며 더러운 귀신을 제어하는 권능을 주시고) [막 6:7]

16 **손으로 잡음**: by는 어떤 물건 또는 신체의 일부를 잡는 것을 표현할 수 있다.

He took the girl **by the arm** and dragged her across the street.
(그는 아가씨의 팔을 잡고 거리를 가로질러 끌고 갔다.)

She grabbed the hammer **by the handle**. (그녀는 망치의 손잡이를 잡았다.)
He [Jesus] took the blind man **by the hand** and led him outside the village. (예수께서 맹인의 손을 붙잡으시고 마을 밖으로 데리고 나가사.) [막 8:23]

C1   call

1 **의견/속성**: 어떤 물건이나 사람에 대한 "의견"이나 "특성"을 표현할 때

Are you **calling** me a liar? (너는 나를 거짓말쟁이라고 하느냐?)
Already his followers were **calling** him a saint.
(그의 추종자들은 이미 그를 성인이라고 부르고 있었다.)

They **call** Chicago "the Windy City". (시카고를 "바람의 도시"라고 부른다.)
We used to **call** him the Gentle Giant. (우리는 그를 "선한 거인"이라고 불렀었다.)

I am no longer worthy **to be called** your son.
(지금부터는 아버지의 아들이라 일컬음을 감당하지 못하겠나이다.) [눅 15:19]

2 **이름**: 어떤 물건이나 사람에게 "이름"을 부여할 때

My parents wanted to **call** me Yuri. (나의 부모님을 나를 유리라고 부르기를 원했다.)
He was always eating hamburgers, so his friends decided to **call** him Big Mac.
(그를 늘 햄버거를 먹어서 그의 친구들은 그를 빅맥이라고 부르기로 했다.)
The Virgin will give birth to a son, and they will **call** him Immanuel.
(처녀가 잉태하여 아들을 낳을 것이요. 그의 이름은 임마누엘이라 하리라.) [마 1:23]

▶ call 뒤에 "as"를 쓰지 않도록 주의하라.

*He **calls** these people as "social junks".
(참고: He **calls** these people "social junks". (그는 이런 사람들을 "사회적 쓰레기"라고 부른다.))

다음의 표현과 대조해 보라.

He **thinks of/regards** these people **as** "social junks."
(그는 이런 사람들을 "사회적 쓰레기"라고 생각한다.)

3 **전화**(telephone): "전화를 걸다"라는 의미로 쓰인다.

To find out more, **call** this number. (더 알려면 이 번호로 전화를 걸어라.)
It's about twenty minutes since she **called**. She should have arrived by now.
(그녀가 전화한 지 20분 정도 되었으니까 지금쯤은 도착했을 것이다.)

(1) "make a call"은 "전화를 걸다"를, "take a call"은 "전화를 받다"를 의미한다.

He **made a call** to her as soon as he got home.
(그는 집에 도착하자마자 그녀에게 전화를 했다.)
I'm busy now; why don't you **take the call**? (내가 지금 바쁘니까 전화 좀 받아줘.)

(2) collect call[미]과 reverse-charge call[영]: "수신자 부담 전화"를 의미한다.

She always makes **a collect call** to me from New York.
(그녀는 뉴욕에서 나에게 항상 수신자 부담 전화를 건다.)

The reverse-charge call from London cost me over 100,000 won.
(런던으로부터의 수익자 부담 전화로 나는 10만 원 이상을 지불했다.)

4   call (on): "방문하다(visit)"라는 의미로도 쓰일 때에는 종종 전치사 "on"과 함께 쓰이며, 일반적으로 "잠시 방문하는 것"을 의미한다.

He must have **called** this morning, when we were out.
(우리가 외출했을 때 그가 찾아온 것이 틀림없다.)
Why don't you **call on** Max on your way back
(돌아오는 길에 맥스를 찾아보지 그래.)

▶ pay a call: "방문하다, 찾아보다"의 의미로 많이 애용된다.

Your hand looks very swollen; I think you should **pay a call on** a doctor.
(네 손이 매우 부어 보인다. 병원에 가봐야 한다고 생각한다.)
Katherine decided to **pay another call** on her mother-in-law.
(캐서린은 시어머니를 다시 한 번 더 찾아뵙기로 했다.)

C2   can과 could-1: 기본적 의미

can과 could는 기본적으로 "능력(ability), 가능성(possibility), 허가(permission)"를 표현한다. 이 기본적인 의미에서 화자의 의지(volition)가 담긴 "요청(requests), 제안(suggestion), 명령(order)"의 의미가 도출된다.

She **can** speak French fluently.   [능력]
(그녀는 프랑스어를 유창하게 말할 수 있다.)
He **could** read and write, when he was four.
(그는 네 살에 글을 읽고 쓸 수 있었다.)

You **can** get skin diseases from bathing in dirty water.   [가능성]
(더러운 물에서 목욕하면 피부염에 걸릴 수 있다.)
We **could** go to the movies on Saturday.
(우리는 토요일에 영화를 보러 갈 수 있습니다.)

You **can** have cake, if you eat your vegetables.   [허가]
(야채를 먹으면 케이크를 먹어도 된다.)
Could I speak to Dr. Carter, please?
(카터 박사님을 뵐 수 있습니까?)

Can I really have your jeans, when you go?   [요청]
(네가 떠나면 정말 네 청바지를 입어도 돼?)
Could I speak to you in private?
(은밀히 말씀 좀 드릴 수 있습니까?)

Can I help you? (도와드릴까요?)   [제안]

We **could** go for a drink after work, if you like.
(좋다면 퇴근 후에 한잔하지요.)

can에는 강한 발음 [kæn]과 약한 발음 [k(ə)n]이 있고, could에도 강한 발음 [kʊd]와 약한 발음 [k(ə)d]가 있다. 대부분의 경우 약한 발음이 사용된다. 부정형으로는 can't와 (영국영어에서는 [kɑ:nt]로, 미국영어에서는 [kænt]로 발음됨) couldn't ([kʊdnt])가 있다.

can과 could의 통사적 특성에 대해서는 M21을 보라.

C3   can과 could-2: 능력

can과 could의 가장 대표적인 의미는 무엇을 할 수 있는 "능력(ability)"이다.

This small chip **can** store vast amounts of information.
(이 작은 칩이 방대한 양의 정보를 저장할 수 있다.)
They're doing all they **can** to find the missing child.
(그들은 미아를 찾기 위해 할 수 있는 모든 것을 하고 있다.)
She **can** speak five languages. (그녀는 5개 국어를 말할 수 있다.)

When I was younger, I **could** stay up all night and didn't get tired.
(내가 더 젊었을 때는 밤새도록 일어나 있어도 지치지 않았다.)
I asked him if he **could** move that big box. (나는 그가 저 큰 상자를 옮길 수 있는지 물어봤다.)
I would have called if I **could**. (나는 할 수 있었다면 전화했을 것이다.)

1   **무능**: 자연히 "cannot/could not"는 무능(inability)을 의미한다.

He **can't hear** very well, and **can't see** without his glasses.
(그는 잘 들을 수도 없고 안경 없이는 볼 수도 없다.)
She can speak English quite well, but **can't spell** very well yet.
(그녀는 영어를 꽤 잘 말하지만 아직 철자는 그렇게 잘하지 못한다.)

We **couldn't buy** food and **pay** for rent on $50 a week.
(주 50불로는 식품을 사고 방세를 낼 수 없었다.)
The pain was so bad that she **couldn't sleep**.
(통증이 너무 심해서 그녀는 잠을 잘 수가 없었다.)

2   **be able to**: 능력을 의미하는 can과 could와 유사한 의미를 가진 표현으로는 "be able to"가 있다. (B3을 보라.)

Don't worry about her — she's **able to** take care of herself.
(그녀에 대해서는 걱정하지 마라. 그녀는 자신을 돌볼 수 있다.)
Are you **able to** read that sign from this distance? (이 거리에서 저 간판을 읽을 수 있습니까?)

By the time he was ten, he **was able to** read Greek and Latin.
(그는 열 살이 되었을 때 그리스어와 라틴어를 읽을 수 있었다.)

I wondered whether we **were able to** afford the rent.
(나는 우리가 임대료를 감당할 수 있을지 의심스러웠다.)

▶ "be able to"는 can을 대신해서 can이 나타날 수 없는 "부정사구"나 "분사구" 또는 "다른 조동사"와 함께 쓰일 수 있다.

I expect you **to be able to** get there on time. (나는 네가 정각에 그곳에 갈 수 있기를 바란다.)
(*I expect you **to can** get there on time.)
My wife enjoys **being able to** take a swim every day.
(내 처는 매일 수영을 할 수 있는 것을 즐긴다.)
(*My wife enjoys **canning** take a swim every day.)
What **have** you **been able to** find out? (무엇을 찾아낼 수 있었습니까?)
(*What **have** you **can** find out?)
He **might be able to** help you. (그는 당신을 도와줄 수 있을 것입니다.)
(*He **might can** help you.)
I **will be able to** have the coat ready for you by tomorrow.
(나는 내일까지 너를 위해 코트를 준비할 수 있을 것이다.)
(*I **will can** have the coat ready for you by tomorrow.)

▶ "be able to"는 일반적으로 can을 대신해서 수동문에서는 사용되지 않는다.

This book **can be translated**. (이 책은 번역될 수 있다.)
(*This book **is able to be translated**.)
This game **can be played** by two or more players.
(이 경기는 둘 또는 그 이상의 선수가 참여할 수 있다.)
(*This game **is able to be played** by two or more players.)

3   **일반적 능력**: can과 could는 일반적으로 우리의 "내재적인 능력," 즉 원하면 언제든지 어떤 일을 할 수 있음을 의미한다. 특히 could는 특별한 상황에서 어떤 일에 능력을 발휘했을 경우에는 사용되지 않으며, 대신 "was/were able to, managed to, succeeded in" 따위를 사용한다.

He was able to buy the doll for his daughter's Christmas present.
(그는 딸의 크리스마스 선물로 그 인형을 살 수 있었다.)
(*He could buy the doll for his daughter's Christmas present.)
After several attempts, she finally succeeded in getting the driver's license.
(몇 번의 시도 후에 그녀는 결국 운전면허를 딸 수 있었다.)
(*After several attempts, she could finally get the driver's license.)
How did you manage to stay so slim? (너는 어떻게 몸을 그렇게 날씬하게 유지할 수 있었느냐?)
(*How could you stay so slim?)

4   **비판**: "could"는 할 수 있으면서 실행에 옮기지 않은 것에 대해 "비판"할 때도 사용된다.

You **could** ask me before you borrow my car. (내 차를 빌리기 전에 물어볼 수 있었잖아.)
You **could** at least say that you're sorry. (적어도 미안하다는 말은 할 수 있었잖아.)

How **could** you be so stupid! (어떻게 그렇게 멍청할 수가 있어!)

이러한 의미로 쓰이는 might에 대해서는 M13.3을 보라.

5 **비실제적 상황**: "could have + 동사의 과거분사형"은 실현되지 않은 "과거의 능력", 즉 할 수 있었으나 "실현되지 않은 상황"을 말할 때 사용된다.

She **could have married** a millionaire, if she wanted to.
(그녀는 원했다면 백만장자와 결혼할 수 있었다.)
I **could have lent** you some money. Why didn't you ask me?
(내가 너에게 돈을 좀 빌려줄 수 있었는데. 왜 부탁하지 않았어?)

▶ 따라서 부정문은 반대로 실제로 "실현된 상황"을 의미한다.

She **couldn't have married** a millionaire, even if she wanted to.
(비록 원했다고 할지라도 그녀는 백만장자와 결혼을 못 했을 수도 있었다.)
I **couldn't have lent** you any money, even if you asked me.
(비록 네가 부탁했다고 해도 나는 너에게 돈을 빌려줄 수 없었을 수도 있었다.)

6 **지각동사**: 특히 영국영어에서 can과 could는 진행형이 불가능한 "불수의(inert/involuntary) 지각동사(see, hear, smell, feel, taste, notice, observe 등)"와 사용될 수 있으며, "진행의 의미"를 지닌다. (P23을 보라.)

She **can feel** his warm breath on her cheek. (그녀는 목에 그의 따뜻한 숨결을 느낄 수 있다.)
(*She's feeling his warm breath on her cheek.)
I **can see** my son going up the stairs. (아들이 층계를 올라가는 것이 보인다.)
When I opened the door, I **could smell** something burning in the house.
(문을 열었을 때 나는 집에서 무엇인가 타는 냄새를 맡을 수 있었다.)

7 **인지동사**: can과 could는 진행형이 없는 몇몇 "인지(cognition)동사(예, follow, forget, recognize, remember, understand 등)"와 함께 사용될 경우에 자신의 특별한 의미를 추가하지 않는다.

No one **can follow** what the professor is saying.
(교수님이 무슨 말을 하시는지 아무도 이해하지 못한다.)
(= No one **follows** what the professor is saying.)
Can you **remember** your grandparents? (당신은 조부모를 기억합니까?)
(= **Do** you **remember** your grandparents?)
Because of her strong accent, I **couldn't understand** what she was saying.
(그녀의 강한 사투리 때문에 나는 그녀가 말하는 것을 이해 못 했다.)
(= ..., I **didn't understand** what she was saying.)
I **can't recall** who gave me the information.
(나는 누가 나에게 그 정보를 주었는지 기억이 안 난다.)
(= I **don't recall** who gave me the information.)

C4   can과 could-3: 가능성

"가능성 (possibility)"을 뜻하는 대표적 조동사로는 can과 could 외에도 "may"와 "might"가 있다. (M11을 보라.)

1   **can과 may**: can은 가능성이 "거의 확실할" 경우에 쓰이고 may는 "가능성이 반반일" 경우에 흔히 쓰인다.

Anybody **can** make mistakes. (누구나 실수를 할 수 있다.)
(*Anybody **may** make mistakes.)
John **may** make mistakes. (존은 실수할 수 있다.)

"누구든지 실수를 할 수 있다"는 것은 우리가 모두 인정하는 사실이므로 첫 문장에 may는 적합하지 않다. may를 쓰면 이 세상에는 "실수를 하지 않는 사람도 있다"는 의미가 된다. 그러나 두 번째 문장에서 John이 실수할 확률은 반반이다. 따라서 두 번째 문장은 "John may not make mistakes"의 뜻도 가지고 있다.

2   **이론적/사실적 가능성**: 가능성을 뜻하는 can과 may의 또 한 가지 차이점은 전자는 소위 "이론적 가능성"(theoretical possibility)을 의미하는 반면에, 후자는 "사실적 가능성"(factual possibility)을 나타낸다. 다음의 두 문장을 비교해 보라. (M11.6을 보라.)

The road **can** be blocked. (도로가 차단될 수도 있다.)
(= **It is possible to** block the road.)
The road **may** be blocked. (도로가 차단되어 있을 수도 있다.)
(= **It is possible that** the road is blocked.)

▶ can은 어떤 사건이나 상황이 이론적으로 발생할 가능성을 시사하는 데 반해서, may는 어떤 사건이나 상황이 실제로 발생했을 가능성을 의미한다. 이 경우에 대체로 can이 들어 있는 문장은 "it is possible to-부정사"로 바꾸어 쓸 수 있으며, may가 들어 있는 문장은 "it is possible that-절/it may be that-절"이나 "possibly/perhaps" 따위의 부사를 써서 바꾸어 쓸 수 있다.

Even expert drivers **can** make mistakes. (숙련된 운전자라 할지라도 실수를 할 수 있다.)
(= **It is possible** for even expert drivers **to make mistakes**.)
You **may** be right. (네가 옳을 수도 있다.)
(= **It is possible that** you are right.)
(= **It may be that** you are right.)
(= **Possibly/Perhaps** you are right.)

3   **과거**: could는 과거의 "이론적" 또는 "사실적" 가능성을 모두 나타낼 수 있다.

The mechanic **could** repair the car.
(= **It was possible** for the mechanic **to repair the car**.
(기술자가 차를 수리할 수 있었다.))

(= **It was possible** that the mechanic **repaired the car**.
(기술자가 차를 수리했을 수 있었다.))

The road **could** be blocked.
(= **It was possible** to block the road. (도로가 차단될 수 있었다.))
(= **It was possible** that the road was blocked. (도로가 차단되었을 수 있었다.))

4   **미래**: 미래의 가능성은 "will be able to" 혹은 "will be possible to"를 써서 표현한다.

One day, we **will be able to** travel to the stars.
(언젠가 우리는 별로 여행할 수 있을 것이다.)
(혹은 It **will be possible** to travel to the stars.)
Soon, he **will be able to** swim across the river.
(곧 그는 강을 가로질러 수영할 수 있을 것이다.)

5   **전형적 상황**: can과 could는 흔히 "있을 수 있는 전형적인 상황"을 말할 때도 종종 사용된다.

Vladivostok **can** be very warm in September. (블라디보스토크는 9월에 매우 따뜻할 수 있다.)
It **could** be quite frightening if you were alone in our big old house.
(네가 이 크고 오래된 우리 집에 홀로 있다면 매우 놀라운 일이 될 것이다.)
If you're not careful, you **could** get into even worse trouble.
(조심하지 않으면 너는 더 좋지 않은 난관에 빠질 수 있다.)

6   **비실제적 상황**: "could have + 과거분사"는 어떤 일이 가능하지만 실제로 발생하지 않은 것을 말할 때도 사용된다.

I was so angry that I **could have killed** her.
(나는 너무나 화가 나서 그녀를 죽일 수도 있었다.)
That was a bad place to go skiing — you **could have broken** your leg.
(그곳은 스키하기에 좋지 않은 곳이었다. 너는 다리가 부러질 수도 있었다.)
He **could have become** President, if he ran for the election.
(그가 출마했다면 대통령이 될 수도 있었다.)

7   **추측**: "can/could have + 과거분사"는 어떤 일이 일어났는가를 "짐작" 또는 "추측"할 때 사용될 수 있다. can은 의문문과 부정문에서 또는 "only, hardly 혹은 never"와 같은 단어와 함께 쓰일 때에만 사용될 수 있다. 다른 경우에선 "could/may/might"를 사용한다.

Where **can** she **have gone**? (그녀가 어디에 간 것일까?)
She **can't have gone** to school — it's Saturday.
(그녀가 학교에 갔을 리가 없다. 오늘 토요일이다.)
She **can hardly have gone** to church. (그녀가 교회에 갔을 리가 없다.)
He **could/may/might have gone** swimming, I suppose.
(내 생각에는 그가 수영하러 간 것 같다.)
(*He **can have gone** swimming, I suppose.)

▶ "can/could + have + 동사의 과거분사형"은 또한 어떤 일이 일어났을지도 모른다는 "화자의 짐작"을 말할 때도 쓰인다.

"Tom has disappeared! Where **can** he **have** gone?" ("탐이 사라졌어! 어디에 갔을까?")
"He **could have** gone to the beach." ("해변에 갔을 거야.")

8   **부정**: 부정문에서 "can/could have ..."와 "may/might have ..."를 비교해보라. 전자는 "부정적 확실성"을, 후자는 "부정적 가능성"을 의미한다.

He **can't/couldn't have** understood what she said.
(그는 그녀의 말을 이해하지 못한 게 확실하다.)
(= He **certainly** did not understand what she said.)
He **may not/might not have** understood what she said.
(그는 그녀의 말을 이해하지 못했을 수도 있다.)
(= **Perhaps** he did not understand what she said.)

9   **couldn't be + 비교급 형용사**: 이 구조는 "더 이상 ... 일 수 없다"고 강조할 때 종종 사용된다.

"How are things?" "Fine! **Couldn't be better**."
("요사이 어떠세요?" "좋습니다! 더 좋을 수가 없지요.")
When they heard the news, their parents **couldn't be more pleased**.
(소식을 들었을 때 그들의 부모님은 더 이상 기쁠 수가 없었다.)
They said that the last exam **couldn't be more difficult**.
(그들은 마지막 시험이 몹시 어려웠다고 말했다.)

may와 might의 추가적인 정보와 can/could와 may/might의 차이점에 대해서는 M11을 보라.
must have + 과거 분사에 대해서는 M34.6을 보라.

C5   can과 could-4: 허가

can과 could는 어떤 행위를 하는 것을 "허용하거나 허용해 줄 것을 요청할" 때 사용된다.

You **can** park over there — there's a sign telling you to.
(저기에 차를 주차해도 됩니다. 주차할 수 있다는 표지가 있습니다.)
Any police officer **can** insist on seeing a driver's licence.
(경찰관은 면허증을 제시할 것을 요구할 수 있습니다.)

"**Can** we go home early today?" "Of course, you can."
("오늘 일찍 집에 가도 됩니까?" "물론 가도 됩니다.")
When **can** we start work? (언제부터 일할까요?)

1   **could**: could는 "공손한 표현"으로서 어떤 행위를 하는 것을 "허용해 주기를 요청"할 때 사용될 수 있다.

Could I speak to Mr. Smith, please? (죄송합니다만, 스미스 씨를 뵐 수 있습니까?)
"**Could** I just say something?" "Yes, you **can**." ("내가 말 좀 해도 됩니까?" "네, 하십시오.")
(응답으로 "*Yes, you **could**."라고 할 수 없음에 유의하라.)

2 **과거**: could는 이루어지지는 않았지만 어떤 조건 하에서 어떤 행위를 하는 것이 허용될 수 있었음을 표현할 때 사용될 수 있다.

He **could** borrow my bicycle until tomorrow if he wanted to.
(그가 원했다면 내일까지 내 자전거를 빌려 갈 수 있었는데.)
You **could have** slept on my bed if you'd washed yourself.
(목욕했다면 너는 내 침대에서 잘 수 있었다.)

유사한 의미로 쓰이는 may와 might에 대해서는 M12를 보라.

3 **불용**: can't/cannot은 "금지(prohibition)", 즉 "허용되지 않음"을 표현한다.

I'm sorry. You **can't** smoke in this building.
(미안하지만 이 건물 내에서는 담배를 피울 수 없습니다.)
Visitors **cannot** fish on this side of the lake. (외부인은 호수 이쪽에서 낚시할 수 없다.)
You **can't** visit this country without a valid visa.
(유효한 비자 없이는 이 나라를 방문할 수 없습니다.)

C6 can과 could-5: 의지적 의미

can과 could는 화자가 어떤 것을 "요청(requests), 제공(offers), 제안(suggestion), 명령(order)"할 때도 사용될 수 있다.

1 **요청**: 일반적으로 "의문문" 형태로 어떻게 해줄 것을 부탁하거나 요청할 때 사용된다.

Can you help her lift the box? (그녀가 상자를 들어 올리도록 도움을 줄 수 있습니까?)
Can't you move your chair in a bit, please? (미안하지만, 의자를 조금만 비켜줄 수 있습니까?)
Can you make a little less noise, please? I'm trying to work.
(미안하지만, 소리를 조금만 줄여줄 수 있습니까? 공부를 하려고 하는데요.)

▶ could는 "공손한 형태"의 요청을 표현한다.

Could you lend me $10? (10불 빌려줄 수 있습니까?)
Could you possibly turn the music down a little, please?
(미안하지만, 음악 소리를 약간만 줄여주실 수 있습니까?)
Could you help me with these boxes? (이 상자들을 옮기는 것을 도와주실 수 있습니까?)

2 **제안**: 구어체에서 can과 could는 어떤 것을 제안할 때도 자주 사용된다.

We **can** talk about that next time.
(그 문제에 대해서는 다음에 논의할 수 있다.)

Can't we go to a lawyer and ask him what we should do?
(변호사를 만나서 어떻게 할 것인가를 알아볼 수 없나?)

▶ could는 "공손한" 형태의 제안을 표현한다.

We **could** go for a drink after work tomorrow. (내일 퇴근 후에 한잔하러 가는 게 어때요.)
Maybe we **could** get together sometime next week. (다음 주에 시간을 내서 만나지요.)

3   도움을 제공: 누구에게 "도움을 주려고" can이나 could를 사용할 수 있다.

I **can** post the letter if you like. (괜찮다면 내가 편지를 부쳐줄 수 있는데.)
Can I help you with those bags? (그 가방들을 들어드릴까요?)
I **could** look after your dog while you're abroad.
(외국에 가 있는 동안 내가 개를 돌봐줄 수 있습니다.)

4   명령: can과 could는 종종 어떻게 할 것을 "짜증스럽게 말할 때" 사용된다.

You **can** stop that quarrelling, the pair of you. (당신 두 사람, 그만 다투지 그래.)
If you won't behave yourself, you **can** get out. (얌전히 굴지 않으면 여기서 나가야 될 거야.)

Well, you **could** try to look a little enthusiastic.
(저어, 좀 열심히 하는 것처럼 보일 수 있을 텐데.)
I waited ages for you — you **could** have said that you weren't coming.
(내가 너를 오래 기다렸는데 오지 않는다고 말할 수 있었잖아.)

C7   can't help (but)와 cannot but

"can't help"와 "cannot but"는 어떤 행위를 통제할 수 없거나 어떤 상황이 일어나는 것을 막을 수 없을 때 사용된다. "can't help" 다음에는 "명사구/대명사"나 "동명사"가 올 수 있으며, "but"가 나타날 경우 "원형부정사"가 온다. "cannot but"는 문어적 표현이며, "can't help but"는 특히 미국영어에서 흔히 쓰인다.

I **can't help the way** I feel about you. (나는 너에 대한 나의 생각을 어쩔 수가 없다.)	[명사구]
"You should stop smoking." "I **can't help it**." ("담배를 끊어야 한다." "도저히 끊을 수가 없습니다.")	[대명사]
He **couldn't help thinking** about the past. (그는 과거에 대한 생각을 떨쳐버릴 수가 없었다.) I **can't help wondering** that there has been a mistake. (실수가 있었다는 의심을 떨쳐버릴 수가 없습니다.)	[동명사구]
She **can't help but agree** with her father. (그녀는 아버지에게 동의할 수밖에 없다.)	[but + 부정사구]

I **can't help but wonder** where I should go next.
(나는 다음에 어디로 가야 하는가에 확신이 없습니다.)

We **cannot but** admire his courage.　　　　　　[but + 부정사구]
(우리는 그의 용기를 높이 사지 않을 수 없다.)
I **cannot but** wonder what's going to happen to us all.
(나는 우리 모두에게 무슨 일이 일어날지 의아해할 수밖에 없다.)

C8　care

care의 기본 의미는 "사람이나 물건을 보호하거나 특별한 관심을 갖는 것"이며, 실생활에서 두루 사용된다.

1　take care of: "돌보다(look after), 처리하다(deal with)"라는 의미로 쓰인다.

Who's going to **take care of** the cat, while she's away?
(그녀가 없는 동안 누가 고양이를 돌볼 것입니까?)
His secretary will **take care of** the details. (그의 비서가 세부적인 것을 처리할 것입니다.)

2　take care: "조심하다(be careful)"라는 의미로 쓰인다.

Take care when driving at night. (밤에 운전할 때는 조심해야 한다.)
Take care that you don't slip on the icy road. (얼음 덮인 길에서 미끄러지지 않도록 조심해라.)
Take care what you say. (말조심해라.)

▶ take care는 종종 친지에게 "goodbye" 대신에 사용되기도 한다.

Take care! See you tomorrow. (안녕! 내일 보자.)

3　care (about): "마음을 쓰다, 염려하다"의 의미로 일반적으로 "비단언적 맥락", 즉 의문문과 부정문 등에 쓰이며, "명사구 목적어" 앞에는 "전치사 about"가 나타난다.

I don't **care** how much it costs, just buy it.
(값이 얼마라도 상관없으니 사기만 해라.)
He doesn't **care** what happens to his family.
(그는 자기의 가족에게 무슨 일이 나던 관심이 없다.)
She's never **cared** very much **about** her appearance.
(그녀는 자기의 외모에 대해서 별로 관심이 없다.)
The only thing she seems to **care about** is money.
(그녀가 유일하게 관심을 갖는 것 같은 것은 돈이다.)

4　care for: "care for"는 "take care of"의 의미로 많이 쓰인다.

He thanked the nurse who had **cared for** his sick mother.
(그는 병든 어머니를 보살펴 준 간호사에게 감사를 표했다.)

She spent most of her day to **care for** her old father.
(그녀는 연로하신 아버지를 돌보는 데 대부분의 시간을 보냈다.)

▶ "care for"는 또한 "좋아하다(like), 관심을 가지다"라는 뜻으로도 널리 쓰인다.

Would you **care for** some coffee? (커피 마시겠습니까?)
He wanted me to know that he still **cared for** me.
(그는 자기가 아직도 나에게 관심이 있다는 것을 내가 알기를 원했다.)

5   **무관심**: care는 "(중요하지 않다고 생각해서) 관심이 없다"는 것을 표현할 때도 자주 사용된다.

I **don't care** to spend much time with her.
(나는 그녀와 더 시간을 보내는 것에 관심이 없다.)
"You might ruin the car." "**Who cares?**" ("너는 차를 망가뜨릴 수 있어?" "알 게 뭐야.")
What do I care? It's your responsibility now! (내가 무슨 상관이야? 이제는 네 책임이야!)

6   **couldn't care less**: 미국영어의 구어체에서 "조금도 개의치 않다, 관심이 없다"라는 의미로 쓰이며, 종종 긍정형인 "could care less"도 같은 의미로 쓰인다.

I really **couldn't care less** what my father think.
(나는 아버지가 무슨 생각을 하시든 정말로 개의치 않는다.)
I **couldn't care less** about what you have for supper.
(나는 네가 저녁으로 무엇을 먹든 관심이 없다.)
He used to be proud of working for them; now, he **could care less**.
(그는 그들을 위해 일하는 것을 자랑스럽게 여겼었다. 지금은 무관심하다.)

▶ careless는 형용사로서 "관심이 없는, 부주의한"의 의미를 갖는다.

Some people are **careless** of safety when driving a car.
(어떤 사람들은 운전을 할 때 안전에는 관심이 없다.)
The **careless** thief left his fingerprints on the door knob.
(조심성 없는 도둑이 문손잡이에 자신의 지문을 남겼다.)

C9   CASE (격)

격이란 단어가 문장 내에서 하는 역할이나 나타나는 위치에 따라 다른 형태를 취하는데, 이 변화한 형태를 "격"이라고 한다. 격은 영어에서 그렇게 중요하지 않지만, 대명사의 경우는 격에 따라 "세 가지 형태"가 구별된다. 다음의 문장을 비교해보라.

She likes **him**. (그녀는 그를 좋아한다.) (*She likes he.)
He likes **her**. (그는 그녀를 좋아한다.) (*He likes she.)
I love **my** parents. (나는 부모님을 사랑한다.)

주어로 쓰인 대명사 "she, he, I" 등을 "주어격(nominative/subjective case)"이라고 하고, 목적어로 쓰인 대명사 "him, her" 등을 "목적어격(accusative/objective case)"이라고 하며,

"my"와 같은 대명사를 "소유격(possessive case)" 혹은 "속격(genitive case)"이라고 한다. 대명사의 격에 대해서는 P51.2를, 주어형과 목적어형의 용법에 대해서는 P55를 보라.

C10   CAUSATIVE VERBS (사역동사)

"bid (= request), cause, get (= make), have (= make), let (= allow), make" 등의 동사는 타동사로서 다양한 의미로 다양한 형태의 문장구조에 나타나지만, 그중에 특히 "어떤 사람이나 물건으로 하여금 어떤 행위나 사건 또는 변화가 일어나도록 한다"는 원인과 결과의 의미를 가질 때, 이들 동사를 "사역동사"라고 부른다.

1   **동사 + 목적어 + 부정사구**: 이 동사들이 사역동사로 쓰일 경우 일반적으로 "동사 + 목적어 + 부정사구" 구조를 갖는다. 이들 중에 "bid, have, let, make" 등은 "to-없는 원형 부정사구"를 취하고, "cause, get" 등은 "to-부정사구"를 취한다. 다음의 문장을 비교해보라.

His jokes **made** us all **laugh**. (그의 농담이 우리 모두를 웃겼다.)
They **had** me **repeat the message**. (그들은 나에게 전언을 반복하게 했다.)
Our teacher **let** us **play with toys**.
(선생님이 우리에게 늦게까지 장난감을 가지고 노는 것을 허락했다.)
She **bid** the children **be quiet**. (그녀는 아이들에게 조용히 하도록 지시했다.)
How do you **get** your kids **to behave so well**?
(어떻게 아이들이 그렇게 예의 바르게 행동하도록 만들었습니까?)
Heavy rain has **caused** the river **to overflow its banks**. (큰비로 인해 물이 강둑을 넘었다.)

2   **동적동사**: 사역구문에서 부정사 위치에는 일반적으로 "정적동사"가 올 수 없다.

She **bid them leave at once**. (그녀는 그들에게 즉시 떠나라고 명했다.)
(*She **bid them dislike hamburgers**.)

Some people **let their kids do whatever they like**.
(어떤 사람들은 아이들이 좋아하는 것이면 무엇이든 하는 것을 허용한다.)
(*Some people **let their kids become a great man**.)

get에 대해서는 G13을, have에 대해서는 H6-H9를, let에 대해서는 L9를, make에 대해서는 M3을 보라.
원형 부정사를 취하는 인지동사와 지각동사에 대해서는 I32와 P23을 보라.
동적 동사와 정적동사에 대해서는 V2.1-2를 보라.

C11   censor, censure, census

censor는 "검열(하다)"를, censure는 "비난(하다)"를, census는 "(인구, 국세 등의) 조사"를 의미한다.

He works as an official **censor** of films. (그는 영화의 공적 검열관으로 일한다.)
The government **censored** all letters and telegrams going abroad during the war.
(정부는 전쟁 중에 외국으로 나가는 모든 편지와 전보를 검열했다.)

The government's new economic policy has attracted international **censure**.
(정부의 새 경제정책은 국제적인 비난을 받았다.)
The ethics committee took a decision to **censure** his conduct.
(윤리위원회는 그의 행실을 질책하기로 결정했다.)

We have a **census** in this country every ten years.
(이 나라에서는 매 10년마다 인구조사를 한다.)
He was stopped in his car at the exit for the traffic **census**.
(그는 도로 출구에서 교통량 조사를 위해 자동차를 정지당했다.)

C12   certain(ly)과 sure(ly)

"certain과 certainly"는 어떤 상황이 진실이라는 것을 "알고 있음"을 표현하고, "sure와 surely"는 어떤 상황이 진실일 것이라는 강력한 "믿음"을 표현한다.

I'm **certain** (that) he didn't steal it. (그가 그것을 훔치지 않은 것이 확실하다.)
He **certainly** didn't steal it: I stole it myself. (그는 확실히 그것을 훔치지 않았다. 내가 훔쳤다.)

I'm **sure** (that) he didn't steal it. (나는 그가 그것을 훔치지 않았다고 확신한다.)
Surely he didn't steal it: he's not that kind of person.
(의심할 여지없이 그는 그것을 훔치지 않았다. 그는 그럴 사람이 아니다.)

1   **부정**: certain과 sure는 부정문에서 같은 의미를 가진다.

   I'm **not sure/certain** where he is. (그가 어디 있는지 나는 확신할 수 없다.)
   I'm **not sure/certain** how to do it. (그것을 어떻게 하는지 나는 확신 못 한다.)

2   **허사 주어 it**: certain과는 달리 sure는 "허사 it"를 주어로 하는 구조를 허용하지 않는다.

   It's **certain/*sure** that he stole the watch. (그가 시계를 훔친 것이 확실하다.)
   It seems **certain/*sure** that there'll be an election in June.
   (6월에 선거가 있을 예정이라는 것이 확실한 것 같다.)

3   **부사 sure**: sure는 certain과는 달리 "강조부사"로 사용될 수 있다.

   He **sure/*certain** is tall. (그는 정말 크다.)
   It's **sure/*certain** hot out here. (밖이 정말 덥다.)

4   **yes**: 영국영어에서는 "yes" 대신 "certainly"가 사용되는 데 반하여, 미국영어 구어체에서는 "sure"가 자주 사용된다.

"May I borrow your pencil?" "**Certainly/Sure**." ("연필 좀 빌릴 수 있습니까?" "물론이죠.")
"Can you dance?" "I **certainly** can/I **sure** can." ("춤출 줄 아세요?" "물론 출 줄 알지요.")

5   not: "surely not"는 어떤 상황이 사실이라는 것을 "믿을 수 없거나 놀랍다는 것"을 표현하는 반면, "certainly not"는 전혀 "동의하지 않거나 단호히 거절하는 것"을 표현한다.

"He's just handed in his resignation." "**Surely not**."
("그가 방금 사직서를 제출했다." "도저히 믿을 수가 없다.")
"He said he couldn't come." "Oh, **surely not**."
("그는 올 수 없었다고 말했다." "그래. 믿을 수가 없다.)

"Have you forgotten our wedding anniversary?" "**Certainly not**."
("우리 결혼기념일을 잊었어요?" "물론 아니지.")
"May I go now?" "**Certainly not**." ("지금 가도 됩니까?" "절대로 안 돼.")

6   you're welcome: sure는 미국영어 구어체에서 감사를 받아들인다는 대답으로 "you're welcome"처럼 사용되기도 한다.

"Thanks for your help." "**Sure**." ("도와주어서 감사합니다." "천만에요.")

C13   chance, opportunity, possibility

1   chance와 possibility: 어떤 (원하는) 상황이 일어날 "가능성"을 표현한다.

There's always a **chance**/a **possibility** that something might go wrong.
(무엇이 잘못될 가능성은 항상 있다.)
There's little **chance**/**possibility** of the child being found alive.
(그 아이는 살아 있는 채로 발견될 가능성이 낮다.)

2   chance와 opportunity: 우리가 하고 싶은 것을 할 수 있는 "시점" 또는 "기회"를 의미한다.

Ralph was waiting for a **chance**/an **opportunity** to introduce himself to Mr. Trump.
(랠프는 트럼프 씨에게 자신을 소개할 기회를 기다리고 있었다.)
Friday is the only **chance/opportunity** that we'll see the show before it closes.
(금요일이 우리가 그 공연을 끝나기 전에 볼 유일한 기회다.)

3   chance: 어떤 상황이 일어날 "우연, 행운(luck)" 또는 "위험성(risk)"을 의미할 수 있다.

He'll be elected as a candidate for the general election, but his **chance** to win is not good. (그는 총선의 후보자로 뽑힐 것이지만 승리할 운은 높지 않다.)
I got the job completely by **chance**. (나는 완전히 우연하게 취직을 했다.)
The rope might break, but that's the **chance** we'll have to take.
(밧줄이 끊어질 수도 있지만, 그 위험성은 우리가 감수해야 한다.)

C14 childish와 childlike

이 두 단어는 서로 다른 의미로 쓰인다. childish는 경멸적인 표현으로서 "어린애 같은, 나약한"을 의미하고, childlike는 어린이가 가진 순진성과 진실성을 표현하는 "어린이다운, 천진한"을 의미한다.

It's **childish** of you to get upset just because people didn't agree with what you say.
(네가 말할 것에 사람들이 동의하지 않았다고 화를 내는 것은 철없는 짓이다.)
Don't be so **childish**! (그렇게 애처럼 굴지 마라!)

Her most enduring quality is her **childlike** innocence.
(그녀의 한결같은 성격은 어린이 같은 순진성이다.)
The sight filled her with **childlike** excitement.
(그녀는 그 광경을 보고 어린이 같이 흥분에 휩싸였다.)

C15 choose, select, pick

이 단어들은 공통적으로 "여러 가지 가능성 중에 원하는 것을 선택하다"를 의미한다.

She **chose/selected/picked** a sofa that she thought was suitable to her living room.
(그녀는 응접실에 어울린다고 생각되는 소파를 골랐다.)

1 choose: "좋아하거나 원하는 것을 선택하다"를 의미하며, 경우에 따라서는 그 선택이 "최종의 것"이 될 수도 있다.

They **chose** that apartment because they could view the Han River.
(그들은 한강을 볼 수 있기 때문에 그 아파트를 선택했다.)
He **chose** to become a soldier, when he was 15 years old.
(그는 15세 때 군인의 길을 가기로 선택했다.)
The Olympic Committee **chose** Seoul for the 1982 Olympic Games.
(올림픽위원회는 1982년 올림픽 개최지로 서울을 선택했다.)

2 select: "고심해서 가장 적절하고 알 맞는 것을 선택하다"를 의미하며, 일반적으로 "선택의 범위가 넓음"을 의미한다.

Farmers **select** the healthiest animals for breeding.
(농부들은 번식을 위해 가장 건강한 동물을 선택한다.)
The college **selected** only ten students from the many thousands who apply.
(대학은 수천 명의 지원자 중에 10명만 뽑았다.)
The captain **selected** the best five soldiers to blow up the bridge beyond the front line.
(대장은 전선 너머에 있는 교량을 파괴하기 위해 다섯 명의 최고의 병사를 선발했다.)

3 pick: "큰 고심 없이 선택하다"를 의미하며, 특히 "뚜렷한 차이가 없는 것들 중에서 선택하는 것"을 의미한다.

He held out a pack of cards, and said, "**Pick** a card."
(그는 카드 한 벌을 내밀고, "한 장을 뽑아라"라고 말했다.)
The baseball coach **picked** his team the evening before the game.
(야구 코치는 경기 전날 저녁이 돼서야 경기에 뛸 선수를 선발했다.)
She **picked** 10 apples at the supermarket and paid 10,000 won for them.
(그녀는 슈퍼에서 사과 열 개를 골랐고 만 원을 지불했다.)

▶ pick and choose: 선택의 가능성이 풍부하기 때문에 우리가 "가장 원하는 것을 선택하는 것"을 의미한다.

It seems that colleges cannot afford to **pick and choose** students, because we don't have enough high-school graduates.
(충분한 고등학교 졸업생이 없어서, 대학은 학생을 선별해서 뽑을 수 없는 것 같다.)
With so many foreign tourists in Seoul, taxi drivers **pick and choose** their passengers.
(서울에는 외국 여행객들이 너무 많아서 택시 운전사들은 승객을 골라서 태운다.)

C16 chord과 cord

두 단어 다 [kɔːrd]로 발음된다. chord는 "(현악기의) 현(string)"을, cord는 "굵은 줄(thick string), 밧줄(rope)"을 의미한다.

He's replacing the broken **chord** of his violin.
(그는 자기의 바이올린의 끊어진 현을 교체하고 있다.)
He tied the package with a **cord**, before he took it to the post office.
(그는 소포를 우체국에 가져가기 전에 끈으로 묶었다.)

▶ 현대영어에서는 chord 대신에 string을 선호하며, "신체의 부위"를 표현할 때는 종종 cord와 chord를 함께 쓸 수 있다.

The violin has four **strings** and the guitar six.
(바이올린에는 4개의 현이 있고 기타에는 6개가 있다.)
His spinal **cord/chord** was damaged at the car accident last year.
(그는 지난해에 일어난 자동차 사고에서 척수를 다쳤다.)
She tried to scream, but her vocal **cords/chords** seemed paralyzed.
(그녀는 소리를 지르려고 했으나, 성대가 마비된 것 같았다.)

C17 classic과 classical

classic은 일반적으로 한 종류에 속한 것 중에 유명하거나 최상의 것을 가리키는 데 반하여, classical은 고대 그리스나 로마의 문화를 가리키거나 18세기 소위 "고전주의 시대"의 유럽 예술작품을 가리킨다.

The invention of X-ray is a **classic** case of discovering something by accident.
(엑스레이의 발명은 우연히 어떤 것을 발견하는 전형적인 실례의 하나다.)

Citizen Kane is a **classic** movie of the fifties. (〈시민 케인〉은 50년대의 대표적인 영화다.)

She's studying Latin and Greek, which are called **classical** languages.
(그녀는 고전적 언어라고 부르는 라틴어와 그리스어를 공부하고 있다.)
Do you like to study **classical** music? (고전음악을 공부하고 싶으세요?)

C18 CLAUSES(절)

절은 문장을 구성하는 기본구조를 가지고 있는 표현을 가리킨다. 문장은 하나 또는 그 이상의 절로 구성되고, 모든 문장은 적어도 하나의 "주절(main clause)"을 포함하고 있으며 하나 또는 그 이상의 "종속절(subordinate clause)"을 가질 수 있다. 절은 동사의 형태와 문장 내에서의 기능에 따라 분류된다.

The weather has changed. (날씨가 변했다.)
[문장] = [주절]
I wonder if I could borrow some sugar. (설탕 좀 빌릴 수 있을까요.)
[문장] = [주절] + [종속절]

1 **동사의 형태에 따른 분류**: 절은 포함하는 동사의 형태에 따라 "정형절(finite clauses)"과 "비정형절(nonfinite clauses)"로 분류되고, 동사적 요소를 포함하고 있지 않은 절을 "무동사절(verbless clauses)"이라고 부른다.

(1) 정형절: "정형동사"를 가지고 있는 절을 가리킨다.

John **said** that he **was** in a hurry. (존은 급하다고 말했다.)
If you **want** to be slim, you **should** exercise every day and eat less food.
(날씬해지고 싶으면 매일 운동하고 적게 먹어야 한다.)

(2) 비정형절: "비정형동사"를 포함하고 있는 절을 가리킨다.

It's impossible for me **to finish** the assignment by tomorrow.
(나는 내일까지 숙제를 마칠 수 없다.)
I saw John **walking** to the station yesterday.
(나는 존이 어제 기차 정거장으로 걸어가는 것을 보았다.)

정형동사와 비정형동사에 대해서는 F10을 보라.

(3) 무동사절: 동사적 요소가 포함되어 있지 않은 절을 가리킨다.

How about a glass of beer? (맥주 한잔 어떻습니까?)
The more the better. (많을수록 좋다 = 다다익선(多多益善).)
When young, we were full of hopes and anxieties.
(젊었을 때 우리는 희망과 고민으로 꽉 차 있었다.)

2 **기능에 따른 분류**: 절은 문장 내에서 어떻게 사용되느냐에 따라 "주절, 종속절, 등위절"로 분류된다.

(1) 주절(main clauses): 두 개 이상의 절로 구성된 "복문(complex sentences)"에서 주절이란 종속절을 포함하는 절을 말한다.

I know that coffee grows in a lot of countries.
(나는 많은 나라에서 커피를 재배한다는 것을 안다.)
He couldn't come to the conference, because he was ill.
(그는 병이 들었기 때문에 학회에 올 수 없었다.)

(2) 종속절(subordinate clauses): 다른 절에 포함된 절을 말한다.

I know **that coffee grows in a lot of countries.**
He couldn't come to the conference, **because he was ill.**

3 **종속절의 분류**: 종속절은 그 용법에 따라 몇 가지로 분류된다.

(1) 명사절(nominal clauses): 명사절이란 절에서 명사(구)가 나타날 수 있는 위치에 오는 절을 말한다.

We assume **that interest rates will soon fall.**
(우리는 이자율이 곧 하락할 것으로 생각한다.)
That coffee grows in Brazil is well-known to all.
(브라질에서 커피가 재배된다는 것은 모두에게 잘 알려져 있다.)

(2) 형용사절(adjectival clauses): 형용사절은 종종 "관계절(relative clauses)"이라고도 불리며, 일반적으로 명사를 수식하는 절을 가리킨다.

Mr. Smith has three sons **who became medical doctors**.
(스미스 씨에게는 의사가 된 세 아들이 있다.)
There're lots of things **that I need to buy before the trip**.
(여행 떠나기 전에 사야 할 물건이 많다.)

(3) 부사절(adverbial clauses): 부사절이란 문장 내에서 부사의 역할을 하는 절을 가리킨다.

The soldier asked to be transferred, **because he was unhappy**.
(그 병사는 불만이 있어서 전출을 요청했다.)
When I came in his office, he was reading the newspaper.
(내가 사무실에 들어갔을 때 그가 신문을 읽고 있었다.)

(4) 동격절(appositive clauses): 일반적으로 추상명사(구) 뒤에 오며, 명사(구)의 의미를 구체화하는 역할을 한다.

You have to admit the fact **that inflation is a necessary evil in the capitalistic economy system**.
(우리는 인플레이션이 자본주의 경제 제도에서는 필요악이라는 사실을 인정해야 한다.)
Your ambition **that you will become a lawyer** requires energy and perseverance.
(변호사가 되겠다는 너의 포부는 정력과 인내를 필요로 한다.)

(5) 비교절(comparative clauses): 주절의 의미와 비교하는 역할을 하는 절을 가리킨다.

Mary is healthier **than her sister**. (메리는 자신의 여동생보다 건강하다.)
Mary is **as** healthy **as her sister**. (메리는 자신의 여동생처럼 건강하다.)

(6) 등위절(coordinate clauses): 등위절이란 등위접속사 "and, or, but"으로 연결된 절을 가리킨다.

I may see you tomorrow or **may call late in the afternoon**.
(나는 내일 너를 직접 만날 수도 있고 또는 오후 늦게 전화할 수도 있다.)

C19 CLEFT SENTENCES (분열문)

분열문이란 문장의 한 성분을 "강조"하고 싶을 때 사용되는 문장의 형태 중의 하나를 말한다. 그 형태는 강조하고자 하는 성분의 속성에 따라 결정된다.

1 it-분열문: 분열문의 기본은 "it-분열문"으로서 다음과 같은 구조를 가지며, 문장의 "주어, 목적어, 부가어"(A23을 보라.)가 강조성분이 될 수 있다.

it + be + 강조성분 + 관계절

Jane put the vase on the table. (제인은 식탁 위에 꽃병을 놓았다.)	[정상적 문장]
It was **Jane who/that** put the vase on the table. (식탁 위에 꽃병을 놓은 사람은 제인이었다.)	[주어]
It was **the vase that** Jane put on the table. (제인이 식탁 위에 놓은 것은 꽃병이었다.)	[목적어]
It was **on the table that** Jane put the vase. (제인이 꽃병을 놓은 곳은 책상 위였다.)	[장소 부가어]
Jane left the town yesterday to see John. (제인은 존을 보려고 어제 도시를 떠났다.)	[정상적 문장]
It was **to see John that** Jane left the town yesterday. (제인이 어제 도시를 떠난 것은 존을 보기 위해서였다.)	[목적 부가어]
It was **yesterday that** Jane left the town to see John. (제인이 존을 보려고 도시를 떠난 때는 어제였다.)	[시간 부가어]

It is **when he walks by night that** he stumbles, for he has no light.
(밤에 다니면 빛이 그 사람 안에 없어 실족하느니라.) [요 11:10]
(참고: He stumbles when he walks by night for he has no light.)
It is **by the prince of demons that** he drives out demons. [수단 부가어]
(그가 귀신의 왕을 의지하여 귀신을 쫓아낸다.) [마 9:34]
(참고: He droves out demons by the prince of demons.)

2 **주어보어와 목적어보어**: 주어보어와 목적어보어는 "it-분열문"을 써서 강조할 수 없다.

Catherine is **a nurse** working at the University Hospital.
(캐서린은 대학병원에서 간호사로 근무하고 있다.)
(*It is **a nurse** that Catherine is working at the University Hospital.)
(*It is **a nurse working at the University Hospital** that Catherine is.)

Jane is **pretty and intelligent**. (제인은 예쁘고 똑똑하다.)
(*It is **pretty and intelligent** that Jane is.)

We appointed him **president**. (우리는 그를 사장으로 임명했다.)
(*It was **president** that we appointed him.)
(참고: It was **him** that we appointed president.)

3. **유사분열문** (pseudo-clefts): 다음과 같은 "융합된(fused) 관계대명사"가 사용된다는 점이 특징이며, "기본형"과 "도치형"이 있다.

what ⇐ the thing that   **when** ⇐ the time that
where ⇐ the place that   **why** ⇐ the reason that
***who** ⇐ the person/one that

기본형: **융합된 관계절 + be + 강조성분**
도치형: **강조성분 + be + 융합된 관계절**

Jane put the vase on the table.
What Jane put on the table was **the vase**. (제인이 식탁 위에 놓은 것은 꽃병이었다.)
The vase was **what Jane put on the table**. (꽃병이 제인이 식탁 위에 놓은 것이었다.)

Where Jane put the vase was **the table**. (제인이 꽃병을 놓은 곳은 식탁이었다.)
The table was **where Jane put the vase**. (식탁이 제인이 꽃병을 놓은 곳이었다.)

Jane left the town to see John yesterday.
When Jane left the town to see John was **yesterday**.
(제인이 존을 보려고 도시를 떠난 때는 어제였다.)
Yesterday was **when Jane left the town to see John**.
(어제가 제인이 존을 보려고 도시를 떠난 때였다.)

Why Jane left the town yesterday was **to see John**.
(제인이 어제 도시를 떠난 이유는 존을 보기 위해서였다.)
To see John was **why Jane left the town yesterday**.
(존을 보기 위한 것이 제인이 어제 도시를 떠난 이유였다.)

4. who: 다른 관계대명사와는 달리 사람을 가리키는 who는 "융합된 관계절"을 이끌 수 없다.

***Who put the vase on the table** was **Jane**.
***Jane** was **who put the vase on the table**.

▶ 대신에 관계절에 "선행사"를 추가하여 사용한다.

The one/person who put the vase on the table was **Jane**.
(꽃병을 식탁 위에 놓은 사람은 제인이다.)
Jane was **the one/person who put the vase on the table**.
(제인이 꽃병을 식탁 위에 놓은 사람이다.)

5 **대명사 주어**: 강조된 주어가 "대명사"일 경우 두 가지 가능한 구조가 있다. 다음을 비교해보라.

It is **I who am** responsible. [문어체]
It's **me that's** responsible. [구어체]
(책임질 사람은 나다.)

It is **you who are** in the wrong. [문어체]
It's **you that's** in the wrong. [구어체]
(잘못한 사람은 너다.)

▶ 이 경우 지나치게 문어적이거나 구어적으로 되는 것을 피하고자 다음과 같이 말할 수도 있다.

I'm the person/the one who's responsible. (내가 책임자다.)
You're the person/the one who's responsible. (네가 책임자다.)

6 **동사의 강조**: 동사를 강조하고 싶을 때는 "유사분열구문"의 일종인 다음의 구조를 사용한다.

what + 주어 + do + be + (to)-부정사

She **writes** science fictions. (그녀는 과학소설을 쓴다.)
What she does is (to) write science fictions. (그녀가 하는 것은 과학소설을 쓰는 것이다.)

Jane **put** the vase on the table. (제인이 꽃병을 식탁 위에 놓았다.)
What Jane did was (to) put the vase on the table.
(제인이 한 것은 꽃병을 식탁 위에 놓은 것이었다.)

▶ 유사분열문은 "동적 동사"일 경우에만 가능하다.

What I did was (to) **learn** the language. (내가 한 것은 언어를 배우는 것이었다.)
*What I did was (to) **know** the language.

동적(dynamic) 동사와 정적(stative) 동사에 대해서는 V2를 보라.

7 **문장**: 전체 문장을 강조할 때는 "what + happen" 구조를 사용한다.

The car broke down. (차가 고장 났다.)
What happened was **(that)** the car broke down. (자동차가 고장 나는 일이 일어났다.)

The road was blocked. (길이 막혔다.)
What happened was **(that)** the road was blocked. (길이 막히는 사고가 있었다.)

8 **여타 강조 구문**: 이 외에 강조할 때 사용되는 구조로는 다음과 같은 것이 있다.

(1) 유사분열문의 what 대신에 "all (that)" 혹은 "... thing"을 써서 강조할 수 있다.

All I want is a home somewhere.
(내가 오직 원하는 것은 어딘가에 집 한 채를 갖는 것이다.)
(참고: **What I want** is a home somewhere.)
All I did was (to) touch the window, and it broke. (내가 창문을 건드렸을 뿐인데 깨졌다.)
(참고: **What I did** was (to) touch the window, and it broke.)
All you need is love. (네가 필요한 것은 전적으로 사랑이다.)
(참고: **What you need** is love.)
The only thing I remember is a terrible pain in my head.
(내가 기억하는 것은 끔찍한 두통뿐이다.)
(참고: **What I remember** is a terrible pain in my head.)
The first thing (that I did) was to make some coffee.
((내가) 맨 처음 한 것은 커피를 끓이는 것이었다.)
(참고: **What I did first** was to make some coffee.)
My first journey abroad is **something I shall never forget**.
(나의 첫 해외여행은 내가 절대로 잊을 수 없는 것이었다.)
(참고: My first journey abroad is **what I shall never forget**.)

(2) "it was not until ..."과 "it was only when ..."을 써서 시간 표현을 강조할 수 있다. 다음을 비교해보라.

I did **not** know real happiness **until I met you**.
(나는 당신을 만날 때까지 진정한 행복을 몰랐다.)
It was not until I met you that I knew real happiness.
(내가 진정한 행복을 안 것은 당신을 만날 때까지는 아니었다.)
I realized what was happening **only when I read her letter**.
(나는 그녀의 편지를 읽고 나서야 무슨 일이 일어나고 있는지를 알아차렸다.)
It was only when I read her letter that I realized what was happening.
(내가 무슨 일이 일어나고 있는지를 알아차린 것은 그녀의 편지를 읽고 나서였다.)

C20 climate과 weather

climate(기후)는 어떤 지역에 대한 "장기간에 걸친 날씨" 상태를 말하고, weather(날씨, 기상)는 어떤 지역의 "온도와 습도의 정도 그리고 강우와 구름의 여부" 등을 말한다.

For fifty years the **climate** of the Artic has been warming up gradually.
(50년간 북극의 기후는 점진적으로 온도가 상승해 왔다.)
The **climate** of Jeju Island is good for growing citrus fruits.
(제주도의 기후는 감귤류 과일을 키우기에 알맞다.)

The **weather** will be very hot and humid in Seoul today.
(오늘 서울의 날씨는 매우 덥고 습도가 높을 것이다.)

The **weather** in the mountains can change very quickly, so take suitable clothing.
(산에서는 날씨가 급변할 수 있으니까 적절한 옷을 준비해 가라.)

C21 close와 shut

1 close와 shut: 열려 있는 상태가 "닫힌 상태"가 되도록 하는 동작 또는 그러한 상황이 발생하도록 하는 것을 의미한다.

Close/Shut your eyes ─ I've a surprise for you.
(눈 좀 감을래. 내가 놀라게 해줄 게 있어.)
Would you **close/shut** the door as you go out, please?
(미안하지만 나갈 때 문 좀 닫아주시겠어요?)
As we walked into the room, he **closed/shut** the book.
(우리가 방에 들어가니까 그는 책을 덮었다.)
Until now the President **closed/shut** his eyes to the homelessness problem.
(지금까지 대통령은 노숙자 문제에 관심을 보이지 않았다.)
The shops **close/shut** at 8 o'clock on Wednesday evenings.
(수요일 저녁에는 가게들이 8시에 문을 닫는다.)

▶ shut는 일반적으로 "민첩한 동작"을 표현하기 때문에 느리고 "완만한 동작"을 표현할 때와 "격식적 언어"에서는 close가 선호된다.

Marie quietly left room, **closing** the door gently.
(마리는 문을 가만히 닫고 방을 조용히 나왔다.)
Congress **closed** the long debate on the new tax bill two hours ago.
(의회는 새로운 세법에 대한 장시간의 논의를 두 시간 전에 끝냈다.)
The city decided to **close** Route 43, because they expected a lot of snow in the morning.
(오전에 많은 눈이 예상되기 때문에 시는 43번 도로를 폐쇄하기로 했다.)
She **closed** the letter to her husband with "love".
(그녀는 남편에게 보낸 편지를 "사랑합니다"로 끝맺었다.)
I want to **close** my bank account. (은행 예금계정을 끝내고 싶은데요.)

▶ shut는 종종 "불손한 표현"에 나타난다.

Just **shut** up and listen. (입 좀 닥치고 듣기나 해.)
Shut **your** mouth/face/trap! (입 닥쳐!/조용히 해!)

2 형용사 (closed와 shut): 이 동사의 "과거분사형"은 형용사로 쓰일 수 있다. shut는 closed와는 달리 명사를 앞에서 수식하는 "한정적"으로 쓰일 수 없다.

Make sure all the windows are **closed/shut** before you leave.
(나가기 전에 모든 창문이 닫혔는지 확인해라.)
She kept her eyes tightly **closed/shut** for fear of seeing her injured baby.
(그녀는 다친 자신의 아이를 보는 게 두려워서 눈을 꽉 감고 있었다.)

It's obvious that the deal was made behind **closed/*shut** doors.
(비밀리에 거래가 이루어진 것이 명백하다.)
He couldn't take a single step with **closed/*shut** eyes.
(그는 눈을 가리고 한 발자국도 뗄 수 없었다.)

▶ 한정적으로 쓰이는 closed는 "폐쇄된, 배타적인"의 의미로도 쓰인다.

The golf club has **closed** membership. (그 골프클럽은 폐쇄된 회원제를 가지고 있다.)
That island is located within our **closed** waters. (저 섬은 우리 영해 내에 있다.)
You'll be punished if you hunt deer during the **closed** season.
(금렵기에 사슴을 잡으면 처벌을 받는다.)

C22 close (to)와 near (to)

close와 near는 두 대상이 "거리, 시간, 관계, 상황" 등에 있어서 근접해 있음을 표현한다.

1   close to와 near (to): close는 near와는 달리 단독으로는 "전치사"로 쓰이지 않는다. close는 전치사 to와 결합하면 "복합전치사"가 되어 near (to)와 같은 유사한 의미로 사용된다.

There's a wonderful hotel **near/*close** the beach. (해변 가까이에 훌륭한 호텔이 있다.)
He was sitting **near/*close** the window. (그는 창문 가까이에 앉아 있었다.)

He was standing **close to/near (to)** that tree over there.
(그는 저기 있는 나무 가까이에 서있었다.)
My sister sat on a chair **close to/near (to)** the window.
(나의 여동생은 창문 가까이에 있는 의자에 앉아 있었다.)

It's **close to/near (to)** 6 in the afternoon. (오후 6시가 다 되었다.)
The two countries are **close to/near (to)** signing a peace treaty.
(두 나라는 평화협정 서명에 거의 다 왔다.)

▶ near의 비교급 nearer와 최상급 nearest는 near처럼 전치사로 쓰일 때에는 항상 to를 대동한다.

Let's go to the **nearest** restaurant for dinner. (저녁 먹으러 가장 가까운 음식점으로 가자.)
We can have dinner at the restaurant **nearest to/*nearest** your place.
(네 집에서 가장 가까운 음식점에서 저녁을 먹자.)
Which golf course is **nearer to/*nearer** your office?
(어느 골프코스가 네 사무실에서 더 가까우냐?)
Which is the **nearer** elementary school from where we live.
(어느 초등학교가 우리 집에서 더 가깝습니까?)

2   close와 near: close와 near는 형용사로 쓰일 수 있다. near는 주로 "위치, 거리, 시간, 상황" 상의 근접함을 말하고, close는 "위치, 거리, 시간, 상황" 뿐만 아니라 "인간관계"에도 사용된다.

The post office is **near/close**. (우체국이 가까이 있습니다.)
These two men are very **close/*near** friends. (이 두 사람은 절친이다.)
Even so, when you see these things happening, you know that the kingdom of God is **near**. (이와 같이 너희들이 이런 일이 일어나는 것을 보거든 하나님의 나라가 가까이 온 줄을 알라.) [눅 21:31]

3 closeby와 nearby: closeby는 종종 "close by"로 띄어쓰기도 한다. nearby는 "형용사"와 "부사"로 쓰일 수 있지만 closeby는 "부사"로만 쓰이며, closeby는 nearby보다 더 근접함을 의미한다.

The snake is waiting for a rat to pass **closeby/nearby**.
(뱀이 쥐가 가까이 지나가기를 기다리고 있다.)
We always buy eggs at the **nearby/*closeby** supermarket.
(우리는 항상 계란을 가까이에 있는 슈퍼에서 산다.)

near (to)와 nearby에 대해서는 N5를 보라.

C23 cloth, clothe, clothes, clothing

1 cloth[klɔ(:)θ]: 옷을 만드는 데 필요한 "옷감, 천 조각" 또는 "식탁보"을 의미한다.

This dress is made of the finest silk **cloth**. (이 드레스는 최고의 실크 옷감으로 만든 것이다.)
She covered her face with a wet **cloth**. (그녀는 젖은 천으로 얼굴을 덮었다.)
Is there a clean **cloth** for the table? (깨끗한 식탁보가 있습니까?)
No one sews a patch of unshrunk **cloth** on an old garment.
(생베 조각을 낡은 옷에 붙이는 자가 없나니.) [막 2: 21]

▶ "cloth"의 복수인 "cloths"의 발음은 [klɔ(:)θs] 또는 [klɔ(:)ðz]다.

2 clothe[klouð]: "옷을 입히다"라는 의미의 "동사"로만 쓰이며 일반적으로 "수동형"으로 많이 쓰인다.

She **clothed** herself in a new dress. (그녀는 새 드레스를 입었다.)
The child **was clothed** warmly in a heavy sweater.
(아이에게 따뜻하게 두꺼운 스웨터를 입혔다.)
The King **was clothed** in a purple gown. (왕은 보라색 가운을 입고 있었다.)

▶ dress: clothe와 유사한 의미와 용법을 가지고 있으며, 특별한 경우에 알 맞는 "(복장을) 차려입다"를 표현할 때 자주 사용된다.

He isn't old enough to **dress** himself. (그는 어려서 스스로 옷을 입을 수 없다.)
He **dressed** himself in an expensive suit for the interview.
(그는 면접을 위해 비싼 양복을 차려 입었다.)
She **dressed** her daughter in a wedding gown designed by Andre Kim.
(그녀는 자기의 딸에게 앙드레 김이 만든 웨딩가운을 입혔다.)

3   clothes[klouz/klouðz]: 단수가 없으며 항상 "복수형"으로만 쓰이며 "의복, 옷"을 의미한다. (N32.2를 보라.)

Fine **clothes** make the man. (옷이 날개다.)
He wore casual **clothes** for the party. (그는 파티에 평상복을 입고 왔다.)

▶ clothes의 단수에 해당하는 표현은 "a piece of clothing"이다.

A shirt is **a piece of clothing**. (셔츠는 옷이다.)
(= Shirts are **clothes**.)

4   clothing[klóuðiŋ]: 입는 것 전체를 뭉뚱그려 가리키는 대표명사로서 "의류, 입는 것"을 의미하며 복수형이 없다. (N28.10을 보라.)

In the poor countries many people don't have adequate **clothing**, food and housing.
(가난한 나라에서는 많은 사람들이 적절한 의식주를 제공받지 못한다.)
The company will provide the basic necessities such as food and **clothing**.
(회사가 먹는 것과 입는 것과 같은 기본적인 필수품은 제공할 것이다.)

▶ clothing은 종종 clothes의 단수처럼 쓰인다.

His **clothing** was/His **clothes** were soaked in the rain. (그의 옷은 비로 흠뻑 젖었다.)
John wore **clothing** made of camel's hair, ... (요한은 낙타털 옷을 입고, ...) [막 1:5]

C24   cloudy와 clouded

이 단어는 둘 다 "흐린, 구름이 낀"을 의미한다. 그러나 "구름 낀 하늘"을 말할 때는 cloudy와 clouded를 둘 다 사용할 수 있지만, "흐린 날 또는 날씨"를 말할 때는 cloudy만 사용할 수 있다.

They left home under **a cloudy/clouded sky**. (그들은 하늘이 흐려 있을 때 집을 나왔다.)
We expect **the sky to be cloudy/clouded** tomorrow morning.
(우리는 내일 아침 하늘에 구름이 낄 것으로 생각한다.)

It was **a cloudy/*clouded day** last Monday. (지난 월요일은 흐린 날이었다.)
We'll have **cloudy/*clouded weather** next week. (다음 주는 날씨가 흐릴 것이다.)

▶ overcast와 broken: overcast는 "잔뜩 흐린" 날씨를 말할 때 사용하며, broken은 하늘을 뒤덮은 구름에 갈라지면서 햇빛이 나타나는 날씨를 가리킬 때 쓰인다.

When we got there, the sky was **overcast** and a light rain began to fall.
(우리가 그곳에 도착했을 때, 하늘이 잔뜩 흐려 있었고 가랑비가 내리기 시작했다.)
It was a chilly day with **broken** clouds.
(날씨는 쌀쌀했으며, 갈라진 구름 사이로 햇살이 내리쬐고 있었다.)

C25 collision과 collusion

collision은 "충돌, 격돌"을, collusion은 "공모, 결탁"을 의미한다.

There occurred a violent **collision** between the students and the police.
(학생들과 경찰 사이에 폭력적인 충돌이 일어났다.)
Two people were killed in a head-on **collision** on Highway 100.
(100번 고속도로에서 정면충돌이 일어나 두 사람이 죽었다.)

The committee found illegal **collusion** between persons who appear to be opposed to each other. (위원회는 서로 반목해 보이는 사람들 간에 불법적 결탁이 있었음을 알아냈다.)
The leaders of the **collusion** against the government were caught and punished.
(대정부 음모의 지도자들이 체포되어 벌을 받았다.)

C26 come과 go

come과 go 동사는 영어와 한국어에서 종종 다르게 사용된다. 한국어에서는 영어의 come에 해당하는 "오다"와 go에 해당하는 "가다"는 항상 "말하는 사람 중심"이다. 화자에게서 멀어지는 이동은 "가다"이고 가까워지는 이동은 "오다"다.

1. **화자 쪽으로의 이동**: 영어에서도 기본적으로 come은 화자를 향한 이동이나 화자가 있는 곳으로의 이동을 의미하고, go는 그 반대를 의미한다.

    Let me know when they're **coming**. (그들이 언제 오는지 알려줘.)
    I'm giving a party. I hope you can **come**. (파티를 하려고 하는데 너도 올 수 있으면 해.)
    Get out of the road — a car's **coming**! (차가 오고 있으니까 길에서 비켜서라.)

    Let's **go** home. (집에 가자.)
    Where are you **going**? (어디에 가는 거야?)
    We're **going** to Mexico. (우리는 멕시코로 가고 있다.)

2. **청자 쪽으로의 이동**: come은 청자 쪽으로의 이동을 표현할 때도 사용된다. 이 경우에는 come을 한국어로 번역하면 "가다(go)"로 해야 한다.

    "Jimmy, we're all waiting for you." "**Coming/*Going**, Jack."
    ("지미, 우리 모두가 너를 기다리고 있어." "잭, 지금 가고 있어.")
    I hope I can **come/*go** and see your new office.
    (나는 가서 네 새 사무실을 볼 수 있으면 해.)
    I'll **come/*go** and pick you up in the car if you like.
    (네가 좋다면 내가 가서 너를 차로 태워오겠다.)

3. **함께 이동** (come with): 어디로 함께 갈 때는 go가 아니라 come을 사용한다. 이 경우에도 come을 "가다(go)"로 번역해야 한다.

We're going to have a meeting with girls. Would you like to **come/*go**?
(우리는 여자들과 모임을 가지려고 하는데 너도 가고 싶으냐?)
She asked me if I'd like to **come/*go** with her. (그녀는 함께 가고 싶으냐고 나에게 물었다.)
There's a music festival in Yeouido Riverside Park. Why don't you **come/*go** along?
(여의도 강변공원에서 음악축제가 있다. 같이 가지 않을래?)

C27 comic과 comical

comic은 예술적 "희극"을 대표하는 형용사이고, comical은 "우스꽝스러운(funny)"을 의미하는 오래된 단어다.

Is it a **comic** or a tragic play? (그것은 희극이냐 비극이냐?)
She performed a leading role in a **comic** opera. (그녀는 희극 오페라에서 주역으로 연기했다.)

His **comical** expression made us laugh. (그의 익살스러운 표현은 우리를 웃게 했다.)
Tell me whether I look **comical** in this hat. (이 모자를 쓰면 우스꽝스럽게 보이는지 말해라.)

C28 COMPARATIVES (비교급)와 SUPERLATIVES (최상급)-1: 유형과 구조

우리는 언어에서 다양한 형태의 비교를 하게 된다. 영어에서 비교를 표현하는 가장 대표적인 구문은 "as-절"과 "than-절"이 있다. 비교구문에서는 주절의 명제와 종속절의 명제가 비교된다. 비교에는 대등(equivalence)비교와 비대등(nonequivalence)비교가 있다.

The camera costs **as much as the TV set (does)**. [대등비교]
(카메라가 텔레비전과 값이 같다.)
The camera is **more expensive than the TV set (is)**. [비대등비교]
(카메라가 텔레비전보다 값이 더 비싸다.)

1 대등 비교: as-절

   (1) as + 형용사/부사 + as-절

   Jane is **as healthy as her sister (is)**. (제인은 언니처럼 건강하다.)
   John can run **as fast as Bill (can)**. (존은 빌처럼 빨리 달릴 수 있다.)

   (2) not so/as + 형용사/부사 + as-절

   Jane is **not so/as healthy as her sister (is)**. (제인은 언니처럼 건강하지 못하다.)
   John **can't** run **so/as fast as Bill (can)**. (존이 빌처럼 빨리 달릴 수 없다.)

   (3) as many/much + 명사 + as-절

   They bought **as much food as they could carry**.
   (그들은 들고 갈 수 있을 만큼 식료품을 샀다.)

They bought **as many books as they could carry**.
(그들은 들고 갈 수 있을 만큼 책을 샀다.)

(4) the same (...) + as-절도 종종 대등비교절로 취급된다.

The new machine works **the same as the old one** (does).
(새 기계는 옛것과 동일하게 작동한다.)
She's wearing **the same dress as her sister wore last year**.
(그녀는 언니가 작년에 입었던 것과 같은 드레스를 입고 있다.)

as ... as에 대해서는 A95를 보라.

2 **비대등 비교**: than-절

(1) 비교급 형용사/부사 + than-절

Jane is **healthier than her sister (is)**. (제인은 언니보다 건강하다.)
John can run **faster than Bill (can)**. (존은 빌보다 빨리 달릴 수 있다.)

(2) more/less + 형용사/부사/명사 + than-절

This book is **more/less expensive than that one (is)**. (이 책은 저 책보다 더 비싸다/싸다.)
Is not life **more important than food,** and the food **more important than clothes?**
(목숨이 음식보다 중하지 아니하며 몸이 의복보다 중하지 아니하냐?) [마 6:25]
Her apartment is **more/less conveniently** located **than my house (is)**.
(그녀의 아파트는 내 아파트보다 더/덜 편리한 위치에 있다.)
I earn **more/less money than my wife (does)**. (나는 내 처보다 더 많은/적은 돈을 번다.)

3 **비교요소**: 비교가 되는 요소는 문장의 동사를 제외한 거의 모든 요소가 될 수 있다.

(1) 주어

As many housewives use this brand **as** (they use) any other detergent.
(다른 세제를 쓰는 만큼 많은 주부들이 이 상표의 세제를 사용한다.)
More housewives use this brand **than** (they use) any other detergent.
(다른 세제를 쓰는 사람보다 더 많은 주부들이 이 상표의 세제를 사용한다.)

(2) 직접목적어

She knows **as much Korean history as** most people (know).
(그녀는 대부분의 사람만큼 한국역사를 안다.)
She knows **more Korean history than** most people (know).
(그녀는 대부분의 사람보다 한국역사를 더 많이 안다.)

(3) 간접목적어

That toy has given **as many children** happiness **as** any other (toy) (has).
(그 장난감은 다른 어떤 장난감처럼 어린이들을 행복하게 만들었다.)

That toy has given **more children** happiness **than** any other (toy) (has).
(그 장난감은 다른 어떤 장난감보다 더 많은 어린이들을 행복하게 만들었다.)

(4) 주어보어

John is **as relaxed as** he used to be. (존은 옛날처럼 편안하다.)
John is **more relaxed than** he used to be. (존은 옛날보다 더 편안하다.)

(5) 목적어보어

She thinks her children **as obedient as** (they were) last year.
(그녀는 아이들이 작년처럼 고분고분하다고 생각한다.)
She thinks her children **more obedient than** (they were) last year.
(그녀는 아이들이 작년보다 더 고분고분하다고 생각한다.)

(6) 부사어구

You've been working **as hard as** I (have). (너는 나처럼 열심히 일하고 있다.)
You've been working **harder than** I (have). (너는 나보다 더 열심히 일하고 있다.)

(7) 전치사 보충어

She's applied for **as many jobs as** Joe (has (applied for)).
(그녀는 조처럼 많은 일자리에 지원했다.)
She's applied for **more jobs than** Joe (has (applied for)).
(그녀는 조보다 더 많은 일자리에 지원했다.)

4   **비절**(nonclausal) **비교구문**: 비교의 기초가 절 또는 절의 축약형이 아니라 "명시적 비교기준"으로 구성된 비교구문을 "비절 비교구문"이라고 부른다.

more/less... than + 명시적 비교기준
as/so ... as + 명시적 비교기준

I weigh **more than 200 pounds**. (나는 몸무게가 200파운드 이상 나간다.)
The car went **faster than 100 miles per hour**. (차가 시속 100마일 이상의 속도로 달렸다.)
Our factory consumes **as much as 500 tons of solid fuel per week**.
(우리 공장은 매주 500톤 정도까지 고체연료를 소비한다.)

▶ "more/less of a ..."는 등급성 단수명사와 함께 비교구문을 구성한다.

He's **more of a fool** than I thought (he was). (그는 내가 생각했던 것보다 더 바보다.)
It was **less of a success** than I imagined (it would be).
(그것은 내가 상상했던 것보다 덜 성공적이었다.)

5   **두 속성의 비교**: 한 사람 또는 한 사물의 두 "속성을 비교할 때"는 "-er 비교급"이 아니라 more를 사용한다.

I was **more angry than frightened**. (나는 놀랐다기보다 화가 났다.)

(= I was **angry more than frightened**.) (*I was **angrier than frightened**.)

She's **more lazy than tired**. (그녀는 피곤한 것이 아니라 게으르다.)
(= She's **lazy more than tired**.) (*She's **lazier than tired**.)

6   **비교구문에서의 생략**: 비교구문에서 비교절의 일부가 생략될 수 있다. 특히 이 부분이 주절의 일부를 반복하고 있을 경우 특히 그렇다. 생략에는 수의적 생략과 (대명사, 대-술어에 의한) 수의적 대치가 있다.

John enjoys the theatre more than Mary enjoys the theatre.
John enjoys the theatre more than Mary enjoys **it**.   [대명사]
John enjoys the theatre more than Mary **does**.   [대술어]
John enjoys the theatre more than Mary.   [생략]
(존은 메리보다 연극을 더 좋아한다.)

7   **비교의 조건**: 비교되는 두 절이 비교요소에서 차이가 나지 않으면 비교절은 의미를 지니지 못한다.

*I **hear the noise** as clearly as I **hear/do**.
*I **hear the noise** more clearly than I **hear/do**.
*He **loves his dog** more than he **loves/does**.

▶ 따라서 두 절간에는 무엇이 되었든 최소 하나의 요소에서 차이를 보여야 한다.

I hear the noise as clearly as **you** do.   [주어의 차이]
(나는 너보다 소리를 더 명확하게 듣는다.)
He loves **his dog** more than **his son**.   [목적어의 차이]
(그는 자기 아들보다 개를 더 사랑한다.)

▶ 그 차이가 시제일 수도 있고 추가된 양상조동사일 수도 있다.

I hear the noise more clearly than I **did**.   [시제의 차이]
(나는 과거보다 소리를 더 명확하게 듣는다.)
I get up later than I **should**.   [양상조동사의 추가]
(나는 일어나야 할 시간보다 늦게 일어난다.)

▶ 차이가 시제일 경우에는 비교절에 부사어구만 나타날 수도 있다.

She'll enjoy it more than (she enjoyed) **last year**. (그녀는 작년보다 그것을 더 즐길 것이다.)

▶ 또한 의미를 맥락에서 추정할 수 있을 경우 비교절을 완전히 생략할 수 있다.

You are **slimmer** (than you were). (더 날씬해졌습니다.)
He's looking **better** (than he was). (그는 더 좋아 보인다.)

8   **모호성**: 비교절에서 생략이 일어나면 종종 의미적인 모호성이 나타난다.

He loves his dog **more than his children**. (그는 아이들보다 개를 더 사랑한다.)

(a) He loves his dog more than **his children loves his dog**.
   (그는 아이들이 개를 사랑하는 것보다 개를 더 사랑한다.)
(b) He loves his dog more than **he loves his children**.
   (그는 아이들을 사랑하는 것보다 개를 더 사랑한다.)

▶ "his children"을 대명사로 대치한 아래 문장에서 they는 모호성을 유발하지 않지만, them은 여전히 모호성을 유발한다.

He loves his dog more than **they/them**. (그는 그들보다 개를 더 사랑한다.)

9 **충분과 과잉**: 어떤 수준에 충분히 도달하거나 넘칠 때 사용된다.

(1) enough와 too

형용사/부사 + enough + (명사구) + to-부정사
too + 형용사/부사 + (명사구) + to-부정사

They're **rich enough to own a car**. (그들은 차를 가질 정도의 돈이 있다.)
They're **too poor to own a car**. (그들은 너무 가난해서 차를 가질 수 없다.)
He's **rich enough a man to own a car**. (그는 차를 가질 정도의 돈이 있는 남자다.)
He's **too poor a man to own a car**. (그는 너무나 가난한 사람이라 차를 가질 수 없다.)
This box is **light enough** for the boy **to carry**. (이 상자는 아이가 들 수 있을 정도로 가볍다.)
This box is **too heavy** for the boy **to carry**. (이 상자는 아이들이 옮기기에는 너무 무겁다.)

(2) enough of 한정사 + 명사/대명사

I think my letter gave him **enough of a shock**.
(나는 내 편지가 그에게 충분히 충격을 주었다고 생각한다.)
The exam was bad. I couldn't answer **enough of the questions**.
(시험이 엉망이었다. 나는 질문에 충분히 답하지 못했다.)
We didn't buy **enough of them**. (우리는 그것을 충분히 사지 않았다.)

(3) enough와 명사: enough는 명사를 수식하는 한정사로 쓰일 수 있다. "전치사 of"는 다른 한정사가 없을 경우 일반적으로 쓰이지 않는다. 단지 인명이나 지명 또는 대명사의 경우에는 다른 한정사가 없는 경우에도 of가 쓰인다.

Do you have **enough milk**? (*... enough of milk?) (우유는 충분히 있어?)
We haven't seen **enough of John and Mary** recently.
(우리는 최근에 존과 메리를 충분히 못 봤다.)
I've had **enough of England**. I'm going home.
(나는 영국에 질렸다. 집에 가려고 한다.)

(4) too much/more/less/a bit etc. of a(n) + 단수 가산명사

He's **too much of a coward** to do that. (그는 겁이 너무 많아서 그것을 할 수 없다.)
He's very **much of a family man**. (그는 매우 가정적인 사람이다.)
It was **more of a meeting** than a party. (그것은 파티라기보다 회의 같았다.)

She's **less of a scientist** than a technologist. (그녀는 과학자라기보다 기술자다.)

(5) so/such ... that: 이 구문은 "충분/과잉"의 개념을 "결과"의 개념과 연결하는 표현이다. (R20을 보라.) so는 형용사/부사를 수식하고 such는 한정사 선행어로 쓰이고 있다. 이 구문을 "too/enough ... to-부정사 구문"으로 바꾸어 쓸 수 있다.

It's **so good a movie that** we mustn't miss it.
~ It's **too good a movie to** miss.
(매우 좋은 영화니까 놓쳐서는 안 된다.)
It was **such a pleasant day that** I didn't go to school.
~ It was **too pleasant a day to** go to school.
(날씨가 너무 좋아서 학교에 가지 않았다.)
The plane flies **so fast that** it can beat the speed record.
~ The plane flies **fast enough to** beat the speed record.
(그 비행기는 속도 기록을 깰 정도로 빨리 비행한다.)
I had **such a bad headache that** I needed two aspirins.
~ I had **bad enough a headache to** need two aspirins.
(나는 머리가 너무 아파서 아스피린 두 알을 먹었다.)

C29 COMPARATIVES와 SUPERLATIVES-2: 형용사

모든 형용사와 부사가 비교급과 최상급으로 사용될 수 있는 것은 아니다. 일반적으로 부사 "very"나 "fairly"의 수식을 받을 수 있는 것들, 즉 의미의 강약에 "등급을 표현할 수 있는 (gradable)" 형용사는 비교급과 최상급으로 사용될 수 있다. 대부분의 형용사는 등급성을 지니고 있지만, 일반적으로 명사의 제한적 수식어로만 쓰이는 "제한형용사"와 "분류형용사"는 비교급과 최상급으로 사용될 수 없다. (부사에 대해서는 C30을 보라.)

1 제한(limiting)형용사: 수식하는 명사구의 "지시 범위를 제한"하는 형용사를 제한형용사라고 한다. (A19.1을 보라.)

certain	chief	key	main
major	only	particular	prime
principal	same	sole	specific 등

*The recent rise in crime is a matter of our **mainer concern**.
(참고: The recent rise in crime is a matter of our **main concern**.
(최근의 범죄 증가율은 우리의 주 관심사다.))
The recent rise in crime is a matter of our **gravest concern**.
(최근의 범죄 증가율은 우리의 가장 중대한 관심사다.)
*One of the **chiefest causes** of crime today is drugs.
(참고: One of the **chief causes** of crime today is drugs.
(오늘날의 주요한 범죄의 원인의 하나는 마약이다.))

One of the **most important causes** of crime today is drugs.
(오늘날의 가장 중요한 범죄의 원인의 하나는 마약이다.)

*Do you have a **more particular reason** to believe that?
(참고: Do you have a **particular reason** to believe that?
(그것을 믿어야 할 특별한 이유가 있습니까?))
Do you have a **more obvious reason** to believe that?
(그것을 믿어야 할 더 명백한 이유가 있습니까?)

2 **분류(classifying)형용사**: 명사가 가리키는 지시를 어떤 "기준에 따라 분류"하는 형용사를 분류형용사라고 한다. (A19.4를 보라.)

atomic	bodily	chemical	criminal
educational	medical	musical	polar
short	social	solar 등	

*I heard he graduated from a **more medical school**.
(참고: I heard he graduated from a **medical school**.
(나는 그가 의과대학교를 나왔다고 들었다.))
I heard he graduated from a **more traditional school**.
(나는 그가 더 전통적인 학교를 나왔다고 들었다.)

*A number of **more atomic scientists** attended the Conference.
(참고: A number of **atomic scientists** attended the Conference.
(많은 핵 과학자들이 학회에 참석했다.))
A number of **younger scientists** attended the Conference.
(많은 젊은 과학자들이 학회에 참석했다.)

*This is **the most musical comedy** that I like most.
(참고: This is **the musical comedy** that I like most.
(이것은 내가 제일 좋아하는 희극이다.))
This is **the most hilarious comedy** in the world.
(이것은 세계에서 가장 유쾌한 희극이다.)

▶ 이 외에도 모양(shape), 색채(color), 재료(material)를 의미하는 형용사는 비교급이나 최상급으로 사용되지 않는다. (A19.3을 보라.)

3 **비교급형과 최상급형**: 비교급형과 최상급형으로 만드는 방법에는 두 가지가 있다. "어미"를 첨가하는 방법(-er/-est)과 "more와 most"를 사용하는 방법이다.

She's **happier** than him.
(그녀는 그보다 행복하다.)
She's one of the **happiest** women in this town.
(그녀는 이 도시에서 가장 행복한 여자 중의 하나다.)

I've never seen a **more foolish** person than him. (나는 그보다 더 어리석은 사람을 못 봤다.)

He's the **most foolish** person in our club. (그는 우리 클럽에서 가장 바보스러운 사람이다.)

4   **철자**: "어미 -er와 -est"를 붙여 형용사의 비교급형과 최상급형을 만드는 경우 다음의 법칙을 따른다.

(1) "자음문자+y"로 끝나면 y를 i로 바꿔라.

fun**ny** :: funn**ier** :: funn**iest**
lone**ly** :: lonel**ier** :: lonel**iest**
luc**ky** :: luck**ier** :: luck**iest**
ga**y** :: ga**yer** (*gaier) :: ga**yest** (*gaiest)   예외: shy :: shyer :: shyest

(2) "단모음 문자+단자음 문자"로 끝나면 자음문자를 "반복"한다.

bi**g** :: bi**gger** (*biger) :: bi**ggest** (*bigest)
fa**t** :: fa**tter** :: fa**ttest**
thi**n** :: thi**nner** :: thi**nnest**

(3) 단어 끝의 "묵음 문자 e"는 삭제한다.

lat**e** :: lat**er** (*lateer) :: lat**est** (*lateest)
nic**e** :: nic**er** :: nic**est**
simpl**e** :: simpl**er** :: simpl**est**

5   **어미**: -er와 -est 어미를 붙여 비교급과 최상급을 만드는 형용사

(1) 모든 단음절 형용사

small :: small**er** :: small**est**
great :: great**er** :: great**est**
tall :: tall**er** :: tall**est**

(2) 2음절 형용사 중에 "-y/-le/-ly/-ow/-er 어미"를 가진 형용사

lonely	ugly	costly	noble
simple	gentle	feeble	bitter
clever	slender	narrow	yellow
hollow	pretty	happy	angry

dirty :: dirt**ier** :: dirt**iest**
noble :: nob**ler** :: nob**lest**
costly :: costl**ier** :: costl**iest**
narrow :: narro**wer** :: narro**west**
clever :: cleve**rer** :: cleve**rest**

(3) 2음절 형용사 중에 "마지막 음절에 강세"가 오는 형용사

concise   genteel   obscure

polite profound 등

I tried to be **politer**, but they were not satisfied.
(나는 더 공손하려고 애썼지만 그들은 만족하지 못했다.)
This is one of the **obscurest** statements that I've ever read.
(이것은 내가 읽어 본 것 중에 가장 모호한 성명서 중의 하나다.)

▶ 이러한 형용사 중에 "서술적으로만 사용되는 형용사"는 제외된다. (A19.8과 9를 보라.)

afraid	ajar	alert	alive
askew	asleep	aware	content 등

Today we have to stay **more alert/*alerter** than yesterday.
(우리는 어제보다 오늘 더 경계심을 가져야 한다.)
Daly ran towards us with his hat **more askew/*askewer** than usual.
(데일리가 보통 때 보다 모자를 더 비스듬히 쓰고 우리 쪽으로 달려왔다.)

6   **혼합형**: 이 음절 형용사에는 일반적으로 −er과 -est어미를 붙여 비교급형과 최상급형을 구성한다. 이 음절 형용사 중에 -er/-est어미와 more/most가 둘 다 가능한 것들과 more/most만 가능한 형용사가 있다.

(1) 혼합형

common	handsome	clever	mature
obscure	pleasant	polite	severe
sincere	stupid 등		

common :: commoner/more common :: commonest/most common
handsome :: handsomer/more handsome :: most handsome

(2) more/most

awesome	eager	mordant	placid
rugged	secure	superb	wanton 등

awesome :: more awesome/*awesomer :: most awesome/*awesomest
eager :: more eager/*eagerer :: most eager/*eagerest

(3) "-y어미"를 가진 2음절 형용사의 반의어인 unhappy, untidy 등은 예외다.

unhappy :: unhappier/*more unhappy :: unhappiest/*most unhappy
untidy :: untidier/*more untidy :: untidiest/*most untidy

(4) good-looking이나 well-known과 같은 몇몇 혼합 형용사는 두 가지 형태의 비교급과 최상급이 가능하다.

good-looking :: **better**-looking/**more good**-looking :: **best**-looking/**most good**-looking
well-known :: **better**-known/**more well**-known :: **best**-known/**most well**-known

7   **more와 most**: more와 most를 사용하여 비교급과 최상급을 표현하는 형용사

   (1) 2음절 형용사 중에 "-al/-ful/-ic/-less/-ish/-ous/-ing/-ed"를 가진 형용사

   leth**al** :: more leth**al** :: most leth**al**
   use**ful** :: more use**ful** :: most use**ful**
   trag**ic** :: more trag**ic** :: most trag**ic**
   fool**ish** :: more fool**ish** :: most fool**ish**
   nerv**ous** :: more nerv**ous** :: most nerv**ous**
   pleas**ing** :: more pleas**ing** :: most pleas**ing**
   worr**ied** :: more worr**ied** :: most worr**ied**

   (2) 3음절 이상의 형용사

   beautiful :: **more** beautiful :: **most** beautiful
   disastrous :: **more** disastrous :: **most** disastrous
   intelligent :: **more** intelligent :: **most** intelligent

8   **불규칙형**: "good, bad, far, few, little, much, many"는 불규칙 비교급형과 최상급형을 가지고 있다.

원형	비교급형	최상급형
good/well	better	best
bad/badly	worse	worst
far	farther(거리) further(추가)	farthest furthest
few	less/fewer	least/fewest
little	less	least
many/much	more	most
old	older/elder	oldest/eldest

few와 little은 A5를, less와 fewer는 L7을, least와 fewest는 L5를, many와 much는 M7을, more는 M29를, most는 M30을, elder와 eldest는 E10을 보라.

C30   COMPARATIVES와 SUPERLATIVES-3: 부사

1   **-ly 부사**: 대부분의 부사는 형용사에 "-ly어미"를 붙여 만들며, 이 부사들은 2음절이라 할지라도 more와 most를 써서 비교급과 최상급을 만든다.

   We should treat her **more gently/*gentlier**. (우리는 그녀를 더 다정하게 대해야 한다.)
   It's raining outside, drive **more safely/*safelier**. (밖에 비가 오고 있으니 더 조심해서 운전해라.)
   He ought to drive the car **more slowly/*slowlier**. (그는 차를 더 천천히 운전해야 한다.)
   Try to express yourself **more simply/*simplier**. (더 간단히 말하도록 해라.)

2   **-ly 형용사**: "-ly어미"를 가진 부사 중에 형용사로도 쓰일 수 있는 것은 "-er/-est어미"를 써서 비교급과 최상급을 만들 수 있다. (A29.1을 보라.)

   early   costly   deadly   lonely 등

   He always comes to the meeting **earlier** than me. (그는 항상 나보다 회의에 일찍 온다.)
   She seems to be **lonelier** than before. (그녀는 전보다 더 고독해 보인다.)
   Our holidays in Australia proved **costlier** than in the United States.
   (호주에서 보낸 우리 휴가가 미국에서 보낸 휴가보다 돈이 더 든다는 것을 보여준다.)

3   **부사**: 형용사와 같은 형태를 가진 부사(A29를 보라.)와 몇몇 형태가 다른 부사들도 "-er/-est 비교급과 최상급"을 갖는다. 가장 흔히 나타나는 것은 다음과 같은 것이 있다.

   bad   early   easy   fast
   hard   high   late   long
   loud   low   near   quick
   slow   soon 등

   Can't you drive any **faster**? (좀 더 빨리 운전할 수 없습니까?)
   Can you come **earlier**? (더 일찍 올 수 없어?)
   Talk **louder**. (더 크게 말해.)   [구어체]
   We all have terrible voices, but I sing **worst** of all.
   (우리는 모두 형편없는 목소리를 가지고 있는데, 그중에서도 내 노래가 최악이다.)

4   **형용사/부사**: 형용사와 부사로 쓰일 수 있으면서 "-ly어미" 부사형이 없는 단어들은 -er/-est를 붙여 비교급과 최상급을 만들 수 있다.

   fast   hard   late   long 등

   He runs **faster** than any of us. (그는 우리 중의 누구보다 더 빨리 달린다.)
   He have waited a little **longer**. (그는 잠시 더 기다렸다.)
   The team work **hardest** in our factory. (그 팀은 우리 공장에서 가장 열심히 일한다.)

5   **형용사/부사와 -ly어미**: 스스로 형용사와 부사로 쓰일 수도 있고 "-ly어미"를 붙여 부사로도 쓰일 수 있는 것들이 있다. 이들이 "-ly어미" 없이 부사로 쓰일 때는 -er/-est를 써서 비교급과 최상급을 만든다.

   clean   clear   dear   deep
   direct   fair   fine   free
   full   high   light   loud
   low   right   short   slow
   sure   tight   wide   wrong 등

   It cut **deeper** into his right foot. (그것은 그의 오른발을 깊숙이 찢고 들어갔다.)
   I kept my eyes shut **tighter and tighter**. (나는 눈을 점점 더 꽉 감았다.)

Can you talk a little bit **louder**? (좀 더 크게 말할 수 있습니까?)
They moved the goal posts **wider** apart. (그들은 골대를 더 넓게 띄워놓았다.)

불규칙 비교급과 최상급을 가진 far, much, little에 대해서는 C29.8을 보라.

C31　COMPARATIVES와 SUPERLATIVES-4: 비교급의 용법

1　비교급 (...) than: 어떤 대상이 다른 대상에 비해 정도가 "더 높거나 낮음"을 표현한다.

Nobody could propose a **better** solution **than** John.
(존보다 아무도 더 좋은 해결책을 내놓을 가능성이 없었다.)
This was a **less interesting** lecture **than** the previous one.
(이번 강의는 앞의 강의보다 덜 흥미로웠다.)
August is generally **hotter than** July. (8월이 일반적으로 7월보다 더 덥다.)
It is **easier** for a camel to go through the eye of a needle **than** for a rich man to enter the kingdom of God. (낙타가 바늘귀로 나가는 것이 부자가 하나님의 나라에 들어가는 것보다 쉬우니라 하시니.) [막 10:25]

2　the 비교급 ... the 비교급: 비교되는 대상들이 함께 "비례적으로 증가하거나 감소"하는 것을 표현한다.

The older I get, **the happier** I am. (나는 나이가 들수록 더 행복하다.)
The more dangerous it is, **the more** I like it. (위험성이 높아질수록 나는 더 좋다.)
The more I study, **the less** I learn. (나는 공부를 하면 할수록 배우는 것이 더 적다.)
Jesus commanded them not to tell anyone. But **the more** he did so, **the more** they kept talking about it. (예수께서 그들에게 경고하사 아무에게도 이르지 말라 하시되 경고하실수록 그들이 더욱 널리 전파하니.) [막 7:36]

▶ 이 구조에서 어순에 유의하라.

The more silly the plan is, **the more** I like it.
(계획이 형편없을수록 나는 더 좋다.)
The more money he makes, **the more useless things** he buys.
(그는 돈을 벌면 더 벌수록 필요 없는 물건을 더 많이 사들인다.)

3　all/any/none + the 비교급: "...에 비례해서 그만큼 더 ...(못)하다"는 것을 표현한다. (N23.8을 보라.)

(1) all + the 비교급: 정도에 "큰 변화"가 있음을 표현할 때.

He felt **all the better** by having taken the medicine.
(그는 그 약을 먹고 훨씬 더 기분이 좋았다.)
(= He felt **a lot much better** by having taken the medicine.)

I was **all the more upset** because he put all the blame on me.
(나는 그가 모든 책임을 나에게 돌렸기 때문에 더 화가 났다.)
(= I was **a lot much more upset** because he put all the blame on me.)

(2) any + the 비교급: 정도의 "변화유무"를 말할 때.

He didn't feel **any the better** by having taken the medicine.
(그는 그 약을 먹었으나 기분이 조금도 좋아지지 않았다.)
(= He didn't feel **even a bit better** by having taken the medicine.)
Did he become **any the wiser** by having taken courses at college.
(그가 대학에서 교육을 받아서 조금이라도 현명해졌나요?)
(= He didn't become **a bit wiser** by having taken courses at college.)

(3) none + the 비교급: 정도에 "변화 없음"을 말할 때.

She's taken a week off, but she's feeling **none the better** for it.
(그녀는 한 주를 쉬었으나 그렇다고 기분이 더 좋아지지 않았다.)
(= She's taken a week off, but she's **not** feeling **any better** for it.)
He seemed **none the worse** for his night out in the cold.
(그는 추위 속에서 밤을 보냈으나 더 나빠지지 않은 것 같다.)
(= He did**n't** seem **worse despite** the fact that he spent night in the cold.)
I've taken several courses on finances, but I'm still **none the wiser**.
(나는 재무에 관한 과목을 몇 개 들었으나 더 아는 것이 없다.)
(= I've taken several courses on finances, but I'm **not any wiser**.)

4 비교급 and 비교급: 비교급 표현을 and로 결합함으로써 "점진적이고 지속적인 증가나 감소"를 표현한다.

The balloon is getting **bigger and bigger**. (풍선이 점점 더 커지고 있다.)
The building is going up **higher and higher** every day.
(건물이 하루가 다르게 점점 더 높아지고 있다.)
His behavior in the class became **less and less** tolerable.
(수업 중에 보인 그의 태도는 점점 더 인내의 한계를 넘어섰다.)

5 두 대상의 비교: 둘을 비교할 때는 일반적으로 "최상급"이 사용되지 않는다.

Which is **the larger/*largest** of the two countries? Egypt or Nigeria?
(이집트와 나이지리아 두 나라 중에 어느 나라가 더 큽니까?)
I like Betty and Maud, but I think Maud is **the nicer/*nicest of the two**.
(나는 베티와 모드를 좋아하지만 모드가 둘 중에 더 매력적이다.)
Of your parents, who's **older/*the oldest**? (네 부모 중에 어느 분이 더 연세가 많으냐?)

6 관계대명사 than: than은 관계대명사나 관계부사가 이끄는 관계절에서처럼 비교절에서 "주어"나 "목적어" 혹은 "부사적 표현"을 대치할 수 있다. (R12와 T8을 보라.)

She spent **more** money **than** was affordable.　　　　　　[주어]
(그녀는 감당할 수 있는 것보다 더 많은 돈을 썼다.)
(*She spent **more** money **than** it was affordable.)
There were **more** people **than** we had expected.　　　　[목적어]
(우리가 기대했던 것보다 사람들이 더 많았다.)
(*There were **more** people **than** we had expected them.)
I love you **more than** she does. (나는 그녀가 너를 사랑하는 것보다 너를 더 사랑한다.)
(*I love you **more than how much** she does.)　　　　　　[부사]

as의 유사한 용법에 대해서는 A94.3과 A95.8을 보라.

C32　COMPARATIVES와 SUPERLATIVES-5: 최상급의 용법

1　**the 최상급**: 최상급은 어떤 대상이 다른 대상에 비해 "가장 높은 정도" 또는 "가장 낮은 정도"를 표현한다.

This was **the least interesting** lecture so far.
(이번 강의는 지금까지의 강의 중에 가장 흥미롭지 못했다.)
August is **the hottest** in the year. (1년 중에 8월이 제일 덥다.)
She's one of **the richest** people in town. (그녀는 시에서 가장 부자 중의 한 명이다.)

2　**the 최상급 형용사 + of**: 최상급 형용사 다음에 명사가 뒤따르지 않는 구조에서는 종종 "of-구"가 뒤에 온다.

He was **the richest of the people** in town.
(그는 시에 사는 사람들 중에 가장 부자였다.)
She is **the most intelligent of the students** in our school.
(그녀는 학교에서 가장 총명한 학생이다.)
He is **the cleverest of the group**. (그는 그룹에서 가장 영리하다.)

3　**the 최상급 ... + in/of**: 최상급 다음에 오는 "전치사구의 목적어"로 "단수의 장소 명사"나 "집단 명사"가 오면 일반적으로 "of" 대신에 "in"을 사용한다.

I'm **the happiest man in the world**. (나는 세상에서 가장 행복한 사람이다.)
(*I'm **the happiest man of the world**.)
She's **the fastest player in the team**. (그녀는 팀에서 가장 빠른 선수다.)
(*She's **the fastest player of the team**.)
He's **the cleverest student in the class**. (그는 반에서 가장 똑똑한 학생이다.)
(*He is **the cleverest student of the class**.)
He's **the richest man in Korea**. (그는 한국에서 제일 부자다.)
(*He's **the richest man of Korea**.)

▶ 그러나 "복수 (대)명사"와 lot/bunch와 같은 "단수 양화사" 앞에서는 of를 사용할 수 있다.

He's **the fastest learner of the students** that I'm teaching.
(그는 내가 가르치고 있는 학생들 중에 학습 속도가 가장 빠른 제자이다.)
She's **the fastest player of them** all. (그녀는 그들 중에 가장 빠른 선수다.)
He's **the best of the lot**. (그는 군계일학이다.)
I like all his family but Gary is **the best of the bunch**.
(나는 그의 모든 가족을 좋아하지만 개리를 가장 좋아한다.)

4 **one's 최상급**: 전치사구의 명사(구)를 "소유격 명사(구)"로 바꾸어 "최상급 형용사" 앞으로 보낼 수 있다.

He thinks he's **the strongest man in the world**.
(그는 자신이 세상에서 가장 힘센 사람이라고 생각한다.)
(= He thinks he's **the world's strongest man**.)
He's **the richest man in Korea**. (그는 한국에서 가장 부자다.)
(= He's **Korea's richest man**.)
Bolt is **the fastest sprinter in the world**.
(볼트는 세계에서 가장 빠른 단거리 선수다.)
(= Bolt is **the world's fastest sprinter**.)

5 **최상급과 the**: 최상급은 일반적으로 정관사 the를 대동하지만 구어체에서 "서술적으로 쓰이는 형용사나 부사의 최상급"은 종종 정관사 없이도 쓰인다.

Which of the students is **(the) most intelligent**? (어느 학생이 가장 총명합니까?)
I am **(the) greatest**. (내가 가장 위대하다.)
His car runs **(the) fastest** among the cars. (그의 차가 차 중에 가장 빨리 달린다.)
They work **(the) hardest** in our factory. (그들은 우리 공장에서 가장 열심히 일한다.)

▶ 최상급은 "특정 상황에 처한 한 대상의 특성"을 표현하는 서술어로 쓰일 경우 일반적으로 정관사 없이 사용된다. 다음을 비교해보라.

She was **(*the) most beautiful** when she wore a wedding dress.
(그녀는 결혼 드레스를 입었을 때 가장 아름다웠다.)
He dates a number of girls, but Jane is **(the) most beautiful**.
(그는 많은 여자와 사귀었지만, 제인이 가장 예쁘다.)
She is **(*the) happiest** when she has her family gathered around her.
(그녀는 가족이 자신의 곁에 모였을 때 가장 행복하다.)
They had a family reunion at Easter, but grandmother was **(the) happiest**.
(그들은 부활절에 가족 모임을 가졌는데 할머니가 가장 행복해했다.)
She studies **(*the) hardest** when she's preparing for the final exam.
(그녀는 학기말시험을 준비할 때 가장 열심히 공부한다.)

I have about a hundred men under me, but he works **(the) hardest**.
(내 밑에 약 100명의 직원이 있지만 그가 가장 열심히 일한다.)

6 **very**: 문어체에서 most는 최상급이 아닌 "very"의 의미로 사용될 수 있다.

Thank you very much indeed. That's **most kind** of you.
(진심으로 감사합니다. 당신은 정말 친절하십니다.)
(*That's **kindest** of you.)
I'll be **most happy** to serve under the Queen.
(나는 여왕을 위해 일할 수 있다면 매우 행복할 것입니다.)
(*I'll be **happiest** to serve under the Queen.)
I'll be **most/very honored**, if I work with you.
(당신과 함께 일하게 된다면 매우 영광스러울 것입니다.)

7 비단언적 단어: 일반적으로 긍정문에서 사용되지 않는 "ever, yet, any"와 같은 비단언적 (non-assertive) 단어들도 비교급과 최상급 구문에서 종종 사용된다.

You're **more attractive** than **anybody** I know. (너는 내가 아는 어떤 사람보다 더 매력적이다.)
It's the **most delicious** dinner I've **ever** eaten. (이것은 내가 먹어본 가장 맛있는 식사이다.)
This is the **fastest** car **yet**. (이 차가 지금까지 가장 빠른 차다.)

▶ 위의 예문들은 각각 부정의 "비단언적 의미"를 함의하고 있다.

I **don't** know anybody who is more attractive than you.
(나는 너보다 더 매력적인 사람을 모른다.)
I've **never** eaten dinner that is more delicious than the dinner.
(나는 이것보다 더 맛있는 식사를 먹어보지 못했다.)
I **haven't** seen a car that is faster than this car. (나는 이 차보다 더 빠른 차를 못 봤다.)

비교급과 최상급의 수식에 (예: much older, far the most) 대해서는 C33을 보라.
as와 that에 대해서는 T8을 보라.
as와 비교에 대해서는 A95를 보라.
more에 대해서는 M29를 보라.
most에 대해서는 M30을 보라.
less에 대해서는 L7을 보라.
least에 대해서는 L5를 보라.

C33 COMPARATIVES와 SUPERLATIVES-6: 수식어들

비교구문에는 "대등(equivalence) 비교구문, 비대등 (non-equivalence) 비교구문, 최상급 구문"이 있다. (C28을 보라.)

She earned **as much as** her husband. (그녀는 남편만큼 번다.)
She earned **more than** her husband. (그녀는 남편보다 더 번다.)
She earned **the most scores for the team**. (그녀는 팀에서 가장 많은 득점을 했다.)

이들은 각각 매우 제한적인 수의 부사적 표현의 수식을 받을 수 있다.

1   비대등 비교급의 수식어

a bit	a great deal	a little	a lot
all/any/none the	any	even	far
immensely	lots	many	(very) much
no	quite	rather	slightly
somewhat	three times	twice	way 등

My boyfriend is **much/far older** than me. (내 남자친구는 나보다 꽤 나이가 많다.)
Russian is **immensely more difficult** than Spanish.
(러시아어는 스페인어보다 훨씬 더 어렵다.)
Are you not **much more valuable** than they?
(너희는 이것들보다 귀하지 아니하냐?) [요 7:26]
She's **slightly/somewhat much nicer** than her sister.
(그녀는 언니보다 조금 더 친절하다.)
Many more people use a car than public transportation to go to work.
(훨씬 더 많은 사람들이 출근할 때 대중교통보다 승용차를 이용한다.)
His brother is **a bit more sensible** than him. (그의 동생이 그보다 약간 더 분별력이 있다.)
Now they seem to be **a lot happier** than ten years ago.
(지금 그들은 10년 전보다 많이 더 행복해 보인다.)
"What crime has he committed?" asked Pilate. But they shouted **all the louder,** "Crucify him!" (빌라도가 이르되 … "무슨 악한 일을 하였느냐?" 그들이 더욱 소리 질러 이르되 "십자가에 못 박혀야 하겠나이다" 하는지라.) [마 27:23]
Our work became **all the easier** by installing new computer systems.
(우리의 작업은 새로운 전산체계의 설치로 한층 더 쉬워졌다.)
My headache is **lots better,** thanks. (고마워. 두통이 많이 좋아졌어.)
Is your mother **any better**? (너의 어머니 좀 좋아지셨어?)
The dress was **rather more expensive** than I was expecting it would be.
(그 드레스는 내가 생각했던 가격보다 상당히 더 비쌌다.)
She looks **no older** than her daughter. (그녀는 딸보다 더 나이 들어 보이지 않는다.)
The water moved **a little less quickly** than it used to. (물이 옛날보다 약간 덜 빨리 흘렀다.)
Your cooking is **even worse** than Harry's. (너의 요리는 해리의 요리보다도 더 형편없다.)
It took **three times longer** than I had expected to adjust to a new environment.
(새 환경에 적응하는 데 내가 생각했던 것보다 세 배 더 길게 걸렸다.)
The car was **way more expensive** than I could afford.
(그 차는 내가 사기에는 너무나 비쌌다.)

(1) very: very는 형용사와 부사의 대표적인 수식어지만 비교급의 수식어로 사용될 수 없다.

*My boyfriend is **very older** than me.
*Russian is **very more difficult** than Spanish.

(2) quite: quite는 다른 비교급 표현의 수식어로 사용될 수 없으나, 건강과 관련이 있는 단어인 well의 비교급으로 사용되는 "better"의 수식어로 사용될 수 있다.

Don't start work again until you're **quite better**.
(건강이 상당히 좋아질 때까지 다시 일을 시작하지 마라.)
I'm feeling **quite better** today, thank you.
(고맙습니다. 오늘 꽤 기분이 좋습니다.)

(3) any, no, a bit, a lot: 이 표현들은 일반적으로 명사 앞에 오는 비교급을 수식하는 데 사용되지 않는다.

There're **much/far nicer shops** in the town center.
(시가지 중심에 가면 훨씬 더 좋은 가게들이 있다.)
(*There're **a bit/a lot/no nicer shops** in the town center.)

(4) much/many more: more가 (M29를 보라.) 복수명사를 수식하면 much 대신에 many의 수식을 받는다. 다음을 비교해보라.

The project requires **much more money** than the committee has approved.
(그 사업은 위원회가 승인한 것보다 훨씬 더 많은 돈을 필요로 한다.)
There're **many more opportunities** for young people than there were fifty years ago.
(50년 전보다 지금이 젊은 청년들에게 훨씬 더 많은 기회가 있다.)

(5) many와 less/fewer: 흔치는 않지만 many는 때때로 (복수명사 앞에 오는) less와 fewer를 수식하는 데 사용될 수 있으나, "far, a lot" 등이 더 자주 쓰인다.

The dictionary carries **far less words** than its previous edition.
(이 사전에는 지난번 판보다 훨씬 적은 수의 단어를 수록하고 있다.)
(The dictionary carries **many less words** than its previous edition보다 흔히 쓰인다.)
The police report **a lot fewer accidents** this year than last year.
(경찰 보고에 따르면 작년보다 올해에 사고가 훨씬 적다.)
(The police report **many fewer accidents** this year than last year보다 흔히 쓰인다.)

2   대등 비교급 수식어

about	approximately	easily	every bit
half	at least	nearly	nothing like
nowhere near	roughly	three times	twice 등

The Lotte World Tower is **twice as high as** the Six-Three Building.
(롯데월드타워는 63빌딩보다 높이가 두 배다.)
The Six-Three Building is **half as high as** the Lotte World Tower.
(63빌딩은 롯데월드타워보다 높이가 절반이다.)
The tower is **about as high as** 15 meters. (이 탑은 높이가 약 15미터 정도 됩니다.)
She can run **easily as fast as** me. (그녀는 쉽게 나만큼 빨리 달릴 수 있다.)
My brother is **nearly as clever as** me. (나의 남동생은 거의 나만큼 눈치가 빠르다.)

She looks **nothing like as beautiful as** her photograph.
(그녀는 그녀의 사진만큼 예뻐 보이지 않는다.)

3   **공통 비교급 수식어**: 다음의 표현은 대등과 비대등 비교구문 모두에서 가능하다.

hardly   scarcely   "fractions" (a third, one fifth 등)
"multipliers" (three times, five times 등)

(1) hardly와 scarcely

Mary earns **hardly as much as** me. (메리는 나만큼 벌지 못한다.)
Mary earns **hardly more than** me. (메리는 나보다 더 벌지 못한다.)

위의 두 문장을 실제로 "같은 의미"를 표현한다. 가령 Mary가 100만 원을 벌고 내가 120만 원을 번다고 하면, 위의 두 문장 중에 어느 것을 사용해도 좋다.

(2) 배수(multipliers)

Jack earns **three times as much as** me. (잭이 내가 버는 것의 세 배를 번다.)
Jack earns **three times more than** me. (잭이 나보다 세 배를 더 번다.)

(1)의 두 문장과 마찬가지로 위의 두 문장도 같은 의미를 지닌다. Jack이 150만 원을 벌고 내가 50만 원을 번다면 위의 두 문장의 어느 것을 사용해도 된다.

(3) 분수(fractions): 그러나 "분수"를 수식을 받는 다음의 두 문장은 그 의미가 다르다.

Ed earns **a third as much as** me. (Ed earns $500 and I earn $1,500.)
(에드는 내가 버는 것의 3분의 1을 번다.)
Ed earns **a third more than** me. (Ed earns about $2,000 and I earn $1,500.)
(에드는 내가 버는 것보다 3분의 1을 더 번다.)

분수(fractions)에 대해서는 F17을 보라.
배수(multipliers)에 대해서는 M31을 보라.

4   **최상급 수식어**: 최상급 수식어에는 두 가지 종류가 있다. 하나는 정관사 the와 최상급 사이에 올 수 있는 것이고, 다른 것은 정관사 앞에 올 수 있는 것이다.

(1) 정관사 the 다음에 오는 것

very   next   ordinal numbers (first를 제외한)

It was **the very best** performance I can recall.
(그때 연주가 내가 회상할 수 있는 바로 최고의 연주였다.)
John was **the second youngest** player in our team.
(존은 우리 팀에서 뒤 두 번째로 어린 선수였다.)
Holland is **the next largest** grower of daffodils.
(홀란드는 나팔수선화의 두 번째 큰 재배국이다.)

▶ very: very는 "first, next, last"를 강조하기 위해 쓰일 수 있다.

You're **the very first person** I've spoken to today.
(네가 내가 오늘 말을 한 그 첫 번째 사람이다.)
This is **your very last chance**. (이것이 너의 진짜 마지막 기회다.)

(2) 정관사 the 앞에 오는 것

absolutely	almost	altogether	barely
by far	easily	entirely	fully
hardly	more or less	much	nearly
practically	quite	scarcely	virtually 등

He's **much the best person** for the job. (그는 그 일을 위한 최적의 사람이다.)
She's **by far the oldest lady** in our town.
(그녀는 우리 시에서 단연 가장 연세가 많은 여인이다.)
We're walking **by far the slowest**. (우리는 최고로 천천히 걷고 있다.)
He's **quite the most stupid man** I've ever met.
(그는 내가 만난 사람 중에 실제로 가장 우둔한 사람이다.)
I'm **nearly the oldest** in the firm. (나는 회사에서 가장 나이 많은 사람에 가깝다.)
This is **practically the worst party** I've been to this year.
(이 파티가 올해에 내가 간 것 중에 실제로 최악의 파티다.)

C34 compare와 contrast

compare는 사람 또는 물건들이 서로 어떤 점에서 유사하고 어떤 점에서 다른가를 "비교하는" 것을 의미하고, contrast는 사람 또는 물건들이 서로 어떻게 다른가를 "대조하는" 것이다.

We **compared** two books to see which one had the better illustrations.
(우리는 어느 책이 더 훌륭한 삽화를 가지고 있는지 비교했다.)
The police **compared** the suspect's fingerprints with those found at the crime scene.
(경찰은 피의자의 지문을 범죄현상에서 발견된 지문과 비교했다.)
She **contrasted** her present life of luxury with the poverty of her childhood.
(그녀의 현재의 사치스러운 생활과 어릴 때의 빈곤이 대조가 됐다.)
These results **contrast** sharply with other medical tests carried out in Seoul.
(이 결과는 서울서 받은 건강검사와 극명하게 대조된다.)

C35 COMPLEMENTS (보충어)

보충어는 일반적으로 두 가지 의미로 쓰인다. 협의의 보충어는 주어나 목적어를 보충하는 "주어보어"와 "목적어보어"를 가리키지만, 좀 더 광의의 보충어는 "동사, 형용사, 명사"와 함께 쓰여 그 의미를 "완성해 주는 모든 표현"을 가리킨다.

1. **주어보어와 목적어보어**: 일반적으로 "명사(구)"와 "형용사(구)"가 보어로 쓰인다.

   Allison is **a famous opera singer**.   [주어보어]
   (앨리슨은 유명한 오페라 가수다.)
   Philip is **very encouraged**.
   (필립은 매우 고무되어 있다.)
   Why ever did they elect him **chairman**?   [목적어보어]
   (도대체 그들은 왜 그를 회장으로 선출했지?)
   You make me **nervous**.
   (너는 나를 신경 쓰게 한다.)

   (1) 주어보어를 취하는 대표적인 동사는 "be동사"가 있으며, 이외에 "become, feel, grow, keep, look, seem, smell, sound, taste, turn" 등이 있다. (C52를 보라.)

   Allison eventually **became a famous opera singer**.
   (앨리슨은 결국 유명한 오페라 가수가 되었다.)
   The soup **tastes very delicious**. (수프가 매우 맛있다.)
   Seoul seems **a pleasant city**. (서울은 즐거운 도시 같다.)
   Johnson turned **traitor**. (존슨은 반역자가 되었다.)

   (2) 목적어보어를 취하는 동사는 V6을 보라.

   They **called** my business partner **a liar**.
   (그들은 나의 사업동업자를 거짓말쟁이라고 했다.)
   She **left** all the letters **unopened**. (그녀는 모든 편지를 개봉하지 않고 놔두었다.)
   You should always **keep** vegetables **fresh**. (채소는 항상 신선하게 유지해야 한다.)
   They **elected** John **chairman**. (그들은 존을 의장으로 선출했다.)

2. **목적어 보충어**: "동사, 명사, 형용사, 전치사"는 종종 보충어의 도움을 받아 완전한 의미를 표현한다.

   누가 "I want"라고 말한다면 우리는 그가 무엇을 원하는지 궁금해지게 마련이고, "the need"란 표현은 이대로는 명백한 의미를 갖지 못한다. 또한 "I'm interested"라는 말을 들으면 우리는 자연히 그 사람이 무엇에 관심을 갖는지에 관심을 갖게 마련이다. 동사, 명사, 형용사의 의미를 완성하는 단어와 표현도 "보충어"라고 부른다.

   (1) 동사와 보충어: 동사는 가장 다양한 형태의 보충어를 취한다. 동사의 보충어로는 "명사구, 동명사구, 전치사구, 부정사구, 시제절"이 사용된다.

   He **lost the tickets** for tonight's game. (그는 오늘 밤 경기의 입장권을 분실했다.)
   I **don't mind driving** if you're tired. (나는 네가 피곤하다면 운전하는 것을 개의치 않는다.)
   The Minister can't **account for the loss of votes**. (장관은 투표용지의 분실을 설명하지 못한다.)
   They **determined to cross the desert**. (그들은 사막을 가로질러 가기로 결심했다.)
   I suddenly **realized that the band had stopped playing**.
   (나는 악대가 연주를 멈췄다는 것을 갑자기 알아차렸다.)

He **asked what we wanted**. (그는 우리가 원하는 것이 무엇인지 물었다.)

동사는 이 외에도 추가적인 보충어를 가질 수 있다. 이에 대해서는 V3-V7을 보라.

(2) 형용사와 보충어: 형용사는 "전치사구, 동명사구, 부정사구, 시제절"을 보충어로 가질 수 있지만, "명사구"는 일반적으로 형용사의 보충어로 쓰일 수 없다.

I'm **interested in cookery**. (나는 요리법에 관심이 있다.)
She's very **fond of pointing out my mistakes**.
(그녀는 나의 잘못을 지적하는 것을 매우 즐긴다.)
The soup's **ready to eat**. (수프는 먹을 준비가 되었다.)
I'm **glad that you're able to come**. (나는 네가 올 수 있어서 기쁘다.)
I'm still **doubtful whether I should accept this job**.
(나는 이 일자리를 받아들여야 하는가에 아직 확신이 없다.)

형용사의 보충에 대해서는 A21.3-8을 보라.

(3) 명사와 보충어: 명사의 보충어로는 "전치사구, 부정사구, 시제절"이 사용된다.

He planned our **journey to Rome**. (그는 로마 여행을 계획했다.)
We made the **decision to abandon the project**. (우리는 그 사업을 포기하기로 결정했다.)
I heard the **rumour that the city had been captured**.
(나는 그 도시가 함락되었다는 소문을 들었다.)
She answered the **question whether they were guilty**.
(그녀는 그들이 죄가 있는지에 대한 질문에 답했다.)

(4) 전치사와 보충어: 전치사는 "명사구, 동명사구, 전치사구, WH-시제절"을 보충어로 가질 수 있다.

He wrote a number of books **on World War II**.
(그는 2차 세계대전에 대해서 여러 권의 책을 썼다.)
They ended their conflict **by signing a peace treaty**.
(그들은 평화협정에 서명함으로써 분쟁을 끝냈다.)
He picked up the gun **from under the table**. (그는 식탁 밑에서 총을 집어 들었다.)
What he did is very different **from what he said**. (그의 행동은 그의 말과 매우 다르다.)

▶ that-시제절은 일반적으로 전치사의 보충어로 쓰이지 않지만, 전치사 "in/except/save" 다음에서는 허용된다. (P38.1을 보라.)

He was surprised **(*at) that she noticed him**. (그는 그녀가 그를 알아봐서 놀랐다.)
I know nothing about the man **except/save that he lives next door**.
(나는 그가 이웃에 산다는 것 외에 그 사람에 대해 아무것도 모른다.)
John held responsible **in that he was the leader of the team**.
(존은 팀의 우두머리였기 때문에 책임을 져야 했다.)

전치사의 보충어에 대해서는 P37을 보라.

C36 comprehensible과 comprehensive

comprehensible은 "이해할 수 있는, 알기 쉬운(understandable)"을 의미하고, comprehensive는 "범위가 넓은, 포괄적인"을 의미한다.

He spoke abruptly in barely **comprehensible** Chinese.
(그는 거의 이해할 수 없는 중국어로 갑자기 말했다.)
The book is written in clear, **comprehensible** Korean.
(그 책은 명백하고 이해하기 쉬운 한국어로 쓰여졌다.)

He's written a **comprehensive** guide to Korea. (그는 한국에 대한 포괄적인 안내서를 썼다.)
We offer you a **comprehensive** training in all aspects of the business.
(우리는 당신들에게 사업의 모든 면에 대한 포괄적인 훈련을 시킬 것이다.)

C37 confidential과 secret

이 단어는 "비밀의 정보나 문서"를 말할 때 쓰인다.

1. secret: secret은 특히 소수의 인원만이 공유하는 정보로서 타인에게 알려지는 것을 원치 않는 것을 강조한다.

   A group of soldiers have been training at a **secret** place.
   (일단의 병사들이 비밀스러운 장소에서 훈련을 해오고 있다.)
   The document was written in some kind of **secret** code that we couldn't understand.
   (그 문서는 우리가 알 수 없는 일종의 암호로 작성되어 있다.)

2. confidential: confidential은 특히 개인이나 조직에 대한 정보, 예를 들어 의사만이 알아야 하는 개인의 질병 정보나 은행만이 알아야 하는 개인의 금융 정보 또는 소수의 사람만이 알아야 특정 조직에 대한 정보 같은 것을 말할 때 사용된다.

   A doctor is not allowed to reveal **confidential** information of his patients.
   (의사는 자신의 환자에 대한 비밀정보를 말해서는 안 된다.)
   This information is **confidential**; it must not leave this office.
   (이 정보는 기밀로서 이 방 밖으로 나가서는 안 된다.)

3. top secret와 strictly confidential: "완전한(completely)" 비밀을 말한 때 secret의 경우에는 "top secret"이라고 하고, confidential의 경우에는 "strictly confidential"이라고 한다.

   The lost **top secret** documents had to do with the advanced military weapon systems.
   (분실된 극비 문서는 첨단 군사무기체계와 관련이 있었다.)
   Doctors are required to keep patients' records **strictly confidential**.
   (의사는 환자의 기록을 극비로 지켜야 할 의무가 있다.)

C38 CONGRATULATIONS (축하)

우리는 어떤 사람이 무엇을 성취하거나 성공했을 경우 "축하"를 보내게 된다. 시험에 붙거나, 아이를 낳거나, 약혼이나 결혼을 하거나 하는 거의 모든 좋은 일에 대해서 "congratulations" 란 말로 축하를 보낸다.

1   congratulations: 축하를 표현할 때는 항상 복수형을 사용해야 한다.

"I've passed my driving test yesterday!" "Did you? **Congratulations!**"
("나 어제 운전시험에 합격했어." "그래? 축하해!")
Congratulations on your superb performance! (훌륭한 연주를 축하합니다!)
Congratulations, John. I heard you've passed the exam with top marks.
(축하해, 존. 너 최고 성적으로 시험을 통과했다고 들었어.)

▶ 축하에 대한 응답은 일반적으로 "Thank you (very much)."다.

2   congratulate: 일반적으로 동사형을 사용해서 축하를 하지 않지만, 소망을 표현할 때 사용하는 조동사 "may"와 함께 축하를 표현할 수 있다.

*I **congratulate** you on having passed your driving test.
***Congratulate**, John!
May we **congratulate** you on your promotion! (당신의 승진을 축하합니다!)

▶ 그러나 "축하를 보낸 사실을 말할 때"는 동사를 사용할 수 있다.

She **congratulated** me warmly on my exam results.
(그녀는 나의 시험결과에 대해 따뜻한 축하를 보냈다.)
I **was congratulating** him on having won the race.
(나는 그가 경기에 승리한 것을 축하하고 있었다.)

may에 대해서는 M13.4를 보라.

3   congratulation: 축하 표현으로 사용되지 않을 경우에는 "불가산명사"로 사용된다.

He sent **a letter of congratulation** to the friend who has recently got a job.
(그는 근래에 취직한 친구에게 축하의 편지를 보냈다.)
We sent him **a note of congratulation** on his election victory.
(우리는 그의 선거 승리를 축하하는 메모를 보냈다.)

C39 CONJUNCTS (접속어)

접속어(conjuncts)라고도 부르는 접속 부사구(conjunctive adverbial phrases)는 화자가 말하고자 하는 것과 앞의 상황과의 "논리적 관계"를 표현한다.

부사구에 대해서는 A26-A28을 보라.

1   **형태**: 접속어는 "부사, 전치사구, 비정형절, 정형절" 등 다양한 형태로 실현된다.

It's not really a nice neighborhood. **Still**, she likes living here.　　　[부사]
(여기는 그렇게 좋은 이웃이 아니다. 그러나 그녀는 여기서 살기를 좋아한다.)
It wasn't a good idea; **on the contrary**, it was a huge mistake.　　　[전치사구]
(그것은 좋은 생각이 아니었다. 반대로 큰 실수였다.)
To begin with, he shouldn't have driven my car.　　　[비정형절]
(애당초, 그는 내 차를 운전하지 말았어야 했다.)
As far as Sarah is concerned, I think it's time　　　[정형절]
 we had a serious talk with her parents.
(사라에 대해 말하자면, 그녀의 부모에게 솔직한 말을 할 때가 되었다고 나는 생각한다.)
All in all, it had been one of the worst years of my life.　　　[여타]
(대체로 그때가 내 생애에서 최악의 해 중의 하나였다.)

2   **위치**: 접속어는 일반적으로 "문두위치"에 온다.

See you later. **By the way**, don't forget to bring the camera.
(나중에 보자. 그런데 카메라 가져오는 것 잊지 마라.)
Anyway, I think it's too late to save the company from bankruptcy.
(아무튼 회사를 파산에서 구하는 것이 너무 늦었다고 나는 생각한다.)

(1) "anyhow, anyway, otherwise, though, then" 등은 "문미위치"에 오기도 한다.

The weather looks good. I'll take my umbrella, **though**.
(날씨가 좋아 보인다. 그렇지만 나는 우산을 가져가겠다.)
He may not like my suggestion, but I'll make it, **anyhow**.
(그는 내 제안을 좋아하지 않을 수 있지만, 여하튼 제안하려고 한다.)
Put your coat on; you'll catch a cold, **otherwise**.
(외투를 입어라. 그러지 않으면 감기에 걸릴 것이다.)

(2) "however, therefore, though, on the other hand, by contrast" 등은 "문중위치"에 올 수 있으며, 앞뒤에 쉼표를 찍는 것이 정상이다.

We have, **therefore**, decided to adopt your idea.
(그러므로 우리는 너의 아이디어를 받아들이기로 했다.)
Gerry is not a particularly good student. His brother, **by contrast**, is one of the best.
(개리는 특별히 뛰어난 학생이 아니다. 이와는 대조적으로 그의 동생은 최고 중의 하나다.)
I'd like to eat out, but I should be, **on the other hand**, trying to save money.
(나는 외식하기를 좋아하는데, 다른 한편으로는 나는 돈을 절약해야 한다.)

3   **의미**: 접속어를 그 역할에 따라 의미상으로 분류하기가 쉽지 않다. 따라서 학자에 따라 다른 분류를 한다. 여기서는 몇 가지 대표적인 경우만을 다루게 될 것이다.

4   **열거 (enumeration)**: 이 접속어는 화자가 말하고자 하는 내용을 "순서에 따라 열거"할 때

사용된다.

first(ly)	first of all	finally
for another thing	for one thing	in the first place
lastly	next	second(ly)
to begin with	to start with 등	

First, I would like to thank everyone who has contributed to this success.
(먼저 나는 이 일이 성공하도록 공헌한 모든 분에게 감사하고 싶다.)

There're three reasons that I can't marry her. **To begin with**, her parents are much too rich. **For another thing**, she is taller than me. **Lastly** ...
(내가 그녀와 결혼할 수 없는 세 가지 이유가 있다. 먼저 그녀의 부모님이 지나치게 부자다. 다음은 그녀가 나보다 키가 크다. 마지막으로 ...)

5 추가 (addition): 주어진 한 상황에 다른 "상황을 추가로 제시함"으로써 말하고자 하는 바를 더 명백하게 하려고 할 때 이 접속어를 사용한다. 이 접속어에는 "첨가적" 관계를 나타내는 것과 "반의적" 관계를 나타내는 두 가지 종류가 있다.

(1) 첨가적

| also | besides | furthermore, | in addition |
| moreover | on top of that | similarly | what is more 등 |

Besides breaking his leg, he caught a bad backache.
(그는 다리가 부러진 것 외에 악성 요통에 걸렸다.)
The rent is reasonable, and, **moreover**, the location is perfect.
(임대료가 합리적이고, 더욱이 위치가 완벽하다.)

(2) 반의적

| actually | indeed | in fact | as a matter of fact 등 |

I said I'd consider golfing at the weekend. **As a matter of fact**, I've no intention of doing it.
(나는 주말에 골프를 치는 것을 고려해 보겠다고 했다. 사실은 골프를 칠 의향이 없다.)
"Here's the 100 dollars I owe you." "Well, **actually** you owe me 200 dollars."
("여기 너에게 빚진 100불이 있다." "그런데 말이야 사실 너는 나에게 200불을 빚졌어.")

6 해설 (exposition): 뒤 절이 앞 절의 내용을 "더 구체화할 때" 사용되는 접속어다.

| in other words | that is (to say) | specifically |
| namely | as follows | this means 등 |

The picture is not an original; **in other words**, it's a forgery.
(그 그림은 원작이 아니다. 바꾸어 말해서 위작이다.)
We need someone to fix the machine; **that is to say**, we need a mechanic.
(우리는 기계를 수리할 사람이 필요하다. 다시 말해서 수리공이 필요하다.)

A number of countries have signed the agreement; **specifically**, all the OECD countries have done so.
(많은 나라가 협정에 서명했다. 구체적으로 모든 OECD 국가들이 서명했다.)

7   **예시** (exemplification): 앞에서 언급한 내용을 "예를 제시함"으로써 더 명확히 표현할 때 사용하는 접속사다.

| for example | for instance | in particular | e.g. 등 |

There are lots of things to learn during the vacation; **for instance**, you may learn to play a musical instrument. (방학 동안 배울 것이 많다. 예를 들어 악기를 배울 수 있다.)
The farm grows citrus fruits; **e.g.**, oranges and grapefruits.
(이 농장은 감귤류 과일, 예를 들어 오렌지와 자몽을 재배한다.)

▶ e.g.는 보통 "for example"이라고 읽는다.

8   **요약** (summation)과 **일반화** (generalization): 앞에서 말한 것을 "요약하거나 일반화할" 때 사용되는 접속사다.

all in all	altogether	by and large	generally
in general	in sum	in summary	on the whole
overall	to sum up	to summarize 등	

Overall, girls performed better than boys in tests.
(종합적으로 여학생들이 남학생들보다 시험을 잘 쳤다.)
To sum up, we appreciate your willingness to work cooperatively with us.
(결론적으로 우리와 기꺼이 협력해 주셔서 감사를 드립니다.)
On the whole, the movie was pretty good. (전체적으로 영화가 매우 훌륭했다.)
By and large, children acquire a language relatively quickly.
(전반적으로 아이들이 언어를 비교적 빨리 습득한다.)

9   **추론** (inference)과 **결론** (consequence): 지금까지의 상황에 비추어 "추정되는 결론"을 표현하려고 할 때 사용된다.

accordingly	as a result	consequently
else	in conclusion	in consequence
in other words	in that case	otherwise
so	then	therefore 등

He hadn't gotten vaccinated; **consequently**, he got malaria.
(그는 예방주사를 맞지 않았고, 결과적으로 말라리아에 걸렸다.)
You'll have to go now; **otherwise**, you'll miss your bus.
(지금 가야 한다. 그렇지 않으면 버스를 놓칠 것이다.)
Hurry up **or else** you can't get there in time.
(서둘러라. 안 그러면 그곳에 시간 내에 갈 수 없다.)

We have a different background. **Accordingly**, we have the right to take different jobs.
(우리는 배경이 다르다. 따라서 우리는 다른 직업을 가질 권리가 있다.)
In conclusion, I'd like to say how much I've enjoyed myself today.
(결론적으로 오늘 정말 즐거웠다고 말씀드리고 싶습니다.)
Williams didn't succeed first time, but **then** very few people do.
(윌리엄스는 처음에는 성공하지 못했다. 그렇다 치더라도 처음에 성공하는 사람은 매우 적다.)

10 **대조** (contrast): 앞에서 언급한 것과 다르거나 "상반된 말" 또는 "대조가 되는 말"을 하려고 할 때 사용되는 접속어다.

by contrast	conversely	even so/now/then
however	in other words	instead
more accurately	nonetheless	nevertheless
on the contrary	on the other hand	though
yet 등		

"It's cold." "**On the contrary**, it's hot."
("날씨가 춥다." "무슨 소리야. 덥다.")
He had two heart attacks in a year; it hasn't stopped him smoking, **though**.
(그는 1년 동안에 두 번이나 심장마비에 걸렸었다. 그런데도 담배를 끊지 못했다.)
The number of smokers has declined, but, **by contrast**, that of teenager smokers has increased. (흡연자 수가 감소했다. 그러나 대조적으로 십 대의 흡연자 수는 증가했다.)
I disagreed with what he said, but he's a very good speaker, **nevertheless**.
(나는 그가 말한 것에 동의할 수 없다. 그럼에도 불구하고 그는 매우 훌륭한 연설가다.)
Running can strengthen your muscles, but **conversely**, it can also damage your knees.
(뛰는 것은 근육을 튼튼하게 할 수 있다. 그러나 반대로 무릎에 손상을 줄 수도 있다.)

11 **무관함** (dismissal): 앞에서 말한 "내용과 상관없이 어떤 상황"이 발생하는 것을 말할 때 사용한다.

anyway   anyhow   at any rate   at least 등

Of course I don't mind taking you home — I'm going that way **anyway**.
(물론 집에 데려다줄 수 있지. 어쨌든 그쪽으로 가거든.)
Well, I'm not going **at any rate**. (글쎄! 좌우지간 나는 안 간다.)
She may not like my visit, but I'll go and see her **anyhow**.
(그녀는 내가 찾아가는 것을 싫어할지 모르지만, 여하튼 나는 가서 그녀를 만날 것이다.)

12 **전환**: 담화의 "주제를 바꿀 때" 사용하는 접속어다.

incidentally   by the way 등

Nobody asked you to come. **Incidentally**, where are you staying?
(아무도 너보고 오라고 하지 않았어. 말이 난 김에 말인데, 너 어디에 머물고 있어?)

By the way, how did your seminar go? (그건 그렇고, 세미나 잘됐어?)

13 **시간 벌기**: 말할 것을 생각하기 위해 "머뭇거릴 때" 종종 사용하는 접속어다.

let me see	let's see	let me think	well
you know	I mean	kind of	sort of 등

"Can you give me some discount on this bag?" "**Well, let me see** ..."
("이 백 값을 좀 깎아주실 수 있습니까?" "글쎄요. 어디 봅시다 ...")
"What's his name?" "**Let me think** ..."
("그 사람 이름이 뭐지?" "생각 좀 해보자 ...")
It's just not right. **I mean**, it's unfair.
(그거 전혀 옳지 않습니다. 내 말은 불공평하다는 것입니다.)

C40　CONJUNCTIONS (접속사)

접속사는 절 또는 절의 일부를 결합하는 기능을 한다. 접속사에는 문장의 두 부분을 대등하게 연결하는 "등위접속사(coordinating conjunctions)"와 한 부분을 다른 부분에 종속시키는 "종속접속사(subordinating conjunctions)" 두 종류가 있다.

John has long hair, **and** Bill wears jeans.　　　[등위접속]
(존은 머리가 길고, 빌은 청바지를 입고 있다.)
I went to bed early **because** I was extremely tired.　[종속접속]
(나는 너무나 피곤해서 일찍 잠에 들었다.)

등위접속과 종속접속의 문법적인 차이는 등위접속된 성분을 등위접속사와 함께 주절 앞으로 이동할 수 없는 데 반하여, 종속접속된 성분은 주절 앞으로 이동할 수 있다는 점이다.

John has long hair, **and** Bill wears jeans.
(***And** Bill wears jeans, John has long hair.)
(참고: Bill wears jeans, and John has long hair.)

I went to bed early, **because** I was extremely tired,
Because I was extremely tired, I went to bed early.

1　**등위접속사**: 등위접속사로는 다음과 같은 것들이 있다.

의미/기능	단순	상관
추가/나열	and	both ... and, not only ... but
선택	or	either ... or
대조	but, yet	not ... but
부정적 추가	nor	neither/not ... nor

등위접속사는 "문법적으로 동일한 유형의 성분"을 결합하며, 대표적인 등위접속사로는

"and, or, but"가 있다.

We brought the food, **and** they supplied the drink. [추가]
(우리는 음식을 가져오고, 그들은 음료를 준비했다.)
We walked **into the building and up the stairs**.
(우리는 건물로 들어가서 층계 위로 올라갔다.)
The boy ate **bread and cheese** for lunch.
(그 남자아이는 점심으로 빵과 치즈를 먹었다.)
We **drank and danced**. (우리는 마시고 춤췄다.)
The thief moved **quickly and quietly**. (도둑은 민첩하고 소리 없이 움직였다.)
He **can and will** prevail. (그는 승리할 수 있고 승리할 것이다.)

She's living in Busan, **or** she was spending a vacation there. [선택]
(그녀는 부산에 살고 있거나 그곳에서 휴가를 보내고 있었다.)
Would you like **coffee or tea**? (커피를 마시겠습니까? 차를 마시겠습니까?)
To be or not to be, that is the question. (사느냐 죽느냐 그것이 문제다.)
We can **go swimming or sit on the beach**.
(우리는 수영을 가거나 해변에 가서 앉아 있을 수 있다.)

Kelly was a criminal, **but/yet** many people admired him. [대조]
(켈리는 범법자였다. 그러나 많은 사람들이 그를 좋아했다.)
The girl is **pretty but dumb**. (그 아가씨는 예쁘지만 멍청하다.)

▶ but는 (대)명사 앞에서는 except를 의미하는 "전치사"로 사용된다. (B23와 B35.2를 보라.)

We could leave any day **but Friday**. (우리는 금요일을 제외하고는 언제든지 떠날 수 있었다.)
No one **but him** could have done it. (그 사람 말고는 누구도 그것을 할 수 없었다.)

2 **종속접속사**: 영어에는 다양한 종속접속사가 있으며, 그들이 표현하는 의미도 다양하다.

의미/기능	단순	복합
비교	as, than, like	as if, as though, as ... as, so ... as
조건	if, unless	seeing (that), given (that), provided (that), providing (that), as/so long as
대조	although, though, while, whereas	even though, although ... yet
정도		as far as, so ... that
예외		but (that), except (that)
장소	where, whereas	
선호		rather than, sooner than
비례	as	as ... so, the ... the
목적		so that, in order that
이유/원인	because, as, since	now (that)

관점			in that
결과			so that, such that
간접의문		whether, if	whether ... or
간접서술		(that)	
시간	동시	when(ever), while, as	
	과거	before, until, till	
	미래	after, since	
	방금	once, when, whereupon	immediately (that)
수식/ 관계대명사	사람	who, whom, whose, that	
	사물	which, that	
	장소	where, that	
	시간	when, that	
	이유	why, that	
	방법	how, that	

▶ 종속접속사는 "명사절, 형용사절, 부사절"을 이끌 수 있다.

Everybody knows **that soccer is very popular in Brazil**.　　　　[명사절]
(축구가 브라질에서 인기가 높다는 것을 모든 사람이 알고 있다.)
Whether I will be rewarded does not concern me.
(내가 보상을 받고 안 받고는 나는 관심이 없다.)
I don't mind **how I'll be rewarded**.
(나는 어떻게 보상을 받아도 괜찮다.)
Everybody wants to know **when they'll be rewarded**.
(모든 사람이 언제 보상을 받을 것인지를 알고 싶어 한다.)
I don't know **whether she still works there**.
(나는 그녀가 아직도 그곳에서 일하고 있는지 모른다.)

The team **that scores the highest points** will receive an award.　　[형용사절]
(가장 높은 점수를 딴 팀은 상을 받을 것이다.)
He gave the money to the man **who he hired for the job**.
(그는 일을 시키려고 고용한 남자에게 돈을 주었다.)
He bought a book **which describes insects**.
(그는 곤충을 설명하는 책을 샀다.)
1988 was the year **when Seoul Olympic Games were held**.
(1988년이 서울 올림픽이 개최된 해다.)

We'll begin **when you're ready**.　　　　　　　　　　　　　　[부사절]
(우리는 네가 준비되면 시작할 것이다.)
The concert was canceled **because the first violist became ill**.
(제 일 바이올리니스트가 아파서 음악회가 취소되었다.)

After he finished supper, he went to bed. (그는 저녁을 먹은 후에 잠자리에 들었다.)
We couldn't finish the assignment, **although we worked day and night**.
(우리는 밤낮으로 애썼으나 숙제를 끝낼 수 없었다.)
Soccer is a popular spectator sport in England, **whereas football attracts large audiences in the United States**. (미국에서는 미식축구가 많은 관중을 매료시키는 반면, 영국에서는 축구가 인기 있는 관중 스포츠다.)
If I see him, I'll invite him to the party. (그를 보면 파티에 초청할 것이다.)

3   **접속사와 생략**: 반복되는 개념을 표현하는 단어들은 등위접속절의 두 번째 절에서 종종 생략될 수 있지만 (상세한 것은 E14-E16을 보라.), 일반적으로 종속절에서는 생략이 일어나지 않는다. 다음을 비교해보라.

She was depressed, **and** didn't know what to do.
(그녀는 의기소침했고 무엇을 해야 할지 몰랐다.)
(= She was depressed, **and she** didn't know what to do.)
She was depressed, **because she** didn't know what to do.
(그녀는 무엇을 해야 할지 몰라서 의기소침했다.)
(*She was depressed, **because** didn't know what to do.)

4   **주어와 be동사의 생략**: 그러나 종속접속사 "if, when, while, whereas, until, once, since, unless, (al)though" 다음에서는 "대명사 주어와 be동사"가 생략될 수 있다.

Repairs will be made **wherever (they are)** necessary. (필요한 곳은 어디든지 수리할 것이다.)
Although (he is) only a child, he works as hard as an adult.
(그는 어린아이지만 어른처럼 열심히 일한다.)
Since (it was) supported by the majority, the project will be carried out.
(그 계획은 과반수의 지지를 받기 때문에 실행에 옮겨질 것이다.)
If (you are) in doubt, wait and see. (의심이 간다면 어떻게 되는지 지켜봐라.)
When (you are) in Rome, do as the Romans do. (로마에 가서는 로마법을 따라라.)
Wait here **until (it is) dark**. (어두워질 때까지 여기서 기다려라.)
Once (I am) in bed, I usually read for ten minutes before turning off the light.
(나는 일단 침대에 들면 불 끄기 전에 보통 10분간 독서를 한다.)
All this I have spoken **while still with you**.
(내가 아직 너희와 함께 있어서 내가 너희에게 이 말을 하였거니와) [요 14:25]

5   **시간 접속사**: 시간 관계를 나타내는 (after, before, since, when, while, whenever, once, until과 같은) 접속사 다음에는 완전한 형태의 문장 대신에 "주어가 생략된 다양한 형태의 성분"이 나타날 수 있다.

While walking along the street, he ran across an old friend of his.
(그는 거리를 걷다가 옛 친구 한 명과 마주쳤다.)
He went for a walk, **after having finished breakfast**.
(그는 아침을 먹은 후에 산책을 나갔다.)

When a boy, I was full of hopes and anxieties.
(내가 소년일 때는 희망과 고민으로 가득했다.)
Some things are never forgotten, **once learned.**
(어떤 것은 한번 배우면 절대 잊어버리지 않는다.)
Before leaving, he said good-bye to each of them.
(떠나기 전에 그는 그들 각자에게 작별인사를 했다.)

접속사에 대해서는 개별 항목을 보라.

C41 consequent와 consequential

consequent와 consequential은 기본적으로 "결과적인, 결과로 생기는" 또는 "필연적인, 당연한"의 의미로 사용된다.

Our use of harmful chemicals and the **consequent(ial)** demage to the environment is a very serious matter.
(유해한 화학제품의 사용과 결과적으로 발생한 환경파괴는 매우 심각한 문제다.)
His long illness and **consequent(ial)** absence put him far behind in his work.
(장기간에 걸친 질병과 그에 따른 결근은 그로 하여금 업무에서 크게 뒤지게 했다.)

▶ 이 단어들은 일반적으로 명사를 앞에서 한정적으로 수식한다. 그러나 consequent는 전치사 "on/upon"을 대동하고 드물게 서술적으로도 쓰인다.

The widespread famine in Africa has been **consequent on** the long draught.
(아프리카의 광범위한 기근은 장기간의 가뭄의 결과였다.)
We expect the rise in prices **consequent upon** the failure of the crops.
(우리는 곡물 생산량 부족의 결과로 가격인상을 예상하고 있다.)

▶ "consequential"은 "consequent"와는 달리 "중요한(significant)"의 의미로도 쓰인다.

From a medical point of view, a week is usually not a **consequential** delay.
(의학적 관점에서 일주일이란 기간은 그리 중요한 지연이 아니다.)
The committee have made several **consequential** decisions on environmental issues.
(위원회는 환경문제에 대해 몇 가지 중대한 결정을 내렸다.)

C42 consul, council, counsel

이 세 단어는 철자도 비슷하고 발음도 비슷하지만, 물론 다른 의미를 가지고 있다. "영사"를 의미하는 consul은 [kánsəl]로 발음하고, "협의회"를 의미하는 council과 "충언"을 의미하는 counsel은 동일하게 [káʊnsəl]로 발음한다.

I'm a Swedish. Is there a Swedish **consul** in Busan?
(저는 스웨덴 사람입니다. 부산에 스웨덴 영사관이 있습니까?)
The **council** of ministers advised the king to dismiss the general.
(국무회의는 왕에게 그 장군을 해임할 것을 권고했다.)

I should have listened to my father's **counsel** and saved some money.
(내가 우리 아버지의 충고를 들었다면 돈을 좀 절약했을 것이다.)

C43   contagious와 infectious

이 두 단어는 전염성의 질병을 표현할 때 사용된다. contagious는 사람들 간의 "직·간접적 접촉"에 의해 전염되는 질병을 말하고, infectious는 "균이나 바이러스가 공기나 물 또는 음식"을 통해 전염되어 발생하는 질병을 말한다.

Scarlet fever is a **contagious** disease. (성홍열은 접촉성 전염병이다.)
It's a highly **contagious** disease, so don't let anyone else use your towel.
(이 질병은 전염성이 높기 때문에 다른 사람이 네 수건을 사용하지 않게 해라.)

Measles is an **infectious** disease. (홍역은 (공기로 전염되는) 전염병이다.)
The whole world is struggling against the **infectious** disease, caused by corona virus.
(전 세계가 코로나 바이러스가 일으킨 전염병과 싸우고 있다.)

C44   contemptible과 contemptuous

이 단어들은 "contempt(업신여김, 경멸, 모욕)"에서 파생된 형용사다. "contemptible(경멸 받을 만한, 비열한)"은 어떤 대상이 업신여김을 받을만한 "속성"을 가지고 있음을 의미하고, "contemptuous(경멸적인, 모욕하는)"은 어떤 대상에 대해 경멸 또는 모욕을 "느끼는" 것을 의미한다.

Cheating on an exam is considered one of the most **contemptible** acts in school.
(시험에서 속이는 것은 학교에서 가장 비열한 행위 중의 하나로 간주된다.)
They were portrayed as **contemptible** cowards. (그들은 비열한 비겁자로 그려져 있다.)

She's **contemptuous** of my humble home and poor surroundings.
(그녀는 나의 초라한 집과 열악한 환경을 경멸했다.)
She gave her **contemptuous** glance and spat on him.
(그녀는 그에게 모욕적인 눈길을 주고 침을 뱉었다.)

C45   continual과 continuous

"continual(자주 일어나는, 빈번한)"은 일정한 기간 동안 "규칙적으로 반복되면서 계속되는" 것을 의미하고, "continuous(연속적인, 끊임없는)"는 "간단없이 계속되는" 것을 의미한다. 이 단어들은 일반적으로 명사를 앞에서 수식하는 "한정적" 위치에 온다.

We experienced a **continual** series of hot spells last summer.
(우리는 지난여름에 일련의 반복적인 폭염 기간을 체험했다.)
No body likes **continual** interruptions while he's reading.
(독서하는 동안 빈번한 방해를 받는 것을 좋아하는 사람은 없다.)

On holidays, we can see a **continuous** line of cars on highways.
(휴일에는 고속도로에서 끊임없는 자동차 행렬을 볼 수 있다.)
She gave **continuous** performance from 1 p.m. to 11:30 p.m.
(그녀는 오후 1시부터 11시 30분까지 연속적으로 연주를 했다.)

C46 CONTRACTIONS (축약)

"I have"를 "I've"로, "I do not"를 "I don't"로 줄여서 말하는 형태를 "축약형"이라고 부른다. 축약형에는 "조동사의 축약"과 "조동사와 부정소 not의 축약" 두 가지가 있다. 구어체에서는 축약형이 많이 쓰인다.

1   **조동사의 축약**: be 동사와 have 동사, 양상조동사 will과 would 축약형을 가진다.

비축약형	축약형 [발음]
I am	**I'm** [aɪm]
I have	**I've** [aɪv]
I will	**I'll** [aɪl]
I would/had	**I'd** [aɪd]
you are	**you're** [jər/juər]
you have	**you've** [ju:v]
you will	**you'll** [ju:l]
you would/had	**you'd** [ju:d]
he is/has	**he's** [hi:z]
he will	**he'll** [hi:l]
he would/had	**he'd** [hi:d]
she is/has	**she's** [ʃi:z]
she will	**she'll** [ʃi:l]
she would/had	**she'd** [ʃi:d]
it is/has	**it's** [ɪts]
it will	**it'll** [ɪtl]
it would/had	**it'd** [ɪtəd]
we are	**we're** [wɪər]
we have	**we've** [wi:v]
we will	**we'll** [wi:l/wɪl]
we would/had	**we'd** [wi:d]
they are	**they're** [ðeər]
they have	**they've** [ðeɪv]
they will	**they'll** [ðeɪl]
they would/had	**they'd** [ðeɪd]

▶ 과거형 be 동사 "was와 were" 그리고 조동사 "do, does, did"는 주어와 축약되지 않는다. 조동사와 부정소 not과의 축약에 대해서는 C46.5를 보라.

2　　**is와 has**: 이들은 "-'s"로 축약되며 "대명사, 명사, 의문사, 무강세 there, here" 등 대부분의 주어 표현 다음에 나타난다.

My mother's coming to see me soon. (어머니가 나를 보러 곧 올 것이다.)
Where's the station? (정거장이 어디입니까?)
There's a problem. (문제가 하나 있다.)

He's studied Sanskrit for almost 30 years. (그는 거의 30년 동안 산스크리트를 연구하고 있다.)
There's been an explosion in downtown. (시내에서 폭발이 일어났다.)

3　　**was와 were**: "be동사"의 과거형인 was와 were는 축약되지 않는다.

He was studying when I returned home. (내가 집에 돌아왔을 때 그는 공부를 하고 있었다.)
(*He's studying when I returned home.)
They were watching the television last night. (그들은 어젯밤에 텔레비전을 보고 있었다.)
(*They're watching the television last night.)

4　　**축약형 -'ll, -'d, -'re, -ve**: 일반적으로 제한적이며 "대명사와 무강세 there" 다음에 쓰인다. "-d"는 "had와 would의 축약형"이라는 점에 유의하라.

He'll apply for the job. (그는 그 일자리에 지원할 것이다.)
He'd like to take a walk with you. (그는 너와 산책을 하고 싶어 한다.)
You'd better stay home. (집에 있는 것이 좋겠다.)
They're listening to the radio. (그들은 라디오를 듣고 있다.)
I've been seeing her quite often recently. (나는 최근에 그녀를 꽤 자주 만난다.)
There'll be a big demonstration in front of the City Hall.
(시청 앞에서 대규모 시위가 있을 것이다.)
There'd be a meeting every Saturday. (토요일마다 모임이 있을 것이다.)
There'd been a big riot before we came. (우리가 오기 전에 큰 소동이 있었다.)
There're a lot of tourists wanting to shop at Itaewon.
(많은 관광객들이 이태원에서 쇼핑하기를 원한다.)
There've been a series of armed provocations along the border line.
(국경선을 따라 일련의 무장도발이 있었다.)

▶ have는 종종 다른 조동사 뒤에서도 축약이 일어난다.

I think you **would've** been a success if you**'d** studied physics.
(내 생각에 너는 물리학을 공부했어도 성공했을 것이다.)

▶ 명사구 주어 다음에서는 (적어도 철자 상으로는) 조동사의 축약이 허용되지 않지만, 발음 상으로는 축약이 일어나기도 한다.

My brother will ([brʌðərl]) stay with us at the weekend.
(내 동생이 주말에 우리와 함께 머물 것이다.)
(*My brother'll stay with us at the weekend.)
Nobody knew what had ([wʌtəd]) happened after I left.
(내가 떠난 후에 무슨 일이 있었는지 아무도 모른다.)
(*Nobody knew what'd happened after I left.)

5   **조동사와 not의 축약**: 모든 조동사는 부정사 not와 결합할 때 축약형을 갖는다.

비축약형	축약형 [발음]
am not	**ain't** [eɪnt]/**aren't** [ɑrnt]
is not	**isn't** [ɪznt]
are not	**aren't** [ɑrnt]
was not	**wasn't** [wɔznt]
were not	**weren't** [wə:rnt]
do not	**don't** [dəʊnt]
does not	**doesn't** [dʌznt]
did not	**didn't** [dɪdnt]
have not	**haven't** [hævnt]
has not	**hasn't** [hæznt]
had not	**hadn't** [hædnt]
cannot	**can't** [kænt]
could not	**couldn't** [kʊdnt]
may not	**mayn't** [meɪnt]
might not	**mightn't** [maɪtnt]
will not	**won't** [wəʊnt]
would not	**wouldn't** [wʊdnt]
shall not	**shan't** [ʃænt]
should not	**shouldn't** [ʃʊdnt]
must not	**mustn't** [mʌsnt]
ought not	**oughtn't** [ɔ:tnt]
used not	**usedn't** [ju:snt]
need not	**needn't** [ni:dnt]
dare not	**daren't** [deərnt]

축약형 "mayn't"는 현대영어에서 거의 사용되지 않는다.
daren't, shan't, usedn't는 미국영어에서 자주 쓰이지 않는다.

6   **두 가지 축약형**: "조동사와 부정소 not"를 포함하는 문장은 두 가지 축약형 문장을 갖는다. 이 둘은 거의 구분 없이 사용된다.

That man **is not** my cousin. (저 사람은 내 사촌이 아니다.)
That man**'s not** my cousin.   [조동사 축약]
That man **isn't** my cousin.   [조동사와 not의 축약]

▶ 조동사가 전치되는 구조에서 부정소 not는 조동사와 함께 축약형이 될 경우에만 주어 앞으로 전치될 수 있다.

Isn't that man your cousin? (저 사람이 네 조카 아니야?)
(***Is not** that man your cousin?)
Is that man **not** your cousin?

7   **am not의 축약**: 의문문에서 (영국영어에서) "aren't"로만 축약된다.

I'm all right, **aren't** I? (난 괜찮지?)

8   **ain't**: ([emt] 또는 [ent]로 발음되며) 방언이나 교육 정도가 낮은 사람들이 사용하는 비표준 영어로서 "am not, are not, is not, have not, has not"의 축약형으로 사용된다.

I **ain't** going to see her again. (= am not) (나는 그녀를 다시 안 볼 것이다.)
You **ain't** a gentleman. (= are not) (너는 신사가 아니다.)
"Is It raining." "No, **it ain't**." (= is not) ("비가 옵니까?" "아니요. 안 옵니다.")
Bill **ain't** been here for days. (= has not) (빌은 여기 오래 있지 않았다.)
I **ain't** got any more money. (= have not) (나는 돈이 더 없다.)

9   **접속사와 축약**: 접속사로 "결합된 주어" 다음에서는 적어도 "조동사의 축약"을 "철자"로 표기하지 않는다. 그러나 조동사와 not의 축약은 가능하다.

My brother and I have stayed for about a year in Hawaii.
(형님과 나는 하와이에 약 1년 동안 있었다.)
(***My brother and I've** stayed for about a year in Hawaii.)
John and you will take care of the dog while we're away.
(우리가 없는 동안 존과 네가 강아지를 돌봐야 할 것이다.)
(***John and you'll** take care of the dog while we're away.)
John and I haven't decided to split up yet. (존과 나는 아직 헤어지기로 결정하지 않았다.)
John and Mary won't take care of the dog while we're away.
(우리가 없는 동안 존과 메리가 강아지를 돌보지 않을 것이다.)

▶ 실제로 철자 상으로는 조동사의 축약이 허용되지 않지만 종종 "발음에서는 축약"이 일어 난다.

My brother and I have ([aɪv]) stayed for about a year in Hawaii.
John and you will ([juːl]) take care of the dog while we're away.
John should have ([ʃʊdv]) seen the dentist. (존은 치과에 갔었어야 했다.)

10   **축약의 불용**: 조동사 뒤에 따라 나오는 성분이 "생략되었거나 다른 곳으로 이동했을 경우"

에는 주어 다음에 오는 조동사 축약이 허용되지 않는다. 그 이유는 "주강세"가 항상 마지막 성분인 조동사에 오기 때문이다. 조동사가 축약되면 강세를 받을 모음이 없어지게 되므로 축약이 일어날 수 없다.

"Are you coming tomorrow?" "Yes, **I am**/*Yes, **I'm**."
("내일 오실 겁니까?" "네 그렇습니다.")
(참고: "Yes, **I'm** coming tomorrow.")
Jack's worked here longer than **John has**/*John's. (잭은 존보다 여기서 더 오래 일했다.)
Do you know who **he is**/*he's? (그가 누군지 알아?)
They're all newcomers, and **we are** too/*we're too.
(그들은 모두 신출내기며, 우리도 마찬가지다.)

▶ 그러나 부정소 not가 있을 경우에는 "두 가지 축약형"이 다 허용된다. 그 이유는 조동사 또는 not가 축약되어도 어느 하나에 모음이 남아 있어서 강세를 받을 수 있기 때문이다.

"Is he coming tomorrow?" "No, he**'s not**/he **isn't**."
("그는 내일 오실 겁니까?" "아니요. 안 올 겁니다.")
He hasn't studied at Harvard, and I**'ve not** either/I **haven't** either.
(그는 하버드 출신이 아니며 나도 아니다.)
"Are they students?" "No, they**'re not**/they **aren't**."
("그들은 학생입니까?" "아니요. 학생이 아닙니다.")

C47 contrary, contradictory, opposite

이 단어들은 양립할 수 없는 "상반된 진술, 견해, 개념, 감정, 방향, 경향 또는 위치" 등을 표현할 때 사용된다.

1   contradictory: 어떤 두 속성이 한 개체에 동시에 존재할 수 없는 것을 말한다. 따라서 "John is alive"와 "John is dead"에서 "John"이 동일한 사람을 가리킬 때, 이 두 문장은 "상반된, 모순된(contradictory)" 진술이라고 할 수 있다. 형식논리학적으로 볼 때 위의 두 진술은 동시에 "진실(true)"이 되거나 "거짓(false)"이 될 수 없음을 말한다.

"Life" and "death" are **contradictory** terms. ("삶"과 "죽음"은 정 반대의 의미를 가진 단어다.)
His speech was full of **contradictory** statements. (그의 연설은 모순된 말로 꽉 차 있었다.)
I've been given **contradictory** advice — someone told me to keep it warm and someone else told me to put ice on it. (나는 정 반대의 조언을 받았다. 어떤 사람은 그곳을 따뜻하게 하라고 하고 다른 사람은 그곳에 얼음을 올려놓으라고 했다.)

▶ contradictory는 "현저한 차이"를 의미하는 경우도 있다.

The two boys gave **contradictory** accounts of the accident.
(두 남자아이들이 사고에 대해 매우 다른 설명을 했다.)
First reports of the election were so **contradictory** that we could not tell who won.
(선거에 대한 첫 보고들이 너무나 차이가 나서 누가 승리했는지를 말할 수 없었다.)

2. **contrary**: contrary는 일반적으로 contradictory와 같은 의미로 사용되지만, 논리적으로는 다른 의미를 갖는다. 예를 들어 "It's hot"와 "It's cold"는 상반된 진술로서 동시에 진실일 수는 없으나, "alive"와 "dead"의 경우와는 달리 "It isn't hot"와 "It isn't cold"는 동시에 진실일 수 있다. 다시 말해서 두 개념이 그 정도의 극단에서는 동시에 성립할 수 없으나 중간 단계(not hot와 not cold)에서는 가능한 경우를 contrary라고 한다.

"Wisdom" and "folly" are **contrary** terms. ("지혜"와 "우둔"은 상반된 의미를 가진 단어다.)
What you have done is **contrary** to the doctor's orders.
(네가 한 짓은 의사의 지시에 어긋난다.)
The result was **contrary** to expectations. (결과는 기대를 벗어났다.)
The government's actions are **contrary** to the public interest.
(정부의 행동은 대중의 이익에 반한다.)

▶ 우리가 통상적으로 반의어(antonyms)라고 하는 것에는 "tall과 short, love와 hate, safety와 danger"처럼 대부분이 contrary한 것이지만, "male과 female, alive와 dead, life와 death"처럼 contradictory한 것도 있다.

▶ 방금 말한 것을 반박할 때 쓰는 "on the contrary"와 같은 부사구가 많이 쓰인다. C39.1,10과 C48을 보라.)

"Didn't you find the movie exciting?" "**On the contrary**, I fell asleep half way through it." ("영화가 재미있지 않았습니까?" "아니요. 영화가 절반쯤 지났을 때 잠들고 말았습니다.")
"I believe you like your job." "**On the contrary**, I hate it."
("나는 네가 다니는 직장을 좋아한다고 생각하는데." "아니요, 혐오합니다.")

3. **opposite**: "정 반대"를 의미한다는 점에서 contradictory와 contrary와 유사하다. 특히 "경향, 성격, 견해의 차이" 또는 "상반된 방향, 위치, 여건" 등을 가리킬 때는 opposite를 사용한다.

We need to approach the problem from the **opposite** direction.
(우리는 그 문제를 반대 방향에서 접근할 필요가 있다.)
The store was on the **opposite** side of the street. (그 상점은 그 거리 반대편에 있었다.)
The two researchers came to completely **opposite** conclusions.
(두 연구자는 완전히 상이한 결론에 도달했다.)

▶ 어떤 단어의 반의어를 물어볼 때는 opposite를 사용한다.

"Small" is the **opposite** of "big" and also of "large."
("small"은 "big"의 반의어이면서 또한 "large"의 반의어이기도 하다.)

C48   CONTRAST (대조)

대조에는 두 가지 종류가 있다. 두 사실이 있을 때 한 사실이 다른 사실에 비추어 "놀라운 사실"일 경우와 한 사실이 다른 사실과 "상반되는 경우"가 있다. 일반적으로 대조를 이루는 내용은 적절한 접속사를 사용하여 표현된다.

1   놀라운 사실의 대조

등위접속사: **but**
전치사: **in spite of, despite**
종속접속사: **although, though, even though, as, that**
접속어: **however, yet, nevertheless, nonetheless, (but) still, even (so), all the same** 등

They rushed to the hospital, **but** they were too late.
(그들은 병원으로 달려갔으나 너무 늦었다.)
John baptized with water, **but** you will be baptized with the Holy Spirit.
(요한은 물로 세례를 베풀었으나 너희는 성령으로 세례를 받으니라.) [행 11:16]
Mary and John stayed together for twenty years, **in spite of/despite** their differences.
(메리와 존은 차이점이 있음에도 불구하고 20년을 같이 살았다.)
Tomorrow's weather will stay generally fine, **(al)though** there'll be occasional showers later in the day. (오후에 소나기가 가끔 내리겠지만 내일 날씨는 대체로 맑을 것이다.)
Poor **as/though/that** they were, they gave money to charity.
(비록 가난했지만 그들은 자선단체에 돈을 기부했다.)
Chulsoo was still suffering from a knee injury. **Nevertheless/Nonetheless**, he was chosen to run in the marathon. (철수는 아직도 무릎 부상으로 고생하고 있다. 그럼에도 불구하고 그는 마라톤에서 뛰도록 선발되었다.)
It rained almost every day. **All the same**, we all managed to enjoy our vacation.
(거의 매일 비가 내렸다. 그렇지만 우리 모두는 휴가를 즐길 수 있었다.)

2   상반된 사실의 대조

등위접속사: **but**
종속접속사: **while, whereas**
접속어: **on the other hand, in/by contrast, on the contrary** 등

The purpose of the scheme is not to help the employers **but** to provide work for young men. (이 계획의 목적은 고용주를 도와주려는 것이 아니라 젊은이들에게 일자리를 마련해 주기 위한 것이다.)
In Britain the hottest month of the year is usually July, **while/whereas** in Australia it is usually the coldest.
(영국에서는 일반적으로 7월이 가장 더울 때지만, 호주에서는 그때가 가장 추울 때다.)
I'd like to eat out, but **on the other hand**, I should be trying to save money for the tuition of the new semester.
(나는 외식을 좋아하지만, 다른 한편으로는 새 학기 등록금을 위해 돈을 저축하도록 해야 한다.)

대조 접속사와 may와 might에 대해서는 M14.3을 보라.
대조를 위한 표현에 대해서는 각 항목을 보기 바란다.

C49 converse와 reverse

이 단어들은 두 "사람, 행위, 생각, 의미, 특성, 위치, 방향" 등이 "서로 완전히 다르다"는 것, 즉 "상반된다"는 것을 의미한다.

1   converse: 격식적이고 전문적인 단어로서 방금 언급한 진술과 상반되는 의미를 강조할 때 쓰이며, 일반적으로 "정관사 the"가 동반된다.

Wage increases on a large scale always lead to inflation, but unfortunately **the converse** is not always true.
(임금을 크게 인상하는 것이 항상 물가상승을 이끌지만, 불행하게도 그 반대는 항상 진실이 아니다.)
It's possible, of course, that **the converse** of this theory is also true.
(물론 이 이론의 반대도 진실일 수 있다.)
Some teachers welcomed the change, but for the majority of teachers, **the converse** is true. (어떤 선생님들은 변화를 환영했지만, 대부분의 선생님들은 반대다.)

▶ 상반되거나 대조되는 두 상황을 나란히 언급할 때는 conversely를 사용한다.

American consumers prefer white eggs; **conversely**, British buyers like brown eggs.
(미국 소비자들은 흰 달걀을 선호하지만, 반대로 영국 구매자들은 브라운색 달걀을 좋아한다.)
Running can strengthen your leg muscles, but **conversely**, it can damage your knee joints.
(뛰는 것은 다리 근육을 든든하게 할 수 있으나, 반대로 무릎관절에 손상을 줄 수 있다.)

2   reverse: 어떤 "상황, 생각, 과정, 절차" 등이 일상적인 것 또는 방금 언급한 것과 "완전히 반대되는 것"을 강조한다. 이 경우 일반적으로 opposite과 바꾸어 쓸 수 있다.

She did the **reverse/opposite** of what I ordered. (그녀는 내가 지시한 것과 반대로 행동했다.)
The economic situation is certainly improving, but widespread unemployment suggests the **reverse/opposite**.
(경제 여건이 좋아지고 있는 것은 확실하지만, 만연한 실업은 그 반대를 의미할 수 있다.)
The acid must be added to the water — the **reverse** can be highly dangerous.
(산을 물에 추가해야 한다. 그 반대로 하면 매우 위험할 수 있다.)

▶ reverse는 어떤 물건의 "뒷면"을 가리킬 때 사용된다.

His name is on the **reverse** of the medal. (그의 이름이 메달의 뒷면에 있다.)
Play the **reverse** of this phonograph record to hear the song Arirang.
(아리랑 노래를 들으려면 이 음반의 뒷면을 틀어라.)

▶ "뒤나 반대 방향 또는 이동"을 가리킬 때도 사용한다.

Drive the car in **reverse** until you get out of the garage.
(차고에서 빠져 나올 때까지 차를 뒤로 운전해야 한다.)
The **reverse** gear makes the automobile move backwards.
(후진기어는 자동차를 뒤로 움직이게 한다.)

C50 cooperate와 collaborate

cooperate는 "(어떤 목적을 위해) 협력하다, 협동하다"를 의미하고, collaborate는 "공동으로 제작하다, 공동 집필하다, (적에게) 협력하다"를 의미한다.

The UN is **cooperating** with the United States in finding countries willing to take the refugees. (국제연합은 난민들을 받아들일 의향이 있는 나를 찾는 데 미국과 협력하고 있다.)
The British **cooperated** with the French in building a plane that neither country could afford by itself. (영국과 프랑스는 혼자서 감당들 수 없는 비행기를 제작하는 데 협력했다.)
The children **cooperated** with their teachers in keeping their classrooms clean.
(학생들은 선생님과 힘을 합쳐 교실을 깨끗이 유지했다.)

Quirk and Greenbaum **collaborated** on a new English grammar.
(쿼크 교수와 그린바움 교수는 새로운 영문법 책을 공동으로 집필했다.)
He **collaborated** with his son on the English translation of a text on food production.
(그는 자기의 아들과 공동으로 식량 생산에 대한 책을 영어로 번역했다.)
The two authors **collaborated** in writing a history of Korea.
(두 저자는 한국역사를 공동 집필했다.)

He was accused of having **collaborated** with the secret police.
(그는 비밀경찰에 협력한 혐의로 기소되었다.)
Anyone who **collaborates** with the enemy will be shot.
(적과 내통하는 사람은 누구나 총살될 것이다.)

C51 COORDINATION (등위접속)

"절, 구, 단어"를 등위접속사(coordinators/coordinating conjunctions)를 사용하여 결합하는 것을 등위접속이라고 한다. 중요 등위접속사에는 "and, or, but"가 있다.

The police arrived, **and** the thieves were arrested.
(경찰이 도착하고 도둑들은 체포되었다.)
Would you like coffee, **or** would you prefer tea?
(커피를 좋아하십니까? 아니면 차를 더 선호하십니까?)
We rang the bell, **but** nothing happened. (초인종을 눌렀으나 아무 일도 없었다.)

접속사 앞에 오는 쉼표는 결합되는 절이 매우 짧을 때는 생략될 수도 있다.

1 **등위접속에서의 생략**: 등위접속된 두 절에 동일한 부분이 있을 경우 "뒷 절의 동일한 부분"이 생략될 수 있다.

The thief broke into the house and (**he**) stole the gold watch.
(도둑이 집에 침입해서 금시계를 훔쳐갔다.)
Many students can read English but (**they**) can't speak it very well.
(많은 학생이 영어로 읽을 줄은 알지만 말은 잘하지 못한다.)

I may see you tomorrow or (I) may call late in the day.
(내일 당신을 만나거나 늦게 전화를 할 겁니다.)

2 **등위접속 성분**: 등위접속사는 절보다 작은 "구나 단어"도 결합할 수 있다.

Jill and my sister Mary are friends. (질과 내 여동생 메리는 친구 사이입니다.)
Will he come **before two o'clock or after two**? (그가 2시 전에 옵니까? 2시 후에 옵니까?)
He's **poor but honest**. (그녀는 가난하지만 정직하다.)

3 **and와 or**: and와 or를 써서 두 개 이상의 항목을 결합할 수 있다. 일반적으로 "마지막 접속사"만 표현된다.

Which of these fruit juices do you want? **The apple, the grapefruit, or the orange**?
(이 과일주스 중에 어느 것을 원합니까? 사과주스입니까 자몽주스입니까 오렌지주스입니까?)
"I'd like to know who you met in New York." "I met **John, Bill, Peter, and Mary**."
("나는 네가 뉴욕에서 누구를 만났는지 알고 싶다." "존, 빌, 피터 그리고 메리를 만났습니다.")

4 **유사 등위접속사**: "yet, so, nor, for" 등도 등위접속사의 속성을 지닌다.

Hitler was a cruel dictator, (and) **yet** many people admired him.
(히틀러는 무자비한 독재자였으나 많은 사람들이 그를 좋아했다.)
I felt very hungry, **so** I made myself a sandwich.
(나는 배가 매우 고파서 직접 샌드위치를 만들어 먹었다.)
It was not my fault, **nor** his. (그것은 나의 잘못도 아니고 그의 잘못도 아니었다.)
I don't know whether she is young or old, **for** I have never seen her.
(그녀를 본 적이 없어서 그녀가 젊었는지 늙었는지 모른다.)
Repent, **for** the kingdom of heaven is near. (회개하라 천국이 가까이 왔느니라.) [마 4:17]

▶ 비교급 형태를 가진 "as well as, as much as, rather than, more than" 등도 여러 가지 형태의 성분을 결합할 수 있다는 점에서 등위접속사와 닮았다.

John **as well as** his friends are invited to the party. (존과 그의 친구들도 파티에 초청되었다.)
He's to be pitied **rather than** to be disliked. (그는 미움을 받기보다 동정을 받아야 한다.)

▶ 그러나 이 유사 등위접속사들은 전치사나 종속 접속사로서 쓰일 수도 있다.

As well as printing his own books, he publishes them.
(그는 본인의 책을 출판할 뿐만 아니라 인쇄도 한다.)
(= He publishes his own books, **as well as** printing them.)

▶ 또한 이들에 의해 결합된 명사구를 복수화할 수 없기 때문에 완전한 등위접속사라고는 할 수 없다.

John, **as well as** his brothers, was (*were) responsible for the loss.
(존과 그의 형제들도 손실에 책임이 있었다.)

and에 대해서는 A70을, but에 대해서는 B35를, or에 대해서는 O17을 보라.

C52 COPULAR/LINKING VERBS (연결동사)

주어와 주어에 관해 설명하는 표현을 연결하는 동사를 "연결동사"라고 한다. 가장 대표적인 연결동사는 "be동사"다.

1 **연결동사의 보어**: 연결동사의 보어로는 다양한 형태의 표현이 사용된다.

His father is **a famous criminal lawyer**. [명사구]
(그의 아버지는 유명한 형사전문 변호사다.)
My mother is **(very) busy**. [형용사구]
(나의 어머니는 (매우) 바쁘시다.)
John is **in London** now. [장소 부가어]
(존은 지금 런던에 있다.)
The concert will be **at seven**. [시간 부가어]
(연주회는 7시에 시작할 것입니다.)
John seems **to be an excellent golfer**. [부정사절]
(존은 뛰어난 골퍼인 것 같다.)
The object in the sky looks **like a flying saucer**. [전치사구]
(하늘에 있는 저 물체는 비행접시처럼 보인다.)
The general opinion is **that he should retire early**. [정형절]
(일반적인 의견은 그가 일찍 은퇴하는 것이다.)

2 **연결동사**: 연결동사로는 be동사 외에 다음과 같은 것이 있다.

appear	become	feel	get
look	make	prove	remain
seem	smell	sound	taste
turn 등			

I do **feel** a fool. (내가 참 바보처럼 생각된다.)
That car **looks** expensive. (저 차는 비싸 보인다.)
She **became** a racehorse trainer. (그녀는 경주마 훈련사가 되었다.)
The stew **smells** good. (스튜가 냄새가 좋다.)
It's **getting** late. (늦어지고 있다.)

3 **보어의 선택**: 동사에 따라 취할 수 있는 보어의 형태가 다르다.

(1) appear/look

The children **appear (to be) very happy**. (아이들이 매우 행복해 보였다.)
His suggestion **appeared to be/like the only solution**.
(그의 제안이 유일한 해결책으로 보인다.)
It **appears as if/as though I was wrong**. (내가 잘못이었던 것 같이 보인다.)

The patient **looks much better**. (환자가 많이 좋아 보인다.)
It **looks (like) a fine day**. (오늘 날씨가 좋아 보인다.)
He **looks like a genius**. (그는 천재인 것 같다.)

(2) prove

Your lecture has **proved (to be) very successful**.
(당신의 강좌가 매우 성공적이었다는 것이 증명되었다.)
The operation **proved (to be) a complete success**.
(수술이 완전히 성공이었다는 것이 증명되었다.)

(3) remain

The President **remains popular**. (대통령은 여전히 인기가 있다.)
John and Mary **remain good friends**. (존과 메리는 지금도 좋은 친구 간이다.)
You should **remain in bed**. (너는 자리에 누워 있어야 한다.)

이 문제에 대해서는 좋은 사전을 참고하라.

4   **변화의 여부**: 어떤 연결동사는 "변화 혹은 변화의 부재"를 말할 때 사용된다. 가장 흔히 쓰이는 동사로는 "become, get, grow, go, turn, stay, remain, keep" 등이 있다.

It's **becoming colder**. (점점 추워지고 있다.)
It's **getting colder**. (점점 추워지고 있다.)
It's **growing colder**. (점점 추워지고 있다.)
I hope you'll always **remain so happy**. (네가 항상 지금처럼 행복하기를 바란다.)
How does she **stay so young**? (그녀는 어떻게 그런 젊음을 유지하고 있지?)
Keep calm. (침착해라.)
The leaves are **going brown**. (나뭇잎이 갈색으로 변하고 있다.)
The leaves are **turning brown**. (나뭇잎이 갈색으로 변하고 있다.)

5   **다른 동사들**: 연결동사가 아닌 다른 동사들도 때때로 "형용사 보어"를 가질 수 있다. 이것은 "sit, leave, die, stand, lie, fall"와 같은 동사에서 나타난다.

The valley **lay quiet and peaceful** in the sun. (계곡은 햇빛 아래서 고요하고 평화로웠다.)
His parents **died young**. (그의 부모님은 젊어서 돌아가셨다.)
She **sat motionless**, waiting for their decision.
(그녀는 그들의 결정을 기다리면서 꼼짝하지 않고 앉아 있었다.)
He **fell unconscious** on the floor. (그는 의식을 잃고 바닥에 쓰러졌다.)
The applicant **left** the office **disappointed**. (지원자는 실망해서 사무실을 나갔다.)

▶ 이러한 현상은 "동사 + 목적어 + 형용사 구조"에서도 나타난다. 이 경우 형용사는 마치 목적어 보어처럼 행동한다.

The professor always drinks **coffee hot**. (*... **hotly**.)
(교수님은 항상 커피를 뜨겁게 마신다.)

He pushed **the table close** to the wall. (*... closely ...)
(그는 식탁을 벽 가까이 밀었다.)
He pulled **his belt tight** and started off. (*... tightly ...)
(그는 허리띠를 단단히 묶고 출발했다.)
If I send **them** home **hungry,** they will collapse on their way.
(만일 내가 굶겨 집으로 보내면 길에서 기진하리라.) [막 8:3]
But they seized him, beat him and sent him away **empty-handed**.
(그들이 종을 잡아 심히 때리고 거저 보내었거늘) [막 12:3]

개별 연결동사는 각각의 항목을 보라.
동사 보충(verb complementation)에 대해서는 V3을 보라.

C53   couple과 pair

이 두 단어는 같은 종류에 속하는 "두 개의 개체"를 가리키는 의미로 사용되며, 사람에 따라서는 일반적으로 구어체에서 이 둘을 큰 의미적 차이 없이 사용한다.

My wife bought a **couple** of shirts for me. (나의 처는 내가 입을 셔츠를 두 개 샀다.)
My grandfather brought a **pair** of German pistols from World War II.
(나의 할아버지는 세계 2차 대전에서 돌아올 때 한 쌍의 독일제 권총을 가져왔다.)

1   couple: 엄격히 말해서 "같은 종류이거나 밀접한 관계"가 있는 두 사람 또는 두 개의 물건을 의미한다.

I bought a **couple** of tires for my bicycle. (나는 자전거 타이어를 한 쌍 샀다.)
A newly-wed **couple** have just moved in the next-door house.
(신혼부부가 방금 옆집으로 이사 왔다.)

▶ couple은 구어에서 단순히 숫자 "2" 또는 "적은 수(a few)"를 의미하기도 한다.

It'll take a **couple** of days to reach the top of the mountain.
(산꼭대기에 도달하는 데 한 이틀 정도 걸릴 것이다.)
He'll be here in a **couple** of hours with a **couple** of his friends.
(그는 두어 명의 친구와 두서너 시간 후에 여기 올 것이다.)

2   pair: "두 부분으로 구성된 물건"으로서 한 부분만으로는 제 기능을 할 수 없는 물건을 가리킨다. (N32.1과 P6.6을 보라.)

I need **a pair of scissors** to open the envelope. (봉투를 열려면 가위가 있어야 한다.)
He bought **a new pair of trousers** and **a new pair of shoes** for the graduation party.
(그는 졸업파티에 가려고 새 바지와 새 구두를 샀다.)
I packed **two pairs of trousers** and three shirts for the trip.
(나는 여행을 위해 바지 두 벌과 셔츠 세 개를 쌌다.)

▶ 결혼한 남녀나 서로 특별한 관계에 있는 두 사람을 가리킬 때도 사용될 수 있다.

They seem to be a very happy **pair**. (그들은 매우 행복한 한 쌍으로 보인다.)
The **pair** are looking for sponsorship from local businesses.
(그 두 남녀는 지방기업으로부터의 후원을 찾고 있다.)

C54 CORRELATIVE CONJUNCTIONS (상관 접속사)

영어에는 다음과 같은 상관 등위접속사가 있다.

either ~ or	both ~ and	neither ~ nor
not (only) ~ but (also)	not ~ neither/nor	not ~ but rather 등

1. either ~ or: "either ~ or"는 or의 "배타적 의미"를 강조하며, 결합된 성분은 완전한 절일 수도 있고 더 작은 성분일 수도 있다.

    Either the room is too small **or** the sofa is too big.
    (방이 너무 작거나 또는 소파가 너무 크다.)
    You may **either** stand up **or** sit down. (일어서 있거나 앉아 있어도 좋다.)

2. both ~ and: "both ~ and"는 and의 "첨가적 의미"를 강조하는데, 완전한 절을 결합할 수 없다.

    David **both** loves Joan **and** wants to marry her.
    (다비드는 조안을 사랑하고 그녀와 결혼하고 싶어 한다.)
    The regulations are **both** very precise **and** very detailed.
    (규칙은 매우 정확하고 또한 매우 상세하다.)
    *****Both** Mary played the guitar **and** Peter sang a song.

3. neither ~ nor: "neither ~ nor"는 형태적으로는 "either ~ or"의 부정형이지만 의미적으로는 "both ~ and"의 부정형이다. 또한 "neither ~ nor"는 "both ~ and"와 마찬가지로 완전한 절을 결합할 수 없다.

    David **neither** loves Joan, **nor** wants to marry her.
    (다비드는 조안을 사랑하지도 않고 그녀와 결혼하고 싶어 하지도 않는다.)
    Neither Peter **nor** his wife wanted the responsibility.
    (피터와 부인 두 분 다 책임을 지고 싶어 하지 않는다.)
    (*****Neither** Peter wanted the responsibility **nor** his wife wanted to apologize.)
    ... John the Baptist came **neither** eating bread **nor** drinking wine ...
    (세례 요한이 와서 떡도 먹지 아니하며 포도주도 마시지 아니하매 ...) [눅 7:33]

4. not only ~ but: "both ~ and"와 같이 "첨가적 의미"를 가지며 더 강조적이다. 그러나 "both ~ and"나 "neither ~ nor"와는 달리 완전한 절을 결합할 수 있다.

Not only Peter **but** his wife wanted the responsibility.
(피터뿐만 아니라 부인도 책임을 지고 싶어 한다.)
She's **not only** intelligent **but (also)** pretty. (그녀는 총명할 뿐만 아니라 예쁘다.)
They **not only** broke into his office **but** (they) (also) stole his manuscripts.
(그들은 사무실에 침입했을 뿐만 아니라 (그들은 또한) 그의 원고를 훔쳐갔다.)

▶ 두 개의 완전한 절이 결합될 경우에 not only를 문두로 이동하고 "주어-조동사 도치"를 시키면 첨가적 의미가 더 강조된다. (I48.5를 보라.)

Not only did they break into his office **but** they also stole his manuscripts.

C55 could와 might

could와 might는 형태적으로 각각 can과 may의 과거형이고 의미상으로 자주 유사하게 사용되지만, could가 might보다 더 널리 사용된다. 이 양상조동사는 "가능성, 허가, 제안"을 할 때 사용된다.

1 가능성: 실현성이 낮은 가능성(possible but unlikely)을 의미한다.

Well, it **could/might** rain tomorrow, but there're no clouds in the sky today.
(그런데요 내일 비가 올지도 모릅니다. 그런데 오늘은 하늘에 구름이 한 점도 없는데요.)
One day I **could/might** become a millionaire, but the chances are very small.
(언제고 나도 백만장자가 될 수 있지만 그럴 가능성은 매우 낮다.)

▶ 경고할 때도 종종 사용된다.

Don't cross the road; you **could/might** be run over. (도로를 건너지 마라. 차에 치일 수 있다.)

2 허가: 허가를 요청할 때는 could가 주로 사용되며, can이나 may보다 더 "공손한 표현"이 된다.

Could I see you for a few minutes? (몇 분 동안 뵐 수 있을까요?)
I wonder if I **could** borrow your computer. (혹시 컴퓨터를 좀 빌릴 수 있을까요?)

3 제안: 제안을 할 때도 사용된다.

"What shall I do to improve my French?"
"Well, you **could/might** try some of these grammar exercises."
("나의 프랑스어 실력을 높이려면 어떻게 해야 하지요?"
"글쎄요. 이 문법 연습문제를 좀 풀어 보는 게 어떨까요.")

4 might와 could: "가능성"에는 might가, "허가"에는 could가 더 자주 사용된다.

They **might** offer you the job of manager. (그들이 너에게 지배인 자리를 제안할 수도 있다.)
Could I go home now? (지금 집에 가도 됩니까?)

▶ could는 "was able to"의 의미로도 사용된다.

In those days, you **could** buy a car for $500.
(그 당시에는 500불로 차를 한 대 살 수 있었다.)

5   부정: could와 might의 부정은 완전히 다르다. "could not"에서는 not가 could 자체를 부정하는 데 반하여, "might not"에서는 not가 뒤에 오는 동사를 부정한다.

You **couldn't** have met my grandmother: she died before you were born.
(네가 우리 할머니를 보았다는 것은 있을 수가 없다. 우리 할머니는 네가 태어나기도 전에 돌아가셨다.)
(= It is not possible that you met my grandmother: she died before you were born.)
You **might not** have met my grandmother. (너는 우리 할머니를 보지 못했을 수도 있다.)
(= It is possible that you have not met her.)

could에 대해서는 C2-C6을, might에 대해서는 M10-M14를 보라.

C56   custom, habit, practice

이 단어들은 우리의 "통상적인 행동 또는 행동양식"을 표현할 때 사용되는 단어다.

1   habit: 반복적으로 행함으로써 규칙적으로 생각 없이 자연스럽게 행동하는 "버릇, 습관"을 의미한다.

I have the **habit** of taking a shower before going to bed.
(나는 자기 전에 샤워를 하는 습관이 있다.)
He seems to have a bad **habit** of interrupting people.
(그는 사람들을 귀찮게 하는 나쁜 습관을 가지고 있는 것 같다.)

2   custom: 특정사회에서 전통적으로 용납되는 "풍습, 관습"을 의미한다.

It's the **custom** for the bride's father to pay for the wedding.
(신부의 아버지가 결혼식 비용을 감당하는 것이 풍습이다.)
It's the **custom** in Korea to take off your shoes, when you enter a house.
(한국에서는 집에 들어갈 때 신발을 벗는 것이 관습이다.)

▶ custom은 종종 habit의 의미로도 쓰인다.

My grandfather always wakes up early, as is his **custom**.
(할아버지는 습관처럼 항상 일찍 일어난다.)
It was his **custom** to go to the movies every Sunday.
(그는 일요일마다 영화를 보러 가는 버릇이 있었다.)

3   practice: 직장이나 일상생활에서 통상적으로 따르는 "관례, 관행"을 의미한다.

The new working **practices** will reduce costs and increase efficiency.
(새로운 작업관행은 비용을 절감하고 효율을 높이게 될 것이다.)
What can our companies learn from Korean business **practices**?
(우리 회사들이 한국 회사의 기업관행에서 무엇을 배울 수 있을까요?)

D1　dare

dare는 보통동사와 양상조동사 두 유형으로 사용될 수 있다.

Most people hate her but they **don't dare to say** so.　[보통명사]
(대부분의 사람들은 그녀를 싫어하지만 그렇다고 말할 용기가 없다.)
He **dared to criticize** the king. (그는 감히 왕을 비판했다.)

The government **daren't raise** income tax.　[양상조동사]
(정부는 감히 소득세를 올리지 못한다.)
She **dare not open** her mouth in front of him.
(그녀는 그의 앞에서 입을 열 용기가 없다.)

1　**보통동사**: 보통명사로서의 dare는 "to-부정사"와 함께 쓰이며 일반적으로 "비단언적 문장"인 부정문이나 의문문에서 더 흔히 쓰인다.

He **has never dared to take** a stand against his boss.
(그는 한 번도 자신의 상관에게 감히 맞서지 못했다.)
Would you **dare to jump** out of an airplane? (당신은 비행기에서 뛰어내릴 용기가 있습니까?)

▶ dare: 종종 (to 없는) "원형부정사"를 대동하기도 한다.

Does anyone **dare (to) tell** him the news? (누가 감히 그에게 소식을 전할 겁니까?)
She hardly **dared (to) hope** that he was alive. (그녀는 그가 살아 있기를 감히 바라지 못했다.)

2　**dare + 목적어 + to-부정사**: 이 구조는 "위험한 일을 다른 사람에게 하도록 시키는 것"을 의미한다.

He **dared Bill to steal** a bottle of his father's whiskey.
(그는 감히 빌에게 그의 아버지의 위스키 한 병을 훔쳐오라고 시켰다.)
He **dared her to sneak** out of her house at night.
(그는 그녀에게 밤에 집을 몰래 빠져나오라고 했다.)

3　**You (wouldn't) dare!**: "Don't you dare!"와 함께 때때로 누구에게 "어떤 행동을 하지 말라고 할 때" 사용된다.

"I'll tell Dad." "**You wouldn't dare!**" ("아빠에게 말할 거야." "너 그러기만 해봐!")
Don't you dare talk to me like that! (나에게 그런 식으로 말하지 마라!)

4　**양상조동사**: 조동사 dare는 "현재시제"로 쓰이며 일반적으로 의문문이나 부정문에 나타난다.

We **dare not** acknowledge our failure. (우리는 단연코 우리의 실패를 인정할 수 없다.)
Dare she telephone him at his office? (그의 사무실로 전화할 용기가 그녀에게 있습니까?)

5   how dare you: 종종 다른 사람의 행동이나 말에 분노하거나 충격을 받을 때 사용된다.

How dare you accuse me of lying! (네가 어떻게 나보고 거짓말한다고 비난할 수 있어!)
How dare you? Take your hands off me at once! (네가 감히! 내게서 즉시 손을 떼!)
How dare you turn my Father's house into a market!
(내 아버지의 집으로 장사하는 집을 만들지 말라.) [요 2:16]

6   I dare say: (때때로 "I daresay"로 표기되며) 영국영어에서 무엇이 "사실일 수도 있다고 생각한다"는 의미로 사용된다.

I dare say it'll rain soon.   **I dare say** things will improve.
(아마도 비가 곧 올 것입니다.)   (장담컨대 일이 잘 풀릴 것입니다.)

양상조동사에 대해서는 M21-M24를 보라.

D2   DATES (날짜)

1   월명(the months of the year): 월명은 종종 약자를 가지고 있다.

January (Jan.)	February (Feb.)	March (Mar.)
April (Apr.)	May (May)	June (Jun./Je.)
July (Jul./Jl./Jy.)	August (Aug.)	September (Sep./Sept.)
October (Oct.)	November (Nov.)	December (Dec.)

2   요일명(the days of the week): 요일명을 줄여서 표기하고 싶으면 앞 세 개 내지 네 개의 문자를 사용한다.

Sunday (Sun./Sund.)	Monday (Mon.)	Tuesday (Tues.)
Wednesday (Wed.)	Thursday (Th./Thur./Thurs.)	Friday (Fri.)
Saturday (Sat.)		

3   날짜 표기법: 미국영어에서는 월명을 맨 앞에 표기하는 데 반하여 영국영어에서는 월명을 두 번째 위치에 표기한다.

March 30, 1995   July 27, 2001   [미국영어]
30 March 1995   27 July 2001   [영국영어]

(1) 쉼표: 영국영어와는 달리 미국영어에서는 일반적으로 "연도를 나타내는 숫자 앞에 쉼표"를 찍는 데 반하여, 영국영어에서는 글에서 날짜를 "문장의 한 부분"으로 표현할 때는 "연도 앞에 쉼표"가 사용된다.

30 March 1995   [영국영어]
July 27, 2001   [미국영어]

He was born in Busan on **30 March, 1995**.   [영국영어]
He was born in Busan on **March 30, 1995**.   [미국영어]

(그는 1995년 3월 30일에 부산에서 태어났다.)

(2) 접미사: 날짜를 가리키는 숫자를 "서수"로 표현할 경우 숫자 뒤에 두 개의 활자로 된 접미사 "-st, -nd, -rd 혹은 -th"를 붙인다.

April the **1st**, 1965   the **3rd** of December, 1999
July the **2nd**, 2001   the **30th** of March, 1995

(3) 숫자로 표기: 날짜를 전적으로 숫자로만 표기할 수도 있으며, "March 30, 1995"를 숫자로만 표기하면 다음과 같다.

3/30/(19)95	3-30-(19)95	3.30.(19)65	[미국영어]
30/3/(19)95	30-3-(19)95	30.3.(19)95	[영국영어]

(4) 10년 단위: 10(decade)년은 다음과 같이 표기된다.

the 1960s (1960년대)
the 1990s (1990년대)

편지에서의 날짜 표기는 L11을 보라.
첫 글자를 대문자로 쓰는 단어에 대해서는 P56을 보라.

4   **세기(century)**: 예수 탄생 전과 후의 100년 단위를 말할 때 "century"를 사용한다.

The church was built in **the 13th century**. (그 교회는 13세기에 건축되었다.)
Rome was founded in **the eighth century** before Christ. (로마는 기원전 8세기에 세워졌다.)

5   **날짜 말하기**: 영어에서 날짜는 다음과 같이 말한다.

March 30, 1993 = "**March (the) thirtieth, nineteen ninety-three**"
혹은 "**the thirtieth of March, nineteen ninety-three**"

1400 = "fourteen hundred"
1505 = "fifteen hundred and five 혹은 "fifteen O ([əʊ]) five"
1698 = "sixteen (hundred and) ninety-eight"
1910 = "nineteen (hundred and) ten"
1946 = "nineteen (hundred and) forty-six"
2000 = "two thousand"
2005 = "two thousand and five"
2015 = "two thousand and fifteen" 혹은 "twenty fifteen"

6   **날짜 묻고 말하기**: 날짜는 일반적으로 "it"를 써서 묻고 대답한다.

"What day is **it** (today)?/What's the date (today)" "**It**'s April the first."
("오늘이 며칠입니까?" "4월 1일입니다.")
"What day will **it** be tomorrow?" "**It**'ll be April the second."
("내일이 며칠입니까?" "4월 2일입니다.")

"What day was **it** yesterday?" "**It** was March the thirty-first."
("어제가 며칠이었습니까?" "3월 31일이었습니다.")

"What day of the week is **it**?" "**It**'s Monday."
("오늘이 무슨 요일입니까?" "월요일입니다.")

"What day of the week was **it** yesterday?" "**It** was Sunday."
("어제가 무슨 요일이었습니까?" "일요일이었습니다.")

"What date is your birthday?" "(**It**'s) the fifteenth of April, 1980."
("생일이 언젭니까?" "1980년 4월 15일입니다.")

"(In) what year was Beethoven born?" "In 1770."
("어느 해에 베토벤이 태어났습니까?" "1770년입니다.")

7 **B.C.와 A.D.(미국영어)/BC와 AD(영국영어)**: 예수 탄생 이전과 이후를 구별하기 위해 단축된 표현인 B.C./BC(= before Christ(기원전))와 A.D./AD(= Anno Domini(서기) — 라틴어로 "주님의 해에 (in the year of the Lord))"를 사용한다. B.C.는 "날짜 다음에" 쓰고, A.D.는 "날짜 앞이나 뒤에" 쓸 수 있다.

The Great Pyramid dates from around **2600 B.C.**
(대 피라미드는 기원전 약 2600년까지 거슬러 올라간다.)
The Emperor Constantine was converted to Christianity in **A.D. 312/312 A.D.**
(콘스탄티누스 황제는 서기 312년에 기독교로 개종했다.)
The Roman Empire was divided in **the fourth century A.D.**
(로마제국은 서기 4세기에 분할되었다.)

날짜를 표기할 때 숫자(figures)를 쓰느냐 문자(words)를 쓰느냐의 문제에 대해서는 N44를 보라.

D3 dead와 die

dead는 형용사로서 "죽은 상태"를 의미하고 die는 자동사로 "삶을 마감하다"를 의미한다.

The passenger of the front seat **was** already **dead,** when I got there.
(내가 도착했을 때는 앞좌석의 승객은 이미 죽어 있었다.)
The driver of the car **died** on the way to hospital.
(운전자는 병원으로 가는 도중에 죽었다.)

1 **시점과 상황**: "죽은 시점이나 죽게 된 상황"을 말할 때는 die를 사용한다.

Kim Ilsung **died** in 1994. (김일성은 1994년에 죽었다.)
(*Kim Ilsung **is/was dead** in 1994.)
His father **died** when he was 10. (그의 부친은 그가 10살 때 돌아가셨다.)
(*His father **is/was dead** when he was 10.
Ten people **died** in the fire of the building. (빌딩 화재에서 10명의 사람이 죽었다.)

They couldn't find the bodies of the skiers who **died** in the avalanche last winter.
(지난겨울에 있었던 눈사태로 죽은 스키 타는 사람들의 시체를 찾을 수 없었다.)

2   **기간**: "죽은 기간"을 말할 때는 "형용사 dead"를 사용하며 시제는 "현재완료형"이 쓰인다.

The author **has been dead for ten years**.
(저자는 죽은 지 10년 되었다./저자는 10년 전에 죽었다.)
(= He **died ten years ago**.)
(*The author **died/has died for ten years**.)
Kim Ilsung **has been dead for more than 30 years**. (김일성은 죽은 지 30년이 넘었다.)
(= Kim Ilsung **died more than 30 years ago**.)
(*Kim Ilsung **died/has died for more than 30 years**.)
(*Kim Ilsung **has been dead more than 30 years ago**.)

3   **상태와 행위**: dead는 "죽어 있는 상태"를 의미하고 die는 "생을 마감하는 행위"를 의미하기 때문에, "죽는 것"을 말할 때는 "die"가 사용되고 "살아 있지 않음"을 말할 때는 "dead"를 사용한다.

His son **died** in a car crash. (그의 아들은 자동차 충돌사고로 죽었다.)
(*His son was **dead** in a car crash.)

Her mother is **dead**. (그녀의 어머니는 돌아가셨다.)
(Her mother died보다 자연스럽다.)

▶ "Her mother was dead"는 그녀의 어머니가 과거 어느 시점에 "죽었다는 것"보다도 "살아 있지 않았다"는 것을 의미한다.

4   **죽음의 원인**: "부상, 질병, 기아" 등의 원인으로 죽는 것을 말할 때는 전치사 "of" 또는 "from"을 사용한다.

Her mother **died of/from** the injuries she suffered in the car accident.
(그녀의 어머니는 자동차 사고로 입은 상처로 사망하셨다.)
Thousands of people **die of/from** hunger each year in the world.
(세계에서 매해 수천 명의 사람들이 기아로 죽는다.)

5   **the deceased**: 근래에 사망한 사람을 일반적으로 가리키는 격식적 표현이다.

The deceased left a large sum of money to her children. (고인은 자식들에게 큰 돈을 남겼다.)
The President spoke comforting words to the family of **the deceased**.
(대통령은 유족에게 위로의 말을 하셨다.)

6   **late**: (최근에 작고한) 특정 고인을 가리킬 때는 late를 사용한다.

The **late** Mr. Smith was a close friend of my father's.
(고 스미스 씨는 내 아버지의 절친이셨다.)

Mrs. Johnson's **late** husband served as governor of the State.
(고인이 되신 존슨 부인의 남편은 주 지사였다.)

유사하게 쓰이는 asleep과 sleep에 대해서는 A107을 보라.

D4 DEGREE WORDS (정도어)-1: 개요

정도의 강약을 표현하는 단어는 일반적으로 "부사"로 분류되며, 이들은 일반적으로 "등급성 형용사, 동사, 부사, (특별한 경우) 명사"를 수식한다.

They were **very grateful** for your help. [형용사]
(그들은 당신의 도움에 매우 감사했습니다.)
Everybody **agrees** with you **completely**. [동사]
(모두가 당신과 완전히 뜻을 같이합니다.)
He's working **extremely hard** to finish the assignment in time. [부사]
(그는 숙제를 시간 내에 끝내기 위해 매우 열심히 공부하고 있다.)
The dog next door is **quite a nuisance**. [명사]
(옆집 개가 정말로 골칫거리다.)

▶ 영어에서 정도에 대해서 질문할 때는 "how, how much, to what extent" 등을 사용한다.

"**How** do you like her paintings?" "I admire them **very much**."
("그녀의 그림을 어떻게 생각합니까?" "매우 감탄스럽습니다.")
"**To what extent** did she influence his decision?" "**Completely**."
("그녀가 그의 결정에 얼마나 영향을 미쳤습니까?" "전적으로요.")
"**How much** did he explain about his trip?" "He said only **a little bit**."
("그가 여행에 대해서 얼마나 설명했습니까?" "조금만 말했습니다.")

1   **정도부사의 분류**: 정도부사는 정도 종속어로서 (S36.5를 보라.) 어떤 개념이나 속성을 긍정적 또는 부정적 척도에 따라 그 강도를 표현하며, 일반적으로 수식하는 단어 앞에 온다. 정도부사를 그 "척도의 강약"에 따라 분류하면 다음과 같다.

▶ 최강

absolutely	altogether	completely	entirely
extremely	immensely	not at all	quite
thoroughly	totally	utterly	wholly 등

▶ 강

a great deal	a lot	considerably	extremely
greatly	highly	most	much
so	strongly	very	very much 등

▶ 중/하

a bit	(a) little	a little bit	enough

fairly	half	largely	not very
pretty	quite	rather	slightly
somewhat	to some extent	too	virtually 등

The story he told us was **completely false**. (그가 우리에게 한 이야기는 완전히 거짓이었다.)
I **quite agree** with you on the subject. (나는 그 주제에 대해 너와 전적으로 동의한다.)
What I saw was **totally different** from what I heard.
(내가 본 것은 내가 들은 것과 완전히 달랐다.)
The advice that he gave us wasn't **at all useful**.
(그가 우리에게 한 충고는 전혀 쓸모가 없었다.)
(= The advice that he gave us was **completely useless**.)

We all **admire** him **very much**. (우리는 모두 그를 매우 좋아한다.)
I'm **very sorry** to have troubled you.
(나는 당신을 귀찮게 했던 것 정말로 미안합니다.)
The elephant's natural habitat has been **considerably reduced**.
(코끼리의 자연 서식지가 상당히 줄어들었다.)

Today's lecture was **somewhat better** than the last. (오늘의 강의는 지난 것보다 약간 좋았다.)
I was **slightly disappointed** with my results in the test. (나는 시험 결과에 약간 실망했다.)
The film was **quite good**, but the book was **much better**.
(영화도 꽤 좋았지만 책이 더 좋았다.)

2 **척도의 양극과 정도부사**: 어떤 정도부사는 긍정적 및 부정적 척도의 끝에 얼마나 가까운가를 표현해주는 정도에 따라 세 가지 유형으로 분류할 수 있다.

▶ 극점에 근접: almost, nearly, practically
▶ 부정적 극점의 끝: (not) at all, (not) a bit, by no means
▶ 부정적 극점에 근접: hardly, scarcely, barely, rarely

Our school **almost won** the race. (우리 학교가 경기를 거의 이겼었다.)
She **nearly missed** the exam because the bus was late.
(그녀는 버스가 늦어서 시험을 거의 못 칠 뻔했다.)
The lecture was**n't at all useful**. (강의가 전혀 소용이 없었다.)
You've changed so much — I **hardly recognized** you.
(네가 너무 변해서 하마터면 너를 못 알아볼 뻔했다.)

almost와 nearly에 대해서는 A55를 보라.
(not) at all에 대해서는 A113을 보고, (not) a bit에 대해서는 A4를, by no means는 M16.3을 보라.
hardly, scarcely, rarely에 대해서는 H5를 보라.

3 **수식받는 성분**: 정도부사는 다양한 종류의 성분을 수식할 수 있다.

Everybody's **very nice** to me.   [형용사]
(모두가 나에게 매우 친절하다.)

He got there **too soon**. [부사]
(그는 그곳에 너무 일찍 도착했다.)
They finished the meeting **a little bit before noon**. [전치사구]
(그들은 정오 조금 전에 모임을 끝냈다.)
He drank **so much** his head ached. [(대)명사]
(그는 너무나 술을 마셔서 머리가 아팠다.)
He only has **so little** information of her. [한정사]
(그는 그녀에 대해 아주 조금 밖에 모른다.)
They've finished dinner **quite before I came in**. [절]
(그들은 내가 들어오기 훨씬 전에 저녁을 끝냈다.)
I **quite agree** with you. [동사]
(나는 너와 전적으로 생각을 같이 한다.)

D5 DEGREE WORDS-2: 형용사와 부사의 수식

"등급성 형용사와 부사"는 일반적으로 모든 정도부사의 수식을 받을 수 있다.

The car's **too expensive**. (자동차가 너무 비싸다.)
You were **extremely helpful** to us. (당신은 우리에게 대단한 도움을 주었습니다.)
It's going to be **very hot** soon. (곧 날씨가 몹시 더워질 것이다.)
You look **rather tired**. (꽤 피곤해 보인다.)
He's limping **a bit badly**. (그가 좀 심하게 다리를 절고 있다.)
He wasn't **at all enthusiastic** about the idea. (그는 그 생각에 대해서 전혀 열광하지 않는다.)
Did he tell you **how surprised** he was to see you with your wife?
(당신이 부인과 같이 있는 것을 보고 그가 얼마나 놀랐는지 당신에게 말했습니까?)

1 **a little과 a bit**: 이들은 형용사와 부사 앞에 오면 화자가 생각하는 기준에 비추어 약간 "부정적인 의미"를 부여하기 때문에, 종종 긍정적 의미를 가진 형용사나 부사와 함께 사용되지 않는다.

Aren't you being **a bit unfair**? (좀 불공평한 것 아닌가요?)
(*Are you being **a bit fair**?)
We made sure the land was **a little bit unfit** for farming.
(우리는 그 땅이 농사짓기에는 좀 적합하지 않다는 것을 확인했다.)
(*We made sure the land was **a little bit fit** for farming.)
I thought the house was **a little bit small**. (나는 집이 약간 협소하다고 생각했다.)

a little과 a bit에 대해서는 A4를 보라.

2 **enough**: enough는 수식하는 형용사나 부사 뒤에 온다는 점에 유의하라.

He's not **tall enough** to be a policeman. (그는 경찰관이 될 정도로 키가 크지 않다.)
(*He's not **enough tall** to be a policeman.)

The car isn't running **fast enough** to be a racing car.
(그 차는 경주용 차가 되기에는 속도가 충분히 빠르지 않다.)

enough에 대해서는 E24를 보라.

3   **indeed**: 이 단어는 강조를 위해 "very + 형용사/부사" 다음에서 사용할 수 있으며, 일반적으로 "very"가 없으면 사용되지 않는다. (I21을 보라.)

It's going to be **very cold indeed**. (날씨가 정말로 몹시 추울 것이다.)
(*It's going to be **cold indeed**.)
Most of the essays were **very good indeed**. (대부분의 글이 정말로 매우 훌륭했다.)
(*Most of the essays were **good indeed**.)

4   **most**: 문어체에서 (very와 같은 의미로) 때때로 형용사 앞에 쓰인다. (M30.5를 보라.)

It was a **most beautiful** morning. (매우 아름다운 아침입니다.)
(= It was a **very beautiful** morning.)
I was **most surprised** to hear of your engagement. (나는 너의 약혼 소식을 듣고 매우 놀랐다.)

5   **very, too, so, as, how와 much**: 이 단어들은 홀로 쓰일 때만 형용사와 부사를 수식할 수 있으며, 비교급형을 수식할 때는 "much"를 동반해야 한다.

Your explanation is **very persuasive**. (*... **very much persuasive**.)
(당신의 설명은 매우 설득력이 있습니다.)
He drives his car **too fast**. (*... **too much fast**.)
(그는 차를 지나치게 빨리 운전합니다.)
The final exam was **as difficult** as we expected.
(기말시험이 우리가 생각했던 것처럼 어려웠다.)
The deal seems **so attractive** it would be foolish to say no.
(거래가 매우 매력적인 것 같아서 거절하는 것은 어리석은 것이다.)
No one knows **how expensive** her new handbag is.
(그녀의 새 핸드백이 얼마나 비싼지 아무도 모른다.)
How long do we have to wait? (얼마나 오래 기다려야 합니까?)

Your explanation is **very much more persuasive** than his.
(당신의 설명이 그의 설명보다 훨씬 더 설득력이 있습니다.)
(*Your explanation is **very more persuasive** than his.)
He drives his car **too much faster**. (그는 차를 너무 빨리 운전합니다.)
(*He drives his car **too faster**.)
The final exam wasn't **so much more difficult** than we expected.
(기말시험이 우리가 생각했던 것보다 그렇게 많이 어렵지 않았다.)
How much longer do we have to wait? (얼마나 더 오래 기다려야 합니까?)

비교급과 최상급의 수식어에 대해서는 C33을 보라.

6   much: much는 제한적으로 형용사 앞에 올 수 있다.

(1) different: 부정문에서 different 앞에 올 수 있다.

He **doesn't** look **much different** with his new hairstyle.
(그는 새로운 머리 스타일에도 그렇게 달라 보이지 않는다.)
(*He looks **much different** with his new hairstyle.)

(2) "I'm afraid that ..."가 타인에게 어떤 것을 할 수 없거나 폐가 될 수 있음을 공손히 표현하는 뜻으로 쓰일 경우 "very much"가 종종 afraid 앞에 쓰인다.

"Can you come to the barbecue party tomorrow?" "I'm **very much afraid** that I can't come tomorrow."
("내일 바비큐 파티에 올 수 있습니까?" "대단히 미안합니다만 내일 갈 수가 없는데요.")

(3) 분사형 형용사: (very) much는 형용사로 쓰이는 분사형 형용사 앞에 쓰일 수 있다.

Dan Brown is a **much admired** writer in America.
(댄 브라운은 미국에서 매우 존경받는 작가다.)
He was able to buy **much needed** textbooks with that money.
(그는 그 돈으로 꼭 필요로 했던 교과서를 살 수 있었다.)
They looked **very much surprised** at the news.
(그들은 그 뉴스에 매우 놀라는 것 같이 보였다.)

7   so와 such: "a(n) + 형용사 + 명사" 앞에는 so는 올 수 없고 such가 오며, so가 오려면 형용사가 부정관사(a(n)) 앞으로 이동해야 한다.

such a(n) + 형용사 + 명사
so + 형용사 + a(n) + 명사

It's **such an expensive car** that we can't afford it.
It's **so expensive a car** that we can't afford it.
(그 차는 너무나 비싸서 우리가 감당할 수 없다.)
(*It's **so an expensive car** that we can't afford it.)

She's **so beautiful**.
She's **such a beautiful girl**.
(그녀는 매우 아름답다.)

so에 대해서는 S17을, such에 대해서는 S39를 보라.
형용사 + 관사 + 명사 (예: so cold a day) 앞에 오는 "too, so, as, how"에 대해서는 A19.7을 보라.

8   **비등급성 형용사와 정도부사**: 비등급성 단어에 대해서는 "완성의 개념을 강조"하거나 "형용사와 부사 자체의 의미를 강조"한다.

You must be **absolutely silent** during the concert.
(연주할 동안에는 완전히 조용히 해야 한다.)

Two minutes ago he was **fast asleep**, now he's **wide awake**.
(그는 2분 전에 깊이 잠들어 있었는데 지금은 완전히 깨어 있다.)
I'm not **completely sure**. (나는 완전히 확신할 수가 없다.)
He played **really superbly**. (그는 정말로 훌륭하게 경기를 했다.)

▶ quite는 비등급성 단어와 사용될 수 있는데 그 의미는 "완전히(completely)"다.

The soup's not **quite ready**. (수프는 완전히 준비되지 않았다.)
The two brothers are **quite different** in character. (두 형제는 성격이 완전히 다르다.)
quite에 대해서는 Q9를 보라.

D6   DEGREE WORDS-3: 명사의 수식

1   **등급성 명사**: 어떤 명사들은 형용사처럼 등급성을 지닌다.

The dog next door is **a real nuisance**. (이웃집 개가 정말 골칫거리다.)
The irrigation project was **a relative success**. (관개사업은 비교적 성공적이었다.)
I always felt **a bit of a failure** at school. (나는 항상 학교에서 좀 낙오자처럼 느꼈다.)

2   **quite와 rather a(n)**: "단수 가산명사"는 관사 앞에 "quite/rather"를 놓아 수식할 수 있다.

The UK rail is **quite/rather a national disgrace**. (영국의 철도는 실제로 국가적 치욕이다.)
It was **rather a delight** to see my grandson so grown-up.
(손자가 저렇게 커가는 것을 보는 것은 정말 기쁜 일이었다.)

▶ 이러한 구조는 "불가산명사"나 "복수명사"와는 불가능하다는 점에 유의하라.

*It was **quite waste**.
*They're **rather dumb animals**.

quite에 대해서는 Q9를, rather에 대해서는 R2를, such에 대해서는 S39를 보라.

3   **a little과 little**: 이들은 둘 다 "불가산명사"를 수식할 수 있으며, "little"은 "not much"를, "a little"은 "not much but some"을 의미한다.

We still have **a little time** left. (우리에게 아직 시간이 좀 있다.)
I see **little use** in continuing this conversation.
(나는 이 대화를 지속하는 것이 소용이 없다고 생각한다.)

▶ little은 문어체에서 많이 쓰이고 구어체에서는 "not much"가 많이 쓰인다.

There seems **little hope** of a cease-fire. (정전의 희망이 없어 보인다.)
There was **not much milk** left. (우유가 얼마 남지 않았었다.)

4   **양화사와 of-구**: 양화사 "(very) much, not much, a bit, more, less, enough, somewhat" 등은 of와 함께 "(부정관사 a(n)을 가진) 단수 가산명사" 앞에 올 수 있으며, 비등급성의

명사에도 "등급의 뜻"을 주게 된다.

He's not **very much of a scholar**. (그는 대단한 학자는 아니다.)
We found the noise of the traffic **more of an annoyance**.
(우리는 자동차 소음이 더 곤혹이라는 것을 알았다.)
She's **less of a scientist** than a technologist. (그녀는 과학자라기보다 기술자다.)
It was **more of a holiday** than a training exercise.
(그것은 훈련이라기보다 휴가에 더 가까웠다.)
It's **not much of a place**, but it's home. (볼품없는 곳이지만 집이다.)
She's known as being **somewhat of a strange character**.
(그녀는 약간 이상한 성격을 가진 것으로 알려졌다.)
You've made **enough of a mess**. (그만 어질러라.)
How much of a shock was her appearance at the party?
(그녀가 파티에 나타나서 얼마나 놀랐습니까?)
He's **too much of a coward** to do that. (그는 비겁해서 그 일을 못 한다.)

▶ 양화사 a lot는 "of-구"와 함께 정도를 표현하는 구조에 나타나지 않는다.

*He's not **a lot of a gentleman**.
(참고: He's not **very much of a gentleman**.)

양화사의 용법에 대해서는 개별 단어의 항목과 Q1을 보라.

5   **such**: such는 (S39를 보라.) "등급성 명사"를 강조할 때 사용될 수 있으며, "단복수 가산명사"와 "불가산명사" 모두와 함께 사용될 수 있다.

You know what should be done in **such a situation**.
(이런 상황에서 무엇을 해야 하는지 너는 안다.)
They're **such nice people**. (그들은 참 좋은 사람들이다.)
Don't talk **such nonsense**! (그런 말도 안 되는 소리하지 마라!)

6   **quite와 비등급성 명사**: quite는 어떤 대상이 주목할 만하거나 인상적이라는 의미를 표현하는 "비등급성 단수 가산명사"와 함께 쓰일 수 있다.

That was **quite a party** we had last evening. (어제저녁에 있었던 파티는 대단했습니다.)
She's **quite a girl** you introduced! (당신이 소개한 분은 대단한 아가씨입니다!)
The machine makes **quite a noise**. (이 기계가 아주 큰 소리를 냅니다.)
Our family went to Africa last winter — it was **quite a journey**!
(우리 가족은 지난겨울에 아프리카에 갔었는데 멋있는 여행이었어.)

D7   DEGREE WORDS-4: 동사의 수식

1   **동사의 등급성**: 많은 동사들이 등급성을 띨 수 있다. 이들 동사들은 다양한 정도부사와 함께 어떤 사건이나 상황이 얼마나 "완전하게" 혹은 "강하게" 발생하는가를 표현하게 된다.

The ridge **entirely consists** of volcanic rock. (저 산마루는 전적으로 화산암으로 이루어졌다.)
She had never **completely recovered** from her illness.
(그녀는 병에서 완전히 회복되지 못했었다.)
We've **done nothing at all** to put the problem right.
(우리는 문제를 바로잡기 위해 아무것도 하지 않았다.)
She never **eats very much**, but she's healthy. (그녀는 결코 많이 먹지 않지만 건강하다.)
I **kind of like** him, but I don't know why.
(나는 그를 좋아하긴 하지만 내가 왜 그러는지 모르겠다.)
The boss **quite enjoyed** the party. (사장님은 파티를 정말로 즐겼다.)
Things have **changed a lot** since I was a child. (내가 어린아이일 때보다 많은 것이 변했다.)
I was **half expecting** her to say "yes". (나는 그녀의 "예"라는 대답을 약간은 기대하고 있었다.)
He **knows a great deal** about the difficulties we now face.
(그는 우리가 지금 직면한 어려움에 대해서 많이 알고 있다.)

2   의문문: 동사를 수식하는 정도부사에 대한 질문은 "how much"로 시작한다.

How much does she eat to stay healthy?
(그녀는 건강을 유지하기 위해서 얼만큼 먹습니까?)
How much does he know about the difficulties we now face?
(그는 우리가 지금 직면하고 있는 어려움에 대해서 얼마나 알고 있습니까?)
How much have things changed since I was a child?
(내가 어린아이 때보다 세상이 얼마나 많이 변화했습니까?)

▶ 형용사나 부사를 수식하는 정도부사에 대한 질문은 "how"를 사용한다.

How old are your parents? (부모님의 연세가 어떻게 됩니까?)
How fast can she run? (그녀는 얼마나 빨리 달릴 수 있습니까?)

▶ 명사를 수식하는 정도부사와 양화사는 "how much"나 "how much of a"을 사용한다.

How much milk did you drink this morning? (오늘 아침에 우유를 얼마나 마셨습니까?)
How much of a shock was her presence at the party?
(파티에 그녀가 나타나서 얼마나 놀라셨습니까?)

D8   DEGREE WORDS-5: 양화사와 전치사의 수식

1   much, many, little, few: 이들은 "too, so, as, very, rather, how"의 수식을 받을 수 있다.

There's **too much** snow on the road. (길 위에 눈이 너무 많다.)
How many friends did you invite to the party? (친구 몇 명을 파티에 초청했습니까?)
You have **very little** time left. (너에게 남은 시간이 거의 없다.)
So few people attended the party and it was embarrassing.
(파티에 너무나 적은 사람이 참석해서 당황스러웠다.)

▶ (very) much와 (very) many는 의문문과 부정문에서 자연스럽다. (M7을 보라.)

He **didn't** leave **(very) much money** when he died.
(그는 사후에 (그렇게) 많은 돈을 남기지 않았다.)
Were there **(very) many spectators** at the football game?
(축구경기에 관중이 (매우) 많이 왔습니까?)

2   a bit of, a lot of, a few (of): 이들은 quite와 rather의 수식을 받을 수 있다.

There were **quite a lot of people** at the meeting last night.
(어제 저녁 모임이 꽤 많은 사람이 왔었다.)
He's saved **rather a bit of money** for a year. (그는 1년 동안 꽤 많은 돈을 저축했다.)
He speaks **quite a few languages**. (그는 상당히 많은 언어를 말할 수 있다.)
I've read **quite a few of her books**. (나는 그녀의 책을 상당히 많이 읽었다.)

a bit of에 대해서는 A4.1과 A27.6을, a lot of에 대해서는 A6.1,2와 A44.3을, a few (of)에 대해서는 A5.3을 보라.

3   too + much/many/little/few: 이들은 "much, far, rather"의 수식을 받을 수 있다.

We spent **much too much** money for one day. (우리는 하루에 지나치게 많은 돈을 썼다.)
There're **far too many** people living in this country.
(이 나라에는 지나치게 많은 사람들이 살고 있다.)
There're **rather too many** students in each class. (한 학급에 너무나 많은 학생들이 있다.)
We have **much too little food** for all those refugees.
(우리에게는 이 모든 피난민을 먹일 음식이 턱없이 부족하다.)
Far too few applicants came to interview for the job.
(일자리를 위한 면접에 지원한 사람이 몇 명 안 된다.)

▶ 여기서 "quite"는 사용되지 않는다.

*We spent **quite too much** money for one day.
*We have **quite too little food** for all those refugees.

4   enough: quite의 수식을 받을 수 있다.

You've had **quite enough** to drink. (너에게는 마실 것이 충분히 있다.)
"Can we join you?" "Yes, I think there's **quite enough** room."
("함께 가도 됩니까?" "네. 여유가 충분한 것으로 생각합니다.")

5   right와 전치사: right는 "정확히(exactly)", "바로(directly)", "완전히(completely)"의 의미로 "위치, 시점, 방향, 이동"을 의미하는 "전치사나 전치사적 부사"를 수식할 수 있다.

I've a pimple **right on** the end of the nose. (정확히 내 코끝에 여드름이 났다.)
He fell asleep **right in** the middle of the lecture. (그는 강의 바로 중간에 잠이 들었다.)
She filled the bath **right up to** the top. (그녀는 욕조가 찰랑찰랑하게 물을 채웠다.)
I'll be **right back**. (곧 돌아오겠다.)

My whole family are **right behind** you. (우리 온 가족이 너를 전적으로 지지한다.)

many와 much는 M7을, few와 little은 A5를, quite는 Q9를, rather는 R2를, enough는 E24를 보라.

D9   DEMONSTRATIVES (지시사): this/these와 that/those

지시사는 "대명사" 또는 "한정사"로 사용될 수 있다. this와 these는 "공간적으로, 시간적으로, 상황적으로, 심리적으로" 화자와 가까운 것을 가리키는 데 반하여, that와 those는 화자와 어느 정도의 거리가 있는 것을 가리킨다.

1   공간: this와 these는 공간적으로 화자에게 가까이 있는 사람이나 물건을 가리키며, that와 those는 화자와 공간적으로 거리가 있는 것을 가리킨다.

I don't like **this** dress (here); I prefer **that** one (over there).
(나는 (여기 있는) 이 드레스가 싫고, (저기 있는) 저 드레스가 더 좋다.)
We met **these** girls at the hotel coffee shop. (우리는 호텔 커피숍에서 이 아가씨들을 만났다.)

Who's **that** girl? Is **that** the one you told me about?
(저 아가씨가 누구지? 네가 나한테 말한 그 아가씬가?)
What did you do with **those** sandwiches? (그 샌드위치들을 어떻게 했어?)

2   시간: this와 these는 현재 또는 현시점과 "가까운 과거나 미래"를 가리키고, that와 those는 현시점과 좀 "떨어진 과거"를 가리킨다.

There'll be another meeting later **this** week. (금주 늦게 또 회의가 있을 것이다.)
Everyone seems to be in a hurry **these** days. (요사이는 모두가 바쁜 것 같다.)

I couldn't find his address in my phone book at **that** time.
(나는 그때 내 전화번호 수첩에서 그의 주소를 찾을 수 없었다.)
Things were very different in **those** days. (그 당시에는 모든 것이 달랐다.)

3   상황: this/these는 현재 상황이나 막 시작하려는 상황 또는 경험을 가리키는 데 반하여, that과 those는 이미 일어난 상황이나 알려진 상황 또는 경험을 가리킨다.

I hate **this** cold damp weather. (나는 오늘 같은 축축한 날씨를 싫어한다.)
This is what I'll do. I'll call Anna and explain my intention.
(이것이 내가 하려고 하는 것이다. 앤에게 전화를 걸어서 나의 의도를 설명할 것이다.)
We must make sure **this** doesn't happen again.
(우리는 이런 일이 다시 일어나지 않게 확실히 해야 한다.)
He got up, took his mat and walked out in full view of them all. **This** amazed everyone and praised God, saying, "We have never seen anything like **this**."
(그가 일어나 곧 상을 가지고 모든 사람 앞에서 나가거늘 그들이 다 놀라 하나님께 영광을 돌리며 이르되 우리가 이런 일을 도무지 보지 못하였다 하더라.) [막 2:12]

Nobody liked **that** suggestion of yours. (아무도 너의 그 제안을 좋아하지 않았다.)

"You never cared about me." **That**'s not true.
("너는 내 생각을 전혀 하지 않았지?" "그렇지 않아.")
"You've cheated me," she said. **Those** words were exactly what she said.
("당신은 나를 감쪽같이 속였어"라고 그녀는 말했다. 그 말이 정확히 그녀가 한 말이었다.)

4 **심리**: this와 these는 "동의, 애정, 존경, 자랑" 등 심리적으로 가까움을 암시하고, that과 those는 "불만, 멸시, 분노, 짜증, 비방" 등 심리적으로 거리가 있음을 암시한다. 특히 이러한 현상은 "전치사구"가 뒤따라 나오는 구조에서 두드러진다.

How cute she is, **this** darling little baby of yours.
(이 사랑스러운 꼬마 애기 좀 봐. 정말로 귀엽다.)
This car of yours is one of the best sports cars in the world.
(당신의 이 차는 세상에 있는 최고의 스포츠카 중의 하나입니다.)
Everybody likes **this** new boyfriend of yours. (모두가 너의 새로운 남자친구를 좋아한다.)

That dog of yours has trampled down my flowers again.
(네 저 개가 또다시 내 꽃을 밟아 뭉갰다.)
That crazy friend of Alice's is going to betray us.
(앨리스의 그 미친 친구가 우리를 배반하려고 하고 있다.)
Nobody likes **that** new boyfriend of yours. (아무도 너의 그 새로운 남자친구를 좋아하지 않는다.)

5 **사람과 물건**: "this/that/these/those"가 한정사로 사용될 때는 사람 명사나 물건 명사를 두루 수식할 수 있다.

Who's **this cute child**? (이 귀여운 아이가 누군가?)
We've lived in **this house** for ten years. (우리는 이 집에서 10년간 살았다.)
Do you know **that big boy**? (저 덩치 큰 사내아이 알아?)
Those apples aren't ripe enough to eat. (저 사과는 덜 익어서 먹을 수 없다.)

▶ 그러나 이들이 대명사로 쓰일 때는 사람을 가리키지 않는다. 따라서 다음의 문장은 모욕적인 표현이 된다.

Is she going to marry **that**? (그녀가 저런 놈하고 결혼한대?)
I wish you wouldn't see boys like **that** anymore.
(나는 네가 저놈과 같은 젊은이들 만나지 않으면 좋겠다.)

6 **주어**: 다음의 경우에 지시대명사가 주어로 쓰이면 사람을 가리킬 수 있다.

(1) 아는 사람을 다른 사람에게 소개할 때

John, **this** is my sister, Mary. (존아, 내 여동생 메리야.)
This is Paul (here). **That**'s Andrew (over there). (이분은 폴이고, 저분은 앤드루입니다.)

(2) 사진과 같은 영상에서 사람을 가리키며

Who's **this**? (이 사람은 누구냐?)

That's my stepmother. (그분이 제 계모입니다.)

(3) 명단을 가리키며

Are **these** the students who want to take the course?
(이들이 그 과목을 듣고 싶어 하는 학생들인가?)
These are the applicants who have applied for the job.
(이들이 그 자리에 응모한 지원자들입니다.)

(4) 전화를 걸면서

This is Bill. Is **that** Mr. Jones? (빌입니다. 존스 씨입니까?)

7   **the one(s)**: that과 those는 대용어로서 각각 "the one"과 "the ones"를 의미하는 표현으로 쓰일 수 있다.

His own experience was different from **that** of his friends.
(= His own experience was different from **the one** of his friends.)
(그 자신의 경험은 친구들의 경험과 다르다.)
In my opinion, the finest wines are **those** from France.
(= In my opinion, the finest wines are **the ones** from France.)
(내 생각으로는 가장 좋은 포도주는 프랑스산이다.)

▶ those who는 "the people who ..."의 의미로 흔히 사용된다.

Those who want to come with us should put their names on the list.
(우리와 함께 가기를 원하는 사람은 명단에 이름을 남겨야 한다.)
Those who saw the performance would never forget it.
(그 공연을 본 사람은 결코 잊지 못할 것이다.)
"Blessed are **those who** mourn, for they will be comforted."
(애통하는 자는 복이 있나니 그들이 위로를 받을 것임이요.) [마 5:4]

8   **담화에서의 this와 that**: 담화 내에서 this는 "이미 언급한 것" 또는 "앞으로 언급할 것"을 가리킬 수 있는 데 반하여, that은 "이미 언급한 것"만 가리킨다.

This/***That** is what I'll do. I'll visit him in the office and explain the plan.
(이것이 내가 하려고 하는 것이다. 그의 사무실에 찾아가서 그 계획을 설명하는 것이다.)
Many years ago their wives quarrelled over some trivial matter. **That/This** is why the two men never visit each other's houses. (여러 해 전에 부인들끼리 사소한 문제로 다퉜다. 이런 이유로 그 두 사람은 서로의 집을 찾지 않는다.)

▶ 강조하지 않을 경우에는 this/that 대신에 it가 사용된다.

They'll probably win the match. **It**'ll please my brother.
(그들이 아마도 시합을 이길 것이다. 이기면 내 동생이 기뻐할 것이다.)
(참고: They'll probably win the match. **That**'ll please my brother.)

It's what I'll do. I'll go home and have a good night's sleep.
(나는 이렇게 하려고 한다. 집에 가서 잠을 푹 자려고 한다.)
(참고: **This's** what I'll do. I'll go home and have a good night's sleep.)

9 **부사**: this와 that는 부사로서 so처럼 "크기나 수량의 정도"를 말할 때 사용된다. this는 "현장"에서 화자가 손을 써서 정도의 강도를 말할 때 사용되고, that는 "현장을 벗어난 상황"에서 손을 써서 정도의 강도를 말할 때 사용된다.

The box **is this long and this wide**. (상자는 길이가 이 정도이고 너비가 이 정도다.)
You have to cut about **this much** off the end of the pipe.
(파이프의 끝을 이 정도 잘라내야 한다.)
It was quite a big fish — about **that long**.
(이 정도 길이의 꽤 큰 물고기였다.)
She missed hitting the car in front by **that much**.
(그녀는 자동차와의 정면충돌을 이 정도로 모면했다.)

▶ 부정문에서 this는 "현 상황"에서, that는 "언급된 상황"에서 사용된다.

I hadn't realized that things had gotten **this bad**. (= as bad as it is now)
(나는 상황이 이렇게 악화된 줄 몰랐다.)
I've never had **this much** money before. (나는 이렇게 많은 돈을 가져본 적이 없다.)
I hadn't realized that things had gotten **that bad**. (= as bad as it was then)
(나는 상황이 그렇게 악화됐을 줄 몰랐다.)
No one expected it to cost **that much**. (아무도 비용이 그렇게 많이 들 거라고 생각하지 못했다.)

▶ "not (all) that"은 "not very"의 의미로서 생각한 것처럼 대단하지 않다는 것을 의미한다.

Will's **not that tall**, considering he's 16. (16살 치고는 윌이 그렇게 키가 큰 게 아니다.)
The movie wasn't **all that bad**. (영화가 그렇게 나쁜 것은 아니었다.)

this와 that의 차이는 here와 there (H15)의 차이와 유사한 점이 많다.
that which에 대해서는 R14.1을 보라.
it에 대해서는 P53을 보라.

D10　dependent와 dependant

이 두 단어의 발음은 [dɪpéndənt]로 동일하며 의미도 같다고 할 수 있다. 그러나 영국영어와 미국영어에서 차이를 보인다. dependent는 미국영어에서 "형용사"와 "명사"로 쓰이는 반면, 영국영어에서는 "형용사"로만 쓰이며 "명사"로는 dependant를 사용한다.

He was out of work and **dependent** upon his son's earnings.
(그는 실직했으며 아들의 수입에 의존하고 있었다.)
Do you have any **dependent** children? (당신은 아직도 돌봐야 할 자식들이 있습니까?)

The British Legion raises funds to help ex-service personnel and their **dependants**.
(영국 재향군인회는 퇴역한 군인들과 그들의 부양가족을 돕기 위해 기금을 모으고 있다.)
The government provided a special budget to support the **dependents** of the victims of the train crash. (정부는 기차사고 희생자들의 가족들을 돕기 위해 특별 예산을 마련했다.)

D11   DERIVED NOUN PHRASES (파생명사구)

파생명사구란 "문장적 표현"을 "명사적 표현"으로 바꾼 추상적 명사구(abstract noun phrases)를 가리킨다. 파생명사구는 문장의 술어를 구성하는 "동사"나 "형용사"를 "명사의 형태"로 바꿈으로써 구성하게 된다. 동사나 형용사가 명사로 대치됨에 따라 문장의 다른 부분에도 변화가 일어난다.

The police **released** the prisoner.   ⇒   the police's **release** of the prisoner
(경찰은 죄수를 석방했다.)   (경찰의 죄수 석방)
He's **embarrassed** to learn the truth. ⇒ his **embarrassment** to learn the truth
(그는 진실을 알고 당황했다.)   (진실을 알게 된 그의 당황함)

1   **동사가 명사로 된 경우**: 동사의 형태가 바뀌는 경우와 그대로 유지하는 경우가 있다.

(1) 형태의 보존: 무수히 많은 동사가 형태의 변화 없이 명사로 쓰일 수 있다.

They strongly **supported** the peace process. ⇒ their strong **support** of the peace process
(그들은 평화과정을 강력하게 지지했다.)   (평화과정에 대한 그들의 강력한 지지)
She **answered** my questions about the accident. ⇒
(그녀는 사고에 대한 나의 질문에 답했다.)
   her **answer** to my questions about the accident.
    (사고에 대한 나의 질문에 대한 그녀의 대답)
The man **requested** a transfer. ⇒ the man's **request** for a transfer
(병사가 전출을 요청했다.)   (병사의 전출 요청)
The ship **surveyed** the ocean depths. ⇒ the ship's **survey** of the ocean depths
(그 배는 심해를 답사했다.)   (그 배의 심해 답사)

(2) 파생어미의 추가: 동사를 명사로 바꾸는 대표적인 "파생어미"로는 다음과 같은 것들이 있다.

-**age**: drainage, marriage, postage, spillage, stoppage, wreckage 등
-**al**: arrival, betrayal, burial, denial, dismissal, refusal, removal, trial 등
-**ance/-ence**: dependance/dependence, existence, resistance, utterance 등
-**ation, -tion, -ion**: authorization, determination, elaboration, objection 등
-**ment**: arrangement, development, embarrassment, encouragement 등
-**ure**: departure, enclosure, failure, mixture, pressure 등

He **betrayed** his country. ⇒ his **betrayal** of his country
(그는 조국을 배반했다.)   (자신의 조국에 대한 그의 배신)

He **decided** to go to college. ⇒ his **decision** to go to college
(그는 대학에 진학하기로 했다.) (대학에 진학하기로 한 그의 결정)
Mary **resembles** her mother. ⇒ Mary's **resemblance** to her mother
(메리는 어머니를 닮았다.) (메리의 어머니와의 닮음)
The plane **departs** at 6 a.m. ⇒ the plane's **departure** at 6 a.m.
(비행기는 오전 6시에 이륙한다.) (비행기의 오전 6시 이륙)

2   **형용사가 명사로 된 경우**: 파생어미가 붙는 경우와 어미를 상실하는 경우가 있다.

   (1) 파생어미의 추가: 형용사를 명사로 바꾸는 대표적인 "파생어미"로는 다음과 같은 것이 있다.

   -ance/-ancy: accuracy, intimacy, relevance/relevancy, vacancy 등
   -ity/-ty: ability, cruelty, curiosity, equality, loyalty, sincerity, stupidity 등
   -ness: carelessness, gentleness, happiness, sadness, usefulness 등
   -th: length, strength, warmth 등

   There have been questions about whether the report was **accurate**. ⇒
   (보고서가 정확한 것인가에 대해 의문이 제기됐다.)
      Questions about the **accuracy** of the report. (보고서의 정확성에 대한 의문)
   He's **cruel** to his subordinates. ⇒ his **cruelty** to his subordinates
   (그는 부하 직원에게 무자비하다.) (자신의 직원에 대한 그의 무자비함)
   The land is **useless** for growing crops. ⇒ the **uselessness** of the land for growing crops
   (그 땅은 작물 재배에는 쓸모가 없다.) (작물 재배를 위한 그 땅의 쓸모없음)

   (2) 어미의 상실: 일반적으로 파생어미 "-ous"를 가진 형용사는 어미를 상실하고 명사가 된다.

   courage, danger, disaster, fame, joy, mystery, nerve, virtue 등

   The soldier was very **courageous**. ⇒ the soldier's great **courage**
   (그 병사는 매우 용감했다.) (병사의 대단한 용맹)
   The author was **famous**. ⇒ the author's **fame**
   (그 작가는 유명하다.) (작가의 명성)
   The last earthquake was greatly **disastrous**. ⇒ the great **disaster** of the last earthquake
   (지난 지진은 큰 재앙을 입혔다.) (지난 지진의 큰 재앙)

3 **명사에 파생어미가 붙은 경우**: 명사에 어미가 붙어 명사가 된다.

   -age: baggage, cottage, mileage, orphanage, percentage, voltage 등
   -ship: apprenticeship, friendship, governorship, scholarship 등
   -hood: bachelorhood, brotherhood, neighborhood 등

   Check your **bags** in at the desk. ⇒ Check your **baggage** in at the desk.
   (데스크에 가서 등록하고 가방을 맡기세요.) (데스크에 가서 등록하고 가방을 맡기세요.)

He's working in an accounting firm as an **apprentice**. ⇒
(그는 회계회사에서 견습생으로 일하고 있다.)
    He's serving an **apprenticeship** as an accountant. (그는 견습생 회계사로 일하고 있다.)
We grew up as **neighbors** in the vicinity of Boston. ⇒
(우리는 보스턴 근처에서 이웃으로 자랐다.)
    We grew up in a **neighborhood** of Boston. (우리는 보스턴 근처에서 자랐다.)

4   **주어**: 파생명사구의 주어는 함축적으로 표현될 수도 있고, 문장의 다른 곳에 표현될 수도 있으며, 추상명사구 내에 표현될 수도 있다.

    (1) 함축된 주어: 함축된 주어는 일반적으로 특정의 대상을 가리키지 않고 전칭적 의미를 갖는다.

The construction of a bridge over the river isn't an easy undertaking.
(그 강을 가로질러 교량을 건설하는 것은 쉬운 일이 아니다.)
The drugs used **for the prevention of diseases** have saved many lives.
(병 예방을 위해 쓰이는 약은 많은 생명을 구했다.)

    (2) 명시된 주어: 파행명사구를 포함하는 문장의 다른 곳에 주어가 표현된다.

Abraham Lincoln is responsible for **the abolishment of slavery** in 1863.
(1863년의 노예제도 폐지는 에이브러햄 링컨의 덕택이다.)
The King ordered **the release of the war prisoners**. (왕은 전쟁포로의 석방을 명했다.)

5   **명시된 주어**: 명사구의 주어는 "속격형, of-전치사구, by-전치사구" 형태로 표현된다.

    (1) 속격형 주어: 일반적으로 인칭 대명사를 포함하여 생명체를 가리키는 주어는 속격형으로 표현된다.

All his friends were astounded at **Mr. Smith's arrest for fraud**.
(그의 친구 모두는 스미스 씨가 사기로 체포된 것에 크게 놀랐다.)
No one could understand **his refusal to accept the award**.
(아무도 그가 그 상을 거절한 것을 이해할 수 없었다.)

    ▶ "무생물 주어"의 경우에도 드물게 속격형이 사용되기도 한다.

The plane's arrival with food arose great joy among the refugees.
(식량을 실은 비행기가 도착하자 피난민들이 크게 기뻐했다.)
Hawaii's location in the mid-Pacific makes it a strategic military port.
(태평양 중앙부에 있는 하와이의 위치는 하와이를 전략적 군항으로 만들었다.)

    (2) of-전치사구 주어: 주어가 생명체가 아닌 대상을 가리킬 경우와 많은 수식어를 가질 경우 일반적으로 "of-전치사구"가 선호된다.

Some people believe in **the existence of flying saucers**.
(어떤 사람들은 비행접시의 존재를 믿는다.)

It requires **the approval of everyone living in our neighbors**.
(그것은 우리 이웃에 사는 모든 사람들의 동의가 필요하다.)

▶ 그러나 생명체를 가리키는 짧은 주어는 두 가지 형을 모두 허용한다.

Robert's dependence on his parents/The dependence of Robert on his parents has been the cause of financial difficulties.
(로버트가 자신의 부모에게 의존하는 것이 재정적 어려움의 원인이다.)
The show began right after **the actor's arrival/the arrival of the actor at the theater**.
(배우가 극장에 도착하자 바로 공연이 시작했다.)

(3) by-전치사구 주어: "수동의 의미"를 지닌 파생명사구의 주어로 사용되며, 종종 by를 of로 대치할 수도 있다.

The destruction of the bridge by the enemy deterred our advance.
(적이 다리를 파괴해서 우리의 전진이 지연되었다.)
The performance by/of the young musicians was excellent.
(젊은 음악가의 연주가 훌륭했다.)

6   **보충어**: 동사와 마찬가지로 파생명사구도 그 의미를 완성하기 위하여 다양한 형태의 보충어를 필요로 한다. 보충어의 형태로는 "전치사구, 부정사구, 동명사구, 시제절" 등이 있다.

The King prohibited **the execution of the prisoners**.   [전치사구]
(왕은 죄수들의 사형집행을 금지했다.)
The prisoner's release was ordered by the judge.   [속격 명사구]
(판사가 죄수의 석방을 명했다.)
His decision to take a trip to Africa surprised everybody.   [부정사구]
(아프리카로 여행을 가겠다는 그의 결심은 모두를 놀라게 했다.)
I hate **the thought of leaving you**.   [동명사구]
(나는 당신을 떠난다는 생각을 하고 싶지 않다.)
No one seems to like **his suggestion that we saw a lawyer**.   [시제절]
(우리가 변호사를 만나야 한다는 그의 제안을 아무도 좋아하지 않는 것 같다.)
The decision on whether she is guilty depends on the jury.   [시제절]
(그녀가 유죄냐 아니냐의 결정은 배심원에 달렸다.)

7   **of-구 보충어**: 가장 흔한 명사구의 보충어 형태다.

The execution of the prisoners caused much public disapproval.
(죄수들의 사형집행은 큰 대중적 비난을 불러일으켰다.)
We couldn't understand **his refusal of the scholarship** to Harvard.
(우리는 그가 하버드대학의 장학금을 거절한 것을 이해할 수 없었다.)
The President requested **the full support of his new tax law**.
(대통령은 그의 새로운 세법에 대한 전적인 지지를 요청했다.)

(1) of가 아닌 특별한 전치사를 취하는 추상명사를 몇 가지 예를 들면 다음과 같다.

for: demand, desire, pity, preference, request, respect, reverence 등
to: address, answer, assistance, damage, injury, obedience, resemblance, resistance, solution 등
on: attack, dependence, decision 등
in: belief, trust, confidence 등
at: astonishment, disgust, irritation, satisfaction, surprise, embarrassment 등

The concert was cancelled because there was **little demand for tickets**.
(입장권에 대한 요구가 적어서 음악회를 취소했다.)
We have made **repeated requests for more information**.
(우리는 추가 정보를 여러 차례 요구했다.)
Corruption has done **serious damage to our company's reputation**.
(부패는 우리 회사의 평판에 심각한 손상을 입혔다.)
These prices bear **no resemblance to the ones printed in the newspaper**.
(이 가격들은 신문에 난 것과 다르다.)
The company should reduce **its dependence on just one particular product**.
(회사는 한 가지 특정 상품에만 의존하는 것을 줄여야 한다.)
Their attack on enemy positions was unsuccessful.
(적 진지에 대한 그들의 공격은 실패했다.)
The incident has contributed to the lack of **confidence in the police**.
(그 사건은 경찰에 대한 신뢰 부족을 부추겼다.)
You shouldn't put **your mutual trust in a man like that**.
(저런 사람에게 상호 간의 신뢰를 주어서는 안 된다.)
Everyone expressed **astonishment at his sudden death**.
(모두가 그의 갑작스러운 죽음에 놀라움을 표시했다.)
They showed **their disgust at the treatment of students**.
(그들은 학생들의 처우에 대해 불만을 표현했다.)

(2) 동사 또는 형용사로 쓰일 때 함께 사용되는 전치사는 이들이 파생명사가 되어도 일반적으로 함께 사용된다.

He **believes in** your ability. ⇒ his **belief in** your ability
(그는 너의 능력을 믿는다.)
They **demonstrated against** the new tax system. ⇒ their **demonstration against** the new tax system (그들은 새로운 세금제도를 반대하는 시위를 했다.)
He was **absent from** the seminar. ⇒ his **absence from** the seminar
(그는 세미나에 불참했다.)
We are **familar with** the people. ⇒ our **familiarity with** the people
(우리는 그 사람들과 친분이 있다.)

8 **속격형 보충어**: 목적어가 "인칭 명사구"일 경우 널리 사용되며, "인칭대명사"일 경우에는 의무적으로 속격형이 된다.

The children's punishment will cause much public protest.
(어린이들을 처벌하는 것은 많은 대중적 항의를 불러일으킬 것이다.)
(= The punishment **of the children** will cause much public protest.)

The detective arrested a suspect of **his** murder. (형사가 그 남자의 살인 용의자를 체포했다.)
(*The detective arrested a suspect of the murder **of him**.)

▶ "속격형"과 "of-구"가 둘 다 주어와 목적어를 표현할 수 있으므로 다음과 같은 문장은 중의적 표현이 된다.

His murder surprised the people. (그의 살인은 사람들을 놀라게 했다.)
The recommendation **of Mr. Smith** was welcomed by everybody.
(모두가 스미스 씨의 추천을 환영했다.)

"his murder"는 "He murdered someone" 혹은 "Someone murdered him"으로 해석될 수 있고, "the recommendation of Mr. Smith"는 "Mr. Smith recommended someone" 혹은 "Someone recommended Mr. Smith"로 해석될 수 있다.

9 **부정사구 보충어**: 부정사구가 추상명사의 보충어가 될 수 있다.

The company made **a decision to transfer him to South Africa**.
(회사는 그를 남아공으로 전출 보내기로 결정했다.)
He has never broken **his resolution not to drink liquor**.
(그는 금주를 하겠다는 결심을 깬 적이 없다.)

10 **동명사구 보충어**: 일반적으로 동명사 앞에 "전치사 of"가 온다.

I have **no intention of getting married yet**. (나는 아직 결혼할 생각이 없다.)
I agree with **the idea of meeting on Saturday mornings**.
(나는 토요일 아침에 모임을 가지자는 의견에 동의한다.)

11 **시제절 보충어**: 파생명사구 보충어로 쓰이는 "시제절"에는 "that-절"과 "Wh-절" 두 가지가 있다.

His persistence that he has no money is utterly ridiculous.
(돈이 없다는 그의 고집은 완전히 웃기는 소리다.)
All of them were pleased by **his announcement that he would run for governor**.
(그들 모두는 그가 주지사 선거에 나갈 것이라는 발표에 기뻐했다.)

The decision (on) whether he is innocent rests with the jury.
(그가 무죄인지 아닌지의 결정은 배심원단에 달려 있다.)
They found the answer to **the question (of) when the fire had started**.
(그들은 화재가 시작된 시간에 대한 의문에 답을 얻었다.)

12 **보충어의 선택**: 동사의 경우와 마찬가지로 (V3-V6을 보라.) 어떤 유형의 보충어를 선택하느냐는 파생명사에 따라 다르다. 많은 추상명사가 하나 이상의 보충어 유형과 함께 쓰일

수 있으나, 모든 형태의 보충어를 허용하는 파생명사는 흔치 않다.

(1) decision

We finally came to **a firm decision on the matter**.
(우리는 결국 그 문제에 대한 확고한 결단에 도달했다.)
He refused to discuss **his decision to quit the college**.
(그는 대학을 그만두겠다는 그의 결심에 대해 논하기를 거부했다.)
The general made **a decision that he would retire to the country**.
(장군은 시골로 은퇴하겠다는 결심을 했다.)
Viewers make **a final decision as to who should be eliminated from the competition**.
(관람자들이 누가 경쟁에서 탈락되어야 하는지에 대해 최종 결정을 내린다.)
*We are surprised at **her decision of getting married to Mr. Hugh**.

(2) thought

Just **the thought of more food** made her sick.
(좀 더 먹어야겠다는 생각이 그녀를 화나게 했다.)
Robin could not bear **the thought of losing her**.
(라빈은 그녀를 잃을 수 있다는 생각에 견딜 수가 없었다.)
I'm worried with **the thought that I might not have a job next year**.
(나는 다음 해에도 취직을 못 할 수 있다는 생각에 걱정이 된다.)
*He's excited with **the thought to go to Hawaii next week**.

(3) ability

He lost **the ability of using his hands**.
He lost **the ability to use his hands**.
(그는 손을 쓸 수가 없다.)
*He lost **the ability that he could use his hands**.

(4) intention

I have no **intention of retiring just yet**.
(나는 아직 은퇴할 생각이 없다.)
It's our **intention to be the number one distributor of health products**.
(우리의 목표는 제일의 건강 제품 판매회사가 되는 것이다.)
*He expressed **his intention that he would be the best medical doctor in the country**.

(5) criticism

There has been widespread **criticism of the decision**.
(그 결정에 대해 광범위한 비판이 있었다.)
*There has been widespread **criticism of making the decision**.
*There has been widespread **criticism to make the decision**.

일반적인 명사구에 대해서는 N38-N41을 보라.

D12 desirable과 desirous

desirable은 어떤 상황이 우리에게 "호감을 주는, 바람직한" 것을 의미하고, desirous[dezáɪərəs]는 우리가 "어떤 것을 하기를 원하는, 바라는" 것을 의미한다. desirous는 명사를 앞에서 수식하는 한정적으로 쓰일 수 없으며, 서술적으로 쓰일 때에는 일반적으로 "of-전치사구"를 보충어로 취한다.

Reducing the size of classes in schools is a **desirable**/*desirous aim.
(학교에서 한 학급의 학생 수를 줄이는 것은 바람직한 목표다.)
(참고: We're all **desirous of** reducing the size of classes in schools.)
Nobody thinks prolonged negotiation is **desirable**.
(질질 끄는 협상을 바람직하다고 생각하는 사람은 없다.)
It's highly **desirable** to speak at least one foreign language.
(적어도 하나의 외국어를 말할 수 있는 것은 매우 바람직한 일이다.)
The enemy is so **desirous** of peace that they'll agree to any terms.
(적은 평화를 간절히 원하기 때문에 어떠한 조건에도 동의할 것이다.)
The mayor is **desirous** of meeting you as soon as possible.
(시장님은 가능한 빨리 당신을 만나고 싶어 하십니다.)
He's very **desirous** of learning a foreign language as quickly as possible.
(그는 가능한 한 빨리 외국어를 매우 배우고 싶어 한다.)

D13 DETERMINERS (한정사)

한정사(determiners)란 명사를 앞에서 수식하는 가장 대표적인 표현으로서, 그 명칭이 말해주듯이 수식받는 명사의 의미해석을 다양한 방식으로 제한하는 역할을 한다. 한정사에는 "관사, (대)명사 속격, 지시사, 양화사, 의문사"가 있으며, 이들을 그 용법과 특성에 따라 A와 B 두 그룹으로 나눌 수 있다. 다음 도표는 두 그룹의 한정사가 "가산명사"와 "불가산명사", 그리고 "단수명사"와 "복수명사"와 어떻게 결합하는가를 보여준다.

한정사의 유형			가산명사		불가산명사
			단수	복수	단수
A그룹	관사	정	the pen	the pens	the coffee
		부정	a pen	pens	coffee
	속격		my pen John's pen	my pens John's pens	my coffee John's coffee
	지시사		this pen that pen	these pens those pens	this coffee that coffee
B그룹	양화사		some pen any pen no pen	some pens any pens no pens several pens enough pens most pens more pens many pens	some coffee any coffee no coffee enough coffee most coffee more coffee much coffee
			every pen each pen either pen neither pen one pen another pen		either coffee neither coffee
	의문사		what pen which pen whose pen whatever pen whichever pen	what pens which pens whose pens whatever pens whichever pens	what coffee which coffee whose coffee whatever coffee whichever coffee

1. **A그룹** (관사, 속격, 지시사): A그룹에는 "관사, 속격, 지시사"가 포함되며, 이들 한정사는 일반적으로 자신이 수식하는 명사가 가리키는 대상이 청자에게 "이미 알려진 대상"인지 알려지지 않은 대상인지, 그 명사가 어떤 "특정 대상"을 가리키고 있는지 혹은 "일반적인 대상"을 가리키는지를 구별하는 역할을 한다.

He's going to have a date with **the girl** tomorrow.　　　[청자가 아는 여자]
(그는 내일 그 아가씨와 데이트를 하려고 한다.)
He wants to have a date with **a rich girl** if possible.　　[청자가 모르는 여자]
(그는 가능하다면 부자 아가씨와 데이트를 하고 싶어 한다.)
I like to have **a sandwich**; You'll find it at Subway.　　[특정 샌드위치]
(샌드위치가 먹고 싶은데 서브웨이에서 살 수 있을 거야.)
He doesn't have enough money to buy **a sandwich**.　　　[불특정 샌드위치]
(그는 샌드위치를 살 돈이 부족하다.)

I like to have a cup of **coffee**.　　　　　　　　　　[일반적 커피]
(커피 한잔하고 싶습니다.)
I like to have **Starbucks' coffee**.　　　　　　　　　[특정 커피]
(스타벅스의 커피를 마시고 싶은데요.)

2　**B그룹**: B그룹에는 "양화사와 의문사"가 포함되며, 이들은 일반적으로 자신이 수식하는 명사의 "수나 양"을 가리키거나 또는 명사가 가리키는 대상 중에 "어느 것"을 가리키는가를 묻는 의미를 표현한다.

We need **some apples** for this recipe.　　　　　[수량]
(이 조리법에 따르면 사과가 몇 개 필요하다.)
Which car do you want to drive today?　　　　　[어느 대상]
(오늘은 어느 차를 운전하고 싶습니까?)

3　**대명사적 용법**: A그룹에 속하는 지시사와 B그룹 한정사의 대부분은 수식하는 명사가 없는 "독립적인 대명사"로 사용될 수 있다.

"**Which chair** do you want?" "**This** will do." ("어느 의자를 원하십니까?" "이거면 됩니다.")

I'm not sure whether there're **any clothes** left for them.
(그들이 입을 옷이 남아 있는지 나는 확신할 수 없다.)
The children needed new clothes, but we couldn't afford **any**.
(아이들이 새 옷이 필요한데 옷을 살 여유가 없었다.)

Most people think the President has done a good job this year.
(대부분의 국민은 대통령이 올해에는 잘했다고 생각한다.)
Twenty passengers were hurt; **most** were children under ten.
(20명의 승객이 부상을 입었는데 대부분이 10살 이하의 어린이들이다.)

▶ 속격 한정사는 whose와 his를 제외하고 명사 없이 사용될 때는 다른 형태, 즉 "mine, yours, hers, ours, theirs"를 취한다. (G4.2와 P51.2를 보라.) 다음을 비교해보라.

This is **my** room. **Mine** is smaller than **yours** but bigger than **hers**.
(이 방이 내 방이다. 내 방은 네 방보다 작지만 그녀의 방보다는 크다.)
This is **his** room. **His** is smaller than **ours** but bigger than **theirs**.
(이것은 그의 방입니다. 그의 방은 우리들 방보다 작지만 그들 방보다는 큽니다.)

4　**of-구**: B그룹 한정사는 (no, another, every, (which를 제외한) WH-한정사 제외) 뒤에 "of-전치사구"를 동반할 경우 대명사로 쓰일 수 있으며, 이 경우 "of-전치사구"의 목적어는 일반적으로 A그룹 한정사를 동반해야 한다.

Some people violently protested against the new legislation.
Some of the people violently protested against the new legislation.
(일부 국민들은 새 입법에 격렬하게 항의했다.)
(*__Some of people__* violently protested against the new legislation.)

I've made **enough remarks** on the subject. (나는 그 주제에 대해 할 말은 충분히 했다.)
I've had **enough of your stupid remarks**. (나는 너의 그 바보 같은 말에 지쳤다.)
(*I've had **enough of stupid remarks**.)

She gave **each child** 10,000 won for Christmas.
(그녀는 크리스마스 때 아이들마다 만 원씩 주었다.)
She gave **each of my children** 10,000 won for Christmas.
(그녀는 크리스마스 때 내 아이들마다 만 원씩 주었다.)
(*She gave **each of children** 10,000 won for Christmas.)

▶ 그러나 장소명과 같은 고유명사나 개념 또는 활동을 의미하는 불가산명사는 한정사의 수식을 받지 않아도 "of-전치구의 목적어"로 나타날 수 있다.

Much of Myungdong was crowded with young couples at the weekend.
(주말에는 명동 대부분이 쌍을 이룬 젊은이들로 붐빈다.)
Most of China still uses coals for cooking and heating.
(중국의 대부분은 아직도 조리와 난방을 석탄으로 한다.)
Much of philosophy is concerned with questions that have no obvious answers.
(대부분의 철학은 확실한 답이 없는 문제에 관심이 있다.)
Some of scientific knowledge is often misused. (과학적 지식의 일부는 종종 오용된다.)

5   no와 every: no와 every는 "of-전치사구" 앞에 올 수 없다. 대신에 "none"과 "every one"이 쓰인다. 다음을 비교해보라.

no friends   **every** blouse
(***no of** my friends)   (***every of** these blouses)
none of my friends   **every one** of these blouses

관사에 대해서는 A88-A92를 보라.
지시사에 대해서는 D9를 보라.
명사의 속격형과 관사에 대해서는 G4를 보라.
양화사는 Q1을, 부정대명사는 I22를, 의문대명사는 Q4를 보라.
any, either, neither, none 다음에 오는 복수 명사에 대해서는 A44.4를 보라.

D14   different

1   전치사: different는 흔히 전치사 from을 취하지만 종종 전치사 to를 취하기도 한다.

Paris is **different from** most European capitals.
(파리는 대부분의 유럽국가의 수도와는 다르다.)
Their way of life is completely **different to** ours. (그들의 생활방식은 우리와 완전히 다르다.)

2   than: 미국영어에서 different는 다른 형용사와는 달리 비교급 구문에서 쓰이는 than과 함께

사용되기도 한다.

We're not really **different than** they are. (우리는 실제로 그들과 다르지 않다.)
(참고: We're not really **different from/to** what they are.)
American football is very **different than** soccer. (미식축구는 축구와 매우 다르다.)
(참고: American football is very **different from/to** soccer.)

3 **수식어**: different는 대부분의 형용사와는 달리 "비교급 수식어"의 수식을 받을 수 있다. (C33을 보라.)

any	a bit	even	far
a great deal	immensely	a little	a lot
lots	(very) much	no	rather
slightly	somewhat 등		

My boyfriend is **much/far different** from hers.
(내 남자친구는 그녀의 남자친구와 매우 다르다.)
Spanish is **slightly/somewhat different** to Portuguese.
(스페인어는 포르투갈어와 약간 다르다.)
His brother is **a bit different** than him. (그의 형은 그와 조금 다르다.)
Now they seem to be **a lot different** than ten years ago.
(지금 그들은 10년 전과 비교하여 많이 다른 것 같다.)
Is your mother **any different**? (너의 어머님은 좀 다르시냐?)
The dress was **rather different** than I was expecting it would be.
(그 드레스는 내가 생각하고 있었던 것과 매우 달랐다.)
She looks **no different** from her daughter. (그녀는 딸과 달라 보이지 않는다.)

4 **very와 quite**: different는 "비교급"과는 달리 대표적인 형용사 수식어인 very와 quite의 수식을 받을 수 있다.

She's **very different** from her sister. (그녀는 언니와 매우 다르다.)
(*She's **very older** than her sister.)
(참고: She's **much older** than her sister.)

▶ quite different는 "completely different"를 의미한다. (Q9.4를 보라.)

The place looks **quite different** now. (그곳이 지금은 매우 달라 보인다.)
You're **quite different** from your brother. (너는 너의 형과 완전히 다르다.)

different와 other와의 차이점에 대해서는 A71.3을 보라.

D15 DIRECT OBJECT (직접목적어)

직접목적어란 일반적으로 타동사의 보충어로 쓰이는 명사구를 가리킨다. 직접목적어는 의미상으로 "동사의 행위에 의해 영향을 받는 대상"이 된다.

1   **동사**: 직접목적어를 허용하는 동사에는 세 가지 유형이 있다. (V4-V6을 보라.)

     They **built this building** last year.   [단순 타동사]
     (그들은 작년에 이 건물을 건축했다.)
     He **gave** his sister **the car**.   [이중 타동사]
     (그는 여동생에게 차를 증여했다.)
     They **elected Mr. Peterson** president.   [복합 타동사]
     (그들은 피터슨 씨를 회장으로 선출했다.)

2   **수동문**: 직접목적어는 수동문에서 주어가 된다.

     This building was built last year. (이 건물은 작년에 건축되었다.)
     The car was given to his sister. (자동차가 여동생에게 증여되었다.)
     Mr. Peterson was elected president. (피터슨 씨가 회장으로 선출되었다.)

3   **의문문**: 직접목적어는 WH-의문문에서 "의문대명사"로 대치된다. (Q2.2를 보라.)

     Which did they build last year? (그들은 작년에 어느 건물을 건축했습니까?)
     What did he give to his sister? (그는 여동생에게 무엇을 증여했습니까?)
     Who did they elect president? (그들은 누구를 회장으로 선출했습니까?)

4   **절 직접목적어**: 직접목적어로 "정형절"과 "비정형절" 둘 다 쓰일 수도 있다. (V4.3-7을 보라.)

     He warned **that the road would be blocked**. (그는 도로가 차단될 것이라고 경고했다.)
     Everyone refuses **to talk to her**. (모두 그녀와 말하려고 하지 않는다.)
     She enjoys **playing the piano**. (그녀는 피아노 연주를 즐긴다.)

D16   DIRECT SPEECH (직접화법)

직접화법이란 다른 사람의 말이나 생각을 그대로 전하는 언어행위를 말한다.

1   **글**: 글에서는 "직접 인용된 표현"을 따옴표(영국영어에서는 단일따옴표('...'), 미국영어에서는 이중따옴표("...")) 속에 넣어 표현한다. (P61을 보라.)

     He said, **"I want to go home,"** and left the office.
     (그는 "집에 가고 싶다"라고 말하고 사무실을 나갔다.)
     "Should I tell the truth?" He thought to himself.
     ("진실을 말해야 하나?"라고 그는 자신에게 말했다.)

2   **인용절의 위치**: 인용절(quoting clause)이란 다른 사람의 말을 인용할 때 사용하는 (예: he said) 절을 말한다. 직접화법에서 인용절은 피인용절(quoted clause)의 "앞"이나 "중간" 또는 "뒤"에 올 수 있다.

She said, "I have no money," and asked me for help.
(그녀는 "돈이 없다"라고 말하면서 나에게 도움을 청했다.)
"I wonder," **John said**, "whether I can stay with us."
(존은 "내가 우리와 함께 머물 수 있을지 잘 모르겠다"라고 말했다.)
"The classroom is too hot," **the professor complained**.
(교수님은 "교실이 너무 덥다"라고 불평했다.)

3. **인용절 내의 도치**: 다음의 조건이 충족되면 인용절 내에서 "주어-동사 도치"가 일어날 수 있다.

   (a) 인용절이 피인용절의 "중간"이나 "끝"에 나타난다.
   (b) 인용절의 동사가 "단순현재시제"이거나 "단순과거시제"다.
   (c) 인용절의 주어가 대명사가 아니다.

   John/He said, "I wonder whether I can stay with us."
   *****Said John/he**, "I wonder whether I can stay with us."

   "I wonder," **John/he said**, "whether I can stay with us."
   "I wonder," **said John/*said he**, "whether I can stay with us."

   "I wonder whether I can stay with us," **John/he said**.
   "I wonder whether I can stay with us," **said John/*said he**.
   (존은/그는 "내가 우리와 함께 머물 수 있을지 잘 모르겠다"라고 말했다.)

4. **인용절의 동사**: 소설이나 단편적 작품 등에서는 "ask, exclaim, suggest, reply, cry, reflect, suppose, grunt, snort, hiss, whisper" 등 다양한 종류의 동사가 인용절의 동사로 사용된다.

   "Is this Mr. Rochester's house?" **asked** Emma. ("로체스터 씨 댁입니까?"라고 엠마가 물었다.)
   "I've missed you," he **whispered** in her ear. ("보고 싶었어"라고 그는 그녀의 귀에 속삭였다.)
   "The passenger is too drunk to tell where to go," the driver **grunted**.
   ("승객이 너무나 취해서 어디로 갈지를 말하지 못한다"라고 기사가 투덜거렸다.)
   He **snorted** loudly, "I've never seen such a nasty young man."
   ("나는 그런 못된 젊은이를 본 적이 없었다"라고 그는 큰 소리로 씩씩댔다.)

5. **quote ... unquote**: 말로써 다른 사람의 말을 정확히 강조해서 인용할 때는 피인용절을 "quote"로 시작하고 "unquote"로 끝낸다. quote는 피인용절의 시작을 나타내고 unquote는 피인용절의 끝을 나타낸다. 피인용절의 문장의 끝에 올 때는 종종 unquote는 생략되기도 한다. 이 표현은 특히 피인용절의 내용에 동의하지 않을 경우 사용되기도 한다.

   We've only an, **quote**, "average", **unquote**, kind of recession.
   (우리는 그들이 주장하는 "평균적인" 경기후퇴에 빠져 있을 뿐이다.)
   The Republican candidate claims the Democrats will have, **quote**, "an awful lot of explaining to do."
   (공화당 후보는 민주당원들이 "설명을 해야 할 것이 매우 많을 것이다"라고 주장했다.)

The minister said, **quote**, "There will be no more tax increases this year."
(장관은 이렇게 말했습니다: "올해에는 더 이상 세금인상이 없을 것이다.")

간접화법에 대해서는 126-129를 보라.

D17   discern, discriminate, distinguish

이 단어들은 "세밀한 식별력" 또는 같은 유형의 다른 것과 구분되는 속성을 "식별하는 능력"을 가지고 있음을 의미한다.

1   discern: 어떤 대상을 구별하여 "보거나 듣거나 인식하는 것"을 말한다.

Through the fog I could just **discern** a car coming toward me.
(안개 속에서 나는 나를 향해서 달려오는 자동차를 간신히 식별할 수 있었다.)
A plant's foliage can **discern** the difference between light and dark.
(식물의 잎은 빛과 어둠의 차이를 구별할 수 있다.)

2   distinguish: 두 대상들 간의 차이를 식별하는 것을 가리킨다.

He's color-blind and can't **distinguish** (the difference) between red and green easily.
(그는 색맹이기 때문에 빨간색과 초록색(의 차이)을 쉽게 구별하지 못한다.)
I have sometimes difficulty **distinguishing** Spanish from Portuguese.
(나는 때때로 포르투갈어와 스페인어를 구별하는 데 어려움을 느낀다.)

3   discriminate: 매우 유사한 대상들 간의 차이를 감지하거나 알아내는 것을 말한다. 이 단어는 종종 "지적 또는 감정적 판단"이 개입된다.

I think he's the only person who can **discriminate** the real antique from the fraud.
(나는 그가 진짜 골동품과 가짜를 구별할 수 있는 유일한 사람이라고 생각한다.)
He's a famous connoisseur who can **discriminate** among several equally fine wines.
(그는 대등하게 좋은 여러 개의 포도주의 차이를 구별해 낼 수 있는 유명한 감정가다.)

▶ discriminate는 종종 "인종차별"을 말할 때 사용된다.

Don't **discriminate** against people because of their nationality.
(사람을 국적으로 차별하지 말라.)
The court ruled that the company did not **discriminate** in its hiring practices.
(법원은 회사가 고용에서 차별을 하지 않았다고 판결했다.)

D18   discreet와 discrete

이 두 단어는 발음[dɪskríːt]이 같다. discreet는 의도적으로 남의 시선이나 관심을 끌지 않게 "신중한, 조심스러운"을 의미하고, discrete는 남과 뚜렷하게 구별되는 모습을 가진 "별개의, 분리된"을 의미한다.

He assured her that he would be **discreet**.
(그는 신중하게 행동할 것이라고 그녀에게 단언했다.)
Most church leaders have kept a **discreet** silence during the war.
(대부분의 교회 지도자들은 전쟁 중에 신중한 침묵을 지켰다.)
They asked me to be **discreet** when requesting the application form.
(그들은 지원서를 요청할 때 신중하라고 말했다.)

The change will happen in a series of **discrete** steps.
(변화는 일련의 분리된 단계를 거쳐 일어날 것이다.)
The developing insect passes through several **discrete** stages.
(성장하는 곤충은 별도의 여러 단계를 거치게 된다.)
These little companies now have their **discrete** identities.
(이 작은 회사들은 현재 그들 자신만의 뚜렷한 정체성을 가지고 있다.)

D19   disinterested와 uninterested

disinterested는 "편견이 없는(unbiased), 치우치지 않는(impartial), 공평한(fair)"을 의미하고, uninterested는 "흥미가 없는(not interested), 무관심한(uncaring)"을 의미한다.

A referee must be an entirely **disinterested** but keen observer.
(심판은 완전히 공평해야 하지만 예리한 관찰자가 되어야 한다.)
He gave me a piece of **disinterested** advice. (그는 나에게 사심 없는 충고 한마디를 했다.)
The mayor always demonstrates **disinterested** judgement on public matters.
(시장님은 공공의 문제에 있어서는 항상 편견 없는 판단을 내리신다.)

I'm **uninterested** in other people's lives. (나는 다른 사람의 삶에는 관심이 없다.)
The audience yawned and seemed **uninterested** in the politician's speech.
(관중들은 하품을 했으며 그 정치인의 연설에 관심이 없어 보였다.)
Most of the citizens are **uninterested** in politics. (대부분의 시민은 정치에 무관심하다.)

D20   DISJUNCTS (부연어)

발화의 형태에 대한 "화자의 논평"이나 발화가 기술하고 있는 상황에 대한 "화자의 생각"을 표현하는 부사구를 "부연어"라고 한다. 부연어에는 "문체 부연어"와 "내용 부연어"가 있다.

1 **문체 부연어**: 문장의 형태에 대한 화자의 논평에 대해 표현하는 부사구로서 일반적으로 문두위치에 온다.

briefly	honestly	in a word
in short	personally	seriously
strictly speaking	to cut a long story short 등	

Honestly, there's nothing I can do to help. (Honestly speaking, ...)
(솔직히 말해서 도움을 주기 위해 내가 할 수 있는 것이 하나도 없다.)
In a word, he's a traitor. (If we say in a word, ...) (한마디로 말해서 그는 반역자다.)
Strictly speaking, spiders are not insects. (If we say strictly, ...)
(엄격히 말하면, 거미는 곤충이 아니다.)

2 **내용 부연어**: 문장의 내용에 대해서 화자가 어떤 생각을 가지고 있는가를 표현하는 부사구로서 일반적으로 문두위치에 온다.

apparently	allegedly	arguably
certainly	decidedly	definitely
ethically	legally	obviously
really	stupidly	surely 등

Obviously, he had forgotten about the appointment. (명백히 그는 약속을 잊었다.)
Stupidly, she refused to take his advice. (미련하게도 그녀는 그의 충고를 거절했다.)
Allegedly, the policeman had accepted bribes. (주장에 따르면 경찰관이 뇌물을 받았다.)

▶ 내용 부연어를 포함하는 문장은 일반적으로 "it ... (부사의) 형용사형 + that/to ..."로 바꾸어 쓸 수 있다. (A27.1을 보라.)

It was obvious that he had forgotten about the appointment.
(그가 약속을 잊었다는 것이 명백하다.)
It was stupid of her to have refused to take his advice.
(그녀가 그의 충고를 거절한 것은 미련한 일이다.)
It was alleged that the policeman had accepted bribes.
(경찰관이 뇌물을 받았다는 주장이 있다.)

3 **부연어/종속어**: 종종 한 단어가 "부연어" 또는 "종속어"로 쓰일 수 있다.
다음을 비교해 보라.

I **really** don't understand what he's talking about.
Really, I don't understand what he's talking about.

첫 문장에서 really는 "강조 종속어"로서 "그 사람이 무슨 말을 하는지 정말로 이해하지 못한다"는 것을 강조하고, 두 번째 문장에서 really는 "내용 부연어"로서 "그 사람이 무슨 말을 하는지 이해하지 못하는 것이 사실이라(it is real ...)"는 것을 의미한다.

▶ 일반적으로 문두에 오는 "견해 종속어, 주어지향 종속어, 문체 부연어, 내용 부연어"를 비교해 보라.

Scientifically (= From a scientific point of view), the problem that [견해 종속어]
 we are discussing here is extremely important.
(과학적 관점에서 볼 때 우리가 여기서 논의하고 있는 문제는 매우 중요하다.)
Intentionally (= It was his intention that), he locked the door [주어지향 종속어]

so that we could not leave the house.
(그는 의도적으로 문을 잠가서 우리가 집을 나갈 수 없게 했다.)
Personally (= Personally speaking), I find it difficult to study English. [문체 부연어]
(개인적으로 볼 때 나는 영어를 공부하는 것이 어렵다.)
Certainly (= It is certain that), there must be some mistakes.　　　　[내용 부연어]
(확실히 어떤 실수가 있는 게 틀림없다.)

종속어에 대해서는 S36을 보라.

D21　disorganized와 unorganized

disorganized는 "혼란스러운, 엉망진창의(disarranged)"를 의미하고, unorganized는 "조직적이지 않은, 조직이 없는(not organized)"을 의미한다.

The office, where everything had worked so smoothly, became completely **disorganized** after Mr. Kim resigned.
(모든 것이 매끄럽게 돌아가던 사무실이 미스터 김이 은퇴한 후에 완전히 엉망이 되었다.)
The report described the police action as confused and **disorganized**.
(그 보고서는 경찰의 행동이 혼란스러웠고 엉망이었다고 말했다.)

Form a union; an **unorganized** mob can accomplish nothing by chaos.
(노조를 구성하시오. 조직이 없는 집단은 혼란으로 인해 아무것도 성취할 수 없습니다.)
They're just an **unorganized** group of people who have common interest.
(그들은 이해관계를 공유하는 조직이 없는 집단에 불과하다.)

D22　disused, misused, unused

1　disused: 더 이상 사용하지 않고 "폐기된" 것을 의미하며, 일반적으로 명사 앞에서 "한정적 형용사"로 쓰인다.

There're several **disused** gold mines in the valley. (계곡에는 몇 개의 폐 금광이 있다.)
The city council decided to remodel several **disused** buildings on Jongro.
(시의회는 종로에 있는 몇몇 빈 건물들을 리모델링하기로 결정했다.)

2　misused: 어떤 것이 옳지 않은 방법으로 "오용된, 잘못 사용된(abused)"을 의미한다.

Even harmless drugs can often be **misused**. (무해한 약품도 종종 오용될 수 있다.)
There's concern that the judges' power might be **misused**.
(판사의 권한이 오용될 수도 있다는 염려가 있다.)

3　unused: "한정적"으로 쓰일 때는 [ʌ̀njúːzd]로 발음되며 "(현재까지) 미사용의, 사용된 적이 없는"을 의미하고, "서술적"으로 쓰일 때는 [ʌ̀njúːst]로 발음되며 "…에 익숙하지 않은"을 의미한다.

The bookshelves of his mansion were filled with only **unused** books.
(그의 대저택의 서가에는 손도 안 댄 서적들로만 꽉 차 있다.)
They plan to bring under cultivation the **unused** land in the north.
(그들은 북쪽에 있는 미개간지를 개간할 계획이다.)

She was **unused** to being told what to do.
(그녀는 무엇을 하라고 시키는 말에 익숙하지 않았다.)
I'm **unused** to being spoken to like that. (나는 그런 식으로 말하는 데는 익숙하지 않다.)

used to + 동명사 구조에 대해서는 U7을 보라.

D23 divers와 diverse

[dáɪvərz]로 발음되는 divers는 "두서너 개의(more than one), 몇 개의(several)"를 의미하고, [dáɪvə:rs/daɪvə́:rs]로 발음되는 diverse는 "다양한, 가지각색의(various)"를 의미한다.

A well-balanced diet is made up of **divers** foods.
(균형 있는 다이어트는 몇 가지 다른 음식으로 구성된다.)
He made films about animals, plants and **divers** other subjects.
(그는 동물, 식물 그리 몇 가지 다른 주제에 대해 영화를 만들었다.)

The curriculum includes subjects as **diverse** as pop music and archaeology.
(교과과정은 팝 음악과 고고학과 같은 다양한 과목을 포함하고 있다.)
A great many **diverse** opinions were expressed at the meeting, but none was worthwhile.
(회의에서 매우 다양한 의견이 제시되었으나 어느 것도 고려해볼 가치가 있는 것이 없었다.)

D24 do-1: 개요

1   **형태**: do는 불규칙 동사로서 "시제"와 "주어"의 인칭에 따라 다섯 가지 형태를 취한다.

주어		시제		분사	
		현재	과거	현재	과거
단수	he, she, it, 단수 명사	does	did	doing	done
복수	I, we, you, they, 복수 명사	do			

She **does**n't like dogs. (그녀는 개를 좋아하지 않는다.)
Does she like cats? (그녀는 고양이를 좋아합니까?)
I **do**n't enjoy walking. (나는 걷는 것을 좋아하지 않는다.)
Do you agree with him? (그의 말에 동의합니까?)
They **did**n't wait for us. (그들은 우리를 기다리지 않았다.)
Did he play golf? (그는 골프를 쳤습니까?)

▶ 분사형은 "do동사"가 어휘적 동사로 쓰일 때만 가능하다.

What's he **doing**? (그가 뭘 하고 있나?)
They've **done** their best. (그들은 최선을 다했다.)

2 **용법**: do동사는 세 가지 주요한 용법을 가지고 있다.

(1) 조동사: do 동사는 영어의 대표적인 조동사의 하나로 "의문문, 부정문, 축약형 구문, 강조 구문"을 구성하는 데 사용된다.

Did you remember to post my letters? [의문문]
(내 편지 부치는 것 잊지 않았지?)
Who **do** you like to meet?
(누굴 만나고 싶습니까?)
This **doesn't** taste very nice. [부정문]
(이 음식은 맛이 그리 좋지 않다.)
"That carpet needs cleaning." "Yes, it certainly **does**." [짧은 응답]
("저 양탄자는 세탁을 해야 한다." "네. 그렇습니다.")
I **do** like your ear-rings. [강조]
(네 귀걸이가 탐난다.)

(2) 어휘적 동사: do 동사는 또한 보통동사, 즉 "어휘적 동사"로도 쓰인다.

What are you **doing**? (뭘 하고 있는 거야?)
It all happened so quickly that I couldn't **do** anything.
(모든 것이 너무나 빠르게 일어나서 나는 아무것도 할 수 없었다.)
He would rather talk about things than **do** them.
(그는 그 일을 실행하는 것보다 그 일에 대해서 말하려고 할 것이다.)
Don't just stand there. **Do** something. (그곳에 서 있지만 말고 무엇인가 좀 해봐.)

(3) 대동사 (substitute verb): do는 반복되는 동사구를 대치하는 "대동사"로 쓰일 수 있다.

"Do you think Phil will **come**?" "He might **do**." [미국영어 "He might."]
("필이 오리라고 생각해?" "올지도 몰라.")
I'm ready to **have a date with her**, and I shall **do** so as soon as I can find time.
(나는 그녀와 데이트할 준비가 되어 있다. 시간이 나는 대로 그녀와 데이트할 것이다.)
He told me to **open the door**. I **did it** as quietly as I could.
(그는 나보고 문을 열라고 했다. 나는 가능한 한 조용히 문을 열었다.)
He **bought an expensive watch** yesterday. I know why he **did so**.
(그는 어제 비싼 시계를 샀다. 나는 그가 왜 그랬는지 알고 있다.)

do so/it/that/this에 대해서는 D27을 보라.

D25　do-2: 조동사

조동사 do는 여러 가지 통사적 기능을 갖는다.

1   **의문문**: 보통동사를 가진 평서문을 의문문으로 만들 때 do를 사용한다. 다른 조동사를 가진 문장에는 do를 사용하지 않는다. (Q2를 보라.) 다음을 비교해 보라.

   Do you like bananas? (바나나 좋아하세요?) (*Like you bananas?*)
   Can you play football? (축구할 줄 알아?) (*Do you can play football?*)
   Where **does** she live? (그녀는 어디에 살지?) (*Where lives she?*)

   ▶ 조동사 do는 보통동사 do를 가진 의문문을 만들 때도 사용된다.

   What **do** you **do** in the evenings? (저녁에 너는 뭘 해?)

2   **부정문**: 보통동사를 가진 긍정문을 부정문으로 만들 때 do를 사용한다. 다른 조동사를 가지고 있으면 do를 사용하지 않는다. 다음을 비교해보라. (N10.2를 보라.)

   I **didn't** answer the phone. (나는 전화에 응답하지 않았다.) (*I answered not the phone.*)
   He **couldn't** play football. (그는 축구를 할 수 없었다.) (*He **didn't can** play football.*)
   She **doesn't** do much in the evenings. (그녀는 저녁에 하는 것이 별로 없다.)
   Don't go. (가지 마라.)

3   **부가의문문**: do는 부가의문문에서 사용된다. (Q7.1을 보라.)

   You like Mary, **don't** you? (너 메리 좋아하지?)
   It doesn't matter if he wins or loses, **does** it? (그가 이기든 지든 상관없지?)

4   **강조**: 긍정문을 감정적으로 "강조하거나 대조를 위해 강조"할 때 do를 사용할 수 있다. (E21.1을 보라.)

   You **do** look nice in that hat! (너 그 모자 쓰니까 참 멋있어 보인다.)
   She thinks I don't love her, but I **do** love her.
   (그녀는 내가 자기를 사랑하지 않는다고 생각하는데, 나는 그녀를 정말 사랑한다.)
   I don't take much exercise now, but I **did** play football a lot when I was younger.
   (나는 지금 운동을 많이 하지 않지만 젊었을 때는 축구를 정말 많이 했다.)

5   **도치 구문**: do는 (주어 앞에 동사가 오는) "도치 구조"에서도 사용된다. (I47을 보라.)

   At no time **did** he lose his self-control. (그는 언제고 자제력을 잃지 않았다.)
   Never **did** I think we would win the championship.
   (나는 우리가 우승할 것이라고는 생각해 본 적이 없다.)

6   **대동사구**: 전체 동사구를 "대신하는 동사"로 쓰일 수 있다. (S38.9를 보라.)

   They didn't go to the movies, but I **did**. (그들은 영화를 보러 가지 않았지만 나는 갔다.)
   They went to the movies, but I **didn't**. (그들은 영화를 보러 갔지만 나는 안 갔다.)

7   **예의**: 조동사 do는 예의를 갖추어 다른 사람에게 어떤 것을 제안하거나 설득할 때 사용되기

도 한다.

Do sit down. (앉으십시오.)
Do have another sandwich. (샌드위치 하나 더 드시지요.)

D26   do-3: 다목적 동사

do는 어떤 행위나 일을 표현할 때 특정 동사 대신에 사용된다. 예를 들어 "brush your teeth" 대신에 "do your teeth"라고 말할 수 있다.

1   **막연한 행위**: do는 "thing, something, nothing, anything, everything, what"과 같은 단어와 함께 확정되지 않은 막연한 행위를 표현할 때 사용된다.

He **does nothing** but complain. (그는 불평밖에 모른다.)
Are you **doing anything** tomorrow night? (내일 밤에 뭔가 합니까?)
Do something! (어떻게 좀 해라!)
What are you **doing** for Christmas? (크리스마스 때 뭘 하려고 해?)

2   **특정 행위**: do는 "행하다/수행하다(perform)"의 의미로 어떤 확정적 일이나 작업에 대해 말할 때 사용된다.

It's time to **do the accounts**. (해명해야 할 시간이다.)
Could you **do the shopping** for me? (나 대신 장을 좀 봐줄 수 있습니까?)
I wouldn't like to **do your jobs**. (나는 네가 할 일을 하고 싶지 않다.)
Has Ben **done his homework**? (벤은 숙제를 끝냈습니까?)
Could you **do the ironing** first? (다리미질을 먼저 할 수 있습니까?)

3   **동반 표현**: 많은 경우 do의 의미는 "함께 쓰이는 표현"에 의하여 결정된다.

Have you ever **done any Chinese**? (= study)
(중국어를 공부한 적 있습니까?)
Can you **do this sum** for us? (= calculate)
(우리를 위해서 계산 좀 해 주겠습니까?)
I cooked the dinner, so you can **do the dishes**. (= wash)
(내가 저녁을 요리했으니까 너는 설거지를 할 수 있지.)
It will **do serious damage** to his reputation. (= bring about)
(그 일은 그의 평판에 심각한 손상을 줄 것이다.)
A couple of sandwiches will **do me** for lunch. (= suit)
(샌드위치 두 개 정도면 나는 점심으로 족합니다.)
Who's **doing the food** for the party? (= cook)
(누가 파티 음식을 준비할 거냐?)
Can you **do me 20 copies of this report**? (= make)
(이 보고서를 20부 복사해 줄 수 있습니까?)

You've **done those flowers** beautifully. (= arrange)
(꽃꽂이를 아름답게 하셨습니까?)
I've always wanted to **do India**. (= visit)
(나는 항상 인도를 가보고 싶었다.)
My car **does 30km** to the liter. (= travel)
(내 차는 리터 당 30킬로를 간다.)

4   do + 동명사 (...ing): "반복되는 행동"에 대해 말할 때 동사를 직접 언급하는 대신 "do ...ing 구조"를 사용한다. 일반적으로 동적인 동사가 사용되며 동명사 앞에는 "한정사(예: the, my, some, much 등)"나 "양화사(a lot of, a little 등)"가 올 수 있다.

During the holidays, I'm going to **do some resting** and **a lot of reading**.
(휴가 동안에 나는 조금 쉬면서 독서를 많이 하려고 한다.)
John **does more travelling/complaining** now than before.
(존은 전보다 더 자주 여행/불평을 한다.)
Who will **do the washing/cooking** for the children? (누가 아이들을 씻길/먹일 것입니까?)

▶ 이 구조에서 동명사는 "목적어"를 가질 수 없다.

He's old now, but he still **does a little painting**.
(현재 그는 나이가 들었지만 아직도 그림을 조금씩 그린다.)
(*He's old now, but he still **does a little painting landscapes**.)
(참고: He's old now, but he still **paints landscapes**.)
Morris used to **do a lot of riding** before he got married.
(모리스는 결혼 전에 승마를 많이 했었다.)
(*Morris used to do **a lot of riding horses** before he got married.)
(참고: Morris used to **ride horses** before he got married.)

▶ 그러나 do 다음에 종종 "동사 + 목적어"에 상응하는 "합성명사(compound noun)"가 사용된다.

Morris used to **do a lot of horse-riding** before he got married.
(모리스는 결혼 전에 승마를 많이 했었다.)
I want to **do some bird-watching** this weekend.
(나는 이번 주말에 들새 관찰을 좀 하고 싶다.)
It's time I **did some letter-writing**. (편지를 좀 쓸 때가 되었다.)

5   How are you doing?/How do you do?: 의문문 형태를 가지고 있으나 이들은 "의문문"이 아니다. 첫 번째 것은 미국영어에서 "친근한 인사말"이고, 두 번째 것은 처음 만난 사람에게 하는 "인사말"이다. 상대방의 생활에 대한 질문은 "How are you getting on?/How are things with you?"이라고 한다. (G22를 보라.)

D27   do, do so, do it, do this, do that

이 표현들은 동사구의 반복을 피하기 위해 사용되는 대표적인 "동사구 대형(pro-forms)"으로서 그 용법에 차이가 있다.

1   do: "be동사"를 제외한 모든 어휘적 동사, 즉 "동적 또는 정적동사"를 대치할 수 있으며, 이점에서는 다른 조동사와 같다.

He loves dogs more than his wife **does**. (= loves dogs)
(그는 개를 부인이 좋아하는 것보다 더 좋아한다.)
He can cook as well as she **does**. (= cooks)
(그는 그녀처럼 요리를 잘할 수 있다.)

(1) 대동사: 영국영어에서 do는 때때로 다른 "조동사 다음에서 대동사" 역할을 한다.

He can't promise to come tonight, but he **may do**.
(그는 오늘 밤에 온다는 약속을 할 수 없지만 올 수도 있다.)
"Would you please unlock the door?" "I **have done**."
("문 자물쇠를 열어줄 수 있습니까?" "열었는데요.")

(2) 짧은 응답: 선행하는 의문문 혹은 진술에 대한 긍정적 또는 부정적 응답을 할 때 사용된다.

"Did she say that she was leaving Seoul?" "Yes, she **did**."
("그녀가 서울을 떠날 것이라고 했습니까?" "네, 그랬습니다.")
"Do you have a car?" "No, I **don't**." ("차가 있습니까?" "아니요, 없는데요.")
"How many of you live in this town?" "We all **do**."
("너희들 중에 몇 명이 이 도시에 살지?" "우리 다요.")
"Ann doesn't understand this." "Oh, yes, she **does**."
("앤은 이것을 이해 못 한다." "어, 이해하는데.")
"He planted this shrub last year." "Yes, he **did**."
("그가 지난해에 이 관목을 심었다." "네, 그랬습니다.")
"John likes fish." "No, he **doesn't**." ("존은 생선을 좋아한다." "아닌데요. 싫어해요.")

(3) 병행 구문: 선행하는 동사구와의 병행을 표현할 때 사용된다.

They often go to the beach, and **so do** we. (그들도 종종 해수욕을 가고, 우리도 간다.)
He drinks too much, and his brother **does too**. (그도 술을 너무나 많이 마시고 동생도 그렇다.)
He doesn't want to talk about it. **Neither/Nor do** I.
(그도 그것에 대해서 말하고 싶지 않고, 나도 그렇다.)
I don't want to leave the cottage, and my wife **doesn't either**.
(나도 오두막을 떠나고 싶지 않고, 내 처도 그렇다.)
Steve doesn't like golf, but his wife **does**.
(스티브는 골프를 좋아하지 않지만 그의 부인은 좋아한다.)

(4) 비교: 비교구문에서 사용된다.

He enjoyed the trip more than we **did**. (그는 우리보다 여행을 더 즐겼다.)
She understands the situation better than he **does**. (그녀가 그보다 상황을 더 잘 이해하고 있다.)
He visits his parents twice a year, as he has always **done**.
(그는 항상 그랬던 것처럼 일 년에 두 번씩 부모님을 찾는다.)

2 do it/so/that: "do it"는 일반적으로 "행위동사"만을 대체하지만 "do so/that"는 "행위동사와 경과동사 그리고 사건동사"를 대체한다. (V2를 보라.)

(1) 행위동사

She **bought a watch** yesterday. I can guess why she **did it/so/that**.
(그녀가 어제 시계를 샀다. 왜 그랬는지 나는 짐작이 간다.)
The rebels are **attacking the city**; they've been **doing it/so/that** for two months.
(반군이 도시를 공격하고 있다. 그들은 두 달 동안 그렇게 하고 있다.)

(2) 경과동사

The country has completely **changed its appearance**. The President of the country made it possible to **do so/that/*it**.
(그 나라는 겉모습을 완전히 바꿨다. 대통령이 그것을 가능하게 했다.)
The typhoon has now **reduced its speed**; it will continue to **do so/that/*it**.
(태풍이 지금은 속도를 줄였다. 계속해서 속도를 줄여갈 것이다.)

(3) 사건동사

Helen **caught a cold**. She has **done so/that/*it** because she went out in the cold without her coat.
(헬렌이 감기가 들었다. 그녀가 감기가 든 것은 추위에 코트를 입지 않고 밖에 나갔기 때문이다.)
He **received an anonymous letter** yesterday. I think she **did so/that/*it** a month ago.
(그는 어제 익명의 편지를 한 통 받았다. 내 생각에는 그녀도 한 달 전에 받았다.)

3 do so: 문어적 표현으로서 일반적으로 앞에서 언급한 "동일한 주어가 행한 동일한 행위"를 표현하는 동사구를 대체한다.

I can't **play the trumpet**. If I had been able to **do so**, I could have joined the band.
(나는 트럼펫을 불지 못한다. 만약 불 수 있었다면 나는 악대에 들어갔을 것이다.)
You can **borrow my car**, if **you** want to **do so**.
(원한다면 내 차를 빌려 갈 수 있다.)
Yesterday **he lost his keys**. It's not surprising that **he did so**.
(어제 그가 열쇠를 잃어버렸다. 그것은 놀라운 일이 아니다.)
They promised to **increase pensions by 20%**. If **they do so**, it will make a big difference to old people. (당국은 연금을 20퍼센트를 올리겠다고 약속했다. 만약 그렇게 된다면 노인들에게는 큰 영향을 줄 것이다.)

4   **do it**: 행위자가 의식적으로 특정 시점에 행한 "의도적 행위"를 표현하는 동사구를 대체한다.

"Ann **decorated the church**." "I think the priest asked her to **do it**."
("앤이 교회를 꾸몄다." "내 생각에는 신부님이 그렇게 해달라고 부탁한 것 같다.")
He **bought a new luxury car**, but I don't know how he managed to **do it**.
(그는 사치스러운 새 차를 샀는데, 그가 어떻게 그랬는지 나는 모르겠다.)
He **borrowed her car**, although I told him not to **do it**.
(그러지 말라고 했는데 그는 그녀의 차를 빌렸다.)

5   **do it와 do so**: 다음의 두 표현은 다르게 해석된다.

Bob is **getting his house painted**, and moreover, he wants me to **do it**.
(밥은 그의 집에 페인트칠을 하고 있었고, 더욱이 나에게 그의 집에 페인트칠을 해주기를 바랐다.)
(= Bob is **getting his house painted**, and moreover, he wants me to **paint his house**.)
Bob is **getting his house painted**, and moreover, he wants me to **do so**.
(밥은 그의 집에 페인트칠을 하고 있었고, 더욱이 나에게도 우리 집에 페인트칠을 하기를 바랐다.)
(= Bob is **getting his house painted**, and moreover, he wants me to **get my house painted**.)

6   **do that/this**: "do that/this"는 구어적 표현으로서 기본적으로 "지시사적" 의미를 지니며, 특정 또는 일반적인 상황을 표현할 수 있다.

"He has **nailed a board onto the door**." "Why did he **do that**?"
("그는 문에 널빤지를 못 박았다." "그 사람은 왜 그런 짓을 한 거야?")
"I'm sorry to say that I **left the office early**." "You better not **do that** again."
("미안하게도 나는 사무실을 일찍 나왔다." "다시는 그러지 않는 게 좋겠다.")
"Whales **give birth to live young**." "Are they the only fish to **do this**?"
("고래는 새끼를 낳는다." "고래가 새끼를 낳는 유일한 물고기입니까?")
Ants can apparently **communicate with each other**, but we don't know how they **do that**.
(개미는 명백히 서로 의사소통할 수 있다. 그러나 우리는 그들이 어떻게 그러는지 모른다.)

다른 유형의 대치에 대해서는 S38을 보라.
think, believe, hope와 유사한 동사 다음에 오는 so와 say와 tell 다음의 so 그리고 so do I, so am I에 대해서는 S19를 보라.

D28   drown

drown은 자동사 "익사하다, 물에 빠지다"와 타동사 "익사시키다, 물에 빠지게 하다"의 의미로 쓰인다.

A young man **drowned** in the boating accident.
(한 젊은 청년이 뱃놀이 사고로 익사했다.)

Many animals **were drowned** by the tidal wave.
(많은 동물들이 해일로 익사했다.)

▶ 미국영어와는 달리 영국영어에서는 수동형도 "사고로 인한 익사"를 말할 때 사용될 수 있다.

A young man **was drowned** in the boating accident.
(한 젊은 청년이 뱃놀이 사고로 익사했다.)
His son **was drowned** by a rival gang in revenge for the shootings last week.
(그의 아들은 지난주에 있었던 총격사건에 대한 복수로 경쟁 갱단에 의해 익사 당했다.)

D29 drug, medicine, medication

이 단어는 공통적으로 "약"을 가리키지만, 이들 사이에는 약간의 의미적 차이가 있다.

The Pharmaceutical Company developed a new **drug/medicine/medication** for hay fever.
(그 제약회사는 화분증 치료를 위한 새로운 약을 개발했다.)

1   drug: 일반적으로 화학적 방법을 써서 제조된 "약품"을 의미한다. 습관이 되어 우리를 정신적으로, 육체적으로 피폐시키는 "마약"을 의미하기도 한다.

My doctor prescribed a new **drug** for my back pain.
(내 의사가 등 통증에 새로운 약을 처방했다.)
Cocaine is one of the most additive **drugs** you can get.
(코카인은 우리가 얻을 수 있는 가장 중독성이 있는 약 중의 하나다.)
The government publishes a report on **drug** abuse and addiction every year.
(정부는 매년 마약 오용과 중독에 대한 보고서를 낸다.)

2   medicine: 병을 치료하고 예방하며 건강에 도움을 주는 "약품"을 의미한다. 건강에 도움이 되는 모든 것을 의미할 수 있다.

The doctor told me to take my **medicine** three times a day.
(의사는 나에게 하루에 세 번씩 약을 먹으라고 했다.)
Many people in this country are dying because of shortage of **medicine**.
(이 나라에서는 많은 사람들이 약품이 부족해서 죽어간다.)
Regular exercises and rest are good **medicine** for everybody.
(규칙적인 운동과 휴식은 모든 사람에게 보약이다.)

▶ medicine은 학문으로서의 "의학"을 의미하기도 한다.

He decided to pursue his career in **medicine**, after his mother had died of cancer.
(그는 어머니가 암으로 죽은 후에 의사의 생을 살기로 결심했다.)

3   medication: 치료 중인 사람에게 행해지는 모든 "의료 행위"를 지칭하는 용어로 사용된다.

He stopped taking the **medications** prescribed by Dr. Kim.
(그는 김 박사가 처방한 약을 먹지 않기로 했다.)
Nurses are responsible for giving each patient the **medication** specified by the doctors.
(간호사들은 의사들이 처방한 약을 각 환자들에게 줄 책임이 있다.)
The doctor asked me if I am on any other **medication**.
(의사는 내가 다른 약을 먹고 있는지 물어봤다.)
The hospital adopted a new **medication** to combat drug addiction.
(병원은 마약중독에 대응할 새로운 약물치료방법을 채택했다.)

D30   DURATION (기간): during, for, in, ...

1   during과 for: 이들은 어떤 사건이나 상황이 존재하게 된 "기간의 시작부터 끝"을 표현할 때 사용된다. 이 기간을 "시간 단위"를 써서 표현할 때는 for를 쓰고 어떤 "상황이나 사건"을 써서 표현할 때는 during을 쓴다.

We stayed there **for three days/a week/two months/six years**.
(우리는 그곳에 3일/1주/2달/6년 동안 있었다.)
(*We stayed there **during three days** ...)
He worked here **during the hot weather/the war/his stay in Korea**.
(그는 더울 때/전쟁 동안/한국에 머무는 동안 여기서 일했다.)
(*He worked here **for the hot weather/the war/his stay in Korea**.)

▶ during은 for와는 달리 어떤 사건이 발생한 기간을 포함하는 더 긴 기간을 표현할 때 사용된다.

We camped there **for the summer**.   [처음부터 끝까지]
(우리는 여름 내내 거기서 야영했다.)
We camped there **during the summer**.   [여름의 어느 시기에]
(우리는 여름에 그곳에서 야영했다.)
It rained **for two or three hours during the night**.
(밤중에 두세 시간 동안 비가 왔다.)

2   during과 in: during과 마찬가지로 in도 어느 "특정 기간 내"에 어떤 사건이 일어나는 것을 말할 때 사용된다.

We'll be on holiday **during/in August**. (우리는 8월에 휴가를 갈 것이다.)
I woke up **during/in the night**. (나는 밤중에 깼다.)
Destroy this temple, and I will raise it again **in three days**.
(너희가 이 성전을 헐라 내가 사흘 동안에 일으키리라.) [요 2:19]

▶ 시간적 기간이 아니라 어떤 "사건이나 상황이 일어난 기간" 말할 때는 during이 사용된다.

John fell off from his chair **during/*in the meeting**. (존은 회의 도중에 의자에서 떨어졌다.)

He met some strange people **during/*in his military service**.
(그는 군 복무 중에 좀 이상한 사람들을 만났다.)

3   **during과 by**: 관용구인 "by day/night"는 "during the day/night"와 같은 뜻이며 보통 "여행"과 같은 행위를 뜻하는 동사와 쓰인다.

We prefer travelling **by night/during the night**. (우리는 밤에 여행하는 것을 좋아한다.)
After the tour of Paris **by night**, we slept **during the day/*by day**.
(밤중에 파리를 여행한 후에 우리는 낮 동안에는 잠을 잤다.)

4   **over와 through(out)**: over는 축제 기간과 같이 "특별한 기간"을 나타낼 때 쓰며 일반적으로 through(out)보다 짧은 기간을 나타낸다.

We stayed there **over Christmas/the weekend/the holiday**.
(우리는 크리스마스/주말/휴가 동안에 그곳에 머물렀다.)
(*We stayed there **over Wednesday**.)
We stayed there **through(out) the summer**. (우리는 여름 내내 그곳에 머물렀다.)

5   **from ... to, until, up to**: 어떤 "기간의 끝"만을 나타낼 때는 "until, till, up to"를 쓴다. "up to, until, till, to"는 보통 그 목적어가 가리키는 기간은 "전체 기간에서 제외"한다.

We camped there **until/till/up to September**. (우리는 9월까지 그곳에서 야영했다.)
[9월이 시작할 때에 야영을 끝냈다는 뜻이 된다.]

▶ "to"는 "시작 시점"이 표현되지 않은 "과거의 어느 시점"만을 표현할 수 없다.

*We camped there **to September**.
*I studied at Brown **to 1970**.

▶ 그러나 "미래의 사건"을 위한 기간을 나타낼 때와 기간을 표현하는 명사가 앞에 올 때는 "to"를 쓸 수 있다.

We'll camp there **to September**.
(우리는 9월까지 그곳에서 야영할 것이다.)
We can camp there **to the end of September**.
(우리는 9월 말까지 그곳에서 야영할 수 있다.)
[사건의 종료시점을 표현하는 "end"가 있기 때문에 to가 가능하다.]
I have only **a few years to retirement**. (나는 은퇴까지 몇 년밖에 남지 않았다.)
["a few years"라는 기간 표현이 있기 때문에 to가 가능하다.]

▶ 기간의 시작과 끝을 모두 나타낼 때는 "from ... to"를 쓴다.

We camped there **from June to September**. (우리는 6월부터 9월까지 그곳에서 야영했다.)
I studied at Brown **from 1967 to 1970**.
(나는 1967년부터 1970년까지 브라운대학에서 공부했다.)

until에 대해서는 U3을, up to에 대해서는 U5를 보라.

6 from ... through: 종종 위의 "from June to September"에서 9월이 전체 기간에 포함되느냐 안 되느냐 하는 문제가 대두한다. 이러한 모호성을 피하기 위해 미국식 영어에서는 종종 "(from) ... through"를 사용한다. (다른 방법에 대해서는 T12를 보라.)

We stayed there (from) June through September.
(우리는 6월부터 9월 끝까지 그곳에서 야영했다.)

7 since: since는 from과 마찬가지로 "기간의 시점"을 표현하지만, 기간의 종점은 "발화의 시점"이 될 수도 있고 "과거시점과 현시점 사이의 어느 시점"이 될 수도 있다.

I haven't seen a movie **since the birth of my baby.**
(나는 애기가 태어난 이후에 영화를 보지 못했다.)
She **stopped** seeing him **since** her mother **had died** a few years ago.
(그녀는 어머니가 몇 년 전에 돌아가신 후에는 그를 더 이상 만나지 않았다.)

from과 since에 대해서는 F21을 보라.
since에 대해서는 S14를 보라.
through에 대해서는 T12를 보라.

E1   each

each는 every처럼 한 집단의 "모든 구성원"을 가리키기도 하고, "집단 구성원들을 개별적으로 하나씩"을 가리킬 수도 있다. each는 "한정사"로도 쓰이고 "대명사"로도 쓰이며 "부사"처럼도 쓰인다.

Each book is beautifully illustrated in the book fair.　　　　[한정사]
(도서전에 전시된 각 책은 아름다운 삽화가 들어 있다.)
She consulted several doctors, and **each** had a different diagnosis.　[대명사]
(그녀는 의사 몇 명에게 진찰을 받았는데, 의사마다 다른 진단을 내렸다.)
The students were **each** given an opportunity to solve the problem.　[부사]
(학생들 각자에게 문제를 풀 기회가 주어졌다.)

1　한정사: each가 한정사로 쓰일 때는 "단수가산명사" 앞에 온다. (D13을 보라.)

Each member of the team was given a particular job to do.
(팀의 각 인원에게 특별한 책무가 주어졌다.)
(***Each members** of the team was/were given a particular job to do.)
You're allowed 20 minutes to answer **each question**. (문제마다 20분씩 답할 시간을 주겠다.)
(*You're allowed 20 minutes to answer **each questions**.)

2　대명사: 대명사 each는 "복수대명사" 혹은 "한정사를 수반하는 복수명사"를 목적어로 갖는 "of-구"를 동반할 수 있다.

Each of us/them has different opinions on the problem.
(우리는/그들은 각자 그 문제에 대해 다른 소신을 갖고 있다.)
She talked to **each of the students** about their grades.
(그녀는 학생들 하나하나에게 성적을 말해주었다.)

▶ "each of ..." 다음에 오는 동사는 일반적으로 단수이지만, 구어체에서는 종종 "복수"가 될 수 있다.

Each of them **wants** their shares.
Each of them **want** their shares.　　　　[구어체]
(그들은 제각기 자신들의 몫을 원했다.)

3　부사: each가 "주어의 한 성분"일 때 all이나 both 그리고 다른 몇몇 부사처럼 (A46.2와 B32를 보라.) "문중위치"로 이동할 수 있다. 이 경우 주어는 복수명사 또는 복수대명사가 되며, each는 조동사나 be 동사 뒤에 오며 여타 어휘동사의 경우에는 동사 앞에 온다.

We've each been told to wait. (우리 각각은 기다리라는 말을 들었다.)
(= Each of us has been told to wait.)
They're each to have a vacation in different places.
(그들은 각각 다른 곳에서 휴가를 보내려고 한다.)

We **each had** a date with the same girl. (우리 각자는 동일한 여성과 데이트를 했다.)
The girls **each have** certain different charms. (그 아가씨들은 각자 다른 매력을 가지고 있다.)

4 **목적어와 each**: each는 주어의 경우와 마찬가지로 목적어 뒤에 올 수 있지만, 목적어가 문장의 "마지막 성분"이 될 수 없다.

We wish **them/the couple each** a Merry Christmas.
(그들/내외 각자에게 즐거운 성탄인사를 보냅니다.)
I invited **the boys/them each** to the farewell party.
(나는 작별 파티에 젊은이들/그들 각자에게 초청장을 보냈다.)
(*She invited **the boys/them each**.)
He bought **the girls each** an ice-cream. (그는 아가씨들 각자에게 아이스크림을 사줬다.)
(*He bought an ice-cream for **the girls/them each**.)

▶ each는 문장의 마지막 성분인 목적어가 "수량"을 의미할 경우 그 뒤에 올 수 있다. 이 경우 each는 실제로 목적어를 선행하는 복수명사를 수식한다.

I gave **the boys two apples each**. (나는 남자아이들 각자에게 사과 두 개씩 주었다.)
(= I gave **the boys each** two apples.)
When their father died, **they** inherited **one million dollars each**.
(아버지가 돌아가셨을 때, 그들은 각각 100만 불씩 상속받았다.)
(= When their father died, **they each** inherited one million dollars.)
The tickets cost **3 dollars 50 cents each**. (표 한 장에 3불 50센트입니다.)
(= **The tickets each** cost 3 dollars 50 cents.)
He awarded **the children a prize each**. (그는 아이들마다 상을 수여했다.)

5 **독립적 each**: 이미 언급됐을 경우 명사를 생략하고 each만 "독립적 대명사"로 사용할 수 있으나 구어체에서는 "each one/each of them"이 더 흔히 쓰인다.

Five boys participated in the contest, and **each/each one/each of them** received a prize.
(다섯 명의 남자아이들이 경기에 참여했는데, (그들) 각자가 상을 받았다.)

6 **each (+of) + (대)명사**: 절 내에서 "each (+of) + 명사/대명사"를 가리키는 "대명사는 단수가 될 수도 있고 복수"가 될 수도 있다. 특히 언급되는 사람들이 남성인지 여성인지 구별하고 싶지 않을 때 복수대명사 "they/them/their"가 사용된다.

Each child assembled **his or her** robot with help from the teacher.
(아이들은 제각기 선생님의 도움을 받아 자신들의 로봇을 조립했다.)
Each of them explained the procedure in **his/her/their** own way.
(그들은 각각 제 나름의 방식으로 절차를 설명했다.)
Each of the individuals has the opportunity to put into practice **their** skills.
(개인 각자는 자신의 기술을 실행에 옮길 기회를 가졌다.)

each와 every의 차이에 대해서는 E2를 보라.

E2   each와 every

1   **each와 every**: 둘 다 단수명사와 함께 사용되며, each는 "둘 이상"의 대상을 말할 때 사용되고, every는 일반적으로 "셋 이상"을 말할 때 사용된다.

Thousands of tourists visit Korea **each/every** year. (수천 명의 관광객이 매해 한국을 찾는다.)
(*Thousands of tourists visit Korea **each/every** years.)
She's holding a bottle in **each** hand. (그녀는 두 손에 병을 하나씩 들고 있었다.)
(*She's holding a bottle in **every** hand.)
Grill the fish for ten minutes on **each** side. (생선의 양쪽을 10분씩 구우십시오.)
(*Grill the fish for ten minutes on **every** side.)

▶ 많은 경우 each와 every는 의미상으로 큰 차이 없이 사용될 수 있다.

Malaria affects more than 10 million people **each/every** year.
(매해 1,000만 명 이상의 사람들이 말라리아에 감염된다.)
You look more beautiful **each/every** time I see you.
(당신은 내가 볼 때마다 더 아름다워 보입니다.)
We have only 30 minutes to answer **each/every** question.
(우리는 각 질문을 30분 만에 답해야 한다.)

▶ 그러나 each는 사람이나 사물을 "개별적으로 한 번에 하나씩 말할 때" 선호되는 반면, every는 사람이나 사물을 "함께 집단으로 생각할 때" 더 흔히 쓰인다. 이런 점에서 every는 의미적으로 all에 더 가깝다. 다음을 비교해 보라.

Each student in turn had an interview with the professor.
(각 학생들은 차례로 교수님과 면접을 가졌다.)
He gave **every student** the same grade A. (그는 모든 학생에게 동일한 점수 A를 주었다.)
(= He gave **all students** the same grade A.)

▶ 집단에 속하는 모든 대상을 개별적으로 강조하여 가리키려고 할 때는 "each and every"를 사용한다.

Firemen face dangerous situations **each and every** day.
(소방관들은 날이면 날마다 위험한 상황에 처한다.)
The same law applies in **each and every** case. (같은 법이 어느 경우에나 적용된다.)

2   **each와 both**: each가 "둘"을 의미할 때 종종 both로 대치될 수 있다.

She kissed **each/both** of her parents. (그녀는 부모님 두 분에게/각자에게 입을 맞췄다.)
We can park the cars on **each side/both sides** of the street. (도로 양편에 주차할 수 있다.)

3   **대명사 each와 every**: every는 each와 달리 대명사로 쓰일 수 없다.

Each of the students handed in his assignment. (학생들은 따로따로 숙제를 제출했다.)
(***Every** of the students handed in his assignment.)

There're four rooms, **each** with its own shower. (방이 네 개 있고 방마다 별도의 샤워가 있다.)
(*There're four rooms, **every** with its own shower.)

▶ 대신에 "every one of + 명사" 구조를 사용한다.

Every one of the students handed in his assignment. (학생들은 모두 숙제를 제출했다.)
There're four rooms, **every one of them** with its own shower.
(방이 네 개 있고 방 모두에 별도의 샤워가 있다.)

▶ "each of ..."와 "every one of ..."는 부정문에 나타날 수 없으며, 대신에 "none of ..."를 써야 한다.

None of the students handed in his assignment. (학생들 중에 아무도 숙제를 안 제출했다.)
(***Each of the students didn't** hand in his assignment.)
(***Every one of the students didn't** hand in his assignment.)

every two years, every three years와 같은 표현에 대해서는 F18을 보라.

4 **수식어**: each는 all의 개념을 가진 every와는 달리 집단의 개념을 강조하는 "almost, practically, nearly, not, without exception"과 같은 표현과 함께 사용되지 않는다.

She's lost **nearly every friend** she had. (그녀는 알았던 친구 거의 모두를 잃었다.)
(*She's lost **nearly each friend** she had.)
Not every student enjoyed the lecture. (모든 학생이 강의를 즐겁게 들은 것은 아니다.)
(***Not each student** enjoyed the lecture.)
You must answer **every question without exception**. (예외 없이 모든 질문에 답해야 한다.)
(*You must answer **each question without exception**.)
(참고: **Not/Nearly/Almost/Practically all students** enjoyed the lecture.)

5 **개별적 대상**: "개별적으로 하나씩"을 가리키는 경우에는 each가 사용되고 every는 어색하다.

I'll give you twenty minutes to answer **each/*every question**.
(각 질문에 답하는 데 20분을 주겠다.)
He paid $20 for **each/*every ticket**. (그는 표 한 장에 20불씩 냈다.)

each에 대해서는 E1을 보라.
every에 대해서는 E32를 보라.
every와 all의 차이점에 대해서는 A47을 보라.
each other에 대해서는 E3을 보라.

E3 each other와 one another

우리는 상호(reciprocal)대명사인 "each other"나 "one another"를 사용하여 두 개의 독립된 문장을 한 문장으로 결합할 수 있다.

Cleopatra loved Anthony. (클레오파트라는 안토니를 사랑했다.)
Anthony loved Cleopatra. (안토니는 클레오파트라를 사랑했다.)

Cleopatra and Anthony loved **each other/one another**.
(클레오파트라와 안토니는 서로를 사랑했다.)

1   **차이점**: 현대 영어에서는 일반적으로 each other와 one another를 동일하게 사용한다.

The couple haven't talked to **each other/one another** for a week.
(그 부부는 한 주 동안 서로에게 말을 하지 않았다.)
They kissed **each other/one another** passionately. (그들은 서로에게 정열적으로 키스했다.)

▶ 그러나 사람에 따라서 셋 이상의 대상이 관련되어 있을 때는 "one another"가 선호된다.

The four children were very fond of **one another**. (그 네 명의 아이들은 서로를 매우 좋아한다.)
He put all the books on top of **one another**. (그는 모든 책을 하나씩 차곡차곡 쌓아올렸다.)

2   **each ... the other**: each other와 one another는 일반적으로 "주어"로 사용되지 않는다. 대신에 "each ... the other"라는 표현으로 대치된다.

*They listened carefully to what **each other** said.
They **each** listened carefully to what **the other** said.
(그들은 각자 다른 편이 말한 것을 주의 깊게 경청했다.)

Adam and Eve blamed **each other**. (아담과 이브는 서로를 탓했다.)
Adam and Eve **each** blamed **the other**. (아담과 이브는 각각 상대편을 탓했다.)

3   **재귀대명사와의 차이**

(1) "each other와 one another"와는 달리 재귀대명사는 속격어미 "-'s"를 허용하지 않는다.

They stared at **each other's/one another's** face for a moment.
(그들은 잠시 동안 서로의 얼굴을 노려봤다.)
(*They stared at **themselves'** face for a moment.)
They agreed to check **each other's** homework. (그들은 서로의 숙제를 점검해주기로 했다.)
(*They agreed to check **themselves'** homework.)

(2) -selves와 "each other/one another"의 의미적 차이점에 유의하라.

John and Mary talk to **themselves** a lot. (존과 메리는 자기 스스로에게 말을 많이 한다.)
(= John talks to himself a lot, and Mary talks to herself a lot.)
John and Mary talk to **each other** a lot. (존과 메리는 서로에게 말을 많이 한다.)
(= John talks to Mary a lot, and Mary talks to John a lot.)

4   **생략**: "each other"가 "embrace, meet, marry, similar"와 같은 단어와 함께 쓰일 때에는 일반적으로 생략된다.

The two **met (each other)** in 2000. (그 두 사람은 2000년에 만났다.)
They **married (each other)** in 1994. (그들은 1994년에 결혼했다.)
Their opinions are very **similar (to each other)**. (그들의 생각은 매우 흡사하다.)

E4　early

early와 그 반의어인 late는 형용사와 부사로 사용된다. early에는 비교급과 최상급으로 각각 earlier와 earliest가 있는 데 반하여, late에는 "비교급 later"만 허용된다. 형태적으로 late의 최상급형인 latest는 다른 의미를 갖는다. (L2를 보라.)

He was in his **early/late** twenties, when he opened his first shop.　　[형용사]
(그가 첫 가게를 냈을 때는 나이가 20대 초반/후반이었다.)
She went out **early/late** in the morning.　　[부사]
(그녀는 아침 일찍/늦게 외출했다.)

1　**초기**: early는 어떤 "시간, 사건, 과정의 시작 또는 앞부분"을 가리킨다.

Many archaeologists are looking for fossil evidence of **early** man.
(많은 고고학자들은 초기 인간의 화석증거를 찾고 있다.)
In **early** days, the railways mainly carried goods. (초기에는 철도가 주로 화물을 운송했다.)
He spent **the early part** of his career at SNU's Hospital.
(그는 생애의 초기를 서울대학병원에서 보냈다.)

She left home **early** in the morning. (그녀는 아침 일찍 집을 나섰다.)
He was sent off **early** in the game. (그는 경기 초반에 퇴장 당했다.)
The building should be finished **early** next year. (이 건물은 다음 해 초에 준공되어야 한다.)

2　**보다 일찍이**: early는 종종 통상적인 것 또는 기대했던 시점보다 "일찍 일어난 상황"을 가리키기도 한다.

I was a few minutes **early** for my interview. (나는 면접에 몇 분 일찍 왔다.)
My father decided to take **early** retirement. (아버지는 조기 은퇴를 하기로 했다.)

They must have come **early**. (그들은 일찍 온 것이 틀림없다.)
Why do we have to go to bed so **early**? (왜 그렇게 일찍 잠자리에 들어야 합니까?)

3　**너무나 빠름**: 어떤 변화나 결과가 초래할지를 말하기에는 너무나 빠를 때 사용한다.

It's too **early** to say who he'll choose for the job.
(그가 그 자리에 누구를 선발할 것인가를 말하기에는 너무 이르다.)
It's **early** days. I don't want to make any predictions.
(시기가 이르다. 나는 어떠한 예측도 하고 싶지 않다.)

4　**가까운 미래**: 가까운 미래를 의미할 수 있다.

I think an **early** decision would be wise. (내 생각에는 빠른 결정이 현명할 것 같다.)
You can come at your **earliest** convenience. (형편이 닿는 대로 빨리 오셔도 됩니다.)

early의 반의어 late에 대해서는 L2를 보라.

E5   east, west, south, north

이 단어들은 지구에서 방향을 가리킬 때 사용하는 단어들이다. 이들은 모두 "명사, 형용사, 부사"로 사용될 수 있다. 우리가 방향을 말할 때는 두 가지 관점에서 생각할 수 있다. 방향이 어떤 "공간"이나 "지역" 내에서의 방향, 즉 그 "공간" 내의 "동부"냐 "서부"냐 등을 말할 때와 어떤 공간을 벗어난 방향, 즉 그 공간이나 지역을 벗어난 "동쪽"이냐 "남쪽"이냐 등을 말 때가 있다.

1   **in**: 지역 내에서의 방향을 말할 때는 "in-전치사구"을 사용한다.

Busan is located **in the south** of the Korean Peninsula.
(부산은 한 반도 남부에 있다.)
Norway is **in the north** of Europe. (노르웨이는 유럽 북부에 있는 나라다.)

2   **to**: 기준이 되는 지역을 벗어난 방향을 말할 때는 "to-전치사구"를 쓴다.

Ulluengdo is a volcanic island **to the east** of the Korean Peninsula.
(울릉도는 한 반도 동쪽에 있는 화산섬이다.)
Africa is **to the south** of Europe. (아프리카는 유럽의 남쪽에 있다.)

▶ 이 단어들은 아무런 수식어 없이 "to-전치사구"처럼 방향을 가리킬 수 있다.

Ulluengdo is a volcanic island **east** of the Korean Peninsula.
(울릉도는 한 반도 동쪽에 있는 화산섬이다.)
Africa is **south** of Europe. (유럽은 아프리카 북쪽에 있다.)

▶ 방향 앞에 공간 간의 이동에 필요한 "시간" 또는 "거리"를 표현할 수 있다.

Incheon International Airport is **an hour and half** (to the) west of Seoul.
(인천국제공항은 서울 서쪽 한 시간 반 거리에 있다.)
Mt. Surak lies **180 kilometers** (to the) east of Seoul.
(설악산은 서울에서 180킬로미터 동쪽에 있다.)

3   **부사**: 이 단어들은 모두 방향을 의미하는 "부사"로 사용될 수 있다.

They always go **south** in winter. (그들은 겨울에는 항상 남쪽으로 간다.)
The apartment faces **north** and doesn't get much sun in winter.
(아파트가 북향이어서 겨울에 햇빛을 많이 받지 못한다.)

▶ to-전치사구를 써서 단순히 방향을 표현할 수 있다.

They always go **to the south** in winter. (그들은 겨울에는 항상 남쪽으로 간다.)
The apartment faces **to the north** and doesn't get much sun in winter.
(아파트가 북향이어서 겨울에 햇빛을 많이 받지 못한다.)

4 **on**: 어떤 공간의 어느 방향에 "인접"해 있음을 표현할 때는 "on-전치사구"를 사용한다.

Uijeongbu is a city located **on the north** of Seoul.
(의정부는 서울 북쪽에 인접해 있는 도시다.)
Vietnam lies **on the south** of China. (베트남은 중국 남쪽에 인접해 있다.)

5 **중간 방향**: 동서남북의 중간 방향을 말할 때는 south와 north가 east와 west를 앞선다.

southeast: 남동/동남　　　southwest: 남서/서남
*eastsouth　　　　　　　　*westsouth

northeast: 북동/동북　　　northwest: 북서/서북
*eastnorth　　　　　　　　*westnorth

Zhuge Liang was known to have aroused a **southeast** wind at the Battle of Red Cliffs.
(제갈량은 적벽대전에서 동남풍을 불러일으킨 것으로 알려졌다.)

6 **above와 below, up과 down**: 일반적으로 지도에서 북쪽은 위에, 남쪽은 아래에 표시하기 때문에 종종 "above와 up"은 "북쪽(north)"을, "below"와 "down"은 "남쪽(south)"를 의미하기도 한다.

The city is located 10 kilometers **above/below** Seoul. (= to the north/south of Seoul)
(그 도시는 서울 북쪽으로/남쪽으로 10킬로미터 위치에 있다.)

We drove **up** to Chicago for the conference.
(우리는 학회에 참석하기 위해 북쪽에 있는 시카고로 운전해 갔다.)
They drove all the way **down** from Boston to Miami.
(그들은 보스턴에서 마이애미까지 남쪽으로 운전해 갔다.)

They live **up** north. (그들은 저 위 북쪽에 산다.)
We have a summer villa **down** south. (우리는 저 아래 남쪽에 여름 별장을 가지고 있다.)

E6　economic과 economical

economic은 "경제학" 또는 한 나라의 "경제"를 가리키는 데 반하여, economical은 "절약"을 의미한다.

The government's **economic** policies have led us into the worst recession for years.
(정부의 경제정책은 우리를 수년간 최악의 불황으로 빠지게 했다.)
Poland's radical **economic** reforms haven't been much help to the businesses of the country. (폴란드의 극단적인 경제개혁은 국가의 기업 활동에 큰 도움을 주지 못했다.)

There's an increasing demand for cars which are more **economical** on fuel.
(연료 절약형 차에 대한 요구가 증가하고 있다.)
She's an **economical** housekeeper — saving money seems to come naturally to her.
(그녀는 알뜰한 주부다. 돈을 절약하는 것은 그녀에게 자연스러운 것 같다.)

E7   effective, effectual, efficient

이 단어들은 "의도된 효과나 결과를 초래하다"라는 의미를 공유한다. effective는 "의도된 효과나 결과" 자체를 강조하고, effectual은 의도된 효과를 "성공적으로" 내는 것을 강조하며, efficient는 의도된 효과를 에너지나 시간의 낭비 없이 "효율적으로" 내는 것을 강조한다.

Several new drugs are **effective** in treating this disease.
(몇 가지 새 약품이 이 질병을 치료하는 데 효과적이다.)
The project would make an **effective** public transportation system possible.
(그 계획은 효과적인 대중교통체계를 가능하게 할 것이다.)

Quinine is an **effectual** remedy for malaria. (키니네는 말라리아 치료에 유용한 의약품이다.)
The Christmas Seal campaign is an **effectual** means of teaching the public tuberculosis.
(크리스마스 실 운동은 대중들에게 결핵에 대한 경각심을 주는데 유효한 수단이다.)

The city's transportation system is one of the most **efficient** in Europe.
(시의 교통체계는 유럽에서 가장 효율적인 교통체계의 하나다.)
We need someone really **efficient** who can organize the office.
(우리는 사무실을 체계화할 수 있는 정말로 유능한 사람이 필요하다.)

E8   either

either는 "한정사, 대명사, 부사, 접속사"로 쓰인다.

Either boy would be fine for the job.   [한정사]
(두 젊은이 중에 누구도 그 일에 맞을 것 같다.)
There's pizza or hamburger — you can have **either**.   [대명사]
(피자와 햄버거가 있다. 어느 것을 먹어도 된다.)
He hasn't seen the movie, and I haven't **either**.   [부사]
(그도 영화를 못 봤고 나도 못 봤다.)
You can add **either** one **or** two spoons of sugar.   [접속사]
(설탕 한 숟가락 또는 두 숟가락을 첨가하십시오.)

1   **한정사**: either는 단수 명사와 함께 쓰이며, "둘 중 어느 하나"를 의미한다.

Either method can be used in the experiment.
(두 방법 중에 어느 것도 실험에 사용될 수 있다.)

We can offer a good job to a young person of **either sex**.
(우리는 남녀 구분 없이 젊은 분 한 사람에게 좋은 일자리를 줄 수 있다.)

▶ either는 특히 "on either side"와 "at either end"와 같은 표현에서는 each와 마찬가지로 "양편(both)"을 의미한다.

He sat in the back of the car with a policeman on **either side**.
(그는 자동차 뒷자리에 두 경찰과 사이에 끼어 앉았다.)
There're many shops on **either end** of the street. (거리 양끝에 상점이 많이 있다.)

2. **대명사**: either of는 대명사나 (the, my, these와 같은) 한정사를 가진 명사 앞에 나타난다.

Two witnesses testified at the trial, but I don't trust **either of them**.
(재판에서 증인 두 명이 증언했는데 나는 둘 중에 누구도 믿지 않는다.)
I haven't read **either of the books** I borrowed from the library.
(나는 도서관에서 대출한 두 책 중에 하나도 읽지 않았다.)

▶ either of 다음에 오는 동사는 일반적으로 단수이지만, 특히 구어체 의문문이나 부정적 평서문에서 때때로 복수가 된다.

Has/Have either of the customers called yet? (두 고객 중에 누구한테서 벌써 연락이 왔어?)
I don't think **either of them comes/come** to the meeting.
(나는 둘 중의 한 명도 회의에 올 거라고 생각하지 않는다.)

3. **부사**: either는 부사로서 어떤 대상에 대한 "선행하는 부정적 진술"이 뒤에 오는 대상에게도 사실이라는 점을 표현한다.

My wife **doesn't eat meat**, and I **don't either**. (내 처도 육식을 하지 않고 나도 그렇다.)
He **hasn't been in the U.S.**, and I **haven't either**. (그도 미국에 가본 적이 없고 나도 그렇다.)

▶ 이 경우 either는 also 혹은 too의 "부정적 의미"로 쓰이며 항상 문장 끝에 온다.

Max doesn't like Pam, and Pam doesn't like Max, **either**.
(맥스도 팸을 좋아하지 않고, 팸도 맥스를 좋아하지 않는다.)
(*Max doesn't like Pam, and Pam doesn't **either** like Max.)
They do really good food at that restaurant and it's not very expensive **either**.
(저 식당은 음식이 정말로 훌륭하며 음식 값도 그렇게 비싸지 않다.)
(*They do really good food at that restaurant and it's not **either** very expensive.)

either ... or에 대해서는 E9를 보라.
not ... either, neither, nor에 대해서는 N16을 보라.

E9   either ... or

"either ... or"는 상관 등위접속사로서 두 가지 (때로는 둘 이상의) 가능성 중에 어느 하나를 선택할 때 사용한다. (C54를 보라.)

You can **either** go home **or** stay here. (집에 가도 되고 여기 있어도 된다.)
I don't speak **either** French **or** German. (나는 프랑스어도 모르고 독일어도 모른다.)
Either you'll leave me alone **or** I'll scream. (나를 가만히 두지 않으면 소리 지를 거다.)
If you want coffee, you can have **either** americano, latte **or** espresso.
(커피를 원하면 아메리카노나 라테 또는 에스프레소 중의 하나를 택할 수 있다.)

1   일치: "either ... or"로 결합된 명사구가 주어로 쓰일 경우 동사는 가까이 있는 명사와 일치한다. (A43.7을 보라.)

If **either** John **or Mary calls**, please take a message.
(존이나 메리가 전화하면 전화 좀 받아주십시오.)
If **either** my sister **or my parents come**, please let them in.
(저의 누님이나 부모님이 오시면 좀 들어오게 해주십시오.)

2   문장의 접속: 문어체에서 "either ... or"는 문법적으로 같은 형태의 표현을 결합하는 것이 보통이지만, both와는 달리 완전한 두 문장도 결합할 수 있다.

The policy didn't have much impact **either in Korea or in Southeast Asia**.
(그 정책은 한국이나 동남아시아에서 큰 반향을 일으키지 못했다.)
(*The policy didn't have much impact **either in Korea or Southeast Asia**.)
The policy didn't have much impact **in either Korea or Southeast Asia**.
(그 정책은 한국이나 동남아시아에서 큰 반향을 일으키지 못했다.)
(*The conference didn't have much impact **in either Korea or in Southeast Asia**.)

Either the room is too small **or** the sofa is too big. (방이 너무 좁거나 소파가 너무 크다.)
(***Both** Mary washed the dishes **and** John cleaned the floor.)

결합된 성분에서 발생하는 생략에 대해서는 E14를 보라.

E10   elder/older와 eldest/oldest

1   elder와 older: 두 사람 특히 형제나 자매 중에 먼저 태어난 사람을 표현할 때는 elder와 older를 사용하고, 단순히 나이가 더 많은 것을 표현할 때는 older를 사용한다.

His **elder/older** brother Raoul became a lawyer. (그의 형 라울은 변호사가 되었다.)
He's three years **older/*elder** than me. (그는 나보다 세 살이 많다.)

2   elder와 eldest: elder와 eldest는 가족 중에 태어난 순서를 말할 때 older와 oldest 대신에 사용될 수 있다. 이들은 (명사 앞에서) "제한적"으로만 사용된다. 다음을 비교해보라.

His **eldest/oldest son** is in the military service now.
(그의 첫 아들은 지금 군 근무를 하는 중이다.)
She's the **oldest student** in her class. (그녀는 반에서 가장 나이가 많은 학생이다.)
(*She is the **eldest student** in her class.)

3   둘과 셋 이상: "elder brother/sister"는 나이가 많은 형제나 자매가 각각 하나밖에 없을 때 사용되고, 둘 이상일 때는 eldest가 사용된다. "elder son/daughter"는 둘 중에 나이가 많은 쪽을 말하고, "eldest son/daughter"는 셋 이상 중에 제일 나이가 많은 쪽을 말한다.

She has **two brothers**, and **her elder/*eldest brother** is a medical doctor.
(그녀에게는 남자 형제가 둘이 있으며, 형이 의사다.)
They have **six children**, and **their eldest (one)** is only 10 years old.
(그들에게 아이가 6명이 있는데 맏이가 10살밖에 안 됐다.)

E11 electric과 electrical

electric은 "전기로 작동되는" 기계의 명칭과 함께 사용되는 데 반하여, electrical은 "전기와 관련"이 있는 것을 말할 때 사용된다.

I decided to buy an **electric** blanket for winter. (나는 겨울을 위해 전기담요를 사기로 했다.)
They sell **electric** kettles, **electric** cookers, **electric** heaters, **and so on**.
(그들은 전기 주전자, 전기 요리기, 전기난로 등을 판다.)
The fire was caused by an **electrical** fault in the wire of the ceiling.
(화재는 천장 전기선의 전기적 결함이 원인이 되었다.)
He majored **electrical** engineering at college. (그는 대학에서 전기공학을 전공했다.)

E12 eligible과 illegible

eligible과 illegible은 종종 혼동을 일으키는 단어이지만 의미는 완전히 다르다.

1   eligible[élidʒəbl]: 어떤 일을 하기에 "적임의, 자격이 있는"을 의미한다.

Students on a part-time course are not **eligible** for a scholarship.
(파트타임 학생은 장학금을 받을 자격이 없다.)
Over 150,000 18-year-olds will become **eligible** to vote this year.
(금년에는 15만 명 이상의 18세 젊은이들이 선거할 자격을 얻을 것이다.)

▶ eligible이 사람명사 앞에서 한정적으로 쓰일 경우 결혼상대로서 "적합한 독신남녀"를 가리킬 때 사용한다.

She knows a lot of **eligible** young men who are rich and attractive.
(그녀는 결혼하기에 적합한 부유하고 매력적인 젊은이들을 많이 알고 있다.)
Stephen was regarded as the most **eligible** bachelor among our friends.
(스티븐은 우리 친구들 중에 가장 결혼하기에 매력적인 총각으로 간주되었다.)

2   illegible[ılédʒəbl]: 글씨 등을 "읽기 어려운, 판독이 어려운"을 의미한다. (L6을 보라.)

His handwriting is so bad that it is totally **illegible**.

(그의 필적이 너무나 엉망이어서 읽기가 거의 불가능하다.)
The ink had faded so that many words were **illegible**.
(잉크가 너무나 바래서 많은 단어들을 읽을 수가 없었다.)

E13 ELLIPSIS (생략)-1: 개요

한 언어에서 어떤 표현이 문법적이 되기 위해서는 필요한 성분이 있다. 그러나 우리는 필요한 성분이 빠진 (불완전한) 표현을 사용하여 아무런 어려움 없이 의사소통을 할 수 있다. 우리는 이렇게 어떤 성분이 실제로 사용되는 언어표현에 나타나지 않는 현상을 생략(ellipsis)이라고 한다. 생략의 기본원칙은 "정확한 복원성(precise recoverability)"이다. 다시 말해서, 생략된 성분을 언어 표현의 다른 부분에서 찾거나 혹은 그 표현이 사용된 맥락에서 완전히 복원 가능해야 생략이 가능하다. 전자를 "문법적 생략(grammatical ellipsis)"이라고 하고 후자를 "상황적 생략(situational ellipsis)"이라고 한다.

We went to London last fall, and (**we**) really enjoyed it.　　　[문법적 생략]
(우리는 지난가을에 런던에 갔으며 정말로 좋았다.)
(**I have**) Never seen anything like it!　　　[상황적 생략]
(나는 그런 것을 한 번도 본 적이 없다.)

1　**문법적 생략**: 문법적 생략을 가능하게 하는 필요조건은 문법적으로 그리고 의미적으로 유사한 두 개 이상의 표현이 한 문장 또는 한 담화 속에 나타나는 것이다. 문법적으로 그리고 의미적으로 유사한 표현이 함께 나타나는 문법적 환경은 언어표현을 결합할 수 있는 접속사가 사용되는 구문이나, 사람들 간의 대화 또는 담화에서 형성된다.

He was poor but (**he was**) honest.　　　[등위접속사]
(그는 가난하지만 정직하다.)
Although (**he was**) in poor health, **he** continued to carry out his duties. [종속접속사]
(그는 건강이 좋지 않지만 일을 계속했다.)
"I suppose Kathy is **still living in that same place**."　　　[대화]
　"Yes, she is (**still living in that same place**)."
("캐시가 아직도 같은 집에 살고 있는 것으로 생각하는데." "네, 그렇습니다.")
The general suddenly ordered his men to attack.　　　[담화]
　No one dreamt of asking why (**the general suddenly ordered his men to attack**).
(장군은 갑자기 부하들에게 공격을 명했다. 아무도 왜 그랬는지 물어볼 꿈도 꾸지 못했다.)

2　**상황적 생략**: 상황적 생략은 일반적으로 화자와 청자가 참여하는 "대화"에서 나타나며, 이렇게 생략되는 표현은 대화의 맥락에서 쉽게 복원할 수 있는 화자인 "일인칭 대명사"나 청자인 "이인칭 대명사" 또는 "한정사, 조동사" 등이다.

(**I**) Hope you're right. (네가 옳기를 바란다.)
(**The**) Car's ready. (차 준비됐어.)
(**Do you**) Want any more beer? (맥주 더 마실래?)

E14 ELLIPSIS-2: 등위접속사와 생략

1. **등위접속사와 생략**: 대표적인 등위접속사로는 "and, or, but, nor"가 있으며, 이들은 다양한 형태의 표현을 결합할 수 있다. (C51을 보라.) 접속사로 결합된 두 표현에 동일한 성분이 있을 경우 생략이 허용된다.

   They need **a** knife **and (a)** fork to eat steak.
   (그들은 스테이크를 먹으려면 나이프와 포크가 필요하다.)
   Does he come **from** France **or (from)** Spain? (그는 프랑스 사람입니까 스페인 사람입니까?)
   They only pick **ripe** apples **and (ripe)** pears. (그들은 익은 사과와 배만 땁니다.)
   Does she like antique **(furniture)** or modern **furniture**?
   (그녀는 옛 가구를 좋아합니까, 현대식 가구를 좋아합니까?)
   He **has** no father **nor (does he have)** mother. (그는 아버지도 없고 어머니도 없다.)
   He washed **(the dishes)** and **(he)** wiped **the dishes**.
   (그는 접시를 물로 씻고 수건으로 닦았다.)
   He felt in his pocket and **(he)** pulled out a key. (그는 호주머니를 더듬어 열쇠를 꺼냈다.)

2. **상관 등위접속사와 생략**: 등위접속사에는 두 개 이상의 표현이 함께 나타나는 "not only ... but (also), either ... or, neither/not ... nor, both ... and, whether ... or (not)" 등 상관 등위접속사가 있다. (C54를 보라.)

   He can **neither** read **nor (can he)** write. (그는 읽을 줄도 모르고 쓸 줄도 모른다.)
   She was **not** at home **nor (was she)** at her office. (그녀는 집에도 없고 사무실에도 없다.)
   He's **not only** handsome **but also (he is)** intelligent.
   (그는 잘 생겼을 뿐만 아니라 머리도 좋다.)

3. **등위접속 성분과 생략**: 등위접속된 절이 동일한 "주어, 동사(구), 목적어, 보어, 부가어"를 포함할 경우 생략되는 위치는 동일한 성분이 어떤 것이냐에 따라 다르다.

   (1) 주어: 주어가 동일할 경우 뒤에 오는 주어가 생략된다.

   The President likes golf, **but (the President)** hates jogging.
   (대통령은 골프는 좋아하지만 조깅은 싫어한다.)
   John not only works hard **but also (John)** makes a lot of money.
   (존은 열심히 일할 뿐만 아니라 돈도 많이 번다.)

   ▶ 주어와 조동사가 동일할 때도 마찬가지다.

   He's selling the car **and (he's)** buying a new one. (그는 차를 팔고 새 차를 사려고 한다.)
   I'll go to the party **and (I'll)** stay to the end. (나는 파티에 가서 끝장을 보려고 한다.)

   (2) 동사구: 동사구가 동일할 경우 앞의 동사구가 생략된다.

   He **(bought some bacon)** and she **bought some bacon**. (그와 그녀는 베이컨을 좀 샀다.)
   I will **(go to college) and (I)** must **go to college**.

(나는 대학에 진학할 것이며 진학해야 한다.)

(3) 보충어: "목적어, 보어, 부가어"가 동일할 경우 앞에 오는 것이 생략된다.

He hit (**the ball**) and I received **the ball**. (그는 공을 치고 나는 받았다.)
He says (**that he will come**), and we believe, **that he will come**.
(그는 오겠다고 하고 우리는 (그것을) 믿는다.)
He is (**very friendly**), and she used to be, **very friendly**.
(그는 매우 우호적이고 그녀는 옛날에 그랬다.)
She not only sleeps (**on the bed**) but also eats **on the bed**.
(그녀는 침대 위에서 잘 뿐만 아니라 먹기도 한다.)

(4) 동사 (공백화): 보충어를 가진 동사가 동일할 경우에는 앞에 있는 동사가 남는다. 동사가 주어와 동사의 보충어 사이에 오기 때문에 동사의 생략을 "공백화(gapping)"라고 한다.

Mary **bought** stockings and John (**bought**) socks.
(메리는 스타킹을 (사고), 존은 양말을 샀다.)
He **slept** on the bed **and** she (**slept**) on the sofa.
(그는 침대에서 (자고), 그녀는 소파에서 잤다.)
Tom **ordered** spaghetti, Mary (**ordered**) pasta, **and** Bill (**ordered**) pizza.
(탐은 스파게티를, 메리는 파스타를, 빌은 피자를 주문했다.)
Abraham **was** the father of Isaac, Isaac the father of Jacob, **and** Jacob the father of Judah and his brothers ...
(아브라함은 이삭을 낳고 이삭은 야곱을 낳고 야곱은 유다와 그의 형제들을 낳고 ...) [마 1:2]

E15　ELLIPSIS-3: 동사구와 생략

동일한 동사구가 연속적으로 나타나는 구조에서 조동사만 남고 뒤에 오는 동사구는 생략될 수 있다. 조동사가 없을 경우 do가 조동사 역할을 한다.

1　**짧은 응답**: 질문이나 명령에 대한 짧은 응답에서 앞 문장의 "동사구"를 생략하고 "조동사"만 나타난다.

"Can you **type**?" "Yes, I **can**." ("타자기를 칠 줄 아세요?" "네, 압니다.")
"Are you **going to the graduation party**?" "No, I'm **not**."
("졸업파티에 갈 거냐?" "아니, 안 갈 거야.")
"Please, don't **be late to the meeting**." "I **won't**."
("회의에 늦지 않도록 하세요." "안 늦겠습니다.")

2　**병행 동사구**: 동일한 동사구를 가진 절이 접속사와 결합하거나 나란히 놓일 경우 "뒤의 동사구"가 생략될 수 있다.

She planned to **go to Africa this summer**, but she **couldn't**.
(그녀는 올해 여름에 아프리카에 가기로 계획했으나 갈 수 없게 되었다.)

I thought he would be **angry at me, and** he **was**.
(나는 그가 나에게 화를 낼 거라고 생각했고, 그는 화를 냈다.)
"He **surprised everybody**." "Yes, he certainly **did**."
("그는 우리 모두를 놀라게 했다." "네, 정말 그랬습니다.")
"Mary **loves John**." "Yes, she really **does**."
("메리는 존을 사랑합니다." "네, 진정으로 사랑합니다.")

3   **too, so, either, neither (병행 문장)**: 이 표현들은 and 다음에서 앞의 동사구를 대신할 수 있다.

He's **seen the play, and** I **have too**.
He's **seen the play, and so have** I.
(그도 연극을 보았고 나도 보았다.)
He hasn't **seen the play, and** I **haven't either**.
He hasn't **seen the play, and neither have** I.
(그도 연극을 보지 않았고 나도 안 보았다.)

4   **부정사구**: 반복되는 부정사구가 생략되고 부정사를 이끄는 "to"가 남는 생략은 "부정사구를 목적어로 취하는 단순 타동사(V4.5)와 이중 타동사(V5.8)"에서 많이 나타난다.

"Are you **coming to the party**?" "I **hope to**." ("파티에 올 겁니까?" "그러고 싶습니다.")
"Let's **go out for lunch**." "I don't **want to**."
("점심을 나가 먹읍시다." "그러고 싶지 않은데요.")
"I heard you were **moving to Busan**." "We **intend to**."
("부산으로 이사한다는 말을 들었어요." "그러려고 합니다.")
I don't **play golf** much now, but I **used to** a lot.
(지금은 골프를 많이 하지 않지만 옛날에는 많이 했다.)
Sorry I **shouted at you**. I didn't **mean to**. (소리를 질러서 미안해. 진심이 아니었어.)
I had an opportunity to **learn Spanish rather than French**, but I didn't **choose to**.
(나에게는 프랑스어가 아니라 스페인어를 배울 기회가 있었으나 그렇게 하지 않았다.)

We can go with you, if you **want us to**. (네가 원한다면 너와 함께 갈 수 있다.)
"Do you know anybody who can **baby-sit my daughter**?" "I'll **ask Mary to**."
("내 딸을 돌봐줄 수 있는 사람을 알고 있어?" "메리에게 말해볼게.")
Jim went to Jang's dental clinic to **have his tooth out**. Actually, his friend Bill **recommended him to**.
(짐은 이빨을 빼러 장 치과에 갔다. 실제로 친구 빌이 장 치과를 추천했다.)

5   **would like to**: 부정사의 생략은 "would + like/love/hate/prefer" 등 다음에서 자주 나타난다.

"How about **going to the beach in the afternoon**?" "I'd **like to**."
("오후에 해수욕 가는 거 어때?" "좋지.")
"We plan to have the summer vacation in Italy. Would you **join us**?" "I'd **love to**."

("우리는 이탈리아에서 여름휴가를 보낼 계획인데, 함께 가실래요?" "좋지요.")
Lucas said he was going to **leave his wife**. I'd hate him **to**.
(루카스는 자기 부인을 떠나겠다고 했다. 나는 그가 그러지 않았으면 한다.)

6   **to의 생략**: "to"는 "동사"에 따라 그리고 함께하는 "접속사"에 따라 수의적으로 또는 의무적으로 생략된다.

You can go whenever you **want** (**to**). (네가 원하면 언제든지 갈 수 있다.)
Don't do anything, if I don't **tell you** (**to**).
(내가 너에게 하라고 말하지 않으면 아무것도 하지 마라.)
Show me what you **want** (***to**). (네가 무엇을 원하는지 나에게 보여주라.)
Come when you **like** (***to**). (오고 싶을 때 와라.)
Do as you **like** (***to**). (하고 싶은 대로 해라.)
I'm going to leave the town if you **wish** (***to**). (네가 원한다면 나는 도시를 떠나려고 한다.)
You'll do well if you **try** (***to**) hard. (열심히 노력하면 잘할 수 있다.)
I'm sure you mailed the letter, unless you **forgot** (***to**).
(네가 잊지 않았다면 편지를 부쳤을 것으로 나는 확신한다.)

7   **be/have와 생략**: "부정사 be"와 "상태동사 have"는 (H8을 보라.) 일반적으로 생략되지 않는다.

More cars are displayed than they need **to be**.
(필요한 것보다 더 많은 자동차가 전시되어 있다.)
(*More cars are displayed than they need **to**.)
There're more spectators than there used **to be**. (옛날보다 관중이 더 많다.)
(*There're more spectators than there used **to**.)
He hasn't been fired yet, but he ought **to be**. (그는 아직 해고되지 않았지만 해고되어야 한다.)
(*He hasn't been fired yet, but he ought **to**.)
You have more pimples than you used **to have**. (너는 옛날보다 여드름이 더 많아졌다.)
(*You have more pimples than you used **to**.)

E16   ELLIPSIS-4: 종속접속사와 생략

종속접속사는 다양한 생략과 연관이 있다.

1   **의문사**: 의문사가 이끄는 절에서 의문사를 제외한 "모든 것"이 생략될 수 있다.

Somebody visited his office. Do you **who** (**visited his office**)?
(누군가 그의 사무실을 찾아왔다. 그게 누군지 알아?)
He hid the stolen jewelry ten years ago, but nobody knows **where**.
(그는 10년 전에 도난당한 보석을 숨겼는데, 그곳이 어딘지 아는 사람이 없다.)
There'll be a concert, but I don't know **when**. (음악회가 있을 것인데 나는 언젠지 모른다.)

Everybody's looking for the way to solve the problem. Only he knows **how**.
(모두가 그 문제를 해결하는 방법을 찾고 있다. 오직 그만이 방법을 안다.)

2 **관계대명사와 관계부사**: 관계대명사는 그 선행사가 관계절의 "목적어"를 가리킬 경우 생략될 수 있으며, 관계부사는 일반적으로 수의적으로 생략될 수 있다.

They paid **the men (who)** they had hired. (그들은 고용한 사람들에게 돈을 지급했다.)
The chairs (which/that) the students broke have been repaired.
(학생들이 망가뜨린 의자들은 수리되었다.)
2002 was **the year (when)** the World Cup was held jointly in Korea and Japan.
(2002년은 한국과 일본에서 합동으로 월드컵이 개최된 해다.)
Give me **one good reason (why)** you did that.
(네가 그것을 한 타당한 이유 하나만이라도 나에게 말해라.)

3 **축약된 관계절**: 관계대명사 다음에 "분사"나 "형용사"를 보어로 가진 "be동사"가 뒤따라오면 "관계대명사와 be동사"를 생략할 수 있다.

The girl **(who is)** dancing with him is my sister.
(그와 춤을 추고 있는 아가씨는 내 여동생이다.)
He estimated the tax **(that was)** payable on the interest.
(그는 이자에 지급해야 할 세금을 계산했다.)

4 **접속사 that**: that는 다음과 같은 환경에서 생략될 수 있다. (상세한 것은 T7을 보라.)

(1) 간접화법: "that-절"이 인용동사 다음에 오는 경우 that가 생략될 수 있다.

He says **(that)** the library is closed today. (그는 도서관이 오늘 문을 닫는다고 한다.)
Bill thought **(that)** John was distressed at that time.
(빌은 그때 존이 곤궁에 처해 있는 것으로 생각했다.)
She admitted **(that)** she'd lost her key. (그녀는 열쇠를 잃어버렸다는 것을 인정했다.)

(2) 형용사 보충어: "that-절"이 형용사 보충어로 쓰일 경우 that가 생략될 수 있다.

We're glad **(that)** you're feeling well today. (오늘 기분이 좋으시다니 반갑습니다.)
I'm afraid **(that)** we've come too late. (미안합니다만 우리가 너무 늦었습니다.)
We're all happy **(that)** you've returned home. (네가 집에 돌아와서 우리 모두는 기쁘다.)

(3) 복합접속사: 구어체에서 "so that, now that, such... that, provided that, supposing that" 등의 구조에서 that가 수의적으로 생략될 수 있다.

I deliberately didn't have lunch **so (that)** I would be hungry tonight.
(나는 의도적으로 점심을 먹지 않아서 오늘 밤에 배가 고플 거야.)
I'm going to relax **now (that)** the school is over. (나는 학교가 끝났으니 쉬려고 한다.)
He can come with us, **providing (that)** he pays for his own meals.
(그가 자신의 음식 값을 내겠다고 하면 우리와 함께 갈 수 있다.)

5　**부사절**: 접속사가 이끄는 부사절과 주절이 "동일한 주어"를 가지고 부사절이 "be동사"를 가질 경우, 부사절의 "주어와 be 동사"가 생략될 수 있다. (P4.5를 보라.)

Whether (it is) true or false, the story is very interesting.
(사실이든 거짓이든 그 이야기는 매우 흥미롭다.)
Poor farmers, **whether (they are) owners or tenants**, will be worst affected.
(지주이든 소작인이든 가난한 농부들이 가장 불리한 처지에 놓일 것이다.)
If (he is) still alive, he must be at least ninety years old.
(아직 살아 있다면 그는 적어도 90살은 되었을 것이다.)
The experiment should be very successful, **if (it is)** carefully done.
(신중히 실행하면 실험은 매우 성공적일 수 있다.)
She met Andy **while (she was) working as a reporter of the paper**.
(그녀는 신문사 기자로 일할 때 앤디를 만났다.)
When (it is) mixed with water, the powder forms a smooth paste.
(이 가루는 물과 섞으면 부드러운 풀이 된다.)
He left the room **as though (he was) angry**. (그는 마치 화가 난 것처럼 방을 나왔다.)
The bomb went off **as (it was) planned**. (계획했던 대로 폭탄이 터졌다.)

6　**비교절**: 비교절에서는 비교요소가 어떤 것이 되느냐에 따라 다양한 형태의 성분이 생략될 수 있다. (C28.3을 보라.)

More students use this brand than **(they use)** any other ball-point pen.
(더 많은 학생들이 다른 어떤 볼펜보다 이 상표의 볼펜을 사용한다.)
As many students use this brand as **(they use)** any other ball-point pen.
(학생들이 다른 볼펜을 사용하는 것만큼 이 상표의 볼펜을 사용한다.)
He knows more history than most people **(know it)**.
(그는 대부분의 사람들보다 역사를 더 많이 안다.)
He knows as much history as most people **(know it)**.
(그는 대부분의 사람들만큼은 역사를 안다.)
John is more relaxed than he used to be **(relaxed)**. (존은 옛날보다 더 평안했다.)
John is as much relaxed as he used to be **(relaxed)**. (존은 옛날처럼 평안했다.)
She's applied for more jobs than Joe **(has (applied for (jobs)))**.
(그녀는 조보다 더 많은 일자리에 지원했다.)
She's applied for as many jobs as Joe **(has (applied for (jobs)))**.
(그녀는 조가 한 것만큼의 일자리에 지원했다.)

7　**조건절**: "If ... can/could" 또는 "If you like/prefer/wish/want" 등으로 시작하는 조건절이 주절을 선행할 경우에 생략이 자주 일어난다.

If you can, please write to me as often as possible.
(할 수 있다면 자주 저에게 편지를 보내세요.)
If he could, I want him to help me tomorrow.
(할 수 있다면 그분이 내일 나를 도와주기 바란다.)
If you wish, you didn't have to go to work today. (원했다면 오늘 일하러 가지 않아도 됐다.)
If you want, I can be with you on the trip to Europe.
(원하면 내가 유럽여행에 동행할 수 있다.)

8 **관계절**: 관계절 내에서도 "동사구"나 "부정사"의 생략이 일어날 수 있다.

Most people do not like to work hard, but those **who do** will get ahead.
(대부분의 사람들은 열심히 일하기를 싫어하지만, 열심히 하는 사람들은 성공하게 된다.)
Anyone **who wants to** may come with us to the concert.
(원하는 사람은 누구나 우리와 함께 음악회에 갈 수 있다.)
He's looking for someone who speaks Swahili; I think it's not easy to find the one **who does** in Korea. (그는 스와힐리어를 하는 사람을 찾고 있는데, 내 생각에는 한국에서 그런 사람을 찾는 것이 쉽지 않을 거야.)

E17 ELLIPSIS-5: 상황적 생략

우리는 맥락이 허락할 경우 또는 의미전달에 큰 지장이 없을 경우 문장을 시작하는 표현을 종종 생략할 수 있다.

1 **대명사 주어 (+조동사)의 생략**: 평서문에서 "대명사 주어" 또는 "대명사 주어와 조동사"가 생략될 수 있다.

(**I**) Hope you won't be away too long. (너무나 오랫동안 떠나있지 않기를 바란다.)
(**It**) Must be time for dinner, isn't it? (저녁 먹을 시간이잖아?)
(**There**) Should be a girl waiting for me in my office.
(사무실에서 어떤 아가씨가 나를 기다리고 있을 텐데.)

(**I'm**) Happy to see you again. (다시 보게 되어서 기쁘다.)
(**I've**) Never seen anything like it. (이런 것 처음 봤어.)
(**It's**) Unusual to see so many people on the beach.
(해변에 이렇게 많은 사람들이 있다니 신기하다.)

2 **조동사 (+대명사 주어)의 생략**: 의문문에서의 "조동사" 또는 "조동사 + 대명사 주어"가 생략될 수 있다.

(**Have**) You seen my sister? (내 여동생 봤어?)
(**Is**) Anyone at home? (집에 누구 있어요?)

(**Are you**) Feeling any better? (괜찮아?)
(**Do you**) Want any more coffee? (커피 더 마실 거야?)

3   **한정사의 생략**

   (**The**) Car's running smoothly. (차가 부드럽게 달린다.)
   (**A**) Pity you can't stay. (머물 수 없다니 안됐다.)
   (**My**) Wife's on vacation. (아내가 휴가 중이야.)

E18   ELLIPSIS-6: 명사 생략

명사구에서 명사가 생략될 수 있다.

1   **형용사 다음에서**: 형용사 다음에서 반복되는 "명사"를 생략할 수 있다.

   "How do you like your **coffee**?" "Black (**coffee**), please."
   ("커피를 어떻게 드세요?" "블랙 주세요.")
   "I have red and blue **shirts**; which do you prefer?" "Red (**shirt**)."
   ("나에게 빨간 셔츠와 파랑 셔츠가 있는데 어느 거 입을래?" "빨간 거.")
   "What kind of **shoes** do you want to buy?" "I think I'll buy the cheapest (**shoes**)."
   ("어떤 신발을 사려고 하는 거야?" "가장 값싼 것을 사려고 생각 중이다.")

2   **한정사 다음에서**: 한정사 다음에서 반복되는 명사를 생략할 수 있다.

   That is John's **hat**, and this (**hat**) is mine. (저것은 존의 모자고 이것은 내 모자다.)
   I need a **pencil**. Do you have any (**pencil**)? (연필이 필요한데 너한테 있어?)
   "Do you have any **apples**?" "A few (**apples**)." ("사과 있어?" "몇 개 있는데.")
   I'm going to have **coffee** — would you like some (**coffee**)?
   (나 커피 마시려고 하는데, 당신도 마시겠어요?)

3   **house와 shop**: "house, shop" 등은 앞에서 언급되지 않았어도 생략될 수 있다.

   We spent the weekend at John and Mary's (**house**). (우리는 존과 메리의 집에서 주말을 보냈다.)
   She visits the butcher's (**shop**) every Monday. (그녀는 월요일마다 정육점에 들른다.)

4   **알려진 명칭**: 잘 알려진 이름에서는 그 기능을 표현하는 명사가 생략될 수 있다.

   We got married at **St. Paul's** (**Cathedral**). (우리는 세인트폴(대성당)에서 결혼했다.)
   She's playing the **Beethoven** (**violin concerto**) with the **New York Philharmonic**
      (**Orchestra**) tomorrow night.
   (그녀는 내일 저녁에 뉴욕 필하모닉(오케스트라)과 베토벤(의 바이올린 협주곡)을 연주한다.)
   I spent a night at the **Hilton** (**Hotel**), when I visited New York.
   (나는 뉴욕에 갔을 때 힐튼(호텔)에서 하룻밤을 지냈다.)
   He studied law at **Harvard** (**University**). (그는 하버드(대학)에서 법을 공부했다.)

E19 ELLIPSIS-7: 극단적 생략

1   **WH-의문문**: WH-의문문이 "WH-의문사" 홀로 또는 동반하는 "전치사"와 함께 남고 절의 모든 것이 생략될 수 있다.

"I've decided to go to Mongolia." "**When (have you decided to go to Mongolia)**?"
("나는 몽골에 가기로 했어." "언제?")
"I bought this bicycle yesterday." "**From whom (did you buy this bicycle yesterday)**?"
("나는 어제 이 자전거를 샀어." "누구한테서?")
"The concert will include Beethoven's violin concerto." "**What else (will the concert include besides Beethoven's violin concerto)**?"
("연주회에서 베토벤의 바이올린 협주곡이 연주될 것입니다." "그 외에 어떤 곡이 연주됩니까?")

▶ 이러한 생략은 종속절에서도 일어난다. (E16.1을 보라.)

Somebody broke in my office, but I don't know **who (broke in my office)**.
(누군가 내 사무실에 침입했는데 나는 그게 누군지 모른다.)
There's going to be a party, but he didn't say **when (there's going to be a party)**.
(파티가 있을 예정인데, 그는 언제라고 말하지 않았다.)
"They got in the shop without a key." "I wonder **how (they got in the shop without a key)**." ("그들은 열쇠 없이 가게에 들어갔다." "나는 그들이 어떻게 그랬는지 잘 모른다.")

2   **짧은 응답**: 의문문에서 언급된 정보를 응답에서 생략할 수 있다.

"Who said that?" "**John**." ("누가 그 말을 했어?" "존이요.")
"When did he get home?" "**At midnight**." ("그는 언제 집에 왔어?" "자정에요.")
"Why did she spank him?" "**Because he broke the window**."
("그녀는 그를 왜 때렸어요?" "그가 유리창을 깨서요.")
"Did you read them all?" "**No, the first three**."
("다 읽었습니까?" "아니요, 첫 번째 3권만 읽었습니다.")

E20 else

else는 "any-, every-, some-, no-"로 시작하는 "복합 부정대명사와 복합 부정부사 그리고 의문대명사, 의문부사, 양화사(little, much)" 바로 다음에서 쓰인다.

1   **추가**: else는 "그 밖의(besides), 추가로(in addition)"의 의미로 사용된다.

There's **something else** I'd like to talk about. (그 외에 내가 말하고 싶은 것이 있다.)
Who else was at the meeting? (그 외에 누가 회의에 왔습니까?)
Everybody else has agreed except for you. (너 외에는 모두가 동의했다.)
"Harry gave me some perfume for Christmas." "Oh! **What else** did you get?"
("해리가 크리스마스에 나에게 향수를 선물했다." "와! 그 외에 뭐 받았어?")

Where else did you go besides Madrid? (마드리드 외에 어느 곳에 갔었어?)
We know when Shakespeare was born and when he died, but we don't know **much else** about his life. (우리는 셰익스피어가 언제 태어났고 언제 죽었는지는 알지만, 그 외에 그의 일생에 대해서는 아는 것이 많지 않다.)

2 　 다른 것: else는 "다른(other) 사람, 물건, 장소" 등의 의미로 쓰인다.

Would you like **anything else**? (이 외에 다른 것이 필요하십니까?)
If it doesn't work, try **something else**. (그것이 작동하지 않으면 다른 것을 시도해 보시지요.)
I'm sorry. I mistook you for **somebody else**. (미안합니다. 내가 다른 분으로 착각했습니다.)
If I can't trust you, **who else** can I trust? (내가 너를 믿지 못한다면 누구를 믿을 수 있겠나?)
I never wanted to live **anywhere else**. (나는 한 번도 다른 곳에서 살고 싶지 않았다.)

▶ 문어체에서는 else는 "all"이나 "above all"과 함께 쓰이면 다른 것보다 어떤 "특정한 것이 중요하다"는 것을 강조한다.

When **all else** fails, read the instructions. (모든 것을 해봐도 안 되면 지침서를 읽어봐라.)
Above all else, I hate the cold. (무엇보다도 나는 추위를 싫어한다.)

3 　 than/but: else는 수의적으로 "than" 또는 "but"으로 시작하는 보충어를 가질 수 있다.

He hasn't loved anyone **else than/but** you. (그는 너만을 사랑했다.)
We've lived nowhere **else than/but** in Seoul. (우리는 서울에서만 살았다.)

4 　 or else: 여러 가지 의미로 사용된다.

(1) or else는 "어떤 일을 하지 않으면 좋지 않은 결과가 발생할 수 있음"을 표현할 때 사용된다.

Hurry up **or else** we'll miss the train. (서둘러라. 그러지 않으면 우리는 기차를 놓칠 것이다.)
We have to be there by six, **or else** we'll be punished severely.
(우리는 그곳에 6시까지 도착해야 한다. 안 그러면 엄한 벌을 받을 것이다.)

(2) or else는 두 개의 가능성 중에 어느 것이 사실인지 모를 때 사용된다.

You're either a total genius **or else** you're absolutely mad.
(너는 완전한 천재이거나 아니면 완전히 미친 것이다.)
It's likely somebody gave her a lift **or else** she took a taxi.
(그녀는 누군가 차를 태워줬거나 혹은 택시를 탔다.)

(3) or else는 종종 문장 끝에 두어 "위협하는 의미"로 쓸 수도 있다.

You'd better stop hitting my little brother, **or else!**
(너 내 어린 동생 그만 때리는 게 좋을 거야. 그렇지 않으면 혼날 거야.)
Hand over the money, **or else!** (돈 나한테 넘겨. 그렇지 않으면 가만 안둘 거야.)

5 　 소유격: else를 가진 표현은 소유격형 "else's"를 가질 수 있다.

You're wearing **somebody else's** coat. (너는 다른 사람의 코트를 입고 있다.)
There's no point in simply rewriting **someone else's** ideas.
(타인의 생각을 단순히 옮겨 쓰는 것은 헛수고하는 것이다.)

6   what else ...?: "what else can sb do/say?"는 지금까지 한 것이나 말할 것 이외에 "더 이상 어떻게 할 수 있는 것이 없을 때" 사용된다.

"Will you really sell the house?" "**What else can I do?** I can't live here."
("집을 정말로 팔 거냐?" "나보고 어떻게 하라고? 여기 살 수 없어.")
I told the police all I know about him — **what else can I say?**
(나는 경찰에게 그에 대해서 아는 것을 모두 말했어. 달리 무슨 말을 할 수 있겠어?)

7   elsewhere: "somewhere else"의 문어적 단어로서 "다른 곳"을 의미한다.

If you are not satisfied with my hospitality, go **elsewhere**.
(저의 호의가 맘에 들지 않으시면, 다른 곳으로 가십시오.)
This town has less crime than **elsewhere** in Korea.
(이 도시는 한국의 다른 곳보다 범죄가 적다.)

E21   EMPHASIS (강조)

우리는 말을 할 때 종종 특정 단어나 표현을 강조하게 되는데, 그 이유는 두 가지가 있다. 첫째는 "정서적 강조(emotive emphasis)"로서 문장의 어떤 단어나 표현에 대한 우리의 정서적 애착을 표현하고, 둘째는 "대조적 강조(contrastive emphasis)"로서 대조를 이루는 내용을 강조적 수단을 통해서 표현하는 것을 말한다.

Your wife **does** look dazzling tonight. (네 처는 오늘 밤 정말 눈부시다.)
I **honestly** don't think that's true. (나는 솔직히 그것이 사실이라고 생각하지 않는다.)

▶ 대조적 강조란 어떤 상황이나 의견에 대한 "동의, 반박, 진위여부, 적절성" 등에 대한 생각을 강조적으로 표현하는 것을 말한다.

"Why didn't you warn him?" "I **did** warn him." ("왜 그에게 경고하지 않았어?" "경고했어.")
"You didn't help him." "**Honestly**, there was nothing I could do to help him."
("그를 도와주지 않았지?" "솔직히 말해서 그를 돕기 위해 내가 할 수 있는 것이 아무것도 없었어.")
"I heard Bill paid for the drinks." "No, it was **John** who paid for the drinks."
("빌이 술값을 냈다고 들었어." "아니야. 술값을 낸 사람은 존이야.")

영어에는 세 가지 강조하는 방법이 있다. 특정 "단어에 강세를 주는 방법," "특정 단어를 추가하는 방법," "특정 구조를 사용하는 방법"이 있다.

It **was** a nice party!   [단어 강세]
(정말로 멋진 파티였다!)
We have **obviously** been misled by her.   [단어 추가]
(우리는 확실히 그녀에 의해 오도되었다.)

It was **John** who paid for the trip. 　　　　[특정 구조]
(여행비를 낸 사람은 존이었다.)

1   **조동사 강세**: 우리는 문장 전체를 강조하거나 말하고자 하는 바를 대조적 표현으로 강조하고 싶을 때 "조동사"에 강세를 준다. 조동사가 없는 경우에는 "조동사 do"를 삽입하여 강세를 받게 한다. 우리는 이것을 강조적 긍정(emphatic affirmation)이라고 부른다.

It **was** a nice party!　　　You **have** grown!
(멋진 파티였다!)　　　　　　(너 참 컸다!)
I **am** telling the truth — you **must** believe me!
(진실을 말하고 있습니다. 나를 믿으십시오.)

▶ 조동사가 없는 문장을 강조하려면 "강세를 받을 do"를 추가한다.

Do sit down.　　　　　She **does** like you.
(앉으십시오.)　　　　　　(그녀는 너를 정말 좋아한다.)
If he **does** decide to come, let me know, will you?
(그가 오기로 정말 결심한다면 알려줄 거지요?)

▶ 대조되는 내용을 말하려고 할 때도 "조동사에 강세"를 둔다.

"Why weren't you at the meeting?" "I **was** at the meeting."
("왜 회의에 안 왔습니까?" "갔었습니다.")
I don't take much exercise now, but I **did** play a lot of soccer when I was younger.
(요사이는 운동을 많이 하지 않지만 젊었을 때는 축구를 정말 많이 했었습니다.)
I don't have much contact with my family, but I **do** see my mother occasionally.
(나는 가족과는 자주 만나지 않지만 어머니는 가끔 봅니다.)

▶ 기대했던 것이 실제로 이루어졌음을 말할 때도 "강조된 조동사"를 사용한다.

I thought I'd pass the exam, and I **did** pass.
(나는 시험을 통과할 것이라고 생각했으며 결국 했습니다.)
I **did** meet him at his office yesterday. (나는 어제 그의 사무실에서 그를 정말 만났습니다.)

2   **단어 강세**: 우리는 문장에서 한 단어를 더 크게 그리고 더 높은 억양으로 발음함으로써 강조할 수 있으며, 종종 "강세의 변화는 문장의 의미에 영향"을 미친다. 다음을 비교해보라.

We gave the book to him. (우리가 그에게 책을 주었다.) [다른 사람이 아니라 우리가]
We **gave** the book to him. (우리는 그에게 책을 준 것이다.) [책을 빌려준 것이 아니라]
We gave **the book** to him. (우리가 그에게 준 것은 책이다.) [다른 것이 아니라 책을]
We gave the book to **him**. (우리가 책을 준 사람은 그다.) [다른 사람이 아니라 그에게]

억양과 강세에 대해서는 S35를 보라.

3   **부사**: 부사를 삽입하여 강조적 의미를 표현할 수 있다. (S36.6을 보라.)

actually　　　　　bloody　　　　　certainly　　　　　even

frankly	honestly	indeed	just
really	right	simply	so
such	very 등		

The news was **even** worse than we expected. (뉴스는 우리가 기대했던 것보다 더욱 좋지 않았다.)
I **honestly** don't know how old my parents are. (솔직히 나는 부모님의 연세를 모른다.)
This is bad news **indeed**. (이것은 참으로 좋지 않은 소식이다.)
I'm **just** starving. (정말 배가 고파 죽을 지경이다.)
I **really** enjoyed the movie. (나는 정말 영화가 재미있었다.)
Thank you for being **so** patient. (그렇게 참아줘서 감사합니다.)
I've never had **such** delicious food. (나는 그렇게 맛있는 음식을 먹어보지 못했습니다.)

(1) indeed: indeed는 형용사나 부사를 수식하는 "very"를 강조하는 데도 사용된다.

Thank you **very** much **indeed**. (정말로 대단히 감사합니다.)
Most of the essays were **very** good **indeed**. (대부분 글이 참으로 훌륭합니다.)

▶ indeed는 종종 "문장 전체"를 강조한다.

Indeed, it could be the worst environmental disaster we've known this century.
(확실히 그것은 금세기에 들어와서 우리가 아는 최악의 환경재앙일 수 있다.)
I didn't mind at all. **Indeed**, I was pleased. (나는 전혀 관심이 없었다. 사실은 나는 기뻤다.)

indeed에 대해서는 121을 보라.

(2) very: very는 "최상급 형용사, first, last, own, next, same" 등을 강조할 수 있다. (C33.4를 보라.)

It was the **very best** chocolate cake I've ever tasted.
(그것은 내가 지금까지 맛본 중 진짜 최고의 초콜릿 케이크였다.)
The letter arrived on the **very next** day. (편지는 바로 다음 날에 도착했다.)
We have our **very own** post office in the village.
(우리는 우리 마을에 바로 우리 자신만의 우체국을 가지고 있다.)
We were born in the **very same** street in the **very same** year.
(우리는 똑같은 해에 똑같은 거리에서 태어났다.)

(3) bloody: bloody는 특히 영국영어에서 종종 "형용사, 부사, 명사"를 강조하는 데 사용된다.

We've had a **bloody marvellous** time in Seoul.
(우리는 서울에서 굉장히 경이로운 시간을 가졌다.)
It serves you **bloody well** right. (거참 정말로 고소하다.)
You must think I'm a **bloody fool**. (너는 내가 형편없는 바보라고 생각할 거야.)

(4) ever: 의문사에 "ever (E31.6을 보라.), on earth, the hell(구어체)" 등을 추가하면 강조될 수 있다.

Why **ever** did he marry her? (그 사람은 도대체 그 여자와 왜 결혼했대?)

What **on earth** is she doing here? (도대체 저 여자는 여기서 뭘 하는 거야?)
Where **the hell** have you been? (도대체 너 어디에 갔었냐?)

4   **재귀대명사**: 재귀대명사가 강조적으로 사용될 때는 강조하는 명사구와 동격 (apposition)관계를 가지며 항상 주강세를 지닌다. (R8.9를 보라.)

The President **himself** attended the meeting. (대통령이 직접 회의에 참석했다.)
We spoke to the victims **themselves**. (우리는 희생자들과 직접 말했다.)

▶ 주어를 강조하는 재귀대명사는 종종 문장 끝에 오기도 한다.

The President attended the meeting **himself**. (대통령이 직접 회의에 참석했다.)
She poured a glass of wine **herself**. (그녀는 직접 잔에 포도주를 따랐다.)

5   **구조**: 특정 구조를 써서 어떤 표현을 강조할 수 있다.

(1) 전치: 어떤 표현을 전치시킴으로써 강조할 수 있다. (F22를 보라.)

Most of our problems the computer can solve easily.
(우리의 대부분의 문제들은 컴퓨터가 쉽게 해결할 수 있다.)
... **where I am,** you cannot come.
(... 나 있는 곳에 오지도 못하리라.) [요 7:34]
I knew he was going to cause trouble, and **cause trouble** he did!
(그가 말썽을 피우리라는 것을 알고 있었고, 그가 실제로 말썽을 피웠다.)
... **the thongs of whose sandals** I am not worthy to stoop down and untie.
(... 나는 굽혀 그의 신발 끈을 풀기도 감당하지 못하겠노라.) [막 1:7]

(2) 도치: 부정적 표현 또는 보어를 도치함으로써 강조할 수 있다. (I48을 보라.)

Under no circumstances can we cash cheques.
(어떤 상황에서도 우리는 수표를 환전해 줄 수 없다.)
At no time was the President aware of what was happening.
(대통령이 무슨 일이 일어나고 있는지를 조금도 인식하지 못하고 있었다.)
Blessed are those who have not seen and yet have believed.
(보지 못하고 믿는 자들은 복되도다.) [요 20:29]
More damaging was the reporter's article. (기자의 기사가 더 손상을 주었다.)

(3) 좌전위: 한 표현을 좌전위(left dislocation)시킴으로써 강조할 수 있다. (R11.2를 보라.)

That film — what did you think of **it**? (저 영화 말이야. 어떻게 생각해?)
Mr. John Smith, Mary will never marry **him**.
(존 스미스 씨 말인데, 메리는 그 사람과 절대로 결혼하지 않을 거야.)

(4) 분열문: 분열문 구조는 문장의 특정 부분을 강조하는 데 사용될 수 있다. (C19를 보라.)

It was John who paid for the drinks. (술값을 낸 것은 존이었다.)
(참고: **John** paid for the drinks.)
What I need is a good rest. (내가 원하는 것은 충분한 휴식이다.)

(참고: I **need** a good rest.)

(5) 반복: 강조를 위해 한 표현을 반복할 수 있다.

She looks **much, much** older than she used to. (그녀는 옛날과 비교해서 폭삭 늙었다.)
I'm **very, very, very** sorry for being rude to her. (그녀에게 무례하게 대해 정말 진짜로 미안해.)

E22 end와 finish

이 단어들은 어떤 "일이나 행동을 마감하는 것"을 의미하지만 구체적인 용법에서 많은 차이를 보낸다.

1   end와 finish: 어떤 "행사, 행위, 이야기, 상황" 등이 끝나는 것을 표현할 때는 일반적으로 end를 사용하고, "영화나 회의 또는 학교" 등이 끝나는 것을 말할 때는 end와 (특히 영국영어에서) finish를 구별 없이 쓸 수 있다.

The Korean War **ended** in 1957. (한국전쟁은 1957년에 끝났다.)
I'm not sure when the fighting will **end**. (나는 싸움이 언제 끝날지 확신할 수 없다.)
Our celebrations will **end** with a spectacular firework display.
(우리의 축하는 화려한 불꽃놀이 디스플레이로 끝맺을 것이다.)
What time does school **end/finish**? (학교가 몇 시에 끝나느냐?)
The movie should have **ended/finished** by now. They'll be home soon.
(영화가 지금쯤 끝났을 것이다. 그들은 곧 집에 올 것이다.)
Do you think the meeting will be **ending/finishing** soon?
(그 회의가 곧 끝날 것이라고 생각합니까?)

2   finish + 명사구/-ing구: 어떤 상황이나 작업을 "끝내거나 완료하는(complete) 것"을 의미한다. finish의 목적어는 "명사구"가 될 수도 있고 "동명사"가 될 수도 있다.

You can't go out until you've **finished your homework**.
(숙제를 끝낼 때까지 외출할 수 없다.)
Professor Park was given a standing ovation when he **finished his speech**.
(박 교수는 연설을 마쳤을 때 기립박수를 받았다.)
I've just **finished reading** his new novel. (나는 그의 새 소설을 방금 다 읽었다.)
As soon as he'd **finished eating**, he excused himself.
(그는 식사를 끝내자마자 먼저 자리를 떠났다.)

▶ 어떤 "행사나 연주 또는 회합이나 학업"을 끝내거나 마감하는 것을 표현할 때는 end도 사용될 수 있다.

Our English teacher never **finishes/ends** the class on time.
(우리 영어 선생님은 한 번도 수업을 정각에 끝내지 않는다.)
When she **finished/ended** her performance, there was a moment's silence.
(그녀가 연주를 마쳤을 때 잠시 동안의 정적이 이어졌다.)

When Professor Kim had **ended/finished** his last lecture, everybody stoop up and gave him a big hand. (김 교수님이 마지막 강의를 마쳤을 때 모두 일어나서 큰 박수로 화답했다.)

3   **end + 명사구**: 어떤 상황이나 작업을 "중단하다(stop)"를 의미한다. end는 finish와는 달리 동명사 목적어를 가질 수 없다.

They decided to **end** their relationship right after they met their respective parents.
(그들은 각자의 부모를 만나본 다음에 바로 관계를 끊기로 했다.)
Finally, the couple living next-door **ended** their quarrel.
(드디어 이웃에 사는 부부는 싸움을 멈추었다.)
The talks are aiming at **ending** the 30-year conflict between the two nations.
(회담은 두 나라 간의 30년 된 분쟁을 끝내는 것을 목표로 하고 있다.)
*The boys **ended teasing** the cat.
(참고: The boys **stopped teasing** the cat. (남자 아이들은 고양이를 괴롭히는 것을 멈췄다.))

▶ 어떤 "상황"이나 "행위"를 특별한 방법으로 또는 어떤 행동을 함으로써 끝낼 때 end가 사용될 수 있다. 종종 finish를 허용하는 사람도 있다.

The minister always **ends** the service by giving a blessing prayer.
(목사님은 예배를 항상 축도로 끝마치신다.)
He usually **ends** his meals with a cup of coffee and a cigarette.
(그는 보통 식사 후에 커피 한 잔을 마시고 담배 한 대를 핀다.)

▶ "인생의 마지막 부분"을 특정한 장소나 방식으로 보냈음을 표현할 때 end를 사용한다.

My uncle **ended his days** in prison. (나의 숙부는 감옥에서 죽었다.)
She seemed destined to **end her days** living alone.
(그녀는 홀로 살다 죽을 운명인 것 같았다.)

공간적 "끝맺음"을 말할 때는 일반적으로 end를 사용한다.

Route 65 **ends** at this junction. (65번 도로는 이 교차로에서 끝난다.)
Past and past participle forms of English regular verbs **end** in -ed.
(영어 규칙동사의 과거시제형과 과거분사형은 -ed로 끝난다.)

5   **end대 finish**: "처음부터 끝까지"를 표현할 때 "beginning"은 "end"와, "start"는 "finish"와 쌍을 이룬다.

We all attended the meeting **from beginning to end**/*finish.
(우리는 모두 그 회합에 처음부터 끝까지 참석했다.)
He read the letter **from start to finish**/*end, without looking up.
(그는 고개를 들지 않고 그 편지를 처음부터 끝까지 읽었다.)

E23 enormity와 enormousness

enormity는 "극악(행위), 무법(행위)"를 의미하고, enormousness는 "방대함, 초대형"을 의미한다.

I've read about the **enormity** of religious persecution in the Middle Ages.
(나는 중세 때의 종교적 박해의 극악함에 대해 읽었다.)
Even now, the full **enormity** of his crimes has not been exposed.
(지금까지도 그의 범죄의 잔악상이 전부 밝혀지지 않았다.)

The **enormousness** of unused land in Africa exceeds that of any other continent.
(아프리카의 미사용 토지의 방대함은 어떤 다른 대륙도 능가한다.)
I was numbed by the **enormousness** of the responsibility.
(나는 그 방대한 책임감에 정신이 아찔했다.)

▶ enormity는 종종 enormousness의 의미로도 쓰인다.

Nobody fully understands the **enormity** and complexity of our task.
(아무도 우리 임무의 방대함과 복잡성을 완전히 이해하는 사람은 없다.)

E24 enough

enough는 "한정사, 대명사, 부사"로 사용될 수 있다.

We have **enough cake** for everyone.	[한정사]
(우리에게는 모두가 먹을 케이크가 충분히 있다.)	
You drank more than **enough** already.	[대명사]
(너는 이미 넘치게 술을 마셨다.)	
I can't run **fast enough** to keep up with you.	[부사]
(나는 너를 따라갈 정도로 빠르게 달리지 못하다.)	

1   **부사**: enough는 부사로서 "동사, 형용사, 다른 부사"를 수식할 수 있다. enough는 형용사와 부사를 수식할 때는 그 뒤에 온다.

He hadn't **thought enough** about the possible consequences.
(그는 있을 수 있는 결과에 대해서 충분히 생각하지 않았었다.)
Are the shoes **large enough** for you? (신발이 너한테 맞을까?)
(*Are the shoes **enough large** for you?)
He doesn't run **fast enough** to be a sprinter. (그는 단거리 선수가 될 정도는 아니다.)
(*He doesn't run **enough fast** to be a sprinter.)
He's **nice enough a** young man. (그는 매우 멋진 젊은이다.)

2   **한정사**: enough는 한정사로서 "불가산 명사"나 "복수명사" 앞에 올 수 있다.

Do you have **enough food**? (충분히 먹었어?)
But where in this remote place can anyone get **enough bread** to feed them?
(이 광야 어디서 떡을 얻어 이 사람들로 배부르게 할 수 있으리이까?) [막 8:4]
He didn't give me **enough time** to finish the job.
(그는 나에게 일을 끝낼 시간을 충분히 주지 않았다.)
There aren't **enough chairs** for everyone. (모두가 앉기에는 의자가 부족하다.)

3 　**대명사**: enough는 "of-전치사구" 앞에 올 수 있으며, 이 경우 of의 목적어는 "한정사(예: 관사나 소유격)"의 수식을 받는 명사여야 한다.

You have made **enough of a mess** already. (그만 말썽을 피워라.)
(*You have made **enough of mess** already.)
I couldn't answer **enough of the questions**. (나는 질문에 충분히 답하지 못했다.)
(*I couldn't answer **enough of questions**.)
Have you had **enough of those pears**? (배를 실컷 먹었습니까?)
"Would you like some more bread?" "No, thank you — I've eaten **enough**."
("빵 좀 더 드시겠어요?" "아니요 고맙습니다. 실컷 먹었습니다.")

▶ 그러나 "enough of"는 뒤따르는 한정사가 없어도 "인명과 지리적 명칭"과 같은 표현 또는 "대명사" 앞에서 사용된다.

She said she had **enough of Miss Kelly**. (그녀는 켈리 양에게 질렸다고 말했다.)
I've had **enough of China**. I'm going home. (나는 중국에 싫증이 났다. 집에 가려고 한다.)
We didn't buy **enough of them**. (우리는 그것들을 충분히 사지 않았다.)

4 　**부정사**: enough 다음에 "부정사"가 올 수 있다.

She's **intelligent enough to be** leader of the club.
(그녀는 클럽을 이끌 수 있을 정도로 똑똑하다.)
He has **enough money to afford** that luxury car.
(그는 그 사치스러운 자동차를 감당할 수 있는 정도로 돈이 많다.)

▶ 부정사는 "for + 명사/대명사"의 주어를 가질 수 있다.

It's **warm enough for the kids to play** outside.
(날씨가 아이들이 나가 놀아도 될 정도로 따뜻하다.)
There was just **enough light for us to see** what he was doing.
(그가 무엇을 하고 있는지 우리가 볼 수 있을 정도의 빛이 있었다.)

▶ "주절의 주어"가 뒤에 오는 "부정사절의 목적어"로 이해될 수 있다. (이 구조에 대해서는 I35.5와 6을 보라.) 이 경우 목적어 대명사는 일반적으로 부정사 다음에 나타나지 않는다.

The dress is good **enough to wear** in the party.
(그 드레스는 파티에 입고 가도 될 정도로 훌륭하다.)
(*The dress is good **enough to wear it** in the party.)
The apples aren't ripe **enough to eat**. (먹기에는 사과가 아직 덜 익었다.)

(*The apples aren't ripe **enough to eat them**.)

▶ 그러나 "for-구 주어"가 나타나는 구조에서는 "목적어 대명사"가 허용되기도 한다.

The dress is good **enough for me to wear (it)** in the party.
(그 드레스는 내가 파티에 입고 가도 전혀 손색이 없다.)
The apples aren't ripe **enough for the children to eat (them)**.
(아이들이 먹기에는 사과가 아직 덜 익었다.)

5 enough: enough는 어떤 "사건이나 상황이 종료"되기를 원할 때 사용된다.

Stop asking questions. You should know when **enough is enough**.
(질문을 그만해라. 너는 그만둘 때를 알아야 한다.)
I've had enough — there're limits even for the patience of a saint.
(나는 질렸다. 성인의 인내에도 한계가 있는 법이다.)
That's enough, John. Give those toys back to your sister.
(존아, 그만하면 됐다. 장난감을 동생에게 돌려줘라.)
"My husband is a famous jazz musician." "**Enough said**."
("내 남편은 유명한 재즈 음악가다." "(여러 번 들었으니까) 그만 해라.")

E25 error와 mistake

이 단어들은 "그릇된 행위, 말, 생각" 등을 가리키며, 많은 경우 바꿔서 사용될 수 있지만, error는 많은 경우에 "어떤 기준이나 규범에서 벗어나는 것"을 의미하고, mistake는 "일상 생활에서 있을 수 있는 잘못"을 의미한다.

The professor marked a number of spelling **mistakes/errors** in my paper.
(교수님은 내 논문에서 많은 철자오류를 표시했다.)
There must be **an error/a mistake** in our calculations.
(우리 계산에 오류가 생긴 것이 틀림없다.)

1 mistake: 이해의 "잘못, 실수, 오해" 또는 부주의로 생각 없이 저지른 "잘못"을 의미한다.

My **mistake** was failing to buy the land when it was cheap.
(나의 잘못은 땅 값이 쌀 때 구입하지 않은 것이었다.)
It was a **mistake** to suppose that she would get here on time.
(그녀가 제시간에 여기 올 것이라고 생각한 것이 잘못이었다.)

2 error: 모든 종류의 "잘못, 오류, 실수"를 가리키며, 그 잘못이 심각할 수도 있고 아닐 수도 있고 의도적일 수도 있고 아닐 수도 있으며 책임을 져야 할 수도 있고 아닐 수도 있다.

There're too many typographical **errors** in the book.
(책에 지나치게 많은 인쇄상의 오류가 있다.)
The accident was caused by human **error**. (사고는 인적인 오류로 발생했다.)

The typist failed to get the job because of **errors** in spelling.
(타자수는 철자의 오류로 직장을 얻는 데 실패했다.)

▶ error: 컴퓨터 작업 중에 일어나는 "오류"는 error라고 한다.

The program will continue until an **error** occurs.
(오류가 발생할 때까지 프로그램이 진행될 것이다.)
The **error message** on the monitor says that there's something wrong in the program.
(모니터의 오류 메시지는 프로그램에 어떤 문제가 있다는 것을 말한다.)

▶ in error와 by mistake: "실수도, 착오로"를 의미한다.

The wrong man was arrested **in error/by mistake**. (착오로 엉뚱한 사람을 검거했다.)

▶ an error of judgement: "판단 착오"라고 할 때는 error를 쓴다.

The decision to expand the company was an **error of judgement**.
(회사를 확장하기로 한 결정은 판단착오였다.)

▶ trial and error: "시행착오"를 표현할 때는 error를 쓴다.

I learned most of what I know about gardening through **trial and error**.
(나는 시행착오를 통해서 원예에 대해 많은 것을 배웠다.)

E26   especially, particularly, specially

위의 세 단어는 모두 "종속어"로서 (S36을 보라.) 일반적으로 거의 의미적 차이 없이 다음의 "세 가지 의미"로 사용된다.

(1) 말하려고 하는 것이 어떤 특정 상황에 "더 강하게 적용됨"을 강조한다.
(2) "보통보다 더 크게 또는 더 심하게"를 의미한다.
(3) "특정의 목적으로"를 의미한다.

1   especially: 배타적이고 이례적임을 강조한다.

(1)

Millions of wild flowers colour the valleys, **especially** in April and May.
(수백만 개의 야생화가 특히 4월과 5월에 계곡을 붉게 물들인다.)
Reapply sunscreen every two hours, **especially** if you have been swimming.
(특히 수영을 할 때는 자외선 차단제를 매 두 시간마다 발라라.)

(2)

I'm **especially** pleased to meet you because I've heard so much about you.
(당신에 대해서 매우 많이 들어왔기 때문에 만나게 되어 매우 기쁩니다.)
Babies are **especially** vulnerable to the cold in their first month.
(애기들은 태어나서 한 달 동안 감기에 특히 취약하다.)

(3)

These books are **especially** designed for young students.
(이 책들은 어린 학생들을 위해 특별히 고안되었다.)
He bought a new pair of sneakers **especially** for the trip.
(그는 특별히 여행을 위해 새 운동화를 샀다.)

2   specially: 주로 영국영어의 구어체에서 especially 대신에 쓰인다.

(1)

Cars are very useful, **specially** when you live a long way from the nearest town.
(특별히 도시에서 멀리 떨어져 살면 자동차가 매우 유용하다.)
It can become extremely hot and dry, **specially** in a small glasshouse.
(특히 작은 유리 집에서는 온도가 매우 높고 건조할 수 있다.)

(2)

What was **specially** enjoyable about that job?
(그 일에 무엇이 그렇게 재미있습니까?)
This's a **specially** good wine.
(이것은 특별히 좋은 포도주다.)

(3)

My wife uses a soap **specially** made for those with sensitive skins.
(나의 처는 예민한 피부를 가진 사람을 위해 특별히 제조된 비누를 쓴다.)
Harry needs to use **specially** adapted computer equipment.
(해리는 특별히 맞춘 컴퓨터 장비를 사용할 필요가 있다.)

3   particularly: 매우 중요하고 명백함을 강조한다.

(1)

Keep your office space looking good, **particularly** your desk.
(사무실, 특히 네 책상을 보기 좋게 유지해라.)
More local employment will be created, **particularly** in service industries.
(특히 서비스업에서 더 많은 국지적 고용이 만들어질 것이다.)

(2)

I **particularly** liked the wooden chests and chairs.
(나는 나무 옷장과 의자를 특별히 좋아한다.)
The restaurant is **particularly** popular with young people.
(그 음식점은 젊은이들에게 특별히 인기가 좋다.)

(3)

I came here **particularly** to see you. (나는 특별히 너를 보려고 여기 왔다.)
They moved to a big city **particularly** for the education of their children.
(그들은 특별히 자식들의 교육을 위해 큰 도시로 이사했다.)

E27 eternal과 everlasting

이 단어들은 공히 "영원히 지속되는" 것을 의미한다. eternal은 "시작과 끝이 없음"을 강조하고, everlasting은 "끝이 없음"을 강조한다.

Because the circle has no beginning or end, the wedding ring is a symbol of **eternal** love. (원에는 시작과 끝이 없으므로 결혼반지는 영원한 사랑의 상징이다.)
Whoever believes in him shall not perish but have **eternal** life.
(누구든지 그를 믿는 자는 죽지 않고 영원히 살 것이다.)
The Christian religion promises **eternal** life. (기독교는 영생을 약속한다.)

We wish **everlasting** peace between the countries.
(두 국가 간에 영원한 평화가 있기를 소원한다.)
My wife's **everlasting** complaints annoys me. (나는 처의 끝없는 불평에 괴롭다.)
God has promised **everlasting** life to all who believe in him.
(하나님은 그를 믿는 자 모두에게 영생을 약속하셨다.)

E28 evade와 avoid

1   avoid: 계획적으로 또는 어떤 행위의 결과로서 어떤 상황을 "피하다, 회피하다"를 의미한다.

He drove home over the bridge to **avoid** the traffic congestion at the tunnel.
(그는 교량을 넘어 집으로 운전해 와서 터널의 교통체증을 피할 수 있었다.)
We **avoided** driving through large cities on our trip.
(우리는 여행할 때 큰 도시를 가로질러 운전하는 것을 피했다.)
Many people try to **avoid** paying income taxes on the money that they earn.
(많은 사람들이 자신이 번 돈에 대해 소득세를 내는 것을 회피하려고 한다.)

2   evade: 어떤 상황을 "(교묘히) 회피하다, 모면하다"를 의미하며, 종종 정당하지 못한 방법으로 "의무나 책임을 회피하는 것"을 의미한다.

The businessman **evaded** taxes by falsifying his accounts.
(그 실업인은 대차계정을 위조하여 탈세를 했다.)
The general punished the soldier who **evaded** hazardous duty by malingering.
(장군은 꾀병을 부려 위험한 임무를 기피한 병사를 벌했다.)
He's managed to **evade** several drunken driving convictions.
(그는 음주운전 처벌을 교묘하게 여러 번 회피하는 데 성공했다.)

E29   even

1   **강조**: even은 "초점 종속어"로서 기대를 벗어나거나 지나쳤을 때의 "놀라움을 강조"한다. 일반적으로 수식하는 성분 앞에 온다.

He never **even acknowledged** my letter.
(그는 한 번도 내 편지에 답장조차 보내지 않았다.)
She became very successful, and **even appeared** on a television.
(그녀는 매우 성공했으며 텔레비전에도 나왔다.)
He's rude to everybody. He's **even rude** to his wife.
(그는 모든 사람에게 무례하다. 그는 자기의 부인에게조차도 무례하다.)
Everyone likes the smell of bacon — **even Chris**, who's a vegetarian.
(모든 사람이 베이컨 냄새를 좋아한다. 채식주의자인 크리스조차도 좋아한다.)
Anybody can win tonight — **even you** can win.
(누구든지 오늘 밤에 이길 수 있어. 너도 이길 수 있어.)
He has done everything well. He **even** makes the deaf hear and the mute speak.
(그가 모든 것을 잘하였도다. 못 듣는 사람도 듣게 하고 말 못 하는 사람도 말하게 한다.) [막 7:37]
No one knows about that day or hour, not **even** the angels in heaven, nor the Son, but only the Father.
(아무도 그 날과 그때는 아무도 모르나니 하늘에 있는 천사들도, 아들도 모르고 아버지만 아시느니라.) [막 13:32]

2   **비교급**: even은 비교급의 수식어로서 차이가 "더 크다는 것"을 강조한다.

The result was **even worse** than we expected. (결과는 우리가 생각했던 것보다 훨씬 나빴다.)
This will make our job **even more** difficult. (이것은 우리 일을 훨씬 더 어렵게 만들 것이다.)
It was on television that he made an **even stronger** impact as an interviewer.
(그가 회견자로서 더욱 강한 영향을 준 것은 텔레비전이었다.)
Today he looks **even more** pale and weak than yesterday.
(오늘 그는 어제보다 훨씬 더 창백하고 허약해 보인다.)

3   **even now/then과 even so**: "대조 접속어"로서 "even now/then"은 "비록 그렇다 할지라도"를 의미하고, "even so"는 "앞에서 언급한 것이 사실이라고 할지라도"를 의미한다. (C39.10을 보라.)

Even now I find it hard to believe that he lied.
(나는 지금까지도 그가 거짓말을 했다는 것이 믿어지지 않는다.)
They invested in new equipment, but **even then** they're still losing money.
(그들은 새 장비에 투자를 했다. 그런데도 그들은 아직도 손해를 보고 있다.)
He's never given up his nationality. **Even so**, they argue he's not a true Korean.
(그는 자기의 국적을 결코 포기하지 않았다. 그렇다 하더라도 그는 진정한 한국국민이 아니라고 사람들은 주장한다.)

He's a child, but **even so** he should know that he was wrong.
(그는 어린아이다. 그렇다 치더라도 그는 자신이 잘못이라는 것을 알아야 한다.)

4　　**부정**: 동사를 수식하는 "not even"은 매우 "미미한 것도 할 수 없음"을 표현한다.

He ca**n't even** swallow a drop of water. (그는 물 한 모금도 삼키지 못한다.)
She did**n't even** allow me to see him. (그녀는 나에게 그를 보는 것조차 허락하지 않는다.)
He ca**n't even** remember his own name. (그는 자기의 이름조차도 기억하지 못한다.)

E30　even if와 even though

1　　**even if**: "even if"는 접속사로서 기대하지 않았던 상황이 일어날지라도 "지금의 주장이 사실이라는 것"을 표현할 때 사용된다.

Even if he became rich, he had lived a very humble life.
(그는 부자였지만 매우 검소하게 살았다.)
She has difficulties in finding a job, **even if** she graduated *summa cum laude*.
(그녀는 최우등으로 졸업했지만 직업을 구하는 데 어려움을 겪고 있다.)

▶ if도 때때로 혼동의 가능성이 없을 경우 "even if"의 뜻으로 사용된다.

I'll do it **if** it ruins my career. (= ... **even if** it ruins my career.)
(그것이 내 일생을 망친다고 할지라도 나는 그것을 할 것이다.)
I don't care **if** it upsets him. (그것이 그를 화나게 해도 나는 상관이 없다.)

2　　**even though**: "even though"는 although의 강조된 표현이다. (A62를 보라.)

Even though he's 24 now, he still behaves like a little child.
(그는 지금 24세지만 아직도 어린애처럼 행동한다.)
He didn't go to college, **even though** he had enough money to do so.
(그는 대학에 갈 충분한 돈이 있었지만 가지 않았다.)
He who believes in me will live, **even though** he dies.
(나를 믿는 자는 죽어도 살겠고.) [요 11:25]

E31　ever

1　　**비단언적 문장**: ever는 부사로서 "의문문, 부정문, 비교문, 조건문"에서 "언젠가(at any time), 전에, 지금까지"의 의미로 사용된다.

Does he **ever** visit the museum? (그는 박물관에 가보기나 한 건가?)
I **don't** think I've **ever** been here before. (내 생각에는 내가 전에 여기 와본 적이 없다.)
If you're **ever** in Seoul, come and see me. (언제고 서울에 오면 날 보러 와라.)
Last night's show was better **than ever**. (지난밤의 공연은 어느 때보다 좋았다.)
The food was as bad **as ever**. (음식이 항상 그랬던 것처럼 맛이 없었다.)

2　　　**긍정문**: ever가 긍정문에서 사용될 때는 "최상급" 또는 "only"와 같은 단어와 함께 사용된다.

It's the **largest** picture **ever** painted. (그것은 지금까지 그려진 가장 큰 그림이다.)
She's the **only** woman **ever** to have climbed Everest in winter.
(그녀는 지금까지 겨울에 에베레스트 산을 오른 유일한 여성이다.)

3　　　**always**: ever가 홀로 쓰일 때는 "언제나, 항상(always)"의 의미로 사용되지 않지만, "for, since, after, as" 등과 함께 사용되거나 합성어를 구성할 경우에는 "always"란 의미로 사용된다.

I will **always** be with you wherever you go.
(나는 네가 어디를 가든지 항상 너와 함께 할 것이다.)
(*I will **ever** be with you.)
I've **always** wanted to go to Paris. (나는 항상 파리에 가보고 싶었다.)
(*I've **ever** wanted to go to Paris.)

Nothing lasts **for ever**. (영원한 것은 없다.)
He's been depressed **ever since** he got divorced two years ago.
(그는 2년 전에 이혼한 후로는 계속해서 의기소침해 있다.)
I suppose they'll get married and live happily **ever after**.
(그들은 결혼해서 그 후에 영원히 행복하게 살 것으로 생각한다.)
As ever, he was late to the meeting. (언제나처럼 그는 회의에 늦었다.)

We're all living in an **ever-changing** world. (우리 모두는 끊임없이 변하는 세계에 살고 있다.)
It seems impossible to control the **ever-increasing** demand for private cars.
(자가용에 대한 끝없는 열망을 통제한다는 것은 불가능한 것 같다.)
Plant **evergreen** trees around the garden. (정원 주위에 상록수를 심어라.)
I shall love you **forever**. (나는 너를 영원히 사랑할 것이다.)

4　　　**완료시제**: ever는 "현재 완료시제"와 함께 사용되며 "지금까지 언젠가(at any time up to now)"를 의미한다.

Have you **ever been** to the top of Mount Halla? (너는 한라산 정상에 올라가 본 적이 있냐?)
Nothing like it **has ever happened before**. (그런 일이 지금까지 일어난 적이 없다.)

▶ ever가 "과거완료"와 함께 쓰이면 "그때까지 언젠가(at any time up to then)"를 의미한다.

Had you **ever thought** of being a scientist **before you went to college**?
(당신은 대학에 가기 전에 과학자가 되겠다는 생각을 해본 적이 있었습니까?)
Not many Americans **had ever expected** Mr. Trump to be President **before November 8, 2016**.
(2016년 11월 8일 전에는 트럼프 씨가 대통령이 될 것이라고 생각했던 미국사람은 많지 않았다.)

5   **ever와 before**: ever와 before는 둘 다 "과거 언젠가(at any time in the past)"를 의미할 수 있지만, before는 현재의 상황을 가리키면서 그 상황이 다른 시점에도 일어났는가를 물어보는 반면, ever는 현재의 상황을 가리키지 않는다. 다음을 비교해보라.

Have you been to Korea **before**?   [청자는 현재 한국에 있을 가능성이 있다.]
(한국에 처음 오셨어요?)
Have you **ever** been to Korea?   [청자는 현재 한국에 있지 않다.]
(한국에 가 보신 적 있으세요?)

따라서 "I have**n't** been to Korea **before**"는 한국에 처음 온 사람의 대답으로 자연스럽지만, "I've **never** been to Korea"는 자연스럽지 않다.

The crowd was amazed and said, "Nothing like this has ever been seen in Israel."
(무리가 놀랍게 여겨 이르되 "이스라엘 가운데서 이런 일을 본 적이 없다" 하되) [마 9:33]

▶ "ever ... before"는 "현재의 사태"를 가리킨다는 점에 유의하라.

What are you staring at? Haven't you **ever** seen somebody dancing **before**?
(무엇을 보고 있는 거야? 전에 누가 춤추는 것을 본 적이 없냐?)
Have you **ever** met anybody like him **before**?
(너는 전에 그분 같은 사람을 만나 본 적이 있느냐?)

6   **의문사와 형용사**: ever는 의문사나 형용사의 "의미를 강조"할 때도 사용된다.

What ever have you done to her? (도대체 너 그 여자에게 무슨 짓을 한 거야?)
When ever are you going to finish your homework?
(대관절 너는 숙제를 언제 끝내려고 하느냐?)

Yesterday the company announced its **first ever** fall in profits.
(어제 회사는 지금까지 처음 있는 수익감소를 발표했다.)
Was he **ever** angry at it! (그것에 대해 그분이 화를 낸 적이 있었나!)

7   **ever so/such**: 구어체에서 "ever so/such"는 "매우, 극도로(very, extremely)"의 의미로 쓰인다.

Bill got **ever so** drunk last night. (빌은 어젯밤에 매우 취했다.)
Mary's **ever such** a cleaver girl. (메리는 매우 영리한 아가씨다.)

who ever, what ever 등에 대해서는 W14를 보라.
whoever, whatever 등에 대해서는 W16을 보라.
so와 such의 차이점에 대해서는 S39를 보라.

E32   every

1   **단수명사**: every는 "한정사"로서 (D13을 보라.) 한 집단의 모든 구성원을 가리키는 all과 의미상으로는 같지만 "단수 가산명사"와만 함께 사용된다.

He interviewed **every applicant** for the job. (그는 모든 지원자와 면접을 가졌다.)
(*He interviewed **every applicants** for the job.)
Every passenger but one was killed in the accident.
(그 사고에서 한 사람을 빼고 모든 승객이 죽었다.)
(***Every passengers** but one were killed in the accident.)
We're open **every day** except Sunday. (우리는 일요일을 제외하고 영업을 합니다.)
(*We're open **every days** except Sunday.)

2 **of-구**: every는 수나 양을 의미하는 다른 양화 한정사(some/each/either 등)와는 달리 "of-전치사구"를 직접 가질 수 없으며, "of-전치사구"를 대동하기 위해서는 반드시 "one"과 함께 나타나야 된다.

He interviewed **each of the applicants** for the job.
(그는 그 자리에 지원한 각 응모자를 하나씩 다 면접했다.)
(*He interviewed **every of the applicants** for the job.)
He interviewed **every one of the applicants** for the job.
(그는 그 자리에 지원한 후보자를 하나도 빠짐없이 다 면접했다.)
Every one of the cars displayed here is worth more than $100,000.
(여기에 전시된 차는 모두 하나에 10만 불 이상 나간다.)

3 **부정**: every를 포함하는 문장을 부정하려면 일반적으로 "not every" 또는 "none of"를 사용한다. (유사한 all의 부정에 대해서는 A50을 보라.)

Every graduate attended the commencement. (모든 졸업생이 졸업식에 참석했다.)
Not every graduate attended the commencement. (모든 졸업생이 졸업식에 참석한 것은 아니다.)
(= It is not the case that every graduate attended the commencement.)
None of the graduates attended the commencement.
(졸업생은 아무도 졸업식에 참석하지 않았다.)
(= It is the case that no graduates attended the commencement.)
(참고: **Every** graduate **didn't** attend the commencement.)

4 **every와 대명사**: 절 내에서 every의 수식을 받는 표현을 가리키는 대명사는 "단수" 또는 "복수"가 될 수 있다.

Every student must do **his or her/their** homework by Monday.
(모든 학생은 월요일까지 숙제를 마쳐야 한다.)
I told **every student** what I thought of **him or her/them**.
(나는 학생 모두에게 내가 그들을 어떻게 생각하는가를 말해주었다.)

5 **빈도**: every는 "수사나 양화사가 선행하는 복수명사"와 함께 어떤 사건이 일어나는 "간격(interval)"을 의미할 수 있다. (F18.1과 2를 보라.)

He visits his parents **every six months**. (그는 6개월마다 부모님을 찾아뵌다.)

They saw each other **every two or three days** before their marriage.
(그들은 결혼 전에는 이삼일마다 만났다.)
She had to stop and rest **every few steps**. (그녀는 몇 걸음 떼고 서서 쉬어야 했다.)

(1) "every single"은 "(하나도 빠짐없이) 모두"를 강조할 때 사용된다.

He seems to know **every single person** in the department.
(그는 부서의 직원 하나하나를 다 알고 있는 것 같다.)
She always sends a Christmas card to **every single student** in her class.
(그녀는 자기의 반에 있는 학생 하나하나에게 항상 크리스마스카드를 보낸다.)

(2) "every other"는 "하나 건너 다음"을 의미하고, "every second"는 "주기적인 기간의 매 두 번째 시점"을 의미한다.

We will have a meeting **every other** Monday.
(우리는 2주에 한 번씩 월요일에 회합을 가질 것이다.)
We will have a meeting **every second** Monday.
(우리는 두 번째 월요일마다 회합을 가질 것이다.)
We visit our parents **every other/second** weekend.
(우리는 2주에 한 번씩/두 번째 주말에 부모님을 찾는다.)

6   부사: every는 몇몇 부사적인 표현과 함께 쓰일 수 있다.

We still see him **every now and then/now and again**. (우리는 아직도 가끔 그를 만난다.)
Every once in a while/so often we meet some really interesting people.
(종종 우리는 정말로 재미있는 사람들을 만난다.)
Taking regular exercise is **every bit as** important **as** having a healthy diet.
(정규적인 운동은 모든 점에서 건강한 음식 못지않게 중요하다.)

every와 each의 차이에 대해서는 E2를 보라.
every와 all에 대해서는 A47을 보라.
every와 any에 대해서는 A77을 보라.

E33   every-

1   every-복합어: "every-"로 시작하는 복합 부정대명사(everybody, everyone, everything)와 복합부정부사(everywhere)도 "단수동사"와 함께 사용된다.

Everybody/Everyone was shocked when they heard the news.
(뉴스를 듣고 모두가 충격을 받았다.)
(*****Everybody/*Everyone were** shocked when they heard the news.)
He says that **everything is/*are** going smoothly. (그는 모든 게 잘 되고 있다고 말한다.)
My dog goes **everywhere** with me. (내 개는 어디든지 나를 따라다닌다.)

2 **대명사**: 복합 부정대명사를 선행사로 하는 대명사는 "단수" 혹은 "복수" 둘 다 가능하지만, 구어체에서는 "복수 대명사"가 더 자주 쓰인다.

Before starting the examination, **everyone** should write **his or her** name on the paper.
Before starting the examination, **everyone** should write **their** names on the paper.
(시험을 시작하기 전에 모든 사람은 답안지에 이름을 써야 합니다.)
After **everybody** finished eating dinner, I had to wash **their** plates.
(저녁 식사가 모두 끝난 후에 나는 그들의 접시를 닦아야 했다.)

everyone(= everybody)은 (사람뿐만 아니라 사물도 가리키는) "every one"과는 의미가 다르다. E32를 보라.

3 everywhere: everywhere는 주로 부사로 쓰이지만 대명사로도 쓰인다. 미국영어에서는 everyplace가 사용되기도 한다.

I've looked **everywhere**, but I can't find the car key.
(모든 곳을 찾아보았으나 차 열쇠를 찾을 수 없었다.)
Her children go **everywhere** with him. (그녀의 아이들은 그와 함께 안 가는 곳이 없다.)
Everyplace looks grey and depressing in winter.
(겨울에는 모든 곳이 음산하고 침울하게 보인다.)
The inland areas should remain dry, but **everywhere** else will have heavy rain.
(내륙지방은 건조할 게 틀림없지만 그 밖의 지역에는 비가 많이 올 것이다.)

4 everyday와 every day: everyday는 명사를 앞에서 수식하는 "형용사"로서 "일상적인"을 의미하고, "every day"는 "부사적 표현"으로서 "매일"을 의미한다.

In the course of **everyday** life, I had little contact with teenagers.
(일상생활에서 나는 10대 젊은이들과 접촉이 거의 없었다.)
Explain your plan in ordinary **everyday** language.
(일상적으로 사용하는 평범한 말로써 네 계획을 설명해 봐라.)
They see each other **every day**. (그들은 매일 만난다.)
You need to have exercise **every day** to help your health.
(건강에 도움이 되려면 매일 운동을 하는 것이 필요하다.)

E34   exceed와 excel

exceed는 특정 양이나 수를 "초과하다" 또는 법이나 규칙이 정한 한계를 "넘다"를 의미하고, excel은 능력이나 재능 또는 자질 등에서 "(남보다) 뛰어나다, 능가하다"를 의미한다.

Drivers aren't supposed to **exceed** the speed limit. (운전자는 속도제한을 넘어서는 안 된다.)
Births **exceed** deaths by a ratio of 3 to 1. (출생이 사망을 3대 1의 비율로 초과한다.)

The girl **excels** her class in spelling. (그 여학생은 반에서 단어의 철자에 뛰어나다.)
He **excels** in mathematics. (그는 수학에서 뛰어나다.)

She **excels** all of us at tennis. (그녀는 우리 누구보다 테니스를 잘한다.)

▶ exceed는 종종 excel의 의미로도 쓰인다.

Jane far **exceeds** all her classmates in English and math.
(제인은 영어와 수학에서 학급학생들을 훨씬 능가한다.)

E35 exceedingly와 excessively

excessively는 "(정도가) 지나치게" 또는 "(한계를) 넘어서"를 의미하고, exceedingly는 "대단히, 매우"를 의미한다.

He was **excessively** kind to us. (그는 우리에게 지나치게 친절했다.)
All the people were upset over **excessively** high taxes on houses.
(온 국민이 집에 대한 지나치게 높은 세금에 화가 났다.)
I paid $15 for two cans of beer — we've just had **excessively** expensive beer.
(맥주 두 캔에 15불을 줬어. 우리 방금 굉장히 비싼 맥주를 마셨다.)

This was an **exceedingly** difficult decision to take.
(이것은 받아들이기에 몹시 어려운 결정이었다.)
We had an **exceedingly** good lunch. (우리는 매우 맛있는 점심을 먹었다.)
Thank you. You've been **exceedingly** kind. (매우 친절하게 해 주신 것 감사합니다.)

E36 except와 except for

이 단어들은 어떤 주장이 적용되지 않거나 완전히 사실이 될 수 없게 만드는 "대상, 행위, 사건, 상황" 등을 언급할 때 사용된다. except는 "전치사" 또는 "접속사"로 쓰이며, except for와 excepting은 전치사로 쓰인다.

I'm willing to accept anything **except** a job in Europe.   [전치사]
(나는 유럽을 제외하고 어떠한 일자리라도 받아들일 의향이 있다.)
We have nothing more to do now **except** wait.   [접속사]
(우리는 기다리는 것 외에 지금 더할 것이 없다.)
School is open **except** Saturday and Sunday.   [전치사]
(학교는 토요일과 일요일을 제외하고 연다.)

1   except와 except for: 집단 전체를 가리키는 "전칭적 표현(all, anybody, every, everything, no, nowhere, whole 등)"을 포함하는 주장이나 집단 전체에 적용되는 "일반적 주장"에서는 "except"와 "except for"가 둘 다 가능하다.

He ate the **whole** meal **except (for)** the beans. (그는 콩을 제외하고 모든 음식을 먹었다.)
They discovered that **all** inhabitants had been killed **except (for)** one couple.
(그들은 한 부부를 제외하고 모든 거주민이 살해되었다는 것을 알아냈다.)

The museum is open **except (for)** Monday(s). (박물관은 월요일을 제외하고 문을 연다.)

Employees aren't allowed to enter the room **except (for)** the manager.
(지배인을 제외하고 직원은 그 방에 들어갈 수 없다.)
No one has seen the Father **except** the one who is from God.
(오직 하나님에게서 온 자만 아버지를 보았느니라.) [요 6:46]

2   except for: 그 외의 경우에는 "except for"를 사용한다. 다음을 비교해보라.

I've cleaned **the whole house except for/except** the bathroom.
(나는 욕실을 제외하고 모든 방을 청소했다.)
I've cleaned **the house except for/*except** the bathroom.
(나는 욕실을 제외하고 그 집을 청소했다.)
You can eat **any of the food** in the refrigerator **except for/except** the cake.
(케이크를 제외하고 냉장고에 있는 어떠한 음식을 먹어도 됩니다.)
He hadn't eaten **a thing except for/*except** a bowl of salad.
(그는 샐러드 한 그릇 외에 하나도 먹지 않았다.)

3   except: "전치사나 접속사" 앞에서는 "except"만 가능하다. 다시 말해서 "except for"는 "대명사나 명사구" 앞에만 올 수 있다.

It's cool and quiet everywhere **except (*for) in the kitchen**.
(부엌을 제외하고 모든 곳이 시원하고 조용하다.)
Staff aren't permitted to make personal calls **except (*for) in an emergency**.
(직원은 비상시를 제외하고는 개인적인 통화가 허용되지 않는다.)
No one comes to the Father **except through me**.
(나를 말미암지 않고는 아버지께로 올 자가 없느니라.) [요 14:6]
He's good-looking **except when** he smiles. (그는 미소 지을 때를 제외하면 잘생겼다.)
He said not a thing **except that** he was sorry. (그는 미안하다는 말 외에 한마디도 안 했다.)

4   except + 동사: except 다음에서는 "to없는 부정사"가 사용될 수 있지만, 선행하는 절의 동사의 형태에 따라 "동사의 형태가 결정"되기도 한다.

We can do nothing **except appeal** to their conscience.
(우리는 그들의 양심에 호소하는 것 외에 할 수 있는 것이 없다.)
(참고: We **appeal** to their conscience.)
She had nothing to do **except spend** money. (그녀는 돈을 쓰는 것 외에 할 것이 없다.)
(참고: She **spends** money.)
I don't intend to do anything **except to wait** for news.
(나는 뉴스를 기다리는 것 외에 아무것도 하지 않으려고 한다.)
(참고: I intend **to wait** for news.)
We've considered every possibility **except leaving** the country.
(우리는 나라를 떠나는 것을 제외하고 모든 가능성을 고려했다.)
(참고: We've considered **leaving** the country.)

5   excepting: 격식적 표현으로서 일반적으로 "문두위치"나 "not, without, always" 등 다음에 온다.

Excepting his daughter, they're all right. (그의 딸을 제외하고는 모두 무사하다.)
Everybody must observe the law, **not excepting/*not except** the king.
(누구나 법을 지켜야 하며, 왕도 예외가 아니다.)
The whole staff, **without excepting/*without except** the heads of departments, must attend the meeting. (부서장들을 포함하여 모든 사원들은 회의에 참석해야 한다.)

except, besides, apart from의 차이에 대해서는 B23을 보라.
except + 동사에서 except와 유사하게 쓰이는 but에 대해서는 B35.5를 보라.

E37   EXCLAMATIONS (감탄)

영어에는 감정을 표현하는 몇몇 감탄사(interjections)가 있으며, how나 what 혹은 so나 such를 사용하거나 부정 의문문을 사용하여 감탄표현을 만든다.

1   **감탄사**: 감탄사로는 다음과 같은 것들이 있다.

(1) oh [əʊ]: 흥미나 놀라움을 표현하는 감탄사

Oh, how nice to see you! (어머나, 만나서 반가워!)
Oh, look — it's snowing. (저런, 눈이 오잖아!)

oh는 여러 다른 단어와 결합하여 감탄표현을 만든다: Oh yes, Oh Yeah, Oh well, Oh God, Oh I see, Oh right.

(2) ah [ɑː]: 인지하거나 만족함 또는 놀라움을 표시하는 감탄사

Ah, there he is! (어라, 그 사람 또 그러네!)
Ah, it's wonderful to see you again. (야아, 다시 만나서 반갑다!)

(3) hey [heɪ]: 주의를 끌거나 당황함을 표현하는 감탄사

Hey! Look at that! (잠깐, 저것 좀 봐요!)
Hey! What are you doing with my car! (이봐, 내 차에 무슨 짓을 하는 거야!)

(4) ooh [uː]: 놀라움이나 기쁨을 표현하는 감탄사

Ooh, you never told me you were getting married! (아니, 결혼한다고 말한 적이 없잖아!)
Ooh, he's good-looking, isn't he! (야아, 그 사람 잘 생겼네!)

(5) ow [aʊ]와 ouch [aʊtʃ]: 고통을 표현하는 감탄사

Ow, that really hurts! (아야, 정말 아프네)
Ouch, you're hurting me! (아얏, 아프잖아!)

(6) ugh [ʌh]: 불쾌감을 나타내는 감탄사

Ugh, I'm not eating that! (악, 안 먹을 거야!)
Ugh, this tastes awful! (으악, 이거 맛이 왜 이래!)

(7) wow [waʊ]: 놀라움을 표현하는 감탄사

Wow, did you make that cake! (어머나, 네가 이 케이크를 만들었어!)
Wow, look at that! (와, 저것 봐!)

2   how: how를 "형용사"나 "부사" 앞에 놓아 감탄 표현을 구성한다.

"He paid for everything." "**How generous!**" ("그가 모든 비용을 냈다." "참 통도 커라!")
How lovely to see you! (만나서 참 반갑습니다.)
How young she is! (그 아가씨 정말 젊네!)
How beautifully you sing! (노래 참 예쁘게 하네!)

▶ 명사를 수식하는 "형용사가 부정관사(a/an) 앞에 올 때" how를 써서 감탄 표현을 구성할 수 있다.

How pretty a child she is! (얼마나 예쁜 아이인가!)
How cold a day it is! (정말 추운 날이야!)
How strange a remark! (정말 이상한 말이야!)

▶ 형용사나 부사가 없이도 드물게 감탄 표현을 만들 수 있다.

How the crowd loved it! (사람들이 정말 좋아했어!)
How you've grown! (너 정말 컸다!)

3   what: what는 부정관사를 동반한 "단수 가산명사"와 결합하여 감탄표현을 만든다.

What a beautiful bride! (신부가 정말 아름답다.) (*What beautiful bride!)
What a surprise! (정말 놀랍다!) (*What surprise!)

What a lovely garden you have! (정말로 아름다운 정원이네!)
What a beautiful smile your sister has! (네 동생의 미소는 정말 예뻐!)

▶ what는 또한 "불가산명사"나 "복수 가산명사"와 결합하여 감탄표현을 만들 수 있다.

What beautiful weather! (참 좋은 날씨야!) (***What a** beautiful weather!)
What nice people they are! (정말 좋은 사람들이야!)

▶ 종속절도 감탄문으로 표현될 수 있다.

She told me **what a shame it was**. (그녀는 그것은 참 부끄러운 짓이라고 했다.)

4   so와 such: "형용사" 앞에는 so를, "명사구" 앞에는 such를 넣어 감탄표현을 만들 수 있다.

You're **so kind**! (정말 친절하십니다!)
I've never seen **so many** people here! (여기서 이렇게 많은 사람을 본 적이 없다.)

He's **such a** nice boy! (참 멋있는 총각이야!) (*He's **such/a such** nice boy!)

It's **such a** long way from here! (여기서 너무나 멀리 있어서!)

They talk **such** garbage! (그런 쓰레기 같은 말을 쓰다니!) (*They talk **such a** garbage!)
They're **such kind** people! (참으로 친절한 분들이야!) (*They're **so kind** people!)

such와 so에 대해서는 S39를 보라.

5 부사: "here, there, 전치사적 부사"의 전치를 통해서 감탄표현을 구성할 수 있다. 이 경우 동사가 주어 앞으로 전치되지만, 주어가 대명사일 경우에는 전치가 일어나지 않는다.

There goes my boss! (저기 내 상사가 간다!) (*There my boss goes!)
Here she comes! (그녀가 드디어 옵니다!) (*Here comes she!)
Up they went! **Down** went the girls! (그들은 위로 올라갔고, 아가씨들은 밑으로 내려왔다.)
(*Up went they! *Down the girls went!)

6 부정 의문형 감탄문: "부정 의문문"을 감탄문으로 사용할 수 있다.

Isn't she beautiful! (그 여자 예쁘지 않아!)
Hasn't he grown up! (그가 많이 자랐지 뭐야!)
Aren't you generous! (너는 정말 마음이 너그러워!)

▶ 미국인과 어떤 영국인들은 "(비부정적) 의문문"을 감탄문으로 사용하기도 한다.

Boy, **am I** wrong! (총각, 내가 틀린 거야!)
Wow, **did she** make a mistake! (아니, 그녀가 잘못을 저지른 거야!)
Was he a handsome boy! (잘생긴 청년이었지!)

부정의문문에 대해서는 N13.4-8을 보라.

7 수사적 감탄문: 어떤 사실을 알고 놀라움을 표현하며, 접속사 "that"가 사용된다.

Oh, **that** I could be with you again! (아, 당신과 다시 함께할 수 있다면!)
Oh, **that** I should live to see my own son die!
(아, 내가 내 아들이 죽는 것을 볼 때까지 살게 된다면!)

E38 excuse, pardon, forgive

이 단어들은 우리가 비난이나 처벌에서 조금이라도 "자유로워지기를 원할 때" 사용한다.

Pardon me interrupting, but there's a client to see you.
(방해해서 죄송합니다. 의뢰인이 찾아오셨습니다.)
Please, **excuse** me for arriving late — the bus was delayed.
(늦게 와서 미안합니다. 버스가 지연돼서.)
She never **forgave** him for his ruining her holiday.
(그녀는 휴가를 망쳐버린 그를 결코 용서하지 않았다.)

1. **excuse**: 사소하거나 중요하지 않은 오류나 잘못에 일반적으로 사용된다.

   Apologizing does not **excuse** your impolite behavior.
   (사과로 너의 불손한 행동이 용서되는 것은 아니다.)
   I'll **excuse** you this time, but don't be late again. (이번에는 용서하겠지만 다시는 늦지 마라.)

2. **excuse me**: 다양한 맥락에서 사용된다.

   (1) 타인의 주의를 끌고 싶을 때

   Excuse me, can you tell me the way to museum please?
   (죄송합니다. 박물관 가는 길을 좀 알려주실 수 있습니까?)

   (2) 타인을 당황하게 하는 일을 저질렀을 때

   Oh, **excuse me**. I didn't know anyone was here.
   (아이구, 미안합니다. 여기 누가 계신 줄 몰랐습니다.)

   (3) 지나갈 수 있도록 타인에게 비켜줄 것을 겸손히 요청할 때

   Excuse me, could I walk past? (실례합니다. 좀 지나갈 수 있을까요?)

   (4) 어떤 장소를 잠시 떠날 때

   Excuse me a moment. I'll be right back. (잠깐만 실례하겠습니다. 곧 돌아오겠습니다.)

   (5) 동의하지 않지만 그것을 겸손하게 표현할 때, 이 경우 종종 "I'm sorry"를 사용할 수도 있다.

   Excuse me, but I don't think that's what he meant at all.
   (실례이자만, 나는 그가 전혀 그런 뜻으로 말했다고 생각하지 않습니다.)

   (6) 특히 미국영어에서 타인의 말에 놀라거나 당황했을 때

   "You're going to pay, right?" "**Excuse me**?"
   ("돈을 내실 거지요?" "실례지만 무슨 말씀입니까?")

   (7) 특히 미국영어에서 타인에게 방금 말한 것을 반복해 줄 것을 요청할 때, 이 경우 종종 "pardon me"를 사용할 수도 있다.

   "What time is it?" "**Excuse me**?" "I asked what time it is."
   ("몇 시입니까?" "뭐라고 하셨지요?" "몇 시냐고 물어봤는데요.")

3. **forgive**: 잘못을 저지른 사람에 대해 가지는 "분노의 감정이나 벌하고 싶은 마음을 다 포기하는 것"을 의미하며, 일반적으로 개인적인 감정이 포함된다.

   I'm sure his rudeness unintentional, and I **forgive** him for it.
   (그의 무례가 의도적이 아니라는 것을 알고 그를 용서하기로 했다.)
   I've tried to **forgive** him for what he said about us.
   (나는 그가 우리에 대해 말할 것을 용서하려고 했다.)

If anything happened to the kids, I'd never **forgiven** myself.
(만약 아이들에게 어떤 일이 일어났다면 나는 내 자신을 용서하지 못했을 것이다.)
If you **forgive** anyone his sins, they are forgiven.
(너희가 누구의 죄든지 사하면 사하여질 것이요.) [요 20:23]

▶ forgive me: 화가 나게 할 수 있는 말을 좀 겸손하게 시작하고 싶을 때

Forgive me for saying so, but that's nonsense.
(이렇게 말해서 미안하지만, 그건 터무니없는 소립니다.)

4 pardon: 심각한 죄나 잘못에 공적으로 관용을 베풀어 주는 것을 표현할 때 사용된다.

The governor **pardoned** him and restored his civil rights.
(주지사는 그를 사면하고 그의 시민권을 회복시켜 주었다.)
Large numbers of political prisoners were **pardoned** and released by the new President.
(새 대통령에 의해 많은 정치범들이 사면을 받고 석방되었다.)
The two spies were **pardoned** yesterday by the President.
(대통령이 스파이 두 명을 어제 사면했다.)

▶ pardon: forgive의 의미로도 쓰인다.

He could never **pardon** her for the things that she had said.
(그는 그녀가 말한 것에 대해 결코 그녀를 용서할 수 없었다.)
Grandmother always **pardons** us when we misbehave.
(우리가 잘못을 저질러도 할머니는 항상 우리를 용서하신다.)

5 pardon me: "excuse me"처럼 다양한 맥락에서 사용된다.

(1) 타인과 의도하지 않게 부닥치거나 방해했을 sorry 대신에 사용한다.

Oh, **pardon me**, I didn't mean to disturb you. (어휴, 죄송합니다. 방해할 의도는 없었습니다.)

(2) 겸손하게 타인의 말에 동의하지 않거나 말을 고쳐줄 때

John, if you'll **pardon me**, you've got it all wrong.
(존, 미안하지만, 너는 모든 것을 잘못 알고 있는 거야.)

(3) 질문하기 위해서 타인의 주의를 겸손하게 끌려고 할 때 "excuse me"처럼 사용한다.

Pardon me, will you direct me to the City Hall?
(죄송합니다. 시청 가는 방향을 말해주실 수 있습니까?)

6 I beg your pardon: 대화에서 다음과 같은 경우에 사용된다.

(1) 방금 말한 것을 다시 말해 줄 것을 요청할 때, 종종 "pardon me"을 쓰기도 한다.

"The interview's on Saturday." "**I beg your pardon**?" "I said, 'the interview's on Saturday'." ("면담은 토요일에 있을 것입니다." "다시 말씀해 주실래요." "'면담이 토요일에 일을

것입니다'라고 했습니다.")
"Would you get undressed, please?" "**Pardon me**?" "Will you get undressed?"
("옷 좀 벗어주시겠습니까?" "뭐라구요?" "옷을 벗으라구요?")

(2) 잘못을 저질렀을 때

Oh, **I beg your pardon**. I thought you said 15 dollars, not 50.
(아, 미안합니다. 50달러가 아니라 15달러라고 하신 줄 알았습니다.)

(3) 타인이 말한 것에 강력히 반대하거나 용납할 수 없을 때

"Incheon is an awful place." "**I beg your pardon**, that's where I'm from."
("인천은 사람 살 곳이 아닙니다." "무슨 말씀을 하시는 겁니까? 제가 그곳 출신입니다.")

E39   exempt와 except

exempt와 except는 "면제/제외"를 의미한다는 점에서 유사하지만, 이 두 단어는 문법적으로 그 용법이 완전히 다르다. except는 "전치사"나 "접속사"로만 쓰이고 exempt는 "동사"나 "형용사"로만 쓰인다. except에 대해서는 E36을 보라.

1   형용사: 항상 전치사 from과 함께 쓰인다.

The interest is **exempt from** income tax. (이자는 소득세에서 제외된다.)
No one knows how he was **exempt from** military service.
(그가 어떻게 병역면제를 받았는지 아는 사람은 없다.)
The people over 75 years old are **exempt from** charges for influenza vaccine.
(75세가 넘는 분들은 독감 예방주사 비용을 면제받는다.)

2   동사: 형용사와 마찬가지로 항상 전치사 from을 대동한다.

His bad health **exempted** him from military service.
(그는 건강이 좋지 않아서 군복무를 면제받았다.)
In many countries charities are **exempted from** tax.
(많은 나라에서 기부금은 세금에서 면제받는다.)
The committee recommended that they **exempt** small businesses from an increase in tax.
(위원회는 소기업에게 증세를 면제해줄 것을 권고했다.)

E40   exhausting과 exhaustive

exhausting은 "심신을 지치게 하는, 소모적인"을 의미하고, exhaustive는 "철저한, 완전한"을 의미한다.

Most people find the test **exhausting** but few find it to be impossible.
(대부분의 사람들은 검사가 심신을 지치게 하는 일이라고 여기지만 견딜 수 없는 일이라고 여기는 사람은 많지 않다.)

It's **exhausting** commuting from Incheon to Seoul every day.
(매일 인천에서 서울까지 출퇴근하는 것은 심신을 지치게 하는 일이다.)
The new boss is a very lively character — his constant energy can be **exhausting** at times.
(새로운 사장님은 매우 활동적인 분이지만, 그의 끊임없는 에너지도 때때로 소진될 수 있다.)
The author's treatment of the subject is **exhaustive**.
(저자는 그 주제를 철저하게 다루고 있다.)
This is by no means an **exhaustive** list but it gives an indication of many people involved.
(이것은 결코 완전한 목록은 아니지만 많은 사람들이 관여되었다는 것을 보여준다.)
The new policemen were given an **exhaustive** examination covering every point of their training. (새로운 경찰관들은 자신들이 받은 훈련에 대한 모든 점에 대해서 시험을 치렀다.)
An **exhaustive** lecture on the presidential election would be exhausting to the children.
(대통령선거에 대한 구체적인 강의는 어린 학생들에게 심신을 지치게 하는 일일 것이다.)

E41   expensive, costly, dear

이 단어들은 우리가 무엇을 소유하거나 구입하거나 행동으로 옮기는 데 "많은 돈이 드는 것"을 의미한다.

1   expensive: "고가의" 물건으로서 우리에게 "즐거움이나 만족감"을 줄 때 사용한다.

He lives in **an expensive apartment**, driving **an expensive car**.
(그는 비싼 아파트에 살면서 고가의 차를 몰고 있다.)
After the movie, we went for a meal in **an expensive Chinese restaurant**.
(우리는 영화를 본 후에 비싼 중국음식점에서 식사를 했다.)

▶ expensive는 "낭비, 사치, 지나침"을 함축할 수도 있다.

The old couple have **expensive tastes of clothes and wines**.
(노부부는 값비싼 옷과 포도주를 좋아한다.)
We don't really need such a big, **expensive car**.
(그렇게 크고 값비싼 차가 꼭 필요한 것은 아니다.)

2   costly: 어떤 것이 희귀하거나 세련되거나 훌륭한 솜씨가 더해짐으로써 "값이 많이 나가는 것"을 가리킨다.

The old lady at the party was wearing **a costly diamond necklace**.
(파티에 온 노부인이 고가의 다이아몬드 목걸이를 하고 있었다.)
He decorated his new house with **costly Persian rugs**.
(그는 자기의 새 집을 값비싼 페르시아 양탄자로 꾸몄다.)

▶ expensive와 costly: 공히 보통 이상의 노력이나 시간이 들어간 것 이상 또는 합리적 한계를 넘는 재원이 들어간 것을 의미할 수 있다.

A long illness is **an expensive misfortune** for an average family.
(장기 질병은 일반 가정에는 값비싼 불행이다.)
World War II was **a costly war** in terms of the number of men killed and wounded.
(제2차 세계대전은 전상자의 수로 봤을 때 매우 희생이 큰 전쟁이었다.)

3 **dear**: 영국영어를 제외하고는 거의 사용되지 않으며, "값싼(cheap)"의 직접적인 반의어로서 일상적으로 사용하는 물건이 어떤 이유에서 공급이 부족하게 됨으로써 값이 오르는 것을 의미한다.

Fresh oranges are **dear** in the middle of summer. (한여름에는 신선한 오렌지 값이 비싸다.)
During World Wat II nylon stockings were **very dear** and hard to come by.
(2차 세계대전 중에는 나일론 스타킹이 매우 비쌌으며 사기도 어려웠다.)

E42 EXTRAPOSITION (외치)

외치란 문장의 한 성분을 문장 끝으로 이동하고 그 자리에 "허사(expletive)대명사 it"를 남기는 구조를 말한다. 다음을 비교해보라. (P53.7과 8을 보라.)

That he's too young for the job is clear.
It's clear **that he's too young for the job**.
(그가 그 일을 하기에는 명백히 나이가 너무 어리다.)

To persuade him to do it is difficult.
It's difficult **to persuade him to do it**.
(그에게 그 일을 하도록 설득하는 것이 어렵다.)

▶ 외치된 문장이 더 자연스러우며, 외치를 가능하게 하는 대표적인 동사는 "be동사"다. 그 외에 "appear, happen, seem"과 같은 연결동사, "말하는 동사(say, claim 등)"와 "생각동사(believe, think 등)"의 수동형, "certain, clear, (im)possible, likely"와 같은 형용사가 있다.

1 **정형 서술문의 외치**: that으로 시작하는 정형 서술문 주어는 외치될 수 있다.

It appears **that they're all dead**. (그들은 모두 죽은 것 같다.)
It's certain **that he'll win in the election**. (그가 선거에서 승리할 것이 확실하다.)
It's claimed **that he's a genius**. (그는 천재라고 사람들이 말한다.)

▶ 정형 서술문 목적어도 외치된다.

He made **it** clear **that he disapproved of our plan**.
(그는 우리의 계획을 승인하지 않겠다는 것을 명백히 했다.)

2 **정형 의문절의 외치**: 의문사로 시작하는 "간접의문문"은 주어 위치에서 문장 끝으로 외치될 수 있다.

It's not known **who the committee will recommend for the directorship**.
(위원회가 감독으로 누구를 추천할 것인지 알려지지 않았다.)
It doesn't matter **when he makes up his mind to leave**.
(그가 떠나는 것을 언제 결심하든 상관이 없다.)
It was doubtful **whether the missing fisherman would ever be found**.
(실종된 어부가 언제 발견될 것인지를 확신할 수 없었다.)

3 **비정형절의 외치**: 비정형절인 "-ing절"과 "to-부정사절"이 외치될 수 있다.

It's hopeless **trying to escape from him**. (그에게서 도망치려는 시도는 희망이 없다.)
It was nice **visiting the Grand Canyon with them**.
(그들과 같이 그랜드 캐니언을 방문한 것이 좋았다.)
It's no use **talking your problems to him**. (네 문제를 그에게 말하는 것은 소용이 없다.)

It's not easy in Korea **to be a lawyer**. (한국에서 변호사가 되는 것은 쉽지 않다.)
It's impossible **for me to understand his lecture**.
(내가 그의 강의를 이해한다는 것은 불가능하다.)
It was decided **to leave the problem unsolved**. (문제를 해결되지 않은 채 남겨두기로 했다.)
It is easier **for a camel to go through the eye of a needle than a rich man to enter the kingdom of God**.
(낙타가 바늘귀로 들어가는 것이 부자가 하나님의 나라에 들어가는 것보다 쉬우니라.) [마 19:23]

4 **수식절**: 명사구를 "수식하는 절"이 명사구와 분리되어 외치될 수 있으며, 이 경우에는 허사 대명사가 남지 않는다.

There're **few people who can read and write** in the village.
There're **few people (*it)** in the village **who can read and write**.
(마을에는 읽고 쓸 수 있는 사람이 거의 없다.)

He had **everything that is needed to solve your case** at his disposal.
He had **everything (*it)** at his disposal **that is needed to solve your case**.
(그는 너의 사건을 해결하는 데 필요한 모든 것을 마음대로 사용할 수 있었다.)

A beautiful lady who was wearing a red hat stepped in the hall.
A beautiful lady (*it) stepped in the hall **who was wearing a red hat**.
(빨간 모자를 쓴 아름다운 여성이 현관에 들어섰다.)

I have **food** to eat **that you know nothing about**.
(내게는 너희가 알지 못하는 먹을 양식이 있느니라.) [요 4:32]

F1 facetious, factious, factitious, fictitious

이 단어들의 철자와 발음에 유의하기 바란다.

1   **facetious**[fəsíːʃəs]: "익살스러운, 까부는"을 의미하며, 경멸적인 의미로 자주 사용된다.

Settle down and don't be so coy and **facetious**. (침착해라. 그렇게 순진하게 까불지 말고.)
He tried to please us with **facetious** remarks during the interview.
(그는 면담에서 우스꽝스러운 말로 우리를 웃기려고 했다.)

2   **factious**[fǽkʃəs]: "faction(당파, 파벌)"의 형용사로서 "당파적인, 분파적인"을 의미한다.

That group is the **factious** element of this office. (저 그룹이 이 사무실의 분파분자다.)
Some religious groups tend to retain their **factious** temperaments.
(어떤 종교 집단은 그들의 분파적 기질을 견지하는 경향이 있다.)

3   **factitious**[fæktíʃəs]: "부자연스러운, 인위적인"을 의미한다.

His **factitious** smile convinced me that he wasn't sincere.
(나는 그의 가식적인 미소를 보고 그가 솔직하지 않다는 것을 확신했다.)
She's invented a wholly **factitious** story about her past.
(그녀는 자기의 과거에 대해 완전히 가공된 이야기를 만들어냈다.)

4   **fictitious**[fɪktíʃəs]: "fiction(소설, 창작)"의 형용사로서 "거짓의, 상상의"을 의미한다.

Edith gave an entirely **fictitious** account of her trip.
(에디스는 자신의 여행에 대해 완전히 상상적인 설명을 했다.)
The characters in Alice Wonderland are all **fictitious**.
(⟨앨리스 원더랜드⟩에 나오는 등장인물들은 모두 상상의 인물들이다.)

F2 falsehood, falseness, falsity

이 단어들은 공통적으로 "진실에서 거리가 있음"을 의미하며 대부분의 경우 바꾸어 쓸 수 있다.

1   **falsehood**: "거짓말(lie), 거짓말하기(lying), 거짓"을 의미한다.

Sam is deliberately telling a **falsehood**. (샘은 고의로 거짓말을 하고 있다.)
Nobody had accused me of **falsehood** before.
(아무도 전에는 내가 거짓말한다고 비난한 적이 없다.)
Most people believe in right and wrong, truth and **falsehood**.
(대부분의 사람들은 정의와 불의, 진실과 거짓을 구분할 수 있다고 믿는다.)

2   **falseness와 falsity**: 거의 차이 없이 "거짓, 허구성, 속임수"의 의미로 쓰이며, falsity는 격식적 문체에서 더 자주 쓰인다.

There's not a slightest bit of **falseness/falsity** in what he's told us.
(그가 우리에게 말할 것에는 추호의 거짓도 없다.)
Falseness/Falsity is equally as evil as rudeness, if not worse.
(거짓은 무례함보다 더 나쁘다고는 할 수 없으나 마찬가지로 사악한 짓이다.)
Only education makes it possible for people to see the **falsity** of their superstitions.
(오직 교육을 통해서만 사람들은 자신이 믿는 미신의 허구성을 깨닫게 할 수 있다.)
If you can prove the **falsity** of the witness, the case against you will have to be dropped.
(만약 그 증인의 허위성을 증명할 수 있다면 너에 대한 소송은 취하되어야 할 것이다.)

F3 far

far는 두 개의 비교형(farther, further)과 두 개의 최상급형(farthest, furthest)을 가지고 있으며, "거리의 차이, 시간의 차이, 정도의 차이"가 크다는 것을 표현한다.

1   거리: far는 두 지점 간의 거리가 "멀다"는 것을 의미하며, 일반적으로 "의문문"과 "부정문"에서 많이 쓰인다.

New Zealand isn't **far** from Australia. (뉴질랜드는 호주에서 멀지 않다.)
She lives very **far** from where I live. (그녀는 우리 집에서 매우 먼 곳에 산다.)

▶ 긍정문에서는 "a long way"가 더 자연스럽다.

The school is **a long way** from their home. (학교가 그들의 집에서 멀다.)
(The school is **far** from their home보다 더 자연스럽다.)

▶ 그러나 far는 긍정문에서 일반적으로 "too, enough, as, so" 등의 단어와 함께 쓰이거나 far의 "비교급" 또는 "최상급형"이 사용된다.

They want to move **as far** away from here as possible.
(그들은 가능한 한 여기에서 멀리 이사 가고 싶어 한다.)
The glider flew **far enough** to look over the hill.
(글라이더는 산 너머를 볼 수 있을 정도로 멀리 날았다.)
They managed to reach **as far** as the Russian border.
(그들은 러시아 국경까지 도달하는 데 성공했다.)
My sister lives **too far** out in the suburbs for me to visit her very often.
(우리 누님은 변두리에서 멀리 떨어져 살고 있기 때문에 자주 찾아가기가 어렵다.)
His new job makes him drive **further** to get to work.
(그는 새 직장에 가는데 더 멀리 운전하게 되었다.)
He was the one who had travelled **farthest**. (그가 가장 먼 거리를 여행한 그 사람이었다.)

much, many, (시간의) long도 의문문과 부정문에서 더 흔히 쓰인다. M7과 L17을 보라.

2   **시간**: "미래, 과거, 현재"의 어느 시점에서 멀리 떨어진 시점을 표현한다.

We want to plan much **further** ahead than the next few days.
(우리는 다음 며칠보다 훨씬 앞질러서 계획을 세우고 싶다.)
The conflicts between the two countries go **far** back in time.
(두 국가 간의 갈등은 시간상으로 까마득히 거슬러 올라간다.)
The summer vacation seemed so **far** away at the start of the semester.
(학기 초에는 여름방학이 아주 멀리 있는 것 같았다.)

3   **정도**: 정도가 심하다는 것을 표현한다.

I thought he had gone too **far** in his criticism of the police.
(내 생각으로는 그의 경찰에 대한 비판이 도를 넘었다.)
Many people felt that the new law didn't go **far** enough.
(많은 국민들은 새 법이 기대에 못 미쳤다고 생각했다.)

▶ 이런 의미에서 far는 "비교급 또는 too" 앞에서 비교의 정도가 크다는 것을 표현한다.

We enjoyed the show **far more** than we expected.
(우리는 기대보다 훨씬 더 공연을 즐겼다.)
There're a **far greater** number of women working in politics than twenty years ago.
(20년 전보다 훨씬 많은 수의 여성이 정치에 참여한다.)
You're **far too** young to get married. (너는 결혼하기에 나이가 너무나 어리다.)
That's **far too** much for me to pay. (내가 지불하기에는 지나치게 많은 돈이다.)

4   **형용사**: far는 명사를 수식하는 "형용사"로도 쓰일 수 있다.

We could see the mountains from the **far distance**. (우리는 멀리서도 그 산들을 볼 수 있었다.)
There was a piano in the **far corner** of the room. (방의 먼 구석에 피아노가 한 대 있었다.)

5   **비교급과 최상급**: farther와 further, farthest와 furtherest

(1) 거리: 이 경우에는 farther와 further는 의미상으로 차이가 없이 사용된다.

Daejeon is **farther/further** away than Cheonan. (대전이 천안보다 더 멀리 있다.)
He lives in a resort town **farther/further** up the coast.
(그는 해변을 따라 북쪽으로 더 멀리 있는 피서지 마을에서 살고 있다.)
This is the **farthest/furthest** I ever travelled on my own.
(이곳이 내가 혼자서 지금까지 여행한 가장 먼 곳이다.)

(2) 추가: 이 경우에는 further만이 가능하다.

A spokesman declined to comment until the evidence could be studied **further/*farther**.
(대변인은 증거를 더 검토할 때까지 논평을 거절했다.)
Further/*Farther studies are required to prove that the theory is true.
(그 이론이 맞는다는 것을 증명하려면 더 많은 연구가 필요하다.)

His column in the newspaper has gone **furthest/*farthest** in criticizing the event.
(그는 신문에 기고한 글에서 그 사건을 가장 맹렬하게 비난했다.)

6   여타 용법

(1) by far: 어느 하나가 다른 것보다 중요하다는 것을 강조할 때 사용된다.

Watching football games is **by far** the most popular pastime in England.
(축구경기를 보는 것이 영국에서 단연 가장 인기 있는 오락이다.)
By far the most important issue for them is unemployment.
(그들에게 가장 중요한 문제는 단연코 실업이다.)

(2) far from: 어떤 것이 "기대했던 것에 미치지 못한다는 것"을 강조할 때 사용된다.

We were **far from** happy with the situation. (우리는 그 상황에 결코 만족할 수 없었다.)
Much of what they had reported was **far from** the truth.
(그들이 말한 대부분은 진실과는 거리가 멀었다.)

(3) so far/thus far: 지금까지의 상황에 대해서 말할 때 사용된다.

So far, the new government hasn't achieved any concrete results.
(새 정부는 지금까지 어떠한 구체적인 성과를 내놓지 못했다.)
Everything seems to be all right, **so far**. (지금까지는 모든 것이 괜찮아 보인다.)

(4) so far(,) so good: 지금까지 모든 일이 잘 풀리고 있음을 말할 때 사용된다.

Our baseball team has reached the semi-finals. **So far so good**.
(우리 야구팀이 준결승에 올랐다. 여태까지는 순조롭다.)
We were able to reach the first base camp in 10 hours. **So far, so good**.
(우리는 10시간 걸려서 제일 기지에 도달할 수 있었다. 지금까지는 순조롭다.)

F4   fashion과 style

이 단어는 우리의 "옷, 태도, 생활방식, 언어의 사용" 등에 나타나는 "습관적 행위"를 의미한다.

1   fashion: 주로 특정 기간 동안에 특정 집단에 널리 퍼진 "유행"을 의미한다.

Long, curly hair is the **fashion** this summer.
(금년 여름에는 길고 구불구불한 머리가 유행이다.)
There's a **fashion** of painting the finger nails red among young women.
(젊은 여성들 사이에는 손톱을 빨갛게 칠하는 것이 유행이다.)
Wide trousers were the **fashion** when I was at college.
(내가 대학생일 때에는 넓은 바지가 유행이었다.)

2   style: fashion의 의미로도 쓰이지만 유행보다도 고상한 취미나 안목에 기초를 둔 "양식,

방식"을 의미한다.

That dress is such a good **style** it'll be fashionable for years.
(저 드레스는 스타일이 멋있어서 수년 동안 유행할 것이다.)
There was an attempt to use Japanese management **style** in European businesses.
(유럽 기업들이 일본식 경영방식을 사용하려는 시도가 있었다.)
The old couple live in a Colonial **style** mansion on the hill.
(그 노부부는 언덕 위에 있는 미국 식민지시대 양식의 큰 저택에서 살고 있다.)

F5   fast와 quick(ly)

이 단어들은 이동의 "속도가 빠름"을 의미한다.

The subway is the **fastest/quickest** way to get downtown.
(지하철이 시내를 가는 제일 빠른 방법이다.)
It all happened so **fast/quickly** that I didn't notice I was bleeding.
(모든 것이 너무나 빨리 일어나서 내가 피를 흘리고 있다는 것도 몰랐다.)

1   quick: 속도 자체보다 "갑자기 일어나는 짧고 단편적 행위"를 표현할 때 많이 사용된다.

We stopped to have a **quick** look at the old church.
(우리는 오래된 교회를 잠시 보기 위해 멈췄다.)
Do you have time for a **quick** drink? (빨리 한잔할 수 있는 시간이 있습니까?)
Come **quick**: something terrible has happened! (빨리 와! 큰일 났어!)

▶ quick는 종종 "(지체 없이) 즉각적인, 재빠른"을 의미한다.

She gave a **quick** response to my question of her background.
(그녀는 자기의 배경에 대한 나의 질문에 즉각적으로 대답했다.)
Kelly's **quick** decision had saved the little girl's life.
(켈리의 재빠른 결심이 어린 여아의 생명을 구했다.)

2   fast: 빠른 속도와 빠른 속도로 이동할 수 있는 능력을 가졌음을 표현하며, "지속적인 행위"를 표현할 때 사용된다.

He's one of the **fastest** runners in the world.
(그는 세계에서 가장 빨리 달리는 사람 중의 한 사람이다.)
The **fast** train to Seoul takes less than two hours. (급행열차는 서울까지 두 시간도 안 걸린다.)
Especially, young men love to drive a **fast** car.
(특히 젊은 남자들은 빠른 차를 운전하는 것을 좋아한다.)

3   fast와 quickly: 일반적으로 속도가 빠른 것을 의미한다.

You're reading too **fast/quickly** for me to follow.
(너무 빨리 읽어서 내가 따라갈 수가 없다.)

We'll have to walk **quickly/fast** to get there on time.
(그곳에 정각에 도착하려면 걸음을 빨리 해야 할 것이다.)

▶ fast asleep: "fast"는 "asleep"과 결합하여 "푹 잠들다"를 의미한다.

Ted was lying on the sofa, **fast asleep**. (테드는 소파에 누워서 잠이 푹 들었다.)

▶ quickly는 "잠시(for a short time)"를 의미하기도 한다.

"Have you talked to Bill about Jane, yet?" "Just **quickly**."
("빌에게 제인에 대해서 벌써 말했습니까?" "아주 잠시 동안이요.")

F6 fearful과 fearsome

fearful은 "공포나 두려움을 느끼는 것"을 의미하는 반면, fearsome은 "공포나 두려움을 주는 것"을 의미한다.

1   fearful: "무서워하는(frightened), 두려워하는(afraid)"을 의미하고, 보충어로 "of-구, to-부정사, that-절, lest-절"을 가질 수 있다.

People are **fearful of rising** crime in the downtown area of the city.
(사람들은 도시의 번화가에서 범죄가 증가하는 것을 두려워하고 있다.)
All of us are **fearful that** the demonstration will cause new violence.
(우리 모두는 데모가 새로운 폭력을 유발할까 봐 염려하고 있다.)
She's **fearful lest** she should pass the driving test.
(그녀는 운전시험에 못 붙을까 봐 두려워하고 있다.)
She was **fearful to** lose custody of her children.
(그녀는 아이들의 양육권을 잃을까 봐 두려웠다.)

2   fearsome: 상황이나 모습이 "무서운(frightening), 끔찍한(terrible)"을 의미한다.

Some countries still maintain **fearsome** chemical weapons
(어떤 국가들은 지금도 가공스러운 화학무기를 보유하고 있다.)
Babe Ruth's presence turned the New York Yankees into the most **fearsome** team in the baseball. (베이브 루스의 존재는 뉴욕 양키스를 야구에서 가장 두려운 팀으로 바꿔놓았다.)
The mansion is protected by iron fencing with **fearsome** spikes at the top.
(그 저택은 꼭대기에 무시무시한 뾰족한 못을 가진 철제 울타리로 둘러싸여 있다.)

▶ fearful은 특히 명사 앞에서 fearsome의 의미로 종종 쓰이기도 한다.

The kitchen was a **fearful** mess when the guests left after dinner.
(손님들이 저녁 식사를 하고 떠난 후에 부엌은 끔찍할 정도로 엉망이었다.)
A **fearful** traffic accident happened on the Gyungbu Highway yesterday.
(어제 경부고속도로에서 끔찍한 교통사고가 있었다.)

F7　feel

feel은 대표적인 "지각동사(perception verbs)"의 하나다. 지각동사의 일반적인 특성에 대해서는 P23과 P24를 보라.

1　**느낌**: 연결동사로서 진행형이 가능하며 "육체적 또는 정서적 느낌"을 체험하는 것을 의미한다. "형용사, 명사구, 절"을 보어로 가질 수 있다.

He's still **feeling a bit dizzy** after his operation.
(그는 수술 후에 아직까지도 약간의 어지러움을 느낀다.)
My eyes **feel** really **sour** with all this smoke.
(이 연기 때문에 눈이 정말로 따갑다.)
She saw me fall flat on my face — I **felt such a fool**.
(그녀는 내가 푹 꼬꾸라지는 것을 봤다. 나는 정말 난처했다.)
Please, stop exercising if you **feel any pain**.
(만약 통증을 느끼면 운동을 멈추십시오.)
He **felt like he'd really achieved something**.
(그는 자신이 실제로 무엇인가를 성취한 것 같이 생각됐다.)
She **felt as if all her strength had gone**. (그녀는 마치 모든 기력이 빠져나간 것처럼 느꼈다.)

2　**인지**: 접촉함으로써 "신체적으로 느끼는 것"을 의미하며 진행형이 없다.

She **felt his hot breath** on her cheek. (그녀는 볼에 그의 뜨거운 입김을 느꼈다.)
The earthquake was felt as far south as Jejudo.
(지진은 남쪽으로 멀리 제주에서도 감지되었다.)
She **felt his arm around her waist**.
(그녀는 그의 팔이 허리를 감싸는 것을 느꼈다.)

3　**접촉**: 무엇을 알아내기 위해 손 등으로 "접촉하는 것"을 의미한다.

The doctor **felt his forehead** to check the temperature.
(의사는 체온을 점검하기 위해 그의 이마를 만졌다.)
When dry, **feel the surface** and it'll no longer be smooth.
(건조할 때 표면을 만져 보세요. 매끄럽지 않을 겁니다.)

4　**feel good**: 연결동사로서 어떤 상황이나 사태로 인해 가지는 "감정"을 의미한다.

I **felt very strange** when I met her after twenty years.
(나는 20년이 지난 후에 그녀를 만나니까 매우 어색한 느낌이었다.)
She **felt wonderful** to be wearing clean clothes.
(그녀는 깨끗한 옷을 입으니까 기분이 참 좋았다.)

5　**의견**: 사실보다 "느낌에서 오는 의견"을 표현하며, 진행형이 없다.

We **feel that** we should be doing more to help.
(우리는 돕는 일을 더 해야 한다는 생각이 든다.)
I can't help **feeling that** we would be better without him.
(나는 그가 없는 것이 더 좋을 것 같다는 생각을 떨칠 수가 없다.)

6   feel like + (doing) + something: 무엇을 "가지고 싶거나 하고 싶은 마음"을 표현한다.

She didn't **feel like going** to school. (그녀는 학교에 가고 싶지 않았다.)
Do you **feel like (having)** another drink? (한잔 더 하시겠습니까?)

F8   final, last, ultimate

이 단어들은 일련의 상황에서 "끝에 오는" 상황을 가리킨다.

1   final: 연속적인 일련의 상황에서 "확실한 마지막"을 강조한다.

The **final** episode of the series will be shown tonight.
(연속물의 마지막 이야기가 오늘 밤에 방영될 것이다.)
You know that the judge's decision is **final**.
(판사의 결정이 최종적이라는 것을 알잖아.)
We can advise the client, but in the end it is he who has the **final** say.
(우리가 의뢰인에게 충고는 할 수 있지만, 결국 마지막 발언을 할 사람은 의뢰인이다.)

2   last: 연속적인 상황 중에서 "마지막이지만 반드시 맨 마지막이 아닐 수도 있을 때" 사용된다.

They were not able to visit their parents **last** Christmas.
(그들은 지난 크리스마스에 부모님을 찾아뵙지 못했다.)
The **last** person to leave the office should turn off the light.
(사무실을 마지막에 나가는 사람이 전등을 끄는 것이 좋겠다.)
He was the first to arrive and the **last** to leave.
(그는 매 먼저 출근해서 맨 마지막에 퇴근한다.)

3   ultimate: 우리가 도달할 수 있거나 찾아낼 수 있는 맨 마지막인 것으로서 그 "중요성을 강조할 때" 사용한다.

The **ultimate** cause of some diseases is unknown.
(어떤 질병에 대해서는 그 궁극적인 원인이 알려져 있지 않다.)
Complete disarmament was the **ultimate** goal of the conference.
(완전한 무장해제가 회담의 궁극적인 목표였다.)
We know it's still not possible to predict the **ultimate** outcome of the experiment.
(우리는 그 실험의 궁극적인 결과를 예측하는 것이 아직 가능하지 않다는 것을 알고 있다.)

F9 financial, fiscal, monetary, pecuniary

이들은 "금전, 재정"과 관련이 있는 단어들이다.

1 financial: 가장 일반적으로 쓰이는 표현으로서 전반적인 "재정 문제"를 말할 때 쓰인다.

He works as the **financial** adviser for the President.
(그는 대통령의 재정담당고문으로 일한다.)
After the War, many factories faced a severe **financial** crisis.
(전쟁 후에 많은 공장들이 심각한 재정적 위기에 직면했다.)
It seems that the local government has been having **financial** difficulties recently.
(지방정부가 최근에 재정적 어려움에 빠져 있는 것 같다.)

2 monetary: 우리가 사용하는 "화폐 자체"를 말할 때 사용된다.

Many countries are tightening their **monetary** policy to avoid inflation.
(많은 국가들이 물가상승을 피하기 위해 통화정책을 옥죄고 있다.)
The American **monetary** system was formerly based on the gold standard.
(옛날에 미국의 화폐제도는 금본위였다.)
The **monetary** unit of the United States, Canada, Australia and Hong Kong is the dollar.
(미국, 캐나다, 오스트레일리아, 홍콩의 화폐 단위는 달러다.)

3 fiscal: "국가가 관장하는 재정, 세금, 부채" 등과 관련이 문제를 말할 때 사용된다.

Important changes were made in the government's **fiscal** policy.
(정부의 재정정책에 큰 변화가 있었다.)
The National Assembly approved the budget for the coming **fiscal** year on the last day of the year. (국회는 다음 회계연도 예산을 그해 마지막 날에 통과시켰다.)
The **fiscal** year of our government begins on January 1 and ends on December 31.
(우리나라 정부의 회계연도는 1월 1일에 시작하고 12월 31일 끝난다.)

▶ 영국영어에서는 "fiscal year" 대신에 "financial year"라고 한다.

We expect about 300,000 job losses in the coming **financial** year.
(우리는 다음 회계연도에 약 30만 개의 일자리가 없어질 것이라고 생각한다.)

4 pecuniary: 특히 "개인적인 금전거래나 업무"를 말할 때 사용된다.

He was trying to get a **pecuniary** advantage for himself.
(그는 자신을 위해 재정적 이득을 취하려고 했다.)
He denies obtaining any **pecuniary** advantage by deception.
(그는 속임수로 어떠한 금전적 이득을 취했다는 것을 부인하고 있다.)
She's willing to help us without any **pecuniary** reward.
(그녀는 어떠한 금전적 보상 없이도 우리를 도울 의향이 있다.)

F10 FINITE VERBS와 NON-FINITE VERBS (정형동사와 비정형동사)

동사는 시제(tense) 또는 서법(mood) 요소의 포함 여부에 따라 정형동사 또는 비정형동사로 분류된다. 이러한 동사의 분류는 문장 내에서의 동사의 역할을 규정하는 데 매우 유용하다.

1. **정형동사**: 시제 또는 서법 요소가 포함된 동사를 가리킨다.

    The lady **lives** near the station. [현재시제와 직설법]
    (그 부인은 정거장 가까이에 산다.)
    We **lived** near the theater. [과거시제와 직설법]
    (우리는 극장 근처에 살았다.)
    Go back to your country! [명령법]
    (너의 나라로 돌아가라!)
    He insists that he **be** in charge of the organization. [가정법]
    (그는 자기가 조직을 책임져야 한다고 강력히 주장했다.)

    ▶ 정형동사는 주어와 일치해야 하므로 목적어격을 가진 (대)명사를 주어로 가질 수 없다. 다음을 비교해보라.

    What if **kids bother** you? (아이들이 너를 괴롭히면 어떻게 할 거냐?)
    Don't let **kids bother** you. (아이들이 너를 괴롭히지 못하게 해라.)

    위 문장에서 명사 "kids"를 대명사로 바꾸면 첫 번째 문장의 "bother"는 정형동사이고 두 번째 것은 비정형동사라는 것을 알 수 있다.

    What if **they bother** you? (그들이 너를 괴롭히면 어떻게 할 거냐?)
    Don't let **them bother** you. (그들이 너를 괴롭히지 못하게 해라.)

2. **비정형동사**: 시제 또는 서법이 포함되어 있지 않은 동사를 가리키며, "부정사형와 분사형"이 있다.

    (1) 부정사 (infinitives): to + 원형동사 또는 원형동사를 가리킨다.

    We need **to repair** the roof. (지붕을 수리해야 한다.)
    He made me **follow** the instructions. (그는 나에게 지시를 따르게 했다.)

    (2) 분사 (participles): "과거분사형(-ed형) 또는 현재분사형(-ing형)"을 가리킨다.

    Rejected by all his friends, he decided to become a monk.
    (그는 모든 친구에게 버림을 받고 수도사가 되기로 했다.)
    Who's the man **sitting** in the corner? (구석에 앉아 있는 그 사람 누굽니까?)

    정형동사와 비정형동사의 상세한 용법에 대해서는 V1을 보라.

F11   first와 at first

1   **at first**: "at first"는 "처음에(at the beginning)"의 의미로 어떤 상황을 이미 일어난 상황 또는 후에 일어날 상황과 "비교할 때" 일반적으로 사용된다. 따라서 "at first"가 들어 있는 표현 다음에는 종종 "but"가 뒤따른다.

At first I thought he was joking **but** then I realized he meant it.
(처음에는 그가 농담하는 줄 알았다. 그런데 그는 진심이었다는 것을 알았다.)
At first they were very happy, **but** then things started going wrong.
(처음에는 그들은 행복했으나 상황이 꼬이기 시작했다.)
The work was hard **at first, but** I got used to it. (처음에는 일이 어려웠지만 익숙해졌다.)
At first I didn't like him, **but** now I do.
(처음에는 그를 좋아하지 않았지만 지금은 좋아한다.)

2   **first**: first는 "at first"의 의미뿐만 아니라 약간씩 다른 다양한 의미로 사용된다.

First, I thought he was joking **but** then I realized he meant it.
(처음에는 그가 농담하는 줄 알았다. 그런데 그는 진심이었다는 것을 알았다.)
But seek **first** his kingdom and righteousness, and all these things will be given to you as well. (그런즉 너희는 먼저 그의 나라와 그의 의를 구하라 그러하면 이 모든 것을 너희에게 더하시리라.) [마 6:33]
I met her **first** at the conference in Busan.
(나는 부산에서 있었던 학회에서 그녀를 처음으로 만났다.)
(= I met her **for the first time** at the conference in Busan.)
We lived in Suwon when we were **first** married.
(우리가 처음 결혼했을 때에는 수원에 살았다.)
(= We lived in Suwon **at the beginning** of our marriage.)
That's mine — I saw it **first**! (그것 내 거야. 내가 먼저 봤어.)
(= That's mine — I saw it **in the first place**!)
First, we'd make sure we have everything we need.
(우리는 우선적으로 필요한 것이 다 있는지를 확인해야 한다.)
(= **Firstly/First of all/In the first place**, we'd make sure we have everything we need.)

F12   fit와 suit

1   **fit**: 치수나 크기 등이 "(몸에) 꼭 맞다"를 의미한다. fit는 미국영어에서는 일반적으로 불규칙동사로서 쓰이며 과거형과 과거분사형이 모두 fit다.

These new shoes don't **fit** me well; I think they're a bit too small in size.
(이 새 신이 나에게 잘 맞지 않는다. 내 생각에 크기가 약간 작다.)
He couldn't find a key that **fit** the lock of the front door.
(그는 앞문 자물쇠에 맞는 열쇠를 찾을 수 없었다.)

I went to the men's department to buy trousers that **fit** at the waist.
(나는 허리에 맞는 바지를 사려고 남성복 매장에 갔다.)

2 suit: "옷, 신, 머리" 등의 색채나 디자인 또는 스타일 등이 "잘 어울리다"를 의미한다.

That color doesn't **suit** your complexion. (그 색은 네 피부색과 어울리지 않는다.)
Mary's new hair style doesn't really **suit** her.
(메리의 새 머리 스타일이 그녀에게 잘 어울리지 않는다.)
Does this coat **suit** me? (이 코트가 저와 어울립니까?)

▶ suit는 어떤 상황이나 계획이 "마음에 들다, 만족스럽다"를 의미하기도 한다.

The seven o'clock train will **suit** us very well. (7시 기차에 우리에게 딱 맞겠다.)
Does the climate here **suit** your health? (여기 일기가 건강에 맞습니까?)

▶ suit yourself: 무엇이든 "하고 싶은 대로 하라"고 말할 때 사용된다.

"Mind if I sit here?" he said gently. "**Suit yourself**," she replied.
("여기 앉아도 되겠습니까?"라고 그녀는 점잖게 말했다. "좋을 대로 하세요"라고 그녀가 대답했다.)
"I don't think I'll go fishing with you tomorrow." "It's all right. **Suit yourself**."
("내일 함께 낚시를 갈지 못하겠는데요." "괜찮습니다. 좋도록 하세요.")

F13 flaw, fault, defect

이 단어들은 어떤 대상이나 상황이 지닌 가치나 완전함에 손상을 주는 "결점, 흠, 약점"을 의미한다.

1 defect: defect는 사람이나 물건의 겉모양 또는 구성에 나타나는 "결함"을 의미하는 일반적인 단어다.

My wife bought the dress cheaply because there's a slight **defect** in it.
(내 처는 조금 흠이 있는 옷을 값싸게 구입했다.)
A bad temper was the only **defect** in his nature.
(급한 성미가 그분의 인성의 유일한 흠이었다.)
The flight to New York was delayed, because they found **defects** in the cooling system of the airplane.
(비행기의 냉각시스템에서 결함이 발견되어 뉴욕행 비행기가 연기되었다.)

2 flaw: 어떤 대상의 "가치, 아름다움, 완전함, 유효성" 등에 손상을 주는 "결함, 흠"을 가리킨다.

I think the absence of the expiration date is the **flaw** of the contract.
(이 계약에 만기일이 없는 것이 결점이라고 생각한다.)
The car was withdrawn from sale, because there was a fatal **flaw** in the brake pedal.
(그 차는 제동페달에 치명적인 결함이 있어서 판매가 중단되었다.)

The **flaw** of the weapon is its inability to fire rapidly.
(그 무기의 결함은 속사를 할 수 없다는 것이다.)

3   fault: 어떤 것의 탁월함에 손상을 주는 "결점, 오류" 등을 의미한다.

There're several **faults** in the page of figures. (도형 페이지에 몇 가지 오류가 있다.)
Your only **fault** is that you don't do what you're told.
(너의 유일한 결점은 지시한 것을 하지 않는다는 것이다.)

▶ fault는 "과실, 잘못(mistake), 책임(responsibility)"의 의미로도 많이 쓰인다.

It's your **fault** that we're late. (우리가 늦은 것은 네 잘못이다.)
I'm really sorry — It's all my **fault**. (정말로 죄송합니다, 모두 제 책임입니다.)

F14   for

1   **수혜자**: 어떤 대상에게 어떤 것을 주거나 이용하게 하려는 의도를 표현할 때

He bought an expensive Christmas present **for her**.
(그는 그녀에게 값비싼 크리스마스 선물을 사주었다.)
The school offers several English courses **for foreign students**.
(학교는 외국 학생들을 위해 몇 가지 영어 과정을 개설하고 있다.)
We need a new battery **for the radio**. (라디오에 새 배터리가 필요하다.)

2   **도움**: 어떤 사람이나 의인화된 대상에게 도움을 주기 위함을 표현할 때

She looks after the children **for us**. (그녀는 우리를 위해 아이들을 돌봅니다.)
The doctor knew that there was nothing he could do **for her**.
(의사는 그녀에게 해줄 수 있는 것이 아무것도 없다는 것을 알았다.)
A great number of young people died fighting **for their country**.
(수많은 젊은이가 조국을 위해 싸우다가 죽었다.)

3   **목적**: 어떤 행위의 목적을 표현할 때

I've bought her a watch **for her birthday**. (나는 그녀에게 생일선물로 시계를 사줬다.)
The lawyer prepared the documents **for his defense**.
(변호사는 그의 변호를 위해 서류를 준비했다.)
We stopped at the pub **for a drink**. (우리는 한잔하려고 술집에 들렀다.)
I went to the college **for an interview** with Professor Taylor.
(나는 테일러 교수와의 면담을 위해 대학교에 갔다.)

▶ 무엇을 획득하기 위한 목적을 표현할 때

He was too tired to get up **for breakfast**.
(그는 너무 지쳐서 아침을 먹기 위해 일어나지 못했다.)

I paid $100 **for a ticket of the show**. (나는 그 공연의 입장권을 100불에 샀다.)
I hate waiting **for public transport**. (나는 대중교통을 기다리는 데 지쳤다.)
He's applied **for a job** with another computer company.
(그는 다른 컴퓨터 회사의 일자리에 응모했다.)
Do not work **for food** that spoils, but **for food** that endures to eternal life, ...
(썩을 양식을 위하여 일하지 말고 영생하도록 있는 양식을 위하여 하라 ...) [요 6:27]

4 **이유**: 이유 또는 원인을 표현할 때

He's widely disliked in the company **for his arrogance**.
(그는 오만함 때문에 회사에서 두루 미움을 산다.)
She spent thirty years in prison **for murder**. (그녀는 살인 때문에 30년을 감옥에서 보냈다.)
They punished the child **for lying**. (그들은 거짓말을 했다는 이유로 그 아이를 벌했다.)
The King expelled him **for betraying the country**.
(왕은 나라를 배반했다는 이유로 그를 추방했다.)

5 **목적지**: 방향이나 목적지를 표현할 때

The escaped prisoners of war ran **for the shelter of the woods**.
(탈출한 포로들이 숲속의 숨을 곳을 향해 달렸다.)
She bought a first-class ticket **for Chicago**. (그녀는 시카고행 일등석 비행기 표를 샀다.)
He missed the 10 o'clock train **for Busan**. (그는 부산행 10시 기차를 놓쳤다.)

6 **대변**: 대변하거나 의미를 표현할 때

Mr. Johnson is a member of the House **for Providence**.
(존슨 씨는 프로비던스 시를 대표하는 하원의원이다.)
What's the French word **for "forgive"**?
("용서하다"라는 의미를 가진 프랑스어 단어는 무엇입니까?)
What does the P.O.W. stand **for**? (P.O.W.는 무엇을 표현합니까?)

7 **대신**: 대신하는 것을 표현할 때

They used big boxes **for chairs**. (그들은 큰 상자를 의자로 이용했다.)
He gave me a new book **for the old one**. (그는 헌책 대신에 새것을 주었다.)
He gave a talk at the meeting **for his sick boss**.
(그는 아픈 상사를 대신해서 회의에서 연설했다.)

8 **소속**: 소속을 말할 때

She's worked **for KBS** ever since she returned to Korea.
(그녀는 한국으로 돌아온 이후 계속해서 한국방송공사에서 근무했다.)
My uncle used to play **for New England Patriots**, when he was young.
(나의 삼촌은 젊었을 때 뉴잉글랜드 패트리어트에서 뛰었다.)

9   **지지**: 찬성하거나 지지를 표현할 때

A great number of people died **for democracy**. (많은 사람들이 민주주의를 위해 죽었다.)
Are you **for the government** or against it? (당신은 정부를 지지합니까 반대합니까?)
How many people voted **for the new proposal**?
(얼마나 많은 국민이 새로운 제의에 찬성표를 던졌습니까?)

▶ all과 함께 "전적인" 지지를 표현할 수 있다.

I'm **all for** giving people more freedom.
(나는 국민에게 더 많은 자유를 주는 것을 전적으로 지지한다.)

10   **대가**: 보답이나 대가를 표현할 때

He paid $50 **for the book**. (그는 책값으로 50불을 지급했다.)
You can get a good room at the hotel **for $10 a day**.
(하루에 10불을 내면 호텔에서 좋은 방을 얻을 수 있다.)
She wrote a check **for $100**. (그녀는 100불짜리 수표를 냈다.)
He only works **for money**. (그는 돈을 위해서만 일한다.)
You have heard that it was said, 'Eye **for eye**, and tooth **for tooth**.'
(또 눈은 눈으로, 이는 이로 갚으라 하였다는 것을 너희가 들었으나 ...) [마 5:38]

11   **기간**: 어떤 행위나 상황이 지속되는 기간을 표현할 때

I'll be out of my office **for a few weeks**. (나는 몇 주 동안 사무실에 없을 것이다.)
We've been studying English **for seven years**. (우리는 7년 동안이나 영어를 배우고 있다.)
I'll love you **for ever**. (나는 너를 영원히 사랑할 것이다.)

12   **시점**: 어떤 상황이나 사건이 일어나도록 준비된 "특정 시점"을 표현할 때도 사용된다.

I've invited them **for 10 o'clock**. (10시를 위해 그들을 초청했습니다.)
The conference was arranged **for the 10th of April**.
(4월 10일을 위해 학회를 준비했습니다.)
We have a festival **for the birthday of the great artist**.
(우리는 위대한 예술가의 생일에 축제를 연다.)

13   **거리**: 거리를 표현할 때

He ran fast **for a mile** or two. (그는 일, 이 마일을 빨리 달렸다.)
The desert stretches **for many miles**. (사막은 수 마일에 걸쳐 뻗어 있다.)
The soldiers walked **for more than ten miles** before rest.
(병사들은 쉬기까지 10마일 이상의 거리를 걸었다.)

14   **비율**: "each, every 혹은 숫자"와 함께 비율을 표현한다.

For each mistake you make, you'll lose half a point.
(한 번 틀릴 때마다 반점씩 잃을 것입니다.)
For every two people who agree, you'll find three who don't.
(동의하는 매 두 사람마다 동의하지 않는 사람 셋씩이 있을 것입니다.)
For one poisonous snake, there are many harmless ones.
(맹독성 뱀이 하나라면 독이 없는 뱀은 많습니다.)

15 양보: all과 더불어 양보를 표현할 때

For all his efforts, he didn't succeed. (그의 모든 노력에도 불구하고 그는 성공하지 못했다.)
For all his faults, we still like him. (그의 모든 결점에도 불구하고 우리는 그를 아직도 좋아한다.)
For all those years I've spent, I'm still struggling with English.
(그 많은 세월을 쏟았음에도 불구하고 나는 아직도 영어와 싸우고 있다.)

16 접속사: 문어체에서 for는 이유를 의미하는 접속사로 쓰일 수 있으며, 일반적으로 문두에 오지 않는다.

He found it increasingly difficult to read, **for** his eyesight was beginning to fail.
(그는 시력이 점점 나빠져서 독서하기가 점점 더 어려워지는 것을 느꼈다.)
"Father, forgive them, **for** they do not know what they do."
("아버지여 그들을 사하여 주옵소서. 저들이 하는 것을 알지 못함이나이다.") [눅 23:34]

F15 forbear와 forebear

두 번째 음절에 주 강세를 가진 forbear[fɔːrbɛ́ər]와 첫 번째 음절에 주 강세를 가진 forebear[fɔ́ːrbɛ̀ər]는 완전히 다른 단어다. forbear는 동사로서 "삼가다, 억제하다"를 의미하고, forebear는 명사로서 "조상"을 의미한다.

1 forbear: 보충어로 "to-부정사, -ing구, from + -ing구"가 가능하다.

We decided to **forbear from interfering**. (우리는 간섭을 삼가기로 결정했다.)
I **forbore to hit back** because he was smaller.
(나는 그가 나보다 어려서 보복을 억제하기로 했다.)
I **forbore telling her the truth** because I knew it would upset her.
(나는 진실이 그녀를 화나게 할 것이라는 것을 알았기 때문에 말하지 않기로 했다.)

2 forebear: 일반적으로 복수형이 쓰인다. "forbear"로 표기되기도 하며, 이 경우에는 발음이 "forebear"와 같다.

Their **forebears** came to America on the Mayflower.
(그들의 조상은 메이플라워호를 타고 미국에 왔다.)
Many people like to keep the outdated customs laid down by our **forebears**.
(많은 사람들이 우리 조상들이 정한 시대에 뒤떨어진 풍습을 따르고 있다.)

He returned to the land of his **forebears**, after he had lived abroad for 50 years.
(그는 50년 동안 해외에서 거주한 후에 조상의 땅으로 돌아왔다.)

F16 FORMAL ENGLISH (형식영어)와 INFORMAL ENGLISH (비형식영어)

우리는 일반적으로 영어가 사용되는 상황에 따라 "형식적" 영어 또는 "비형식적" 영어로 구분한다. 물론 모든 영어표현이 형식적 또는 비형식적 영어로 명확하게 구분할 수 있는 것도 아니며, 또한 이 둘 사이에 큰 차이가 있는 것도 아니다.

1 **형식영어**: 우리는 공식적 보고서, 상업적 편지, 대부분의 문학작품, 과학과 관련이 있는 글이나 책, 학교에서 사용되는 교과서, 중요한 연설문, 신문이나 방송의 "뉴스와 논설, 공공통지문" 등 공적인 목적의 글에서 사용되는 영어로서 우리는 종종 문어체(literary style) 영어라고도 부른다. 형식영어의 몇 가지 특징을 말하면 다음과 같다.

(a) 길고 문법적으로 복잡한 문장을 사용한다.
(b) 추상적 개념의 다음절 명사와 파생명사를 사용한다. (D11과 N29를 보라.)
(c) 라틴어나 그리스어에서 차입된 어휘를 사용한다. (N31.6을 보라.)
(d) 길고 복합한 구조를 가진 명사구를 사용한다. (N38-N41을 보라.)
(e) 수동문을 사용한다. (P7-P14를 보라.)
(f) "예비 대명사" it가 쓰이는 구조를 사용한다. (E42와 P53.7, 8을 보라.)

2 **비형식영어**: 비형식적 영어는 "친구와의 대화, 개인적 편지, 대중적 인기 방송" 등 우리가 일상생활에서 말할 때 사용하는 영어로서 우리는 종종 구어체(colloquial style) 영어라고도 부른다. 그 특징을 몇 가지 들면 다음과 같다.

(a) 짧고 문법적으로 간단한 문장을 사용한다.
(b) 축약형을 사용한다. (C46을 보라.)
(c) 비표준 구어체 어휘를 사용한다.
(d) 다음절 어휘를 회피한다.
(e) 구동사와 전치사적 동사를 사용한다. (P27과 P41을 보라.)

형식영어와 비형식영어를 각각 "격식영어"와 "비격식영어"라고 종종 부르기도 한다.

F17 FRACTIONS (분수)

1보다 적은 수를 표현하는 방법에는 "소수(decimal)"를 쓰는 방법과 "분수"를 쓰는 방법이 있다. (소수에 대해서는 N43.9를 보라.) "half와 quarter"를 제외하고 영어에서 모든 분수는 먼저 "기수(cardinal number)"를 써서 분자(numerator)를 표시한 다음 그 뒤에 "서수(ordinal number)"를 써서 분모(denominator)를 표시한다. 분자의 수가 둘 이상이면 뒤에 오는 분모는 "복수"가 된다. 기수와 서수 사이에 종종 하이픈(-)이 사용되며, 특히 분수가 명사 수식어로 사용될 때 그러하다.

분수 = 기수(-)서수(의 복수)

½: a half ⅓: a third/one-third
¼: a quarter/a fourth ¾: three-quarters/three-fourths
⅛: an eighth/one-eighth ⅜: three-eighths
1½: one and a half 3¾: three and three-quarters
5/68: five over sixty-eight/five sixty-eighths

1   **half**: "2분의 1"은 "*one-second"라고 하지 않고 뒤따라오는 명사에 따라 "half, half a(n), a half, (the) half of"라는 표현을 쓴다. (상세한 것은 H2를 보라.)

   She bought **a half** dozen eggs.
   She bought **half a** dozen eggs.
   (그녀는 계란 반 다스를 샀다.)
   She bought **a half of** the eggs.
   She bought **the half of** the eggs.
   She bought **half the** eggs.
   She bought **half of** the eggs.
   (그녀는 계란 절반을 샀다.)

2   **형용사적 분수**: 분모가 복수인 분수가 명사 앞에서 형용사적으로 사용될 때는 "단수"가 된다.

   We spend **three quarters of an hour/a three-quarter hour** for smoking every day.
   (우리는 매일 흡연하는 데 45분을 쓴다.)
   He can run **seven tenths of a mile/a seven-tenth mile** in 1.5 minutes.
   (그는 1분 30초에 10분의 7마일을 달릴 수 있다.)

3   **분수와 명사**: 분수는 "한정사 선행어"로서 모든 형태의 명사와 결합할 수 있으며 또한 "of-구문"을 허용한다. (P34를 보라.)

   He ate almost **three(-)quarters (of) the chocolate cake**.
   (그는 초콜릿 케이크의 거의 4분의 3을 먹어치웠다.)
   About **three(-)sevenths (of) the students** failed the test.
   (학생들의 약 7분의 3이 시험에 떨어졌다.)
   I have wasted **two(-)thirds (of) my life** in chasing hidden treasures.
   (나는 숨겨진 보물을 찾아 생애의 3분의 2를 허비했다.)
   I fast twice a week and I give **a tenth of all I get**.
   (나는 이래에 두 번씩 금식하고 또 소득의 십일조를 드리나이다.) [눅 18:12]

4   **분수와 비교급**: 분수는 "비교급 구문의 수식어"로 사용될 수 있다. (C33을 보라.)

   John's wife earns **a third more than** him. (존의 부인은 존보다 3분의 1을 더 번다.)

Mount Halla is about **two-thirds as high as** Mount Baekdu.
(한라산은 높이가 백두산의 3분의 2쯤 된다.)

F18   FREQUENCY (빈도)

빈도의 단어나 구는 "How often ...?"의 의문문에 답할 때 나타나는 표현을 말한다.

1   **빈도 한정사 선행어**: "once, twice, three/four... times" 등은 한정사 "a, every, each, per"와 결합하여 빈도를 의미하는 표현을 만든다.

| once/twice/three times/a hundred times ... | + | a/every/each/per |

Before the rooster crows today, you will disown me **three times**.
(오늘 닭 울기 전에 네가 세 번 나를 부인하리라.) [눅 22:61]
She took a bath **once/twice a day**. (그녀는 하루에 한 번/두 번 목욕했다.)
They visit their parents **four times each year**. (그들은 부모님을 해마다 네 번씩 찾아뵌다.)
I go to the movies at least **twice every three weeks**.
(나는 적어도 3주에 두 번씩 영화를 본다.)

2   **every**: "every + 시간명사"는 빈도를 나타내며, 일반적으로 "문두 혹은 문미 위치"에 온다. (E32.5를 보라.)

Every day he goes to the office. (매일 그는 일터에 간다.)
Our family visits the country **every year**. (우리 가족은 매해 지방을 방문한다.)
We elect President **every five years** (= once in five years).
(우리는 5년마다 대통령을 뽑는다.)

3   **빈도부사**: 빈도의 차이에 따라 빈도부사를 나열하면 다음과 같다.

높음	always, ever
	usually, generally
⇑	often, frequently
빈도	sometimes
⇓	rarely, seldom
낮음	never

빈도부사는 일반적으로 "문중 위치"인 조동사 다음이나 본동사 앞에 오지만, 경우에 따라서는 "문미 혹은 문두위치"에도 온다.

The sun **always** rises in the east. (해는 항상 동쪽에서 뜬다.)
Presidents are **often** in danger of being killed. (대통령은 자주 살해 위험에 놓인다.)
I have **rarely** met a more charming person. (나는 좀처럼 더 매력적인 사람을 만나지 못했다.)
You should **never** drink before driving. (운전 전에 술을 마셔서는 절대로 안 된다.)

Sometimes he's late, but **very often** he doesn't come at all.
(그는 때때로 늦기도 하지만 매우 자주 아예 오지를 않는다.)
Why don't you come and visit us **more often**? (더 자주 찾아주십시오.)

4   **-ly 어미 시간 형용사**: -ly 어미를 가진 시간을 의미하는 "형용사"는 형태 그대로 "빈도부사"로도 쓰인다.

hourly = once an hour   daily = once a day
weekly = once a week   monthly = once a month
quarterly = once every three months   yearly = once a year

I've subscribed a **monthly** magazine for my hobby.
(나는 나의 취미를 위해 월간 잡지를 구독했다.)
The magazine is published **monthly**. (그 잡지는 월간으로 출판된다.)

The fire alarm must go through a **weekly** test. (화재경보기는 매주 점검을 받아야 한다.)
The fire alarm must be tested **weekly**. (화재경보기는 주마다 점검을 받아야 한다.)

F19   frightened, scared, afraid

frightened와 scared는 "갑작스럽고 일시적인" 마음의 긴장상태를 가리키고, afraid는 "습관적인 두려움과 불안한 마음상태"를 의미한다.

1   frightened: 무엇인가 "좋지 않은 일이 일어날 것"으로 생각해 "두려움을 느끼는 것"을 의미한다.

Don't be **frightened**. We're not going to hurt you.
(겁내지 마라. 너를 해칠 생각이 없다.)
I was **frightened** of being left by myself in the house.
(나는 집에 홀로 남겨질까 봐 겁이 났었다.)
The policeman found a **frightened** girl in the house.
(경찰관은 집에서 겁에 질린 여자아이를 발견했다.)

2   scared: "위태로운 상황에 처했다"고 생각함으로써 "두려움을 느끼는 것"을 의미한다.

I was really **scared** when I went on a motorcycle for the first time.
(나는 오토바이를 처음 탔을 때 정말 무서웠다.)
I'm **scared** of telling her what really happened in her house.
(나는 그녀의 집에서 실제로 무슨 일이 일어났는가를 그녀에게 말하는 것이 무서웠다.)
I've always been **scared** of cats and dogs. (나는 항상 고양이와 개를 무서워했다.)

3   afraid: "다치거나 좋지 않은 어떤 일이 일어날 수 있다"고 생각에 두려움을 느끼는 것을 의미한다. (afraid의 다른 용법에 대해서는 A33을 보라.)

Many women are **afraid** of going out alone at night.
(많은 여성들이 밤에 홀로 외출하는 것을 두려워한다.)
I'm still **afraid** to sleep alone in my own bedroom.
(나는 아직도 내 침실에서 혼자 자는 것이 두렵다.)
The students were **afraid** that their teacher would find out.
(학생들은 선생님이 알아낼까 봐 두려웠다.)

F20   from

from은 전치사로서 다양한 의미로 사용된다.

1   **출발점**: 출발하는 장소를 표현할 때

She sent me a postcard **from Moscow**.
(그녀는 모스크바에서 나에게 우편엽서를 보냈다.)
What time does the flight **from Amsterdam** arrive?
(암스테르담 발 비행기가 몇 시에 도착합니까?)

2   **시작 시점**: 시작하는 시점을 표현할 때

Drinks will be served **from seven o'clock**. (음료는 7시부터 제공됩니다.)
The price of gasoline will rise by 100 won a liter **from tomorrow**.
(휘발유 값은 내일부터 리터당 100원씩 오를 것입니다.)

3   **거리**: 두 장소 사이의 거리를 표현할 때

It's about two kilometers **from the airport** to the hotel.
(공항에서 호텔까지 약 2킬로 정도 됩니다.)
We walked about four kilometers **from home**. (우리는 집으로부터 4킬로 정도를 걸었다.)

4   **근원**: 근원을 표현할 때

Do you know **where** the information came **from**?
(정보가 어디에서 나온 것인지 알고 있습니까?)
My mother is **from Korea**, and my father is **from German**.
(나의 어머니는 한국인이고, 나의 아버지는 독일인이다.)

5   **재료**: 재료를 표현할 때

Meringues are made **from sugar and egg whites**. (메렝게는 설탕과 달걀흰자로 만든다.)
Bread is made **from flour, water, and yeast**. (빵은 밀가루와 물과 이스트로 만든다.)

6   **범위**: 범위를 표현할 때

The number of people employed by the company has risen **from 25** to 200 in two years.
(회사 직원의 수는 2년 동안에 25명에서 200명으로 늘었다.)
Prices of cars range **from four million won** to fifty million won.
(찻값은 400만 원에서 5,000만 원까지입니다.)

7 **변화**: 변화를 표현할 때

She was promoted **from deputy manager** to senior manager.
(그녀는 부지배인에서 선임지배인으로 승진했다.)
Things went **from bad** to worse. (상황이 더욱더 나빠졌다.)

8 **원인**: 원인을 표현할 때

He was rushed to hospital but he died **from his injuries**.
(그는 병원으로 급히 이송되었으나 부상으로 사망했다.)
The community benefits **from having an excellent health service**.
(사회는 훌륭한 공공의료제도를 가짐으로써 이득을 본다.)

9 **판단의 근거**: 판단의 근거를 표현할 때

From what I've read in the newspaper, the company seems to be in difficulties.
(내가 신문에서 읽은 바에 따르면 회사가 어려움에 처해 있는 것 같다.)
It's not easy to guess what they will conclude **from the evidence**.
(그들이 증거에서 어떤 결론을 내릴 것인가를 짐작하는 것은 쉽지 않다.)

10 **변화**: 어떤 대상의 이동이나 제거를 표현할 때

She pulled a chair away **from her desk**. (그녀는 책상에서 의자를 밀어냈다.)
Her handbag was snatched **from her** in the street this morning.
(그녀는 오늘 아침에 거리에서 핸드백을 탈취 당했다.)

11 **차이**: 차이를 표현할 때

She's quite different **from her elder sister**. (그녀는 자기의 큰 언니와 완전히 다르다.)
Our two cats are so alike, I can never tell one **from the other**.
(우리 집에 있는 두 마리의 고양이가 너무나 닮아서 이들을 구별할 수가 없다.)

12 **보호**: 보호를 표현할 때

It'll keep all of us **from harm**. (그것은 우리 모두가 해를 입지 않도록 해줄 것이다.)
They found shelter **from the storm** under a large oak tree.
(그들은 큰 참나무 밑에서 폭풍우를 막아줄 피난처를 찾았다.)

13 **차단**: 어떤 상황이 일어나지 않도록 막는 것을 표현할 때

For many years, the truth of what happened was kept **from the public**.
(여러 해 동안 사건의 진실은 대중으로부터 차단되었다.)
Tourist buses will be banned **from entering the city center**.
(관광버스는 시 중심으로 들어가는 것이 금지될 것이다.)

F21 from과 since

from과 since는 어떤 "행위, 사건, 상황" 등의 "시작시점, 출발시점"을 표현한다는 점에서 유사하다.

I'll be here **from three o'clock** onwards. (나는 3시부터 계속 여기 있을 것이다.)
From his earliest childhood he loved music. (그는 아주 어렸을 때부터 음악을 좋아했다.)
I've been waiting **since six o'clock**. (나는 6시부터 기다렸다.)
I've known her **since January**. (나는 1월부터 그녀를 알았다.)

1 since: 특히 현재나 과거의 어느 특정 "종착시점"을 염두에 두고 기간을 말할 때 사용되며, "현재완료"나 "과거완료"와 함께 쓰이는 것이 일반적이다.

Jack Johnson's been a member of the National Assembly **since/*from 1980**, and now he's preparing to retire from politics.
(잭 존슨 씨는 1980년 이래 국회의원으로 활동하고 있으며, 지금은 정치에서 은퇴를 준비하고 있다.)
He'd worked for the company **since/*from its beginning**, before he started his own business in 2010. (그는 2010년에 자신의 사업을 하기 전에는 그 회사에서 창립 이래 일했었다.)

2 from: 어느 특정 "종착시점"을 염두에 두지 않고 어떤 사건이나 상황이 시작된 시점 또는 그 사건이나 상황이 존재하게 된 시점을 표현한다. 일반적으로 "완료시제"와는 사용되지 않는다.

He studied painting **from/*since 1950** and worked as a commercial artist.
(그는 1950년부터 그림을 공부했으며 상업미술가로 일했다.)
I'll be at home **from/*since Tuesday morning** (on), and work for the final exam.
(나는 화요일 아침부터 집에서 학기 말 공부를 할 것이다.)

▶ 그러나 from은 어떤 사건이나 상황이 "현시점까지 지속됨"을 말할 때는 since와 같이 "현재완료"와 함께 사용될 수 있다.

Money has been a problem **from/since the beginning of their marriage**.
(그들은 결혼 초부터 돈이 문제가 되어왔다.)
From/Since the dawn of civilization, people **have made** war.
(문명의 시초부터 사람들은 전쟁을 해왔다.)

3 차이점: since는 from과는 달리 "접속사"로도 쓰일 수 있다.

Since leaving the army, he's spent most of his time looking for a job.
(군에서 나온 이후 그는 직장을 찾는 데 대부분의 시간을 보냈다.)

She hasn't had a rest **since** she had the baby. (그녀는 아이를 낳은 이후 휴식을 갖지 못했다.)

since와 시제에 대해서는 S14를 보라.

as 혹은 because의 의미를 가진 since에 대해서는 B12를 보라.

F22   fronting (전치)

정상적인 영어의 평서문은 "문법적인 주어"로 시작된다. "전치"란 평서문에서 문법적 주어가 아닌 성분이 주어 앞으로 이동하는 현상을 말한다.

I like **him**. (나는 그 사람을 좋아한다.)
Him, I like. (그 사람, 내가 좋아한다.)

전치는 문장의 주어가 아닌 다른 성분을 담화의 "주제(topic)"로 삼거나 "강조"하고 싶을 때 일어난다.

1   **목적어 또는 보어의 전치**: 가장 흔히 일어나는 전치현상으로서 문장의 목적어나 보어를 주어 앞으로 이동한다.

Most of it I had written myself. (그 대부분은 내가 직접 썼다.)
"Do you have any muffins?" "**A bran muffin** I can give you."
("머핀 빵 있습니까?" "밀기울 머핀은 드릴 수 있는데요.")
Pretty they aren't. But **an orange taste** they have.
(맛있어 보이지 않는데 오렌지 맛이 나네.)
"She's stupid, arrogant, rude and totally off-the-wall." "**Stupid** I wouldn't really say she is." ("그녀는 우둔하고 오만하며 무례하고 완전히 즉흥적이다." "그녀가 우둔하다고는 정말 말하고 싶지 않은데.")

2   **좌전위 (left dislocation)**: 주어를 비롯한 문장의 성분을 문장 앞으로 전치하고, 원래의 자리에 전치된 성분의 "대명사"를 남기는 현상이다. 이러한 대명사를 "재생대명사(resumptive pronouns)"라고 부른다.

That money I gave, **it** must have disappeared.
(내가 준 그 돈 말이야, 틀림없이 없어진 것 같다.)
The woman you met in Busan, you don't really want to marry **her**.
(네가 부산에서 만난 여자 말이야. 너 정말 그 여자와 결혼하고 싶은 것 아니지.)
Your father, everybody thinks **he** is a great guy.
(너의 아버지 말이야, 모두가 좋은 분이라 생각한다.)

▶ 대명사 주어의 좌전위는 일반적으로 허용되지 않지만, 일인칭 단수 "me"와 "myself"가 "일인칭 단수주어 I" 앞에 올 수 있다.

Me, I rejected most of them. (나 말이야, 그들의 대부분을 거절했다.)
Myself, I had to make important decisions that would affect me for the rest of my life.
(나 자신은 나의 여생 동안 나에게 영향을 줄 수 있는 중요한 결정을 해야 했다.)

3 　**부사적 표현**: 대부분의 부사적 표현은 주어 앞으로 전치될 수 있다. (A28을 보라.) 특히 해설이나 설명을 시작할 때 "부사적 표현의 전치"가 자주 일어난다.

   Once upon a time there lived seven dwarfs in the forest.
   (옛날 옛적에 숲속에서 일곱 난쟁이가 살았다.)
   Yesterday morning something strange happened in the village.
   (어제 아침에 마을에서 이상한 일이 일어났다.)
   From the dawn of civilization, people have made war.
   (문명의 시초부터 사람들은 전쟁을 해왔다.)
   On the seventh floor of the building, they have space for R&D.
   (이 건물의 7층에 연구개발을 위한 공간이 있다.)
   On this rock, I will build my church.
   (내가 이 반석 위에 내 교회를 세우리니.) [마 16:18]

   There you go! (넌 못 말려!)
   (*You go there.)
   There you are! (자, 여기 있습니다!)
   (*You are there.)
   Here they come! (드디어 그들이 왔습니다.)
   (*They come here.)
   Here we are! (자, 여기 있습니다./드디어 왔습니다.)
   (*We are here.)

   ▶ 전치사적 부사도 구어체에서 종종 전치된다.

   Down he falls! (그는 추락!)
   Up he goes! (그는 승진!)

4 　**동사구**: 앞에서 언급한 명제가 사실임을 강조할 때 앞 절의 동사구를 뒤 절의 주어 앞으로 전치할 수 있다.

   I've promised to help them and **help them** I will.
   (나는 그들을 돕겠다고 약속했고, 정말 도울 것이다.)
   They said that John paid up, and **pay up** he did.
   (존이 빚을 전액 갚았다고 했는데, 존이 실제로 빚을 다 갚았다.)

5 　**양보절과 형용사**: as나 though로 시작하는 양보절에서 "형용사" 또는 "부사"가 전치될 수 있다. (더 상세한 것을 A98.1을 보라.)

   Pretty as/though Mary is, I still think that Alice is prettier.
   (메리도 예쁘지만 나는 아직까지 앨리스가 더 예쁘다고 생각한다.)
   Tired though she was, she went on working. (그녀는 피곤했지만 계속 일을 했다.)
   Fast though she drove, she could not catch them.
   (그녀는 빠르게 운전했지만 그들을 따라잡을 수 없었다.)

정보구조는 I40을, 강조는 E21을, 분열문은 C19를 보라.
도치에 대해서는 I47-I49를 보라.

F23 FUTURE TIME (미래시간)

영어는 여러 가지 방식으로 미래시간을 표현한다. 여기서 유의할 점은 영어에는 현재시제와 과거시제는 있지만 "미래시제(future tense)"라는 것은 없다는 점이다. 오직 "미래시간"을 표현하는 표현들이 있을 뿐이다.

The next high tide **is** around 4 this afternoon.   [단순현재시제]
(다음 만조는 오늘 오후 4시경이다.)
My parents **are arriving** tomorrow.   [현재진행]
(나의 부모님이 내일 도착하신다.)
The meeting **will** be held next Wednesday at 5 p.m.   [양상조동사]
(회의는 다음 수요일 오후 5시에 열릴 것이다.)
We **are going to** have another baby soon.   [be going to]
(우리는 곧 아이를 또 하나 낳을 예정이다.)
Julia and Anthony **are to** be married in April.   [be to]
(줄리아와 안토니는 4월에 결혼할 예정이다.)

1 **현재시제**: 미래 상황을 표현하는 데 현재시제를 사용할 수 있다. 현재시제는 "주기적으로 일어나는 상황, 이미 계획된 상황, 어떤 조건의 결과로 일어날 상황"을 말할 때 일반적으로 사용된다. (P43을 보라.)

There's a solar eclipse on Monday. (월요일에 일식이 있을 것이다.)
The train **leaves** at half past six tomorrow morning. (기차는 내일 아침 6시 반에 출발한다.)
What **happens** if there is a power failure? (단전 사태가 일어나면 어떻게 됩니까?)

▶ 위의 문장에 양상조동사 will이 추가되어도 의미상으로 큰 차이가 없다.

There'**ll be** a solar eclipse on Monday.
The train **will leave** at half past six tomorrow morning.
What **will happen** if there is a power failure?

▶ 현재시제는 특히 "시간 부사절"과 "조건 부사절"에서 미래시간을 표현할 때 사용된다.

When the Queen arrives, the band will play "God Save the Queen".
(여왕께서 도착하면, 악대는 영국국가를 연주할 것이다.)
I'll take a nap **while you meet the President**.
(네가 대통령을 만나는 동안 나는 낮잠을 잘 것이다.)
If it snows, the ball game will be cancelled. (눈이 오면 야구경기가 취소될 것이다.)
I'll bring an umbrella, just **in case it rains**.
(비가 올 경우에 대비해서 나는 우산을 가져갈 것이다.)

2   **현재진행**: "이미 계획되었거나 결정된 일 혹은 가까운 미래의 사건"을 말할 때 현재진행형이 흔히 쓰인다. (P44를 보라.)

They'**re coming** to Korea next year. (그들은 다음 해에 한국에 온다.)
What **are** you **doing** this evening? (오늘 저녁에 너 뭘 할 거냐?)

3   will: 앞으로 어떤 행위를 하겠다는 "의향" 또는 "의도"를 표현하거나 미래에 대한 "정보"를 단순히 제공한다. 또한 will은 이미 결정되었거나 "불확실한 미래의 사건"을 예측할 때 사용된다.

He **will** do it, no matter what I say. (내가 무엇이라고 말하든 그는 그것을 할 것이다.)
I **will** pay you a visit next week. (저는 다음 주에 당신을 방문하려고 합니다.)
The store **will** stay open late next month. (가게는 다음 주에 늦게까지 문을 열 것이다.)
Mountain climbing **will** be very dangerous at this time of the year.
(연중 이 시기에 등산하는 것은 매우 위험하다.)

▶ shall은 문어체 영국영어에서 일인칭 주어와 종종 함께 쓰인다.

We **shall** be away next week. (우리는 다음 주에 멀리 갈 것이다.)
I **shall** have to be very careful. (나는 매우 조심해야 할 것이다.)

4   **be going to**: 문장의 주어가 미래에 어떤 행위를 "실행할 의도나 계획이 있음"을 표현할 때 또는 화자가 현재의 근거에 입각하여 "예측할 때" 사용된다. (B6을 보라.)

Next year we'**re going to** employ more workers.
(우리는 다음 해에 더 많은 직원을 채용할 예정이다.)
When **are** you **going to** get your hair cut? (너는 언제 머리를 깎으려고 하느냐?)
That musical **is going to** be a great success. (저 뮤지컬은 크게 성공할 것이다.)
Look at the sky. It'**s going to** snow. (하늘을 봐라. 눈이 오려고 한다.)

5   **be to**: 어떤 일이 "계획"되어 있거나 일어날 것이 "확실할 때" 사용된다. (B9를 보라.)

The talks **are to** begin tomorrow. (회담은 내일 시작할 예정이다.)
Audrey and Jason **are to** be married in June. (오드리와 제이슨은 6월에 결혼할 계획이다.)

6   **be about to**: 어떤 일이 곧 일어날 것이라고 표현할 때 사용된다. (B4를 보라.)

I think he'**s about to** leave the country. (내 생각에 그는 나라를 곧 떠난다.)
The boat **is about to** cast anchor. (배는 막 닻을 내리려고 하고 있다.)

7   **과거에서의 미래**: 우리는 일상적으로 미래를 말할 때는 현시점에서 본 미래를 의미한다. 그러나 우리는 과거의 어느 시점에서 미래를 생각할 수 있다. 과거에서의 미래는 우리가 현시점에서 미래를 표현할 때 사용하는 구조에서 동사를 "과거시제형"으로 바꾸어 표현된다. (P19.3과 W23.2를 보라.)

He told me that his parents **were arriving** the next day.
(그는 자기의 부모님이 그다음 날에 도착할 것이라고 나에게 말했다.)
The company announced the meeting **would** be held the next Wednesday at 5 p.m.
(회사는 그 다음 수요일 오후 5시에 회의가 있을 것이라고 발표했다.)
When we met the couple last year, they **were going to** have another baby soon.
(우리가 지난해에 그 부부를 만났을 때, 그 부부는 곧 다른 아이를 낳을 예정이었다.)
We visited the church where Julia and Anthony **were to** be married in April.
(우리는 줄리아와 안토니가 4월에 결혼할 교회를 방문했다.)

G1   game, play, sports

이 단어들은 우리가 오락이나 재미를 위해 "정신적으로 또는 육체적으로 참여하는 활동"을 의미한다.

1   play: 가장 대표적인 단어로서 우리가 일이나 노동 대신에 즐기기 위해 하는 "놀이, 소일거리"를 의미한다.

All work and no **play** makes Jack a dull boy. (일만하고 놀지 않으면 사람을 바보로 만든다.)
Play is very important to a child's development. (놀이는 아이들의 발달에 매우 중요하다.)
The program aims to teach road safety to children through **play**.
(그 프로그램은 놀이를 통해 어린이들에게 도로안전에 대해 가르치는 것을 목적으로 하고 있다.)

▶ play는 또한 "경기 (자체), 경기 방식 및 차례" 등을 의미하기도 한다.

Heavy rain stopped **play** after an hour. (비가 심히 와서 한 시간 후에 경기를 끝냈다.)
Play was slow in the first half of the game. (경기의 전반부에는 경기가 느리게 진행되었다.)
On the next **play**, Johnson ran fifteen yards for a touchdown.
(그 다음 차례에서 존슨은 15야드를 달려 터치다운을 했다.)

2   game: 정해진 규칙에 따라 사람들이 경쟁하는 "놀이, 경기, 시합(match), 운동(sport)"을 의미한다.

We used to play **games** like chess and bridge as a pastime.
(우리는 오락으로 장기와 브리지와 같은 놀이를 하곤 했다.)
Did you see the **game** on TV last night? (어제 밤에 티브이에서 경기를 봤습니까?)

▶ games: 대규모 조직화된 경기행사를 말할 때는 일반적으로 "복수형"을 사용한다.

The 1988 Olympic **Games** was held at Seoul. (1988년 올림픽경기는 서울에서 개최되었다.)
Korea and Japan jointly held the 2002 World Cup **Games**.
(한국과 일본이 공동으로 2002년 월드컵경기를 주최했다.)

3   sport: 활동이 많고 적음에 관계없는 "옥외활동" 또는 단순히 관람만을 위한 모든 형태의 "옥외활동"을 가리킨다. sport는 영국영어에서 종종 "불가산명사"로 쓰인다.

My favorite **sports** are tennis, fishing and swimming.
(내가 좋아하는 스포츠는 테니스와 낚시 그리고 수영이다.)
Football is one of the most popular spectator **sports** in Korea.
(축구는 한국에서 가장 인기 있는 관람 스포츠 중의 하나다.)

Recently there's too **much sport** on TV. (근래에는 티브이가 스포츠를 너무 많이 방영한다.)
He spends all his time in **sport** and play. (그는 스포츠와 노는 데 모든 시간을 쓴다.)

▶ sports: 명사 수식어로 쓰일 때에는 "복수형"이 자주 쓰이며, 특히 미국영어에서 그렇다.

sportsman   sports car   sports center   sports-writer sports jacket (sport jacket [영])   sports shirt (sport shirt [영])

G2 GENDER (성)

영어 명사의 "문법적 성(gender)"은 "자연의 성(sex)"과 거의 일치한다. 따라서 단어의 의미를 알면 그 단어의 문법적 성을 구별하는 것이 어렵지 않다. 문법에서 명사의 성을 구별짓는 가장 큰 이유 중의 하나는 영어에 남성(masculine) 대명사 "he, him, his"와 여성(feminine) 대명사 "she, her"가 있기 때문이다.

1   father와 mother: 사람이나 동물을 가리키는 명사 중에는 성이 구별되는 단어들이 많다.

남성: father, son, uncle, brother, man, king, bull, monk, ...
여성: mother, daughter, aunt, sister, woman, queen, cow, nun, ...

2   actor와 actress: 특별한 어미로 남성 명사와 여성 명사가 구별되는 경우가 있다.

남성	여성
police**man**	police**woman**
English**man**	English**woman**
French**man**	French**woman**
actor	act**ress**
bride**groom**	bride
duke	duch**ess**
heir	heir**ess**
hero	hero**ine**
host	host**ess**
prince	princ**ess**
steward	steward**ess**
waiter	wait**ress**
widow**er**	widow

▶ "chairman, spokesman" 등의 단어는 남녀에 모두 사용되었으나 여성을 가리키는 "chairwoman, spokeswoman"이 새로이 도입되었으며, 남성과 여성을 모두 가리키는 "chairperson, spokesperson"이 널리 사용되고 있다.

3   공통의 성: 대부분의 영어 명사들은 남성과 여성에 공히 쓰인다.

doctor, nurse, secretary, student, teacher ...

▶ 이러한 단어들을 성적으로 구별해야 할 필요가 있을 경우에는 종종 복합어를 사용한다.

female student   **male** nurse
woman doctor   **women** doctors (복수형)

▶ "man"과 "mankind"는 전통적으로 "전 인류"를 지칭하는 단어였다.

That's one small step for (a) **man**, one giant leap for **mankind**.
(한 인간에게는 작은 한 걸음이지만 인류 전체에게는 위대한 도약이다.)
All **men** are equal in the eyes of the law. (법의 눈으로 보면 모든 인간은 평등하다.)
Mankind has been fascinated by fire since earliest times.
(인류는 고대로부터 불에 매료되었다.)

어떤 사람들은 man과 mankind의 이러한 용법을 성차별적이라고 하여, 대신에 "people, humanity, the human race"와 같은 표현을 쓸 것을 주장한다. 또한 "man-made fabrics" 대신에 "synthetic fabrics"를, "foreman" 대신에 "supervisor"를, "ambulance man" 대신에 "ambulance staff"를, "fireman" 대신에 "firefighter"를 점점 더 많이 사용하는 것도 성차별적 용법이라는 비난을 피하려는 것이라고 할 수 있다. 같은 맥락에서 여성의 결혼 여부를 나타내는 Mrs.와 Miss 대신에 남성의 Mr.에 상응하는 ([mɪz]로 발음되는) Ms.라는 표현이 1950년대에 등장했다.

4 **무생물**: 때때로 "자동차, 배, 국가" 등을 "여성 대명사"를 써서 지칭하기도 한다.

John bought a new **car**. **She**'s running beautifully. (존은 새 차를 샀는데 멋지게 달린다.)
The ship couldn't move, because **she**'s struck a rock.
(배가 암초와 충돌하여 움직일 수가 없었다.)
Korea increases **her** trade with China every year.
(한국은 중국과의 교역을 매년 증가시키고 있다.)

5 **문법적 성**: 영어는 문법적 성이 큰 문제가 되지 않는다. 일반적으로 "사람"은 "he" 또는 "she"이고 "사물"은 "it"다. 다음의 몇 가지만 유의하면 된다. 동물이 특히 인격, 지능, 감정을 가졌다고 생각할 때 때때로 동물을 he 혹은 she로 지칭한다. 이것은 고양이나 개 등 반려동물이나 가축에 자주 적용된다.

Once upon a time there was a **rabbit** called Joe. **He** lived ...
(옛날 옛적에 조라고 부르는 토끼가 있었다. 그는 ... 살았다.)
Go and find the **cat** and put **her** out. (고양이를 찾아서 밖으로 내보내라.)

6 **he/she**: 전통적으로 특히 문어체에서 사람의 성을 모르거나, 남자에게나 여자에게 모두 적용되는 지시물에는 일반적으로 "he"를 사용한다.

If you know the **person** who can do the job, tell **him** to come to my office.
(그 일을 할 수 있는 사람을 알면 내 사무실로 오라고 해라.)
A **student** who is ill must send **his** medical certificate to the College office.
(아픈 학생은 진단서를 대학 사무실로 보내야 한다.)
A **soldier** can't do a good job if **he** doesn't have courage.
(병사는 용기가 없으면 임무를 훌륭히 수행할 수 없다.)

▶ 지금은 많은 사람들이 he의 이런 사용은 여성 차별적이라고 생각하여 회피하려고 한다.

"he or she"의 사용이 점점 늘어나고 있다.

A **student** who is ill must send **his or her** medical certificate to the College office.

7   they: 복수대명사 "they"는 일반적으로 단수인 "somebody, anybody, nobody, person"과 같은 "부정(indefinite) (대)명사"를 선행사로 가질 수 있다. 이러한 용법은 때때로 "잘못된 (incorrect)" 것으로 여겨지지만 상당히 오랫동안 교양인들 사이에서 사용되어 왔다.

Nobody seems to know what **their** jobs are.
(아무도 자신이 해야 할 일이 무엇인지 모르는 것 같다.)
Everyone in the street was shocked when **they** heard the news.
(거리의 모든 사람들은 뉴스를 듣고 충격을 받았다.)
If **somebody** knocks on the door, tell **them** I'm out.
(누가 문을 노크하면 내가 없다고 해라.)

이름과 호칭에 대해서는 N1-N3을 보라.

G3   generous와 kind

generous는 그것이 돈이든 시간이든 자신이 가진 것을 남을 위해 "아낌없이 베푸는 것"을 강조하고, kind는 상대방에게 관심을 갖고 불편함이 없도록 "배려하는 것"을 말한다.

Her father was a wealthy and **generous** man.
(그녀의 아버지는 부자였으며 남을 돕는 데 아낌이 없었던 분이었다.)
The professor has a reputation of being **generous** in giving good grades to the students.
(교수님은 학생들에게 좋은 학점을 잘 주시는 것으로 평판이 나 있다.)
It was very **generous** of him for us to use his summer villa.
(그는 매우 관대하게도 우리로 하여금 자신의 여름별장을 사용하게 해주었다.)
It's very **kind** of you to let me use your bicycle.
(자전거를 사용할 수 있도록 허락해 주신 친절에 감사합니다.)
My wife is much **kinder** to animals than to me.
(내 처는 나보다 동물에게 훨씬 더 친절하다.)
Will you be **kind** enough to help the lady carry the baggage?
(저 부인께서 가방을 옮기는 데 도움을 주실 수 있겠습니까?)

▶ open-handed은 "통 크게 베푸는 것"을 의미한다.

He's renowned for his several **open-handed** donations to the University.
(그는 대학에 수차례에 걸쳐 큰 기부를 한 것으로 유명하다.)
My rich **open-handed** uncle can't resist giving money to anyone who ask for it.
(나의 관대하신 부자 삼촌은 달라는 사람에게는 다 돈을 준다.)

G4 GENITIVES (속격)-1: 형태

1 **형태**: 영어의 명사는 (전통적으로 소유격(possessive case)이라고 부르는) "속격형"과 "복수형"을 제외하고는 문장의 모든 위치에서 하나의 형태가 "공통"으로 사용된다. (대명사에 대해서는 P51-P55를 보라.) 명사의 속격형을 굴절어미의 관점에서 보면 두 가지 유형이 있다. 모든 단수명사를 속격형으로 만드는 "s-속격(s-genitives)"과 규칙적 복수명사를 속격형으로 만드는 "영의 속격(zero genitives)"이 있다.

	공통격	속격
단수	the girl	the girl's
복수	the girls	the girls'

▶ 복수형(girls)과 단수 속격형(girl's) 그리고 복수 속격형(girls')이 철자는 다르지만 발음은 동일하다. (이들의 발음에 대해서는 N30.7을 보라.) 그러나 불규칙 복수명사의 속격에는 단수명사처럼 "-'s"를 붙인다.

	공통격	속격
단수	the child	the child's
복수	the children	the children's

2 **인칭대명사의 속격**: 인칭대명사의 속격에는 "한정사적 속격"과 "명사적 속격" 두 가지 형태가 있다.

	I	you	he	she	it	we	they
한정사	my	your	his	her	its	our	their
대명사	mine	yours	his	hers	-	ours	theirs

(1) 한정사적 속격과 명사적 속격은 삼인칭 남성 단수 대명사(his)의 경우를 제외하고는 형태가 다르며, 삼인칭 단수 중성 대명사 it의 경우에는 명사적 속격이 없다.

This is **my** coat. (이것은 내 코트입니다.)
This coat is **mine**. (이 코트는 내 것입니다.)

That is **his** coat. (저것은 그의 코트입니다.)
That coat is **his**. (저 코트는 그의 것입니다.)

▶ "it is/has"의 축약형인 "it's"를 "it의 속격형"으로 혼동할 경우가 있다. (I51을 보라.)

(2) 명사의 속격의 경우에는 한정사적 속격과 명사적 속격의 형태가 동일하다.

This is **John's** coat. (이것은 존의 코트입니다.)
This coat is **John's**. (이 코트는 존의 것입니다.)

Those are **the children's** toys. (저것들은 아이들의 장난감들이다.)

Those toys are **the children's**. (저 장난감들은 아이들의 것입니다.)

3   **고유명사의 속격**: "-s로 끝나는 고유명사"의 경우에도 일반적으로 "s-속격"이 적용된다.

Charles's daughter   **Jones's** house
Phyllis's coat   **Mr. Ross's** car

▶ 그러나 그리스어나 라틴어식 성명이나 유명인의 경우에는 "s-속격과 영의 속격"이 둘 다 가능하다.

Jesus'(s) disciples   **Socrates'(s)** philosophy
Moses'(s) Ten Commandments   **Aristophanes'(s)** works
Dickens'(s) novels   **Keats'(s)** poems
James'(s) works   **Burns'(s)** poems

▶ 발음: [z] 발음으로 끝나는 이름의 경우에는 "s-속격형과 영의 속격형"이 둘 다 허용되며, 발음도 두 가지가 가능하다. 여기서 "철자의 경우에는 영의 속격형"이 더 자주 쓰이고, "발음의 경우에는 [ɪz]형"이 더 많이 쓰인다.

철자	발음
Dickens'/Dickens's	[díkɪnz]/[díkɪnzɪz]
James'/James's	[dʒéɪmz]/[dʒéɪmzɪz]

▶ 그러나 다른 치찰음으로 끝나는 이름은 [ɪz]로 발음되는 데 반하여, Jesus와 Moses는 영의 속격으로 발음된다.

Ross's [rásɪz]   Keats'/Keats's [kíːtsɪz]
Jesus'(s) [dʒíːzəs]   Moses'(s) [móʊzɪz]

4   **for ... -'s sake구의 속격형**: "고유명사"의 경우에는 치찰음으로 끝나도 "s-속격"을 사용하지만, "보통명사"의 경우에는 치찰음으로 끝나면 "영의 속격"을 사용한다.

for **Charles's** sake   for **Jones's** sake   for **God's** sake
for **goodness'** sake   for **peace'** sake   for **convenience'** sake

5   **복합명사**: 복합명사와 구에도 "-'s어미"를 붙여 속격을 만들 수 있다.

someone else's coffee   **in an hour or so's** time
his father-in-law's letter   **my wife-to-be's** raincoat
the Queen of England's crown   **the President of France's** visit

▶ "복수어미 -s를 복합어 끝에 갖지 않는 복합명사"는 속격형을 만들 수 없다.

	공통격	속격
단수	father-in-law	father-in-**law's**
복수	**fathers**-in-law	*fathers-in-**law's/laws'**
단수	baby-sitter	baby-**sitter's**

복수　　　　　baby-**sitters**　　　baby-**sitters'**

▶ John and Mary's car는 두 사람이 하나의 자동차를 공동으로 소유하고 있음을 의미하고, John's and Mary's cars는 두 사람이 따로 자동차를 소유하고 있음을 의미한다.

G5　GENITIVES-2: 의미와 용법

1　**속격의 의미**: X's Y의 구조를 가진 명사구에서 머리어인 명사(Y)는 자신을 수식하는 속격명사(X)와 다양한 의미관계를 갖는다. (N37을 보라.)

(1) 인간적/사회적 관계

| **John's** younger brother | John has a younger brother. |
| **Mary's** boss | Mary has a boss. |

(2) 소유관계

Mary's green eyes　　Mary has green eyes.
Mr. Lee's shoes　　　Mr. Lee owns this pair of shoes.

(3) 주어-보어관계

the soldier's courage　The soldier is courageous.
Mary's anger　　　　　Mary feels angry.

(4) 주어-동사관계

the President's decision　The President decided to do something.
the detective's arrest　　The detective arrested someone.

(5) 목적어-동사관계

the prisoner's release　Someone released the prisoner.
the tiger's capture　　Someone captured the tiger.

(6) 근원관계

Professor Lee's letter　The letter is written by Professor Lee.
Cow's milk　　　　　　Milk is produced by cows.

(7) 목적관계

Children's clothes　　The clothes are designed for children.
a women's university　A university is open for women.

2　X's Y와 the Y of X: 우리는 "X's Y"의 구조를 "the Y of X"의 구조로 바꿔 쓸 수 있다.

every teacher's role ~ the role **of every teacher**
the poor people's welfare ~ the welfare **of the poor people**

두 구조 중에 어느 것을 사용할 것인가에 대해 몇 가지 조건을 생각해 보자. 다음의 조건은 절대적인 것이 아니며 단지 "X's Y"의 구조가 선호되는 조건이다.

(1) 인간, 집단, 동물: X가 "사람, 동물, 사회적 조직체" 등을 가리킬 경우에 속격형이 선호된다.

my aunt's birthday	**a mosquito's** eye	**the government's** policy
the boys' dormitory	**a bird's** nest	**the audience's** response

(2) 소유와 관계: X와 Y가 "소유관계" 또는 "사회적 관계"에 있을 경우 속격형이 선호된다.

my teacher's house	**Mr. Hefner's** mansion	**Dad's** new car
Mary's secretary	**the girls'** teacher	**our team's** captain

(3) 시간, 거리, 장소: X가 "사물"을 가리킬 경우에는 일반적으로 속격이 사용되지 않지만, "시간"이나 "거리" 또는 "장소"를 의미하는 명사의 경우 속격을 사용한다. 이 표현들에는 상응하는 "the Y of X"가 없는 경우가 있다.

We postponed next **Friday's** meeting (= the meeting next Friday).
(우리는 다음 금요일 회의를 연기했다.)
The soldiers haven't had **a moment's** rest (= a rest for a moment).
(병사들은 잠시의 휴식도 못 가졌다.)
A bullet passed by at least at **a meter's** distance (= at a distance of a meter) from where I stood.) (총알이 내가 서 있는 위치에서 적어도 1미터 거리로 스쳐갔다.)
This is **the city's** tallest building (= the tallest building in the city).
(이 건물이 도시에서 가장 높은 건물이다.)

(4) 고정된 표현: 종종 고정된 표현에서 속격형이 사용된다.

at **arm's** length	a **needle's** eye
(save) **one's** skin	a **pin's** head
bull's eye	**sheep's** eyes

He picked up the flag, and held it **at arm's length**. (그는 기를 집어 팔을 쭉 펴서 들었다.)
He'll do anything to **save his own skin**. (그는 궁지에서 빠져나오려고 무슨 짓이든 할 것이다.)

(5) ship: ship과 관련된 다양한 표현에서 속격이 종종 사용된다.

a **ship's** cabin	the **ship's** captain	the **ship's** doctor

(6) 주어-동사 관계: 주어-동사 관계를 가질 경우 속격을 사용할 수 있으나 "of-구"도 또한 자연스러운 표현이다.

The train's arrival has been delayed. (기차의 도착이 지연되었다.)
(= The arrival **of the train** has been delayed.)
The nation's development depends on her economic policy.
(국가의 발전은 경제정책에 달려 있다.)
(= The development **of the nation** depends on her economic policy.)

3 **집, 상점, 병원, 회사, 교회**: 속격 뒤에 오는 "명사"가 "집, 상점, 병원, 회사, 교회" 등을 가리킬 때 종종 생략될 수 있다. (생략될 경우 실제로 속격은 한정사에서 명사가 된다.)

We spent our summer vacation at **Peter's**. (우리는 피터의 집에서 여름휴가를 보냈다.)
Old St. Paul's was burnt down in 1666. (옛 세인트폴 대성당은 1666년에 전소되었다.)
She went to **the baker's** to pick up a loaf of bread.
(우리는 빵 한 덩어리를 사려고 빵집에 갔다.)

▶ 같은 맥락에서 명사의 의미를 맥락에 의해 알 수 있을 경우 속격만이 사용될 수 있다.

The car is **John's** (= John's car). (차는 존의 것이다.)
Whose passport is that? It is **Mary's**. (누구의 여권입니까? 메리의 것입니다.)

4 **own**: 형용사로서 (대)명사의 "속격형 다음"에만 온다. own은 재귀대명사처럼 조응적(anaphorically)으로 또는 강조적(emphatically)으로 사용될 수 있다.

This book doesn't belong to the library — it's my **own** copy.
(이 책은 도서관 것이 아닙니다. 나 자신의 것입니다.)

위의 예에서 own은 "다른 사람의 것이 아닌 나의 것"이라는 것을 강조한다. 그러나 다음의 예에서는 own이 "소유격이 문장의 주어와 조응관계"가 있다는 것을 강조한다.

Sam cooks **his own** dinner every evening. (샘은 매일 저녁 자신의 저녁 식사를 만들어 먹는다.)

▶ own은 뒤따르는 명사 없이 독립적인 명사구로도 쓰일 수 있으며 very를 써서 강조의 의미를 강하게 할 수 있다.

The car is **my (very) own**. (차는 (바로) 나 자신의 것이다.)
(*The car is **my (very) own one**.)

▶ "my/your/his own"은 또한 곧 논의할 "이중 속격 구문"에서 of 다음에 올 수 있다.

I'd like to have **a car of my (very) own**. (나는 나 자신의 차를 갖고 싶다.)
They finally bought **a house of their own** last week.
(그들은 지난주에 드디어 그들 자신의 집을 샀다.)

재귀대명사에 대해서는 R8을 보라.

5 **속격 대명사**: 주어와 속격과의 조응적 관계는 own이 없어도 성립한다.

Sam cooks **his** dinner every evening. (샘은 매일 저녁 자신의 저녁 식사를 만들어 먹는다.)

위의 예에서 his는 Sam을 가리킬 수도 있지만 제삼자를 가리킬 수도 있다. 다음의 예를 비교해보라. 첫 문장에서는 his가 Bill 또는 John을 가리킬 수 있지만, 둘째 문장에서는 John만을 가리킨다.

Bill encouraged **John** to buy **his** car. (빌은 존에게 그의 차를 사라고 권했다.)
Bill encouraged **John** to buy **his own** car. (빌은 존에게 (존) 자신의 차를 가지라고 권했다.)

6 whose: 한정사 또는 대명사로 쓰인다.

Whose car is that? (저것 누구 차냐?) [한정사]
Whose is that car? (저 차 누구 것이냐?) [대명사]

G6 GENITIVES-3: 이중속격

영어에서 속격의 개념을 표현하는 데는 세 가지 방법이 있다. 다음을 비교해보라.

Mary's/her picture [속격]
a picture **of Mary/her** [of-구]
a picture **of Mary's/hers** [이중속격]

1 **X's picture의 중의성**: "Mary's picture"는 두 가지 의미를 지닌다.

a picture **that was taken of Mary** (메리가 찍힌 사진)
a picture **that Mary has** (메리가 소유한 사진)

▶ 그러나 "of-구 속격"과 "이중속격"은 중의성을 지니지 않는다.

a picture **of Mary** = a picture **that was taken of Mary**
a picture **of Mary's** = a picture **that Mary has**

"a picture of Mary's"는 "one of Mary's pictures"와 같은 의미를 갖는다.

2 **이중속격**: 이중속격 구조에 대해 생각해보자.

(한정사 + 수식어) + 명사(Y) + of + 속격(X)

▶ X는 "확정적 지시"를 가진 "속격 사람 명사구" 또는 "명사적 속격 대명사"여야 한다.

I gave John **a white gown of the doctor's**. (나는 존에게 그 의사의 흰 가운 하나를 주었다.)
(*I gave John **a white gown of a doctor's**.)

I gave John **a white gown of mine**. (나는 존에게 나의 흰 가운 하나를 주었다.)
(= I gave John **one of my white gowns**.) (*I gave John **a white gown of my**.)
(참고: I gave John **my white gown**.)

▶ Y는 단수인 경우에 "소유격 한정사(my, his 등)를 제외한 다른 한정사의 수식"을 받아야 하고, 복수인 경우에 수식어 없이도 쓰일 수 있다.

This is **that picture of Mr. Baldwin's** that we're talking about.
(이것이 우리가 말하는 볼드윈 씨의 그 사진이다.)
(*This is **her picture of Mr. Baldwin's** that we're talking about.)
His illness is **no fault of the doctor's**.
(그의 병은 그 의사의 잘못이 아니다.)
(*His illness is **fault of the doctor's**.)

We share the apartment with **friends of hers**.
(우리는 그녀의 친구들과 아파트를 함께 쓰고 있다.)
She donated **some rare books of her late husband's** to the library.
(그녀는 서거한 남편의 희귀본 몇 권을 도서관에 기증했다.)

3　the friend of Mary's: 일반적으로 "the friend of Mary's"는 잘 사용되지 않으며, 대신에 "Mary's friend"가 사용된다.

*The company decided to hire **the friend of Mr. Kim's**.
The company decided to hire **Mr. Kim's friend**. (회사는 김 군의 친구를 채용하기로 했다.)

▶그러나 제한적 관계절과 같은 수식을 받으면 사용되기도 한다.

The company decided to hire **the friend of Mr. Kim's that we met in Busan**.
(회사는 우리가 부산에서 만난 김 군의 친구를 채용하기로 했다.)

4　**속격의 생략**: "Y of X's" 구조에서 "X of Y의 관계"를 강조할 때는 종종 "속격"이 생략되기도 한다.

Mary is **a cousin of the President**. (메리는 대통령의 사촌이다.)
Mr. Smith is **a friend of my father**. (스미스 씨는 내 아버지의 친구다.)

위의 첫 문장은 "대통령의 여러 사촌들 중의 한 사람(one of the President's cousins)"이라는 것보다 "대통령의 사촌"이라는 점을 강조하며, 두 번째 문장은 "스미스 씨가 아버지의 친구"라는 점을 강조한다.

G7　GERUNDS (동명사)-1: 개요

동명사란 동사에 "-ing어미"를 붙여 명사처럼 사용하는 표현을 가리킨다. (동사에 "-ing어미"를 붙이는 방법에 대해서는 P2.2를 보라.) "동사-ing형"을 "동명사"라고 부르는 이유는 이 구문이 동사의 특성과 명사의 특성을 모두 가지고 있기 때문이다. 동명사는 명사처럼 "주어, 목적어, 보어, 전치사의 목적어, 명사의 수식어"로 쓰일 수 있다.

Reading French is easier than speaking it.　　　　[주어]
(프랑스어 책을 읽는 것은 프랑스어로 말하기보다 쉽다.)
I've finished **reading** the book that you recommended.　　[목적어]
(나는 네가 추천한 책을 다 읽었다.)
He was accused of **smuggling**.　　　　　　　　　[전치사의 목적어]
(그는 밀수로 기소되었다.)
My worst habit is **smoking**.　　　　　　　　　　[주격보어]
(나의 가장 나쁜 버릇은 흡연이다.)
You have to smoke in the **smoking** area.　　　　　[명사의 수식어]
(흡연지역에서 흡연해야 한다.)

동사의 분사적 용법에 대해서는 P2-P5를 보라.

1   **동명사와 분사구**: 형태가 동일한 동명사와 분사구는 몇 가지 다른 통사적 특성을 가지고 있다. 다음을 비교해보라.

the **smoking** area
the **smoking** man

"the smoking area"는 "담배를 피우기 위한 장소(= the area for smoking)"를, "the smoking man"은 "담배를 피우는 사람(= the man who is smoking)"을 의미한다. 따라서 후자의 예에서 smoking은 형용사적으로 사용된 분사구라고 할 수 있다. 이 둘은 발음상에서도 차이를 보인다. 전자의 경우에는 주강세가 smoking에 오는 데 반하여 (즉 the smóking area), 후자의 경우에는 man에 온다. (즉 the smoking mán) 다음을 비교해보면 그 차이를 알 수 있다.

[동명사]	[-ing형 형용사]
the **diving** board	the **diving** girl
a **sleeping** car	a **sleeping** baby
the **dancing** hall	the **dancing** lady
a **resting** room	a **resting** soldier.

2   **한정사**: 동명사는 명사처럼 한정사, 특히 "소유격 한정사"와 함께 사용될 수 있다.

The Queen declared **the opening** of Parliament. (여왕은 의회의 개회를 선언했다.)
I don't mind **your leaving** before the class ends.
(나는 네가 수업이 끝나기 전에 나가도 상관이 없다.)
His smoking in my room really annoys me. (내방에서 그가 흡연하는 것이 나에게는 괴롭다.)
We were angry at **Bill's trying** to lie to us.
(우리는 빌이 거짓말을 하려고 하는 것에 화가 났다.)

▶ 동명사는 한정사 중에 "관사나 지시사"와 함께 사용될 경우에는 목적어 앞에 "전치사 of"를 사용해야 한다. (상세한 것은 G8.4를 보라.)

The shooting of those rare animals stunned everybody.
(그 희귀동물들의 사냥은 모두를 아연하게 했다.)
(***The shooting those rare animals** stunned everybody.)
They must stop **this killing of innocent civilians**.
(그들은 무고한 민간인들을 이렇게 살해하는 것을 중단해야 한다.)
(*They must stop **this killing innocent civilians**.)

▶ 여타 경우에 동명사는 보통 동사처럼 전치사의 도움 없이 직접목적어를 가질 수 있다.

Shooting animals is prohibited by law. (동물을 사냥하는 것은 법으로 금지다.)
(***Shooting of animals** is prohibited by law.)
Smoking cigarettes is not allowed in this building. (이 건물에서는 흡연이 허용되지 않는다.)
(***Smoking of cigarettes** is not allowed in this building.)
Children hate **wearing seat belts**. (아이들은 안전띠 매는 것을 싫어한다.)
My favorite activity is **reading poetry**. (내가 가장 좋아하는 활동은 시낭독이다.)

▶ 어떤 것이 허용되지 않거나 불가능하다는 것을 말할 때 종종 no를 동명사와 함께 사용한다.

    NO SMOKING   NO PARKING   NO TRESPASSING
     (금연)   (주차금지)   (출입금지)

3   **-ing형 명사**: 영어에는 동사에 "-ing어미"가 붙어 만들어진 명사가 무수히 많다. 이 명사들은 자연히 자신의 어간이 되는 동사와 관련이 있는 의미를 갖게 되며, 그 의미적 특성을 몇 가지만 생각해 보기로 하겠다.

(1) 행위: 동사와 연관이 있는 "행위의 실행"을 의미하며, 일반적으로 "불가산명사"로 쓰인다.

drawing, farming, gathering, painting, parking, singing, smoking, reading, warning, writing 등

(2) 사건/상황: 동사와 연관이 있는 사건이나 상황을 의미하며, 일반적으로 "가산명사"로서 복수가 가능하다.

beginning, christening, ending, happening, housing, meeting, opening, wedding 등

(3) 결과: 동사의 "행위의 결과"를 의미하며, 몇몇 "행위의 실행"을 의미하는 "-ing형" 명사가 여기에 속한다. 일반적으로 "가산명사"로 쓰인다.

building, clothing, drawing, opening, painting 등

▶ 어떤 것은 항상 복수로만 쓰인다.

earnings, savings, shavings, writings 등

(4) 재료: 동사의 행위를 실행하는 데 필요한 "재료 또는 자재"를 의미하며, 일반적으로 "불가산명사"로서 특히 건축과 관련이 있는 단어에서 많이 나타난다.

bedding, carpeting, flooring, matting, panelling, plumbing, roofing, tubing 등

G8   GERUNDS-2: 동명사의 주어

동명사의 주어는 세 가지 유형으로 분류해서 생각할 수 있다.

(1) 주어가 표현되지 않는 경우
(2) 주어가 문장의 다른 곳에 표현되는 경우
(3) 주어가 동명사 내에 표현되는 경우

1   **주어가 표현되지 않는 경우**: 주로 일반적인 현상을 표현할 때 쓰이며 "전칭적" 의미를 지닌 "everyone, anyone, people" 등의 주어를 가진 것으로 이해된다.

Playing with guns is dangerous. (총을 가지고 노는 것은 위험하다.)
Fishing in this lake is forbidden. (이 호수에서 낚시는 금지다.)

► 주어를 가지고 있지 않은 동명사 중에는 문장이 쓰인 맥락에서 주어를 추정해야 하는 경우가 있다.

Going there today isn't wise. (오늘 그곳에 가는 것은 현명한 일이 아니다.)
He suggested **eating lunch at the airport**. (그는 공항에서 점심을 먹자고 했다.)

위 문장에서 동명사의 주어는 전칭적 의미를 지니는 것이 아니라 그 문장이 쓰인 맥락과 관련이 있는 사람들을 가리킨다.

2 **주어가 문장의 다른 곳에 나타나는 경우**: 이 경우에는 동명사의 주어가 동명사 내에 표현되는 것이 아니라 문장의 다른 위치에 있는 표현이 동명사의 주어로 이해된다.

The soldier was accused of **having betrayed his country**.
(병사는 조국을 배반했다는 것 때문에 기소되었다.)
We thanked them for **making such a generous contribution**.
(우리는 그렇게 통이 큰 기부에 대해 그들에게 감사했다.)

위의 첫 문장에서는 주절의 주어가 동명사의 주어로 이해되고, 둘째 문장에서는 목적어가 동명사의 주어로 이해된다.

3 **주어가 동명사 내에 표현되는 경우**: 동명사 내에서 주어는 원칙적으로 소유격형을 취한다. 그러나 근래에 와서는 목적어형이 구어체에서 많이 사용되고 있다.

The doctor recommended **my/me moving to a drier climate**.
(의사는 내가 더 건조한 기후를 가진 곳으로 이사할 것을 추천했다.)
(= The doctor recommended me to move to a drier climate.)
(= The doctor recommended that I (should) move to a drier climate.)

We can't understand **their/them having done a thing like that**.
(우리는 그들이 그런 일을 저질렀다는 것을 이해할 수 없다.)
(= We can't understand that they did a thing like that.)

She was proud of **her son's/her son winning the first prize**.
(그녀는 자기의 아들이 일등상을 탄 것을 자랑스러워했다.)
(= She was proud that her son won the first prize.)

(1) 동명사 주어: 동명사가 주어로 쓰일 때는 동명사의 주어는 항상 "소유격형"을 취한다.

His/*Him returning the reward money surprised the donor.
(그의 그 보상금 반환이 기증자를 놀라게 했다.)
Their/*Them shooting those rare animals stunned everybody.
(그들의 그 희귀동물 사냥에 모두는 아연했다.)

(2) of-구 주어: 동사가 자동사일 경우 종종 주어를 "of-구"로 표현한다.

The shouting of the children woke her up. (아이들의 고함에 그녀는 깼다.)
The crying of the baby disturbed my sleep. (어린아이의 울음소리는 나의 잠을 방해했다.)

위의 두 문장을 다음과 같이 말할 수도 있다.

The children's shouting woke her up.
The baby's crying disturbed my sleep.

- ▶ 소유격형 주어와 of-구 주어: 소유격형 주어의 경우는 동명사의 동사적 의미가 강조되는 데 반하여, "of-구"의 주어의 경우에는 명사적 의미가 강조된다. 따라서 전자를 "행위적 명사구(action nominals)"라고 부르고 후자를 "사실적 명사구(factive nominals)"라고 부른다.

(3) by-구: 수동형 동명사의 경우 주어를 by-구로 표현할 수 있다.

Every man resents **being nagged by his wife**. (모든 남자는 부인의 잔소리에 화가 난다.)
The man denied **having been fired by his boss**.
(그 남자는 그의 상사에게 해고당했다는 것을 부인했다.)

4   **동명사와 한정사**: 동명사가 "the, a, this, some, any" 등과 같은 한정사로 시작될 경우에는 목적어가 "of-구"로 표현된다.

The destroying of those historic buildings stunned everybody.
(그 역사적인 구조물들의 파괴에 모두는 놀랐다.)
(*The destroying those historic buildings stunned everybody.)
We must stop **this exploiting of child workers**.
(우리는 이러한 아동 노동자의 착취를 중단해야 한다.)
(*We must stop **this exploiting child workers**.)

- ▶ 한정사가 없거나 소유격형 주어가 있는 동명사의 경우에는 목적어 앞에 of를 두지 않는다.

Destroying those historic buildings stunned everybody.
(그 역사적인 구조물들을 파괴하는 것에 모두는 놀랐다.)
(*Destroying of those historic buildings stunned everybody.)

Repairing the car will not be expensive. (차를 수리하는 것은 돈이 많이 안 든다.)
(*Repairing of the car will not be expensive.)

His returning the money was a surprise. (그의 돈 반환은 놀라운 일이었다.)
(*His returning of the money was a surprise.)

I don't understand **his losing the purse**. (나는 그가 지갑을 잃어버린 것을 이해할 수 없다.)
(*I don't understand **his losing of the purse**.)

5   it ... -ing: 허사 it를 "-ing형"이 나타나는 주어나 목적어 위치에 사용할 수 있다. 이 구조는 "fun, nice, hopeless, pointless" 등 몇몇 형용사와 "any/no good, any/no use, (not) worth"와 함께 흔히 쓰인다.

It's hopeless **trying to escape from her**. (그녀에게서 도망치려고 하는 것은 가망이 없다.)

It's been nice **talking to you**. (당신과 얘기하게 되어서 기뻤습니다.)
I find it pointless **apologizing to my brother**.
(나는 동생에게 사과한다는 것이 의미가 없다는 것을 안다.)

It's no use **crying over split milk**.
(엎지른 물은 주워 담을 수 없다/지난 일을 후회한들 뭘 하겠느냐.)
(참고: It is (of) little use **crying over split milk**.)
Is it any use **talking to her**? (그녀에게 말하는 것이 무슨 소용이 있을까?)
It's no good **repairing the sink with adhesive tape**.
(접착테이프로 세면대를 수리하는 것은 소용이 없다.)
It's worth/worthwhile **scrutinizing these data**. (이 자료들은 검토할 가치가 있다.)
I did not think it worth **complaining about the meal**.
(음식에 대해서 불평할 가치가 있다고 생각하지 않았다.)

▶ 이 구조에서는 "-ing형" 앞에서 "소유격"이나 "목적어 (대)명사"가 주어로 사용될 수 있다.

It is **no use his/him apologizing** — I shall never forgive him.
(그가 사과해도 소용없다. 나는 그를 절대로 용서하지 않을 것이니까.)
It surprised him **my/me not remembering his name**.
(내가 그의 이름을 기억하지 못한 것이 그를 놀라게 했다.)

G9   GERUNDS-3: 동사 다음에서

동명사는 동사의 목적어로 사용될 수 있다.

1   -ing형 목적어: 동사들 중에는 동명사를 목적어로 취하는 것들이 있다.

acknowledge	admit	appreciate	avoid
cannot help	complete	contemplate	consider
defer	delay	deny	discuss
dislike	encourage	endure	enjoy
escape	evade	excuse	face
fancy	feel like	finish	forgive
give	imagine	involve	keep (on)
leave off	mean	mention	mind
miss	postpone	practice	put off
quit	recall	recommend	regret
remember	report	resent	resist
risk	(can't) stand	stop	suggest
tolerate	understand	withhold 등	

He **admitted stealing** the watch. (그는 시계를 훔친 것을 시인했다.)
She **enjoys talking**. (그녀는 말하는 것을 좋아한다.)

He has **finished waxing** the floor. (그는 방바닥에 왁스칠을 마쳤다.)
He **acknowledged having** been at fault. (그는 잘못을 인정했다.)
She has **given up smoking**. (그녀는 흡연을 포기했다.)
She **suggested asking** her father for his opinion.
(그녀는 아버지의 의견을 물어보자고 했다.)
We have to **postpone going** to France because my wife is sick.
(우리는 내 처가 아파서 프랑스에 가는 것을 연기해야 한다.)
My wife **mentioned seeing** you the other day. (내 처가 전날에 너를 보았다고 했다.)

2   **동사 + 목적격/속격 명사 + -ing형**: 위에 있는 동사들 중에는 "목적격 또는 속격 명사구 주어"를 가진 동명사구를 취할 수 있다.

He **acknowledged me/my making** an effort to help him.
(그는 내가 그를 도우려고 노력한다는 것을 인정했다.)
They **appreciated him/his giving** a speech for the meeting.
(그들은 그가 회의에서 연설해준 것에 사의를 표했다.)
She never **forgave him/his ruining** her holiday.
(그녀는 휴일을 망친 그를 결코 용서하지 않았다.)
Maria **urged me getting** in touch as soon as possible.
(마리아는 나에게 가능한 한 빨리 연락하라고 재촉했다.)
She **dislikes her friend being** the center of attention.
(그녀는 친구가 관심의 표적이 되는 것이 싫었다.)
I **suggested him/his taking** her out to dinner for a change.
(나는 그에게 기분 전환을 위해 그녀와 밖에서 저녁 식사를 하라고 제안했다.)
I **saw her talking** to the mailman. (나는 그녀가 집배원과 말하는 것을 보았다.)

▶ stop과 prevent는 종종 "목적어 + from + -ing형"이 따라 나온다.

Try to **stop/prevent them (from) finding** out. (그들이 알지 못하도록 해라.)

3   **수동의미의 -ing형**: "deserve, need, require, want"와 같은 동사는 일반적으로 명사구나 부정사구를 목적어로 갖는다. 이 동사들이 "비인격적 주어"를 가질 경우 "-ing형"이 수동의 의미를 표현하기도 한다.

After all those hard work, **you deserve a holiday**.
(그 모든 힘든 일이 끝났으니 너는 휴가를 갈 자격이 있다.)
After all those hard work, **you deserve to have a rest**.
(그 모든 힘든 일이 끝났으니 너는 휴식을 가질 자격이 있다.)
I don't think **his article deserves reading**.
(나는 그의 기사가 읽을 가치가 있다고 생각하지 않는다.)
(= I don't think **his article deserves to be read**.)

He didn't really **need a new car**. (그는 실제로 새 차가 필요 없었다.)
He didn't really **need to buy a new car**. (그는 실제로 새 차를 살 필요가 없었다.)

Our living room needs cleaning. (우리 거실을 청소해야 한다.)
(= **Our living room needs to be cleaned.**)

These plants require regular watering. (이 식물들은 정기적인 물주기가 필요하다.)
My car really **wants repairing.** (내 차는 정말 수리가 필요하다.)

G10   GERUNDS-4: ing형과 부정사

아래 동사들은 "-ing형"과 "부정사구"를 둘 다 목적어로 취할 수 있다.

advise	allow	attempt	begin
cannot bear	continue	forbid	forget
go	go on	hate	hear
intend	like	love	need
permit	prefer	propose	recommend
regret	remember	require	see
start	stop	try	want
watch 등			

I **advised** him **to wait** until the proper time.
(나는 그에게 시기적절할 때까지 기다리라고 충고했다.)
I **advised waiting** until the proper time. (나는 시기적절할 때까지 기다리라고 충고했다.)

I cannot **bear to see** her cry.
I cannot **bear seeing** her cry.
(나는 그녀가 우는 것을 견딜 수가 없다.)

Most people **prefer to wear** clothes made of natural fibers.
Most people **prefer wearing** clothes made of natural fibers.
(대부분의 사람들은 자연섬유로 만든 옷을 입는 것을 더 좋아한다.)

▶ 위의 동사들을 일곱 유형으로 분류하여 생각할 수 있다.

(1) attempt, begin, continue, intend, start, ...
(2) hate, like, love, prefer, ...
(3) forget, regret, remember, ...
(4) advise, allow, permit, recommend, ...
(5) it needs/requires/wants, ...
(6) go on, propose, stop, try, ...
(7) afraid, certain, interested, sorry, sure, ...

1   attempt, begin, continue, intend, start: 동명사를 목적어로 취하거나 부정사를 목적어로 취하거나 "의미적 차이"가 전혀 없다.

I **started working/to work.** (나는 일을 시작했다.)

She just **began learning/to learn** to drive. (그녀는 운전을 배우기 시작했다.)
Most elderly people want to **continue living/to live** at home.
(대부분의 노인들은 가정에서 계속 살기를 원한다.)
We **intend to look at/looking at** the situation again.
(우리는 사태를 다시 들여다보려고 한다.)
I **attempted walking/to walk** until I fell over. (나는 넘어질 때까지 걸으려고 해봤다.)

▶ 그러나 지각(perception)동사 "hear, feel, see, sound" 또는 인지(cognition)동사 "consider, know, understand, think" 따위의 동사가 이들 동사를 따라올 경우에는 일반적으로 "부정사구"가 쓰인다.

We **started to feel** shaking of the earth exactly at 8 o'clock.
(우리는 정확히 8시에 땅이 흔들리는 것을 느끼기 시작했다.)
(*We **started feeling** shaking of the earth exactly at 8 o'clock.)

I **began to understand** what he meant. (나는 그의 생각이 무엇인지 이해하기 시작했다.)
(*I **began understanding** what he meant.)

지각동사에 대해서는 P23과 P24를, 인지동사에 대해서는 V2.2를 보라.

2 love, like (= enjoy), hate, prefer: 이 동사들은 큰 의미적 차이 없이 "-ing형"과 "부정사구"를 취할 수 있다.

Everybody **hates working/to work** at weekends.
(모든 사람이 주말에 일하는 것을 싫어한다.)
My wife **prefers staying/to stay** in bed on Sundays.
(내 처는 일요일에 침대에 누워 있는 것을 좋아한다.)
We all **love talking/to talk** about other people.
(우리 모두는 다른 사람에 대해서 말하기를 좋아한다.)

▶ like의 경우 영국영어에서 "-ing형"은 "즐김"을 말할 때 사용하고, "부정사"는 "습관"이나 "선택"을 말할 때 사용되는 반면, 미국영어에서는 두 경우에 부정사가 두루 쓰이기도 한다.

They **like having** a vacation on the beach. (그들은 해변에서 휴가를 보내는 것을 좋아한다.)
They **like to have** a vacation on the beach. (그들은 해변에서 휴가를 보내고 싶어 한다.)
She **likes to pour** the milk in first, when she makes tea.
(그녀는 티를 만들 때 우유를 먼저 넣는다.)

▶ "I like to go to the dentist twice a year"와 "I like going to the dentist"를 비교해 보라. 전자는 "나는 일 년에 두 번 치과에 가고 싶다"라는 뜻이고 후자는 "나는 치과에 가는 것을 즐긴다" (= I enjoy going to the dentist.)는 뜻이다.

▶ 이들 동사는 would와 함께 쓰일 경우에는 부정사를 취한다.

Would you **like to come** with me? (나와 함께 가시겠습니까?)
(***Would** you **like coming** with me?)

I'd **hate to spend** all my life here. (나는 나의 모든 생애를 여기서 보내고 싶지 않다.)
(*I'd **hate spending** all my life here.)
I'd **love to know** why they did that. (나는 그들이 어째서 그 짓을 했는지 알고 싶다.)
(*I'd **love knowing** why they did that.)

3 remember, forget, regret: "과거에 한 일"에 대해서 말할 때는 "동명사"를 취하고, "앞으로 해야 할 일"에 대해서 말할 때는 "부정사구"를 취한다.

I still **remember seeing** my grandfather wearing a military uniform.
(나는 아직도 군복을 입으신 할아버지를 본 것을 기억한다.)
I'll never **forget meeting** the Queen.
(나는 여왕님을 만난 것을 결코 잊지 않을 것이다.)
I'll **remember to post** your letter. (나는 네 편지를 부치는 것을 기억할 것이다.)
I won't **forget to write** to you once a month.
(나는 너에게 한 달에 한 번씩 편지하는 것을 잊지 않을 것이다.)

▶ "regret + 부정사구"는 나쁜 소식을 말할 때 일반적으로 사용된다.

We **regret to inform** passengers that the 14:50 train for Mokpo will leave approximately 30 minutes late. (14시 50분 목포행 기차가 30분 정도 늦게 출발한다는 것을 승객 여러분에게 알리게 되어 유감스럽게 생각합니다.)
We **regret to say** that we are unable to help you.
(당신을 도울 수 없다고 말하게 되어 유감입니다.)
I **regret to say** that we have no news for you.
(당신에게 전할 소식이 없다고 말할 수밖에 없어서 유감입니다.)
(= I am sorry that I have to say that we have no news for you.)

4 allow, advise, permit, recommend: 이 동사들은 목적어가 있을 경우에는 "부정사구"를 취하고, 없을 경우에는 "동명사"를 취한다.

I don't **allow people to smoke** in the lecture room.
(나는 강의실에서 사람들이 담배 피우는 것을 허용하지 않는다.)
I don't **allow smoking** in the lecture room.
(나는 강의실에서 담배 피우는 것을 허용하지 않는다.)
(*I don't **allow to smoke** in the lecture room.)

His doctor **advised him to reduce** his weight by 10kg.
(그의 의사는 그에게 체중을 10킬로 빼라고 충고했다.)
She **advises using** the same color for walls and floor.
(그녀는 벽과 바닥에 같은 색을 쓰라고 충고했다.)
(*She **advises to use** the same color for walls and floor.)

Flexible working hours **permit parents to spend** more time with their children.
(유연성 있는 근로시간은 부모들이 아이들과 더 많은 시간을 보내게 한다.)

The authorities **permitted visiting** only once a month.
(당국은 한 달에 한 번만의 방문을 허용했다.)
(*The authorities **permitted to visit** once a month.)

5 it needs/wants/requires: "동명사"와 "수동형 부정사구"를 둘 다 취할 수 있지만 동명사가 더 흔히 쓰인다.

These machines **need regulating/to be regulated**. (이 기계들은 조정이 필요하다.)
The watch **wants repairing/to be repaired**. (그 시계를 수리 받아야 겠다.)
The floor **requires cleaning/to be cleaned**. (마루를 닦아야 되겠다.)

6 try, propose, go on, stop: 이들은 "동명사"를 취하느냐 "부정사"를 취하느냐에 따라 뜻이 달라진다.

(1) try는 "시도하다(= attempt)"의 뜻으로 쓰일 때는 부정사구를 취하고, "시험해보다(= test)"의 뜻으로 쓰일 때는 동명사를 취한다.

I **tried to write** a letter, but my hands were too cold to hold a pen.
(나는 편지를 쓰려고 애썼으나 손이 너무 시려서 펜을 잡을 수 없었다.)
I **tried sending** her flowers, **giving** her presents, but she still wouldn't speak to me.
(나는 그녀에게 꽃도 보내보고 선물도 해봤으나, 그녀는 아직도 나에게 말을 하지 않는다.)

(2) propose는 "꾀하다, 계획하다(= intend, plan)"의 뜻으로 쓰이면 "부정사구"를 취하고, "발의하다, 제안하다(= suggest)"의 뜻으로 쓰일 때는 "동명사"를 취한다.

I **propose to start** tomorrow. (나는 내일 출발할 예정이다.)
I **propose waiting** till the police get here. (나는 경찰이 여기 도착할 때까지 기다리자고 했다.)
(= I **propose that** we wait till the police get here.)
(= I **suggest waiting** till the police get here.)

▶ suggest와 마찬가지로 "propose + 명사구 + 부정사구"는 허용되지 않는다.

*She **proposed/suggested me to try** applying for the grant.
(She **proposed/suggested that** I (should) try applying for the scholarship.)
(그녀는 나에게 장학금을 신청해 보라고 제안했다.)

(3) "go on"은 동명사와 "부정사구"를 둘 다 취할 수 있으나 그 의미에 차이가 있다. 동명사의 경우는 "어떤 행위나 상황이 계속적으로 이어지는 것"을 의미하고, 부정사의 경우에는 "어떤 것을 끝낸 후에 다른 것으로 계속 이어가는 것"을 의미한다.

He **went on talking** about his accident. (그는 자기 사고에 대해 계속 말했다.)
He **went on working** until he was 88. (그는 88세가 될 때까지 일했다.)

He **went on to talk** about his accident. (그는 이어서 그의 사고에 대해서 말했다.)
He **went on to become** a successful physician. (그는 그 후에 성공적인 의사가 되었다.)

(4) stop은 "동명사"를 취하면 "...하는 것을 그만두다"의 의미하고, "부정사구"를 취하면

"…하기 위해 정지하다"의 의미하게 된다. 다음을 비교해보라.

He **stopped giving** me a lift. (그는 나에게 차를 태워주는 것을 그만두었다.)
He **stopped to give** me a lift. (그는 나를 차에 태워주기 위해 정지했다.)

He really must **stop smoking**. (그는 정말 담배를 끊어야 한다.)
Every two hours he **stops to smoke**. (그는 두 시간마다 담배를 피우려고 멈춘다.)

7   afraid, sorry, certain, sure, interested: 이 형용사들은 "-ing형"을 선택하느냐 혹은 "부정사"를 선택하느냐에 따라 다른 의미를 갖는다.

(1) afraid (of): "어떤 행동을 수행하는 것이 겁이 나서 주저한다"는 뜻으로 쓰일 때는 "be afraid of +동명사"와 "be afraid to+부정사"를 둘 다 쓸 수 있지만, "고의가 아닌 어떤 사고가 일어날까 봐 겁이 난다"는 뜻으로 쓰일 때는 "be afraid of +동명사"를 쓴다.

I'm not **afraid of telling/to tell** him the truth.
(나는 그에게 진실을 말하는 것이 두렵지 않다.)
The people are **afraid of expressing/to express** their political views.
(사람들은 자신의 정치적 견해를 표현하는 것을 주저한다.)

I was **afraid of missing/*to miss** the train. (나는 기차를 놓칠까 봐 겁이 났다.)
(= I was **afraid that** I would miss the train.)

(2) sorry: "sorry for/about + -ing"는 "후회되는 과거의 일을 가리킬 때" 사용된다. (구어체에서는 that-절도 매우 자주 쓰인다.)

I'm **sorry for/about losing** my temper this morning. (오늘 아침에 화를 내서 미안합니다.)
(혹은 I'm sorry that I lost my temper this morning.)

(a) "sorry + 완료 부정사구"도 같은 의미로 사용될 수 있으며 매우 문어적이다.

I'm **sorry to have woken** you up. (당신을 깨워서 미안합니다.)
(혹은 I'm sorry that I woke you up.)

(b) "sorry + 부정사구"는 현재 하고 있거나 곧 하려고 하는 일 혹은 방금 끝난 일에 대해 "사과할 때" 사용된다.

Sorry to disturb you — could I speak to you for a moment?
(방해해서 미안한데요, 잠시 말씀 좀 드릴 수 있을까요?)
I'm **sorry to tell** you that you failed the exam. (말하기 미안한데 당신은 시험에 떨어졌습니다.)
Sorry to keep you waiting — we can start now.
(기다리게 해서 미안합니다. 지금 출발할 수 있습니다.)

(c) "sorry + 부정사구"는 또한 어떤 상황에 대해서 "마음이 아픔을 표현할 때"도 사용된다.

I'm **sorry to hear** about your accident. (당신의 사고 소식을 듣게 되어 마음이 아픕니다.)
We were **sorry to miss** your concert. (당신의 연주회에 못 가서 유감입니다.)
I won't be **sorry to leave** this town. (이 도시를 떠나는 것에 미련이 없다.)

(3) certain과 sure: "certain/sure of + -ing형"은 "주어의 느낌"을 표현할 때 사용된다. (certain과 sure의 차이에 대해서는 C12를 보라.)

Before the game she felt **certain of winning**. (그녀는 경기 전에 승리를 확신했다.)
You seem very **sure of passing** the exam. I hope you are right.
(시험에 통과할 것이라고 매우 확신하고 있는 것 같은데 네가 옳기를 바란다.)

▶ "certain/sure + 부정사"는 "화자나 필자가 자신의 느낌"을 가리킬 때 사용된다.
The repairs are **certain to cost** more than you think.
(수리비가 네 생각보다 더 많이 들 것이 확실하다.)
(*The repairs are **certain of costing** more than you think.)
He's **sure to get** nervous and say something stupid.
(확실히 그는 긴장해서 엉뚱한 말을 할 거다.)
(= He's **sure of getting** nervous and **saying** something stupid.)

(4) interested: "interested + 부정사구"는 어떤 것에 "흥미를 느끼거나" 더 알고 싶어서 "주의를 집중하는 것"을 의미한다.

I'd be **interested to hear** your opinion. (나는 너의 의견을 더 듣고 싶다.)
I shall be **interested to see** how long it lasts.
(나는 그것이 얼마나 오래 지속될 것인가에 관심을 가질 것이다.)

▶ "interested + -ing형"은 무엇을 "하고 싶은 소망을 말할 때" 일반적으로 사용된다.

I'm **interested in working** in Switzerland. (나는 스위스에서 일하는 것에 관심이 있다.)
(*I'm **interested to work** in Switzerland.)
She's **interested in starting** her own business.
(그녀는 자기의 사업을 시작하는 것에 관심이 있다.)
(*She's **interested to start** her own business.)

used to + 부정사와 be used to + 동명사의 차이점에 대해서는 U6과 U7을 보라.
get, have, see 다음에 오는 목적어 + -ing형/부정사에 대해서는 각각 G13.6, H9.1, P24를 보라.

G11 GERUNDS-5: 명사와 형용사 다음에서

1   명사/형용사 + 전치사 + -ing형: 명사와 형용사 중에는 "-ing형"이 뒤따라 나올 수 있는 것들이 있다. 명사/형용사를 "-ing형"과 연결하려면 일반적으로 "전치사"가 사용되는데, 명사의 경우에는 일반적으로 전치사 of가 쓰이지만, 형용사의 경우에는 다양한 전치사가 쓰인다. (A21.3을 보라.)

I really like **your idea of meeting** on Saturday morning.
(나는 토요일 아침에 모임을 갖자는 당신의 의견에 전적으로 동의한다.)
He denied **the accusation of having** been involved in the murder.
(그는 살인사건에 연루되었다는 비난을 부인했다.)
He made **a confession of committing** theft. (그는 절도를 했다고 고백했다.)

He's always **good at coming** up with new ideas. (그는 항상 새로운 생각을 해내는 데 능숙하다.)
The Party isn't **capable of running** the country. (그 정당은 나라를 운영할 능력이 없다.)
She's **familar with being** treated as a VIP. (그녀는 VIP 대접을 받는 것에 익숙하다.)

► 분사형 형용사들도 동명사를 취할 때 전치사를 필요로 한다. (A21.4를 보라.)

I'm **tired of listening** to this. (나는 이 말을 듣는 데 지쳤다.)
I'm **blessed with being** born in this country. (나는 이 나라에 태어나는 축복을 받았다.)
She's not **ashamed of revealing** the secret to the public.
(그녀는 비밀이 공개되는 것을 부끄럽게 생각하지 않는다.)

2   -ing형 또는 부정사: 명사와 형용사 중에는 "-ing형"과 "부정사구"를 둘 다 가질 수 있는 것들이 있으며, 의미의 차이는 약간 있거나 전혀 없다.

afraid (of)   anxious (for)   ashamed (of)   certain (of)
eager (for)   proud (of)   sorry (for) 등

We have a good **chance of making/to make** a profit. (이익을 남길 좋은 기회다.)
I'm **proud of having won/to have won** the match. (나는 경기에 이겨서 자랑스럽다.)
Many people are **certain of losing/to lose** their jobs.
(많은 사람이 일자리를 잃을 것이라고 확신하고 있다.)
I was **eager for getting/to get back** to work as soon as possible.
(나는 가능한 한 빨리 일터로 돌아가고 싶었다.)
I'm **ashamed of admitting/to admit** that I've never read any of his books.
(나는 그의 책을 한 권도 읽지 않았다는 것을 인정하는 것이 부끄럽다.)

3   for + -ing형: 이 구조는 "이유, 목적, 결과"를 설명할 때 사용된다.

The police arrested **Campbell for driving** recklessly.
(경찰은 무모한 운전을 한 캠벨을 체포했다.)
He bought **a machine for cutting** grass and weeds. (그는 잔디와 잡초를 베는 기계를 샀다.)
He was given **a generous reward for having** made good progress.
(뛰어난 진전을 이룬 그에게 큰 보상금이 수여됐다.)

G12   GERUNDS-6: 전치사 다음에서

1   전치사의 목적어: 일반적으로 전치사 뒤에 따라 나오는, 즉 전치사의 목적어로 쓰이는 동사는 "-ing형"이 된다.

She said something **about moving** to the country.
(그녀는 지방으로 이사하는 것에 대해 무엇인가 말을 했다.)
He's an expert **at making** things out of junk. (그는 엉망인 것을 바로 잡는 전문가다.)
We got the job finished **by working** sixteen hours a day.
(우리는 하루에 16시간씩 일해서 맡은 일을 끝냈다.)

They painted the house **instead of going** on holiday.
(그들은 휴가를 가는 대신 집에 페인트칠을 했다.)
My parents never **approve of wasting** time.
(나의 부모님은 시간을 낭비하는 것을 결코 좋게 생각하지 않는다.)
The company **keeps on increasing** prices of their products.
(회사는 계속해서 상품의 가격을 인상하고 있다.)
He's **capable of committing** any crime. (그는 어떤 범죄라도 저지를 수 있다.)
He **saved** the child **from drowning**. (그는 물에 빠진 아이를 구출했다.)
Without looking at her, he said that he made a mistake.
(그녀를 쳐다보지도 않고, 그는 자신이 실수했다고 말했다.)

2 to와 동명사: "전치사 to"에는 실제로 두 가지가 있다. 하나는 "부정사구 표지"로서 뒤에 오는 단어가 부정사라는 것을 표시하는 (예: to swim, to laugh) to이고 다른 하나는 일반적인 전치사로서의 to다. to가 전치사일 경우에는 동사의 명사형인 "-ing형"만이 올 수 있다.

admit (to)	be/get used to	be/get accustomed to
commit ... to	get around to	in addition to
look forward to	object to 등	

The government couldn't **commit** any more money **to improving** the economy.
(정부는 경제를 살리기 위해 더 많은 돈을 투입할 수 없었다.)
He **admitted (to) stealing** the car. (그는 자동차를 절도한 것을 인정했다.)
I strongly **objected to approving** the terms of the contract.
(나는 계약의 조건에 동의하는 것을 강력히 반대한다.)
They're **accustomed/used to working** late. (그들은 늦게 일하는 것에 익숙하다.)
We **look forward to seeing** you soon. (우리는 당신을 곧 다시 뵐 수 있기를 고대합니다.)
We finally **got around to clearing** out the garage. (우리는 결국 차고 청소를 해냈다.)

used to + 부정사와 be used to + -ing형과의 차이점에 대해서는 U6과 U7을 보라.

G13 get

get는 특히 영어의 구어에서 가장 흔히 쓰이는 단어 중의 하나로서 다양한 형태의 표현과 결합하여 다양한 의미로 사용된다. 문어체에서는 좀 더 정확한 의미를 가진 상응하는 단어들이 존재하기 때문에 격식적인 말이나 글에서는 get의 복합어를 회피하는 경향이 있다.

1 get + 목적어: 목적어의 종류에 따라 다양한 의미를 갖는다.

I **got a letter** from an old friend of mine. (receive) (나는 옛 친구에게서 편지 한 통을 받았다.)
I'm **getting a bike** for my birthday. (나는 생일선물로 자전거를 받게 될 것이다.)

It would be a good idea to **get professional advice**. (obtain)
(전문가의 충고를 구하는 것이 좋은 생각일 수 있다.)

The problem was how to **get enough food** to sustain life.
(문제는 생명을 유지하는 데 필요한 충분한 음식을 어떻게 구하느냐다.)

Shall I go and **get the phone book**? (bring) (가서 전화번호부를 가져올까요?)

Please, **get me a glass of water**. (미안하지만 물 한 잔 주십시오.)

Hospital doctors **get** a minimum of 100 million won a year. (earn)
(병원 의사들은 일 년에 최소 1억 원을 번다.)

You should **get** a couple of hundred dollars for your old car.
(너의 오래된 자동차는 200불 정도 받을 수 있다.)

John's going to **get** tickets for all of us. (buy)
(존은 우리 모두의 입장권을 사려고 한다.)

We usually **get** vegetables from the supermarket.
(우리는 통상적으로 슈퍼마켓에서 채소를 산다.)

She began to **get an uncomfortable feeling** that she was being watched. (experience)
(그녀는 감시를 당하고 있다는 불쾌한 느낌이 들기 시작했다.)

I **got the impression** that everyone was fed up with us.
(나는 모두가 우리에게 싫증이 났다는 느낌이 들었다.)

The west of the country **gets quite a lot of rain**. (have)
(그 나라의 서부에는 상당히 많은 비가 내린다.)

We might **get the chance** to go to America this year.
(우리는 올해에 미국에 갈 기회를 얻을지도 모른다.)

I **got flu** last winter and was in bed for three weeks. (become ill with)
(나는 지난겨울에 독감에 걸려 3주 동안 누워 있었다.)

She **got measles** when she was five years old. (그녀는 5살 때 홍역을 앓았다.)

I'll put the kids to bed while you're **getting the dinner**. (eat/prepare)
(저녁 식사를 준비하는 동안 내가 아이들을 재울 것이다.)

I had already **got my supper** when she came home.
(나는 그녀가 집에 왔을 때는 이미 저녁 식사가 끝났다.)

He told a joke to her, but she didn't **get it**. (understand)
(그는 그녀에게 농담했으나 그녀는 이해하지 못했다.)

I didn't **get what she said** because the music was so loud.
(음악 소리가 너무 커서 나는 그녀가 무슨 말을 했는지 알아듣지 못했다.)

You've **got me** there — you'll have to ask someone else that question. (annoy)
(네가 나를 난처하게 하는구나. 다른 사람에게 그 질문을 해야겠다.)

What really **gets me** is that we're expected to laugh at his joke.
(그의 농담에 우리가 웃어야 한다고 생각하니 정말 짜증이 난다.)

The bullet **got him** in the leg. (hit/kill)
(그는 다리에 총알을 맞았다.)

"Did you **get him**?" No, I just missed by an inch."
("그를 죽였느냐?" "아니요, 조금 빗나갔습니다.)

Can you **get the phone**? (전화 받을 수 있어?) (answer)
Hey, John, someone's at the door — would you **get it**, please?
(이봐 존아, 누군가 찾아왔다. 네가 좀 맞이할 수 있어?)

2   **get + 형용사/과거분사**: "...가 되다(become)"를 의미한다.

Don't eat so much. You'll **get fat**! (너무 많이 먹지 마라. 뚱뚱해질라!)
The weather's **getting colder** again. (날씨가 다시 추워지고 있다.)
I think he's **getting a bit suspicious** about the result.
(나는 그가 결과에 대해서 좀 의심스러워한다고 생각한다.)

Nothing **gets done** around here unless I do it. (내가 하지 않으면 여기서는 되는 게 없다.)
I'm **getting very bored** with his lecture. (나는 그의 강의에 매우 싫증이 난다.)
There's no point in **getting upset** by the change of the weather.
(날씨의 변화에 화를 내는 것은 아무 의미가 없다.)

▶ "get + 과거분사"는 또한 "be + 과거분사"와 마찬가지로 "수동구조"를 만들 때도 사용된다. (상세한 것은 P7.3을 보라.)

His car **got broken** in the middle of the desert. (사막의 가운데서 그의 차가 고장 났다.)
He **got captured** while attacking the enemies in the town.
(그는 마을에 있는 적군을 공격하다가 포로가 되었다.)
Sometimes players **get hurt** in training.
(선수들은 종종 훈련 중에 부상을 당한다.)

▶ 이 구조는 "지속적이고 의도적이며 계획된 행동"에 대해 말할 때는 일반적으로 사용되지 않는다.

The bridge **was destroyed** at the beginning of the Korean War.
(그 다리는 한국전 초기에 파괴됐다.)
(*The bridge **got destroyed** at the beginning of the Korean War.)
The dictator **was murdered** by his bodyguard.
(독재자는 자신의 경호원에게 살해당했다.)
(*The dictator **got murdered** by his bodyguard.)
The department store **was opened** about a year ago. (그 백화점은 약 1년 전에 개장했다.)
(*The department store **got opened** about a year ago.)

3   **get + 목적어 + 형용사/과거분사**: "...을 ...이 되게 하다 (make somebody/something become)"를 의미한다.

I can't **get my hands warm**. (나는 손을 따뜻하게 할 수 없다.)
We must **get the house clean** before Mother arrives.
(우리는 어머니가 오기 전에 집을 청소해야 한다.)

It's time to **get the kids ready** for school.
(아이들에게 학교에 갈 준비를 시키는 시간이다.)

I'm **getting my motorcycle repaired** tomorrow. (나는 내일 내 오토바이를 수리할 것이다.)
Jason's **getting his hair cut** at last. (제이슨은 드디어 머리를 깎고 있다.)
His lecture **got me interested** in Korean history.
(그의 강의로 나는 한국역사에 관심을 갖게 되었다.)

▶ 또한 이 구조는 우연히 일어난 일에 대해서 말할 때도 사용될 수 있다. 이 경우 get는 "당하다"의 뜻이다.

We **got our roof blown off** in the storm last week.
(우리는 지난주 폭풍우에 지붕이 날아가는 일을 당했다.)
I **got my old car broken down** on the road twice last year.
(나는 지난해 나의 오래된 차가 두 번이나 길 위에서 고장 나는 일을 당했다.)

유사한 구조로 사용되는 have에 대해서는 H9를 보라.

4   get + 장소 부가어: "도착하다(arrive (at/in))"를 의미한다.

It was dark by the time she **got home**. (그녀가 집에 도착했을 때는 어두웠다.)
When I **get to New York**, I'll call you. (뉴욕에 가면 전화할 것이다.)

5   get + 동명사/부정사: 동명사는 "... 시작하다(start ...ing)"를 뜻하고, 부정사는 "...하게 되다 (manage), ...할 기회를 갖다, ... 허용되다"를 뜻한다.

We'd better **get moving** now or we'll be late.
(지금 출발하는 게 좋을 것 같다. 안 그러면 늦을 것이다.)
I think we should **get going** soon. (빨리 떠나야 한다고 생각한다.)
We **got talking** about the old days as soon as we meet together.
(우리는 만나자마자 옛날에 대해서 말하기 시작했다.)
We didn't **get to go out** after the sunset. (우리는 해가 진후에는 외출할 기회를 놓쳤다.)
The woman won't **get to see** her children again.
(그 여자는 아이들을 다시 보는 것이 허용되지 않을 것이다.)
We **got to meet** all the stars after the show.
(우리는 공연 후에 모든 배우를 만날 기회를 가졌다.)

▶ "get + 부정사"는 종종 "점진적 진전"을 의미하기도 한다.

I used to hate jogging, but I'm **getting to like** it.
(나는 조깅을 싫어했었으나 지금은 점점 좋아지고 있다.)
Nobody knows how Mr. Carter **got to be** so wealthy.
(카터 씨가 어떻게 그렇게 부자가 되었는지 아무도 모른다.)
You'll **get to speak** English more easily as time goes by.
(시간이 지나면 영어를 더 쉽게 말할 수 있게 될 것이다.)

How did you **get to be** a belly dancer? (어떻게 밸리 댄서가 되었어?)

6   **get + 목적어 + 동명사/부정사**: 동명사는 "... 하게 하다"라는 뜻으로 쓰이고, 부정사는 (어렵게) "...하게 하다, ...하도록 설득하다"라는 뜻으로 사용된다.

My car is stuck in the mud. Could you help me to **get it moving**?
(내 차가 진흙탕에 빠졌습니다. 차가 움직일 수 있도록 도와줄 수 있습니까?)
You shouldn't **get him talking** about his own weaknesses.
(그에게 자신의 약점에 대해서 말하게 해서는 안 된다.)
Once we **got the heater going**, the car started to warm up.
(히터를 일단 작동시키면 차가 따뜻해지기 시작했다.)
How did you **get that child to stop** crying?
(저 아이를 어떻게 울음을 멈추게 했습니까?)
The photographer **got the actress to pose** for a picture.
(사진사는 여배우가 사진 촬영을 위한 자세를 취하도록 했다.)
Get Mary to study for tomorrow's exam. (내일 시험을 위해 메리가 공부를 하도록 설득해라.)
See if you can **get the car to start**. (네가 차에 시동을 걸 수 있는지 어디 보자.)

7   **got과 gotten**: 미국영어에서는 gotten도 get의 과거분사로 흔히 쓰이지만, 영국영어에서는 got만이 과거분사형이다.

He has **gotten** an A⁺ on the test. (그는 시험에서 A⁺를 받았다.)
He has **got** a letter from his old girlfriend. (그는 옛 여자 친구로부터 편지 한 통을 받았다.)

▶ 그러나 must의 의미로 쓰이는 "have got to"와 상태동사로 쓰이는 "have got"에서 gotten이 쓰이지 않는다. (H8과 H10을 보라.)

We've **got/*gotten to** stop smoking. (우리는 담배를 끊어야 한다.)
I've **got/*gotten** two brothers and three sisters. (나에게는 남자형제 둘과 여자형제 셋이 있다.)

have + 목적어 + 동사 구조에 대해서는 H9를 보라.

G14 give와 ACTION NOUNS (행위명사)

1   **행위명사**: give는 두 개의 목적어를 취하는 기본적인 용법 외에 특별한 명사, 즉 사람들이 내는 "소리를 표현하는 명사"나 "얼굴의 표정을 표현하는 명사" 또는 "몸동작을 나타내는 명사" 등과 결합하여 "원래 명사의 의미를 지닌 동사적 표현"을 만든다.

소리: call, cough, cry, scream, chuckle, laugh, shout, talk, speech, lecture 등
표정: smile, grin, frown, yawn 등
동작: hug, kick, push, clean, wave, shake, signal 등

Give me **a call** when you get back from holiday. (휴가에서 돌아오면 전화하게.)
(= **Call/Telephone** me when you get back from holiday.)

Suddenly, she **gave a** loud **scream** and fell to the ground.
(그녀는 갑자기 크게 비명을 지르면서 땅바닥에 쓰러졌다.)
(= Suddenly, she **screamed** loudly and fell to the ground.)
He's **giving a lecture** on modern Korean poetry.
(그는 현대 한국시에 대해서 강의하고 있다.)
(= He's **lecturing** on modern Korean poetry.)

2 간접목적어: 이 구조는 간접 목적어와 함께 사용될 수 있다.

We had to **give** the car **a push** to start it. (시동을 걸기 위해 차를 밀어야 했다.)
(= We had to **push** the car to start it.)
If something doesn't work, I usually **give** it **a kick**.
(무엇인가 작동을 하지 않으면, 나는 보통 그것을 발로 찬다.)
(= If something doesn't work, I usually **kick** it.)
Could you **give** the carpet **a clean**? (양탄자를 세척해 줄 수 있습니까?)
(= Could you **clean** the carpet?)
She **gave** me **a smile**. (그녀는 나에게 미소를 지었다.)
(= She **smiled** at me.)

3 여타 용법: 흔히 쓰이는 다른 표현에는 다음과 같은 것들이 있다.

"Perhaps salt will make it taste better." "OK, let's **give** it **a try**."
("어쩌면 소금이 맛을 더 나게 할 겁니다." "좋습니다. 한번 해 봅시다.")
I'll **give** you **a ring** if I hear anything.　　　　　　　　　　[영국영어]
(어떤 소식을 들으면 전화할게요.)
"Are you coming to the film?" "No, I'm tired. I'll **give** it **a miss**."　　[영국영어]
("영화 보러 갈 겁니까?" "아니요, 피곤해서 빠질까 합니다.")

동사를 대치하는 명사가 나타나는 구조에 대해서는 V7을 보라.
give의 다른 구조에 대해서는 V5.2를 보라.

G15　glance와 glimpse

glance는 "얼핏 보기(a quick look), 얼핏 보다"를 의미하고 glimpse는 "얼핏 눈에 띄기, 얼핏 눈에 띄다"를 의미한다.

He took **a glance** at the newspaper headlines before breakfast.
(그는 아침 식사 전에 신문의 표제를 대충 훑어 봤다.)
At first **glance**, I thought it was a dog but I was mistaken.
(처음 봤을 때 나는 그것이 개인 줄 알았는데 내가 틀렸다.)
He **glanced** out of the window to see that the rain had stopped.
(그는 창밖을 얼핏 쳐다보고 비가 그쳤다는 것을 알았다.)

I got **a glimpse** of a black sedan parked in front of her house.
(나는 그녀의 집 앞에 검은 세단이 서있는 것이 얼핏 눈에 띴다.)
I thought I caught **a glimpse** of Mary at the bus station this morning.
(나는 오늘 아침에 버스 정류장에서 메리를 얼핏 봤다고 생각했다.)
We **glimpsed** the ruined abbey from the windows of the train.
(기차의 창문을 통해 폐허가 된 수도원이 우리 눈에 얼핏 띠었다.)

G16   go/come and/to do와 go/come do

1   go/come + 부정사: 이 구조는 17세기까지 영어에서 흔히 나타나는 구조였다. 현대영어에서는 이 구조가 미국영어에만 남아 있고, 영국영어에는 몇몇 고정된 표현에만 남아 있다.

We've decided to play hide and **go seek**. (우리는 숨바꼭질을 하기로 결정했다.)
He can **go hang** for all I care. (내가 알 바 아니니 그는 빈둥거려도 된다.)
Go tell that fox. I will drive out demons and heal people today and tomorrow.
(너희는 가서 저 여우에게 이르되 오늘과 내일은 내가 귀신을 쫓아내며 병을 고치느니라.) [눅 13:32]

You can **come live** with us. (와서 함께 살 수 있습니다.)
Come let us say a prayer together. (와서 함께 기도합시다.)

2   go and + 부정사/go to + 부정사: "go + 부정사" 구조에 상응하는 정통 규범 문법적 구조는 "go and + 부정사" 또는 "go to + 부정사"다. come의 경우에도 마찬가지다.

I'll **go put** the books on the desk. (내가 가서 책을 책상 위에 놓겠다.)
I'll **go and put** the books on the desk.
I'll **go to put** the books on the desk.

He'll let you **go finish** your homework. (그는 네가 가서 숙제를 마치도록 보내줄 것이다.)
He'll let you **go and finish** your homework.
He'll let you **go to finish** your homework.

3   원형 부정사 go: 동사 "go"가 부정사형이 아니고 다른 굴절형, 즉 "goes, going, went, gone"이 될 경우에는 바로 뒤에 부정사형 동사가 따라올 수 없다. 이 현상은 come의 경우에도 마찬가지다.

*I **went/have gone/am going put** the books on the desk.
(참고: I **went/have gone/am going to put** the books on the desk.)
*He **goes/is going put** the books on the desk.
(참고: He **goes/is going to put** the books on the desk.)

G17   go ...ing와 go for a ...

1   go ...ing: 이 구조는 특히 "운동이나 육체적 행동"과 관련이 있는 동사와 결합한다.

boating	climbing	dancing	skiing
fishing	hunting	riding	sailing
shopping	skating	swimming	walking 등

I **went fishing** with my grandfather last summer.
(나는 지난여름에 할아버지와 낚시하러 갔었다.)
He **goes swimming** every morning. (그는 매일 아침 수영을 한다.)
The couple always **go walking** in the afternoon. (그 부부는 항상 오후에 산책한다.)

2 go for a: 운동이나 육체적 행동을 의미하는 동사와 형태가 같은 "명사"는 종종 "go for a + 구조"와 함께 사용되며, 종종 우발적이고 간결한 행위를 표현한다.

| drink | drive | ride | run |
| sail | stroll | swim | walk 등 |

Let's **go for a walk** after I finish the paper. (문서 작성이 끝난 후에 산책합시다.)
They love to **go for a drive** along the coast. (그들은 해변을 따라 드라이브하는 것을 좋아한다.)
We'll all **go for a stroll** through the forest. (우리 모두는 숲속으로 산책하러 갈 것이다.)

► 또한 "go for a bath/shower, go for a pee/piss/crap/shit"와 같은 표현도 있다.

행위를 의미하는 명사가 나타나는 다른 구조에 대해서는 V7을 보라.

G18 GOOD WISHES (축복)

상대방에게 좋은 일이 있기를 축원하거나 행운을 빌 때 사용한다.

Good Luck! (행운을 빈다.)
Good luck with your exam! (시험 잘 쳐.)

1　생일

Happy birthday! (생일 축하해.)
Many happy returns (of the day)! (이렇게 기쁜 날이 되풀이되기를 바랍니다.)
(= I wish you many happy returns!)

2　명절/축제일

Happy/Merry Christmas! (즐거운 성탄입니다.)
Happy New Year! (행복한 새해가 되십시오.)
Best wishes for the New Year. (새해에 행운을 빕니다.)
Merry Christmas and a Happy New Year! (즐거운 성탄과 행복한 새해가 되십시오.)

3　휴일, 휴가, 여행, 축연 등

Have a good time! (즐거운 시간을 가지십시오.)

Enjoy yourself/yourselves. (즐기십시오.)
Safe journey! (안전한 여행을 빕니다.)
Bon voyage! (즐거운 여행이 되기를 빕니다.)
Best wishes for your vacation! (즐거운 휴가 되십시오.)

▶ 격식적으로 행운을 빌 때

I (do) hope you have a wonderful time. (즐거운 시간을 갖기를 바랍니다.)
I hope you enjoy your vacation. (휴가를 즐기시기 바랍니다.)
I wish you a safe journey. (안전한 여행을 빕니다.)

G19 GOODBYE (작별)

헤어질 때 사용하는 일상적인 표현은 "goodbye"이며, "bye"와 "bye-bye"는 "goodbye"의 축약형으로 격식을 갖출 필요가 없는 상황에서 흔히 사용된다.

1 **짧은 헤어짐**: 곧 다시 만나게 될 사람 사이에 흔히 사용된다.

See you again. (다시 보자.)
See you tomorrow. (내일 보자.)
I'll see you (around). (또 보게 되겠지.)
Okay, fine. Bye. (좋아. 잘 가.)
Cheers. Bye. (기운 내. 잘 있어.)
So long. (잘 있게.)

2 **격식적 인사**: 사무적인 만남이 끝났을 경우 흔히 사용된다.

Well, I look forward to meeting/seeing you again. (그러면, 다시 만나 뵙기를 기다리겠습니다.)
Yes, that would be nice. (네, 그게 좋을 것 같습니다.)
Bye-bye/Goodbye. (안녕히 계세요./안녕히 가세요.)

3 **처음 만난 사람**: 소개를 받아 처음 만난 사람과 헤어질 때 사용된다.

Goodbye, it's been nice meeting you. (안녕히 계세요. 만나 뵈어서 반가웠습니다.)
I hope we meet again sometime. Goodbye. (언제고 다시 뵙기를 바랍니다. 안녕히 계세요.)

4 **편지**: 편지 끝에 붙이는 표현이다.

Yours faithfully/Yours very truly,   [매우 격식적]
R. N. Smith
(Manager)

Yours sincerely/Truly yours,   [격식적]
Raoul Smith

▶ "Sincerely yours나 Yours truly"와 같은 표현에서 yours를 생략하지 않는 것이 정상이며, 여기서 부사는 편지를 쓴 태도나 방식을 말하는 것이 아니라 yours를 수식한다. 예를 들어 "Yours sincerely"는 "I'm sincerely yours"를 의미한다.

Best wishes/All the best/Kind regards, [비격식적]
John

Love/Lots of Love, [이성에게]
John/Mary

Love from Janet, [친근한 사람에게]
Love from Mom,

G20 grade, mark, results, score

이 단어들은 학생들의 학업성취도를 문자나 숫자로 표시하는 "성적"을 가리킨다.

1 **grade와 mark**: 학생들의 학업성취도에 대한 평점을 문자(A, B, C 등)나 숫자로 표시하는 것을 말한다. mark는 영국에서, grade는 미국에서 주로 사용된다.

The highest **mark** achieved in the literature test was 80.
(문학 시험의 최고 점수는 80점이다.)
The lowest **mark** he got in his senior year was a B$^+$.
(4학년 동안에 그가 받은 가장 나쁜 성적은 B$^+$였다.)

He got a good **grade** A in maths. (그는 수학에서 좋은 성적인 A를 받았다.)
Most of my **grades** were good but I only got a C$^-$ in English.
(대부분의 나의 성적은 좋았으나 영어에서만은 C$^-$를 받았다.)

▶ 동사 grade와 mark: 시험지나 보고서 등을 보고 "...에 성적을 매기다, ...을 채점하다"를 의미한다. grade는 미국영어에서, mark는 영국영어에서 사용된다.

I have over 100 papers to **grade** for 24 hours.
(나는 24시간 내에 100편이 넘는 보고서를 채점해야 한다.)
The worst thing about teaching is all the test papers to **mark**.
(교직에서 가장 힘든 일은 그 많은 시험지를 채점하는 것이다.)

2 **results**: 특히 영국영어에서 시험의 결과를 말할 때 사용되며, 일반적으로 복수로 쓰인다.

His exam **results** weren't very good, so he'll stay at school for another year.
(그는 시험성적이 매우 좋지 않아서 학교를 1년 더 다니기로 했다.)
The **results** will be put on a notice board outside the professor's office.
(시험결과는 교수님 연구실 밖에 있는 게시판에 올려놓을 것입니다.)

3 **score**: 주로 미국영어에서 사용되며 많은 수의 학생집단이 치른 성적을 말할 때 사용된다.

보통 복수형이 사용된다.

The school's test **scores** have not improved since 2015.
(학생들의 시험성적이 2015년 이래 개선되지 않고 있다.)
SAT **scores** are falling, which means fewer kids get to go to college.
(대학 진학 적성시험의 성적이 떨어지고 있으며, 이것은 점점 더 적은 수의 젊은이들이 대학에 진학하려고 한다는 것을 의미한다.)

▶ score는 운동경기에서 팀이나 선수가 얻는 점수를 표현할 때 사용되기도 한다.

At half time, the **score** of the game between Liverpool and Barcelona was two all.
(리버풀과 바르셀로나 경기의 하프타임 성적은 2대 2였다.)
The 2015 US Open Tournament of LPGA was won by Inbee Park with a **score** of 279.
(미 여자골프협회 주최 2015년도 유에스오픈을 박인비가 279 스코어로 우승했다.)

G21 grateful과 thankful

grateful은 남에게 받은 친절이나 도움에 "감사를 느끼는" 표현이고, thankful은 위험이나 좋지 않은 상황에서 벗어나거나 또는 더 나빠질 수도 있는 상황이 그렇게 되지 않은 것에 대해 "안도의 심정"을 표현한다. 따라서 grateful과는 달리 thankful은 일반적으로 감사를 받을 대상이 구체적으로 표현되지 않고도 함축적으로 표현되지도 않는다.

She was **grateful** to him for being so good to her.
(그녀는 자기에게 잘 대해준 그에게 감사했다.)
All of us are very **grateful** to you for your help.
(우리 모두는 도움을 주신 당신에게 매우 감사합니다.)
She should be **grateful** that he was making things easier for her.
(그녀는 그가 그녀를 위해 모든 일이 쉽게 풀리도록 애쓰는 것에 감사해야 한다.)
We are **thankful** for this bountiful harvest. (우리는 이 풍성한 추수에 감사한다.)
She was **thankful** that her son had not been harmed.
(그녀는 자기의 아들이 다치지 않은 것에 감사했다.)
I'm **thankful** to make any sort of progress at all.
(나는 조금이라도 진전을 한 것에 감사드린다.)

▶ thankful은 grateful과는 달리 "명사의 수식어"로 쓰일 수 없다.

Dr. Smith has received hundreds of letters from **grateful/*thankful parents**.
(스미스 박사는 고마워하는 부모들로부터 수백 통의 편지를 받았다.)
She gave us a **grateful/*thankful look**. (그녀는 우리게 감사의 눈길을 보냈다.)

G22 GREETINGS (인사)

1 **일상적 인사:** 자주 만나는 사람들 사이에 일상적으로 교환하는 인사

Hi! (안녕!)   [비격식적]
Hello! (안녕!)
How are you doing? (어떻게 지내세요.)
Good morning/afternoon/evening!   [격식적]
(안녕하십니까!)

▶ 이 인사는 그저 스쳐 가는 사람 사이에서도 사용된다.

2   **소개 시 인사**: 처음으로 소개를 받았을 때 하는 인사

How do you do? (처음 뵙겠습니다.)
Glad to meet you. (만나서 반갑습니다.)
Pleased to meet you. (만나서 반갑습니다.)
Hello. (안녕.)
Hi! (안녕.)

3   **삼자에게 보내는 안부인사**: 화자를 통해 삼자에게 안부 인사를 할 때

Say hello to your family.   [비격식적]
(가족에게 안부 전해 줘.)
Give my love to the kids. (아이들에게 사랑한다고 말해줘.)
Please, give my regards to your wife. (부인에게 안부 전해 주십시오.)
Please, remember me to your parents.   [격식적]
(부모님에게 안부 전해 주세요.)

4   **환영**: 우리는 남을 환영할 때 일반적으로 "welcome"이라는 표현을 사용한다.

▶ welcome은 일반적으로 부사적 표현과 함께 "어서 오십시오"라는 환영의 표현을 만든다.

Welcome home! (잘 돌아오셨습니다.)
Welcome aboard! (승선을 환영합니다.)
Welcome to Korea! (한국에 잘 오셨습니다./한국에 오신 것을 환영합니다.)

▶ welcome은 "타동사"로도 쓰일 수 있다.

Please, welcome our guest of honor, Dr. Charles Scot.
(오늘의 주빈이신 찰스 스콧 박사님을 반갑게 맞아주십시오.)
The guests were warmly welcomed at the door by the hostess.
(안주인은 문 앞에 서서 손님들을 따뜻하게 맞아들였다.)

▶ welcome은 "형용사"로도 쓰인다.

I didn't feel welcome in this family. (나는 이 가족들에게 환영을 받지 못하는 느낌을 받았다.)
"Thanks for your hospitality." "You're welcome."
("당신의 친절에 감사합니다." "천만의 말씀입니다.")

H1   had better

1   **형태**: had better에는 현재형 have better가 없으며, 양상조동사와 마찬가지로 "to 없는 원형 부정사"를 취하고 시제나 인칭 등에 의해 형태가 변하지 않는다. 축약형으로 "-'d better"가 있다.

You **had/You'd better type** the letter again. (편지를 다시 타자 치는 것이 좋겠다.)
(*You **have better** type the letter again.)
(*You **had better typed** the letter again.)
I think you**'d better ask** him first. (그에게 먼저 물어보는 게 좋겠다고 생각한다.)

2   **부정**: 부정문에서 not은 "had better" 뒤에 온다.

I **had better not** stay any longer. (내가 더 이상 머물지 않는 것이 좋겠다.)
(*I **had not better** stay any longer.)
We**'d better not** make any mistakes. (우리는 어떠한 실수도 하지 말아야 한다.)
(*We**'d not better** make any mistakes.)

▶ 부정 의문문에서 "Hadn't ... better ...?"가 가능하다.

Hadn't you **better** tell me the truth? (나에게 진실을 말하는 것이 좋지 않겠어?)
Hadn't she **better** make another attempt? (그녀는 한 번 더 시도해봐야 하지 않겠어?)

3   **의미**: "had better"는 일반적으로 (나 자신을 포함하여) 다른 사람에게 어떻게 할 것인가를 강력하게 "추천"하거나 "충고"할 때 사용된다.

I**'d better** go home and get ready for the final exam.
(나는 집에 가서 학기말 시험 준비를 해야 한다.)
You**'d better** turn that music down before your Dad gets angry.
(아버지가 화내시기 전에 그 음악 소리를 줄이는 것이 좋겠다.)

▶ "had better"는 위협을 암시할 수도 있기 때문에 정중하게 요청할 때는 일반적으로 사용되지 않는다.

You**'d better** behave yourself when the grandparents come to visit us.
(할아버지와 할머니가 집에 오시면 예의 바르게 행동해야 한다.)
You**'d better** keep your mouth shut about this. (이것에 대해서 입을 다무는 것이 좋을 거야.)

▶ 구어체에서 "had better"와 유사한 의미로 "had best"가 사용되기도 한다.

We**'d best** be getting back quickly. (우리는 빨리 돌아와야 한다.)
You**'d best** tell her that you won't be able to come.
(올 수 없을 것이라고 그녀에게 말하는 것이 좋다.)

4   **응답**: "had better"는 짧은 응답으로 종종 쓰인다.

"Shall I leave the car in the garage?" "You**'d better!**"

("차를 차고에 세워둘까요?" "물론 그래야지.")
"He says he won't be late anymore." "He'**d better not**."
("그는 더 이상 지각하지 않겠다고 합니다." "그러는 게 좋을 거야.")

5 had의 생략: had는 때때로 구어에서 생략될 수 있다.

You **better** keep your mouth shut. (입을 다물고 있는 게 좋을 거야.)
I **better** try again later. (나중에 다시 해 보려고 합니다.)

6 ought to와 should: "ought to"와 "should"는 실행에 옮기지 않을 수도 있는 의무를 표현하며, "had better"보다 긴급함이 덜 하다.

I **ought to** call my parents tonight. (나는 부모님에게 전화해야 한다.)
All students **should submit** their work by Monday.
(모든 학생은 월요일까지 숙제를 제출해야 한다.)

H2   half

half는 한정사 앞에 오는 "한정사 선행어(predeterminers), 대명사, 형용사"로 사용될 수 있으며, 드물게 "부사"로도 쓰인다.

1 한정사 선행어: half는 (관사, 소유격, 지시사와 같은) 한정사 앞에 오는 "한정사 선행어"로 쓰이며, 모든 종류의 명사(즉 단수와 복수 가산명사 그리고 불가산명사)와 결합할 수 있다. (P32를 보라.)

Only **half the guests** had arrived by six o'clock. (손님들 절반만 6시까지 도착했다.)
I gave him **half a cheese pie** to keep him quiet.
(나는 그의 입을 다물게 하려고 치즈파이 절반을 주었다.)
She spent **half her life** travelling all over the world.
(그녀는 반평생을 전 세계를 두루 여행하면서 보냈다.)
I've finished interviewing just **half these applicants** today.
(나는 오늘 지원자의 딱 절반만의 면접을 마쳤다.)

2 half (of): half는 "대명사"로 쓰일 수 있으며 복수형은 **halves**다.

Two **halves** make a whole. (절반을 두 개 합치면 하나의 전체가 된다.)
We bought the top **half of** the house and my parents bought the other **half**.
(우리가 그 집의 상층부를 사고, 우리 부모님이 나머지 부분을 사셨다.)

▶ 한정사를 가진 명사구 앞에 오는 half는 뒤에 "of"를 가질 수 있다.

Only **half of the guests** had arrived by six o'clock.
She spent **half of her life** travelling all over the world.
I've finished interviewing just **half of these applicants** today.

I gave him **half of a cheese pie** to keep him quiet.

3　**half와 대명사**: half가 대명사 앞에 올 경우에는 "of"가 반드시 있어야 한다.

"Did you read the books?" "I've only read **half of them/*half them**."
("그 책들을 읽었습니까?" "절반만 읽었습니다.")
Half of us/*Half us are free on Tuesdays, and the other half on Thursdays.
(우리들의 반은 화요일에 놀고, 또 다른 반은 목요일에 놉니다.)

4　**치수와 양**: "치수"와 "양"을 나타내는 표현 앞에 half가 올 때는 "of"를 사용할 수 없다. 다시 말해서 half는 한정사 선행어로만 쓰인다.

My office is **half a mile/*half of a mile** from here.
(나의 사무실은 여기서 반 마일 떨어져 있습니다.)
How much is **half a loaf/*half of a loaf** of bread? (빵 반 덩어리가 얼마입니까?)
I saw her only **half an hour/*half of an hour** ago. (나는 바로 30분 전에 그녀를 봤습니다.)

▶ 치수와 양을 나타내는 표현 앞에서는 half가 "부정관사" 뒤에 올 수 있다.

I live **a half mile** from here. (나는 여기서 반 마일 떨어진 곳에 삽니다.)
How much is **a half loaf** of bread? (빵 반 덩어리가 얼마입니까?)
Could I have **a half pound** of grapes? (포도 반 파운드를 살 수 있습니까?)
I saw her only **a half hour** ago. (나는 바로 30분 전에 그녀를 봤습니다.)

5　**수의 일치**: "half (of) + 명사구"의 수는 "명사구의 수"를 따른다.

Half (of) the food was wasted. (음식 절반이 낭비되었다.)
Half (of) my friends live abroad. (나의 친구 절반이 해외에서 산다.)

6　**half와 정관사**: half가 대명사로 쓰일 때 일반적으로 "정관사"와 함께 쓰이지 않는다.

I've read only **(*the) half** of the story. (나는 이야기책의 절반만을 읽었다.)
Of the 500 people interviewed, only **(*the) half** supported the policy.
(면담을 한 500명 중에 절반이 그 정책을 지지했다.)

▶ 특별한 "한정적 수식어의 수식을 받을 경우" half 앞에 "the"를 사용할 수 있다.

I've bought some chocolate cake. Would you like **the big half** or **the small half**?
(초콜릿 케이크를 샀다. 큰 반쪽을 먹을래 작은 반쪽을 먹을래?)
She'll keep **the other half of the cake** for herself.
(그녀는 케이크의 다른 반쪽은 자신을 위해 남겨 놓으려고 한다.)
I didn't like **the second half of the film**. (나는 영화의 후반이 별로였다.)

7　**one and a half**: 1½는 복수다.

I've been waiting for **one and a half hours/*hour**. (나는 1시간 30분을 기다리고 있다.)

▶ half와 "부정관사 a/an"의 용법에 특히 조심하라.

an hour and **a half** (*an hour and **half**)
one and **a half** hours (*one and **half** hours)
half (of) my savings (***a half** (of) my savings)

8   부사: half가 "부사"로 쓰일 때는 일반적으로 수식하는 표현 바로 앞에 온다.

He **half promised** to lend us his house. (그는 우리에게 집을 빌려주겠다고 절반은 약속했다.)
The door was only **half** closed. (문이 절반만 닫혔다.)
The poor kid looked **half dead** with fear. (그 가련한 아이는 공포에 질려 반쯤 죽은 모습이었다.)
He was standing **half in the water** and **half out**.
(그는 하반신은 물속에 상반신은 밖으로 한 채 서 있었다.)

한정사 선행어에 대해서는 P32-P34를 보라.
분수(fractions)에 대해서는 F17을 보라.

H3   hanged와 hung

hang이라는 동사는 두 개의 "과거형(hung과 hanged)"과 두 개의 과거분사형"(hung과 hanged)"을 가지고 있다.

1   hanged: "교살하다, 교수형에 처하다"를 의미하는 규칙동사 hang의 "과거형"과 "과거분사형"으로 쓰인다.

The man living next-door **hanged** himself in sorrow after his wife died.
(이웃에 사는 남자는 부인이 죽은 후에 슬픔으로 목을 맸다.)
The prisoner was **hanged** for murder. (죄수는 살인죄로 교수형에 처해졌다.)
It's right that the murderers should be **hanged**. (살인자를 교수형에 처하는 것은 옳은 일이다.)

2   hung: "걸다, 매달다"를 의미하는 불규칙동사 hang의 "과거형"과 "과거분사형"으로 쓰인다.

We **hung** a reproduction of Vincent Van Gogh's "Sunflowers" above the fireplace.
(우리는 벽난로 위에 반 고흐의 "해바라기" 복제품을 걸어놓았다.)
We have a reproduction of Vincent Van Gogh's "Sunflowers" **hung** above the fireplace.
(우리는 벽난로 위에 반 고흐의 "해바라기" 복제품을 걸어놓게 했다.)
John **hung** his coat on a hook behind the door. (존은 문 뒤에 있는 고리에 코트를 걸었다.)

H4   happen, occur, take place

이 단어들은 어떤 상황이 "일어나다, 발생하다"를 의미한다.

1   happen: 가장 일반적으로 쓰이는 단어로서 "우연한 또는 생각지도 않은 사건이나 상황"에 대해서 말할 때 사용된다.

   I **happened** to meet him at the conference in May. (나는 5월에 학회에서 그를 우연히 만났다.)
   Something dreadful **happened** at school yesterday morning.
   (어제 오전에 학교에 끔찍한 일이 있었다.)
   He should be here by now — something must have **happened** to him.
   (그는 지금쯤 도착했어야 하는데, 그에게 무슨 일이 일어난 게 틀림없어.)

2   take place: 주로 "계획된 사건이나 이미 일어난 상황"에 대해 말할 때 사용된다.

   The hearing is scheduled to **take place** tomorrow morning at 10.
   (청문회는 내일 오전 10시에 열리기로 계획되어 있다.)
   Talks between the two sides will **take place** on Monday.
   (양측의 대화가 월요일에 있을 것이다.)
   The coronation of William the Conqueror **took place** on Christmas Day, 1066.
   (정복왕 윌리엄의 대관식은 1066년 성탄절 날에 있었다.)

3   occur: 격식적 표현으로서 happen과 큰 의미적 차이 없이 사용되며, 특히 "확정적이거나 특정의 장소 또는 상황에서 일어나는 사건"을 말할 때 사용된다.

   A third of accidental deaths **occur** in the home. (우연사의 3분의 1이 가정에서 발생한다.)
   The explosion **occurred** at a downtown restaurant at noon.
   (정오에 시내 식당에서 폭발이 있었다.)
   The crash **occurred** when the crew shut down the wrong engine.
   (선원이 그릇된 엔진을 꺼버려서 충돌이 일어났다.)

H5   hardly, scarcely, barely, no sooner

이들은 "부정적 의미"를 지닌 일종의 정도부사로서 "동사, 형용사, 명사"와 함께 사용될 수 있다. 이들 중에 hardly가 가장 흔히 쓰인다.

I can **hardly believe** that she said that.
(나는 그녀가 그런 말을 했다는 것을 도저히 믿을 수 없다.)
I was **scarcely able** to move my right arm after the accident.
(나는 사고 후 오른팔을 거의 움직일 수 없었다.)
Barely a month went by without another factory closing down.
(간신히 한 달도 지나지 않았는데 또 다른 공장이 폐쇄됐다.)

1   부정적 표현: 이 단어들은 부정적 표현과 함께 사용될 수 없다.

   *He was**n't hardly** fifteen when he won his first championship.
   *He was so ill that he could**n't scarcely** speak.

2　hardly ... when/before와 no sooner ... than: "하나의 사건이 다른 사건 바로 뒤따라 발생했음"을 말할 때 사용되며, 종종 "과거 완료조동사 had" 다음에 위치한다.

I'd **hardly** finished my breakfast **when/before** the phone rang.
(아침 식사를 끝내자마자 전화가 울렸다.)
(= I'd **no sooner** finished my breakfast **than** the phone rang.)
He **scarcely** sat down **when** there was a knock at the door.
(그가 자리에 앉자마자 문에서 노크 소리가 났다.)
(= He **no sooner** sat down **than** there was a knock at the door.)

3　도치: 문어체에서 이 구조는 때때로 "도치된 어순"을 갖는다. (I48.5를 보라.)

Hardly had I finished my breakfast **when/before** the phone rang.
No sooner did he sit down **than** there was a knock at the door.

no sooner ... than에 대해서는 S26.3을 보라.
과거 완료시제의 용법에 대해서는 P17과 P18을 보라.

H6　have-1: 개요

have는 "be동사"나 "do동사"와 마찬가지로 조동사로도 쓰이고 어휘동사로도 쓰인다.

They **have** lived in Japan for 5 years.　　　[조동사]
(그들은 일본에서 5년 동안 살았다.)
Does she **have** a job?　　　[어휘동사]
(그녀에게 직업이 있느냐?)

1　형태: have는 주어의 인칭과 시제에 따라 그 형태가 결정되며, 두 가지 분사형을 갖는다.

(1) 단순 현재형: has, have

He/She **has** a large house on the hill.　　　[삼인칭 단수 주어]
(그는/그녀는 언덕 위에 큰 집을 가지고 있다.)
I/You/We/They **have** a large house on the hill.　　　[여타 주어]
(나는/너는/우리는/그들은 언덕 위에 큰 집을 가지고 있다.)

(2) 단순 과거형: had

She/I/They **had** a couple of pets when I was a kid.　　　[모든 주어]
(그녀는/나는/그들은 내가 어렸을 때 반려동물 한 쌍을 키웠다.)

(3) 분사형: having, had

Are you **having** dinner at the Ritz?　　　[현재진행형]
(리츠호텔에서 저녁 식사하려고 합니까?)

Everyone was **having** a good time. [과거진행형]
(모두가 즐거운 시간을 보내고 있었다.)

Have you **had** any news from your brother? [현재완료]
(동생한테서 무슨 소식 있었어?)

After they had **had** breakfast, they went out. [과거완료]
(그들은 아침 식사 후에 외출했다.)

2 **조동사**: have는 "과거분사형 어휘동사"와 결합하여 동사구의 "완료 시제형"을 구성한다.

She **has written** two letters this afternoon. [현재완료]
(그녀는 오늘 오후에 편지 두 통을 썼다.)

He said that he **had been** there before. [과거완료]
(그는 그곳에 전에 가본 적이 있다고 했다.)

▶ "완료조동사 have"는 그 앞에 "양상조동사"를, 그 뒤에 "진행형"과 "수동형 조동사"를 대동할 수 있다.

He **must have arrived** at the station in time. (그는 정거장에 일찍 도착한 것이 틀림없습니다.)
We've **been living** here since 2005. (우리는 2005년부터 여기서 살고 있습니다.)
The terrorists **have** all **been being arrested** by the police.
(테러리스트들은 모두 경찰에게 체포되었다.)

▶ "완료조동사"는 "부정사구"와 "분사구"에도 나타날 수 있다.

I'm glad **to have finished** my homework last evening. (어제저녁에 숙제를 마쳐서 기쁘다.)
Having met the woman before, he knew what to expect from her.
(전에 그 여자를 만나봤기 때문에 그는 그 여자가 무엇을 할지 알고 있었다.)

3 **어휘동사**: have가 어휘동사로 사용되고 다른 조동사가 없을 때는 부정문과 의문문에서 조동사 do를 필요로 한다.

She **has** a dog. (그녀에게는 개 한 마리가 있다.)
She **doesn't have** a dog. (그녀에게는 개가 없다.)
Does she **have** a dog? (그녀에게 개가 있습니까?)

4 **상태동사**: have는 다양한 의미를 표현하는 동사로 쓰인다.

He's going to **have** a shower. [행위]
(그는 샤워하려고 한다.)
She **has** a new boyfriend. [상태]
(그녀에게 새 남자친구가 생겼다.)
He **had** all the guests empty their glasses all together. [사역]
(그는 모든 손님에게 그들의 잔을 함께 비우게 했다.)

▶ 특히 영국영어에서 have가 "정적인 의미", 즉 속성을 표현하거나 소유 또는 함유를 의미

하는 "상태동사"로 쓰일 때는 통사적으로 조동사 역할을 하기도 한다. (H8을 보라.)

She **has** dark hair and blue eyes. (그녀는 검은 머리와 푸른 눈을 가지고 있다.)
Has she dark hair and blue eyes? (그녀는 검은 머리와 푸른 눈을 가지고 있습니까?)
She **hasn't** dark hair and blue eyes. (그녀는 검은 머리와 푸른 눈을 가지고 있지 않다.)

Japan **has** a population of over 120 million. (일본은 1억 2천만 명 이상의 인구를 가지고 있다.)
Has Japan a population of over 120 million? (일본의 인구는 1억 2천만 명이 넘습니까?)

He **has** a car. (그는 차를 가지고 있다.)
Has he a car? (그에게는 차가 있습니까?)
He **hasn't** a car. (그는 차가 없습니다.)

H7   have-2: have + ACTION NOUNS (행위명사)

1   **통사적 특성**: have가 "행위동사"로 쓰일 경우에는 의문문과 부정문을 만들 때 "do조동사"가 사용되며 진행형도 가능하다. 그러나 축약형은 사용되지 않는다.

Did you **have** a good holiday? (휴일을 즐겁게 보냈습니까?)
(***Had** you a good holiday?)
"What are you doing?" "I'**m having** a bath." ("무엇을 하고 있습니까?" "목욕하고 있습니다.")
I **have** lunch at 12:30 most days. (대부분의 경우 나는 12시 30분에 점심을 먹습니다.)
(*I'**ve** lunch at 12:30 most days.)

2   **행위명사**: have는 구어체에서 "행위"와 "경험"을 표현하는 다양한 행위명사와 함께 사용될 수 있으며, 그 의미는 행위명사에 의해 결정된다.

have a bath/a wash/a shave/a shower/a haircut
have a rest/a lie-down/a sleep/a dream
have a good journey/a flight/a trip/a stay
have a talk/a chat/a row/a quarrel/a fight/a conversation
have a swim/a walk/a ride/a dance
have a try/a go/a look/a think
have a drink/a sip/a meal

Are you going to **have a swim**? (수영하러 갈 겁니까?)
I'm going to **have a shower**. (나는 샤워를 하려고 한다.)
We were just **having a look** around. (그저 둘러보는 중이었습니다.)
I'll **have a think** and let you know what I'll do. (생각해보고 어떻게 할지 알려주겠다.)
They've **had a quarrel** over some important issues. (어떤 중요한 문제로 그들은 다투었다.)
He **had an ample sip** from the glass of wine. (그는 포도주 잔에서 한 모금 듬뿍 들이켰다.)

3   **eat**: have가 "eat(먹다)"의 의미로 통상적인 "아침 식사(breakfast), 점심 식사(lunch), 저녁 식사(supper), 정찬(dinner)"을 표현할 때는 부정관사가 사용되지 않는다. (A91.2를 보라.)

We **have breakfast** at about seven. (우리는 7시경에 아침을 먹는다.)
Perhaps we could **have lunch** before you go. (어쩌면 네가 가기 전에 점심을 먹을 수도 있다.)
We **had supper** in a small Italian restaurant.
(우리는 조그마한 이탈리아 식당에서 저녁을 먹었다.)

▶ 그러나 이 명사들이 형용사의 수식을 받을 경우에는 부정관사를 동반한다.

We **had a working breakfast** yesterday morning.
(우리는 어제 아침에 조찬모임을 가졌습니다.)
He **had a small lunch** before the meeting. (그는 회의 전에 간단한 점심을 먹었다.)

행위에 대해 말할 때 명사를 사용하는 구조에 대해서는 V7을 보라.

H8   have-3: have (got) (상태동사)

특히 영국영어에서 어휘동사로 쓰이는 have가 "정적인 의미"로 사용될 경우 조동사처럼 사용된다. (H6.4를 보라.) 구어에서 상태동사 have를 대신하여 널리 쓰이는 표현으로 "have got"가 있다. 따라서 다음의 세 문장이 같은 의미로 쓰인다.

I **haven't** any salt.
I **haven't got** any salt.
I **don't have** any salt. (소금이 없습니다.)

1   have와 have got: 상태동사 have와는 달리 "have got"에서 have는 항상 조동사로만 사용된다. 다시 말해서 상태동사 have와는 달리 "have got"는 의문문이나 부정문에서 do의 지원을 받지 않는다.

John **hasn't got** a cold. (존은 감기 들지 않았습니다.) (*John **doesn't have got** a cold.)
Has John **got** a cold? (존이 감기 들었습니까?) (***Does** John **have got** a cold?)

2   had got: "have got"는 형태적으로는 완료형이지만 의미적으로는 단순현재형으로서 "had got"는 "have got"와는 상관이 없다.

John **has got** a bad cold. (존은 독한 감기에 들었습니다.) (*John **had got** a bad cold.)
I **have got** two brothers. (나에게는 남자 형제 둘이 있습니다.) (*I **had got** two brothers.)

▶ 그러나 간접화법 구문에서 "had got"가 "have got"의 과거형으로 나타난다.

He said, "I **haven't got** the time." (그는 "시간을 모릅니다"라고 말했다.)
He said that he **hadn't got** the time. (그는 시간을 모른다고 말했다.)

3   have got: 영국영어의 구어체에서 많은 경우 "have got"가 have보다 더 널리 자연스럽게 사용된다.

I've **got** two brothers and three sisters. (나에게는 남자 형제 둘과 여자 형제 셋이 있다.)
I've **got** several papers to edit before Sunday. (나는 일요일 전에 몇 개의 글을 편집해야 한다.)

How many pages **has** it **got**? (몇 페이지나 됩니까?)
Have you **got** a headache? (머리가 아프세요?)

The dictionary **hasn't got** an entry for the word. (그 사전에는 그 단어가 들어 있지 않다.)
He **hasn't got** any money for dinner. (그는 저녁 식사를 할 돈이 없다.)

4   의미: "have (got)"는 "소유, 소속, 관계, 질병"을 표현할 수 있으며, 또한 사람이나 사물이 어떤 특성을 지니거나 어떤 상태(state)에 있음을 표현할 때 사용된다. 이 경우 진행형이 불가능하며, 현재시제의 경우 have를 대신해서 "have got"를 사용할 수 있다.

John **has** a bad cold. (존은 독한 감기에 걸렸다.)
(= John **has got** a bad cold.) (*John **is having** a bad cold.)

(1) "소유하다"

Her father **has a spacious flat** in Gangnam.
(그녀의 아버지는 강남에 넓은 평수의 아파트를 가지고 있다.)
They hardly **have enough money** to live on. (그들은 간신히 살아갈만한 돈밖에 없다.)
Has your secretary **got a fax machine**? (너의 비서에게 팩스가 있나?)

(2) "포함하다, 속하다"

A gram of fat **has 4 calories** more than a gram of carbohydrates.
(지방 1그램은 탄수화물 1그램보다 4칼로리가 높다.)
Korea **has a population of about 50 million**. (한국은 약 5천만의 인구를 가지고 있다.)
The book **has got over 500 pages**. (이 책은 500페이지가 넘는다.)

(3) "(자질/특성을) 지니다"

My grandmother didn't **have a very nice personality**.
(나의 할머니는 성격이 그렇게 좋지 않다.)
You need to **have a lot of patience** to be a teacher. (선생이 되려면 많은 인내심이 필요하다.)
The house **hasn't got a wonderful atmosphere**. (그 집은 분위기가 좋지 않다.)

(4) "(어떤 생각/느낌을) 가지다"

If you **have any good ideas** for presents, let me know.
(선물에 대해서 좋은 생각이 나면 나에게 알려줘.)
I **have lots of happy memories** of my time in Seoul.
(나는 서울에 있었을 때의 많은 행복한 기억들을 가지고 있다.)
He **has got an awful feeling of guilt**. (그는 심한 가책을 느꼈다.)

(5) "받다"

I've **had a phone call** from Sue. (나는 수에게서 전화를 받았다.)
I expect he **had some help** from his father.
(나는 그가 그의 아버지에게서 좀 도움을 받았으면 한다.)

(6) "(병에) 걸리다, (부상, 고통을) 당하다"

The Prime Minister **has (got) a bad cold**. (수상님이 독한 감기에 걸렸다.)
One of the victims **had a broken leg**. (희생자 중의 한 명이 다리가 부러졌다.)

(7) "(...할 시간이) 있다"

You **have (got) just 30 seconds** to answer the questions. (질문에 답하는 데 30분밖에 없다.)
I don't **have time** to stop and talk with you now. (지금 너와 서서 말할 시간이 없다.)
I **haven't got time** to talk with you now. (지금 너와 말할 시간이 없다.)

(8) "(직업/책임/할일을) 가지다"

Her boyfriend **has (got) a well-paid job**.
(그녀의 남자친구는 좋은 급료를 받는 직업을 가지고 있다.)
The headmaster **has responsibility** for the management of the school.
(교장은 학교운영에 책임이 있다.)

(9) "허용하다" (부정적 맥락에서)

I only **have (got) good students** in my class. (내 반에는 좋은 학생만 있다.)
I won't **have bad behavior**. (나는 나쁜 행실을 허용하지 않을 것이다.)

(10) 가족 또는 친구 관계를 말할 때

Have you **got any brothers or sisters**? (남자 형제나 여자 형제가 있습니까?)
It was nice for Harry to **have friends** of his own age.
(해리에게 동갑내기의 친구들이 있어서 좋다.)

(11) 단순히 어떤 상태에 있다는 사실을 표현할 때

She **has a houseful of children** this weekend.
(그녀는 이번 주말에 집안 가득히 아이들을 맞을 것이다.)
I think we **have (got) mice** in the kitchen. (부엌에 쥐들이 있는 것 같다.)

I've나 haven't와 같은 축약에 대해서는 C46을 보라.

5   **조동사**: "have got"는 have와는 달리 다른 조동사와 함께 쓰일 수 없다.

You'll **have** a baby brother soon. (너에게 곧 애기 남동생이 생길 것이다.)
(*You'll **have got** a baby brother soon.)

I **don't have** time to talk with you. (너와 말할 시간이 없다.)
(= I **haven't got** time to talk with you.)
(*I **don't have got** time to talk with you.)

H9   have-4: 사역과 경험동사

have 동사는 목적어와 그 뒤에 여러 형태의 동사와 결합하여 쓰일 수 있으며, 일반적으로 "사역 또는 경험"을 의미한다.

have + 목적어 + 동사의 -ing형/원형/과거분사형

1   **사역**: "have + 목적어 + -ing형/부정사"는 "...에게 ...을 하게 하다"의 뜻으로 사용된다.

She **had me doing** all kinds of jobs for her.
(그녀는 나에게 그녀를 대신해 온갖 일을 하게 했다.)
The movie soon **had all of us crying**. (그 영화는 이내 우리 모두를 울게 했다.)
I'll **have Johnson show** you to your room. (존슨에게 너를 네 방으로 안내하게 할게.)
If you wait, I'll **have someone collect** it for you.
(기다리면 누구를 시켜 너 대신해 그것을 가져가게 할게.)

▶ "동사 + 목적어 + 과거분사"는 타인에 의해 어떤 일이 이루어지도록 한다는 "수동의 의미"로 사용된다.

We **have the house painted** every three years. (우리는 3년마다 집에 페인트칠을 하게 한다.)
(= We **have someone paint the house** every three years.)
I **had my portrait hung** on the wall. (나는 벽에 내 초상화를 걸게 했다.)
(= I had **someone hang my portrait** on the wall.)
I must **have my watch repaired**. (나는 시계를 수리 맡겨야 한다.)
If you don't get out of my house, I'll **have you arrested**.
(내 집에서 나가지 않으면 너를 체포하라고 할 것이다.)

2   **경험**: "have + 목적어 + -ing형/부정사/과거분사" 구조는 또한 종종 구어체에서 경험을 뜻하기도 한다.

It's lovely to **have children playing** in the garden again.
(아이들이 다시 정원에서 놀게 되어 기분이 좋다.)
I looked up and found we **had water dripping** through the ceiling.
(위를 쳐다보고 천정에서 물이 떨어지는 것을 알았다.)
I **had a very strange thing happen** to me when I was fourteen.
(14살 때 나에게 매우 이상한 일이 있었다.)
We **had a young man come** to the door yesterday.
(어제 어떤 젊은이가 우리 집 현관에 왔었다.)
She **had her car stolen** last week. (그녀는 지난주에 차를 도난당했다.)
The auditorium once **had its roof blown off** in the storm.
(폭풍에 강당의 지붕이 언젠가 날아갔었다.)

3   **지시**: 미국영어에서는 종종 "지시"나 "명령"을 내릴 때 부정사 구문을 사용한다.

"He's ready to see Mr. Smith." "**Have him come in**, please."
("그는 스미스 씨를 만날 준비가 되었습니다." "그를 들어오라고 하세요.")
The manager **had everybody fill out** a form.
(지배인은 모든 직원에게 서식에 필요한 사항을 써넣게 했다.)

I'll **have my assistant show** you to the meeting room.
(나의 보좌관이 회의실로 안내할 겁니다.)

... the devil took him to the holy city and **have him stand** on the highest point of the temple. (... 마귀가 예수를 거룩한 성으로 데려다가 성전 꼭대기에 세우고.) [마 4:5]

get가 쓰이는 유사한 구조에 대해서는 G13.6을 보라.

H10 have (got) to

1   **have to와 have got to**: "have to"와 (영국영어에서) "have got to"는 같은 의미로 사용되며, "have got"의 경우처럼 "have got to"에도 과거시제형이 없다.

   I **have to go** to Busan now. (나는 지금 부산에 가야 한다.)
   (= I **have got to go** to Busan now.)
   I **had to go** to Busan then. (나는 그때 부산에 가야 했다.)
   (*I **had got to go** to Busan then.)

2   **조동사**: 영국영어에서는 "have (got) to"의 have가 조동사처럼 사용될 수도 있다.

   Have you **to** go to Busan now? (지금 부산에 가야만 합니까?)
   (= **Do** you **have to** go to Busan now?)
   When **have** you **got to** go to Busan? (언제 부산에 가야 합니까?)

   You **don't have to** go to Busan now. (지금 부산에 안 가도 된다.)
   (= You **haven't (got) to** go to Busan now.)

   ▶ "have got to"는 "have to"와는 달리 다른 조동사를 동반할 수 없다. (H8.5를 보라.)
   One day you **will have to** return to your home. (언제고 너는 집으로 돌아와야 할 것이다.)
   (*One day you **will have got to** return to your home.)
   She **doesn't have to** stay late at the party. (그녀는 파티에 늦게까지 있을 필요가 없다.)
   (*She **doesn't have got to** stay late at the party.)

3   **의무**: 이 구조는 "의무"에 대해 말할 때 사용될 수 있으며, 그런 의미에서 must와 매우 유사하다.

   I've **got to** be at the hospital at 5 o'clock. (나는 5시에 병원에 가야 한다.)
   Do you often **have to** travel on business? (당신은 일로 출장을 자주 가야 합니까?)
   Didn't you know I **had to** be in my Father's house.?
   (내가 내 아버지 집에 있어야 될 줄을 아시지 못하셨나이까?) [눅 2:49]

   have to와 must의 차이점에 대해서는 M23.1-3과 M33을 보라.

4   **중요성**: 이 구조는 또한 "중요성을 강조할 때"도 사용된다.

   There **has (got) to** be an end to the violence. (폭력은 중지되어야 한다.)

You've **got to** believe me! (나를 믿어야 한다!)

5 **필요성**: have (got) to의 부정형은 어떤 것을 "할 필요가 없음"을 표현한다.

You **don't have to** go with him if you don't want to.
(원하지 않으면 그와 같이 가지 않아도 된다.)
You **haven't got to** be at the hospital until noon. (정오까지 병원에 오지 않아도 된다.)

6 **확실성**: 이 구조는 "확실성을 표현할 때"도 사용될 수 있다. (이러한 용법은 주로 미국영어에서 사용되었으나 지금은 영국영어에서도 흔히 나타난다.)

No one else could have done it — it **had to** be him.
(다른 사람은 그것을 했을 리가 없다. 그 사람일 수밖에 없다.)
House prices **have (got) to** go up sooner or later. (주택가격은 조만간 확실히 오를 것이다.)

7 **반복적 의무**: "have got to"는 일반적으로 "반복적인 의무"에 대해 말할 때는 사용되지 않는다.

I **usually have to** get to work at eight. (나는 보통 8시에 출근해야 한다.)
(I've **usually got to** get to work at eight보다 자연스럽다.)
Everybody in this village **has to** go to church every Sunday.
(이 마을의 모든 사람은 일요일마다 교회에 가야 한다.)
(Everybody in this village **has got to** go to church every Sunday보다 자연스럽다.)

▶ 일시적 의무: "have to"의 진행형은 짧은 기간 동안 지속되는 의무에 대해 말할 때 사용이 가능하다.

I'**m having to** work very hard at the moment. (나는 지금은 열심히 일해야 한다.)
She's **having to** take care of the baby for its mother.
(그녀는 아기 엄마 대신에 아기를 돌봐야 한다.)

▶ 미래의 의무: 미래에 대해 말하면서 현존하는 의무를 말할 때는 "have (got) to"가 사용되고, 순수한 미래의 의무를 말할 때는 "will have to"를 사용한다. 다음을 비교해보라.

I'**ve got to** get up early tomorrow — we're going to London.
(나는 내일 일찍 일어나야 한다. 우리는 런던을 가려고 한다.)
One day everybody **will have to** get permission to buy a car.
(언젠가는 차를 사려면 우리 모두가 허가를 받아야 할 것이다.)

8 **권유**: "will have to"는 사람들에게 무엇을 하라고 말할 때 사용되며, 지시를 내리거나 권유를 하는 데 거리를 둠으로써 must보다 덜 직접적인 지시로 들린다.

You can borrow my car, but you'**ll have to** bring it back before ten.
(내 차를 빌려 갈 수 있지만 10시 전까지 되돌려 주어야 한다.)
You'**ll have to** come and meet my wife some time.
(언제 우리 집에 와서 내 처를 만나봐.)

9   gotta: 구어체에서 종종 "(have/has) got to"의 축약형으로 gotta([gátə])가 쓰이기도 하는데, 많은 사람들이 잘못된 표현으로 생각한다.

You **gotta** be careful. (조심해야 한다.)
(= You**'ve got to** be careful.)
A man **gotta** do what a man **gotta** do. (사람은 해야 할 일은 해야 한다.)
(= A man**'s got to** do what a man**'s got to** do.)

10   gotten: 미국영어에서는 "상태"를 의미하는 "have got"와 "의무"를 의미하는 "have got to"를 제외하고는 get의 과거분사형으로 gotten을 사용하기도 한다.

I **have (got)** a new car. (나는 새 차를 소유하고 있다.) (= I own a new car.)
I **have gotten** a new car. (나는 새 차를 받았다.) (= I obtained a new car.)
I **have (got) to** go. (나는 가야 한다.) (= I must go.)
I **have gotten to** go. (나는 가게 됐다.) (= I've succeeded in going.)

H11 healthful과 healthy

healthful은 "건강에 좋은" 것을 의미하고 healthy는 "건강한" 것을 의미한다. 미국영어에서는 healthful 대신에 많은 경우 healthy를 사용하기도 한다.

Healthful mountain air helps him recover from a heart attack.
(건강에 좋은 산 공기가 그가 심장마비에서 회복하는 데 도움이 된다.)
She only eats **healthful/healthy** and nutritious food.
(그녀는 건강에 좋고 영양가 있는 음식만 먹는다.)
To be really **healthy**, you must take regular exercise.
(정말로 건강하려면 규칙적인 운동을 해야 한다.)
Dad becomes much **healthier** since he retired. (우리 아버지는 은퇴 후에 더 건강해지셨다.)
All the children are strong and **healthy**. (모든 아이들이 강하고 건강하다.)

H12 hear와 listen (to)

1   can hear: hear는 listen (to)과는 달리 "진행형"이 허용되지 않는다. 대신에 "can hear"가 쓰인다.

I **can hear** someone walking around upstairs.
(위층에서 누군가가 걸어 돌아다니는 소리가 들린다.)
(*I **am hearing** someone walking around upstairs.)
She **was listening to** the radio, when he entered the room.
(그가 방에 들어갔을 때 그녀는 라디오를 듣고 있었다.)

2   listen (to): listen은 목적어가 올 경우 반드시 전치사 to를 대동하지만, 목적어가 없을 경우

에는 to가 필요 없다.

Listen! Somebody is crying in the room. (들어 봐! 방에서 누군가 울고 있어.)
The students in the class weren't **listening** carefully.
(학급의 학생들이 귀를 기울여 듣지 않고 있었다.)

3 **hear와 listen (to)**: hear는 "소리가 귀에 들리는 것"을 의미하는 반면, listen (to)는 "주의를 기울여 소리를 듣는 것"을 의미한다. 다음을 비교해보라.

My grandfather's getting old and can't **hear** very well.
(나의 할아버지는 연세가 들어가시면서 잘 듣지 못하신다.)
Suddenly I **heard** a strange noise. (갑자기 나는 이상한 소리를 들었다.)
(*Suddenly I **listened to** a strange noise.)

We **listened** carefully **to** the conversation on the tape.
(우리는 테이프에 녹음된 대화를 주의 깊게 들었다.)
(*We carefully **heard** the conversation on the tape.)
I **heard** you talking but did not **listen to** what you said.
(나는 네가 말하는 소리 들었으나 네가 무슨 말을 하는지는 못 들었다.)

4 **경청**: hear는 "말, 연설, 강의, 공연, 방송, 음악" 등의 "한 단원" 또는 "전체"를 들었음을 표현하고, listen (to)는 "경청행위 자체"를 표현한다.

Did you **hear** the programme on whales the other night?
(그 전날 밤 고래에 대한 방송 프로를 청취했나?)
(*Did you **listen to** the programme on whales the other night?)
I was **listening to** the programme on whales, when you called me.
(나는 네가 전화했을 때 고래에 대한 방송 프로를 듣고 있었다.)
(*I was **hearing** the programme on whales, when you called me.)

When she arrived, I was **listening to** the lecture on global warming.
(그녀가 도착했을 때 나는 지구온난화에 대한 강의를 듣고 있었다.)
(*When she arrived, I was **hearing** the lecture on global warming.)
I **heard** Professor Lee's lecture on global warming last semester.
(나는 지난 학기에 이 지구온난화에 대한 이 교수의 강의를 들었다.)
(*I **listened to** Professor Lee's lecture on global warming last semester.)

5 **말과 뉴스**: "간단한 말, 뉴스" 등을 듣는 것을 표현할 때는 hear와 listen to를 모두 사용할 수 있다.

Did you **hear/listen to** the news yesterday? (어제 뉴스를 들었어?)
You must **hear/listen to** what he has to say. (너는 그가 무슨 말을 해야 하는지 들어야 한다.)

6 **hear**: 어떤 정보를 얻어들었거나 전해 들었을 때는 hear를 사용한다.

Did you **hear** that the President has been ill since January?
(대통령이 1월부터 병에 들었다는 것을 들었습니까?)
We **heard** the rumor that she was getting married soon.
(우리는 그녀가 곧 결혼하게 될 것이라는 소문을 들었다.)

7 **증언**: 법정에서 사건을 심리하거나 증인의 증언을 듣는 것을 표현할 때도 hear를 사용한다.

In Britain, everyone has the right to have their case **heard** by a jury.
(영국에서는 누구나 자신의 사건을 배심원에게 심의 받을 권리를 갖는다.)
The jury have **heard** evidence from defence witnesses this morning.
(배심원은 오늘 오전에 피고 측 증인의 증언을 들었다.)

8 **충고**: 충고를 들으라고 말할 때 listen (to)을 사용한다.

I told him not to go, but he just wouldn't **listen**.
(그에게 가지 말라고 했으나, 그는 참으로 말을 듣지 않는다.)
I wish I'd **listened to** my Dad. (아버지의 말을 들었어야 했다.)

9 hear of/from: 들어서 어떤 것을 알고 있는 상태에는 "hear of"가, 타인에게서 어떤 소식을 전달받는 것을 말할 때는 "hear from"이 사용된다.

My mother **heard of** the accident from the news.
(나의 어머니는 뉴스에서 그 사고 소식을 들었다.)
"Do you know Mary Smith?" "I've never **heard of** her."
("메리 스미스를 압니까?" "그녀에 대해서는 한 번도 들어보지 못했는데요.")
Do you ever **hear from** John? (존으로부터 어떤 소식이 있습니까?)
The police want to **hear from** anyone who has any information.
(경찰은 정보를 가지고 있는 아무에게서나 연락이 오기를 기다리고 있습니다.)

see, look (at), watch 사이에 있는 유사한 차이에 대해서는 P23과 S5를 보라.
hear + 목적어 + 부정사/-ing에 대해서는 P24를 보라.

H13　help

help는 목적어를 갖는 평범한 타동사로 쓰이지만, "목적어 + 부정사"를 취할 수도 있다.

How can I **help you**? (도와 드릴까요?)
He **helped me (to) carry** the sofa upstairs. (그는 소파를 위층으로 옮기는데 나를 도와줬다.)

1 help + **목적어** + **부정사**: 목적어 다음에 "to 없는 부정사"가 가능하지만 동사의 "-ing형"은 허용되지 않는다.

Can you **help me (to) find** my car key? (자동차 열쇠를 찾는데 도와주실래요?)

(*Can you **help me finding** my car key?)
Thank you so much for **helping us (to) repair** the door.
(문을 수리하는데 우리를 도와주어서 매우 감사합니다.)

2   help + 부정사: help는 또한 목적어 없이 부정사가 직접 따라올 수 있다.

Would you like to **help wash** up? (설거지하는 것을 도와줄 수 있습니까?)
The drought has **helped (to) make** this year a disastrous one for the country.
(가뭄이 올해를 국가의 재앙의 해가 되는 데 한몫을 했다.)

3   help yourself (to): "help yourself (to)"는 물어볼 필요 없이 원하는 것을 스스로 하는 것을 표현한다.

Please **help yourself to** some cake. (케이크를 좀 직접 가져다가 드시겠어요.)
There're doughnuts on the table. **Help yourself.**
(식탁 위에 도넛이 있습니다. 직접 가져다 드세요.)

▶ 이 표현은 "절도"를 의미할 수도 있다.

She **helped herself to** some movie star's costumes. (그녀는 영화배우의 의상을 훔쳤다.)

can't help ...ing과 can't help (but)에 대해서는 C7을 보라.

H14   hence, thence, whence

이 단어들은 모두 부사로서 일정한 유형의 의미를 공유하고 있다. hence는 "이 때문에(for this reason), 지금부터(from now), 여기서부터(from here)"를, thence는 "그 때문에(for that reason/therefore), 그때부터(from then), 거기서부터(from there)"를, whence는 "어떤 이유로(for what reason), 언제부터(from when), 어디서부터(from where)"를 의미한다.

He was penniless; **hence** he had to accept the first offer.
(그는 무일푼이었다. 이런 이유로 그는 첫 제안을 받아들일 수밖에 없었다.)
Come back a week **hence**. (지금부터 1주 후에 다시 오시오.)
Hence (comes) the name Cape of Good Hope. (여기에서 희망봉이라는 명칭이 왔다.)

You didn't work; **thence** you'll get no pay.
(너는 일을 하지 않았다, 그러므로 임금을 받지 못할 것이다.)
We went to Italy; **thence** we went to France.
(우리는 이탈리아에 갔고, 그곳에서 프랑스로 갔다.)
I'd met her a year ago, 5 months **thence** she died.
(나는 1년 전에 그녀를 만났고, 그때부터 5개월 후에 그녀는 죽었다.)

Whence does he have so much money? (어떤 이유에서 그에게는 돈이 그렇게 많은 것입니까?)
Whence have your family lived in Seoul? (언제부터 당신의 가족은 서울에 살았습니까?)
He told **whence** he came. (그는 어디 출신인가를 말했다.)

H15 here와 there

1   **부사**: here는 부사로서 필자나 화자에 가까운 장소를 가리키는 데 반하여, there는 필자나 화자가 있는 장소에서 좀 거리가 있는 장소를 가리킬 때 사용된다.

What are you doing **here**? (여기서 뭐 하고 있는 거야?)
My friend **here** will show you the way. (여기 있는 제 친구가 안내해드릴 겁니다.)

We could go to my cottage and have lunch **there**. (저의 집에 가서 점심이나 먹지요.)
Can you pass me that wine glass **there**? (저쪽에 있는 저 포도주잔을 나한테 건네줄 수 있어?)

2   **전치사와 함께**: here와 there는 몇몇 장소 전치사를 대동할 수 있다.

What was she doing **up here** in the woods? (그녀는 숲속 여기서 무엇을 하고 있었습니까?)
Come on. I'm **over here**. (서둘레! 나 여기 있어.)

I've left the boxes **over there**. (나는 상자를 저쪽에 놓아두었습니다.)
There's a mouse **under there**. (저 밑에 쥐 한 마리가 있다.)

3   **시간**: here는 "지금, 이때에"라는 시간적 의미를 나타내는 데 반하여, there는 시간이나 행동 또는 이야기 과정의 "어떤 시점"을 가리킬 수 있다.

Here's your chance to change your life. (지금이 너의 생애를 바꿀 기회다.)
Here I'd like to add a piece of advice. (이 시점에 내가 충고 한마디 보태고 싶다.)

Read out the rest of the letter, don't stop **there**!
(거기서 멈추지 말고, 편지의 나머지를 다 읽어라.)
He got a divorce, but his troubles didn't end **there**.
(그는 이혼했으나 문제는 거기서 끝나지 않았다.)

4   **주의**: here는 우리가 접하게 되는 대상에 "주의를 끌게 할 때" 사용된다.

"**Here** are the children," said John. ("여기 아이들이 왔습니다"라고 존이 말했다.)
Here comes the taxi you ordered. (호출했던 택시가 도착했다.)
"Okay, **here** we are," he said and inserted his key in the lock.
(그는 "좋았어. 드디어 도착했어"라고 말하고 열쇠를 자물쇠에 꽂았다.)
Here comes your husband. (드디어 당신 남편이 오고 있다.)
Rise, let us go! **Here** comes my betrayer!
(일어나라. 함께 가자. 보라 나를 파는 자가 가까이 왔느니라.) [마 26:46] [막 14:42]

5   **찾는 대상**: 찾던 대상을 드디어 찾았을 때 "here we are/there it is/there they are" 등을 사용한다.

"Have you seen my umbrella anywhere?" "Ah, **there it is**."
("제 우산을 보셨습니까?" "아, 저기 있네요.")

There you are. I've been looking for you all afternoon.
(너 거기 있었구나. 오후 내내 너를 찾고 있었다.)

6 here you are: "there you are/go"와 "here you are/go"는 타인에게 무엇을 주거나 해주었을 때 사용된다.

Here you are. He handed her a glass of cold water.
(여기 있습니다. 그는 냉수 한 잔을 그에게 주었다.)
There you go. I'll just pack it up for you. (잠깐만요. 곧 포장해 드리겠습니다.)

7 go again: "there you go/there she goes (again)"과 "here we go (again)"은 이미 했던 좋지 않은 것을 또 할 때 사용된다.

Oh, **here we go again**! Clara is in love for the fifth time this month!
(오, 우리 어떻게 해! 클라라가 이달에만 다섯 번 사랑에 빠졌다.)
There she goes again, blaming everything on me, as usual.
(그 여자는 못 말려! 항상 그랬던 것처럼 나한테 모든 잘못을 떠넘긴다니.)

there is/are에 대해서는 T9를 보라.

H16 high와 tall

이 단어는 키가 크거나 높이가 높은 대상을 표현할 때 사용된다.

1 tall: 사람이나 나무 따위가 평균보다 키가 더 크거나 높이가 더 높거나 또는 폭보다 높이가 더 큰 대상을 표현할 때 사용된다.

He was young and **tall**. (그는 젊고 키가 컸다.)
His house is surrounded by **tall** trees. (그의 집은 큰 나무로 둘러싸여 있다.)
The factory has the **tallest** chimney in the city.
(그 공장에는 도시에서 가장 높은 굴뚝이 있다.)

2 high: "산, 성벽, 울타리" 등 단순히 높이가 높은 것을 표현할 때 두루 사용된다.

Mount Halla is the highest mountain in South Korea.
(한라산은 남한에서 제일 높은 산이다.)
The city is surrounded by the **high wall**, built in the 15th Century.
(그 도시는 15세기에 구축된 높은 성벽으로 둘러싸여 있다.)
He put a **high fence** around his summer villa.
(그는 자기의 여름별장 둘레에 높은 울타리를 쳤다.)

▶ "산"의 경우에는 종종 tall을 사용하기도 한다.

Mount Everest is the highest/tallest mountain in the world.

(1) 건물과 같은 건축물의 경우는 high와 tall을 다 사용할 수 있으나 tall이 더 흔히 쓰인다.

How **tall** is that building? (저 건물은 높이가 어떻게 됩니까?)
Lotte World Tower is the **tallest building** in Korea.
(롯데월드타워가 한국에서 제일 높은 건물이다.)
How **high** is the Eiffel Tower? (에펠탑은 얼마나 높습니까?)

(2) 치수를 묻거나 말할 때 "사람"의 경우에는 tall을 사용하지만 "사물"의 경우에는 high와 tall을 둘 다 사용하기도 한다.

She's five feet and five inches tall/*high. (그녀는 키가 5피트 5인치다.)
The tree in the front yard is fifty feet tall/high. (앞마당의 나무는 높이가 50피트다.)

(3) "수면, 지면 또는 바닥"에서의 단순한 높이를 말할 때는 high를 사용한다.

Her apartment has 5 spacious rooms with **high ceilings**.
(그녀의 아파트에는 천장이 높은 넓은 방이 다섯 개 있다.)
How **high** do you think he can jump?
(그가 얼마나 높이 뛸 수 있다고 생각합니까?)
The shelf is too **high** for me to reach. (선반이 너무나 높아서 내 손이 닿지 않는다.)

H17 historic과 historical

historic은 "역사상 중요한/유명한"의 의미로 쓰이는 데 반하여, historical은 "역사의, 역사에 관한" 의미로 쓰인다.

In Eastern Europe, we visited a number of ancient **historic** sites.
(동유럽에서 우리는 많은 역사적 고대 유적지를 방문했다.)
More money is needed for the preservation of **historic** buildings and monuments.
(역사적 건축물과 기념물을 보존하려면 더 많은 돈이 필요하다.)

Analysts pointed out that there is little **historical** evidence to support this theory.
(분석가들은 이 이론을 뒷받침할 역사적 증거가 거의 없다는 점을 지적했다.)
Was King Arthur a real **historical** figure? (아서왕은 역사적으로 실제 인물이었습니까?)

H18 holiday, holidays, vacation

1 holiday와 vacation: 영국영어에서는 쉬거나 집을 떠나 즐기는 기간을 holiday라고 하고, 학교기관이 공식적으로 수업을 쉬는 기간을 vacation이라고 한다.

I've come back from a **holiday** in the United States. (나는 미국에서 휴가를 보내고 돌아왔다.)
Our school has a spring **vacation** in April each year.
(우리 학교는 매해 4월에 봄방학을 갖는다.)

▶ 그러나 미국영어에서는 vacation이 영국영어의 holiday와 vacation의 의미로 둘 다 가리

키기도 한다.

I'm going **on (a) vacation** in Japan tomorrow. (나는 내일 일본에서 휴가를 보내러 떠난다.)
They're **on (a) vacation** for the next two weeks. (그들은 다음 2주 동안 휴가다.)
During his summer **vacation** he visited Russia to polish his Russian.
(여름 방학 동안 그는 자기의 러시아어 실력을 연마하기 위해 러시아에 갔다.)

2   holiday와 holidays: 미국영어에서는 holiday를 쉬는 것과는 상관이 없는 축제의 의미가 있는 날을 가리킨다.

Labor Day and the Fourth of July are both **holidays** in the United States.
(근로자의 날과 7월 4일은 미국에서 공휴일이다.)

▶ 복수의 holidays는 영국영어에서 일반적으로 하나의 "긴 기간의 휴일"을 가리키며, 종종 관사 the나 소유격 한정사와 함께 쓰인다.

Where do you want to go for **your summer holidays**? (여름휴가 동안 어디를 가고 싶으냐?)
They're spending **their holidays** in the Bahamas. (그들은 휴가를 바하마제도에서 보내고 있다.)

3   on holiday와 on vacation: 영국식 표현인 on holiday와 미국식 표현인 on (a) vacation에서는 항상 단수를 써야 하며, 전치사 on만이 가능하다.

I met Mary **on holiday** in Norway. (나는 노르웨이에서 휴가를 보내는 중에 메리를 만났다.)
(*I met Mary **on/in holidays** in Norway.)
They're **on vacation** for the next two weeks. (그들은 다음 2주 동안 휴가다.)
(*They're **on/in vacations** for the next two weeks.)
I'm going **on holiday/vacation** at Acapulco tomorrow. (나는 내일 아카풀코로 휴가를 간다.)

H19   home과 house

home은 house와 마찬가지로 우리가 사는 "주택"을 가리킬 수 있다.

They have a beautiful **home** in California. (그들은 캘리포니아에 아름다운 집을 가지고 있다.)
I own a four bedroom **house** in Busan. (나는 부산에 침실이 네 개 있는 집을 소유하고 있다.)
We have a lot of attractive, modern **homes/houses** for sale.
(현대식이고 매력적인 집들이 매매로 많이 나왔습니다.)

1   home: home은 "자신의 집"을 가리킬 때는 관사나 소유격을 사용하지 않는다.

Last night we stayed **at home** and watched TV.
(어젯밤에 우리는 집에서 텔레비전을 봤습니다.)
(*Last night we stayed **at the/our home** and watched TV.)
Last night we stayed **at my sister's (house)** and watched TV.
(어젯밤에 우리는 나의 여동생 집에서 텔레비전을 봤다.)
(*Last night we stayed **at house** and watched TV.)

He was spending more and more time away **from home**.
(그는 점점 더 많은 시간을 집에서 떨어진 곳에 보내고 있었다.)
(*He was spending more and more time away **from his home**.)
Jack left **home** when he was sixteen. (잭은 16세에 가출했다.)

▶ 특히 미국영어에서 at는 종종 생략된다.

Is anybody **(at) home**? (누구 집에 있어요?)
Last night we stayed **(at) home** and watched TV. (어젯밤에 우리는 집에서 텔레비전을 봤다.)

2 house: house는 단지 주거하는 "건물"을 가리키는 반면, home은 사는 사람의 "감성적 애착"이 있는 장소를 의미한다.

Our new **house** doesn't feel like a **home** yet.
(우리 새 집은 아직도 내 집 같은 느낌이 안 든다.)
I lived in that **house** for six years, but I never really felt it was my **home**.
(나는 저 집에서 6년을 살았지만 한 번도 진정으로 내 집 같은 생각이 들지 않았다.)

3 부사: home은 방향을 가리키는 부사로 "전치사 없이" 사용된다.

I'll **go/come/get/return home** soon. (나는 집에 곧 갈/올/도착할/돌아올 것이다.)
(*I'll **go/come/get/return to home** soon.)
We **rushed/arrived home** last night. (우리는 어젯밤에 집으로 급히 달려갔다/집에 도착했다.)
(*We **rushed to/arrived at home** last night.)
She **brought** the baby **home** from the hospital on Friday.
(그녀는 금요일에 아이를 병원에서 집으로 데려왔다.)

H20 Honorable과 Reverend

이들은 호칭의 한 부분으로 쓰일 때는 항상 "대문자"로 시작해야 하며, 약자는 각각 "Hon."과 "Rev."로 표기된다. Honorable은 공공기관의 "고위직"에 있는 사람이나 영국에서는 "귀족" 출신에게 붙여지고, Reverend는 신부나 목사와 같은 "성직자"에 붙여진다. 항상 정관사 "the"가 앞에 오며, 뒤에는 "이름이나 이름의 첫 글자 또는 다른 호칭"이 온다. 이들 바로 뒤에 성만을 둘 수 없다.

the **Honorable** C. George Taylor
the **Honorable** C. G. Taylor
*the **Honorable** Taylor

the **Honorable** Mr. Taylor
the **Honorable** Dr. Taylor

the **Honorable** Mr. President Trump
the **Honorable** Mrs. President Trump

the **Reverend** Myung H. Kim
the **Reverend** M. H. Kim
*the **Reverend** Kim

the **Reverend** Mr. Kim
the **Reverend** Dr. Kim

the **Reverend** the Bishop of Durham

▶ 영국하원에서 의원들 간에 서로를 호칭할 때 "the Honorable Gentleman/Lady, the Honorable Member, my Honorable Friend"를 사용한다.

H21 hope와 wish

우리는 가능한 것을 바랄 수도 있고 불가능한 것을 바랄수도 있다. "있을 수 없는 상황" 또는 "비실제적인 상황"임을 알면서도 그것이 사실이기를 바랄 때는 wish를 사용하고, "미래에 어떤 일이 일어나기"를 바라며 또한 "그것이 가능하다"고 생각할 때는 hope를 사용한다. 따라서 wish의 경우에는 종속절에 "과거시제 동사"가 나타나고, hope의 경우에는 "미래 또는 현재시제 동사"가 나타난다.

I **wish/*hope** I **could** afford a new car. (새 차를 살 수 있으면 좋으련만.)
(*I **wish** I **can** afford a new car.)
I **wish/*hope** that you'd **told** me. (나한테 말해 줬으면 좋았을 텐데.)
(*I **wish** that you **tell** me.)
The boy **wishes/*hopes** that he **was/were** a bird.
(그 남자아이는 자신이 새였으면 한다.)

I **hope/*wish** that you **get** home safely. (집까지 무사히 오기를 바란다.)
We **hope/*wish** that more young people **will join** the club.
(우리는 더 많은 젊은이들이 클럽에 가입하기를 희망한다.)

1   wish + to-부정사: wish는 "to-부정사"와 함께 "would like 또는 want"의 의미로 쓰일 수 있으며, 이들보다는 더 격식적인 표현이다.

I **wish to make** a complaint. (나는 불평을 하고 싶습니다.)
(= I **would like to make** a complaint.)
You may leave now, if you **wish**. (원하면 지금 떠나도 좋다.)
(= You may leave now, if you **want to**.)

▶ 물론 hope도 to-부정사와 함께 쓰일 수 있다.

She **hopes to become** a doctor. (그녀는 의사가 되기를 희망한다.)
(= She **hopes** that she **will become/becomes** a doctor.)
We **hope to see** you soon again. (곧 다시 뵙기를 바랍니다.)
(= We **hope** we **(will) see** you soon again.)

2   축복: wish는 상대방에게 "축복을 비는 표현"에 많이 쓰인다.

We **wish** you a Merry Christmas and a Happy New Year.
(즐거운 성탄과 행복한 새해가 되기를 기원합니다.)
They all **wished** us a safe journey. (그들 모두는 우리의 안전한 여행을 기원했다.)
I **wish** you good luck. (행운이 있기를 빕니다.)

wish의 다른 용법에 대해서는 W19를 보라.

hope의 다른 용법에 대해서는 A73.3,6; S19.2,3,6; S38.12를 보라.

H22　how

how는 의문문을 이끄는 "의문사"로, 형용사와 부사의 "감탄문"을 이끄는 표현으로, 관계절을 이끄는 "관계부사"로 사용될 수 있으며 항상 나타나는 문장 또는 절의 맨 앞에 온다.

How do we get to the station from here?　　[의문사]
(여기서 정거장을 어떻게 갑니까?)
How long are you going to stay there?　　[의문부사]
(거기 얼마나 오래 있을 겁니까?)
How nice to see you again!　　[감탄사]
(다시 만나서 정말 기쁘다.)
It all depends on **how** you look at it.　　[관계부사]
(모든 것이 네가 어떻게 보느냐에 달려 있다.)

1　　**의문사**: how는 의문사의 하나로서 여러 가지 내용에 대해서 질문할 때 사용된다.

(1) 방식: 어떤 사건이 일어난 방식에 관해 물어보거나 말할 때 사용된다.

How do you spell your name? (이름을 어떻게 써야 합니까?)
He explained **how** the system worked. (그는 그 제도가 어떻게 운용되는가를 설명했다.)

(2) 수치: 의문부사로서 어떤 대상의 "양, 크기, 정도, 거리" 등에 대해 말하거나 물어볼 때 사용된다.

How big is the Republic of Korea? (대한민국은 크기가 어떻게 됩니까?)
How long have you been learning English? (얼마나 오래 영어를 배웠습니까?)
They couldn't tell **how far away** the bridge was.
(그들은 그 교량이 얼마나 멀리 있는지를 말할 수 없었다.)
I will show him **how much** he must suffer for my name.
(그가 내 이름을 위하여 얼마나 고난을 받아야 할 것을 내가 그에게 보이리라.) [행 9:16]

(3) 건강: 사람을 만났을 때 상대의 건강을 물어볼 때 사용된다.

How's your sprained ankle this morning? (오늘 아침에는 삔 발목이 어떻습니까?)
Hi Mary, **how** are you? (안녕 메리. 오늘 어떠세요?)
How does she look today? (그녀가 오늘 어때 보입니까?)

(4) 의견: 어떤 대상에 대한 의견이나 생각을 질문할 때 사용된다.

How did your exam go? (시험을 어떻게 치렀습니까?)
How do you feel about seeing Mary again? (메리를 다시 보게 되어 어떻습니까?)

의문사와 의문부사로서의 how에 대해서는 Q4를 보라.

2   **감탄사**: 형용사나 부사의 의미를 강조할 때 사용된다.

How nice to see you! (만나서 참 기쁩니다.) (= It is very nice to see you.)
How pretty she is in her new dress! (그녀가 새 드레스를 입으니까 정말 예쁩니다.)
How beautifully you sing! (노래를 정말 아름답게 부르십니다.)
How hard it is for the rich to enter the kingdom of God!
(재물이 있는 자는 하나님의 나라에 들어가기가 심히 어렵도다.) [막 10:23]

감탄사로서의 how에 대해서는 E37.2를 보라.

3   **관계부사 how와 the way**: "how"는 "when, where, why"와 더불어 관계부사로 사용될 수 있다. "when, where, why"는 선행사를 가질 수 있으나, "how"는 선행사를 가질 수 없다는 점에 유의하라.

That's **(the place) where** he was born. (저곳이 내가 태어난 곳입니다.)
That's **(the time) when** he lived here. (그때가 그가 여기 살던 때다.)
That's **(the reason) why** he refused to speak. (그것이 그가 말하기를 거절한 이유다.)
That's **(*the way) how** he spoke. (그것이 그가 말하는 방식이다.)
This is **how** the birth of Jesus Christ came about.
(예수 그리스도의 나심은 이러하니라.) [마 1:18]

▶ how 앞에 선행사 "the way"가 오면 "how"를 생략하거나 관계대명사 "that"를 대신 사용한다.

That's **the way (that)** he spoke. (그것이 그가 말하는 방식이다.)
The way (that)/How you organize the work is for you to decide.
(그 작업을 어떻게 계획할 것인가는 네가 결정해야 한다.)
(***The way how** you organize the work is for you to decide.)

관계부사로서의 how에 대해서는 R12.2, 10-12를 보라.
the way에 대해서는 W2를 보라.

4   **how 특별 의문문**: 정상적인 문장구조가 아닌 특별한 구조를 가진 의문문을 가리킨다.

(1) how about: 무엇을 하자고 제안할 때

"Can you come to my place on Monday?" "No, I'm busy on Monday. **How about** Tuesday?" ("월요일에 우리 집에 올 수 있어?" "월요일은 바빠서 안 되는데. 화요일은 어때?")
How about moving the sofa closer to the window? (소파를 창문 가까이 옮기는 게 어때요?)
How about we play that game tomorrow? (내일 경기를 하도록 합시다.)
How about if we report the accident to the police? (사고를 경찰에 알리는 게 어때?)

미국영어에서는 종종 "how's about ..."가 쓰이기도 한다.

How('s) about going for a drink after work? (퇴근 후에 한잔하러 가는 것 어때?)

(2) how come: 생각지도 않은 어떤 상황이 일어났을 "why"의 의미로 쓰인다.)

How come you got an invitation but not me? (어째서 너는 초대를 받았는데 나는 못 받았지?)
How come Mary's home? Isn't she feeling well?
(어째서 메리가 집에 있어? 어디 아픈 거 아니야?)

▶ 같은 의미로 "how is it that"이라는 표현이 있다.

How is it that you keep seeing her so long?
(너는 어째서 그녀를 그렇게 오래 만나고 있느냐?)
How is it that they say the Christ is the Son of David?
(사람들이 어찌하여 그리스도를 다윗의 자손이라 하느냐?) [눅 20:41]

(3) how do you mean: 방금 말한 것을 설명해 달라고 요구할 때

"I think we need to reconsider our position." "**How do you mean?**"
("나는 우리 입장에 대해서 다시 생각해 봐야 한다고 본다." "무슨 말씀인지요?")

(4) how should ...?: 특정 질문에 대해 놀라움을 표현할 때

"What time does the train leave?" "Don't ask me. **How should I know?**"
("기차가 언제 떠나지?" "내게 묻지 마. 그걸 내가 무슨 수로 알아.")

how 다음에 오는 부정사에 대해서는 I38.4를 보라.

H23 however

however는 접속어 또는 접속사로 쓰인다.

Setting up a business is exciting. **However,** it requires   [접속어]
  a great deal of effort.
(사업을 시작하는 것은 마음이 설레는 일이다. 그러나 사업은 많은 노력을 필요로 한다.)
However small the giving is, charity is charity.   [접속사]
(기부가 아무리 적다 할지라도 자선은 자선이다.)

1 접속어

▶ nevertheless의 의미로 방금 말한 것과 대조되는 말을 이어주는 접속어로 사용된다.
   (C39.10을 보라.)

This is one possible solution to the problem. **However,** there are others.
(이것이 문제에 대한 하나의 가능한 해결책이다. 그러나 다른 해결책들도 있다.)
The guests haven't arrived yet. They will, **however,** come soon.
(손님들이 아직도 도착하지 않았다. 그렇지만 곧 올 것이다.)

▶ 영국영어에서 놀라움을 표현할 때 종종 의문사로 사용되기도 한다.

However did you get that job? (도대체 네가 어떻게 그 일을 하게 된 거야?)
However did you persuade him to come with us?
(도대체 그를 우리와 같이 가자고 어떻게 설득했습니까?)

2   접속사: "no matter how"의 의미로 한 상황의 강도가 아무리 강해도 다른 상황에 어떤 변화가 있을 수 없다는 것을 강조하기 위해 형용사나 부사 앞에 사용된다. (W16.1을 보라.)

However hungry I am, I'm unable to finish off a whole pizza.
(아무리 배가 고파도 나는 피자 한 판을 다 먹을 수 없다.)
We have to finish, **however long** it takes.
(기간이 아무리 오래 걸려도 우리는 끝장을 봐야 한다.)
However we reform our healthcare system, our revenue can't support it.
(우리가 건강보험 제도를 아무리 개선한다고 해도 예산이 뒷받침할 수 없다.)

H24   hypocritical과 hypercritical

hypocritical[hìpəkrítıkəl]은 "위선의, 위선적인"을 의미하고, hypercritical[hàıpərkrítıkəl]은 "혹평하는, 지나치게 비판적인"을 의미한다.

Their accusations of corruption are **hypocritical** — they've been as just corrupt themselves.
(그들이 부패를 고발하는 것은 위선적이다. 그들 자신이 못지않게 부패해 있다.)
It's **hypocritical** of the politician to say he always works only for people.
(그 정치인이 자신은 항상 국민을 위해서만 일한다고 말하는 것은 위선이다.)
If someone is being **hypocritical**, then it's fair to expose that.
(만약 누구 위선적으로 행동하면 그것을 밝히는 것이 옳다.)

He's apologized for **hypercritical** remarks he made about the referee.
(그는 심판에 대해서 지나치게 혹평하는 말을 한 것을 사과했다.)
The report in the newspaper is **hypercritical** of the trial judge.
(신문의 기사가 예심판사에 대해서 지나치게 비판적이다.)
The government arrested a few dozen intellectuals who've been **hypercritical** of the regime. (정부는 정권에 대해서 심하게 비판적인 몇 십 명의 지식인들을 체포했다.)

I1 -ic와 -ical

영어에는 어떤 단어가 형용사라는 것을 나타내주는 다양한 파생어미 중에 대표적인 것으로는 "-ic"과 "-ical"이 있다. 이 두 어미는 다른 형용사 어미와는 달리 한 단어에 두 가지 어미가 다 허용되기도 하고 단어에 따라 "-ic" 또는 "-ical"만이 허용된다. 그러나 어느 어미를 선택하느냐를 규정하는 일반적인 규칙은 없다. (다른 형용사 어미에 대해서는 A18.1을 보라.)

1. **-ical:** "-ical"로 끝나는 형용사는 세 가지 어원이 있다.

    (1) "-ic" 또는 "-ics"로 끝나는 명사에서 도출된 형용사

critical	cynical	logical	logistical
mechanical	musical	mathematical	statistical
tactical	topical 등		

    (2) "-logy"로 끝나는 명사에서 파생된 형용사

biological	neurological	sociological	physiological
psychological	theological	zoological 등	

    (3) 여타 형태

chemical	grammatical	hypothetical	lexical
medical	mathematical	physical	radical
surgical	technical 등		

2. **-ic:** "-ic"로 끝나는 형용사

academic	aesthetic	artistic	athletic
catholic	diplomatic	domestic	dramatic
emphatic	energetic	fantastic	hygienic
lethargic	linguistic	majestic	neurotic
phonetic	prolific	public	pathetic
schizophrenic	semantic	sympathetic	syntactic
systematic	tragic 등		

    ▶ 영어에 새로이 도입되는 형용사는 일반적으로 "-ic"로 끝난다.

aerodynamic	acrobatic	electronic	robotic
synthetic 등			

3. **-ic과 -ical:** "-ic"과 "-ical"을 둘 다 허용하는 형용사 중에는 의미적 차이가 없는 것과 의미적 차이를 보이는 것이 있다.

(1) 의미적 차이가 없는 것

algebraic(al)	arithmetic(al)	egoistic(al)	fanatic(al)
fantastic(al)	geometric(al)	majestic(al)	strategic(al)
tragic(al) 등			

(2) 의미적 차이가 있는 것

classic(al)	comic(al)	economic(al)	electric(al)
historic(al)	magic(al)	politic(al) 등	

4 **classic과 classical**: classic은 일반적으로 한 종류에 속한 것 중에 유명하거나 최상의 것을 가리키는 데 반하여, classical은 고대 그리스나 로마의 문화를 가리키거나 18세기 소위 "고전주의 시대"의 유럽 예술작품을 가리킨다.

The invention of X-ray is a **classic** case of discovering something by accident.
(엑스레이의 발명은 우연히 어떤 것을 발견하는 전형적인 실례의 하나다.)
Citizen Kane is a **classic** movie of the fifties. (〈시민 케인〉은 50년대의 대표적인 영화다.)

She's studying Latin and Greek, which are called **classical** languages.
(그녀는 고전적 언어라고 부르는 라틴어와 그리스어를 공부하고 있다.)
Do you like to study **classical** music? (고전음악을 공부하고 싶으세요?)

5 **comic과 comical**: comic은 예술적 희극을 대표하는 형용사이고, comical은 "우스꽝스러운(funny)"을 의미하는 오래된 단어이다.

Is it a **comic** or a tragic play? (그것은 희극이냐 비극이냐?)
She performed a leading role in a **comic** opera. (그녀는 희극 오페라에서 주역으로 연기했다.)

His **comical** expression made us laugh. (그의 익살스러운 표현은 우리를 웃게 했다.)
Tell me whether I look **comical** in this hat. (이 모자를 쓰면 우스꽝스럽게 보이는지 말해라.)

6 **economic과 economical**: economic은 경제학 또는 한 나라의 경제를 가리키는 데 반하여, economical은 절약을 의미한다.

The government's **economic** policies have led us into the worst recession for years.
(정부의 경제정책은 우리를 수년간 최악의 불황으로 빠지게 했다.)
Poland's radical **economic** reforms haven't been much help to the businesses of the country. (폴란드의 극단적인 경제개혁은 나라의 상업 활동에 큰 도움을 주지 못했다.)

There's an increasing demand for cars which are more **economical** on fuel.
(연료 절약형 차에 대한 요구가 증가하고 있다.)
She's an **economical** housekeeper — saving money seems to come naturally to her.
(그녀는 알뜰한 주부다. 돈을 절약하는 것은 그녀에게 자연스러운 것 같다.)

7 **electric과 electrical**: electric은 전기로 작동되는 기계의 명칭과 함께 사용되는 데 반하여,

electrical은 전기와 관련이 있는 것을 말할 때 사용된다.

I decided to buy an **electric** blanket for winter. (나는 겨울을 위해 전기담요를 사기로 했다.)
They sell **electric** kettles, **electric** cookers, **electric** heaters, **and so on**.
(그들은 전기 주전자, 전기 요리기, 전기난로 등을 판다.)

The fire was caused by an **electrical** fault in the wire of the ceiling.
(화재는 천장 전기선의 전기적 결함이 원인이 되었다.)
He majored **electrical** engineering at college. (그는 대학에서 전기공학을 전공했다.)

8 historic과 historical: historic은 "역사상 중요한/유명한"의 의미로 쓰이는 데 반하여, historical은 "역사의, 역사에 관한" 의미로 쓰인다.

In Eastern Europe, we visited a number of ancient **historic** sites.
(동유럽에서 우리는 많은 역사적 고대 유적지를 방문했다.)
More money is needed for the preservation of **historic** buildings and monuments.
(역사적 건축물과 기념물을 보존하려면 더 많은 돈이 필요하다.)

Analysts pointed out that there is little **historical** evidence to support this theory.
(분석가들은 이 이론을 뒷받침할 역사적 증거가 거의 없다는 점을 지적했다.)
Was King Arthur a real **historical** figure? (아서왕은 역사적으로 실제 인물이었습니까?)

9 magic과 magical: magic은 "마술과 관련이 있는" 것을 의미하고 magical은 "놀라운, 신기한, 불가사의한"을 의미한다.

I will show you a **magic** trick. (내가 요술을 보여주겠다.)
He wrote a book of **magic** spells. (그는 마법에 대한 책을 썼다.)

Diamonds were once thought to have **magical** powers.
(다이아몬드는 한때 신비한 힘을 가진 것으로 여겨졌다.)
That tropical island is a **magical** place to get married.
(저 열대 섬은 결혼하기에 매력이 있는 장소다.)

10 politic과 political: politic은 어떤 일을 하는 것이 그 상황에서 매우 "사리 분별이 있는" 것으로 생각된다는 것을 의미하는 반면, political은 정치(politics)와 관련이 있는 단어다.

I don't think it would be **politic** to ask for a loan just now.
(나는 지금 당장 대출을 신청하는 것은 현명한 것이 아니라고 생각한다.)
It would not be **politic** for you to be seen with her.
(네가 그녀와 같이 있는 것이 알려지는 것은 현명한 일이 아닐 수 있다.)

All other **political** parties have been completely banned in China.
(중국에서는 모든 다른 정당은 완전히 금지된다.)
Abortion is once again a controversial **political** and moral issue in this country.
(낙태는 또다시 이 나라에서 정치적 그리고 도덕적 쟁점이 되었다.)

12 if-1: 형태와 일반적 용법

if는 조건절을 이끄는 대표적인 종속접속사다. "if-절"은 주절의 "시제형"과 "양상조동사"의 형태에 따라 일반적으로 네 가지 유형으로 구분한다.

1 현재시제 조건

if ... 현재 ...	... 현재 ...

이 형태는 일반적으로 받아들여지는 "현상" 또는 "사실"을 말할 때 사용되며, 일반적으로 when을 대치해도 의미가 크게 바뀌지 않는다.

If/When I **go** to bed late, I **feel** dreadful in the morning.
(나는 늦게 잠자리에 들면 아침에 기분이 매우 언짢다.)
If/When you **need** money, I **can lend** you some. (돈이 필요하면 내가 좀 빌려줄 수 있다.)
If you **hold** to my teaching, you **are** really my disciples.
(너희가 내 말에 거하면 참으로 내 제자가 되고) [요 8:31]

2 will-조건

if ... 현재 ...	... will/'ll + 부정사 ...

이 형태는 "미래에 있어날 수 있는 상황이나 사건"을 말할 때 사용된다.

If your boyfriend **calls**, I'**ll tell** him you've gone out with your brother.
(만약 네 남자친구가 전화하면 네 남동생과 외출했다고 말할게.)
If we **leave** now, we'**ll catch** the 11:30 train.
(우리가 지금 떠나면 11시 30분 기차를 타게 될 것이다.)
... **if** you **do not** forgive men their sins, your Father will not forgive your sins.
(너희가 사람의 잘못을 용서하지 아니하면 너희 아버지께서도 너희 잘못을 용서하지 아니 하시리라.) [마 6:15]

▶ if-절에서 미래시간을 말할 때 조동사 will을 사용하지 않는다.

*We'll all welcome the Professor if he **will** come to the graduation party.

3 would-조건

if ... 과거 ...	... would/'d + 부정사 ...

이 형태는 현재나 미래에 일어날 가능성이 없는 "비실제적 상황이나 사건"을 말할 때 사용된다.

Would you **accept** the job **if** I **offered** it to you?
(만약 내가 당신에게 제안했다면 그 일자리를 받아들였을 겁니까?)
If I **married** you, we **would** both **be** unhappy.
(만약 우리가 결혼했다면 우리 둘 다 행복하지 않을 수도 있다.)
If you **knew** me, you **would know** my Father also.
((너희가) 나를 알았더라면 내 아버지도 알았으리라.) [요 8:19]

| 4 | would have-조건 | if ... 과거완료 ... | ... would have/-'d have +과거분사 ... |

이 형태는 가상적 과거 상황에 대해 말할 때 사용된다.

If Columbus **hadn't discovered** America, the history of the world **would have been** quite different.
(만약 콜럼버스가 미 대륙을 발견하지 않았더라면 세계의 역사는 매우 달라졌을 것이다.)
We **would have gone** to the beach, **if** the weather **had been** good.
(날씨가 좋았더라면 우리는 해변에 갔을 것이다.)
If we **had lived** in the days of our forefathers, we **would not have taken part** with them in shedding the blood of the prophets.
(만일 우리가 조상 때에 있었더라면 우리는 그들이 선지자의 피를 흘리는 데 참여하지 아니하였으리라.) [마 23:30]

▶ 또한 이 구조는 "would-조건" 구조와 함께 더 이상 "있을 수 없는 현재나 미래의 상황"을 말할 때도 사용된다.

If my grandfather **wasn't** killed in the Korean War, he **would** be 90 next year.
(만약 나의 할아버지가 한국전쟁에서 돌아가시지 않았다면 내년에 90세가 될 것이다.)
(= If my grandfather **hadn't been** killed in the Korean War, he **would have been** 90 next year.)
We **wouldn't** be married to each other if I **didn't** take the 9 o'clock train 10 years ago.
(내가 10년 전에 9시 기차를 타지 않았더라면 우리는 결혼하지 않았을 것이다.)
(= We **wouldn't have been** married to each other if I **hadn't taken** the 9 o'clock train 10 years ago.)

I3 if-2: 다른 용법

1 **궁금한 상황**: "if-절"은 종종 "궁금하거나 확실치 않은 사실, 상황, 사건"을 말할 때 whether 의 의미로 사용된다.

He stopped to ask me **if I was all right**. (그는 내가 괜찮은지를 물으려고 들렀다.)
I'm not sure **if/whether this is the right road** (or not).
(나는 이 길이 맞는 것인지 확신이 없다.)

2 **가능한 상황**: "if-절"은 "있을 수 있는 어떤 상황에 대한 생각"을 물을 때 사용된다.

I'm sorry **if I upset you**. (기분 나쁘게 했다면 미안합니다.)
It would be nice **if we could spend more time together**.
(우리가 함께 시간을 더 보낼 수만 있다면 좋을 텐데.)

3 **if not**: "if-절"은 "방금 언급한 내용과 약간의 차이가 있을 수 있음"을 표현할 때 사용된다.

I will be ready in a couple of weeks, **if not sooner**.
(더 빠를 수는 없으나 2주 정도면 준비가 될 것입니다.)
The snow on the road makes it difficult, **if not impossible**, to get the car out.
(길 위에 있는 눈이 차를 빼는 것을 불가능하게 하지는 않지만 어렵게 할 것입니다.)

4   **정중한 요청**: "if-절"은 종종 "정중하게 무엇을 요청할 때" 사용된다.

I wonder **if you could help me to solve this problem**.
(이 문제를 푸는 데 저를 도와주실 수 있으신가 해서 말씀드립니다.)
I'd be grateful **if you'd send me more information on the subject**.
(저에게 그 주제에 대한 정보를 좀 더 보내주신다면 감사하겠습니다.)

▶ 정중하게 요청할 때 종종 "과거시제의 if-절"이 사용되기도 한다.

Will it be all right if I **bring** a friend tonight? (오늘 밤에 친구 한 명을 데려와도 됩니까?)
Would it be all right if I **brought** a friend tonight?
(오늘 밤에 친구 한 명을 데려오려고 하는데 괜찮겠습니까?)

5   **실현 가능성**: "if-절"의 "현재시제와 과거시제의 차이"는 "시간의 차이"가 아니라 어떤 상황의 "실현 가능성의 차이"를 의미한다. 현재시제는 "실현 가능한 상황"을, 과거시제는 "실현될 가능성이 없는 가상적 상황"을 암시한다. 다음을 비교해보라.

If I **am** elected, I will ...   [후보의 말]
(만약 내가 당선된다면, 나는 ...)
If I **was** elected, I would ...   [낙선한 후보의 말]
(만약 내가 당선되었다면, 나는 ...)

6   **(even) if**: if는 종종 (even과 결합되어) "양보 조건"절을 구성한다. (E30.1을 보라.)

The house is very comfortable, **(even) if it's a little small**.
(집이 약간 작기는 하지만 매우 쾌적하다.)
He's very friendly, **(even) if he's a prince**.
(그는 왕자이지만 매우 친절하다.)
If I want him to remain alive until I return, what is that to you?
(내가 올 때까지 그를 머물게 하고자 할지라도 네게 무슨 상관이냐?) [요 21:22]

I4   if-3: 특별한 용법

1   **if ... were ...**: "if-절"에서 단수 주어가 종종 was 대신에 "were"를 취하는 경우가 있다. 이러한 "were"의 사용을 "가정법"이라고 하며 (S37을 보라.), 이 경우 "were"는 "비실제성 (unreality)"을 표현한다. (I7을 보라.)

If he **were** my father, I **wouldn't worry about** my tuition fees.
(만약 그가 나의 아버지라면 나는 등록금 걱정을 하지 않아도 될 것이다.)

If I **were** a bit younger, I **would spend** all my time travelling.
(내가 조금만 젊었다면 나는 모든 시간을 여행하는 데 쓸 것이다.)

▶ "if I were you"는 또한 타인에게 충고하거나 어떻게 행동하는 것이 좋은가를 말할 때 종종 사용된다.

I wouldn't worry about it **if I were you**. (내가 너라면 걱정하지 않을 것이다.)
If I were you, I'd accept his apology. (내가 너라면 그의 사과를 받아들일 것이다.)

2 if ... should: 어떤 일이 일어날 "가능성이 적어 보일 경우"에 "if-절"에서 "should"가 사용될 수 있다.

If she **should** telephone, let me know. (그녀가 만약 전화하면 나를 바꿔주세요.)
If you **should** run into Peter, tell him I want to see him.
(만약 피터와 마주친다면 내가 보고 싶어 한다고 말해주세요.)

3 if ... happen: "if ... happen"도 "if ... should"와 유사한 의미를 갖는다.

If you **happen to** go to the library, perhaps you could return this book for me.
(만약 도서관에 갈 일이 생긴다면 저 대신에 이 책을 반환해 주십시오.)

▶ should와 happen to가 함께 쓰일 수도 있다.

If you **should happen to** visit Seoul, you may stay at my place.
(만약 서울에 올 일이 있다면 저의 집에 머물러도 됩니다.)

4 if ... was/were to: 이 구조는 과거시제 동사와 마찬가지로 "if-절"에서 "비실제적인 가상적 미래 사건"을 말할 때 사용된다.

What would happen to your family **if you were to die** in an accident?
(만약 네가 사고로 죽는다면 너의 가족은 어떻게 되겠느냐?)
(= What would happen to your family if you **died** in an accident?)
If I **was/were to quit** smoking, I would be much healthier than now.
(만약 내가 담배를 끊는다면 지금보다 더 건강할 것이다.)
(= If I **quit** smoking, I would be much healthier than now.)

5 if it was/were not for: 이 구조는 한 "특별한 사건이나 상황이 모든 것을 바꾼다는 것"을 말할 때 사용된다.

If it was not/were not for your support, he would never be a director.
(만약 당신의 지지가 없었더라면 그는 결코 이사가 되지 못했을 것입니다.)
If it was not/were not for his money, he would be in prison now.
(만약 돈이 아니었다면 그는 지금 감옥에 있을 것이다.)

6 if it had not been for: "어떤 상황이 아니었더라면 결과가 달랐으리라"는 것을 말할 때 사용된다.

If it hadn't been for their interruptions, the meeting would have finished earlier.
(만약 그들의 방해가 없었더라면 회의는 더 일찍 끝났을 것이다.)

▶ "but for"도 "it had not been for"의 의미로 쓰인다. (B36.1을 보라.)

But for their interruptions, the meeting would have finished earlier.
(그들의 방해가 아니었다면 회의는 더 일찍 끝났을 것이다.)

7 **생략 구조:** 문어체에서 "주어 + be 동사"가 때때로 if 다음에서 생략된다.

If (he is) still alive, he must be at least ninety years old.
(아직 살아 있다면 그는 적어도 90세일 것이다.)
If (you are) in doubt, ask for help. (의심이 가면 도움을 청해라.)
If (it is) carefully done, the experiment should be successful.
(만약 신중히 끝낸다면 실험은 성공적으로 될 것이다.)

종속절 내의 생략에 대해서는 E16을 보라.

8 if any/at all/not impossible: 방금 말한 것보다 "덜하거나 더하거나 혹은 더 나아지거나 나빠지거나 부연하여" 말할 때 사용할 수 있다.

The desert gets little, **if any** rain. (사막은 비가 온다고 해도 아주 적다.)
Their policies have changed little, **if at all**, since the last election.
(마지막 선거 이후 그들의 정책은 변화가 있다고 해도 미미하다.)
That goal is quite difficult, **if not impossible**, to achieve.
(그 목표는 달성하기가 불가능하지는 않지만 매우 어렵다.)

9 if anything: 방금 말한 것을 바꾸거나 강조할 때 "if anything"을 사용할 수 있다.

It's warm enough in Sydney. A little too warm, **if anything** (= in fact).
(시드니는 꽤 더운데, 실제로는 약간 너무 덥다.)
I never had to clean the office. He did most of the cleaning, **if anything**.
(나는 사무실을 청소하지 않아도 된다. 실제로 그가 대부분의 청소를 한다.)

10 if ever: "if ever"는 어떤 사람이나 사물이 "전형적인 표본"이 됨을 말할 때 사용될 수 있다.

If ever I saw a true artist, it was James Still.
(내가 진정한 예술가를 만났다면 그것은 제임스 스틸 씨다.)
He's a natural comedian **if ever** there was one.
(만약 한 사람이 있다면 그가 천부적인 코미디언이다.)

11 if not: 어떤 표현 앞에 "if not"이 오면 말할 것이 그 표현에 맞지 않는다는 것을 의미한다.

Usually, **if not** always, we write "cannot" as one word.
(항상은 아니지만 보통 우리는 "cannot"를 한 단어로 쓴다.)

The project could cost us thousands, **if not** millions of dollars.
(그 사업은 수백만 불은 아니라도 수천 불은 들 수 있다.)

12 **if so와 if not**: if 다음에서 앞에 오는 절을 반복하거나 부정하는 대신에 so와 not를 사용할 수 있다.

Are you the man with those good ideas? **If so**, we'd love to hear from you.
(당신이 그 좋은 생각을 가진 분입니까? 그렇다면 당신의 생각을 듣고 싶습니다.)
(= **If you're the man with those good ideas,** we'd love to hear from you.)
We'll go to the beach if the weather's good. **If not**, we'll stay home.
(날씨가 좋으면 바다에 갈 것이다. 그렇지 않으면 집에 있을 것이다.)
(= **If the weather's not good,** we'll stay home.)

13 **if ... will**: "if-절"이 주절이 조건이 아니라 "결과"가 될 때 조동사 "will"이 사용될 수 있다. 다음을 비교해보라.

I'll arrange some scholarship for you, **if** it**'ll** help you study medicine.
(만약 장학금이 네가 의학을 공부하는 데 도움을 준다면 장학금을 받게 해줄 것이다.)
I'll arrange some scholarship for you, **if** you study medicine.
(만약 네가 의학을 공부하겠다면 장학금을 받게 해줄 것이다.)

두 번째 문장에서는 "의학공부(studying medicine)"가 "장학금(scholarship)"의 조건이지만, 첫 번째 문장에서는 장학금이 "의학공부를 하는 데 도움을 주는 결과"가 되는 경우를 말한다.

15 if-4: 다른 형태의 조건절

1   **동사**: 적절한 표현을 사용하여 "if-절"과 유사한 의미를 가진 구조를 구성할 수 있다. 그 구조에 나타나는 시제와 조동사도 "if-절"과 유사하며, 다음과 같은 표현들이 일반적으로 사용된다.

as/so long as   on condition (that)
assume/assuming (that)   imagine (that)
provided/providing (that)   suppose/supposing (that)
let's assume/suppose (that) 등

I can lend you some money **providing/provided** you pay it back next week.
(만약 다음 주에 갚는다면 너에게 돈을 좀 빌려줄 수 있다.)
Imagine you were the murderer. Where would you have hidden the knife?
(네가 살인자라면 칼을 어느 곳에 숨겼을까?)
Let's assume that we had run into Soohyun Kim. What would we have said to him?
(우리가 김수현을 만났다면 그에게 뭐라고 말했을까?)
The superintendent would support them **as long as** they didn't break the rules.
(그들이 규칙을 위반하지 않는다면 교장은 그들을 지지할 것이다.)

2   도치: 조건절에서 접속사 if 대신에 조동사를 주어 앞에 놓을 수 있으며, 문학적 표현에서 자주 쓰인다.

Had I known, I would have come home sooner. (내가 알았더라면 집에 더 일찍 왔을 텐데.)
(= **If I had known** I would have come home sooner.)
Should you need any help, you can always call me at my office.
(도움이 필요하면 언제든지 내 사무실로 연락할 수 있다.)
(= **If you should need any help**, you can always call me at my office.)

도치 구조에 대해서는 147-149를 보라.

16   if only

1   소망: "if only"는 "실현될 수 없는 강력한 소망"을 표현할 때 사용한다.

(1) "현재의 소망"을 표현할 때는 "과거시제"를 사용한다.

If only I **had** some money! (나에게 돈이 좀 있다면 좋으련만!)
(= I wish I have some money.)
If only I **wasn't** so tired! (내가 이렇게 지치지만 않았다면 좋겠는데!)
(= I wish I'm not so tired.)

(2) was 대신에 were를 사용할 수도 있다. (14.1을 보라.)

If only I **were** better-looking! (내가 좀 더 잘 생겼다면 얼마나 좋을까!)
If only I **were** her son! (내가 그녀의 아들이라면 좋을 텐데!)

(3) "기대할 수 없는 미래의 소망"을 가리킬 때는 조동사 "would" 또는 "could"를 사용한다.

If only she **would stop** complaining, we would allow her to join the club.
(그녀가 불평을 그만둔다면 그녀를 클럽의 회원으로 받아들일 텐데.)
If only I **could** meet you at the station! (너를 정거장에서 만날 수 있으면 좋으련만!)

(4) "이루지 못한 과거의 소망"을 표현할 때는 "과거완료"를 사용한다.

If only she **hadn't told** the police, everything would have been all right.
(그녀가 경찰에 말하지 않았다면 모든 것이 잘 되었을 건데.)
If only you'**d been** driving more carefully! (네가 좀 더 조심해서 운전했더라면!)

2   이유: "if only"는 종종 바람직하지는 않지만 어떤 "이유"를 표현할 때 사용된다.

Our meeting with the boss was necessary, **if only** for a deeper exchange of views.
(심도 있는 의견의 교환을 위해서라면 상사와의 회합이 필요했다.)
I think you should get a job, **if only** to stop yourself getting so bored at home.
(집에서 지루하게 지내는 것을 그만두려면 취직을 해야 한다고 생각한다.)

17　if ... were ...

"if-절"에서 일어날 "가능성이 없는 상황"을 말할 때는 동사의 "과거형"을 사용하는데, "be 동사"의 경우에 격식적 글에서는 "단수주어"에도 "were"가 사용된다.

If I **were** in your position, I'd get some legal advice.
(만약 내가 네 입장이라면 법적 조언을 구할 것이다.)
Imagine how you'd feel **if** your child **were** killed.
(만약 네 아이가 죽었다면 어떤 느낌일지 상상해보라.)

▶ 일상적인 대화에서는 단수주어에 "was"를 사용할 수 있다.

If I **was** ten years younger, I'd go out with her.
(만약 내가 10살 더 어렸더라면 그녀를 만날 것이다.)

▶ **if** I **were** you: 이 표현은 일상적인 대화에서도 "*if I was you"로 바꿀 수 없다.

If I **were/*was** you, I'd have a talk to her. (내가 너라면 그녀에게 말했을 것이다.)

18　ill과 sick

ill은 영국영어에서 질병에 걸렸음을 표현하지만, 미국영어에서 문어체를 제외하고 같은 의미로는 sick를 사용한다. ill은 일반적으로 "서술적"으로만 사용된다.

I decided to stay at home because **my mother was ill/sick**.
(나는 어머니가 아프셔서 집에 있기로 했다.)
I decided to stay at home because of **my sick mother**.
(병든 어머니 때문에 나는 집에 있기로 했다.)
(*I decided to stay at home because of **my ill mother**.)

1　ill + 명사: ill이 명사를 앞에서 수식할 때는 "나쁜(bad), 해로운(harmful)"의 의미를 갖는다.

Did you experience any **ill effects** from the treatment?
(당신은 치료 후에 어떤 좋지 않은 후유증을 경험했습니까?)
He was unable to join the army because of **ill health**.
(그는 나쁜 건강 때문에 군에 갈 수가 없었다.)

2　be sick: "be sick"는 "토하다(vomit)"를 의미할 수도 있다.

I think I'm going to **be sick**. (나는 토할 것 같다.)
The cat's **been sick** on the carpet. (고양이가 양탄자 위에 토했다.)

▶ "be sick (and tired) of"는 "어떤 것에 넌더리가 나거나 지겨움"을 표현한다.

I'm sick and tired of (hearing) your excuses. (네 변명(을 듣기)에 진저리가 난다.)
We're all **sick and tired of** working for you. (우리 모두는 너를 위해 일하는 것이 지겹다.)

3   **feel sick**: "feel sick"와 "be/feel sick to the stomach"는 "구역질나다/멀미하다(nauseous)"를 의미한다.

> As soon as the ship started moving, I began to **feel sick**.
> (배가 출발하자마자 나는 멀미를 느끼기 시작했다.)
> She began to shiver, **feeling sick to the stomach**.
> (그녀는 구역질하면서 와들와들 떨기 시작했다.)

4   **make me sick**: "make me sick"는 "어떤 대상이 자신을 화나게 함"을 의미한다.

> The news commentator of the BBC **makes me sick**.
> (그 BBC의 뉴스 해설자는 나를 화나게 한다.)
> It **makes me sick** that young people commit offences without any guilty conscience.
> (젊은 사람들이 어떠한 죄의식도 없이 범죄를 저지른다는 것에 나는 화가 난다.)

19   imaginable, imaginary, imaginative

이 단어들은 모두 동사 "imagine(상상하다, 마음에 그리다)"과 관련이 있는 "형용사"로서 약간의 의미적 차이를 보인다.

1   **imaginable**: 우리가 생각할 수 있는 "가능한 모든 경우"를 고려했음을 강조한다.

> The travel brochure is full of the most wonderful resorts **imaginable**.
> (그 여행 소책자에는 우리가 생각할 수 있는 매우 훌륭한 휴양지로 가득 차 있다.)
> He seems to have been influenced by every **imaginable** musical style.
> (그는 우리가 상상할 수 있는 모든 음악 양식에서 영향을 받은 것 같다.)
> Using computer graphics, we can create anything **imaginable**.
> (우리는 컴퓨터 그래픽을 써서 상상할 수 있는 어떠한 것도 만들 수 있다.)

2   **imaginary**: 실체가 없는 "상상의, 비실제적인" 것을 의미한다.

> As he listened to the music, he played an **imaginary** piano on his knees.
> (그는 음악을 들으면서 무릎 위에서 상상의 피아노를 쳤다.)
> The equator is an **imaginary** circle around the earth.
> (적도는 지구 둘레에 그려진 가상의 선이다.)
> To some people, ghosts are not **imaginary**.
> (어떤 사람들에게는 귀신이 상상의 존재가 아니다.)

3   **imaginative**: 새롭고 흥미로운 아이디어가 포함된 "상상의, 상상력이 풍부한" 것을 의미한다.

> The mind of the storyteller has great **imaginative** powers.
> (이야기 작가의 마음에는 뛰어난 상상력이 있다.)
> No one seems to have any **imaginative** solution to the litter problem.
> (아무도 쓰레기 문제에 대한 새롭고 훌륭한 해결책을 가지고 있지 않은 것 같다.)

The **imaginative** child made up fairy tales.
(상상력이 풍부한 그 아이는 동화 같은 이야기를 만들어냈다.)

I10   impassable, impassible, impossible

이 세 단어는 철자가 유사하지만 "완전히 다른 단어"다.

1   impassable[ɪmpǽsəbl/ɪmpɑ́ːsəbl]: "(길, 강 등이) 통행할 수 없는"을 의미한다.

Snow and ice made the road **impassable**. (눈과 얼음으로 도로가 차단되었다.)
Many roads were flooded and **impassable**, following the storm.
(폭풍우 후에 많은 도로가 침수되고 통행할 수가 없었다.)

2   impassible[ɪmpǽsəbl]: "(사람이) 무감각한, 아픔을 느끼지 않는"을 의미한다.

He seems to be **impassible** to toothache. (그는 치통을 느끼지 못하는 것 같다.)
Sometimes it's necessary to be **impassible** to criticism.
(때때로 비판에 무감각할 필요가 있다.)

3   impossible[ɪmpɑ́səbl]: "불가능한, 믿기 어려운"을 의미한다.

"She ate three plates of spaghetti and a piece of cake." "That's **impossible**."
("그녀는 스파게티 세 접시와 케이크 한 쪽을 먹었다." "그건 믿을 수 없다.")
Members with young children often found it **impossible** to attend evening meetings.
(어린아이들이 있는 회원들은 저녁 모임에 종종 참석할 수 없었다.)

I11   IMPERATIVE SENTENCES (명령문)

1   **형태와 용법**: 영어의 전형적인 명령문은 외형적인 주어가 없으며, 동사는 "to없는 부정사형"이 된다. 명령문은 "할 일을 말하거나 요청할 때, 제안할 때, 충고나 지시를 내릴 때, 격려할 때" 등에 사용된다.

Tell me the truth.   [명령/요청]
(나에게 진실을 말해라.)
Drive your car into the garage.
(네 차를 차고에 넣어라.)

Have some more tea.   [권고]
(차 좀 더 드세요.)
Try one of these chocolates.
(이 초콜릿 하나 들어보세요.)

Come in and **sit** down.   [초대]
(들어와서 앉아라.)

Come to my office after the classes.
(수업 후에 내 연구실로 와라.)

Take two tablets with a glass of water.　　[지시]
(물 한 잔에 두 알 드세요.)
Put this envelope into the mailbox.
(이 봉투를 우편함에 넣으세요.)

Enjoy yourself.　　　　　　　　　　　　[제안]
(즐기세요.)
Relax and **have** fun.
(마음을 편히 하고 즐기세요.)

2 　명령문과 do조동사: 부정 명령문은 "don't"를 긍정 명령문 앞에 놓아 구성한다. do는 일반적으로 be와 함께 조동사로 쓰이지 않지만, be로 시작하는 부정 명령문과 강조 명령문에서는 조동사로 쓰인다. (B2를 보라.)

Don't be silly! (바보짓 하지 마라!) (***Be not** silly!)
Do be a bit more careful. (좀 더 조심하도록 해라.) (***B**e **not** a bit more careful.)
Do sit down. (앉으세요.)
Don't say a word. (아무 말도 하지 마라.)

3 　명령문과 접속사: 명령문 다음에 오는 and나 or는 명령문을 "if-절"과 유사한 의미를 가지게 한다.

Walk down our street any day **and** you will see kids playing.
(언제든지 우리가 사는 거리로 걸어 내려오면 아이들이 놀고 있는 것을 볼 것이다.)
(= **If you walk down our street any day,** you will see kids playing.)
Shut up or I'll lose my temper. (입 닥쳐라. 안 그러면 화낼 거다.)
(= **If you don't shut up**, I'll lose my temper.)
Don't do that again or you'll be in trouble.
(다시는 그러지 말아라. 안 그러면 곤란해질 거다.)
(= **If you do that again,** you'll be in trouble.)

4 　수동 명령문: 어떤 일이 이루어지도록 하게 하려고 말할 때 종종 "get + 동사의 과거완료형"을 사용한다.

Get vaccinated as soon as you can. (가능한 한 빨리 예방주사를 맞아라.)
Don't get upset. (기분 상하지 마라.)

수동 조동사로 쓰이는 get에 대해서는 G13.2를 보라.

5 　명령문의 주어: 명령문은 일반적으로 주어를 갖지 않지만 말하는 대상을 명백히 하기 위하여 주어를 표현할 수 있다.

Everybody come in and **sit** on the floor. (모두 들어와서 바닥에 앉으세요.)
Somebody close the window. (누가 문 좀 닫지.)
Nobody move. (꼼짝 마!)
Relax, John. (존, 긴장 풀어.)

▶ you 주어는 "강력한 설득"이나 "노여움"을 암시한다.

You just **sit down** and **wait** for a minute. (거기 앉아서 잠깐만 기다려.)
You never **touch** me again! (다시는 나에게 손대지 마라.)

▶ 대명사 주어를 가진 "부정 명령문의 어순"에 유의하라.

Don't you trust him. (그를 믿지 마라.) (***You don't** trust him.)
Don't anybody ignore what I say. (누구도 내 말을 무시하지 마라.)
(***Anybody don't** ignore what I say.) (***Doesn't Anybody** ignore what I say.)

6 **명령문과 부가 의문절**: 명령문 다음에 나타나는 전형적인 부가 의문절로는 (Q7을 보라.) "will you?, won't you?, would you?, can you?, can't you?, could you?"가 있다. 부정 명령문 다음에는 일반적으로 "will you?"가 온다.

Help me lift the table, **will you?** (식탁을 드는 것을 도와줄 수 있지요?)
Stand up, **won't you?** (일어설까요?)
Get me something to drink, **can you?** (마실 것 좀 줄 수 있지요?)
Be careful, **can't you?** (조심할 수 있지요?)
Don't tell it to my mother, **will you?** (제 어머니에게 말하지 마실래요?)

7 **let's 명령문**: 종종 "일인칭 명령문"이라고도 부르는 화자와 청자가 함께 무엇을 하자고 제안하는 표현으로 "let's + 부정사" 구조가 있다. let's는 "let us"의 축약형이며, "let us"는 문어체로만 쓰인다.

Let's have a meal at the new restaurant. (새 레스토랑에서 식사합시다.)
Let's go home. (집에 갑시다.)
Let us pray. (기도합시다.)

▶ 부정문은 let's와 동사 사이에 not를 놓아 만든다. 그러나 영국영어에서는 don't를 let's 앞에 놓아 만들기도 한다.

Let's not talk about it.
Don't let's talk about it.   [영국영어]
(그것에 대해서는 말하지 맙시다.)

▶ let's 절의 뒤에는 일반적으로 부가 의문절 "shall we?"가 온다.

Let's go out to dinner, **shall we?** (저녁 먹으러 나갈까요?)

let의 용법에 대해서는 L9와 L10을 보라.

I12   in

in은 "장소"와 "시간"을 나타내는 대표적인 전치사 중의 하나지만, 그 외에도 다양한 의미를 표현하는 전치사로 사용된다.

1   **기간**: 시간의 단위인 "초, 분, 시간" 등을 목적어로 가질 경우 in은 "명시된 시간의 끝"을 의미한다.

Dinner will be ready **in ten minutes**. (10분 후에 저녁이 준비될 것입니다.)
He'll show up **in an hour**. (그는 1시간 후에 나타날 것입니다.)
Can you finish the job **in two weeks**? (2주면 일을 끝낼 수 있습니까?)

▶ in은 "비교적 긴 기간"을, on은 "중간 길이의 기간"을, at는 "한 시점"을 표현한다.

The meeting will be held **in March**. (회의는 3월에 열린다.)
The meeting will be held **on Friday**. (회의는 금요일에 열린다.)
The meeting will be held **at ten o'clock**. (회의는 10시에 열린다.)

시간 전치사에 대해서는 A112를 보라.

2   **교통수단**: in은 "특정한 교통수단"을, by는 "일반적인 교통수단"을 표현할 때 사용된다.

We crossed the country **in his car**. (우리는 그의 차로 그 나라를 횡단했다.)
We crossed the country **by car**. (우리는 차로 그 나라를 횡단했다.)

He came to Busan **in the chartered plane**. (그는 전세기 편으로 부산에 왔다.)
He came to Busan **by plane**. (그는 비행기로 부산에 왔다.)

3   **위치**: in은 일반적으로 어떤 공간 내에 "위치"하는 것을 의미하지만, into와 같이 종종 어떤 공간의 내부로의 "이동"을 의미하기도 한다.

I'll be **in New York** next week. (나는 다음 주에 뉴욕에 갈 것이다.)
He left the car key **in his new car**. (그는 새 차에 차열쇠를 놓고 내렸다.)

He almost drowned when he fell **in/into the river**.
(그는 강으로 추락했을 때 거의 익사할 뻔했다.)
Why don't you put the butter back **in/into the refrigerator**?
(버터를 냉장고에 도로 넣어두지 그래?)

4   **포함**: in은 어떤 특정 대상을 "포함"하는 더 "큰 대상"을 표현할 때 사용된다.

We shouldn't believe everything we read **in the newspaper**.
(신문에서 읽는 것을 다 믿어서는 안 된다.)
Which actress starred **in the movie** "Cleopatra"?
(영화 〈클레오파트라〉에서 어느 여배우가 주연을 맡았습니까?)

They added three new programs **in the series**.
(그들은 그 연속물에 세 개의 새 프로그램을 추가했다.)
Mr. Kim played a leading role **in the negotiations**.
(김 군은 협상에서 지도적인 역할을 했다.)

5   **상황과 상태**: 추상명사와 결합하여 어떠한 "상황"이나 "상태"를 표현할 때 사용된다.

Everyone knows their marriage is **in trouble**. (그들의 결혼에 문제가 있다는 것은 다 안다.)
The engine appears to be **in good condition**. (엔진은 상태가 좋은 것 같이 보인다.)
The white building is **in danger** of collapsing sooner or later.
(저 흰색 건물은 언젠가는 붕괴될 위험에 있다.)

in danger	in debt	in doubt	in good health
in a hurry	in love	in private	in public
in time	in tears 등		

6   **의복/모습**: 입은 "옷"이나 취하는 "모습"을 표현할 때 사용된다.

He looked very handsome **in his uniform**.
(그는 제복을 입으면 매우 잘생겨 보인다.)
She was dressed **in a blue linen suit**. (그녀는 파란색 아마 섬유 의상을 입었다.)
He wants all the students to stand **in a circle**.
(그는 모든 학생들이 둥글게 원을 그려 서기를 원한다.)
The policeman made him walk **in a straight line**.
(경찰관은 그에게 직선을 따라 걸어가게 했다.)

7   **방식/수단**: "방식" 또는 "수단"을 표현할 때 사용된다.

God is spirit, and his worshippers must worship **in spirit** and **in truth**.
(하나님은 영이시니 예배하는 자가 영과 진리로 예배할지니라.) [요 4:24]
He always writes his reports **in pencil**. (그는 보고서를 항상 연필로 쓴다.)
The painter painted my father's portrait **in oils**. (화가가 나의 아버지의 초상화를 유화로 그렸다.)
They spoke **in Russian** when I was around. (그들은 내가 있을 때는 러시아어로 말했다.)
She always talks **in a whisper**, so it's difficult to hear what she's saying.
(그녀는 항상 속삭이듯 말을 하기 때문에 무슨 말을 하는지 알아듣기가 힘들다.)
Eggs are still sold **in half dozens**. (달걀은 아직도 반 다스씩 판다.)
People flocked **in thousands** to greet their new prince.
(새 왕자를 환영하기 위해 수천 명의 사람이 모였다.)

8   **동시성과 이유**: in이 "동명사"와 함께 쓰이면 "동시성" 또는 "이유"를 표현할 수 있다.

In trying to protect the president, he had put his life in danger.
(대통령을 보호하려고 하다가 그는 자신의 생명을 위태롭게 했다.)
(= While/Because he tried to protect the president, he had put his life in danger.)

In forcing his way through the gate, he ripped his shirt.
(대문을 강제로 통과하려다가 셔츠가 찢겼다.)
(= As he forced his way through the gate, he ripped his shirt.)
He refused to say anything **in replying** the journalists' questions.
(그는 기자들의 질문에 응하면서 아무 말도 하지 않았다.)
(= He refused to say anything when he **replied** the journalists' questions.)

9 **독립 전치사**: in은 목적어 없는 독립 전치사로도 종종 쓰인다.

"Max's waiting at the door." "Well, why don't you let him **in**?"
("맥스가 문 앞에서 기다리고 있습니다." "그래, 들어오라고 하지 그래?")
"May I speak with Mr. Smith?" "I'm sorry, he's not **in**."
("스미스 씨 계십니까?" "미안하지만 안 계시는데요.")
Is your brother **in** (the house)? (동생 (집에) 있습니까?)
Please, **come in** (the room). ((방으로) 들어오세요.)
The thief **broke in** (the office) through an upstairs window.
(도둑이 위층 창문을 통해 (사무실에) 들어왔다.)

I13   inasmuch as, insomuch as, insofar as

1 inasmuch as: 접속사로서 "... 때문에, ...인 고로(because)"의 의미로 쓰인다.

Inasmuch as you're their commanding officer, you were responsible for the men's behavior. (당신이 지휘관임으로 부하들의 행동에 책임이 있습니다.)
Sam was guilty, **inasmuch as** he knew what the others were planning.
(샘은 다른 사람들이 계획하고 있는 것을 알았으므로 죄가 있다.)

2 insomuch as: 접속사로서 "...의 정도까지, ...하는 한(to the degree/extent that)"을 의미한다. "as" 대신에 "that"가 쓰이기도 한다.

The rain fell in torrents, **insomuch as** we were ankledeep in water.
(발목까지 물에 빠질 정도로 비가 억수같이 쏟아졌다.)
The conclusion is wrong **insomuch that** it's based on false premises.
(그 결론은 그릇된 전제에 기초하고 있는 한 틀렸다.)

▶ insomuch as: 현대영어에서는 자주 쓰이지 않지만 "insomuch as"는 "inasmuch as"의 의미로 쓰이기도 한다.

Children should eat lots of fruit **insomuch as** it promotes good health.
(과일은 건강을 증진시켜 줌으로 어린이가 많이 먹여야 한다.)

따라서 다음의 문장은 중의적일 수 있다.

Forgive the children **insomuch as** they are young.
= Forgive the children because they are young. (아이들이 어리니까 용서하세요.)

= Forgive the younger children. (나이가 어린 아이들은 용서하세요.)

3 **insofar as**: "in so far as"로 띄어 쓸 수도 있으며 "insomuch as"와 같이 "...의 정도까지, ... 하는 한(to the degree/extent that)"을 의미로 쓰인다.

I'll help you **insofar as** I can. (내가 할 수 있는 정도까지 너를 도울 것이다.)
Insofar as I can tell, the weather should be pleasant tomorrow.
(내가 말할 수 있는 것은 내일 날씨가 쾌청할 것이라는 것이다.)

I14 in case와 if

"in case"는 if와 마찬가지로 조건을 이끄는 접속사이지만, 이 둘이 정확히 같은 의미로 쓰이는 것은 아니다.

1 **예방/대비**: "in case"는 있을 수 있는 상황에 "대비"하거나 어떤 상황이 일어나지 않도록 "예방"하는 것을 표현할 때 사용된다.

My mother never let us play in the street **in case** we were run over.
(자동차에 치일 경우를 대비하여 나의 어머니는 우리를 거리에서 절대로 놀지 못하게 했다.)
I always keep her address **in case** I forget it.
(나는 잊어버릴 경우를 생각해서 항상 그녀의 주소를 적어 다닌다.)
He always takes an umbrella **in case** it rains. (그는 비 올 경우를 대비해서 항상 우산을 가져간다.)
I carried a couple of magazines **in case** I had to wait a long time at the airport.
(공항에서 오래 기다려야만 할 경우를 생각해서 나는 잡지를 두어 권 가져갔다.)

2 **시제**: "in case절"에서는 (if-절에서와 같이) 현재시제로써 미래시간을 표현한다.

My wife always carries her credit card **in case** there's a bargain.
(떨이가 있을 경우를 대비해서 내 처는 항상 신용카드를 가지고 다닌다.)
(*My wife always carries her credit card in case there'll be a bargain.)
Write it down **in case** you **forget**. (잊어버릴 수도 있으니까 적어 놔라.)
(*Write it down in case you'll forget.)

3 **should**: "in case절"은 아직까지 실현되지 않은 상황을 표현함으로 "추정의 의미"를 지닌 should가 종종 사용된다.

She never lets the kids climb up the tree **in case** they **should** fall.
(떨어질 수도 있기 때문에 그녀는 아이들이 나무에 올라가는 것을 절대로 허용하지 않는다.)
We have to prepare snow chains for the car **in case** we **should** meet snow on the way.
(도중에 눈을 만날 수도 있으므로 스노체인을 준비해야 한다.)

4 **짜증**: 명백하다고 생각하거나 상관할 일이 아니라고 생각되는 것을 약간 "짜증이 나는 태도"로 말할 때 사용된다.

She's nervous about something, **in case** you didn't notice.
(너는 못 알아차렸는지는 몰라도 그녀는 무엇인가로 불안해하고 있다.)
"I'm waiting for Mary Ann," he said, "**in case** you're wondering."
("이상하게 생각할지 모르지만 나는 메리 앤을 기다리고 있다"라고 그는 말했다.)

5 if와 in case: if는 어떤 한 상황이 발생하면 뒤이어 어떤 행동을 하는 것을 의미한다. 즉 "if A happens, then I do B"를 의미한다. 그러나 in case의 경우는 종종 어떤 한 상황이 발생할 수도 있기 때문에 어떤 행동을 하는 것을 표현한다. 즉 "I do B because A might happen"을 의미한다. 다음을 비교해보라.

I'll deliver the goods **if** you pay me. (돈을 보내면 물건을 보내겠습니다.)
(= I'll deliver the goods when you pay me.)
(*I'll deliver the goods **in case** you pay me.)

I always carry my credit card **in case** there's a bargain.
(떨이가 있을 수 있으므로 나는 항상 신용카드를 가지고 다닌다.)
(= I always carry my credit card because there might be a bargain.)
(*I always carry my credit card **if** there's a bargain.)

People have health insurance **in case** they get sick.
(사람들은 아플 것을 대비해서 건강보험에 든다.)
People provide fire extinguishers **in case** their houses catch fire.
(사람들은 집에 불이 날 것에 대비하여 소화기를 준비한다.)
People call the fire department **if** their houses catch fire.
(사람들은 집에 불이 나면 소방서에 전화한다.)

▶ 미국영어에서 in case는 때때로 if와 같은 뜻으로 사용되기도 한다.

In case the house burns down, we will get the insurance money.
(집이 불에 타면 보험금을 받게 될 것이다.)
In case you need any money, I can lend you some. (돈이 필요하면 내가 좀 빌려줄 수 있다.)

6 (just) in case: "(just) in case"는 부사구로서 어떤 "가능성"을 막연하게 표현할 때 사용될 수 있다.

I don't think we'll need any money, but I'll bring some **(just) in case**.
(돈이 필요 없을 것으로 생각하지만 만약을 위해서 조금 가져가겠다.)
We've already talked about this, but I'll ask you again **(just) in case**.
(이 문제에 대해서 이미 말했으나 만약에 대비해서 너에게 다시 묻겠다.)

I15 in case of

"in case of"는 복합 전치사로서 "in case"의 의미로 사용되기도 하고 if와 유사한 상황에서 사용되기도 한다.

You'd better insure the house **in case of** fire. (화재에 대비해서 집을 보험에 드는 것이 좋다.)
Many shops along the street have been closed **in case of** riots.
(폭동에 대비하여 거리에 있는 많은 상점이 문을 닫았다.)

▶ 공식적 통지에서 if 대신에 "in case of"가 자주 사용된다.

In case of fire, press the alarm button. (화재가 일어나면 경보기를 누르십시오.)
(= If there is a fire, press the alarm button.)

I16　in front of, facing, opposite

1　in front of: "in front of"는 복합전치사로서 어떤 대상의 "앞"을 가리키지만 (도로, 강, 방 등의) 어떤 공간을 가로지른 "반대편"을 의미하지는 않는다. 이런 의미로는 일반적으로 opposite 혹은 facing이 사용된다. 다음을 비교해보라.

There's a grocery store **in front of** our apartment.
(우리 아파트 앞에 식료품 가게가 있다.) [아파트와 상점이 도로의 같은 편에 있다]
There's a grocery store **opposite/facing** our apartment.
(우리 아파트 건너편에 식료품 가게가 있다.) [상점이 아파트 앞 도로의 다른 편에 있다]

▶ 미국영어에서는 종종 "across from"이 사용된다.

The woman sitting **across from** (= opposite) me is my aunt.
(나의 반대편에 앉아 있는 여자 분이 나의 숙모이시다.)

▶ "in front of"의 반의어는 "behind"다.

Put a cushion **behind** you. You'll feel more comfortable.
(방석을 네 뒤에 놓아라. 훨씬 편안하게 느낄 거야.)

2　opposite: opposite 자체가 전치사이므로 다른 전치사 to나 of와 함께 사용하는 것은 옳지 않다. (형용사로 쓰이는 opposite은 O18.1을 보라.)

He hanged the picture on the wall **opposite (*to/*of)** the door.
(그는 출입문 반대편 벽에 그림을 걸었다.)

▶ opposite는 그 목적어가 "청자나 화자가 알고 있거나 이미 앞에서 언급된 특정 사물과 대면한 대상"을 가리킬 때 생략될 수 있는 전치사적 부사, 즉 독립전치사로 사용될 수 있다.

The man you're looking for is in the shop directly **opposite (you)**.
(네가 찾고 있는 남자는 (너) 바로 반대편의 상점에 있다.)
Peter sat near the window and Mary sat down in the seat **opposite (the window)**.
(피터는 창문 가까이에 앉아 있었고, 메리는 (창문) 반대편에 있는 좌석에 앉았다.)

before와 in front of의 차이점에 대해서는 B17을 보라.
behind와 ahead (of)에 대해서는 B19를 보라.

117   in spite of와 despite

1   **in spite of**: "in spite of"는 복합전치사로 사용되며, "in spite of + 명사"는 "although + 절"과 같은 의미로 쓰인다.

     They went swimming **in spite of** the rain.
     (비에도 불구하고 그들은 수영하러 갔다.)
     (= They went swimming **although** it was raining.)
     Daniel will play in Saturday's match **in spite of** his injury.
     (부상에도 불구하고 다니엘은 토요일 경기에 나갈 것이다.)
     (= Daniel will play in Saturday's match **although** he has an injury.)
     They lost the game **in spite of** having practiced very hard.
     (열심히 연습했지만 그들은 경기에 졌다.)
     (= They lost the game **although** they had practiced very hard.)

     ▶ "in spite of"의 반의어는 "because of"다. 다음을 비교해보라.

     She has had a successful career **in spite of** her background.
     (그녀는 자기의 배경에도 불구하고 성공적인 일생을 보냈다.) [배경이 나쁨을 의미함]
     She has had a successful career **because of** her background.
     (그녀는 자기의 배경 때문에 성공적인 일생을 보냈다.) [배경이 좋음을 의미함]

2   **despite**: despite는 "전치사"로서 일반적으로 문어체에서 많이 사용된다. despite 다음에 of와 같은 전치사를 사용하지 않도록 조심하라.

     Despite (*of) the heat, he wore a black leather jacket.
     (더위에도 불구하고 그는 검은 가죽 재킷을 입고 있었다.)
     She ate a big lunch **despite having eaten** an enormous breakfast.
     (그녀는 어마어마한 아침을 먹은 후에 큰 점심을 먹었다.)

3   **oneself와 everything**: "in spite of/despite oneself"는 본인이 원하거나 의도하지 않았는데 도 어떤 것을 하게 되는 것을 의미하고, "in spite of/despite everything"은 모든 여건이 좋지 않지만 어떤 것을 이루었음을 표현한다.

     Everybody started to laugh **in spite of themselves**.
     (그들은 자기도 모르게 웃기 시작했다.)
     We had a good holiday **in spite of everything**.
     (모든 어려움에도 불구하고 우리는 즐거운 휴일을 보냈다.)

118   incidental(ly)와 accidental(ly)

1   **incidental과 accidental**: incidental은 더 중요한 상황과 연관하여 일어나거나 존재하는 "부수적인" 것을 말하며, accidental은 "계획되지도 않고 의도되지도 않게 일어나는" 것을

말한다.

Certain discomforts are **incidental** to the joys of camping out.
(야영이 주는 즐거움에는 불편이 따르기 마련이다.)
At the bottom of the bill, you'll notice various **incidental** expenses such as taxes.
(영수증 아래를 보면 세금과 같은 여러 가지 부수적인 비용을 보게 될 것이다.)

We buy an insurance policy to cover **accidental** damage.
(우리는 예기치 않은 손실을 감당하기 위해 보험에 든다.)
10 soldiers were killed by **accidental** fire from their own side.
(병사 10명이 자기편의 우발적인 사격으로 죽었다.)

2 incidentally와 accidentally: accidentally는 계획되지 않았는데 "우연히(by chance)" 일어나는 상황을 말할 때 사용되고, incidentally는 우연히 어떤 상황에 "부수적으로" 일어난 상황을 말할 때 사용된다.

I **accidentally** locked out of the house.
(나는 의도하지도 않게 문을 집 밖에서 잠가버렸다.)
He **accidentally** fell on the floor and broke his right arm.
(그는 생각지도 않게 바닥에 넘어져서 오른팔이 부러졌다.)

Quite **incidentally**, I got some useful information at the party.
(파티에 갔다가 나는 아주 우연히 유용한 정보를 얻었다.)
My father's letter mentioned my aunt and uncle only **incidentally**.
(아버지 편지에서는 숙모와 숙부에 대해서는 지나치면서 언급했을 뿐이다.)

▶ incidentally는 담화의 주제를 바꾸는 접속어로도 쓰인다. (C39.12를 보라.)

Incidentally, where do you come from? (저어, 어느 나라 사람이십니까?)
I didn't ask you to come. **Incidentally**, where are you staying?
(나는 오라고 하지 않았습니다. 그런데 말입니다, 지금 어디에 머물고 있습니까?)

I19 incomparable과 incompatible

1 incomparable: "비교가 안 될 만큼" 뛰어나거나 아름다운 것을 의미한다.

We can have an **incomparable** night view of Seoul on this hill.
(우리는 이 언덕에서 비교할 수 없이 아름다운 서울의 야경을 볼 수 있다.)
Helen of Troy had **incomparable** beauty. (트로이의 헬렌은 절세미인이었다.)
The wineries in this country produce wines of **incomparable** flavor.
(이 지방의 포도주 양조장들은 비교가 안 될 정도로 맛이 좋은 포도주를 생산한다.)

2 incompatible: 성격이나 자질 등의 차이로 "함께 할 수 없는, 양립할 수 없는" 것을 의미한다.

My cats and dogs are **incompatible**.
(우리 집 개와 고양이는 함께 잘 지내지 못한다.)
The government is swinging between two **incompatible** policies.
(정부는 양립할 수 없는 두 가지 정책 사이에서 우왕좌왕하고 있다.)
I don't know why they ever got married — they're totally **incompatible**.
(나는 그들이 도대체 왜 결혼했는지 모르겠다. 그들은 완전히 상극이다.)

120 incredible과 incredulous

incredible은 "믿어지지 않는, 엄청난"을 의미하고, incredulous는 "믿으려 하지 않는, 의심의"를 위미한다.

It seems **incredible** that no one foresaw the crisis.
(아무도 위기를 예상하지 못했다는 것이 믿겨지지 않는다.)
It's **incredible** that how much Sam has changed since he met Sally.
(샘이 샐리를 만나고 나서 얼마나 많이 변했는지 믿을 수가 없다.)
You should not dismiss as lies **incredible** stories that children may tell us.
(아이들이 우리에게 말하는 믿겨지지 않는 이야기를 거짓말로 폄하하지 않는 것이 좋다.)
His story of having seen a ghost seemed **incredible** to his family
(귀신을 보았다는 그의 말이 가족들에게 엄청난 일인 것 같았다.)

She shot us an **incredulous** look. (그녀는 우리에게 의심의 눈초리를 보냈다.)
The scientists were **incredulous** when they heard that research funding was to stop.
(과학자들은 연구자금이 중단될 예정이라는 말을 듣고 믿으려 하지 않았다.)
I'm rightly **incredulous** that he finished writing a 20-page paper overnight.
(나는 그가 하룻밤 새에 20쪽짜리 보고서를 끝냈다는 것을 정말 믿기가 어렵다.)

121 indeed

indeed는 부사로서 "문두, 문중, 문미위치"에 다 올 수 있는데, 그 위치에 따라 용법이 다를 수 있다.

1   very와 indeed: (특히 영국영어에서) indeed는 "문미위치"에서 부사 very를 "강조"하는 역할을 하며, very가 없을 경우 문미위치에 홀로 올 수 없다.

She's **very** clever, **indeed**. (그녀는 참으로 영리합니다.)
The engine began to sound **very** loud, **indeed**. (엔진이 정말 큰 소리를 내기 시작했다.)

*She is clever, **indeed**.
*He is driving fast, **indeed**.

▶ indeed는 very가 아닌 quite나 extremely와 같은 다른 정도부사와는 일반적으로 함께 사용되지 않는다.

*She's **extremely** clever, **indeed**.
*The engine began to sound **quite** loud, **indeed**.

2   **문중위치**: indeed가 "문중위치"에 오면 이미 언급된 것을 "확인"하거나 "동의"하는 역할을 한다.

She's **indeed** one of the greatest artists in the world.
(그녀는 정말 세계에서 가장 위대한 예술가 중의 한 분이네요.)
He admitted that payments had **indeed** been made.
(변제가 정말 다 되었다는 것을 그는 인정했다.)

▶ 이 용법은 짧은 응답에서도 종종 발견된다.

"It's cold." "It is **indeed**." ("날씨가 춥다." "정말 춥네요.")
"He made a fool of himself." "He did **indeed**." ("그는 바보짓을 했어." "그러게요.")

3   **의문사**: indeed는 질문을 하면서도 "적절한 대답이 없을 경우"에 종종 사용된다.

"Now where are the villains?" "**Where indeed**?"
("지금 그 악당들은 어디에 있을까요?" "정말 어디에 있을까?")
"Why would John have left without saying a word?" "**Why indeed**?"
("존은 왜 한마디도 하지 않고 떠났을까요?" "도대체 왜 그랬을까요?")

4   **접속어**: "문두위치"에서 앞에서 언급한 것을 "강조"하거나 "지지"할 때 사용되는 접속어 역할을 한다.

We have nothing against diversity; **indeed**, we want more of it.
(우리는 다양성을 반대하지 않는다. 실은 더 많은 다양성을 원한다.)
Her paintings are well-known all over the world. **Indeed**, she's a great artist.
(그녀의 그림은 전 세계적으로 유명하다. 실은 그녀는 위대한 예술가다.)

122   INDEFINITE PRONOUNS (부정대명사)-1: 단순 부정대명사

이 대명사들은 가리키는 대상이 확정되지 않은 불특정 대상을 가리킬 때 사용되기 때문에 "부정대명사"라고 부른다. 부정대명사에 대해서 논의하려면 먼저 몇 가지 새로운 용어에 대해서 알아둘 필요가 있다. "전칭적(universal)"이란 모두를 가리킨다는 뜻이며, "단언적(assertive)"이란 화자가 자신이 말한 것이 사실이라고 믿을 때 쓰는 용어로서 일반적으로 긍정서술문을 가리킨다. 따라서 "비단언적(nonassertive)"은 부정문이나 의문문 또는 조건문 등을 가리킨다.

"단순(simple) 부정대명사"는 "of-구"가 뒤따라 올 수 있기 때문에 일명 "of-대명사"라고도 부른다.

		가산명사		불가산명사
		단수	복수	단수
전칭적		all, each	all, both	all
단언적	some	some	some	some
	다수		many more most	much more most
	소수		a few fewer/less fewest/least	a little less least
	one	one	ones	
비단언적		any either	any	any
부정적		none neither	none few	none little

"단순 부정대명사"는 "복합 부정대명사"와 다음과 같은 점에서 구분된다.

1. **of-구**: "단순 부정대명사"는 모두 "of-구"가 뒤따라 나올 수 있다.

   Some of us were tired and hungry. (우리 중에 몇 명은 지치고 주렸다.)
   Many of the students were absent from the class. (많은 학생이 수업에 빠졌다.)
   Only **a few of the children** can read. (아이들 중에 몇 명만 읽을 줄 안다.)
   I understood only **a little of his speech**. (나는 그의 연설을 조금만 이해할 수 있었다.)

2. **대명사**: 모두 명사구를 대신하는 "독립 대명사"로 쓰일 수 있다.

   Many children learn to read quite quickly, but **some** need special instruction.
   (많은 아이들이 속독을 배우지만 어떤 아이들은 특별한 지도가 필요하다.)
   Many old people visited our school today. They said **all** are alumni of our school.
   (오늘 나이 든 분들이 많이 우리 학교를 방문했다. 그들은 모두가 우리 학교 동문이라고 했다.)

3. none: none을 제외하고는 모두 명사를 수식하는 "한정사"로 쓰일 수 있다.

   Some students are only interested in grades. (어떤 학생들은 점수에만 관심이 있다.)
   Let's invite **a few friends** to come with us. (친구 몇 명을 같이 가자고 초청합시다.)
   He's lived in Seoul and Busan, but he doesn't like **either city** very much.
   (그는 서울과 부산에서 살았는데 두 도시 다 별로 좋아하지 않는다.)
   Neither student was telling the truth. (두 학생 중에 누구도 진실을 말하지 않았다.)
   (***None student** was telling the truth.)
   (참고: **None of the students** was telling the truth.)

123 INDEFINITE PRONOUNS-2: 복합 부정대명사

"복합(complex) 부정대명사"는 단순 부정사와는 달리 "of-구"와 함께 사용될 수 없다.

	인칭		비인칭
전칭적	everybody	everyone	everything
단언적	somebody	someone	something
비단언적	anybody	anyone	anything
부정적	nobody	no one	nothing

위의 표를 보아 알 수 있듯이 "no one"을 제외하고는 그 형태가 규칙적이다. 그리고 "-one 복합 부정대명사"와 "-body 복합 부정대명사"는 문법적으로 그리고 의미상으로 차이가 없으며 모두 사람을 가리키는 대명사다.

1 everyone과 every one: 복합대명사 everyone은 외형상 비슷하게 생긴 "every one"과 발음과 의미에서 구별된다. 복합대명사의 경우에는 every-에 주강세가 오는 반면 후자의 경우에는 one에 주강세가 온다. (éveryone : every óne) 모든 복합 부정대명사와 마찬가지로 everyone은 "of-구"를 대동할 수 없으나 "every one"은 "of-구", 즉 "of + 복수 대명사/복수 명사구"를 대동할 수 있다.

> **Everyone** will be present. (모두가 참석할 것이다.)
> **Every one** of us/them/the students will be present.
> (우리들/그들/학생들은 하나도 빠짐없이 참석할 것이다.)
> (*Everyone of us/them/the students will be present.)

▶ everyone과는 달리 "every one"은 사람이 아닌 대상을 가리킬 수 있으며, 앞에서 이미 언급되었을 경우 "of-구"를 생략할 수 있다.

> We played several matches against the visitors, but lost **every one**.
> (우리는 내방 팀과 몇 차례 경기했는데 모든 경기에서 패했다.)
> These books are wonderful. **Every one** is worth reading.
> (이 책들은 훌륭하다. 하나하나 다 읽을 가치가 있다.)
> ... not one stone here will be left on another; **every one** will be thrown down.
> (돌 하나도 돌 위에 남지 않고 다 무너뜨려지리라.) [마 24:2]

2 단수: 모든 복합대명사는 비록 개념적으로 복수를 나타내지만 항상 "단수동사"와 함께 쓰인다.

> **Everyone/Everybody** over eighteen now **has** a vote.
> (지금은 18세 이상은 누구나 투표권을 갖는다.)
> I tried everything but **nothing works**. (나는 모든 것을 해봤으나 하나도 되는 것이 없었다.)
> There **was nobody/no one** at the office. (사무실에 아무도 없었다.)

3   **else**: 복합대명사는 else라는 "후행 수식어의 수식"을 받을 수 있다. (E20을 보라.)

         Everyone else but me has gone to the party. (나를 제외한 모두가 파티에 갔다.)
         Do you need **anything else**? (그 외에 다른 것이 필요하십니까?)

         ▶ else의 수식을 받는 복합대명사를 소유격으로 만들 경우에는 -'s를 else 다음에 붙인다.

         I must be drinking **someone else's** coffee. (내가 다른 사람의 커피를 마시고 있는 것이 틀림없어.)
         (*I must be drinking **someone's else** coffee.)
         His hair is longer than **anybody else's**. (그의 머리카락은 다른 누구보다 길다.)
         (*His hair is longer than **anybody's else**.)

         ▶ else는 이외에 "의문사"의 후행 수식어로도 쓰일 수 있다.

         Who else did you see? (그 외에 누구를 보았습니까?)
         I've said I'm sorry. **What else** can I say? (미안하다고 말했다. 내가 그 외에 뭐라고 말하겠어?)

4   **형용사**: 형용사는 복합 부정대명사를 "언제나 뒤에서 수식"한다. (A20.1을 보라.)

         She's looking for **somebody very tall**. (그녀는 키가 매우 큰 사람을 찾고 있다.)
         (*She's looking for **very tall somebody**.)
         His lecture contains **nothing new**. (그의 강의에는 새로운 내용이 없다.)
         (*His lecture contains **new nothing**.)

5   **복합 부정부사**: 복합 부정대명사와 형태적으로 유사하기 때문에 다음의 단어들을 "복합 부정부사(complex indefinite adverbs)"라고 부르기로 하겠다.

장소	시간	과정
everyplace everywhere		
someplace somewhere	sometime	someway somehow
anyplace anywhere	anytime	anyway anyhow
no place nowhere		no way nohow

쌍을 이루는 두 단어는 일반적으로 거의 같은 의미로 사용될 수 있으며, 단어에 따라 영국영어 또는 미국영어에서 선호되는 단어들이 있다. some-과 any-는 some과 any의 차이와 유사하며, 일반적으로 -place와 -way로 끝나는 부사는 미국영어에서 많이 사용된다.

There must be **someplace/somewhere** to eat cheaply in this town.
(값싸게 식사할 수 있는 곳이 이 도시 어딘가에 있을 거야.)
Do you need **anyplace/anywhere** to stay for the night? (밤에 머물 곳이 필요합니까?)
I've looked **everyplace/everywhere** but I can't find the map.

(사방을 봤지만 지도를 찾을 수 없었다.)
I've never been to a circus, not recently **anyway/anyhow**.
(여하튼 나는 최근에 서커스에 가본 적이 없다.)
There's **no place/nowhere** left to hide. (숨을 곳이 남아 있지 않다.)
We'll take a vacation **sometime** in September. (우리는 9월쯤에 휴가를 갈 것이다.)

> ▶ "no way"는 강하게 부정하거나 동의하지 않을 때 사용되고, "nohow"는 "결코 ... 않다 (not at all)"의 의미로 종종 부정적 표현과 함께 쓰인다.

"Are you going to work over the weekend?" "**No way!**"
("주말 동안 일하려고 하니?" "절대로 아니지.")
"Come on, lend me your bike." "**No way!**" ("제발, 자전거 좀 빌려줘." "절대로 안 돼!")
I never liked her, **nohow**. (나는 결코 그 여자를 좋아하지 않았다.)

I24 indict와 indite

이 두 단어는 철자도 다르고 의미도 다르지만 발음은 [ɪndáɪt]로 동일하다. indict는 "비난하다, 고소하다"를 의미하고 (A52.4를 보라.), indite는 "(연설, 시, 편지 등을) 쓰다, 짓다"를 의미한다.

He's been **indicted** for possessing cocaine. (그는 코카인 소지로 기소되었다.)
The police said he'd been formally **indicted** on Monday.
(경찰에 따르면 그는 월요일에 정식으로 기소되었다.)
When he was in the army, part of his duty was to **indite** love letters for his squad leader.
(그는 군에 있을 때 그의 임무의 일부는 분대장을 위해 연애편지를 쓰는 것이었다.)
He started at once **inditing** a poem at the sight of the Niagara Falls.
(그는 나이아가라 폭포가 보이자 즉흥적으로 시를 짓기 시작했다.)

I25 INDIRECT OBJECT (간접목적어)

우리는 동사 중에 두 개의 목적어를 취하는 동사를 "이중타동사"라고 부른다. (V5를 보라.) 두 개의 목적어 중의 하나는 "직접목적어(direct object)"가 되고 (D15를 보라.), 다른 하나는 "간접목적어"가 된다. 간접목적어는 일반적으로 동사의 "수혜자(recipient)"가 된다. (V5를 보라.)

1 **명사구 간접목적어**: 명사구 간접목적어는 직접목적어 앞에 오는 것이 원칙이다.

He gave **his daughter** a new dress. (그는 딸에게 새 드레스를 선물했다.)
He bought **his daughter** a new dress. (그는 딸에게 새 드레스를 사주었다.)

2 **전치사구 간접목적어**: 간접목적어는 직접목적어 뒤로 이동할 수 있으며, 이 경우 동사에 따라 "전치사 to 또는 for"를 취한다.

He gave a new dress **to his daughter**.
He bought a new dress **for his daughter**.

> ▶ 직접목적어가 "대명사"일 경우에는 간접목적어가 직접목적어 뒤로 의무적으로 이동한다.
>
> He gave **it to his daughter**. (그는 딸에게 그것을 주었다.) (*He gave his daughter **it**.)
> He bought **it for his daughter**. (그는 딸에게 그것을 사줬다.) (*He bought his daughter **it**.)

3 **수동문**: 간접목적어는 직접목적어처럼 수동문의 "주어"가 될 수 있다. (P12를 보라.)

Mary was given a new dress. (메리는 새 드레스를 받았다.)
Mary was bought a new dress. (메리에게 새 드레스를 사줬다.)

126 INDIRECT SPEECH (간접화법)-1: 직접화법과 간접화법

1 **개요**: 말이나 글에서 어떤 사람의 "말, 글, 생각"을 그대로 정확히 전달하는 것을 "직접화법(direct speech)"이라고 하고, 다른 사람의 말이나 글 또는 생각을 전달하는 사람이 자신의 말이나 글로 바꾸어 인용하는 것을 "간접화법(indirect speech)"이라고 한다. 직접화법에서는 다른 사람의 말이나 생각을 "인용부호(즉 따옴표)" 속에 넣어 표현한다. 영국영어에서는 일반적으로 단일 따옴표를 사용하고, 미국영어에서는 이중 따옴표를 사용한다. (P61을 보라.)

(1) 직접화법

He said, **"I want to go home,"** and left the office.
(그는 "집에 가고 싶다"라고 말하고 사무실을 나갔다.)
"Should I tell the truth?" he thought to himself.
("사실을 말해 버릴까?"라고 그는 속으로 말했다.)

(2) 간접화법

He said that **he wanted to go home**, and left the office.
(그는 집에 가고 싶다고 말하고 사무실을 나갔다.)
He asked himself whether **he should tell the truth**.
(그는 사실을 말해야 하는지에 대해 자신에게 물었다.)

여기서 설명을 위하여 다음과 같이 몇 가지 개념을 구분할 필요가 있다. 인용될 말이나 생각의 근원이 되는 대상을 "화자 A"라고 부르고, 인용하는 사람을 "화자 B"라고 부르겠다. 그리고 인용된 화자 A의 말이나 생각을 "피인용 발화(quoted utterances)"라고 부르고, 화자 B의 발화를 "인용(quotes)"이라고 부르며, 인용을 위하여 사용되는 "he said, I thought, she asked" 등과 같은 표현을 "인용절(quoting clauses)"이라고 부르겠다.

2 **인용절의 위치**: 인용절은 직접화법에서 피인용절의 앞이나 중간 또는 뒤에 올 수도 있다.

She said, "I have no money," and asked me for help.
(그녀는 "돈이 없습니다"라고 말하고 나에게 도움을 청했다.)
"I wonder," **John said**, "whether I can stay with you."
(존은 "나는 당신들과 함께 머물 수 있는지 자신할 수 없습니다"라고 말했다.)
"The classroom is too hot," **the professor complained**.
("교실이 너무 덥다"라고 교수님이 불평했다.)

3   **인용절 내의 도치**: 다음의 조건이 충족되면 인용절에서 "주어-동사 도치"가 일어날 수 있다.

(a) 인용절이 피인용절의 중간이나 끝에 나타난다.
(b) 인용절의 동사가 단순현재시제이거나 단순과거시제이다.
(c) 인용절의 주어가 대명사가 아니다.

John/He said, "I wonder whether I can stay with us."
*****Said John/he**, "I wonder whether I can stay with us."

"I wonder," **John/he said**, "whether I can stay with us."
"I wonder," **said John/*said he**, "whether I can stay with us."

"I wonder whether I can stay with us," **John/he said**.
"I wonder whether I can stay with us," **said John/*said he**.

4   **상황의 변화** (직접화법에서 간접화법으로): 우리가 홀로 독백을 하지 않는 한 어떤 사람이 어떤 시점에 말한 것이 다른 시점에 다른 사람에 의해 다시 말해질 수 있다. 예를 들어 "Brian"이라는 사람이 어느 날 어떤 말을 했고, 하루가 지나 "Phil"이라는 사람이 그 말을 다시 언급했다고 하자.

Brian: **I bought this** car a year **ago**.
브라이언: (나는 이 차를 1년 전에 샀다.)
Phil: Brian said (that) **he had bought the** car a year **before**.
필: (브라이언이 그 차를 1년 전에 샀다고 말했다.)

직접화법 문장과 간접화법 문장을 비교해보면 적어도 네 가지 변화가 일어났음을 알 수 있다. 주어 "I"가 "he"로, 단순과거 "bought"가 과거분사 "had bought"로, 지시사 "this"가 정관사 "the"로, 부사 "ago"가 "before"로 바뀌었다.

▶ 만약 "Brian"이 "Phil"에게 말을 했다고 하자. "Phil"은 다음과 같이 말할 것이다.

Phil: Brian told **me** (that) he had bought the car a year before.
필: (브라이언이 그 차를 1년 전에 샀다고 나에게 말했다.)

▶ 만약 "Brian"이 자신이 한 말을 다시 언급했다면, 다음과 같이 말할 것이다.

Brian: **I** said (that) **I** had bought the car a year before.
브라이언: (나는 그 차를 1년 전에 샀다고 말했다.)

5   **시제의 후퇴**: 인용 시간이 피인용 발화 시간보다 늦기 때문에 일반적으로 시제가 "과거로

후퇴(back-shift)"하는 현상이 일어난다. 그 결과로 발생한 인용절과 피인용절의 동사형들 간의 관계를 "시제의 일치(sequence of tenses)"라고 부른다.

직접화법	간접화법에서의 시제의 후퇴
현재	과거
과거	과거/과거완료
현재완료	과거완료
과거완료	과거완료

"The shop **is** closed." ("가게 문이 닫혀 있다.")
⇒ He said that the shop **was** closed. (그는 가게 문이 닫혀 있다고 말했다.)

"John **didn't** eat for several days." ("존은 며칠간 먹지 않았다.")
⇒ He thought that John **hadn't** eaten for several days.
(그는 존이 며칠간 먹지 않았다고 생각했다.)

"I**'ve** missed the bus." ("나는 버스를 놓쳤다.")
⇒ John admitted that he**'d** missed the bus. (존은 버스를 놓쳤다는 것을 인정했다.)

"I**'m** learning French." ("나는 프랑스어를 배우고 있다.")
⇒ She said she **was** learning French. (그녀는 프랑스어를 배우고 있다고 말했다.)

6 **불변의 상황**: 인용된 발화의 내용이 현재까지도 사실이라고 믿어질 경우 또는 불변의 진리로 생각될 경우 시제의 일치가 일어나지 않을 수 있다.

"I **have** a sports car." ("나는 스포츠카를 가지고 있다.")
⇒ Bill said that he **has** a sports car. (빌은 스포츠카를 가지고 있다고 말했다.)

"The beaver **builds** dams." ("비버는 댐을 짓는다.")
⇒ The professor told us that the beaver **builds** dams.
(교수님이 비버가 댐을 짓는다고 우리에게 말했다.)

▶ 가까운 과거의 일을 말하거나 유명한 작가나 작품에 대해서 말할 때는 인용절의 동사를 현재시제로 할 수 있다.

He **tells** me that he's too busy to go fishing. (그는 나에게 바빠서 낚시를 갈 수 없다고 말한다.)
The Bible **says** that stealing is a sin. (성경은 절도는 죄라고 말한다.)
Chomsky **claims** that we're born with the faculty of language.
(촘스키는 사람은 언어능력을 가지고 태어난다고 주장한다.)

7 **양상조동사의 변화**: 발화와 인용의 시점에 차이가 나면 양상조동사는 현재형에서 과거형으로 시제의 후퇴가 일어난다. 그러나 직접화법에서 이미 과거형인 경우에는 아무런 변화가 일어나지 않는다.

will ⇒ would   shall ⇒ should/would
can ⇒ could   may ⇒ might

"The shop **may** be closed," he said. ("가게가 문을 닫을 수 있다"라고 그는 말했다.)
⇒ He said that the shop **might** be closed. (가게가 문을 닫을 수 있다고 그는 말했다.)

"**Will** you marry me?," I asked. ("나와 결혼해 주시겠어요?"라고 나는 물었다.)
⇒ I asked him if he **would** marry me. (결혼해 주시겠냐고 나는 그에게 물었다.)

"I **can't** swim," he pretended. ("나는 수영을 못 한다"라고 그는 속였다.)
⇒ He pretended that he **couldn't** swim. (그는 수영을 못 한다고 속였다.)

"You **shouldn't** make a noise in the classroom," he said to us.
("교실에서는 소리를 내서는 안 됩니다"라고 그는 우리에게 말했다.)
⇒ He told us that we **shouldn't** make a noise in the classroom.
(그는 교실에서 소리를 내서는 안 된다고 우리에게 말했다.)

8 **과거형이 없는 조동사**: "must, ought to, need, dare, had better"와 같이 한 가지 형태만 가진 양상조동사와 준조동사는 간접화법에서 변하지 않는다.

"They **must** be tired," she said. ("그들은 틀림없이 피곤할 거야"라고 그녀는 말했다.)
⇒ She said that they **must** be tired. (그녀는 그들이 틀림없이 피곤할 것이라고 말했다.)

"You **had better** tell the truth," he warned me.
("진실을 말하는 것이 좋을 것이다"라고 그는 나에게 경고했다.)
⇒ He warned me that I **had better** tell the truth.
(그는 나에게 진실을 말하는 것이 좋을 것이라고 경고했다.)

▶ must가 "의무"를 의미할 경우에는 "had to"로 바뀔 수도 있다.

"You **must** finish the job in two days," he said to me.
(그는 "이틀 내에 일을 끝내야 한다"라고 나에게 말했다.)
⇒ He told me that I **had to/must** finish the job in two days.
(그는 나에게 이틀 동안에 일을 끝내야 한다고 말했다.)

9 **지시사의 변화**: 직접화법에서 지시사 "this, these, that, those"가 한정사로 쓰일 경우에는 일반적으로 간접화법에서 정관사 "the"로 바뀌고, 대명사로 쓰일 경우에는 "it, they, them"으로 바뀐다.

"I wrote **this** book for your sister." ("네 여동생을 위해 내가 이 책을 썼다.")
⇒ He said that he had written **the** book for my sister.
(그는 나의 여동생을 위해 그 책을 썼다고 말했다.)

"I bought **these** at the market." ("내가 시장에서 이것들을 샀다.")
⇒ He said that he had bought **them** at the market. (그는 시장에서 그것들을 샀다고 말했다.)

▶ this와 these가 "시간 명사"를 수식할 경우에는 각각 that과 those로 바뀐다.

"I'm leaving **this** week." ("나는 이번 주에 떠난다.")
⇒ She said that she was leaving **that** week. (그녀는 그 주에 떠난다고 말했다.)

10 **직시적 부사구의 변화**: 직시적 부사구는 다음과 같이 변한다. 여기서 "직시적(deictic)"이란 우리가 말하는 표현의 의미가 그 "표현이 발화되는 장소, 사람, 시간"에 따라 결정되는 것을 말한다.

now ⇒ then, at that time, immediately, at once, right away
today ⇒ that day, the same day
yesterday ⇒ the day before, the previous day
tomorrow ⇒ the next day, the following day, the day after
the day after yesterday ⇒ two days before
the day before tomorrow ⇒ in two days' time
next week/year 등 ⇒ the following week/year 등
last week/year 등 ⇒ the previous week/year 등
a year ago ⇒ a year before, the previous year
here ⇒ there

"They arrived **here yesterday**." ("그들은 어제 여기 왔다.")
⇒ He said they had arrived **there the day before**.
(그는 그들이 하루 전에 그곳에 왔다고 말했다.)

"She will arrive **next week**." ("그녀는 다음 주에 올 것이다.")
⇒ He said that she would arrive **the following/next week**.
(그는 그녀가 그 다음 주에 올 것이라고 말했다.)

"I saw her **three years ago**."
("나는 그녀를 3년 전에 봤다.") [현시점부터 3년 전]
⇒ He said that he had seen her **three years before**.
(그는 그녀를 3년 전에 봤다고 말했다.) [말한 과거시점부터 3년 전]

▶ 격식을 갖추지 않은 말에서는 종종 직접화법의 부사구를 간접화법에서 그대로 사용하기도 한다.

He said they had arrived **here yesterday**. (그는 그들이 여기에 어제 도착했다고 말했다.)
He said that she would arrive **next week**. (그는 그녀가 다음 주에 올 거라고 말했다.)
He said that he had seen her **three years ago**. (그는 3년 전에 그녀를 봤다고 말했다.)

I27   INDIRECT SPEECH-2: 간접진술

간접진술은 통상적으로 "인용자 + 인용동사 + that-절"의 구조로 표현된다.

He said that the appointment had been cancelled. (그는 약속이 취소되었다고 말했다.)
Grace told me that she had to work late in the evening.
(그레이스는 저녁 늦게까지 일해야 한다고 나에게 말했다.)

1   **인용동사**: 간접진술에서 "that-절"을 "목적어절"로 취하는 동사로는 다음과 같은 것들이 있다.

admit	agree	allege	announce
argue	assert	assure	aver
boast	claim	complain	confess
convince	declare	deny	disagree
explain	foretell	hint	inform
insist	maintain	notify	persuade
pray	predict	proclaim	promise
relate	remark	remind	report
say	state	swear	teach
tell	threaten	warn 등	

She **admitted** that she had made mistakes. (그녀는 자기가 실수했다는 것을 인정했다.)
He **claimed** that it was a conspiracy against him.
(그것은 자신에 대한 음모였다고 그는 주장했다.)
He has **maintained** that the money was donated for the refugees.
(그 돈은 피난민을 위하여 기증되었다고 그는 주장했다.)
The police report **stated** that he was arrested for assaulting his wife.
(경찰 보고는 그가 처를 폭행한 혐의로 체포되었다고 언급하고 있다.)

2 **간접목적어**: 위 동사 중에 "assure, convince, inform, notify, persuade, promise, remind, teach, tell, warn" 등은 자신과 "that-절" 사이에 "간접목적어"를 허용한다.

The doctor **convinced her** that she didn't need to lose any more weight.
(의사는 더 이상 체중을 줄일 필요가 없다는 것을 그녀에게 확신시켰다.)
She **promised me** that she would never leave me.
(그녀는 나를 절대로 떠나지 않겠다고 나에게 약속했다.)
He **warned the children** that there was a fierce dog in the yard.
(그는 마당에 맹견이 있다고 아이들에게 경고했다.)

128 INDIRECT SPEECH-3: 간접질문과 간접감탄

1 **간접의문**: 간접의문에서도 간접진술의 경우와 동일하게 "시제, 대명사, 부사" 등의 변화가 일어난다. 인용절 다음에 "WH-절" 또는 "if-절"로 구성되며, "가부(yes-no)의문문, 내용(WH-)의문문, 선택의문문"이 간접의문문으로 나타날 수 있다.

She asked, "Is he coming?" ("그가 오고 있습니까?"라고 그녀가 물었다.)
⇒ She asked **if/whether** he was coming. (그녀는 그가 오고 있는지를 물었다.)

"When will he give up the boat?" everyone wondered.
("그가 언제 배를 포기할까?"라고 모두가 의아해했다.)
⇒ Everyone wondered **when** he would give up the boat.
(모든 사람들이 그가 배를 언제 포기할 것인가에 대해 의아해했다.)

"Are you coming or not?" I asked her. ("올 거야 안 올 거야?"라고 나는 그녀에게 물었다.)

⇒ I asked her **whether** or not she was coming. (나는 그녀에게 올 건지 안 올 건지를 물었다.)

2   **인용절 동사**: 인용절의 동사가 "say"일 경우에 간접화법에서 질문동사인 "ask, inquire, wonder, want to know" 등으로 바뀐다.

He **said**, "Where is she going?" ("그녀가 어디를 가고 있는 거야?"라고 그가 말했다.)
⇒ He **asked** where she was going. (그는 그녀가 어디를 가고 있는지를 물었다.)

"When is the next train?" she **said**. ("다음 기차가 언제 있습니까?"라고 그녀가 말했다.)
⇒ She **wanted to know** when the next train was.
(그녀는 다음 기차가 언제 있는지를 알고 싶었다.)

3   shall I/we: "shall I/we, will you/would you/could you"로 시작하는 의문문의 경우

(1) 미래에 일어날 사건에 대해 추측하거나 정보를 요구할 경우

"Where **shall** we be this time next year?" ("우리는 내년 이 시간에 어디 있을까?")
⇒ They wondered where they **would** be at that time in the following year.
(그들은 다음 해 그때 어디 있을까라는 생각에 감상에 빠졌다.)

"When **shall** I know the result of the experiment?" ("실험 결과를 언제 알 수 있습니까?")
⇒ She asked when she **would** know the result of the experiment.
(그녀는 실험 결과를 언제 알 수 있느냐고 물었다.)

(2) 지시나 충고를 요구할 경우

"What **shall** I say, John?" asked Mary. ("존아 내가 무슨 말을 해야지?"라고 메리가 물었다.)
⇒ Mary asked John what she **should** say. (메리는 무슨 말을 해야 하는지 존에게 물었다.)

(3) 제안할 경우

"**Shall** we meet at the conference room?" said John. ("회의실에서 만납시다"라고 존이 말했다.)
⇒ John **suggested** that we meet at the conference room. (존이 회의실에서 만나자고 제안했다.)

4   **간접 감탄**: 직접 감탄문의 내용과 형태에 따라 여러 가지 형태가 가능하다.

"**What** a brilliant student you are," the teach said to him.
("너 참 멋진 학생이구나"라고 선생님이 말했다.)
⇒ The teacher told him **what** a brilliant student he was./The teacher told him that he was a very brilliant student. (선생님이 학생에게 참 멋진 학생이라고 말했다.)

He said, "**How** dreadful!" (그는 "정말 끔찍한데!"라고 말했다.)
⇒ He said that it was really dreadful./He said **how** dreadful it was.
   (그는 매우 끔찍하다고 말했다.)

He said, "**Good** morning!" (그는 "안녕하세요!"라고 인사했다.)
⇒ He **greeted me with/wished me** a good morning. (그는 아침인사로 나를 맞아주었다.)

He said, "Congratulations!" (그는 "축하해!"라고 말했다.)
⇒ He **congratulated me**. (그는 나를 축하해주었다.)

5 **간접 조건절**: 과거형 인용동사 다음에서 비실제적 상황을 가리키는 조건절은 과거형 또는 과거분사형을 갖는다.

He said, "If I **were** a billionaire I'd buy you a luxury sports car."
(그는 "내가 백만장자라면 멋진 스포츠카를 너에게 사 주겠다"라고 말했다.)
⇒ He said if he **were** a billionaire he'd have bought me a luxury sports car.
(그는 자신이 백만장자라면 멋진 스포츠카를 나에게 사주었을 것이라고 말했다.)

She said, "If he **didn't go** to Afghanistan he'd still be alive."
(그녀는 "그가 아프가니스탄에 가지 않았다면 아직 살아 있을 겁니다"라고 말했다.)
⇒ She said if he **hadn't gone** to Afghanistan he'd still have been alive."
(그녀는 그가 아프가니스탄에 가지 않았다면 아직 살아 있을 것이라고 말했다.)

조건절 구조에 대해서는 12-14를 보라.

129 INDIRECT SPEECH-4: 간접명령, 제안, 발언행위

1 **간접명령/지시**: 간접명령이나 지시에서 인용절의 동사 say를 명령이나 지시동사인 "tell, order, command, ask" 등의 동사로 바꾼 다음 그 뒤에 "지시의 수령자"를 표현하고 "부정사(infinitive)"로 명령의 내용을 표현한다.

"Leave the house at once, John" she said. ("존 집에서 즉시 나가"라고 그녀가 말했다.)
⇒ She told John **to leave** the house at once. (그녀가 존에게 집에서 즉시 나가라고 말했다.)

He said, "Don't do it, boys." ("얘들아 그러지 마라"라고 그가 말했다.)
⇒ He asked the boys not **to do** it. (그는 남자아이들에게 그러지 말라고 했다.)

2 **수령자의 표현**: 직접 명령이나 지시에서 지시의 수령자가 표현되지 않을 경우에도 명시적으로 수령자를 표현해야 한다.

He said, "Please stay with us." (그는 "저희와 함께 머물러 주십시오"라고 말했다.)
⇒ He asked **us (him/her/them)** to stay with them.
(그는 우리에게 (그에게/그녀에게/그들에게) 그들과 함께 머물러 달라고 요청했다.)

3 **let**: 제안을 표현하는 let로 시작하는 피인용절을 도입하는 인용절의 동사 say는 "suggest"로 바뀌며 "비정형절"과 "정형절" 두 가지 형이 있다.

He said, "Let's go home now." (그는 "지금 집에 갑시다"라고 말했다.)
⇒ He **suggested** going home at once.
⇒ He **suggested** that we/they (should) go home at once.
(그는 즉시 집에 가자고 제안했다.)

▶ "suggest"나 "say" 다음에는 "부정사 구조"를 사용하지 않는다. (P40.2를 보라.)

I suggested **that she try the shop on Main Street**.
(나는 그녀에게 메인가에 있는 상점을 알아보라고 제안했다.)
(*I suggested **her to try the shop on Main Street**.)
He said **that we start looking for a hotel immediately**.
(그는 우리에게 즉시 호텔을 찾기 시작해야 한다고 말했다.)
(*He said **us to start looking for a hotel immediately**.)

4 **발언행위 동사**: 말을 함으로써 어떤 "행위(예: 약속, 동의, 명령, 제안, 부탁, 간청, 충고, 제의)"가 성립되는 문장은 많은 경우에 "부정사"나 "목적어 + 부정사" 구조를 써서 인용된다.

"I'll write to you," she promised. (그녀는 "너에게 편지할게"라고 약속했다.)
⇒ He promised **to write to me**. (그녀는 나에게 편지하기로 약속했다.)

We agreed, "We meet again next Monday."
(우리는 "다음 월요일에 다시 만납시다"라고 합의했다.)
⇒ We agreed **to meet again the following Monday**.
(우리는 오는 월요일에 다시 만나기도 합의했다.)

"You must tell the truth," he told me. (그는 나에게 "진실을 말해야 한다"라고 말했다.)
⇒ He told **me to tell the truth**. (그는 나에게 진실을 말하라고 했다.)

"You should be quiet after nine o'clock," asked the lady downstairs.
("9시 이후에는 조용히 해 주십시오"라고 아래층에 사는 부인이 부탁했다.)
⇒ The lady downstairs has asked **us to be quiet after nine o'clock**.
(아래층에 사는 부인이 우리에게 9시 이후에 조용히 해달라고 부탁했다.)

The president requested, "All the members attend the meeting."
(회장은 "모든 회원이 회의에 참석해주십시오"라고 요청했다.)
⇒ The president requested **all the members to attend the meeting**."
(회장은 모든 회원이 회의에 참석해줄 것을 요청했다.)

"You must not meet Susan," begged her mother.
("수잔을 만나면 안 돼"라고 그녀의 어머니가 간청했다.)
⇒ Susan's mother begged **me not to meet her**.
(수잔의 어머니가 나에게 수잔을 만나지 말라고 간청했다.)

"Think twice before acting," he advised me.
("행동하기 전에 두 번 생각하라"라고 그는 나에게 충고했다.)
⇒ He advised **me to think twice before acting**.
(그는 나에게 행동하기 전에 두 번 생각하라고 충고했다.)

"Don't cross the street here," told the policeman.
("여기서 도로를 횡단하지 마십시오"라고 경찰관이 말했다.)

⇒ The policeman told **me not to cross the street there**.
(경찰관이 나에게 그곳에서 도로를 횡단하지 말라고 말했다.)

▶ "의문사+부정사" 구조도 흔히 쓰인다.

He asked her **how to make a white sauce**.
(그는 그녀에게 화이트소스를 만드는 방법에 관해서 물었다.)
He told me **who to invite to the barbecue**.
(그는 나에게 바비큐 파티에 초청할 사람들을 말해주었다.)
She explained to me **what to do next**. (그녀는 나에게 다음에 무엇을 할 것인가를 설명했다.)

130 INFINITIVES (부정사)-1: 형태와 종류

1 **형태**: 영어의 동사는 "시제, 인칭, 상"에 의해 형태가 변하는데, 동사의 "부정사형"은 이러한 변화가 전혀 실현되어 있지 않은 "동사의 원형"을 가리킨다. 동사의 원형은 종종 "to" 다음에 나타나기 때문에 "to-부정사"라고도 부른다.

부정사형	비부정사형
(to) write	write/writes/wrote/written/writing
(to) talk	talk/talks/talked/talking
(to) be	am/is/are/being/was/were/been

2 **종류**: 부정사에는 (to) write와 같은 "단순형" 외에도 "진행, 완료, 수동형 부정사"가 있으며, 모두 여섯 가지 종류가 가능하다.

		현재형	완료형
능동형	단순형	to write	to have written
	진행형	to be writing	to have been writing
수동형		to be written	to have been written

We expect **to finish** the paper by noon tomorrow.
(우리는 내일 정오까지 과제물을 끝낼 것으로 생각한다.)
It's nice **to be sitting** here with you. (여기 당신과 함께 앉아 있는 것이 기쁩니다.)
I believe the man **to have left the town** two days ago.
(나는 그 사람이 이틀 전에 도시를 떠났다고 생각합니다.)
There's a lot of work **to be done**. (끝낼 일이 많다.)
President's speech was considered **to have been written** by his secretary.
(대통령의 연설문은 그의 비서가 쓴 것으로 사료된다.)

3 **부정사의 부정**: 부정 부정사는 일반적으로 부정사 앞에 not를 놓아 만든다.

Try **not to be** late. (늦지 않도록 해라.)
(*Try **to not be** late.)

(*Try **to do not be** late.)

I'm sorry **not to have spelt** your name correctly.
(당신 이름의 철자를 옳게 쓰지 않아서 미안합니다.)
You were silly **not to have locked** your car.
(네가 자동차를 잠그지 않은 것이 바보 같은 짓이었다.)
Be careful **not to do** 'your act of righteousness' before men, to be seen by them.
(사람에게 보이려고 그들 앞에서 너희 의를 행하지 않도록 주의하라.) [마 6:1]

4 **원형부정사** (bare infinitives): to 다음에는 일반적으로 부정사가 오지만 (예: He wanted to go), 부정사는 "to없이" 사용되는 경우도 많다. (예: She let him go) 상세한 것은 I32를 보라.

5 **분리 부정사** (split infinitives): 부정사구에서 to와 동사가 인접하여 나타나는 것이 보통이지만, 분리 부정사구는 to가 부사에 의해 동사와 분리되는 구조를 갖는다.

He was too near-sighted **to clearly see** the figure.
(그는 근시가 심해서 물체를 똑똑히 볼 수 없었다.)
He began **to slowly get up** off the floor. (그는 마룻바닥에서 천천히 일어서기 시작했다.)

▶ 분리 부정사는 특히 구어체에서 매우 흔히 나타난다. 사람에 따라서는 이 구조를 그릇된 혹은 부주의한 용법이라 생각하며 회피하는 경향이 있으며, 대신 부사를 다른 위치에 놓는다.

He was too near-sighted **to see** the figure **clearly**.
He began **slowly to get up** off the floor.
He began **to get up** off the floor **slowly**.

I31   INFINITIVES-2: 시간표현

1 **현재형**: 단순현재형 부정사는 본동사와 "같은 시간" 또는 본동사가 나타내는 시간보다 "미래"를 가리킨다.

(1) 같은 시간

We're all happy **to meet** you. (우리 모두는 당신을 만나서 기쁩니다.)
We **were** all happy **to meet** you. (우리 모두는 당신을 만나서 기뻤습니다.)
We'**ll** all be happy **to meet** you. (우리 모두는 당신을 만나게 되면 기쁠 것입니다.)

(2) 미래 시간

I **hoped to see** him soon. (나는 그를 곧 만나기를 희망했다.)
The man for you **to consult** on that matter **is** out of the town.
(그 문제에 대해 네가 상담하기로 한 사람은 지금 도시에 없다.)
Everyone **is** eager **to begin** the work. (모두가 일을 시작하기를 갈망했다.)

2   **완료형**: 완료형 부정사는 "완료시제나 과거시제와 같은 시간"을 가리킨다.

   ▶ 과거시간
   He's lucky **to have found** such a wonderful wife.
   (그가 그렇게 훌륭한 아내를 만난 것은 행운이다.)
   The poison was strong enough **to have killed** ten people.
   (그 독은 사람 10명을 죽였을 정도로 강했다.)
   It's better **to have loved** and lost than never **to have loved** at all.
   (사랑했다가 실연하는 것이 전혀 사랑을 해보지 않은 것보다 낫다.)

   ▶ 위의 예에서 완료형을 각각 "to find, to kill, to love"로 대치해도 적격한 문장이 된다. 여기서 완료형은 과거시간을 특별히 강조하는 데 목적이 있다.

   He's lucky **to find** such a wonderful wife. (그가 그렇게 훌륭한 아내를 만난 것은 행운이다.)
   The poison was strong enough **to kill** ten people. (그 독은 사람 10명을 죽일 정도로 강했다.)
   It's better **to love** and lose than never **to love** at all.
   (사랑하다가 실연하는 것이 전혀 사랑을 해보지 않은 것보다 낫다.)

   ▶ 그러나 다음과 같은 예에서는 완료형만이 과거시간을 나타낸다.

   I'm pleased **to have accepted** the job. (나는 그 일자리를 받아들인 것이 기쁩니다.)
   (= I'm pleased that I **accepted** the job.)
   I was sorry not **to have come** on Thursday. (목요일에 오지 못해서 미안했습니다.)
   (= I was sorry that I had not come on Thursday.)

   He expects **to finish** the new novel by the end of this year.
   (그는 올해 말까지 새 소설을 끝낼 작정이다.)
   (= He expects that he **will have finished** the new novel by the end of this year.)
   She seems **to have left** the town last Monday.
   (그녀는 지난 월요일에 도시를 떠난 것 같다.)
   (= It seems that she **left** the town last Monday.)

3 **수동형**: 수동형 부정사는 다른 부정사형과 유사한 의미를 갖는다. (P7-P14를 보라.)

   There's a lot of work **to be done**. (할 일이 많다.)
   We **expected** the woman **to have been treated** equally in her office.
   (우리는 그 여성이 직장에서 평등한 대우를 받았기를 기대했다.)

   ▶ 형용사적으로 쓰이는 부정사구가 때때로 "능동형"과 "수동형"이 같은 의미로 사용될 수 있다.

   There's a lot of work **to do/to be done**. (할 일이 많다.)
   Give me the names of people **to contact/to be contacted**.
   (접촉해야 할 사람들의 명단을 주시오.)

4 **완료 진행형**: 완료 진행형 부정사와 완료 수동형 부정사도 흔히 나타난다.

He told me **to have been lying** there until the doctor walked in.
(그는 의사가 들어왔을 때까지 나보고 그곳에 누워 있으라고 말했다.)
We all expected the bridge **to have been built** by the end of this year.
(우리 모두는 올해 말까지 그 교량이 건설되기를 기대했다.)

▶ 진행 수동형 부정사도 가능하지만 흔치 않다.

"What would you like to be doing right now?" "I'd like **to be being massaged**."
("지금 당장 무엇을 하고 싶으냐?" "마사지를 받고 싶다.")

▶ 진행 완료 수동형 부정사는 가능하나 일반적으로 사용하지 않는다.

The bridge must **have been being built** at the time.
(그 교량은 그 당시에 건설되고 있었음이 틀림없다.)
He may **have been being treated** by Dr. Kim.
(그는 김 박사의 치료를 받아 오고 있었을 수 있다.)

5　　mean과 be to: "mean(= intend)"과 "be to(= intend)"의 과거형과 "wish" 동사를 완료형 부정사와 함께 사용하면 "비실제적 과거 상황"을 표현할 수 있다.

We **meant to have gone** to Australia last year if all went well.
(모든 것이 잘 됐으면 우리는 작년에 호주에 갔었을 것이다.)
I **was to have appointed** him chairman, but he refused.
(나는 그를 회장으로 임명하려 했으나 그가 거절했다.)
We **wish to have discussed** the matter further before the meeting.
(우리는 회의 전에 그 문제를 더 논의했어야 했다.)

I32　INFINITIVES-3: 원형부정사

일반적으로 부정사는 자신의 앞에 to를 대동하지만, 많은 경우에 부정사는 "to없이도" 사용된다. 이러한 부정사를 "원형부정사"라고 부른다.

1　　**조동사**: 원형부정사는 조동사 do와 양상 조동사 "will, shall, would, should, can, could, may, might, must" 다음에 첫 번째 동사로 나타난다.

You **must go** to bed now. (지금 잠자리에 들어야 한다.)
I'd rather **go** alone. (나는 차라리 혼자 가겠다.)
I **don't like** to be treated like a young boy. (나는 어린아이 취급받는 게 싫다.)
Do you **think** she might be joking? (그녀가 농담한다고 생각해?)
Could you **come** tomorrow to meet the doctor? (의사를 만나러 내일 오실래요?)
She'll probably **be** elected. (그녀는 어쩌면 당선될 것입니다.)
I'**ll have** finished my next book by the end of this year.
(나는 올해 말이면 다음 책을 끝내게 될 것이다.)

▶ 이 외에도 원형부정사는 경우에 따라 need와 dare 다음에서도 (N8과 D1을 보라.) 쓰인다.

Need you **go** with him tonight? (오늘 밤에 그와 함께 가야 합니까?)
How **dare** you **call** me a liar? (네가 감히 나에게 거짓말쟁이라고 해?)

2 **지각동사**: 원형부정사는 지각동사(verbs of perception) 다음에 오는 명사구 뒤에 나타난다. (P23과 P24를 보라.)

| feel | hear | listen to | look at |
| notice | observe | see | watch 등 |

I didn't **see you come** in. (나는 네가 들어오는 것을 못 봤다.)
We both **heard him say** that he was leaving. (우리 둘 다 그가 떠나겠다고 말하는 것을 들었다.)
I can **feel an insect crawl** on my back.
(나는 내 등에 곤충 한 마리가 기어가는 것을 느낄 수 있다.)
They **looked at the children play** in the backyard.
(그들은 뒤뜰에서 어린이들이 노는 것을 바라보았다.)
I **noticed a car stop** outside the house. (나는 집 밖에 차 한 대가 멈추는 것을 알아차렸다.)
She **watched the passenger get** off the bus. (그녀는 그 승객이 버스에서 내리는 것을 지켜봤다.)

3 **사역동사**: 원형부정사는 사역동사(causative verbs) 다음에 오는 명사구 뒤에 나타난다. (C10을 보라.)

| have (= cause) | let (= allow) | make |
| bid (= request) | help 등 | |

If you wait, I'll **have someone pick up** the book for you.
(기다리면 너 대신에 다른 사람에게 그 책을 가져오도록 할게.)
She **let her children stay up** very late.
(그녀는 아이들이 늦게까지 일찍 자지 않아도 된다고 했다.)
I **made them give** her the money back. (나는 그들이 돈을 그녀에게 돌려주도록 했다.)

▶ bid(= request)와 help는 "to-부정사"와 "원형부정사"를 둘 다 선택가능하다. (H13을 보라.)

The King **bade us (to) leave** at once. (왕은 우리에게 즉시 떠나라고 명했다.)
Could you **help me (to) unload** the car? (차에서 짐을 내리는 것을 도와주실 수 있으세요?)

4 **수동형**: 수동형 지각동사와 사역동사 다음에는 "to-부정사"가 쓰인다.

You **were** not **seen to come** in. (네가 들어오는 것을 들키지 않았다.)
He **was heard to say** that he was leaving. (그는 떠날 것이라고 말한 것으로 소문났다.)
They **were made to give** me the money back. (그들은 나에게 그 돈을 돌려주게 되었다.)
The children **were let to stay** up late. (아이들은 늦게까지 잠자리에 들지 않는 것이 허용되었다.)

let에 대해서는 L9를 보고, make에 대해서는 M3을 보라.
see, hear, watch 등 + 목적어 + 동사 구조에 대해서는 P24를 보라.

5　　**여타 구조:** 그 밖에 원형부정사가 쓰이는 구조로는 다음과 같은 것이 있다.

(1) "had better, had best, would rather, would sooner" 다음에는 원형부정사가 쓰인다.

You **had better see** the doctor immediately. (의사를 즉시 만나보는 것이 좋겠다.)
I **would rather** not **see** him. (나는 그를 보지 않는 것이 좋겠다.)
I'**d sooner die** than marry you! (나는 너와 결혼하느니 죽겠다.)

(2) "can't (help) but, nothing/anything but, nothing/anything except" 다음에서는 일반적으로 to가 생략된다. (B35, C7, E36.4를 보라.)

I **cannot (help) but agree** to his terms.
(나는 그의 조건에 동의하지 않을 수 없다.)
She couldn't do **anything but/except hope** someone to find her.
(그녀는 누군가 그녀를 발견하기를 바라는 것 외에 아무것도 할 수 없었다.)

(3) "why (not) + 부정사"로 시작하는 질문이나 제안을 할 때 원형부정사가 사용된다. (W17을 보라.)

Why stay at that hotel? We have a very good hotel nearby.
(왜 그 호텔에 머무는 거야? 가까이에 아주 좋은 호텔이 있는데.)
If you have toothache, **why not see** the dentist? (이가 아픈데 왜 치과에 안 가는 거야?)

(4) 두 개의 부정사가 "and, or, except, but, than, as, like"와 같은 접속사로 결합될 때 두 번째 부정사는 종종 to없이 나타난다.

She persuaded him **to go** to college **and study** medicine.
(그녀는 그를 대학에 가서 의학 공부를 하라고 설득했다.)
Do you want **to wait** until 10 **or come** again later?
(10시까지 기다리실래요 다음에 다시 오실래요?)
I've nothing **to do except take care of** grandchildren.
(나는 손주를 돌보는 것 외에 할 일이 없다.)
I'm quite prepared **to do** anything **but help** my sister do homework.
(나는 여동생 숙제를 도와주는 것 외에는 무엇이든지 할 준비가 되어 있다.)
It's easier **to talk** about it **than do** it yourself.
(어떤 것을 스스로 실천하기보다 그것에 대해 말하기는 더 쉽다.)
It's as difficult **to do** nothing **as work** hard.
(아무것도 하지 않는 것이 열심히 일하는 것만큼 어렵다.)
I've **to clean** the house **as well as wash** dishes.
(나는 집 청소도 하고 설거지도 해야 한다.)
Is there anything I can **do** for you **like mow** the lawn?
(잔디를 깎는 것 같이 내가 당신을 위해 할 수 있는 일이 있습니까?)

(5) "rather/sooner than" 다음에는 일반적으로 "to없는 부정사"가 온다. (R2.3과 S26.2를 보라.)

Rather than wait anymore, I decided to go home by taxi.
(더 이상 기다리지 않고 택시를 타고 집에 가기로 결정했다.)
Sooner than go golfing, he chose to go to the zoo with his children.
(그는 골프를 치러가기보다 아이들을 데리고 동물원에 가기로 했다.)
He wants to do it himself **rather than ask** someone else to do it.
(그는 다른 사람에게 해 달라고 청하기보다 자신이 직접 하기를 원한다.)

and, or 등 다음의 생략에 대해서는 E14를 보라.

(6) 부정사가 all이나 what로 시작하고 동사 do를 가진 "유사분열문의 보어"로 쓰일 경우 원형부정사가 쓰일 수 있다. (C19.6과 8을 보라.)

What we need to **do** most is **(to) have** a good rest.
(우리가 가장 먼저 해야 할 것은 푹 쉬는 것이다.)
All I **did** was **(to) hit** him on the head. (내가 한 것은 그의 머리를 때렸을 뿐이었다.)
What a fire-door **does** is **(to) delay** the spread of a fire.
(방화문이 하는 일은 화재가 번지는 것을 지연시키는 것이다.)

▶ 위의 문장이 도치되어 "부정사구가 주어"가 될 경우 "to는 생략"되어야 한다.

Have a good rest is what we need to do most.
(푹 쉬는 것이 우리가 가장 먼저 해야 할 일이다.)
(***To have a good rest** is what we need to do most.)
Remove the old paint is all we should do first.
(오래된 페인트를 제거하는 것이 우리가 먼저 해야 할 일이다.)
(***To remove the old paint** is all we should do first.)

I33   INFINITIVES-4: 용법

부정사구의 용법에는 "명사적 용법, 형용사적 용법, 부사적 용법" 세 가지가 있다.

1   **명사적 용법**: 부정사구는 절의 "주어, 보어, 목적어"로 쓰일 수 있다. (I34를 보라.)

To see her children again will make her very happy.　　　　[주어]
(아이들을 다시 보게 될 것이라는 것이 그녀를 매우 행복하게 할 것이다.)
For you to come to the conference is absolutely necessary.
(당신이 학회에 참석하는 것이 절대적으로 필요합니다.)

The important thing is **to stay calm in the class**.　　　　[보어]
(중요한 것은 교실에서 조용히 있는 것이다.)
What we all want is **for you to tell the truth**.
(우리 모두가 원하는 것은 네가 진실을 말하는 것이다.)

I like **to have cornflakes** for breakfast.　　　　[목적어]
(나는 아침 식사로 콘플레이크를 좋아한다.)

We tried **to get across the river without being seen**.
(우리는 발각되지 않고 강을 건너도록 애써야 했다.)

2 **형용사적 용법**: 부정사구는 "명사를 수식하는 역할"을 할 수 있다. (I38을 보라.)

She bought a new book **to read during her vacation**.
(그녀는 방학 동안에 읽을 새 책 한 권을 샀다.)
(= She bought a new book that she would read during her vacation.)
He's not the kind of person **to let little things disturb him**.
(그는 사소한 일에 신경을 쓰는 그런 부류의 사람이 아니다.)
(= He's not the kind of person who would let little things disturb you.)
I've no one **to help me**. (나에게는 도움을 줄 사람이 하나도 없다.)
(= I've no one who can help me.)

3 **부사적 용법**: 부정사구는 다양한 기능을 가진 "부사절"로 사용될 수 있다. (I39를 보라.)

He went to Busan **to visit his grandparents**. (그는 조부모님을 보려고 부산에 갔다.)
I'd have given my life **to have saved hers**.
(나는 그녀의 생명을 구하기 위해서라면 내 생명을 바쳤을 것이다.)
To tell the truth, it seems that nobody understood his lecture at all.
(사실을 말하면 아무도 그의 강의를 전혀 이해하지 못하는 것 같다.)
I left the door open **to let John get in**. (나는 존이 들어올 수 있도록 문을 열어 놨다.)

I34   INFINITIVES-5: 주어, 보어, 목적어

부정사는 명사구로서 문장의 "주어, 보어, 목적어"로 쓰일 수 있다.

1 **주어**: 부정사구는 문장의 주어로 쓰일 수 있다.

To come to the meeting is absolutely necessary.
(회의에 참석하는 것이 절대적으로 필요하다.)
To see his children again will make him very happy.
(아이들을 다시 보게 될 것이라는 것이 그를 매우 행복하게 만들 것이다.)

▶ 주어 위치의 부정사는 일반적으로 문장 뒤로 외치(extraposition)되는 것이 더 자연스럽다. 이 경우에 원래 부정사가 있던 주어 위치에는 "허사 it"가 나타나며, 우리는 이것을 "it-허사구문"이라고 부른다. (E42를 보라.)

It's absolutely necessary **to come to the meeting**.
It'll make him very happy **to see his children again**.

2 **주어보어**: 부정사는 다음과 같은 동사의 주어보어로 쓰인다.

| appear | be | happen | remain |

seem　　　　　　　tend　　　　　　turn 등

He **was to become a famous mayor** of the city. (그는 유명한 시장이 될 결심이었다.)
My plan **was to retire** from my present job in 2010.
(나의 계획은 2010년에 현직에서 은퇴하는 것이었다.)
The boss **appears to be** very angry today. (사장님이 오늘 몹시 화가 나 보인다.)
She **tends not to go away** in the summer.
(그녀는 여름에 길을 떠나지 않는 경향이 있다.)

▶ **유사 분열문**: 부정사는 유사 분열문 또는 그 변이형 구문에서 주어보어로 가장 많이 쓰인다. (C19.6을 보라.)

What we need most **is (to) have** a good rest. (우리에게 가장 필요한 것은 잘 쉬는 것이다.)
All I did **was (to) hit** him on the head. (내가 한 것은 그의 머리를 때린 것뿐이다.)

3　**목적어보어**: 부정사는 다음과 같은 동사의 목적어보어로 쓰인다. (V6.2를 보라.)

believe	consider	find	get
hope	make	paint	prove
think	suppose	think	wish 등

The doctor **found her condition to be hopeless**.
(의사는 그녀의 상태가 희망이 없다는 것을 알았다.)
We **consider Mr. Lee to be very intelligent**.
(우리는 이 군이 매우 똑똑한 것으로 생각한다.)

4　**목적어**: 부정사는 동사의 목적어로 쓰일 수 있다. (I36과 V4.5와 V5.8을 보라.)

decide	demand	determine	fail
forget	hate	hope	intend
like	love	prefer	promise
refuse	try	want	wish 등

They **refused to talk to him**. (그들은 그에게 말하기를 거부했다.)
The girls **prefer to go by train**. (아가씨들은 기차로 가기를 원한다.)
Everybody wants **to be a millionaire**. (모든 사람이 백만장자가 되고 싶어 한다.)

I35　INFINITIVES-6: 형용사와 부정사

1　　많은 형용사들이 부정사구를 의미적 주어로, "허사 it"를 통사적 주어로 취하는 구조(즉 it ... to-부정사)를 구성한다. 이 형용사들은 통사적 특성에 따라 "네 가지 유형"으로 분류할 수 있다.

　　(1) important-형

(ab)normal	(un)common	crucial	essential
(un)important	(un)necessary	pointless	rare
(un)usual	vital 등		

It's very **important to arrive in time.** (일찍 도착하는 것이 매우 중요하다.)
It's **pointless to continue the search for the missing child.**
(실종 어린이에 대한 수색을 계속하는 것은 의미가 없다.)

(2) stupid-형

absurd	ambitious	bold	brave
careful	careless	civil	clever
(in)considerate	courageous	cruel	decent
foolish	friendly	generous	good
(un)grateful	honest	ill-natured	impudent
(un)kind	naughty	nice	(im)polite
rash	reasonable	right	rude
saucy	selfish	silly	spiteful
sensible	splendid	stupid	thoughtful
thoughtless	wicked	(un)wise	wonderful
wrong 등			

It's **very stupid to believe these rumors.**
(이런 소문들을 믿는 것은 매우 어리석다.)
It was **thoughtful to keep the secret of our relationship.**
(우리 관계에 대한 비밀을 지킨 것은 사려 깊은 일이었다.)

(3) difficult-형

agreeable	amusing	easy	difficult
hard	hopeless	impossible	interesting
nice	pleasant	tough 등	

It was **difficult to turn down the offer.** (그 제안을 거절하기가 어려웠다.)
It wasn't **easy to climb the mountain on foot.** (걸어서 그 산을 오르는 것은 쉽지 않았다.)

(4) likely-형

certain	sure	(un)fortunate	(un)likely
(un)lucky 등			

They're likely **to attend the meeting**. (그들이 모임에 참석할 것 같다.)
He's certain **to attend the meeting**. (그는 확실히 모임에 온다.)

2 **for-구와 of-구 주어**: "important-형"과 "difficult-형"은 "for-전치사구"를, "stupid-형"은 "of-전치사구"를 부정사의 주어로 허용한다.

It's **important for you** to arrive in time. (네가 일찍 도착하는 것이 중요하다.)

It was **difficult for me** to turn down the offer. (나는 그 제안을 거절하기가 어려웠다.)

... it is **easier for a camel** to go through the eye of a needle than **for a rich man** to enter the kingdom of God. (... 낙타가 바늘귀로 들어가는 것이 부자가 하나님의 나라에 들어가는 것보다 쉬우니라.) [마 19:24]

It's **very stupid of him** to believe these rumors. (그가 이러한 소문들을 믿다니 어리석다.)
It's **clever of him** to present his plan before the committee.
(그가 자신의 계획을 위원회 앞에서 설명한 것은 잘한 일이다.)

3   **주어로의 인상**: "stupid-형"은 부정사의 "주어"를, "difficult-형"은 부정사의 "목적어"를 주절동사의 주어로 "인상(raising)"할 수 있지만, "important-형"은 어떠한 인상도 허용하지 않는다.

It's **very stupid of him** to believe these rumors. ⇒
He's **very stupid** ＿＿ to believe these rumors.

It was **difficult** for me to turn down **the offer**. ⇒
The offer was difficult for me to turn down ＿＿.

It's **important for you** to arrive in time.
(*You are important ＿＿ to arrive in time.)
It's **pointless** to continue the search.
(*The search is pointless to continue ＿＿.)

4   likely: "likely-형" 형용사는 위의 세 가지 유형의 형용사와는 달리 부정사 내에 "주어"를 직접 표현할 수 없다. (L16을 보라.)

*It is **likely for/of him** to resign.
*It is **lucky for/of me** to be alive.
*It was **fortunate for/of me** to have such an understanding wife.

▶ 이 형용사들은 "stupid-형" 형용사의 경우와 마찬가지로 종속절의 "주어"를 자신의 "주어"로 가질 수 있으며, 그 종속절은 "부정사"가 된다.

He's **likely** to resign. (그는 은퇴할 것 같다.)
I'm **lucky** to be alive. (나는 살아 있는 것이 행운이다.)
I was **fortunate** to have such an understanding wife.
(나는 그렇게 이해심이 있는 아내가 있어서 다행이었다.)

▶ 이 형용사들은 부정사의 주어가 명시적으로 표현되는 "it ... 부정사" 구조를 허용하지 않는 대신, "it ... that-절" 구조를 허용한다.

It's **likely that he will resign**. (그가 사임할 가능성이 있다.)
It's **lucky that I am alive**. (내가 살아 있는 것이 행운이다.)
It was **fortunate that I have such an understanding wife**.
(나는 그렇게 이해심이 있는 아내가 있어서 다행이었다.)

5   **형용사의 보충어**: 부정사는 형용사의 "보충어"로 쓰일 수 있으며, 이러한 형용사는 그 통사적 특성에 따라 몇 가지 유형으로 분류할 수 있다.

I'm **afraid to ask** for help. (나는 도움을 청하기가 싫다.)
He's **willing to pay** for dinner. (그는 저녁 값을 낼 의향이 있다.)
The computer's now **ready to use**. (컴퓨터가 사용할 준비가 되었다.)
She's **able to speak** Chinese. (그녀는 중국어를 할 수 있다.)

(1) afraid-형: 이 형용사들은 "마음의 상태 또는 느낌"을 표현하는 형용사로서 부정사는 "for-전치사구"를 자신의 주어로 가질 수 있다. 많은 분사형 형용사가 이 유형에 속한다.

afraid	angry	anxious	content
curious	eager	furious	glad
grateful	happy	impatient	indignant
keen	mad	proud	sad
sorry	thankful	wild 등	

amazed	annoyed	ashamed	astonished
bored	concerned	contented	delighted
depressed	disappointed	disgusted	dissatisfied
surprised	thrilled	embarrassed	excited
fascinated	grieved	honored	horrified
infuriated	overwhelmed	perturbed	pleased
puzzled	relieved	satisfied	shocked
worried 등			

I'm **afraid to miss** the train. (나는 기차를 놓칠까 봐 걱정이다.)
I'm **afraid for her to miss** the train. (나는 그녀가 기차를 놓칠까 봐 걱정이다.)
She's **worried to get wet**. (그녀는 물에 젖을까 봐 걱정이다.)
She's **worried for her dress to get wet**. (그녀는 드레스가 젖을까 봐 걱정이다.)

(2) willing-형: 이들 형용사에서는 부정사를 "행동으로 옮길 의지의 대상"으로 해석되며, 부정사구는 제한적으로 "for-전치사구"를 자신의 주어로 가질 수 있다.

hesitant	inclined	induced	disinclined
disposed	prepared	prone	reluctant
willing 등			

He's **willing to pay** for dinner. (그는 저녁 식사비용을 낼 의향이 있다.)
My boss is **willing for me to have** a couple of days off.
(나의 상사는 내가 이틀 정도 쉬는 것을 기꺼이 허락할 것이다.)
Max's **reluctant to talk** about it. (맥스는 그것에 대해서 말하는 것을 꺼린다.)

(3) ready-형: 이 형용사는 매우 제한적이며 (unsuitable, (un)fit 등), 통사적 특징으로는 "difficult-형"에서처럼 (I35.1을 보라.) 주절의 주어가 부정사의 목적어로 해석된다는 점이다. 그러나 "difficult-형"과는 달리 "it ... 부정사 구조"를 허용하지 않는다.

The computer's now **ready to use.** (컴퓨터는 지금 사용할 준비가 되었다.)
(*It's **ready** now **to use the computer**.)
The fish in the refrigerator isn't **fit to eat**. (냉장고의 생선이 먹기에 적합하지 않다.)
(*It's not **fit to eat the fish in the refrigerator**.)

(4) able-형: 이 형용사는 의미적으로 다양하며 "it ... 부정사" 구조를 허용하지 않을 뿐만 아니라 항상 "주절의 주어"가 "부정사구의 주어"로 해석되기 때문에 자신의 주어를 가질 수 없다.

bound	apt	(un)fit	liable
prompt	quick	ready	slow 등

She's **able to speak** Chinese. (그녀는 중국어를 할 줄 안다.)
(*It's **able for/of her to speak** Chinese.)
The old man is mentally **unfit to stand** trial.
(그 노인은 재판을 받기에 정신적으로 부적합하다.)
(*It's mentally **unfit for/of the old man to stand** trial.)
Farmers have been **slow to exploit** this market.
(농부들은 좀처럼 이 시장을 이용하지 못해왔다.)

▶ "able-형"은 "it ... 부정사"를 허용하지 않는다는 점에서 "likely-형"(I35.4를 보라.)과 같지만, "likely-형"과는 달리 "it ... that" 구조를 허용하지 않는다.

She is **able to speak** Chinese. (그녀는 중국어를 할 줄 안다.)
(***It is able that she speaks** Chinese.)
The old man is mentally **unfit to stand** trial.
(그 노인은 재판을 받기에 정신적으로 부적합하다.)
(*It's mentally **unfit that the old man stands** trial.)

6   old enough: 형용사는 "enough, too, sufficiently"와 같은 부사의 수식을 받는 경우 "부정사구"를 보충어로 취할 수 있으며, 부정사구는 "for-전치사구"를 주어로 가질 수 있다.

He was **old enough to know** it. (그는 그것을 알 수 있는 나이였다.)
I'm **sufficiently prepared to do** the job. (나는 그 일을 할 충분한 준비가 되어 있다.)
The weather was **too good for us to stay** home.
(날씨가 너무 좋아서 우리는 집에 있을 수 없었다.)

▶ 이 구조에서는 "ready-형" 형용사와 같이 주절의 주어가 부정사구의 목적어 또는 전치사의 목적어로 해석될 수 있다.

The package isn't **light enough for her to lift** ___.
(그 짐은 그녀가 들어 올릴 정도로 가볍지 않다.)
The wall is **too thick for the drill to pierce through** ___.
(그 벽은 너무 두꺼워서 드릴로 뚫을 수 없다.)

136 INFINITIVES-7: 동사와 부정사

부정사구를 목적어로 취하는 동사에는 부정사구만을 취하는 동사와 부정사 앞에 명사구를 대동하는 동사 그리고 이 두 구조를 둘 다 허용하는 동사 "세 가지 유형"이 있다.

V + to-부정사
V + NP + to-부정사
V (+ NP) + to-부정사

1   **V + to-부정사**: 목적어로 "to-부정사"를 취하는 동사로는 다음과 같은 것들이 있다.

abide	afford	agree	aim
appear	apply (oneself)	arrange	aspire
attempt	(can't) bear	beg	begin
bother	(not) bear	cease	chance
choose	claim	condescend	consent
continue	contract	contrive	counsel
dare	decide	decline	deign
demand	deserve	design	desire
determine	disdain	dread	elect
endure	expect	fail	fear
forbear	forget	get	go on
guarantee	happen	hasten	hate
help	hesitate	hope	intend
learn	like	long	love
manage	mean	merit	need
neglect	offer	omit	plan
pray	prefer	prepare	presume
pretend	proceed	profess	promise
propose	reckon	refuse	regret
remember	request	resolve	say
scorn	seek	seem	(not) stand
start	strive	struggle	swear
tend	threaten	trouble	try
turn out	undertake	venture	vow
wait	want	warrant	wish
yearn 등			

The bank's **agreed to lend** me 15 million won to buy a new car.
(은행은 나에게 새 차를 사는 데 1,500만 원을 대출해주기로 승인했다.)
She'll **condescend to join** us for lunch.
(그녀는 몸을 낮추어 우리와 함께 점심을 할 것이다.)

If I were you, I wouldn't **hesitate to marry** her.
(내가 너라면 그녀와 망설임 없이 결혼할 것이다.)
You must **learn to work** hard and **save** money.
(너는 열심히 일하고 돈을 저축하는 것을 배워야 한다.)
I should **like to have** been told the result earlier.
(결과를 좀 더 일찍 들었으면 좋았을 것인데.)
The company **resolved to take** no further action against the employees.
(회사는 직원들에게 더 이상 소송을 제기하지 않기로 결정했다.)
All of us can hardly **wait to be** in France.
(우리 모두는 프랑스에 가는 것을 도저히 기다릴 수가 없다.)

▶ "to-전치사구"를 목적어로 취하는 동사와 형용사 중에도 부정사를 목적어로 취하는 것들이 있다.

agree to	consent to	dedicated to
entitled to	incline to	prone to 등

Both sides have **agreed to the terms** of the peace treaty.
(양측이 평화협정의 조건에 동의했다.)
The bank has **agreed to lend** me 20 million won to buy a new car.
(은행은 새 차를 사는 데 나에게 2천만 원을 빌려주기로 동의했다.)
Her father wouldn't **consent to her marriage** to a cousin.
(그녀의 아버지는 사촌과의 결혼을 승인하지 않을 것이다.)
He has finally **consented to lend** her his car.
(그는 결국 차를 그녀에게 빌려주는 데 동의했다.)

I **incline to the opinion** that it's a case of religious discrimination.
(나는 그것이 종교적 차별의 한 예라는 의견에 마음이 기운다.)
He **inclined to accept** that the official version of the incident was correct.
(그는 사고에 대한 당국의 설명이 옳다고 받아들이고 싶은 마음이었다.)
Full time employees are **entitled to health insurance**.
(정규직 근로자는 건강보험 자격이 있다.)
Full time employees are **entitled to receive** health insurance.
(정규직 근로자는 건강보험을 받을 자격이 있다.)

Kids are all **prone to disease**. (아이들은 모두 질병에 쉽게 걸린다.)
Kids are all **prone to eat** junk food. (아이들은 모두 건강에 나쁜 음식을 먹는 경향이 있다.)

2 V + NP + to-부정사: "V + NP + to-부정사" 구조를 취하는 동사로는 다음과 같은 것들이 있다.

advise	aid	allow	appoint
ask	assist	authorize	can't (bear)

beg	believe	beseech	bribe
cause	challenge	choose	command
commission	compel	condemn	convince
dare	defy	desire	direct
derive	educate	elect	empower
enable	encourage	entice	entitle
entreat	excite	expect	find
forbid	force	get	hate
help	impel	implore	incite
induce	instruct	inspire	intend
invite	lead	learn	leave
like	loathe	love	mean
oblige	obligate	order	permit
persuade	pledge	prefer	prepare
press	presume	promise	prompt
prove	provoke	reckon	recommend
remind	request	require	rule
sentence	stimulate	summon	teach
tell	temp	urge	trust
urge	want	warn	warrant
wish 등			

Her husband **advised her to invite** the boss.
(그녀의 남편은 그녀에게 상사를 초대하라고 충고했다.)
We **believe Miss Chung to be** the finest pianist in the world.
(우리는 정 양이 세계에서 가장 훌륭한 피아니스트라고 믿는다.)
We **expected the talks to continue** until tomorrow.
(우리는 대화가 내일까지 계속될 것으로 생각했다.)
The man **forced the boy to stay** at home. (그 남자는 남자아이를 강제로 집에 있게 했다.)
Her husband **likes her to invite** the boss.
(그녀의 남편은 그녀가 상사를 초청하는 것을 좋아한다.)
I **persuaded my son to go** to college. (나는 아들에게 대학에 가라고 설득했다.)
He **urged all of us to read** at least three novels in the list.
(그는 우리 모두에게 적어도 목록에 있는 소설책 세 권을 읽을 것을 강력히 요구했다.)
I **wish both of you to have** a good journey. (나는 너희 둘이 즐거운 여행을 하기를 빈다.)
이 구조에서는 주절의 목적어가 "부정사구의 주어"로 해석된다.

(1) promise: 예외적으로 promise의 경우에는 주절의 주어가 부정사의 주어로 이해된다.

She **promised me to see** the dentist tomorrow.
(그녀는 나에게 내일 치과에 가겠다고 약속했다.)

(2) "소통동사(verbs of communication)"와 "인지동사(verbs of cognition)"는 to-부정사의

동사가 "be" 혹은 "have"일 경우에만 이 구조가 허용된다.

(a) 소통동사

acknowledge	admit	confess	confirm
declare	demonstrate	deny	disclose
grant	hear	maintain	hear
maintain	report	reveal	show
state 등			

The doctor **acknowledged him to be** a drug addict.
(의사는 그가 마약 중독자라는 것을 인정했다.)
The study **demonstrates poverty and malnutrition to have** close links.
(연구는 빈곤과 영양실조가 밀접한 관련이 있다는 것을 보여준다.)

(b) 인지동사

apprehend	assume	believe	consider
discover	doubt	estimate	fancy
feel	feign	find	guess
hold	imagine	judge	know
presume	reckon	recognize	regard
see	sense	suppose	suspect
take	think	understand 등	

Everyone **considers the boy to be** a genius. (모든 사람들이 그 소년을 천재라고 생각한다.)
We **find her evidence to be** based on the newspaper report.
(우리는 그녀의 증거가 신문 보도에 기초한 것이라는 것을 알았다.)
Everybody **reckoned him to have** been the leading authority in the field.
(모든 사람이 그가 그 분야의 지도적 권위자였다고 간주했다.)
I **took him to be** the owner of the building. (나는 그가 건물의 소유자라고 생각했다.)

3 V + (NP) + 부정사: "V + (NP) + 부정사" 구조를 취하는 동사로는 다음과 같은 것들이 있다.

ask	beg	dare	elect
expect	get	hate	help
intend	learn	like	love
mean	prefer	promise	request
want 등			

He **asked me to mail** the letters tomorrow.
(그는 나에게 내일 그 편지들을 부쳐달라고 부탁했다.)
Karen **asked to see** the doctor. (캐런은 의사를 만나게 해달라고 부탁했다.)

The group **elected Philip to be** their spokesman. (그 그룹은 필립을 대변인으로 선출했다.)
My father **elected to take** early retirement instead of moving to a new position.
(나의 아버지는 새로운 자리로 옮기는 대신에 조기 은퇴를 하기로 했다.)

I don't think he **intended me to hear** what he said.
(나는 그가 말한 것을 내가 듣게 하려고 의도했다고는 생각하지 않는다.)
We **intend to go** to Australia next year. (우리는 내년에 호주에 갈 작정이다.)

4   advise와 want: "V + NP + to-부정사" 구조를 동사구로 갖는 문장에는 두 가지 유형이 있다. "advise-형"에서는 NP를 문법적 그리고 의미적 목적어로 해석되는 반면, "want-형"에서는 NP가 의미적 목적어가 될 수 없으며 문법적 목적어로만 해석된다.

My mother **wanted me to go** to Harvard. (나의 어머니는 내가 하버드에 가기를 원했다.)
My mother **advised me to go** to Harvard. (나의 어머니는 나에게 하버드에 가라고 충고했다.)

(1) want-형: 위에서 논의한 "소통동사"와 "인지동사"가 이 유형에 속하며, 추가로 다음과 같은 동사가 있다.

cause	expect	get	hate
intend	like	love	mean
need	prefer	promise	prove
recommend	want	warrant	wish 등

(2) advise-형

advise	aid	allow	appoint
ask	assist	authorize	can't (bear)
beg	believe	beseech	bribe
challenge	choose	command	commission
compel	condemn	convince	dare
defy	desire	direct	derive
educate	elect	empower	enable
encourage	entice	entitle	entreat
excite	forbid	force	help
impel	implore	incite	induce
instruct	inspire	invite	lead
learn	leave	loathe	oblige
obligate	order	permit	persuade
pledge	prepare	press	presume
prompt	provoke	reckon	remind
request	require	rule	sentence
stimulate	summon	teach	tell
temp	urge	trust	urge
warn 등			

5   **want와 advise의 차이점**: 두 형태의 문장은 다음과 같은 문법적 차이를 보인다.

(1) "want-형" 문장에서는 NP와 부정사구를 하나의 성분으로 간주하기 때문에 대명사로

대치할 수 있지만, "advise-형" 문장에서는 불가능하다.

John **wanted Tom to examine Bill**, and Mary **wanted that** too.
(존은 탐이 빌을 검사하기를 원했고, 메리도 역시 그것을 원했다.)
(*John **advised Tom to examine Bill**, and Mary **advised that** too.)

(2) "want-형" 문장은 유사 분열문으로 변형될 수 있지만, "advise-형" 문장은 불가능하다.

What John **wanted** was **for Tom to examine Bill**.
(존이 원한 것은 탐이 빌을 검사하는 것이다.)
(*What John **advised** was **for Tom to examine Bill**.)

(3) "want-형" 문장은 의미 변화 없이 목적어와 부정사를 수동형으로 바꿀 수 있지만, "advise-형" 문장은 수동형이 가능한 경우에도 그 의미가 바뀐다.

John **wanted Tom to examine Bill**. (존은 탐이 빌을 검사하기를 원했다.)
John **wanted Bill to be examined by Tom**. (존은 빌이 탐에게 검사받기를 원한다.)

John **advised Tom to examine Bill**. (존은 탐에게 빌을 검사하라고 충고했다.)
John **advised Bill to be examined by Tom**.
(존은 탐에게 검사를 받으라고 빌에게 충고했다.)

(4) "want-형" 문장은 허사 there가 목적어 위치에 오는 것을 허용하지만, "advise-형"은 허용하지 않는다.

We **want there to be** a full attendance in the concert.
(우리는 음악회가 만석이 되기를 바란다.)
(*We **advised there to be** a full attendance in the concert.)

6 **전치사구의 목적어**: "V + PP + 부정사" 구조를 갖는 동사들은 for-전치사구의 목적어를 부정사의 주어로 취한다.

arrange	not care	hope	intend
mean	pray	plan	prepare
cannot stand	wish 등		

I'll **arrange for someone to take** care of the baby.
(나는 누군가가 아이를 돌볼 수 있도록 준비할 것이다.)
She **didn't care for him to see** her while she was sick.
(그녀는 아팠을 때 그가 찾아오는 것을 좋아하지 않았다.)
He **intended for the children to come** to church with him.
(그는 아이들이 그와 함께 교회에 가도록 할 작정이다.)
I'm **longing for the children to go** back to school.
(나는 아이들이 학교로 돌아가기를 간절히 바라고 있다.)
They **prepared for the conference to be** held on time.
(그들은 학회가 정시에 개최될 수 있도록 준비했다.)

137 INFINITIVES-8: 명사와 부정사

부정사는 "추상명사"의 보충어로 쓰일 수 있으며, 이 명사들은 일반적으로 상응하는 "형용사"나 "동사형"을 가지고 있다.

ability	advantage	advice	ambition
anxiety	arrangement	attempt	certainty
challenge	choice	claim	competence
courage	decision	desire	determination
endeavor	expectation	hope	impatience
inclination	intention	motivation	necessity
order	permission	plan	promise
proposal	recommendation	refusal	reluctance
request	requirement	resolution	struggle
suggestion	temptation	tendency	warning
wish 등			

He made **arrangements to move** the prisoners to another jail.
(그는 죄수들을 다른 감옥으로 이송하도록 준비했다.)
The **decision to move** to Busan was made a long time ago.
(부산으로 이사할 결정이 오래전에 내려졌다.)
The government is making **plans to evacuate** all its citizens from the flooded area.
(정부는 수해지역에서 모든 시민을 철수시킬 계획을 세우고 있다.)
We were surprised at her **reluctance to accept** any money for her work.
(우리는 그녀가 일의 대가로 돈을 받는 것을 꺼리는 것에 놀랐다.)
She was sincere in her **wish to make** amends for the past.
(과거를 보상하겠다는 그의 소망에서 진심이 보였다.)

유사한 파생 명사구에 대해서는 D11을 보라.

138 INFINITIVES-9: 형용사적 용법

부정사구는 명사구 또는 대명사를 수식하는 형용사로 쓰일 수 있다.

1   **부정사구의 주어**: 수식받는 명사구/대명사가 부정사구의 주어로 해석되며, 특히 복합 부정대명사가 이러한 부정사구의 주어로 많이 나타난다.

He's not **a person to let** little things disturb him. (그는 작은 것에 신경 쓰는 사람이 아니다.)
(= He's not a person who would let little things disturb him.)
Is there **anyone to take** care of these children? (이 아이들을 돌볼 수 있는 사람이 있습니까?)
(= Is there anyone who can take care of these children?)
She has **no one to help** her. (그녀를 도와줄 사람이 없다.)
(= She has no one who can help her.)

2   **부정사구의 목적어**: 수식받는 명사구/대명사가 부정사의 "목적어"로 해석될 수 있다.

    He's **a good man for you to know**. (그는 네가 알아두어야 할 훌륭한 분이다.)
    (= He's a good man who you should know.)
    The next question to consider was the crucial one.
    (우리가 생각해야 했던 다음 질문이 결정적인 질문이었다.)
    (= The next question that we should consider was the crucial one.)

3   **전치사의 목적어**: 수식받는 명사구/대명사가 부정사구에 있는 "전치사의 목적어"로 해석될 수 있다.

    He has **nothing to complain** about. (그는 불평할 것이 아무것도 없다.)
    (= He has nothing that he complains about.)
    Tell me **the person to show** my samples to.
    (나의 견본을 보여주어야 할 사람을 말해주세요.)
    (= Tell me the person who I should show my samples to.)

4   **의문 부정사구**: 의문 부정사구는 부정사구의 "형용사적 용법의 대표적인 예"다. 여기서 특히 유의할 점은 부정사구의 수식을 받는 의문사는 "부정사구의 목적어" 또는 "전치사의 목적어"로만 이해된다는 사실이다. 다음의 동사들은 의문 부정사를 목적어로 취할 수 있다.

ask	consider	decide	discuss
explain	find out	forget	guess
hear	inquire	know	learn
observe	perceive	remember	say
see	show	teach	tell
think	understand	wonder 등	

    He didn't **tell** me **who to meet** at the station.
    (그는 정거장에서 누구를 만나야 하는지 나에게 말해주지 않았다.)
    They don't **know what to do** next. (그들은 다음에 무엇을 해야 할지 모른다.)
    I don't remember **who to work with** for the project.
    (나는 그 사업을 위해 누구와 함께 일해야 하는지 기억이 안 난다.)
    We haven't decided **what to account for** before the committee.
    (우리는 위원회에서 무엇을 설명해야 할 것인지 결정하지 않았다.)
    I **asked** her **where to stay** tonight. (나는 그녀에게 오늘 밤에 어느 곳에 머물 것인가를 물었다.)
    Show him **how to do** the exercise. (그 운동을 어떻게 하는지 나에게 보여주세요.)
    I **wonder whether to pay** now (or not). (나는 지금 대금을 치러야 하는지 (아닌지) 잘 모르겠다.)
    ... do not **worry about what to say** or **how to say it**.
    (어떻게 또는 무엇을 말할까 염려하지 말라.) [마 10:19]

5   **관계대명사와 부정사구**: 형용사적으로 사용되는 부정사구는 일반적으로 "관계대명사"를

동반하지 않는다.

He isn't **a person (*who) to let** little things disturb him.
(그는 작은 것에 신경 쓰는 사람이 아니다.)
He has **nothing (*which) to complain** about. (그는 불평할 것이 아무것도 없다.)

(1) 수식받는 명사구가 부정사구에 포함된 전치사구의 목적어인 경우에 명사구와 수식하는 부정사구 사이에 "관계대명사"가 올 수 있다. 이 경우 전치사는 관계대명사 앞에 반드시 와야 한다.

He needs some money **with which to travel**. (그는 여행에 쓸 돈이 좀 필요하다.)
(= He needs some money **to travel with**.)
(= He needs some money **(which) he can travel with**.)
(*He needs some money **which to travel with**.)

She found a pretty vase **in which to put the flowers**. (그녀는 꽃을 꽂을 예쁜 꽃병을 발견했다.)
(= She found a pretty vase **to put the flowers in**.)
(= She found a pretty vase **(which) she can put the flowers in**.)
(*She found a pretty vase **which to put the flowers in**.)

부정사 관계절에 대해서는 R15.1-3을 보라.

(2) WH-어 뒤에 오는 부정사구는 자신의 주어를 명시적인 "for-구"로 가질 수 없다.

*Tell me **who for him** to meet at the station.
(참고: Tell me **who he** should meet at the station.)
(그가 정거장에서 누구를 만나야 하는지 나에게 말해라.)
*He tried to remember **what for me** to look for.
(참고: He tried to remember **what I** should look for.)
(그는 내가 찾아야 하는 것이 무엇인지 기억하려고 애썼다.)
*She found a pretty vase **in which for me** to put the flowers.
(참고: She found a pretty vase **in which I** **put the flowers**.)
(그녀는 내가 꽃을 꽂을 예쁜 꽃병을 발견했다.)

6 only: "only, 최상급 형용사, 서수사의 수식을 받는 명사"는 부정사구의 수식을 받을 수 있다.

She is **the only person to aspire** to the job. (그녀는 그 일자리를 갈망하는 유일한 사람이다.)
Mr. Sang-Don Choi was **the first Korean to climb** Mound Everest.
(최상돈 씨는 에베레스트 산에 오른 첫 한국인이다.)
The last person to leave the office should turn off the lights.
(사무실을 가장 늦게 나가는 사람은 전등을 꺼야 한다.)

I39   INFINITIVES-10: 부사적 용법

부정사는 부사적으로 쓰일 수 있으며, 다른 부사구와 마찬가지로 전체 문장 또는 동사를 수식할 수 있다.

1 **문장 수식어**: 문장을 수식하는 부정사구로는 두 가지가 있다.

(1) 화자가 말하고자 하는 주제에 대해서 "논평"하는 경우 (D20.1을 보라.)

to speak honestly	strange to say
to be honest	to make things worse
to use a common expression 등	

To tell the truth, I don't understand him at all.
(사실대로 말하면 나는 그를 전혀 이해하지 못한다.)
To be honest, I don't like her very much. (솔직히 말해서 나는 그녀를 그렇게 좋아하지 않는다.)

(2) 앞의 표현과 뒤 표현을 "연결"하는 역할 (C39를 보라.)

to change the subject	to return to our subject
to begin with	to conclude
to take a simple example	to mention a few examples 등

To cut a long story short, you had better apologize for your behavior.
(줄여서 말하면 너는 네 행위에 대해서 사과하는 것이 좋겠다.)
"What do scientists think about my invention?" "Well, **to begin with**, they doubt whether it's going to work." ("과학자들이 나의 발명품을 어떻게 생각합니까?" "저어, 우선 그들은 그것이 작동할 것인가에 확신이 없다.")

2 **동사 수식어**: 동사를 수식하는 부정사를 그 의미에 따라 분류하면 다음과 같다.

(1) 목적 (purpose)

He came to New York **(in order) to look** for a job. (그는 일을 찾아 뉴욕에 왔다.)
We eat **to live**; we should not live **to eat**.
(우리는 살기 위해 먹지, 먹기 위해 살아서는 안 된다.)
... the Son of Man came **to seek** and **to save** what was lost.
(인자가 온 것은 잃어버린 자를 찾아 구원하려 함이라.) [눅 19:10]

(2) 조건 (condition)

He will do anything **to have** the chance to see her again.
(그는 그녀를 다시 볼 기회를 갖는다면 무엇이든지 할 것이다.)
(= He will do anything if he may have the chance to see her again.)

I would have given my life **to have** saved hers.
(그녀를 구할 수 있었다면 나는 생명도 내놓았을 것이다.)
(= I would have given my life if I could have saved her.)

▶ 여기서 조건 부정사는 목적 부정사로 해석될 수도 있다.

(즉 그녀를 구하기 위해서 나는 생명도 내놓았을 것이다.)

(3) 결과 (result)

He finally won his lawsuit, only **to find** out that his lawyer would get most of the money.
(그는 결국 소송에 승리했으나, 돈의 대부분이 그의 변호사가 가지게 되었다는 것을 알게 되었을 뿐이다.)
He returned home, **to find** his wife ill in bed.
(그는 집으로 돌아와서 처가 병들어 침대에 누워 있는 것을 보게 되었다.)
... those who have done good will rise **to live**, and those who have done evil will rise **to be condemned**.
(선한 일을 행한 자는 생명의 부활로, 악한 일을 행한 자는 심판의 부활로 나오리라.) [요 5:29]

(4) 원인 (cause)

He rejoiced **to see** his old friends again. (그는 옛 친구들을 다시 보게 되어 기뻤다.)
She blushed **to hear** herself praised by the teacher.
(그녀는 선생님의 칭찬을 직접 듣고 얼굴이 빨개졌다.)

140   INFORMATION STRUCTURE (정보의 구성)

우리가 언어를 사용하여 상대방에게 어떤 정보를 전달하고자 할 때는 문법적으로 옳은 문장만을 사용하는 것이 아니라 다양한 방법을 사용하여 가장 효과적으로 정보를 전달하게 된다.

1   **주어와 술어**: 우리의 언어생활의 주된 목적은 정보를 서로 주고받는 것이다. 우리가 어떤 상황에 대한 정보를 상대방에게 전달할 때 일반적으로 문장이라는 표현의 단위를 사용하게 된다. 우리는 먼저 말하고자 하는 대상을 선정하여 그 대상을 문장의 주어(subject)로 표현하고, 그 대상이 어떤 상황에 처해 있는가를 문장의 술어(predicate)로 표현한다.

The last storm destroyed his greenhouse. (지난 폭풍우가 그의 온실을 파괴했다.)
His greenhouse was destroyed by the last storm. (그의 온실이 지난 폭풍우로 파괴되었다.)

2   **알려진 정보와 새로운 정보**: 문장을 구성할 때 우리는 일반적으로 "알려진" 정보를 먼저 말하고 "새로운" 정보를 뒤에 말한다.

"How's **Joe** these days?" "Oh, fine. **He**'s just got married to a very nice girl."
("요사이 조가 어떻게 지내?" "예, 잘 지내지요. 그는 얼마 전에 아주 멋진 아가씨와 결혼했어요.")
("Oh, fine. A very nice girl's just got married to **him**."보다 더 자연스럽다.)

"I can't find **my clothes**." "Well, **your trousers** are under my coat."
("내 옷을 찾을 수 없는데요." "어디 보자. 네 바지는 내 코트 밑에 있다.")
("Well, my coat is on **your trousers**."보다 더 자연스럽다.)

"What happened to **his greenhouse**?" "**It** was destroyed by the last storm."
("그의 온실에 무슨 일이 있었습니까?" "지난 폭풍우로 파괴되었습니다.")
("The last storm destroyed **it**."보다 자연스럽다.)

▶ 완전히 새로운 정보로 절을 시작하는 것을 회피하기 위해 "there is 구조"를 사용할 수 있다. 상세한 것은 T9를 보라.

There's a cat on the roof. (지붕 위에 고양이가 한 마리 있다.)
(**A cat's** on the roof보다 더 자연스럽다.)

as, since, because와 함께 쓰이는 "알려진" 것과 "새로운" 것에 대해서는 B12를 보라.

3 **중요한 정보와 덜 중요한 정보**: 문장을 구성할 때 우리는 일반적으로 "중요한" 정보를 먼저 말하고 "덜 중요한" 정보를 나중에 말한다.

My father was bitten by a dog last week. (나의 아버지가 지난주에 개에 물렸다.)
(A dog bit my father last week보다 더 자연스럽다.)
Our dog bit the postman this morning. (우리 집 개가 오늘 아침에 집배원을 물었다.)
(The postman was bitten by our dog this morning보다 더 자연스럽다.)

4 **강조하고 싶은 정보**: 문장의 한 부분을 강조하는 데는 크게 두 가지 방법이 있다. 하나는 강조하고 싶은 부분을 강세를 주어 말하는 것이고, 다른 하나는 특정 구문을 사용하는 것이다. 대표적인 강조 구문으로는 it와 what을 사용하는 분열문 구조가 있다. 상세한 것은 C19를 보라.

It was **my mother** who finally called the police. (결국 경찰을 부른 사람은 나의 어머니였다.)
What I need is **a hot bath and a drink**.
(내가 필요한 것은 따뜻한 목욕과 한잔 마시는 것이다.)

▶ 또 한 가지 방법으로는 문법적으로 정상적인 위치에 있는 표현을 문장 앞으로 전치하는 것이다. 전치에 대해서는 F22를 보라.

The other plans we will look at next week. (다른 계획은 우리가 다음 주에 검토할 것이다.)

강조에 대해서는 E21을 보라.

5 **문미 비중**: 영어에는 길고 복잡한 구조를 문장 끝으로 이동시키는 "문미 비중의 원리(the principle of end weight)"라는 것이 있다. 우리가 "예비의 it"를 사용하여 주어절이나 목적어절을 문장의 끝으로 이동하는 "외치(extraposition)"도 이 원리를 따른 것이라고 할 수 있다. (E42를 보라.)

It worried me **that she had not been in touch for so long**.
(그녀가 매우 오랫동안 연락이 없었다는 것이 나를 걱정하게 했다.)
I believe **it** to be essential **that you tell us everything you know**.
(나는 네가 아는 것을 모두 우리에게 말하는 것이 극히 중요하다고 생각한다.)

▶ 영어에는 소위 "복합명사구 전이(complex NP shift)"라는 것이 있다. 다시 말해서 길고 복잡한 명사구는 문장 끝으로 이동시키는 것을 말한다.

He wrote down in a notebook **everything that he heard and didn't want to forget**.
(그는 그가 듣고 잊고 싶지 않은 모두 것을 공책에 기록했다.)

(*He wrote down in a notebook **their names**.)
(참고: He wrote down **their names** in a notebook.)

We generally attribute to improvements in diet **the fall in the number of deaths from heart disease**.
(우리는 심장병 사망자 수의 감소를 일반적으로 식생활 개선의 덕으로 생각한다.)
(*We generally attribute to improvements in diets **the fall in deaths**.)
(참고: We generally attribute **the fall in deaths** to improvements in diets.)

141 ingenious와 ingenuous

이 두 단어는 종종 혼동을 일으킬 수 있다. 이들은 의미뿐만 아니라 발음도 다르다.

1. ingenious[indʒíːnjəs]: 발명품이나 장치 등이 "정교한, 독창적인, 재간이 있는"을 의미한다.

   Many fish have **ingenious** ways of protecting their eggs from predators.
   (많은 물고기들은 약탈자로부터 자신들의 알을 지키는 독창적인 방법을 가지고 있다.)
   My brother is so **ingenious** that he will think of a way to do the work more easily.
   (내 동생은 재간이 있어서 그 일을 더 쉽게 할 수 있는 방법을 생각해 낼 것이다.)
   He invented an **ingenious** device for turning off the gas stove automatically.
   (그는 가스난로를 자동으로 끄는 정교한 장치를 발명했다.)

2. ingenuous[indʒénujəs]: "솔직한, 정직한, 꾸밈없는"을 의미한다.

   The boy gave an **ingenuous** account of his acts. (그 소년은 자신의 행동을 솔직하게 설명했다.)
   She gave **ingenuous** answers to all of the police's questions.
   (그녀는 경찰의 모든 질문에 솔직하게 대답했다.)
   My sister is so **ingenuous** that she is never suspicious of what others say to her.
   (내 여동생은 순진해서 다른 사람이 말한 것을 절대로 의심하지 않는다.)

   ▶ 명사 "ingenuity[ɪndʒənúːjəːti]"와 연관이 있는 형용사는 "ingenuous"가 아니라 "ingenious"다.

   Drug smugglers constantly use their **ingenuity** to find new ways of getting drugs in a country. (마약 밀수업자들은 한 나라로 마약을 반입하는 새로운 방법을 찾기 위해 끊임없이 창의력을 동원한다.)

142 insanitary와 unsanitary

이 두 단어는 일반적으로 큰 의미적 차이가 없이 "비위생적인, 건강에 나쁜"의 의미로 쓰이지만, insanitary는 "위생규칙을 범하거나 위생시설을 갖추지 않음으로 인해" 발생하는 위생의 문제나 건강의 문제를 말하는 데 반하여, unsanitary은 "불결한 환경으로 인해" 발생하는 위생의 문제나 건강의 문제를 말할 때 사용한다.

Most houses built before the 1960s were equipped with **insanitary** toilets.
(1960년대 이전에 지어진 대부분의 집에는 비위생적인 화장실이 설치되었다.)
The government are struggling to solve health problems caused by **insanitary** housing.
(정부는 비위생적적인 주거로 인한 건강문제를 해결하려고 노력하고 있다.)
Discharge of raw sewage into the sea is **unsanitary** and unsafe.
(처리되지 않는 하수를 바다에 버리는 것은 비위생적이고 위험한 일이다.)
The health of the community seemed to be good in spite of the **unsanitary** conditions of daily life.
(불결한 여건 하에서 일상생활을 함에도 불구하고 그 지역사회의 건강은 좋아 보였다.)

143   instead (of)

instead는 한 방안 대신에 다른 대안을 선택할 때 사용된다.

1   **부사**: instead는 부사로서 일반적으로 "문두 혹은 문미 위치"에 온다.

If you can't attend the meeting, I could go **instead**.
(만약 네가 회의에 갈 수 없다면, 내가 대신 갈 수 있었다.)
George didn't study law. **Instead** he decided to become an actor.
(조지는 법을 공부하지 않았다. 대신 그는 배우가 되기로 작정했다.)

2   **전치사**: "instead of"는 복합 전치사로 "명사적 표현"을 목적어로 갖는다.

You can have tea **instead of** coffee, if you want. (원하면 커피 대신에 차를 마실 수 있습니다.)
He seems to be pleased **instead of** being annoyed. (그는 괴로워하기보다 즐거워하는 것 같다.)
Instead of sitting there, you could help me clean the floor.
(거기 앉아 있지 말고 바닥 청소하는 나를 도와주시오.)

144   intense와 intensive

1   intense: "(효과가) 강력한, (감정, 행위가) 격렬한"을 의미한다.

Nobody can survive for more than two days under the **intense** heat of the desert without water. (아무도 물 없는 사막의 강렬한 열 아래서 2일 이상 살아남을 수 없다.)
The pain was so **intense** that I couldn't sleep last night.
(통증이 너무 심해서 어젯밤에 잠을 잘 수 없었다.)
It always gave him **intense** pleasure when his students passed the exams.
(그는 자기의 학생들이 시험을 통과했을 때는 항상 대단히 기뻤다.)

2   intensive: 비교적 짧은 기간 동안 많은 노력과 집중적 활동이 요구되는 "철저한, 집중적인"을 의미한다.

An **intensive** study of a few books is more valuable than much careless reading.
(몇 가지 책을 집중적으로 읽는 것이 이것저것 많이 읽은 것보다 더 가치가 있다.)
We took a one-month **intensive** course in English before going to the States.
(우리는 미국에 가기 전에 한 달 동안의 집중적 영어교육과정을 거쳤다.)
After a brief period of **intensive** training, I was allowed to make my first parachute jump.
 (짧은 기간의 집중적인 훈련을 받은 후에 나는 첫 낙하산 강하를 하게 되었다.)

▶ intensive는 "농업, 공업, 경제"와 관련이 있는 명사와 결합하여 "집약적"이라는 의미로 쓰인다.

About 15% of the land is used for **intensive** farming/agriculture.
(약 15퍼센트의 토지가 집약적 농업에 사용되고 있다.)
We're gradually reducing the number of energy-**intensive** factories.
(우리는 점차적으로 에너지 집약적 공장의 수를 줄이고 있다.)

knowledge-**intensive** businesses (지식 집약적 사업)
capital-**intensive** techniques (자본 집약적 기술)
labor-**intensive** industries (노동 집약적 산업)

I45   intent와 intention

1 intent와 intention: 이 단어들은 "의도, 의향, 목적, 계획" 등의 의미를 가지고 있다. intent는 격식적 표현으로서 더 자주 쓰이며, intention과는 달리 "복수"가 허용되지 않는다.

We cannot trust them until we are sure of their **intentions/intent**.
(우리는 그들의 의도를 확인할 때까지 그들을 믿을 수 없다.)
Their intent was/**Their intentions** were noble, but the results of their actions were disastrous. (그들의 의도는 고귀했지만 행동의 결과는 재앙이었다.)

2 구조: 이 두 단어는 몇 가지 "구조적 차이"를 보인다.

(1) intent/intention + 부정사구: intention은 특히 "소유격 한정사"를 가질 경우 부정사구를 취한다.

It's not **my** intent to deny the value of university education.
(대학교육의 가치를 부정하려는 것이 나의 목적이 아니다.)
The assassin shot with **intent to kill** the President.
(암살자는 대통령을 죽일 의도로 총을 쐈다.)
The government announced **its intention to create** 500,000 jobs by the end of the year.
(정부는 연말까지 50만 개의 일자리를 창출할 계획이라고 발표했다.)
It wasn't **my intention to exclude** her from the list.
(그녀를 명단에서 제외하는 것이 나의 의도가 아니었다.)

(2) have every/no intention//with the intention + of + -ing구: intention이 "have"를 뒤따라

나오거나 "정관사"를 대동할 경우에는 "부정사구"가 아니라 "of-ing구"를 취한다.

I've no intention of changing my plans just to fit in with his.
(나는 단지 그와 맞추기 위해 나의 계획을 바꿀 생각은 없다.)
(*I've **no intention to change** my plans just to fit in with his.)

I think he came with **the intention of apologizing**.
(나는 그가 사과할 생각으로 왔다고 생각한다.)
(*I think he came with **the intention to apologize**.)

146 into

1 **내부로의 이동**: "장소, 지역, 용기" 내부로의 이동을 가리킬 때

I saw him come **into** his office. (나는 그가 사무실로 들어오는 것을 보았다.)
He thrust his hand **into** his coat pocket. (그는 손을 코트 주머니에 집어넣었다.)
There must be another way to get **into** the building.
(그 건물에 들어가는 다른 방법이 반드시 있을 겁니다.)

2 **관여/소속**: 어떤 행위나 상황에 관여하거나 어떤 집단의 일부가 될 때

They tried to drag me **into** their quarrel. (그들은 나를 그들의 싸움에 끌어들이려고 애썼다.)
The money that he had raised all went **into** a common fund.
(그가 모은 돈은 모두 공동 기금으로 들어갔다.)

3 **변화**: 사물이 다른 형태나 상태로 변할 때

She fell **into** a deep sleep. (그녀는 깊은 잠에 빠졌다.)
The whole banking system was thrown **into** confusion. (모든 은행 시스템이 혼란에 빠졌다.)
She cut the cake **into** several pieces. (그녀는 케이크를 여러 조각으로 잘랐다.)

4 **충돌**: 한 대상이 이동하여 다른 대상과 부닥칠 때

She almost bumped **into** me as she turned around the corner.
(그녀는 모퉁이를 돌다가 나와 거의 부딪힐 뻔했다.)
The car swerved and crashed **into** the wall. (차는 이탈하여 벽을 들이받았다.)

5 **방향**: 특정 방향을 가리킬 때

They rode off **into** the sunset. (그들은 저녁노을 속으로 말을 타고 가버렸다.)
Make sure you're speaking directly **into** the microphone.
(마이크로폰에 직접 대고 말하도록 해라.)

6 **시점**: 어떤 시점까지를 가리킬 때

Andy and I talked well **into** the night. (앤디와 나는 밤이 깊을 때까지 말을 했다.)
John was well **into** his forties before he got married. (존은 40이 한참 지나서 결혼했다.)

7   **조사나 연구 대상**: 어떤 정보를 얻기 위해 애쓸 때

The police are making an investigation **into** the events leading up to his death.
(경찰은 그를 죽음에 이르게 한 사건들을 조사하고 있다.)
We've been doing some research **into** the incident.
(우리는 그 사고에 대한 조사를 해오고 있다.)

8   **산수의 나누기**: 나누기를 표현할 때 (N43.15를 보라.)

Eight **into** twenty-four is three. (24를 8로 나누면 3이다.)
Sixteen teams are taking part, dividing **into** four groups.
(16개 팀이 네 그룹으로 나누어 참여한다.)

I47   INVERSION (도치)-1: 개요

도치에는 조동사가 주어 앞으로 이동하는 것과 부사구와 함께 동사구를 문장 앞으로 전치하는 것 두 가지 유형이 있다.

The children's toys **were hidden under the bed**.   [정상 위치]
(아이들의 장난감을 침대 밑에 숨겼다.)
Were the children's toys hidden under the bed?   [조동사 전치]
(아이들의 장난감을 침대 밑에 숨겼느냐?)
Under the bed were hidden the children's toy.   [동사구 도치]
(침대 밑에 아이들의 장난감을 숨겼다.)

I48   INVERSION-2: 조동사의 전치

다양한 구조에서 (have와 be를 포함하여) 조동사가 주어 앞으로 전치된다.

1   **의문문**: 의문문에서 (have와 be를 포함하여) 조동사가 주어 앞으로 전치한다.

Has the train arrived at the station? (기차가 정거장에 도착했습니까?)
Where **is the festival** taking place? (축제가 어느 곳에서 열립니까?)
What **will you** buy for her birthday? (그녀의 생일선물로 무엇을 사려고 합니까?)

(1) 간접의문문에서는 조동사의 전치가 일어나지 않는다. (Q4.6을 보라.)

They asked me when **the concert** was starting.
(그들은 음악회가 언제 시작하는지 나에게 물었다.)
(*They asked me when **was the concert** starting.)

(2) 주어 자체가 의문사일 때는 조동사의 전치가 일어나지 않는다.

***Is what** taking place at Time Square?
(참고: **What's** taking place at Time Square?)
(타임스퀘어에서 무슨 일이 있습니까?)
***Did who** buy the present for her birthday?
(참고: **Who bought** the present for her birthday?)
(누가 그녀의 생일선물을 샀습니까?)

(3) 부가 의문문(tag questions)에서도 조동사의 전치가 일어난다.

He likes his job, **doesn't he**? (그는 자기 일을 좋아하지요?)
He doesn't like his job, **does he**? (그는 자기 일을 싫어하지요?)

의문문 전반에 대해서는 Q3-Q7을 보라.

2   may: 소원을 말할 때 may는 주어 앞에 올 수 있다.

May God bless you! (하나님의 은총을 빕니다!)
Long **may the peace** continue! (평화가 오래 지속되기를 기원합니다!)

may의 주어 앞 전치에 대해서는 M13.4를 보라.

3   so, neither, nor 다음에서: "짧은 응답"과 이와 유사한 구조에서 이 단어들이 문두위치에 오면 조동사 전치가 일어난다.

"He's very tired." "**So am I.**" ("그는 매우 지쳤다." "나도 그렇다.")
"She doesn't want to leave." "**Neither/Nor does he.**"
("그녀는 떠나고 싶어 하지 않는다." "그도 그렇다.")

He likes pizza, and **so do I**. (그도 피자를 좋아하고 나도 좋아한다.)
He doesn't like pizza, and **neither does she**.
(그도 피자를 좋아하지 않고 그녀도 좋아하지 않는다.)

so에 대해서는 S19.4를, neither와 nor에 대해서는 N16을 보라.

4   **부정적(negative) 표현**: 전치된 부정적 부사구가 전체 문장을 부정할 경우에 조동사 전치를 일으킨다. (N11.1과 2를 보라.)

Not until last Sunday did we know the truth.
(지난 일요일까지 우리는 진실을 몰랐다.)
On no account may anyone disturb the meeting.
(어떠한 경우에도 아무도 회의를 방해해서는 안 된다.)
At no time did he speak to the press. (그는 결코 언론에 말하지 않았다.)
Under/In no circumstances are you allowed to go out.
(어떤 일이 있어도 너는 나갈 수 없다.)

Never have I imagined that she would marry him.
(나는 그녀가 그와 결혼할 것이라고 상상해 본 적이 없다.)
No sooner had she arrived at Seoul **than** she fell in love.
(그녀는 서울에 오자마자 사랑에 빠졌다.)
Not a word did he say of the trip.
(그는 여행에 대해서 한마디도 안 했다.)

▶ 그러나 문장의 한 부분을 부정하는 부사구는 조동사의 도치를 유발할 수 없다.

Not many days later we knew the truth. (며칠 후에 그는 진실을 알았다.)
(= We knew the truth a few days later.)
(*Not many days later did we know the truth.)
Not far from here you can see foxes. (여기서 멀지 않은 곳에서 여우를 볼 수 있다.)
(*Not far from here can you see foxes.)
Not surprisingly, they missed the train. (예상한 대로 그들은 기차를 놓쳤다.)
(*Not surprisingly did they miss the train.)
Not long ago John saw Mary. (얼마 전에 존이 메리를 만났다.)
(*Not long ago did John see Mary.)

5   부정적(negative) 부사: "hardly, seldom, rarely, little, never, barely"와 같은 부정적 표현과 only를 포함하는 표현 다음에서 조동사 전치가 일어난다. 이 구조도 또한 문어적이고 문학적이다.

Hardly had I gotten in the house when the phone rang.
(내가 집에 들어가자마자 전화가 울렸다.)
Seldom have I seen such a remarkable creature.
(나는 좀처럼 그렇게 놀라운 사람을 보지 못했다.)
Little did he realize the danger he faced. (그는 직면한 위험을 거의 인식하지 못하고 있었다.)
Never had she been so confused. (그녀는 일찍이 그렇게 혼란스러워한 적이 없다.)
Barely could she understand what he was saying.
(그녀는 그가 말하고 있는 것을 거의 이해할 수 없었다.)
Only after her death was I able to appreciate her.
(그녀가 죽은 후에야 나는 그녀의 진가를 이해할 수 있었다.)
Not only did we lose our money but we were nearly killed.
(우리는 돈을 잃어버렸을 뿐만 아니라 거의 죽을 뻔했다.)

6   유사성: 지금 말하는 상황이 다른 대상에게도 적용됨을 표현하는 "as-절"에서는 주어-조동사 도치가 수의적으로 나타난다. (A97.9를 보라.)

He was very superstitious, **as was his mother/his mother was.**
(그는 자신의 어머니처럼 미신을 많이 믿는다.)

▶ 그러나 같은 뜻을 가진 "like-절"에서는 도치가 일어나지 않는다.
(= He was very superstitious, **like his mother was/*was his mother.**)

He voted the Democratic Party, **as his wife did/as did his wife**.
(나는 내 처가 한 것처럼 공화당에 투표했다.)
(= He voted the Democratic Party, **like his wife did/*like did his wife**.)

7 **so와 such**: so나 such의 수식을 받는 표현이 문장 앞으로 전치된 강조적 용법으로 쓰일 때 조동사 전치가 일어난다.

So long/Such a long time did she stay inside the room that everybody worried.
(그녀가 방 속에 너무나 오랫동안 머물러 있어서 모두가 걱정했다.)
(참고: She stayed inside the room so long/such a long time that everybody worried.)
So plausible was his explanation that everybody believed it.
(그의 설명이 매우 그럴듯해서 모두가 믿었다.)
(참고: His explanation was so plausible that everybody believed it.)

8 **조건절**: 조건절에서 if를 생략하고 조동사를 주어 앞에 놓을 수 있다. (I5를 보라.)

Had I seen the accident, I'd have reported it to the police.
(내가 사고를 목격했다면 경찰에 알렸을 것이다.)
(= If **I had** seen the accident, I'd have reported it to the police.)
Were she my daughter, I wouldn't have allowed her to marry him.
(그녀가 내 딸이었다면 나는 그와 결혼하는 것을 허락하지 않았을 것이다.)
(= If **she were** my daughter, I wouldn't have allowed her to marry him.)

I49   INVERSION-3: 동사구의 도치

문장구조가 거울 영상처럼 완전히 도치되는 표현을 가리킨다.

주어 + 동사 + 보어 ⇒ 보어 + 동사 + 주어
주어 + 동사 + 부사적 표현 ⇒ 부사적 표현 + 동사 + 주어

The proposed projects **had been completely flawless**. ⇒
Completely flawless had been the proposed projects.
(제안된 계획에는 전혀 흠이 없었다.)

One of the hunters I had seen yesterday **was lying under a tree**. ⇒
Under a tree was lying one of the hunters I had seen yesterday.
(내가 어제 본 사냥꾼 중의 한 명이 나무 밑에 누워 있다.)

1 **동사 + 보어**: 주어보어가 문장 앞으로 전치되고 주어가 문장 끝으로 후치될 수 있다. 이러한 구조에서는 종종 보어를 강조하는 표현이 함께 나타난다.

Completely ignored had been his final proposal. (그의 마지막 제안도 완전히 무시되었다.)
(⇐ His final proposal **had been completely ignored**.)
More damaging was the reporter's article. (기자의 기사가 더 손상을 주었다.)

(⇐ The reporter's article **was more damaging**.)
How ungracious had been their response! (그들의 반응이 무례하기 짝이 없어!)
Blessed are the pure in heart, for they will see God.
(마음이 청결한 자는 복이 있나니 그들이 하나님을 볼 것이요.) [마 5:8]

2　**동사 + 부사적 표현**: 장소나 방향을 의미하는 부사적 표현이 문장 앞으로 전치되고 동사 부분은 주어 앞으로 이동한다.

Directly in front of them stood a great castle. (큰 성이 그들의 바로 앞에 있었다.)
(⇐ A great castle **stood directly in front of them**.)
Along the road came a strange procession. (길을 따라 이상한 행렬이 다가왔다.)
(⇐ A strange procession **came along the road**.)
... **out of you will come** a ruler who will be the shepherd of my people Israel.
(... 네게서 한 다스리는 자가 나와서 내 백성 이스라엘의 목자가 되리라.) [마 2:6]
(⇐ ... a ruler who will be the shepherd of my people Israel **will come out of you**.)
After me will come one more powerful than I,
(나보다 능력 많으신 이가 내 뒤에 오시나니,) [막 1:7]
(⇐ One more powerful than I **will come after me**.)

3　**동사 + 시간 표현**: 시간을 나타내는 부사적 표현도 동사와 함께 종종 주어 앞으로 도치된다.

The following morning came news of his father's death.
(다음 날 아침에 그의 아버지의 사망 소식이 도착했다.)
(⇐ News of his father's death **came the following morning**.)
Three days later arrived another job offer. (3일 후에 또 다른 일자리 제안이 있었다.)
(⇐ Another job offer **arrived three days later**.)

4　**동사구**: 조동사를 제외한 "진행형 동사구"와 "수동형 동사구"가 문장 앞으로 도치되고 조동사는 주어 앞으로 전치된다.

Sitting on the bench was my grandfather. (벤치에 나의 할아버지가 앉아 있었다.)
(⇐ My grandfather **was sitting on the bench**.)
Hidden under the rug was the stolen jewelry.
(도난당한 보석이 양탄자 밑에 숨겨져 있었다.)
(⇐ The stolen jewelry **was hidden under the rug**.)

5　**here와 there**: 구어에서 here와 there 또는 "전치사적 부사"가 주어와 동사의 도치를 유발한다.

Here comes Freddy! (여기 프레디가 오네.)
There goes your brother. (저기 네 동생이 오네.)
Up went the rest of them. (그들의 나머지는 위로 갔다.)

▶ 주어가 대명사이면 대명사가 동사를 앞선다.

Here she comes. (여기 그녀가 오네.) (*Here comes she.)

"Are you ready?" **"Off we go!"** ("준비됐어?" "떠나자!")

There she is. (저기 그녀가 오네.)

6   **직접화법** (direct speech): 직접화법에서 "said, asked, suggested" 등과 같은 인용동사는 종종 주어를 앞선다. (I26.3을 보라.)

"I wonder," **John said/said John**, "whether I will continue the work."
(존은 "내가 일을 계속해야 할지 잘 모르겠다"라고 말했다.)
"The classroom is too hot," **the professor complained/complained the professor**.
(교수님이 "교실이 너무 덥다"라고 불평하셨다.)

▶ 그러나 대명사 주어는 인용동사 뒤에 오지 않는다.

"What do you mean?" **he asked/*asked he**. ("무슨 말이야?"라고 그는 물었다.)
"I love you," **she whispered/*whispered she**. ("나는 너를 사랑한다"라고 그녀는 속삭였다.)

I50   INVITATIONS (초대)

"초대"란 다른 사람에게 어디를 가자거나 어떤 것을 하자고 요청하는 것을 말한다. 초대는 "말"로 할 수도 있고 "글"로 할 수도 있다. 초대는 초대를 받는 사람에 따라 사용되는 표현이 달라질 수 있다.

1   **말**: 초대에 사용되는 몇 가지 표현을 예로 들면 다음과 같다.

Would you like to come with me?   [비격식적]
(우리와 함께 가시겠습니까?)
How would you like to come and have a cup of tea?   ⇑
(오셔서 차 한잔하시는 것 어떠십니까?)
May I have the pleasure of this dance?
(이번 춤을 함께 출 수 있는 기쁨을 가질 수 있을까요?)
May I invite you to dinner next Saturday?   ⇓
(다음 토요일에 저녁 식사에 초대하고 싶습니다.)
I wonder if you'd like to come and meet my boss.   [격식적]
(오셔서 나의 상사를 만나주실 수 있을는지요.)

2   **초대장**: 우리는 사회생활을 하면서 종종 초대장을 받거나 보내게 된다.

▶ 공식적 초대장: 정식으로 손님을 초대할 때

> Mr. and Mrs. Gildong Hong
> request the pleasure of your company
> for their 50th Wedding Anniversary Dinner
> at 7 p.m. on Friday, 15 April
> at La Seine
> Lotte World Hotel
>
> R.S.V.P.
> 27 Jongro
> Seoul
> Tel.: 02-000-0000
> e-mail: abc123@hanmail.net

▶ 비공식적 초대장: 간단한 모임을 위해 보내는 초대장

> Dear Raoul,
>
> Mija and I are having a party for our granddaughter's winning the 1st prize at Daegu Musical Festival on Saturday, 17th September at 8 p.m. at our place. We look forward to seeing you very much.
>
> Sincerely yours,
> *Gildong*

151 its와 it's

its와 it's는 자주 혼동을 일으킨다. 이유는 "-'s"가 명사에 붙는 속격어미(예: the boy's)로 쓰이기도 하고, is나 has의 축약형(예: he is/he has → he's)으로도 쓰이기 때문이다. 그러나 it's는 "it is"나 "it has"의 "축약형"으로만 사용되고, its는 my나 her처럼 "한정적 속격형"으로만 쓰인다. (P51.2를 보라.)

It's been cloudy all day. (하루 종일 구름이 끼었다.)
(= **It has** been cloudy all day.)
(*__Its__ been cloudy all day.)
It's/*__Its__ raining outside. (밖에 비가 오고 있다.)

The hotel has **its** own pool. (호텔에는 전용 수영장이 있다.)
(*The hotel has **it's** own pool.)

▶ 다른 대명사와는 달리 it는 "명사적 속격형"을 가지고 있지 않다.

my – mine	your – yours	his – his	its – *its
our – ours	her – hers	their – theirs	

152 it's time

어떤 특정의 행위가 실행되어야 하는 시점을 표현할 때 사용된다.

1 **부정사**: it's time (혹은 it is time) 다음에 부정사가 올 수 있다.

Tom — **it's time to get up**. (탐아 일어날 시간이다.)
It's time to buy a new car. (새 차를 살 때가 되었다.)

▶ 부정사의 주어를 표현할 필요가 있을 때는 "for + 목적어 + 부정사 구조"를 사용할 수 있다.

It's time for us to move to Busan. (우리가 부산으로 이사할 때가 되었다.)

▶ 종종 부정사구를 전치사구로 바꾸어 표현할 수도 있다.

It's time **for bed**. (잠잘 시간이다.)
It's time **for lunch**. (점심시간이다.)

2 **과거시제**: "it's time" 다음에 과거시제 동사를 가진 절이 올 수 있으나 현재시간을 가리킨다.

It's time she **went** to bed. (그녀가 잠잘 시간이다.)
It's time you **washed** those trousers. (네 바지를 세탁해야 할 때다.)
I'm getting tired. **It's time** we **went** home. (나는 지쳤다. 집에 갈 시간이다.)

▶ "it's about/high time"은 어떤 일이 "곧 일어나야 하거나 이미 일어났어야 한다"고 강력하게 말할 때 사용된다.

It's about time our team **won**. (우리 팀이 승리할 때가 되었다.)
It's high time we **had** a party. (우리는 벌써 파티를 열었어야 할 때다.)

과거시제가 현재 또는 미래를 의미하는 구조에 대해서는 P19를 보라.

J1   journey, tour, travel, trip, voyage

이들은 여러 가지 종류의 "여행"과 연관이 있는 단어들이다.

1 **journey와 trip**: journey는 영국영어에서 비교적 먼 거리로 한곳에서 다른 곳으로 이동하는 것을 의미한다. 미국영어에서는 이 경우 일반적으로 trip이 사용된다.

We're planning to have **a journey/a trip** around the world.
(우리는 세계일주 여행을 계획하고 있다.)
We had **a wonderful journey/trip** to Korea last summer.
(우리는 지난여름 한국으로 멋있는 여행을 갔었다.)
It was **a wonderful two-hour train journey/trip** from Seoul to Busan.
(서울에서 부산까지 두 시간 동안의 멋있는 기차여행이었다.)
A busload of supporters made **a return journey/a round trip** to Busan for me.
(버스 한 대에 가득 탄 지지자들이 나를 위해 부산까지 왕복여행을 했다.)

2 **tour**: 한 국가나 지역의 여러 곳을 방문하는 것을 의미한다.

Many Americans **tour** by car every summer. (많은 미국인들은 여름에 자동차로 여행을 한다.)
We're **touring** the southern sea islands this summer.
(우리는 금년 여름에 남해의 섬들을 찾아보고 있다.)
The President was invited to **tour** the newly-built factory.
(대통령은 초청을 받아 새로이 건립된 공장을 돌아보았다.)

▶ 교육이나 관광을 위해 어떤 장소를 방문하는 것을 말할 때는 일반적으로 tour가 사용된다.

The children **toured** the battleship. (아이들은 전함을 탐방했다.)
We had a privilege to **tour** the White House last year.
(우리는 작년에 백악관을 방문하는 특전을 받았다.)
Package tours to Southeast Asia are increasingly popular in Korea.
(한국에서는 동남아시아에 대한 기획 단체여행이 점점 인기가 높아지고 있다.)
The children had **a guided tour** around the Kennedy Space Center.
(어린이들은 케네디 우주본부를 안내자 탐방을 했다.)

▶ tour는 어떤 집단이나 개인이 특정의 목적을 위해 여러 곳을 방문하는 것을 표현할 때도 사용된다.

The Seoul Symphony Orchestra are currently on **a two-month tour** to Europe.
(서울교향악단은 현재 유럽을 두 달간의 연주여행을 하고 있다.)
He had **a presidential campaign tour** in California last week.
(그는 지난주에 캘리포니아에서 대통령 선거유세 여행을 가졌다.)

▶ tour는 또한 어떤 임무를 위해 특히 해외에 가는 것을 표현한다.

It was **his third tour** in Afghanistan. (그것은 그의 아프가니스탄 세 번째 파견근무였다.)
Colonel Lee has been away for a year on **a tour overseas**.
(이 대령은 1년간의 해외근무 때문에 여기 없다.)

3   travel: travel은 한 곳에서 다른 곳으로 이동하는 "여행행위 자체"를 대표하는 단어다.

We share a love of literature, food and **travel**. (우리는 모두 문학과 음식과 여행을 좋아한다.)
Someday I'd like to **travel** around the world. (나는 언제고 세계일주여행을 하고 싶다.)
Her new job involves a lot of **travel**. (그의 새 직업은 많은 여행을 동반한다.)

(1) travel은 여행 또는 이동하는 "거리"나 "속도"를 표현할 때 사용된다.

Supersonic planes can **travel** faster than the speed of sound.
(초음속 비행기는 소리의 속도보다 더 빨리 날 수 있다.)
He had been **travelling** 150 kilometers an hour.
(그는 한 시간에 150킬로미터로 이동하고 있었다.)
They **travelled** more that 50 kilometers on the first day.
(그들은 첫날에 50킬로미터 이상을 이동했다.)

(2) travel은 일반적인 여행의 "형태, 수단, 방식"을 표현할 때 사용된다.

We went there by bus — the cheapest means of **travel**.
(우리는 가장 값이 싼 여행수단인 버스로 그곳에 갔다.)
Sooner or later, ordinary people like us will also have a chance to enjoy space **travel**.
(머지않아 우리와 같은 평범한 사람도 우주여행을 할 기회가 올 것이다.)
Since the 90% of the country is jungle, **travel** will not be easy.
(국토의 90퍼센트가 정글이기 때문에 여행이 쉽지 않을 것이다.)

(3) travel을 다른 단어와는 달리 불가산명사로서 부정관사를 대동할 수 없으며, 또한 make 와 have와 같은 경동사와도 결합할 수 없다.

I like (*a) comfortable **travel**. (나는 편안한 여행을 좋아한다.)
*I want to **make/have travel**.

(4) travels: 복수형 travels는 일반적으로 "즐기기 위해 먼 곳으로 여기저기 여행을 다니는 것"을 의미한다.

We've met many interesting people on our **travels** around the Far East.
(우리는 극동 여기저기 여행하면서 재미있는 사람들을 많이 만났다.)

4   trip: 휴식을 위해 또는 특별한 목적으로 하는 여행, 특히 "기간이나 거리가 짧은 여행"을 가리킨다.

Did you enjoy your **trip** to Disneyland? (디즈니랜드 여행이 즐거웠습니까?)
My boss made **a business trip** to Europe. (나의 상사는 유럽으로 업무여행을 갔다 오셨다.)
We had **a boat trip** up the Thames. (우리는 템스강을 배로 여행했다.)
They took **a 100-mile round trip** to Sokcho. (그들은 속초까지 100마일 왕복여행을 했다.)

▶ 일을 위해 통근하는 것을 말할 때는 일반적으로 trip을 사용하지만 travel을 사용하기도 한다.

He makes **a trip** between Suwon and Seoul every day to get to work.
(그는 일 때문에 수원과 서울을 매일 왕복한다.)
She **travels** 50 kilometers between her home and office every day.
(그녀는 매일 집과 사무실 간의 50킬로미터를 통근한다.)

5   voyage: 선박이나 우주선을 타고 하는 긴 여행을 표현한다.

In the Middle Ages the **voyage** from England to India took six months.
(중세에는 영국에서 인도까지 항해가 6개월이 걸렸다.)
The Titanic hit an iceberg and sank at its **maiden voyag**e.
(타이타닉은 처녀 항해에서 빙산과 충돌하여 침몰했다.)
These are the **voyages** of the starship Enterprise.
(이것은 우주선 엔터프라이즈의 항행기입니다.)

6   trip, journey, voyage: 한 곳에서 다른 곳으로 여행하는 (travel) 것을 표현하며, 종종 다음과 같은 차이를 보인다.

(1) trip은 두 장소 간의 이동을 의미하며 여행의 거리, 목적, 태도, 방식에는 상관이 없다.

It's only **a half-hour's trip** from here to the bank. (이곳에서 은행까지는 30분 거리입니다.)

(2) journey는 종종 정해진 목적을 가지고 비교적 긴 거리를 여행하는 것을 의미한다. 미국 영어에서는 "trip"이 자주 쓰인다.

He decided to **make the journey/trip** to Mexico by car.
(그는 멕시코까지 승용차로 가기로 했다.)

(3) voyage는 물 위에서의 긴 여행을 의미한다.

The **voyage** to the Islands will be restful.
(그 섬까지의 항해는 평온할 것입니다.)

J2   judicial, judiciary, judicious

judicial과 judiciary는 "사법"과 연관이 있는 단어인 데 반하여, judicious는 이들과 직접적인 관계가 없는 단어다.

1   judiciary: 정부의 한 축인 "사법부" 또는 사법부의 구성원인 "법관"과 연관이 있다.

I'm afraid that the **judiciary** reform efforts will dwindle.
(나는 사법개혁에 대한 노력이 흐지부지 될까 봐 걱정이다.)
The **judiciary** must think very hard before jailing the non-violent offenders.
(법관은 비폭력 범인을 구속하기 전에 심사숙고해야 한다.)

The **judiciary** is/are expected to publish its/their annual report next week.
(법원은 연보를 다음 주에 출판할 예정이다.)

2   judicial: 법원에서의 "재판"이나 "법의 집행"과 연관이 있다.

The last **judicial** hanging in Britain was in 1964.
(영국에서의 재판에 의한 마지막 교수형은 1964년에 있었다.)
We requested an independent **judicial** inquiry into the accident.
(우리는 사고에 대한 독립적인 사법적 조사를 요구했다.)
John's taking **judicial** proceedings against his ex-partner.
(존은 전 동업자를 상대로 재판절차를 밟고 있다.)

3   judicious: "영리한, 판단력이 있는"을 의미한다.

We should try and make a **judicious** use of resources available to us.
(우리는 가용한 자원을 현명하게 사용하도록 노력해야 한다.)
He made a **judicious** choice of the refund instead of the replacement for the products that don't work. (그는 불량 제품에 대해 대체가 아니라 대금반환을 택한 것이 현명했다.)
The journalist was **judicious** in the way he handled the interview.
(그 언론인은 분별력 있게 면담을 처리했다.)

J3   just

just는 부사로서 다양한 의미로 사용된다.

1   **시간**: just는 시간상으로 현시점(now)에 "가까운 과거나 미래"를 가리킨다.

(1) 과거: just는 가까운 과거, 즉 "방금(a moment ago)" 또는 "최근에(very recently)"를 의미한다. 이 경우 영국영어에서는 현재완료형이, 미국영어에서는 단순과거형이 선호된다.

We've **just bought** a new apartment in Haeundae. [영국영어]
We **just bought** a new apartment in Haeundae.   [미국영어]
(우리는 최근에 해운대에 새 아파트를 샀다.)

My son's **just turned** 16.   [영국영어]
My son **just turned** 16.   [미국영어]
(내 아들이 막 16세가 됐다.)

(2) 미래: just는 현시점(now)이나 어떤 시점에 존재하는 어떤 상황이 "곧(very soon)" 마무리될 것임을 표현한다.

I'm **just** finishing my homework — it won't take long.
(나는 곧 숙제를 마칠 것이다. 오래 걸리지 않을 거야.)
"Where are you, John?" "I'm **just** coming." ("존, 어디 있냐?" "지금 막 가고 있어.")
He was **just** leaving when the phone rang. (전화가 울렸을 때 그는 막 나가려고 하고 있었다.)

We're **just** about to leave. (우리는 곧 떠날 것이다.) (= We will leave very soon.)
I'll **just** finish this, then we can go. (내가 이 일을 곧 끝낸 다음 우리는 갈 수 있다.)
The doctor will **just** be with you. (의사가 곧 당신을 보러 올 것입니다.)
I'm **just** going to walk down the street and buy beer.
(나는 곧 거리로 걸어 내려가서 맥주를 사올 것이다.)

2 **거리, 크기, 수량**: "미미한 차이"를 표현할 때 사용된다.

We've walked **just** over 10 kilometers. (우리는 10킬로를 약간 넘어 걸었다.)
My brother's **just** over 190 centimeters. (내 동생은 키가 190센티가 약간 넘는다.)
The parcel weighs **just** under 2 kilograms. (소포의 무게가 2킬로 약간 못 미친다.)

3 **정도**: "정확히(exactly), 오직(only), 간신히(scarcely)"를 의미한다.

This carpet would be **just** right for the living room. (이 양탄자가 거실에 꼭 맞을 것 같다.)
We try to treat our children **just** the same. (우리는 아이들을 똑같이 대하려고 노력한다.)
They said that they had stolen the car **just** for fun.
(그들은 자동차를 단지 재미로 훔쳤다고 말했다.)
I'll **just** have a glass of water. (나는 물 한 잔만 마시겠습니다.)
We **just** caught the train. (우리는 기차를 간신히 탔다.)
I have **just** enough money for a cup of coffee. (나는 간신히 커피 한 잔 살 돈밖에 없다.)

4 **강조**: 말한 내용을 "강조"할 때 사용된다.

It was **just** wonderful to see Mary again. (메리를 다시 보게 되어 정말로 좋았다.)
I **just** wish I could believe you. (나는 너를 믿을 수 있기를 바랄 뿐이다.)
Drive carefully. There's a police car **just** behind us.
(조심해서 운전해라. 경찰차가 우리 바로 뒤에 있다.)
You'll find his office **just** in front of the railroad station.
(그의 사무실은 기차역 바로 앞에 있다.)

5 **요청**: just는 정중하고 부드럽게 "요청"할 때 사용될 수 있다.

Could I **just** use your phone for a moment? (전화를 잠시 써도 되겠습니까?)
Just sign here. (여기에 서명하십시오.)
Just a moment. (잠깐만 기다리십시오.)

6 **형용사**: just는 "형용사"로도 쓰일 수 있으며 도덕적으로 "올바름이나 공정함"을 의미한다.

The judge's sentence was perfectly **just** in the circumstances.
(판사의 선고는 상황에 비추어 완전히 공정했다.)
Her success is **just** reward for all her hard work.
(그녀의 성공은 그녀가 열심히 일한 모든 것에 대한 정당한 보상이다.)

K1 kind of, sort of, type of

kind와 sort 그리고 type는 유사한 속성을 가진 사람이나 사물의 집단을 가리킨다.

1 **단수 한정사**: "sort/kind/type of"가 단수 한정사의 수식을 받으면 단수가 되고, of 다음에 오는 명사는 "단수가산명사, 복수가산명사, 불가산명사"가 될 수 있다. 이 구조는 항상 단수 동사를 취한다.

Anyone can make **this kind of mistake**. (누구든지 이런 종류의 실수를 할 수 있다.)
The company published **a new type of dictionary**. (회사가 새로운 형태의 사전을 출판했다.)
I don't like **this type of novels**. (나는 이런 종류의 소설을 좋아하지 않는다.)
This sort of behaviour is unacceptable. (이런 식의 행동은 용납될 수 없다.)
This kind of questions is/*are very difficult to answer.
(이런 종류의 질문은 답하기가 매우 어렵다.)

▶ 그러나 복수명사가 앞으로 오는 구조에서는 복수동사를 취한다.

Questions of this kind are/*is very difficult to answer.
(이런 종류의 질문은 답하기가 매우 어렵다.)
Novels of that kind are/*is popular among young people.
(저런 부류의 소설은 젊은 사람들에게 인기가 있다.)

2 **복수 한정사**: "sort/kind/type of"는 복수 한정사의 수식을 받으면 복수가 되며, 복수동사를 취한다.

The shop sells **several kinds of apples**. (그 상점은 여러 가지 종류의 사과를 판다.)
My job requires **many different types of people**.
(나의 일은 많은 다양한 타입의 사람들을 필요로 한다.)
Many sorts of jobs require computer skills.
(많은 유형의 직업이 컴퓨터 기술을 필요로 한다.)
These kinds of dogs are very dangerous. (이런 종류의 개는 매우 위험하다.)

▶ 비격식적 구어체에서는 복수 지시사 these와 those가 단수 "sort/kind/type of + 복수명사" 앞에서 사용되며, 복수동사를 취한다. 그러나 글에서는 이 구조를 가급적 피하는 것이 좋다.

I don't approve of **these kind of things**. (나는 이런 종류의 생각을 인정하지 않는다.)
I can't afford **those sort of cars**. (나는 저런 종류의 차를 감당할 수가 없다.)
Those type of questions are very difficult to answer.
(이런 종류의 질문은 답하기가 매우 어렵다.)
These kind of dogs are dangerous. (이런 종류의 개는 위험하다.)
Those sort of people are always getting into trouble with the police.
(저런 종류의 사람들은 항상 경찰과 문제를 일으킵니다.)

3   **복수 동사**: "sorts/kinds/types of" 다음에는 "단수가산명사, 복수가산명사, 불가산명사"가 모두 올 수 있으며, 복수동사를 취한다.

Which types of software are most suitable? (어떤 타입의 소프트웨어가 가장 적합합니까?)
These kinds of illness/illnesses are very common. (이런 종류의 병은 매우 흔하다.)
All sorts of food were served at Christmas dinner.
(모든 종류의 음식들이 크리스마스 정찬에 나왔다.)

4   **관사**: 비격식적 구어체에서 "sort/kind/type of" 다음에 오는 단수 가산명사 앞에는 관사가 사용되지 않지만, 비표준어에서 의미적 차이를 가지고 사용되기도 한다.

What kind of man was he? (그는 어떤 종류의 사람이냐?)
(*What kind of a man was he?)
He published a **new type of dictionary**. (그는 새로운 타입의 사전을 출판했다.)
(*He published **a new type of a dictionary**.)

"**What kind of car** is this?" "It's a Ford." ("이 차는 어떤 회사의 차냐?" "포드 차다.")
"**What kind of a car** is this?" "It's powered by a V12 engine."
("이 차는 어떤 종류의 차냐?" "브이12 엔진이 장착된 차다.")

5   **부사**: 비격식적 문체에서 "sort of"와 "kind of"는 부사로서 지금 말하는 것이 부분적으로 사실이지만, 정확히 상황을 말하고 있지 않다는 것을 보이기 위해 거의 모든 단어나 표현 앞에 혹은 문장 끝에 사용할 수 있다. (A27.6을 보라.)

I **sort/kind of** like him, but I don't know why.
(나는 그를 좋아하긴 해. 그런데 왜 좋아하는지는 몰라.)
He's **kind/sort of** a gentleman. (그는 그런대로 신사라고 할 수 있다.)
Well, I **sort of** thought we could go out together sometime.
(저어, 나는 우리가 언제고 함께 나갈 수 있을 것이라고 생각은 해봤습니다.)
I've changed my mind, **kind of**. (내가 마음을 바꿨다고 할 수 있지.)

6   kinda[káɪndə]: 미국영어의 비격식적 글에서 종종 "kind of"를 "kinda"로 표기한다.

I was **kinda** sorry to see him leave. (나는 그가 떠나는 것을 보게 되어 좀 미안했다.)
I **kinda** hoped we'd come up with some brilliant ideas.
(나는 우리가 어떤 멋있는 아이디어를 생각해 낼 것이라고 어느 정도 바랐다.)

7   of a kind: "같은 종류의, 그렇고 그런, 엉터리의"을 의미한다.

Three **of a kind** beats two **of a kind** in cards.
(카드놀이에서 같은 카드 세 장은 같은 카드 두 장을 이긴다.)
They're all **of a kind**. (그들은 모두 같다/그들은 모두 그렇고 그런 사람들이다.)
She gave us coffee of **a kind,** but we couldn't drink it.
(그녀가 우리에게 커피라고 줬는데 우리는 마실 수가 없었다.)

▶ one of a kind: "유일한 존재"를 말할 때 사용된다.

Each pot is hand-made and hand-painted — it's **one of a kind**.
(각 항아리는 손으로 만들었고 손으로 그림이 그려졌다. 이 세상에 하나밖에 없는 것이다.)
She's a very unusual woman, **one of a kind**. (그녀는 이 세상에서 유일하게 매우 별난 여자다.)

K2   know

1. **know/know about/know of**: know는 직접적인 경험에 의해 "어떤 주제에 대한 정보를 머릿속에 가지고 있음"을 말한다. "know about"는 어떤 주제를 연구하거나 흥미가 있어서 "그에 대한 정보를 어느 정도 가지고 있음"을 말하고, "know of"는 어떤 주제에 대해 "들어본 적은 있지만 잘 알고 있지 못함"을 표현한다. 따라서 종종 "know of"는 "have heard of"로 대치될 수도 있다.

    She **knows** the names of every kid in the school.
    (그녀는 학교에 다니는 모든 어린이들의 이름을 안다.)
    David is a friend of mine. I've **known** him for ten years.
    (데이비드는 나의 친구다. 나는 그와 10년간 아는 사이다.)
    (*I've **known about** him for ten years.)
    I **know** your hometown. (나는 네 고향에 가봤다.)
    (= I have been at your hometown.)

    We all **know about** George Washington. (우리 모두는 조지 워싱턴을 알고 있다.)
    (*We all **know** George Washington.)
    Hire someone who **knows about** real estate. (부동산을 아는 사람을 고용하십시오.)
    (*Hire someone who **knows** real estate.)

    We **know of** the incident but have no further details.
    (우리는 사고에 대해 들었으나 더 자세한 것은 모른다.)
    (= I've **heard of** the incident but have no further details.)
    (*We **know** the incident but have no further details.)

2. **(do) you know what I mean?**: "더 이상 설명하지 않아도 내가 무슨 말을 하려는 지를 상대가 알 수 있을 것으로 생각할 때" 사용한다.

    None of us stayed long at the party. The atmosphere wasn't — well, **you know what I mean**?
    (우리 중에 아무도 파티에 오래 머물지 않았다. 분위기가 영, 내가 무슨 말을 하려는지 알지?)
    Driving 80 miles per hour in these conditions could cause a nasty accident, **you know what I mean**?
    (이런 여건에서 시속 80마일로 운전하는 것은 끔찍한 사고를 유발할 수 있다. 말 안 해도 알지?)

3. **know how to**: "know how to-부정사"는 어떤 일을 하는 데 필요한 "기술이나 지식을 가지고 있음"을 표현한다.

Do you **know how to** repair computers? (컴퓨터를 수리할 줄 압니까?)
I **know how to** make Spanish omelettes. (나는 스페인식 오믈렛을 만들 줄 안다.)
(*I know to make Spanish omelettes.)
I think the doctor **knows how to** deal with this disease.
(나는 그 의사가 이 병을 치료할 수 있다고 생각한다.)
(*I think the doctor **knows to** deal with this disease.)

4 know + 목적어 + 부정사: 이 구조는 문어체로서 많이 쓰이며 "know + that-절"이 더 흔히 쓰인다.

The authorities **know him to** be a cocaine dealer.
The authorities **know that** he is a cocaine dealer.
(당국은 그를 코카인 판매인으로 알고 있다.)

They **knew him to** be a dangerous criminal.
They **knew that** he was a dangerous criminal.
(그들은 그가 위험한 범죄자라는 것을 알았다.)

▶ 문어체에서는 이 구조의 "수동형"이 더 흔히 쓰인다.

He **was known to** be a dangerous criminal. (그는 위험한 범죄자로 알려졌다.)
Even small amounts of these substances **are known to** cause cancer.
(이 물질은 아주 적은 양도 암을 유발하는 것으로 알려졌다.)

5 시제: know는 일반적으로 "진행형"으로 쓰일 수 없는 동사 중의 하나다. (V2.3과 P50을 보라.)

I **know** exactly what you mean. (무슨 말인지 잘 알고 있어.)
(*I am knowing exactly what you mean.)
He doesn't **know** anyone in London. (그는 런던에 아는 사람이 없다.)
(*He isn't knowing anyone in London.)

▶ 어떤 대상을 얼마나 오래 알고 있었는가를 말할 때 "현재 완료시제"를 쓴다는 점에 유의하라.

We **have known** each other since 1976. (우리는 1976년 이래 서로 알고 지낸다.)
(*We **know** each other since 1976.)
I've **known** him as a friend for ten years. (나는 그와 10년 동안 친구 사이로 지낸다.)
(*I **know** him as a friend for ten years.)

6 know, find out, get to know, learn, hear, can tell: "know something"은 어떤 것에 대한 정보나 기술을 터득하는 것(to learn something)이 아니라 이미 터득하여 알고 있음을 의미한다. 우리가 무엇을 알게 되는 과정을 말할 때 "find out, get to know, learn, hear, can tell" 등을 사용한다.

I **know how to** make Korean kimchi. (나는 한국 김치를 만드는 법을 알고 있다.)

I'll **learn how to** make Korean kimchi. (나는 한국 김치를 만드는 법을 배우려고 한다.)

(1) find out: 노력을 통하여 혹은 우연으로 어떤 "정보를 얻게 될 때" 사용된다.

I **found out** yesterday that my parents had never been married.
(나는 나의 부모님이 결혼식을 올리지 않으셨다는 사실을 어제 알게 되었다.)
(*I knew yesterday that my parents had never been married.)
"She never went to college." "Where did you **find** that **out**?"
("그녀는 대학에 간 적이 없다." "어디서 그 사실을 알았어?")
("*Where did you **know** that?")

(2) get to know: 어떤 것에 친숙하기 위해 "일정한 과정"이 필요할 때 사용된다.

The first meeting was for all the participants to **get to know** each other.
(첫 모임은 모든 참석자가 서로 친숙해지는 것이 목적이었다.)
(*The first meeting was for all the participants to **know** each other.)
It'll take a few weeks for them to **get to know** the system.
(그들이 그 시스템을 알게 되는 데는 몇 주가 걸릴 것이다.)
(*It'll take a few weeks for them to **know** the system.)
I want to travel around the world and **get to know** people from different countries.
(나는 세계를 여행하면서 여러 나라의 사람들과 친숙해지고 싶다.)
(*I want to travel around the world and **know** people from different countries.)

(3) learn: 스스로 공부하거나 교육을 받음으로써 어떤 주제나 기술에 대한 "지식을 터득하는 것"을 말한다.

"Do you know that Jim lived in the United States for two years?" "Oh, that's how he **learned** English."
("짐이 미국에서 2년간 살았었다는 것을 알아?" "아아, 그가 영어를 거기서 배웠구나.")
(*"Oh, that's how he **knew** English.")
"How long have you been driving?" "I **learned** to drive when I was 17."
("운전한 지 얼마나 됐어?" "17살에 운전을 배웠습니다.")
(*I **knew** to drive when I was 17.)

(4) can tell: 어떤 표식이나 상황을 보고 그것을 "인지하게 되었을 때" 사용한다.

He **couldn't tell** whether she has been lying or not.
(그는 그녀가 거짓말을 하는지 안 하는지 모른다.)
(*He **couldn't know** whether she has been lying or not.)
From his accent, you **can tell** he's from Busan.
(그의 말투에서 우리는 그가 부산 출신이라는 것을 알 수 있다.)
(*From his accent, you **can know** he's from Busan.)

7   you know: 대화를 이어가는 "삽입절"로 사용된다.

(1) 말한 것을 강조하거나 주의를 환기할 때

There's no excuse, **you know**. (변명은 안 된다는 것 알지.)
I felt upset, **you know**. (나 화난 것 알지.)

(2) 추가로 무엇인가를 설명할 때

That flower in the garden, **you know**, the purple one, what is it?
(정원에 있는 저 꽃, 저어, 보라색 꽃말이요. 무슨 꽃입니까?)
Wear the white dress, **you know**, the one trimmed with black lace.
(하얀색 드레스, 그래 검은 레이스로 장식된 것을 입어라.)

(3) 특별한 의미 없이 다음에 무슨 말을 할 것인가를 생각할 때

Well I just thought, **you know**, I'd better agree to it.
(그런데 말이지 내가 방금 생각해 봤는데, 저어, 나는 동의하는 게 좋겠어.)
I thought I'd, **you know**, have a chat with you.
(나는, 저어, 너와 편하게 말을 했으면 하고 생각했다.)

8 **you know what?**: 어떤 의견이나 "정보의 전달"을 시작하거나 "청자의 주의"를 끌려고 할 때 사용된다.

You know what? I think it's time to go home. (있잖아, 집에 갈 시간이라고 생각하는데.)
You know what? John's going to get married next month.
(그런데 말이야, 존이 다음 달에 결혼한대.)

▶ "(do) you know"도 유사한 의미로 사용된다.

You know, I sometimes feel I don't know her at all.
(거 있잖아, 나는 때때로 그녀를 전혀 모른다는 느낌이 들어.)
Do you know, when I got up at six he was still reading the book.
(생각 좀 해봐, 내가 6시에 일어났는데 그는 아직도 책을 읽고 있었어.)

9 **I know와 I know it**: "I know"는 어떤 사실을 알 때 사용되고, "I know it"는 앞 표현에 쓰인 어떤 명사구를 알 때 사용된다.

"**You're late to the meeting**." "**I know**." ("회의에 늦었습니다." "알고 있어.")
(= I know (the fact) that I am late to the meeting.) [회의에 늦었다는 사실을 안다.]

"Yesterday we had lunch at a nice buffet restaurant called **Todai**." "**I know it**."
("나는 어제 토다이라는 뷔페식당에서 점심을 잘 먹었다." "나도 그곳을 안다.")
(= I know Todai.) [토다이를 안다.]

L1   last와 the last

1   **last**: last는 말을 하거나 글을 쓰는 "현시점의 바로 전"인 과거시간이나 상황을 의미하기 때문에 일반적으로 "과거형 동사"와 함께 쓰이며, 시간명사와 결합할 때는 "관사나 전치사"를 동반하지 않는다.

They **started** working there **last month**. (그들은 지난달에 거기서 일을 시작했다.)
(*They started working there **the last month**.)
(*They started working there **in last month**.)
Did you see the movie on TV **last night**? (어젯밤에 텔레비전에서 영화를 봤어?)
(*Did you see the movie on TV **the last night**?)
(*Did you see the movie on TV **on the last night**?)

▶ last는 this나 next와 대조를 이룬다. (T14.4를 보라.)

Last month is July, **this** month is August, and **next** month is September.
(지난달이 7월이고, 이번 달이 8월이며, 다음 달이 9월이다.)

2   **the last**: the last는 "과거의 어느 시점"부터 "말을 하거나 글을 쓰는 시점"까지의 기간을 가리키기 때문에 일반적으로 "완료시제형 동사"와 적절한 "전치사와 함께" 쓰인다.

They**'ve been** working there **for the last month**.
(그들은 지난 한 달간 거기서 일을 하고 있다.)
(*They've been working there **the last month**.)
My family **have experienced** great difficulty **during the last vacation**.
(내 가족은 지난 휴가 동안에 큰 어려움을 겪었다.)
(*My family have experienced great difficulty **the last vacation**.)

(1) the last는 "과거로부터 과거 어느 시점"까지의 기간을 표현할 수도 있기 때문에 "과거분사형 동사"와도 사용될 수 있다.

We **hadn't seen** him **since the last meeting**.
(우리는 마지막 모임 이래 그를 보지 못했었다.)
I decided to see the doctor, because I **had been feeling ill during the last two months**.
(나는 마지막 두 달 동안 몸이 좋지 않아서 의사를 보기로 했다.)
Things **hadn't changed since the last time** we had been there.
(우리가 마지막으로 간 이래로 그곳은 변한 것이 없었다.)

(2) the last는 마지막에 일어나거나 마지막에 있는 것을 가리킬 수 있다.

Beethoven's Ninth Symphony was **the last** one that he composed.
(9번 교향곡이 베토벤이 작곡한 마지막 교향곡이었다.)
The captain was **the last** of the crew to leave the sinking ship.
(선장이 침몰하는 배를 떠난 마지막 선원이었다.)

This is going to be **the last** Christmas I will spend at home.
(이번이 내가 집에서 보내는 마지막 크리스마스가 될 것이다.)
We'll have the next meeting in **the last** week in June.
(우리는 6월 마지막 주에 다음 회의를 가질 것이다.)
I will raise him up at **the last** day.
(마지막 날 내가 이를 다시 살리리라.) [요 6:40]

(3) the last는 다른 부분이 다 없어지고 마지막 남은 것을 가리킬 수 있다.

As a matter of fact, she ate **the last** piece of cake.
(사실은 그녀가 마지막 케이크 조각을 먹었다.)
He spent **the last penny** of his money to buy a lottery ticket.
(그는 본인이 가진 돈의 마지막 한 푼을 복권 사는 데 썼다.)

(4) the last는 종종 강력한 부정을 표현할 때도 사용된다.

She's **the last** person I'd expect to meet in a night club.
(그녀는 내가 나이트클럽에서 만날 것으로 생각하는 마지막 사람이다.)
(= I wouldn't expect her to meet in a night club.)
Money is **the last** thing I care about right now. (나는 지금 당장은 돈에 관심이 없다.)
(= I don't care about money right now.)

3 last와 latest: "일련의 사건, 행위, 저술" 등의 가장 "최근의 것"을 가리킬 때는 latest를, "마지막 것"을 가리킨 때는 last를 사용한다. 다음을 비교해보라.

His latest film is one of the funniest he's ever made.
(그의 최근의 영화는 그가 만든 가장 익살스러운 영화 중의 하나다.)
Gone with the Wind was her first and **last** novel of Margaret Mitchell.
(〈바람과 함께 사라지다〉는 마가렛 미첼의 첫 번째 그리고 마지막 소설이었다.)
He's enjoying **his latest job**. But it does not pay as much as **his last one**.
(그는 최근의 직장에 만족하고 있다. 그러나 마지막 직장만큼은 돈을 주지 않는다.)

▶ latest는 앞으로 더 일어날 수 있음을 암시하지만 last는 마지막을 의미한다. 다음을 비교해보라.

Have you read Bill's **latest book**? He's going to publish a new one next week.
(빌의 최근 책을 읽었습니까? 그는 다음 주에 새로운 책을 출판하려고 합니다.)
This is **the last car** we buy. I'm afraid I'm getting too old to drive.
(이것이 우리가 사는 마지막 차다. 내가 운전하기에는 너무 늙어가고 있는 것 같다.)

last와 the last의 차이는 next와 the next의 차이와 같다. N18을 보라.
final, last, ultimate의 차이에 대해서는 F8을 보라.

L2   late, later, latest

1   **late**: early가 반의어이며 부사 또는 형용사로 쓰이고, 정해진 시간보다 늦거나 어떤 상황이나 사건이 통상적으로 일어나는 시점보다 "늦는 것"을 말한다. (E4를 보라.)

Steve arrived **fifteen minutes late**. (그녀는 15분 늦게 도착했다.)
They'll get there in **the late afternoon**. (그들은 오후 늦게 그곳에 도착할 것이다.)
They went to bed **very late**. (그들은 매우 늦게 잠자리에 들었다.)
We had **a late lunch** in the cafeteria. (우리는 카페테리아에서 늦게 점심을 먹었다.)

▶ late는 어떤 기간의 끝부분을 가리킬 수 있다.

She had to work **late** at night. (그녀는 밤늦게까지 일해야 했다.)
The case is expected to end **late** next week. (재판이 다음 주 늦게 끝날 것으로 기대된다.)
The talks eventually broke down in **late spring**. (대화는 결국 늦봄에 결렬되었다.)
She's in **her late 30s**. (그녀는 30대 후반이다.)

▶ late는 또한 최근에 유명을 달리한 사람을 가리킬 때도 사용된다.

Mr. Park was **my late husband**. (박 씨는 고인이 된 나의 남편이었다.)
I last saw **the late Mr. Park** a week before last.
(나는 고인인 박 씨를 지지난 주에 마지막으로 봤다.)

2   **later**: late의 비교형인 later는 시간표현과 함께 쓰일 경우 일반적으로 "현시점"이 아니라 과거나 미래의 "어느 시점 이후"를 가리킨다.

He moved to our city in 2001, and became mayor **two years later**.
(그는 2001년 우리 시로 이사 왔고 2년 후에 시장이 되었다.)
Our kids will leave on Saturday, and we'll follow them **a week later**.
(우리 아이들은 토요일에 떠나고 우리는 일주일 후에 따라갈 것이다.)

▶ later는 형용사로서 "한 생애, 역사, 기간의 뒷부분"을 가리킨다.

He finally found happiness in **later life**. (그는 드디어 인생 늦게 행복을 찾았다.)
His lecture was postponed to **a later date**. (그의 강좌는 늦은 날짜로 연기되었다.)
In **later centuries**, Venice began to go into decline. (그 후 세기에 베니스는 쇠락하기 시작했다.)

3   **later와 in**: 시간 표현이 "현시점 이후(after now)"의 어떤 기간의 끝을 의미할 때는 일반적으로 later 대신에 전치사 in을 사용한다.

I'll have some breakfast ready **in a few minutes**. (나는 몇 분 후에 아침 식사를 준비할 것이다.)
(*I'll have some breakfast ready a few minutes **later**.)
I'll see you **in a few days**. (나는 몇 주 후에 너를 볼 것이다.)
(I'll see you a few days **later**보다 자연스럽다.)

▶ 그러나 시간 표현이 없을 경우에는 later가 "나중에"라는 뜻으로 사용될 수 있다.

Bye! I'll join you **later**. (잘 있어! 나는 나중에 너와 합류할 것이다.)
Bill **later** admitted he had lied. (빌은 거짓말을 했다는 것을 나중에 인정했다.)

4   **latest**; latest는 late의 최상급형의 형태를 가지고 있지만 "현시점에 가장 가까운 과거시간의 상황이나 사건"을 가리키며, 부사로는 쓰이지 않는다. (L1.3을 보라.) 상응하는 부사로는 lately와 recently가 있다.

Have you seen **his latest movie**? (그의 최근 영화를 봤어?)
This is just **the latest** of several crises to affect our economy.
(이것은 우리 경제에 영향을 미친 여러 개의 위기 중의 최근의 위기다.)
I haven't visited my parents **lately/recently/*latest**. (나는 요즘에 부모님을 찾아뵙지 못했다.)

▶ lately와 recently는 완료형 동사와 사용되고, recently는 과거시제형 동사와도 사용된다.

I've been thinking about this a lot **lately/recently**.
(나는 최근에 이것에 대해서 많이 생각해 보고 있다.)
I **recently/*lately visited** Russia. (나는 최근에 러시아를 방문했다.)

recently와 lately에 대해서는 R6을 보라.

L3   lawful, legal, legitimate, licit

이 단어들은 일반적으로 "법에 따른" 혹은 "법이 허용하는"의 의미로 사용된다.

1   **lawful과 legal**: lawful은 가장 광범위한 의미로 쓰이는 단어로서 우리의 생활이나 행동을 규제할 목적으로 만들어진 "국가의 법을 포함하여 교회법, 단체의 정관, 관습, 원칙, 도덕법, 규칙" 등을 따르는 것 또는 이들이 허용하는 것을 모두 가리킬 수 있다. 그러나 legal은 특히 "(국가가 제정된) 법률의, 법률에 입각한"을 의미한다.

It's **lawful/legal** to employ someone under the age of sixteen if their parents agree.
(부모가 동의하면 16세 이하를 고용하는 것이 합법적이다.)
Children can't buy alcohol: it's not **lawful/legal**.
(어린이들은 술을 살 수 없다. 그것은 합법적이 아니다.)

Protesters must use **lawful/*legal** methods of opposing the government.
(항의자들은 정부를 반대함에 있어 적법한 방법을 사용해야 한다.)
Jane is living with a man who's not her **lawful/*legal** husband.
(제인은 합법적인 남편이 아닌 남자와 살고 있다.)

The **legal/*lawful** speed limit in front of school is 30km an hour.
(학교 앞에서의 법적 속도제한은 시간당 30킬로미터다.)
He's presently working as a **legal/*lawful** advisor for the Samsung Heavy Industries.
(그는 현재 삼성중공업의 법률고문으로 일하고 있다.)
You don't have a **legal/*lawful** right to walk across my land.
(당신은 나의 땅을 가로질러 갈 법적인 권리가 없다.)

Divorce is **lawful** but subject to various legal requirements before taking final effect.
(이혼은 합법적이지만 이혼이 이루어지기까지는 다양한 법률적 요구조건이 충족되어야 한다.)
To some people gambling is never **lawful** although it is legal in some places.
(어떤 사람에게는 도박이 결코 옳은 행동이 아니지만, 어떤 곳에서는 합법적이다.)

2 licit: licit은 lawful과 거의 같은 의미를 갖지만 자주 사용되지 않으며, 오히려 부정어인 illicit가 일반적으로 명사 앞에서 illegal(위법의, 비합법적인)의 의미로 널리 쓰인다.

Illicit/Illegal diamond imports are said to be worth $200 million.
(불법적인 다이아몬드 수입이 2억 달러에 달한다고 한다.)
She sells whiskey that she makes in an **illicit/illegal** still in the cellar.
(그녀는 위법적으로 다락방에 설치한 증류기로 제조한 위스키를 판매한다.)

3 legitimate: 정상적인 법이나 규칙을 따른다는 의미로 종종 lawful와 같은 의미로도 사용되지만, 현대영어에서 그 의미가 여러 가지 특정의 의미로 분화되었다.

Tobacco smuggling was seriously affecting the profits of **legitimate** importers.
(담배 밀수는 허가받은 수입업자의 이익에 심각한 영향을 미치고 있었다.)
Their business operations are perfectly **legitimate**.
(그들의 사업운영은 완전히 적법하다.)

(1) 합법적으로 결혼한 부부 사이에 태어난 자손을 가리키는 "적출의, 적자의" 또는 왕권이나 상속에 대해 정당한 권리를 가진 "정통의"를 의미한다.

Mike's parents had raised several children, but he was their only **legitimate son**.
(마이크의 부모는 여러 명의 아이들을 길렀으나 마이크만이 그들의 적자였다.)
Duke William in Normandy invaded England in 1066, claiming that he was the **legitimate heir** to the English throne. (노르망디의 윌리엄 공은 자신이 영국왕위 정통적 상속자임을 주장하면서 1066년에 영국을 침략했다.)
John is the sole **legitimate heir** to a vast estate.
(존은 광대한 부동산의 유일한 적법 상속인이다.)

(2) "(견해, 설명, 논점 등이) 이치에 맞는, 논리적인"을 의미할 수 있다.

Give me a **legitimate explanation** for why you took two million won of company money.
(회삿돈 이백만 원을 가져간 이유에 대해서 이치에 맞는 설명을 해봐라.)
Many people believe democracy is the only **legitimate form** of government.
(많은 사람들은 민주주의가 유일하게 합리적인 정부형태라고 믿는다.)
This is a **legitimate question**. (이것은 당연한 질문이다.)

(3) 통속적이거나 풍자적인 연극이 아니고 문학적 가치가 있는 본격적인 "정통연극"을 가리킬 때 사용된다.

The theater has staged only **legitimate dramas** since its opening.
(그 극장은 개장 이래 정통연극만 무대에 올려왔다.)
She's a famous **legitimate playwright** in Korea. (그녀는 한국에서 유명한 정통극작가다.)

(4) **legit**: legitimate의 속어의 일종으로 서술적으로만 사용된다.

Are you sure that the deal is strictly **legit**? (거래가 엄격하게 합법적이라고 확신합니까?)
(*Do you think that it was a **legit** deal?)

L4 lay, lie, lie

이 세 동사는 그 용법과 시제형에 있어서 종종 혼동을 일으킨다. (V8.5를 보라.)

	lay (놓다)	**lie** (눕다)	**lie** (거짓말하다)
진행형	**laying**	**lying**	**lying**
과거형	**laid**	**lay**	**lied**
분사형	**laid**	**lain**	**lied**

1 lay: 과거시제형과 과거분사형이 철자는 불규칙동사이지만 발음은 규칙동사다.

They **laid** a wreath at the place where so many people died.
(그들은 많은 사람이 죽은 장소에 화환을 놓았다.)
Their proposal involved **laying** an oil pipeline across the desert.
(그들의 제안은 사막을 가로질러 기름 파이프라인을 놓는 것을 포함했다.)

▶ "lay eggs"와 특히 영국영어에서 "lay the table"의 용법에 유의하라. 미국영어에서는 "set the table"이라고 한다.

The flies **lay their eggs** on decaying meat. (파리는 썩은 고기에 알을 낳는다.)
She was responsible for **laying/setting the table** for the guests.
(그녀는 손님을 위한 식탁을 차리는 책임을 지고 있었다.)

2 lie: 타동사 lay에 상응하는 자동사로서 불규칙 동사다.

The wounded soldier was **lying** on the bed smoking a cigarette.
(부상당한 병사가 담배를 피우면서 침대 위에 누워 있었다.)
He just **lay** there for a few minutes. (그는 몇 분 동안 그곳에 그냥 누워 있었다.)
She's **lain** in the sun for a long time. (그녀는 오랫동안 태양 아래 누워 있었다.)

3 lie: 규칙자동사로서 "tell a lie"라는 표현과 같은 의미로 자주 쓰인다.

I **lied** to her about what I was doing.
(나는 그녀에게 내가 하고 있는 일에 대해서 거짓말을 했다.)
(= I **told** her **a lie** about what I was doing.)
You **lied** to me when you said you loved me.
(나를 사랑한다고 말했을 때 너는 나에게 거짓말을 했다.)

L5 least와 fewest

least는 little(= not much)의 최상급형으로서 most의 반의어이며 "형용사, 대명사, 부사"로 쓰일 수 있지만, fewest는 few의 최상급형으로서 복수명사 앞에서 주로 형용사로만 쓰인다.

He used to wake at **the least noise**, when he was a baby.   [형용사]
(그는 애기일 때 아주 작은 소리에도 깨곤 했다.)
The least you could do is give me her phone number.   [대명사]
(네가 최소로 할 수 있는 것은 나에게 그녀의 전화번호를 주는 것이다.)
It's quite amazing that she turns up when you're **least** expecting it.   [부사]
(네가 거의 기대하고 있지 않을 때 그녀가 나타나는 것은 매우 놀라운 일이다.)
Which method will cause **the fewest problems**?   [형용사]
(어느 방법이 가장 문제를 적게 일으킬까?)
The translation with **the fewest mistakes** is not always the best.
(오류가 가장 적은 번역이 항상 최고의 번역인 것은 아니다.)

1   **the least**: 사람에 따라 그릇된 용법이라고 하지만 특히 구어체에서 종종 복수명사 앞에서 fewest 대신에 least를 사용하기도 한다.

The translation with **the least mistakes** is not always the best.

▶ the least는 불가산명사 앞에 오며 "매우 적은 양"을 의미한다.

If you like cheese, go for the ones with **the least fat**.
(치즈를 좋아하면 지방이 가장 적게 포함된 치즈를 선택해라.)
I think I probably do **the least work** in this office.
(내 생각에는 내가 이 사무실에서 아마도 가장 일을 적게 한다.)

2   **the least (of)**: the least는 앞의 맥락에서 그 의미가 명백하면 뒤에 오는 명사 없이 쓰일 수 있다.

John earns the most money in our family; Peter earns **the least**.
(우리 가족에서는 존이 돈을 가장 많이 벌고 피터가 가장 적게 번다.)
"Thanks for offering to deliver the parcel." "It's **the least** I can do."
("그 소포를 배달해 주시겠다니 감사합니다." "제가 최소로 해드릴 수 있는 일입니다.")

▶ the least of는 "복수 추상명사"와만 함께 사용된다는 점에 유의하라. (N29를 보라.)

"What will your mother think?" "That's **the least of my worries**."
("너희 어머니가 어떻게 생각하실까?" "나는 그 걱정은 전혀 안 한다.")
What I looked like was **the least of my problems**.
(내가 어떻게 보였느냐는 나에게는 전혀 문제가 되지 않았다.)
At that moment, the children were **the least of his concerns**.
(그 순간에는 아이들은 전혀 그의 관심거리가 아니었다.)

3 **the least + 단수 추상명사**: 비단언적 맥락(즉 의문문, 부정문, if-절)에서 "any + 단수 추상명사 + at all"의 의미를 갖는다. (A114를 보라.)

I don't have **the least idea** of what you are talking about.
(나는 네가 무엇에 대해서 말을 하고 있는지 전혀 모르겠다.)
(= I don't have **any idea** of what you are talking about **at all**.)
Do you think there is **the least chance** of us winning the match?
(우리가 시합에서 이길 기회가 조금이라도 있다고 보느냐?)
(= Do you think there is **any chance** of us winning the match **at all**?)
If you have **the least difficulty** with the arrangements for the conference, call me at once.
(학회를 준비하는 데 조금이라도 어려움이 있으면 즉시 나에게 연락해라.)

단어의 가산명사 혹은 불가산명사로의 사용에 대해서는 N28을 보라.

4 **(the) least + 형용사**: 이 구조는 "(the) most + 반의어 형용사 혹은 반의어 형용사의 최상급"과 같은 의미로 쓰인다.

The **least expensive** holidays are often the **most interesting**.
(가장 비용이 덜 드는 휴가가 종종 가장 재미가 있다.)
(= The **cheapest** holidays are often the **least boring**.)
Don't give the job to Keith: he's the **least experienced**.
(케이스에게 일을 시키지 마라. 그는 가장 경험이 적은 사람이다.)
(= Don't give the job to Keith: he's the **most inexperienced**.)
I'm **least happy** when I have to work at weekends.
(나는 주말에 일을 하면 가장 비참하게 느낀다.)
(= I'm **most unhappy** when I have to work at weekends.)
The journey would impose extra expense on those **least able** to afford it.
(여행은 그것을 감당할 수 없는 사람들에게는 추가적인 비용 부담을 준다.)
(= The journey would impose extra expense on those **most unable** to afford it.)

5 **least**: (most의 반의어인) 부사로 사용될 수 있다.

She always arrives when you **least** expect it. (그녀는 네가 생각지도 않을 때 항상 나타난다.)
He recommended the student for scholarship who I think is **least** qualified.
(그는 내 생각에 가장 자격이 없는 학생을 장학생으로 추천했다.)
This was the answer that she **least** expected to hear.
(이것은 그녀가 들을 것이라고 전혀 기대하지 않았던 대답이었다.)

▶ **last but no least**: 마지막으로 언급하지만 그 대상이 결코 무시할 수 없음을 강조할 때 사용한다. 여기서 last 앞에 정관사 the를 사용하지 않는다.

Last but not least, let me introduce Mr. Johnson, our champion of justice.
(마지막으로 우리들의 정의의 투사인 존슨 씨를 소개합니다.)
I'd like to thank my publisher, my editor, and **last but not least,** my wife, without whose

help I'd not have finished the book. (출판사 사장님과 편집부장 그리고 마지막으로 저의 처에게 감사드립니다. 그들의 도움이 없었더라면 저는 이 책을 끝내지 못했을 것입니다.)

6   **at least**와 **at the (very) least**: 이들은 언급된 수량보다 더 적지 않다는 것을 의미한다.

It'll take **at least** 30 minutes to get there. (그곳에 가는데 적어도 30분은 걸린다.)
He had **at least** 10 million won at the bank. (그는 은행에 적어도 1,000만 원은 있었다.)
It'll cost us $10,000 **at the very least**. (적어도 10,000불은 나갈 것이다.)

▶ at least는 또한 접속어로 사용될 수 있으며 "모든 것이 불만스러워도 하나는 사실이거나 확실하다"는 것을 표현한다.

We had to wait to meet the President for an hour — **at least** he shook my hand once.
(우리는 대통령을 만나려고 한 시간을 기다려야 했다. 적어도 그는 나와 악수를 한 번 했다.)
We lost everything in the fire. But **at least** nobody was hurt.
(우리는 화재로 모든 것을 잃었다. 그러나 적어도 아무도 다치지 않았다.)

▶ "at the (very) least"는 최소로 요구되는 기준을 언급할 때 사용된다.

At the very least, he must be able to read and write. (최소로 그는 읽고 쓸 줄 알아야 한다.)
She could have a nice holiday **at the least**. (그녀는 적어도 즐거운 휴가를 가질 수 있었다.)

7   **not in the least**와 **not the least**: "not in the least"는 부사구로서, "not the least"는 형용사구로서 문어체에서 "조금도 ... 아니다, 전혀 ... 아니다(not at all)"의 의미로 쓰인다.

She was**n't in the least** annoyed by his bad temper.
(그녀는 그의 나쁜 성격에 전혀 귀찮아하지 않았다.)
I did**n't** mind working at the weekend **in the least**.
(나는 주말에 일하는 것을 전혀 개의치 않았다.)
I do**n't** have **the least** idea who she was. (나는 그녀가 누군지 전혀 모르겠다.)
She does**n't** have **the least** interest in the project. (그녀는 그 사업에 조금도 관심이 없다.)

8   **least of all**: 부정문에서 이미 언급된 상황이 아님을 강조할 때 사용한다.

He hardly ever lost his temper, **least of all** with Anne.
(그는 거의 화를 내지 않았다. 앤에게는 더욱 그랬다.)
No one believed her, **least of all** the police. (아무도 그녀를 믿지 않았고, 경찰은 더욱 그랬다.)

9   **not least**: 특별히 중요한 예나 이유를 강조할 때 사용된다.

Mathematics is of great importance, **not least** because of its value in science.
(수학은 과학에서의 그 가치 때문만은 아니라 매우 중요하다.)
Dieting itself can be bad for you, **not least** because it is a cause of chronic stress.
(다이어트를 하는 것은 장기적인 스트레스의 원인이 된다는 이유에서뿐만 아니라 그 자체가 해로울 수 있다.)

few와 little에 대해서는 A5를 보라.
less와 fewer에 대해서는 L7을 보라.

L6   legible과 readable

legible은 필적이나 인쇄된 글자를 "읽기 쉬운" 것을 의미하고, readable은 글의 내용이 좋아서 "읽기가 재미난" 또는 쉽게 쓰여서 "읽기 쉬운" 것을 의미한다.

His handwriting is so bad that it's barely **legible**.
(그의 필적은 너무나 엉망이어서 거의 읽을 수가 없다.)
Her handwriting is both beautiful and **legible**. (그녀의 손 글씨는 아름다우며 읽기가 쉽다.)

The report is an excellent and highly **readable** account of the army today.
(그 보고서는 오늘날의 군에 대해 훌륭하게 그리고 매우 읽기 쉽게 설명하고 있다.)
Treasure Island is a very **readable** adventure story.
(〈보물섬〉은 매우 재미있는 모험스토리다.)

▶ readable은 legible의 의미로 쓰이기도 한다.

My secretary worked long time translating my almost **illegible** writing into a typewritten and readable script. (내 비서는 거의 알아볼 수 없는 나의 글을 읽기 쉽게 타이프 친 원고로 만들려고 오랜 시간 고생했다.)

L7   less와 fewer

less는 little의 비교급이고 fewer는 few의 비교급으로서 둘 다 more를 반의어로 갖는다. less는 특히 "불가산명사"와 함께 쓰이는 반면, fewer는 "복수명사"와 함께 쓰인다. less와 fewer는 둘 다 "한정사" 또는 "대명사"로 쓰일 수 있지만, less는 fewer와는 달리 "부사"나 "전치사"로도 쓰일 수 있다.

The couple seem to have **less time** for each other.   [한정사]
(그 부부는 서로를 위해 많은 시간을 가지지 못하는 것 같다.)
There were **fewer people** than we expected.
(우리가 기대했던 것보다 적은 수의 사람이 왔다.)
Most of us earn $10 an hour, but some earn even **less**.   [대명사]
(우리의 대부분은 한 시간에 10불을 받지만 어떤 사람들은 더 적게 받는다.)
No **fewer** than 50 foreign scholars attended the seminar.
(50명이 넘는 외국 학자들이 세미나에 참석했다.)
He would worry **less** if he understood the situation.   [부사]
(그가 상황을 이해했다면 덜 걱정했을 것이다.)
She gave us our money back, **less** the $20 service charge.   [전치사]
(그녀는 20불의 봉사료를 빼고 우리 돈을 돌려줬다.)

1 **수식어**: 이들은 more와 마찬가지로 "a bit, a little, a lot, far, much"의 수식을 받을 수 있다.

   My son saved **(far) less/more money** than my daughter.
   (내 아들은 딸보다 (훨씬) 적은/많은 돈을 저축했다.)
   I have **(a bit) fewer/more problems** than I used to have.
   (나는 옛날보다 (조금) 더 적은/더 많은 골칫거리를 가지고 있다.)

2 **less와 명사**: less는 특히 구어체에서 "불가산명사"뿐만 아니라 "복수명사"와도 함께 자주 쓰인다. 사람에 따라서는 이 용법을 잘못된 것으로 여긴다. 따라서 글에서는 복수명사 앞에 fewer를 쓰는 것이 좋다.

   I have **less/fewer problems** than I used to have. (나는 옛날보다 골칫거리가 줄었다.)
   The industry now employs **fewer people**. (지금은 산업계가 더 적은 수의 사람들을 고용한다.)

3 **less than**: less than은 기대했던 양이나 숫자보다 적음을 표현하기도 하고 "어떤 속성을 가지고 있지 않음"을 표현하기도 한다.

   Per capita income in this country is **less than** $300 a year.
   (이 나라의 국민 일 인당 소득은 연 300불이 안 된다.)
   Most of the farms here are **less than** 2 acres in extent.
   (여기에 있는 농장 대부분은 면적이 2에이커가 안 된다.)
   His advice was **less than wholly helpful**.
   (그의 충고는 포괄적으로는 도움이 되지 않았다.)
   He always was **less than honest** about his feelings.
   (그는 항상 자신의 기분에 대해서 솔직하지 못했다.)

4 **no less (... than)**: "no less (... than)"은 생각했던 수량보다 크다는 것을 표현하지만, 종종 언급하는 대상이 "중요한 대상이라는 것을 강조할 때"도 사용된다.

   By 1977, the USA was importing **no less than** 45% of its oil.
   (1977년까지 미국은 원유의 45퍼센트 이상을 수입하고 있었다.)
   The awards were presented by the mayor, **no less**.
   (상은 다른 사람이 아닌 시장에 의해 수여되었다.)
   (= The awards were presented by **no less** a person **than** the mayor.)
   The letter came from the prime minister, **no less**.
   (편지는 다른 사람이 아닌 수상께서 보냈다.)
   (= The letter came from **no less** a person **than** the prime minister.)

5 **less/fewer of**: 이들은 (the, my, this와 같은) 한정사를 포함하는 명사구나 대명사 앞에 사용된다.

   Last year the company spent **less of its money** for R & D.
   (회사는 지난해에 연구 개발에 더 적은 돈을 썼다.)

At the college reunions, there're **fewer of us** each year.
(대학 동창모임에 매해 적은 수가 참석한다.)

▶ 한정사가 없는 명사 앞에서는 of가 사용되지 않는다.

She decided to spend **less money** for food. (그녀는 먹는 데 돈을 덜 쓰기로 했다.)
(*She decided to spend **less of money** for food.)
Fewer people make their own bread these days.
(요즈음은 자신들의 빵을 직접 만드는 사람들의 수가 얼마 안 된다.)
(***Fewer of people** make their own bread these days.)

6   **less와 fewer**: less와 fewer는 이미 앞에서 언급되어 그 의미가 명백할 때 "독립적"으로 사용될 수 있다.

Some people in our village still go to church, but **less/fewer** than 20 years ago.
(우리 마을에서는 사람들이 아직도 교회에 가지만 20년 전보다 수가 줄었다.)
He tried to ease his financial difficulties by spending **less** and saving more.
(그는 덜 쓰고 더 저축함으로써 재정적 어려움을 해결하려고 애썼다.)

7   **부사**: less는 (more의 반의어로) 부사로 쓰일 수 있다.

Maybe she would worry **less** if he understood the situation.
(어쩌면 그가 상황을 이해한다면 덜 걱정할 것이다.)
In recent years, she appeared on the stage **less** frequently.
(근래에는 그녀가 무대에 덜 자주 올랐다.)
The west coast is much **less** developed than the east coast area.
(서부 해안지역이 동부 해안지역보다 덜 개발되었다.)

8   **전치사**: less는 전치사 "minus"의 의미로 사용되기도 한다.

What's 135 **less** 13? (135 빼기 13은 몇이냐?) (= What's 135 **minus** 13?)
She gave us our money back, **less** the $5 service charge.
(그녀는 봉사료 5불을 빼고 우리 돈을 돌려주었다.)

9   **lesser**: lesser는 (greater의 반의어로서) 문어체에서 "명사와 함께" 혹은 "부사"로 사용될 수 있다.

He originally asked for five million won, but finally settled for **a lesser sum**.
(그는 원래 5백만 원을 요구했으나 나중에 더 적은 돈에 합의했다.)
The gallery exhibits **lesser known** works of **lesser known** artists.
(그 미술관은 덜 알려진 미술가들의 덜 알려진 작품들을 전시하고 있다.)

few와 little 대해서는 A5를 보라.
least와 fewest에 대해서는 L5를 보라.
fewer와 less와 함께 나타나는 much, far, a lot 등에 대해서는 C33을 보라.

L8　lest

lest는 접속사로서 영국영어에서보다 미국영어의 문어체에서 자주 사용된다.

1　**in case/so that ... not**: lest는 "어떤 상황이 일어나지 않도록 어떤 행동을 하는 것"을 표현할 때 사용한다. (I14와 R20.1을 보라.)

She turned away from the window **lest** anybody see her.
(그녀는 누가 볼 수도 있기 때문에 창문에서 떨어졌다.)
(= She turned away from the window, **in case** anybody see her.)

You have to keep your car locked **lest** the thieves steal it.
(도둑이 훔쳐 가지 못하도록 자동차를 잠가두어야 한다.)
(= You have to keep your car locked **so that** the thieves do **not** steal it.)

2　**가정법 동사**: 아직 일어나지 않은 것을 말하기 때문에 "lest-절"의 동사는 "가정법 동사"이거나 "조동사 should"를 포함할 수 있다. (S13.8과 S37.2를 보라.)

He decided to go along with the hard-liners **lest** they **be** tempted to oust him.
(그는 강경론자들이 그를 축출할 유혹에 빠지지 않도록 그들과 함께하기로 했다.)
I was afraid to open the gate **lest** he **should** follow me.
(나는 그가 나를 따라올까 봐 대문을 열기가 두려웠다.)

3　**심적 부담**: "lest-절"은 어떤 일이 일어날까 봐 우리가 갖는 "심적 부담을 표현할 때" 많이 쓰인다.

We're afraid to complain about the noise **lest** we annoy the people next door.
(우리는 이웃에 사는 사람을 괴롭힐까 봐 소음에 대해 불평하는 것을 주저하고 있다.)
She's particularly worried about John **lest** he tell someone the secret.
(그녀는 존이 비밀을 어떤 사람에게 말할까 봐 그에 대해서 특별히 걱정을 했다.)

4　**for fear that**: lest와 유사한 표현으로 "for fear that"이 있다.

She ran away **for fear that** he would hurt her.
(그녀는 그가 해치는 것이 두려워 도망갔다.)
He rushed to the station **for fear that** he would miss the train.
(그는 기차를 놓치지 않으려고 정거장으로 힘차게 달렸다.)
Everyone who does evil hates the light, and will not come into the light **for fear that** his deeds will be exposed. (악을 행하는 자마다 빛을 미워하여 빛으로 오지 아니하나니 이는 그 행위가 드러날까 함이요.) [요 3:20]

L9   let (사역동사)

let는 make(M3을 보라.)와 더불어 영어의 대표적인 "사역동사(causative verbs)"로서 현재 시제형과 과거시제형 그리고 과거분사형이 동일하다. (C10을 보라.)

1   **let + 목적어 + 원형 부정사**: "어떤 일이 일어나도록 내버려 두거나 누구에게 무엇을 하는 것을 허용한다"는 의미로 쓰인다. 목적어 뒤에 오는 부정사는 "부정사 표지인 to"를 가질 수 없다.

Some people seem to **let their children (*to) do** whatever they like.
(어떤 사람들은 자신의 아이들이 하고 싶은 것은 무엇이든지 하게 내버려 두는 것 같다.)
John **let the door swing** open.
(존은 문이 활짝 열리게 놔두었다.)
The government won't **let him (*to) leave** the country.
(정부는 그가 출국하는 것을 허가하지 않을 것이다.)
I'm tired — **let me go** home.
(지쳤습니다. 집에 가게 해 주십시오.)
... when you give to the needy, do not **let your left hand know** what your right hand is doing, (너는 구제할 때에 오른손이 하는 것을 왼손이 모르게 하여 ...) [마 6:3]

2   **수동**: let는 "수동형"이 불가능하며 대신에 "동사 allow"를 사용한다.

*He won't **be let (to) leave** the country.
(참고: He won't **be allowed to leave** the country.)
(그는 출국이 허용되지 않을 것이다.)
*He **was let (to) leave** the airport after customs clearance.
(참고: He **was allowed to leave** the country after customs clearance.)
(그는 세관 절차를 마친 후에 출국이 허용되었다.)

3   **let + 명사구 + 전치사(구)**: let 다음에 "방향을 나타내는 전치사나 전치사적 부사"가 올 수 있다.

You must **let them out of the jail**.
(그들을 감옥에 나오게 해야 한다.)
Let him in and sit down on the chair.
(그에게 들어와서 의자에 앉으라고 해.)
Don't **let him off the main freeway** for comfortable driving.
(편안하게 운전하려면 그가 주 고속도로에서 빠져나가지 않게 해라.)
Let the kids down off the table.
(아이들을 식탁 아래로 내려오게 해라.)

4   **let alone**: "let alone"은 일반적으로 "부정 평서문" 끝에 오며, "let alone" 다음에 언급할

상황이 사실이 될 "가능성이 더욱 희박하다"는 것을 표현한다.

We can't afford a bicycle, **let alone** a car.
(우리는 자전거를 살 여유도 없는데 자동차는 말할 것도 없다.)
The baby can't even sit up yet, **let alone** walk!
(그 아기는 아직 일어나 앉지도 못하는데 걷는다는 것은 말이 안 된다.)
I have seven people in the car, **let alone** a piles of luggage and three dogs.
(차에 일곱 명이나 타고 있는데 그 가방들과 개 세 마리는 말도 안 됩니다.)

L10   let's

1   **일인칭 복수 권유문**: 우리는 let를 사용하여 상대방에게 어떤 일을 함께하자고 "제안"이나 "권고"할 수 있다.

Let's get all together over Christmas.
(크리스마스 때 우리 모두 함께 모입시다.)
"**Let's** make a start, shall we?" "Yes, **let's**."
("출발할까요?" "네, 그럽시다.")

▶ let's는 "let us"의 구어체 "축약형"이며, 공식적인 문어체로는 "let us"가 사용된다.

Let us pray. (우리 기도합시다.)
Let us proceed with the negotiation. (협상을 계속합시다.)

2   **allow**: let가 "허락하다 (allow)"의 뜻으로 사용될 때는 "축약형"이 사용될 수 없다.

Let us make a start, will you?
(우리가 출발하는 것을 허락해 주겠습니까?)
(= Allow us to make a start, will you?)
(*Let's make a start, will you?)
Let me go now — I'm tired.
(지금 집에 가게 해 주십시오. 지쳤습니다.)

3   **부정형**: "let us not"와 "do not let us"(구어체의 "let's not/don't let's") 두 가지 부정형이 있다.

Let us not despair.   [문어체]
(절망하지 맙시다.)
Let's not jump to conclusions.   [구어체]
(서둘러서 결론을 내리지 맙시다.)
Do not let us argue like this again.   [문어체]
(다시는 이렇게 언쟁하지 맙시다.)
Don't let's stay up too late tonight. [구어체]
(오늘 밤은 너무 늦게까지 일어나 있지 맙시다.)

4   **일인칭 단수 권유문**: us 대신에 단수 me를 대신 넣어 상대에게 "공손히 제안하거나 하고 싶은 말을 하려고 할 때" 사용한다.

Let me take your coat. (당신의 코트를 주십시오.)
Let me bring something to drink. (마실 것 좀 가져오겠습니다.)
Let me say it again. (다시 말하겠습니다.)
Let me give you a piece of advice. (충고 한마디 드리겠습니다.)

▶ let's see, let me see와 let me think: 말할 것에 대해 "조심스럽게 생각하거나 기억해내려고 할 때" 이 표현들을 사용한다.

Now, **let's see**. Where did I leave my bag?
(자, 어디 보자. 내가 백을 어디에 놓았지?)
The last time I spoke to her was, **let me think**, three weeks ago.
(내가 그녀와 마지막으로 말한 것이, 가만있자, 3주 전이었다.)

5   **삼인칭 권유문**: "let him/her/them ..."은 어떤 사람이 기분 나쁜 일이나 좋지 않은 일이 일어난다고 해도 "개의치 않을 때" 사용된다.

Let him come, I'm not scared of him.
(오라고 해. 나는 그를 두려워하지 않는다.)
If she wants to do that, **let her** do it.
(그녀가 그것을 하고 싶다면 하라고 해.)
Let them talk about me; I'll be gone soon.
(나에 대해서 말들을 하라고 해. 나는 곧 떠날 것이니까.)
Let it rain, it won't spoil the picnic tomorrow.
(비 오라고 해. 그렇다고 내일 피크닉을 망치지 못할 거야.)

▶ 이 구문은 어떤 일이 일어나기를 "바라거나 기원할 때"도 사용된다.

Please God, **let her** telephone me. (오 하나님! 그녀로 하여금 나에게 전화를 하게 해 주십시오.)
It's time to **let your past** go. (너의 과거를 털어버릴 때가 되었다.)

6   let's face it/let's be honest: 우리가 불리한 "현실이나 상황을 받아들여야 할 때" 사용된다.

Let's face it, no one's lent us any money.
(현실을 직시하자. 아무도 우리에게 돈을 빌려주지 않았다.)
Let's be honest, you're never going to be a great pianist.
(우리 솔직해지자. 너는 절대로 위대한 피아니스트가 될 수 없어.)

L11   LETTERS (편지)

각 문화에는 제 나름대로의 편지를 쓰는 방식이 있다. 영어 편지는 그 목적에 따라 약간씩 다른 양식을 따른다. 여기서는 두 가지 형태의 편지 양식에 대해서만 생각해 보겠다.

1 친지에게 보내는 편지

> ① 92 Prospect Street
> Providence
> RI 02906
> U. S. A.
> ② April 15, 2004
>
> ③ Dear George,
>
> ④ I'm glad to hear from you that you're enjoying the trip to Italy and planning to go to Switzerland next week.
> ⑤ If you'd like to come and stay with us next year, you're welcome. All my family love to meet you and see how wonderful you were to us while we were in the States.
> ⑥ Everything is fine here. I'm retiring from the teaching job in August, but I don't know what I'll do after the retirement. As always, Mija loves to take care of the family.
> ⑦ We're really looking forward to seeing you next year. Let me know your plan.
>
> ⑧ Yours,
> ⑨ *Hong Bae*
> Hong Bae Lee
>
> ⑩ p.s. Do you know my new cellular phone number? It's +82-010-0000-1111.

① 편지를 받는 사람의 주소: 번지, 거리명, 도시명, 주명, (외국으로 보내는 경우에는) 국가명의 순서로 쓴다. 우편번호는 국가명 앞에 쓰는 것이 보통이다. 이 부분에 편지 쓰는 사람의 이름을 쓰지 않는 것이 규칙이다.

② 날짜는 주소 바로 밑에 쓴다. 영국에서는 일명, 월명, 연도(예: 15 April, 2004)순으로 쓰고, 미국에서는 월명, 일명, 연도(예: April 15, 2004) 순서로 쓴다.

③ 편지는 Dear X(예: Dear Mary)로 시작되며, 이름 다음에 쉼표를 찍는다.

④ 편지는 Dear X을 쓴 줄에서 밑으로 한 줄 그리고 오른쪽으로 몇 칸 들어가서 시작된다. 새로운 문단은 같은 방식으로 시작된다. 편지는 일반적으로 안부를 묻거나 편지를 쓰게 된 동기로 시작된다.

⑤와 ⑥ 편지의 본체로서 말하고 싶은 내용이 포함된다.

⑦ 편지를 끝내는 말을 쓴다.

⑧ Dear X로 시작된 편지는 보통 예를 들어 "Yours, See you, Love" 등으로 끝맺을 수 있다. (Love는 같은 성끼리 주고받는 편지에서는 사용되지 않는다.) 특히 아는 사람에게 쓰는 공식적 편지에서 많은 사람들은 "With best wishes, With kind regards" 등과 같은 표현을 사용하기도 한다.

⑨ 서명은 완전한 성명을 쓴 다음 그 위에 하게 된다.

⑩ 추가적인 내용이 있을 경우에는 p.s.(라틴어 post scriptum에서 유래)라고 쓰고 추가한다.

2   상업적 편지

```
                                                    ① 401-1209 S Apt.
                                                       7 Jungangro
                                                       Guri City
                                                       Gyeonggi-Do 14756
                                                    ② January 15, 2018

      ③ Manager
         Jongro Shoe Shop,
         2011 Jongro
         Jongro-Gu
         Seoul 2906

      ④ Dear Sir:

      ⑤ I am returning to you a pair of hiking shoes which you sent me, on my order,
         on December 20th last year. I ordered the shoes with red color and size 175, but
         you sent me the ones with blue color and size 170.
           Will you kindly send me a new pair of shoes as soon as you can? I must have
         them by January 25th, as I am leaving then for Tibet for a hiking trip.

                                                    ⑥ Yours very truly,

                                                    ⑦ Gildong Hong
                                                       Gildong Hong
```

① 편지를 보내는 사람의 주소를 쓰고, ② 그 밑에 날짜를 쓴다.
③ 받는 사람의 직함이나 성명과 주소를 표시한다.
④ 직함과 성을 알 때는 "Dear Ms. Hopkins, Dear Dr. White, Dear Mr. Hopkins"라고 편지를 시작하고, 성명을 모를 때는 "Dear Sir, Dear Sir or Madam, Dear Madam"이라고 시작하며, 그 뒤에 콜론(:)을 찍는다. 가깝지 않은 사람에게 편지를 쓸 때는 종종 "Dear George Taylor"라고 이름과 성을 다 쓰는 사람도 있다. 그러나 "Dear Dr./Mr. James Carter"와 같이 직함과 세례명을 함께 쓰는 것이 좋다.
⑤ 편지의 본체로서 말하고 싶은 내용이 포함된다.
⑥ "Dear Sir"로 시작된 편지는 보통 예를 들어 "Yours truly, Sincerely yours" 등으로 끝맺는다. (G19.4를 보라.) 아는 사람에게 쓰는 공식적 편지에서 많은 사람들은 "With best wishes, With kind regards" 등과 같은 표현을 사용하기도 한다.
⑦ 서명은 완전한 성명을 쓴 다음 그 위에 하게 된다.

3   **봉투**: 편지 봉투에는 받는 사람의 이름과 성 앞에 직함을 쓴다. 이름을 완전한 형태로 쓸 수도 있고 (예: Mr. George Taylor) 첫 글자만을 쓸 수도 있다. (예: Mr. C. G. Taylor)

H. B. Lee
92 Prospect Street
Providence
Rhode Island 02906

Mr. James C. Park
Sales Manager
Martin Products, Inc.
7000 Railroad Avenue
Charlotte, North Carolina 28202

인명과 직함에 대해서는 N1을 보라.
마침표와 쉼표 그리고 콜론에 대해서는 각각 P57과 P58 그리고 P62를 보라.

L12 liable과 responsible

liable과 responsible은 "책임을 져야 하는" 것을 의미하지만, 특히 liable은 "손해나 부채 또는 좋지 않은 일 등에 대한 (법적)책임"을 강조하고, responsible은 "맡은 일에 대한 책임"을 강조한다.

The Postal Service is not **liable** for damage of a parcel unless it is insured.
(체신부는 보험에 들어 있지 않은 소포의 파손에는 책임이 없다.)
If you lose the case you may be **liable** for the costs of the whole trial.
(재판에 지면 재판에 들어간 전체 비용을 책임져야 할지도 모른다.)
The law holds parents **liable** if a child does not attend school.
(아이를 학교에 보내지 않으면 부모가 책임을 져야 한다.)

Each pupil is **responsible** for the care of the books given to him.
(각 학생은 자신에게 주어진 책을 챙길 책임이 있다.)
Is he **responsible** enough for this job? (그는 이 일을 맡을 만한 책임감을 가지고 있습니까?)
Let's be calm about the situation and try to act like **responsible** adults.
(우리가 처한 상황에 당황하지 말고 책임감 있는 성인처럼 행동하도록 합시다.)

liable의 다른 용법에 대해서는 A84를 보라.

L13 life

life는 "가산명사"로도 쓰이고 "불가산명사"로도 쓰인다.

1 **불가산명사**: life는 다음과 같은 경우에 일반적으로 불가산명사로 쓰인다.

(1) 생명: 살아 있는 생물만이 가질 수 있는 속성을 가리킬 경우

Life is too short only to worry about money. (돈만을 걱정하기에는 인생이 너무나 짧다.)
The right to **life** is the most basic of human rights. (생명에 대한 권리는 인권의 가장 기본이다.)

(2) 생명체: 생명체의 집단을 가리키는 경우

Some people insist that there is **life** on Mars. (어떤 사람들은 화성에 생명체가 있다고 주장한다.)
This book includes some interesting facts about **animal life**.
(이 책은 동물에 대한 흥미 있는 사실들을 수록하고 있다.)

(3) 삶: 살아 있는 동안 일어났거나 경험한 특정 삶을 가리킬 경우

Life at the top in any sport involves a lot of sacrifice.
(스포츠에서의 정상의 삶은 많은 희생을 수반하게 된다.)
How did you adjust to **college life**? (너는 대학 생활에 어떻게 적응을 했느냐?)
They seem to enjoy **American life**. (그들은 미국 생활을 즐기는 것 같다.)

▶ 일반적인 삶을 가리킬 때는 불가산명사로 쓰이지만, 형용사와 같은 제한적인 표현과 함께 쓰이면 부정관사 a/an이 흔히 쓰인다.

I think she enjoys **life**. (나는 그녀가 즐겁게 산다고 생각한다.)
She lived **a wonderful life**. (그녀는 훌륭한 삶을 살았다.)

(4) 활력: 생기나 활력을 의미할 경우

The town itself was full of **life** and character.
(그 도시는 나름대로 활력과 개성으로 가득 차 있다.)
Put more **life** in your voice. (목소리에 더 힘을 주어라.)

(5) 종신형: 종신형을 의미할 경우

He could get **life in prison**, if convicted. (만약 유죄가 된다면 그는 종신형을 받을 수 있다.)
He was **jailed for life** in 2001 for the murder of two policemen.
(그는 2명의 경찰관을 죽인 대가로 종신형을 받아 감옥에 수감되었다.)

2 **가산명사**: life는 다음과 같은 경우 일반적으로 가산명사로 쓰인다.

(1) 특정한 삶: 특정한 사람의 일생을 가리킬 경우

My grandmother had **a hard life**. (나의 할머니는 어려운 삶을 살았다.)
He went a little bit mad towards the end of **his life**.
(그는 생의 마지막에 약간 정신이상이 되었다.)
Cats are supposed to have **nine lives**. (고양이는 9개의 생명을 가졌다고 한다.)
My grandparents lived **interesting lives**. (나의 조부모님은 재미있는 삶을 사셨다.)

(2) 특정한 상황의 생명: 어떤 상황에 처한 생명을 가리킬 경우

Your life is in danger. (네 생명이 위태롭다.)
The doctor tried to save **the lives of wounded soldiers**.
(의사는 부상당한 병사들의 생명을 구하려고 애를 썼다.)

(3) 특정의 행위: 사는 동안 규칙적으로 하는 특정 행위를 가리킬 경우

His personal life took second place to his career.
(그의 개인 생활은 그의 경력에서 후순위다.)
Most people with diabetes have **a normal sex life**.
(당뇨병을 가진 많은 사람이 정상적 성생활을 한다.)

(4) 특정 상황이나 일과 관련된 삶을 가리킬 경우

He had **a long and interesting life** in the television business.
(그는 텔레비전 사업에서 오래 근무했고 흥미로운 삶을 살았다.)
The police investigated **his private life**. (경찰은 그의 사생활을 조사했다.)

(5) "기계, 조직, 계획" 등의 유효기간을 가리킬 경우

The repairs did not increase **the life** of the equipment.
(수리로 장비의 유효기간을 연장할 수 없었다.)
The project ended **its life** with Mr. Smith's death.
(그 사업은 스미스 씨의 죽음으로 끝이 났다.)

L14   lightening, lightning, lighting

이 단어들은 철자가 비슷하여 종종 혼동을 일으킨다. lightening과 lightning은 둘 다 [láɪtnɪŋ]으로 발음된다.

1   lightening: "밝아지다, 밝게 하다" 또는 "가볍게 하다, 경감하다"를 의미하는 "동사 lighten"의 진행형이다.

The sky began **lightening** when we started the trip.
(우리가 여행을 떠날 때 하늘이 밝아오기 시작했다.)
A solitary candle **lightened** the darkness of the cellar.
(촛불 하나가 지하실의 어둠을 밝혀주었다.)

The airplane will be **lightened** when we remove some of the cargo.
(짐을 좀 내리면 비행기가 가벼워질 것이다.)
I saw the crew **lightening** the ship's cargo before her voyage.
(나는 항해 전에 선원들이 배의 짐을 줄이고 있는 것을 보았다.)

2   lightning: "번개"를 의미한다.

The farmer was struck by **lightning** and killed in the field.
(농부가 뜰에서 번개를 맞아 죽었다.)
The flash of **lightning** brightened the dark cave. (번개 불빛이 어두운 동굴을 밝혀주었다.)

3   lighting: "점등, 조명"을 의미한다.

The **lighting** in the library is inadequate for reading.
(도서관의 조명이 독서에 적절하지 않다.)
Indirect **lightning** is used in many modern houses.
(많은 현대식 집에서는 간접조명이 사용된다.)

L15   like (동사)

동사 like는 크게 두 가지 방법으로 사용된다. 하나는 동사구에서 like가 "독립적으로" 사용되는 경우이고, 다른 하나는 "조동사 would와 결합하여" 사용되는 경우다.

1   **독립적인 like**: 현재진행형으로 사용될 수 없으며 다음의 의미로 사용될 수 있다.
"What do you think of the soup?" "I **like** it." ("그 수프를 어떻게 생각하느냐?" "맛있습니다.")
("*I'm liking it.")

(1) 무엇을 즐기거나 좋다고 생각할 때

I **like** my coffee quite weak. (나는 아주 약한 커피를 좋아한다.)
I don't **like** talking in public. (나는 대중 앞에서 말하는 것을 좋아하지 않는다.)
I **like** your jacket. (너의 재킷이 좋다.)
I **like** to see people enjoying themselves. (나는 사람들이 즐기는 것을 보고 싶다.)

(2) 어떤 사람을 좋아할 때

She's a lovely girl, and I **like** her very much.
(그녀는 사랑스러운 아가씨입니다. 나는 그 아가씨를 매우 좋아합니다.)
Jane's really nice, but I don't **like** her boyfriend.
(제인은 정말로 좋은 분이지만, 나는 그녀의 남자친구를 좋아하지 않는다.)

(3) 어떤 행위나 상황을 찬성하고 좋아할 때

I **like** the way he teaches the students. (나는 그가 학생들을 가르치는 방식이 마음에 든다.)
He's never **liked** talking about people behind their backs.
(그는 등 뒤에서 그 사람에 대해서 말하는 것을 아주 싫어했다.)

(4) 규칙적으로 어떤 행위를 하거나 사건이 일어날 경우

I **like** to get up early and have a bit of work done before breakfast.
(나는 일찍 일어나서 아침 식사 전에 약간의 일을 하는 것을 좋아한다.)
He **likes** to spend his evenings in front of the television.
(그는 텔레비전 앞에서 저녁 시간을 보내고 싶어 한다.)

▶ 다음을 비교해보라. (G10.2를 보라.)

I **like going** to the dentist. (나는 치과에 가는 것을 좋아한다.)
I **like to go** to the dentist twice a year. (나는 일 년에 두 번만 치과에 가고 싶다.)

(5) 상대방의 의견을 물을 때

"**How do you like** your coffee?" "Milk and one sugar, please."
("커피를 어떻게 마십니까?" "우유와 설탕 한 숟가락 넣어주세요.")
"**How do you like** my new shoes?" "They're wonderful." ("내 새 신발 어때?" "멋있는데.")

2 would like: 조동사 would와 함께 사용된다.

(1) 우리가 어떤 것을 원하거나 그것을 하고 싶을 때

I'd like a cheeseburger, please. (치즈버거 하나 주세요.)
I'd like to go to Moscow for my holidays. (나는 휴가 동안에 모스크바에 가고 싶다.)
He'd like all of us to be at the meeting. (그는 우리 모두가 모임에 오기를 바란다.)

(2) 정중하게 제안하거나 초청할 때

Would you like a drink? (한잔하시겠어요?)
What would you like to eat for lunch? (점심으로 무엇을 드시고 싶으세요?)

▶ 따라서 이런 의미로 다음과 같이 말하는 것은 예의를 차려야 하는 사람에게 적절치 않다.

Do you like a drink? (한잔 마실래?)
What do you like to eat for lunch? (점심으로 뭐 먹을래?)

(3) 상대방의 의견을 정중히 물을 때

How would you like to spend the summer in Italy?
(이탈리아에서 여름을 보내는 것을 어떻게 생각하세요?)
How would you like to have steak for dinner? (저녁에 스테이크를 드시는 것이 어떻습니까?)

▶ 이 표현은 종종 다른 사람에게 일어난 나쁜 일이 당신에게 일어났다고 가정할 때의 의견을 물을 경우에도 사용된다.

How would you like being left alone for hours in a strange place?
(생소한 곳에 몇 시간 동안 홀로 남겨져 있다면 어떠시겠습니까?)

(4) 어떤 사람이 어떤 일을 할 수 없을 것으로 생각할 때

I'd like to see you organize a conference! (네가 학회를 준비할 수 있을지 어디 보자!)
I'd like to see him be successful in his new job.
(그가 과연 새로운 일자리에 성공할 수 있을지 보겠다.)

L16　likely와 probable

likely와 probable은 형용사로 사용되며 유사한 의미를 가지고 있다.

The **likely/probable** cause of the fire was faulty wiring.
(있음직한 화재의 원인은 잘못된 전기배선이었다.)
I think snow storms are **likely/probable** tomorrow.
(내일 눈보라가 칠 가능성이 있다고 생각한다.)

1 **부사**: 구어체에서 likely는 종종 "very/most"의 수식을 받을 경우에 probably처럼 부사로 사용될 수 있다.

　　I think she will **probably/very likely** be late. (나는 그녀가 늦을 가능성이 있다고 생각한다.)
　　The building will be replaced, **probably/most likely** by a modern sports center.
　　(그 건물은 어쩌면 현대식 스포츠 센터로 대체될 가능성이 크다.)

2 **it is likely/probable that-절**: "that-절"이 진 주어로 쓰일 경우 문법적 주어 위치에는 허사인 "예비 주어 it"가 온다. (I35.4를 보라.)

　　It's **likely/probable (that)** the votes will have to be counted again.
　　(투표용지를 다시 합산해야 할 가능성이 있다.)
　　It seems **likely/probable that** the accident has damaged his brain.
　　(사고가 그의 머리에 손상을 주었을 가능성이 있는 것 같다.)

3 **be likely + to-부정사**: probable과는 달리 likely 다음에는 "부정사"가 올 수 있다. 이 경우 "종속절의 주어가 주절의 예비 주어를 대치"한다.

　　The votes are **likely to be** counted again.
　　(= **It** is likely that **the votes** will be counted again.)
　　(투표용지를 다시 합산해야 할 가능성이 있다.)
　　(*The votes are **probable to be** counted again.)
　　(참고: **It** is probable that **the votes** will be counted again.)
　　The accident seems **likely to have** damaged his brain.
　　(사고가 그의 머리에 손상을 주었을 가능성이 있는 것 같다.)
　　(*The accident seems **probable to have** damaged his brain.)
　　(참고: **It seems probable that** the accident has damaged his brain.)

L17　long과 a long time

1　**(for) long과 (for) a long time**: long은 일반적으로 "비단언적 맥락", 즉 "의문문과 부정문"(not 뿐만 아니라 "hardly, seldom"과 같은 부정의 의미를 포함하는 문장)에 나타나고, "(for) a long time"은 "긍정서술문"에 나타난다. 다음을 비교해보라.

　　I've been waiting **for a long time**, but she didn't come.
　　(오래 기다렸으나 그녀는 오지 않았다.)
　　(*I've been waiting **(for) long**, but she didn't come.)
　　Have you been waiting **(for) long**? (오래 기다렸습니까?)
　　(*Have you been waiting **(for) a long time**?)
　　It'll take **a long time** to get to her house. (그녀의 집에 가는 데 오래 걸릴 것이다.)
　　(*It'll take **long** to get to her house.)
　　It won't take **long** to get to her house. (그녀의 집에 가는 데 오래 걸리지 않을 것이다.)

Will it take **long** to get to her house? (그녀의 집에 가는 데 오래 걸립니까?)
(*Will it take **a long time** to get to her house?)

She stayed **for a long time** in Paris to study. (그녀는 공부하느라고 파리에 오랫동안 있었다.)
(*She stayed **long** in Paris to study.)
She seldom stays **long** at the party. (그녀는 좀처럼 파티에 오래 머물지 않는다.)
(*She seldom stays **for a long time** at the party.)

2   부정문: 그러나 "for long"과 "for a long time"은 부정문에서 때때로 "다른 의미"를 갖는다. 다음을 비교해보라.

She didn't speak **for long**. (그녀는 짧게 말했다.)
(= She only spoke for a short time.)
She didn't speak **for a long time**. (그녀는 오랫동안 침묵했다.)
(= She was silent for a long time.)

He didn't work **for long**. (그는 곧 일을 멈췄다.)
(= He soon stopped working.)
He didn't work **for a long time**. (그는 오랫동안 실직상태였다.)
(= He was unemployed for a long time.)

I didn't sleep **for long**. (나는 금방 깼다.)
(= I soon woke up.)
I didn't sleep **for a long time**. (나는 오랫동안 잠을 자지 못했다.)
(= I didn't go to bed for a long time.)

3   비교급형: "for a long time"의 비교급은 "for a longer time"이 아니라 "(for) longer"다.

I'll stay **(for) longer** next time. (다음에는 더 오래 있을 겁니다.)
(*I'll stay **for a longer time** next time.)
It took me **longer** than I thought it would. (내가 생각했던 것보다 더 오래 걸렸다.)
(*It took me **a longer time** than I thought it would.)

4   long: long은 "too, enough, as, so, than, before, after, ago 그리고 시간명사"가 나타나는 긍정문에서는 사용될 수 있다.

The meeting went on much **too long**. (회의는 지나치게 오래 지속되었다.)
I've been working here **long enough**. It's time to get a new job.
(나는 이 직장에서 충분히 오래 일했다. 새로운 직장을 구할 때가 됐다.)
Before long the world will not see me anymore, but you will see me.
(조금 있으면 세상은 다시 나를 보지 못할 것이로되 너희는 보리니.) [요 14:19]
You can stay **as long** as you want. (네가 원하는 한 머물 수 있다.)
Sorry I took **so long**. (시간이 너무 오래 걸려서 미안하다.)
It took me **longer than** I thought it would. (내가 생각했던 것보다 더 오래 걸렸다.)

Long after the war the wreckage of his plane was discovered.
(전쟁이 끝난 지 오래 지난 후에 그의 비행기의 잔해가 발견되었다.)
This all happened **long before** you were born. (이 모든 것이 네가 태어나기 전에 일어났다.)
He should have left her **long ago**. (그는 그녀를 오래전에 떠났어야 했다.)
His speech was **thirty minutes long**. (그는 30분 동안 연설했다.)
We've been walking **all day long** — I'm exhausted.
(우리는 하루 종일 걸었고, 나는 탈진했다.)

▶ long은 또한 "동사에 따라" 그 앞에 종종 나타날 수 있다.

His work will be **long** remembered.
(그의 업적은 오랫동안 기억될 것이다.)
It has **long** been recognized that a high fat diet can cause heart problems.
(고지방 식사가 심장에 문제를 일으킬 수 있다는 것은 오랫동안 알려져 왔다.)

no longer에 대해서는 N21을 보라.
many, much, far도 또한 의문문과 부정문에서 더 자연스럽게 쓰인다. (M7과 F3을 보라.)

L18   look (like)

look는 seem이나 appear처럼 "연결동사"로도 쓰이고, see와 같은 "지각동사"로도 쓰일 수 있을 뿐만 아니라 다양한 의미를 가진 "보통동사"로도 사용된다.

You **look very tired**. You should go to bed. (몹시 피곤해 보인다. 잠을 자는 게 좋겠다.)
All of them turned and **looked at her** as she entered the room.
(그녀가 방에 들어갔을 때 그들 모두는 고개를 돌려 그녀를 쳐다봤다.)
When I came in, she was **looking for** her contact lenses.
(내가 들어왔을 때 그녀는 콘택트렌즈를 찾고 있었다.)

1   **연결동사**: look는 연결동사로 쓰일 경우 (C52를 보라.) 형용사구와 명사구를 보어로 취할 수 있다.

The road **looks very icy** — drive carefully.
(길이 몹시 미끄러워 보이니 조심해서 운전해라.)
That dress **looks nice** on you. (저 옷이 너에게 잘 어울려 보인다.)
You **look angry** — what's the matter? (화가 나 보이는데 무슨 일 있어?)

2   like: "명사구"는 제한적으로 look의 보어로 쓰일 수 있으며 보어 앞에 like를 넣는 것이 더 자연스럽다.

He **looked like a friendly sort of person**. (그는 친절한 사람인 것 같다.)
The container **looks like a small boat**. (그 용기가 작은 배처럼 보인다.)
The twins just **look like their mother**. (그 쌍둥이는 어머니를 똑 닮았다.)

3 **진행형**: "현재의 모습"을 말할 때는 단순 현재시제와 현재진행형이 큰 의미적 차이가 없이 사용된다.

You **look** very **tired**/You're **looking** very **tired**. (몹시 피곤해 보인다.)
What's he **looking like**?/What does he **look like**? (그가 어떤 모습입니까?)

4 **as if/though**: 절이 look 뒤에 올 때는 종종 as if/though가 올 수 있다.

He **looked as if** he hadn't washed for a week.
(그는 마치 한 주 동안 씻지 않은 것처럼 보였다.)
It **looks as though** we have made the right choice.
(우리는 옳은 선택을 한 것 같이 보인다.)

(1) like가 종종 "as if"와 같은 의미로 쓰이기도 한다.

It **looks like** they won't be needing us anymore.
(그들은 더 이상 우리를 필요로 할 것 같지 않아 보인다.)

as if와 like에 대해서는 A100.5를 보라.

(2) "look like being …"은 때때로 영국영어의 구어체에서 미래를 가리키는 의미로 사용된다.

It **looks like being** a wet night. (밤에 비가 올 것 같다.)
(= It looks as if it will be a wet night.)

5 **보통동사**: 보통동사로 쓰일 때는 자동사나 타동사로 쓰일 수 있다. 타동사로 쓰일 때는 일반적으로 목적어 앞에 전치사가 필요하다.

(1) see: see와는 달리 "동적동사"로서 진행형이 가능하며 목적어가 표현될 경우 전치사 at를 동반한다. 그러나 자동사로 쓰일 경우에는 전치사구와 함께 쓰일 수 있다.

We all turned to **look at**/*look her when she entered the room.
(그녀가 방에 들어왔을 때 우리 모두는 고개를 돌려 그녀를 쳐다봤다.)
She **was looking at** the children playing in the backyard.
(그녀는 뒤뜰에서 노는 아이들을 바라보고 있었다.)
He sneaked out when his mum wasn't **looking** (*at).
(그는 어머니가 보고 있지 않을 때 몰래 빠져나왔다.)
If you **look out of the window**, you'll see my car.
(창문 밖을 내다보면 내 차를 볼 수 있다.)
He **looked up from his newspaper** and smiled at me.
(그는 신문에서 고개를 들어 나를 보고 미소 지었다.)

see와 look에 대해서는 S5.1과 2를 보라.

(2) search: "(무엇)을 찾다"라는 의미로 쓰일 때는 대표적으로 전치사 for가 쓰이지만 다른 전치사나 전치사적 부사들도 쓰일 수 있다.

He's been **looking for** the stolen car all week.
(그는 한 주 내내 도난당한 차를 찾아다니고 있다.)
I'll **look up** the word in a dictionary.
(사전에서 그 단어를 찾아보겠다.)
He promised to **look out** the recipe and send it to me.
(그는 요리법을 찾아 나에게 보내기로 약속했다.)
The police are **looking into** the disappearance of the twins.
(경찰은 쌍둥이의 실종을 조사하고 있다.)
My son's going to **look around for** a job.
(나의 아들은 일거리를 찾아 주변을 돌아보려고 한다.)

6   자주 쓰이는 표현들: look는 또한 다양한 의미를 가진 복합 동사로 사용된다.

Her boss allowed her to **look after** her son during the day.
(그녀의 상사는 그녀가 낮에 아들을 돌보는 것을 허용했다.)
He was **looking forward to** seeing his grandchildren at Chuseok.
(그는 추석에 손자와 손녀들을 보는 것을 고대하고 있었다.)
The school is **looking to** its new head to improve its image.
(학교는 그 위상을 개선하는 데 새로운 교장에게 희망을 걸었다.)
We all hope things will start to **look up** in the New Year.
(우리 모두는 새해에 상황이 개선되기 시작하기를 희망하고 있다.)
I've always **looked up to** the man for his courage.
(나는 용기를 가진 그 사람을 항상 존경해 왔다.)
She **looks down on** anyone who hasn't had a college education.
(그녀는 대학교육을 받지 않은 사람을 업신여긴다.)

L19   luxuriant와 luxurious

1   luxuriant: 나무와 같은 식물이 "울창한, 풍성한" 상태를 의미한다.

There's a large ginkgo tree in front of our house with **luxuriant** foliage.
(우리 집 앞에는 입이 풍성한 큰 은행나무가 있다.)
The little girl has **luxuriant** black hair.
(그 어린 여자아이는 풍성한 검은 모발을 가지고 있다.)
The backyard of our house has a **luxuriant** growth of weeds.
(우리 집 뒤뜰에는 잡초가 무성하게 자라있다.)

2   luxurious: 생활이나 집이 매우 "사치스러운, 호화스러운" 것을 의미한다.

She's too proud, too **luxurious** to marry an average man like you.
(그녀는 너와 같은 평범한 사람과는 결혼하기에는 너무나 자만심이 세고 사치스럽다.)

The man owns a **luxurious** 20-room villa on the beach.
(그 사람은 해변에 방이 20개인 호화별장을 소유하고 있다.)
Our honeymoon was three days in Las Vegas at the **luxurious** hotel called Le Mirage.
(우리는 라스베이거스의 호화 호텔인 르 미라즈로 3일 동안 신혼여행을 갔었다.)